제 3 판

사 립 학 교 법

제 3 판

사립학교법

주 영 달

세창출판사

제3판 머리말

사립학교법 제3판을 내게 되었다. 개정판을 낸 이후 개인적으로는 교육학 박사학위를 받았다. 전공은 교육행정학으로 사립학교 행정과 관련한 것인데 늦게 다시 시작한 공부라 힘들었지만 신현석, 변기용 지도교수님의 훌륭한 지도와 선후배, 동료들의 격려와 도움 속에 무사히 마칠 수 있었다. 학위를 받으면서 책을 보는 시선과 각도도 상당히 바뀌어 본 저서에도 그러한 시선을 조금이나마 담으려 하였다. 하지만 법률사무소를 운영하는 와중에 원하는 만큼 큰 변화를 주는 데는 한계도 있었다.

그 사이에 정권도 바뀌었다. 어느 정책이나 법도 마찬가지이겠지만 정권이 바뀌고 언제나처럼 교육 분야에도 많은 변화가 있었고, 사립학교법 또한 크고 작은 많은 변화가 있었다. 그리고 새로운 판례도 많이 쌓였다.

이러한 변화 속에서 본서를 처음부터 다시 읽으며 일부 내용은 바로잡았고, 일부 목차의 제목을 바꿈은 물론 내용의 전개에 맞추어 체계도 상당 부분 변경하였다. 변경된 법령을 가능한 한 모두 반영하였고, 새롭게 나온 판례와 기존에 놓치고 있었던 판례도 보완하였다. 개정판까지 없었던 사립학교의 운영과 관련하여 학생, 자치기구 등을 기술하였다. 본인이 법률사무소에서 수행한 소송이나 각 개인과 기관으로부터 의뢰받았던 법률자문 과정에서 독자들에게 도움이 될 수 있을 것으로 생각되는 내용도 반영하였다. 그러다 보니 분량이 많아졌는데 사립학교교직원 연금과 관련한 부분은 「사립학교교직원 연금법」 등에 상세히 규정되어 있는 기술적인 것이기에 내용에서 제외시켜 분량을 유지하였다.

수많은 정책과 제도의 변경이 단순한 변화에 그쳤는데 이 책의 개정은 발전이라고 말씀드리고 싶다. 각 행정청, 학교법인과 사립학교, 그리고 교직원들에게 도움이 되고 있는 것에 큰 보람을 가지고 있었는데, 이번 제3판은 위의 독자들에게 더욱 큰 도움이 될 수 있기를 기대한다.

행정법과 헌법에 대한 식견을 키워 주신 김성수 교수님, 김남철 교수님, 이종수 교수님께 감사드리고, 제3판의 출판을 수락해 주신 세창출판사 이방원 대표님과 변함없는 열정과 정성으로 원고를 교정해 주신 임길남 상무님께 깊은 감사를 드린다.

2020. 6.
저 자 씀

머 리 말

한 송이의 국화꽃을 피우기 위해
봄부터 소쩍새는
그렇게 울었나 보다.

이 책을 내면서 떠오르는 어느 시인의 노래이다. 그러나 이 책을 아직 국화꽃으로는 생각하지 않는다. 국화꽃을 피우기 위한 소쩍새의 울음이라고나 할까. 이 책의 첫 출판 이후에도 다듬고 다듬어서 정말 탐스런 국화꽃으로 피우고 싶은 욕심이다.

필자는 2005년부터 서울시교육청의 고문변호사를 맡게 되어 각종 교육관련 법률문제에 대한 자문과 소송을 수행하면서 찾게 된 자료들을 모으게 되었다. 그리고 책을 만들면 좋겠다는 생각을 하게 되었다. 특히 사립학교의 경우 학교법인과 학교의 운영에서 발생하는 다양한 상황과 사건에서 담당자들이 적법하고 적정한 업무처리를 하는 데 많은 어려움을 겪고 있는 것을 보고 사립학교법에 대한 전반적인 내용의 책을 만들기로 하였다. 그래서 이 책은 학문적 연구의 결과를 기록한 것이 아니라 실생활에서 사립학교법을 다루는 분들이 일을 하는 데 도움이 될 수 있는 내용으로 엮어졌다.

사립학교법을 비롯하여 학교법인과 사립학교를 운영하는 데 필요한 모든 최신 법령을 이해하기 쉽게 정리하였고, 해당 법령에 관계되는 과거부터 현재까지의 거의 모든 판례들을 함께 정리하였다. 실무에서 발생하는 일들 중 정형적인 것은 담당자들이 쉽게 해결할 수 있으나 모든 일이 정형적인 것만은 아니어서 고민하게 되는데, 그때에 판단을 하는 데 이 책이 조금이나마 도움이 될 수 있을 것으로 믿는다. 다만, 연구가 필요한 사항들이 있는데 그러한 부분에 대해서는 앞으로 고민을 하여 사립학교법에 등불이 될 수 있는 책으로 만들어 가고자 한다.

이 책의 출판을 허락해주신 세창출판사의 이방원 사장님과 임길남 상무님께 깊이 감사드린다. 특히 임길남 상무님은 세심하게 교정까지 해주셔서 감동을 주셨다. 그리고 이 책에 들어간 시간은 아내와 아들들에게는 아쉬운 시간들이었기에 미안함과 감사를 보낸다. 뵐 수 없지만 늘 함께하는 아버지와 뵐 수 있어도 자주 뵙지 못하는 어머니와도 첫 출판의 기쁨을 함께 나누고 싶다.

2010. 4.

저 자 씀

차　　례

제1장 서　론

제2장 학교법인

제5절 | 학교법인의 재산과 회계_182

제6절 | 학교법인의 해산과 합병_268

제7절 | 학교법인에 대한 국가 또는 지방자치단체의 지원과 감독_281

제3장 사립학교경영자

제1절 | 재단법인의 학교법인으로의 조직변경_286

제2절 | 사립학교경영자에 대한 준용규정_287

제4장 사립학교

제1절 | 사립학교에 대한 이해_292

제2절 | 사립학교의 설립과 폐지_294

제3절 | 사립학교의 경영_313

제5장 사립학교 교원

제1절 | 교원의 확보_331

제2절 | 교원의 자격 · 임용 · 복무_337

제4절 | 교원의 징계_442

참고문헌

곽윤직, 민법총칙, 박영사, 2004.
김남철, 행정법강론, 박영사, 2020.
김상용, 민법총칙, 법문사, 2003.
김성수, 일반행정법, 홍문사, 2014.
김준호, 민법강의, 법문사, 2015.
법원행정처, 법원실무제요 민사집행[IV], 2003.
성낙인, 헌법학, 법문사, 2016.
이영준, 민법총칙, 박영사, 2005.
이은영, 민법총칙, 박영사, 2009.
홍정선, 행정법원론(상), 박영사, 2013.

강경근, "사학운영의 자율성과 공공성—개정 사립학교법을 중심으로", 한국교육학회 춘계학술대회 자료집, 2006.
강경근, "사립학교법상 관선사학 정상화의 문제점 및 개선방향", 임시이사 파견사학 정상화를 위한 대토론회(이주호 국회의원/자유주의교육운동연합주체 심포지움, 2006.8.18).
김명연, "사립학교법상 학교법인 정상화에 있어 종전이사의 지위", 민주법학 36, 2008.
김성기, "초중등학교의 법적 지위와 학교자치", 교육법학연구 제17권 제1호, 2005.
박민, 이시우, "사립학교의 공공성과 자율성에 관한 연구", 공법연구 제39집 제3호, 2011.
박부권, "미국 사립대학 이사회의 특성," 교육사회학연구 제11권 제3호, 2004.
신현석, 주영달, "사립대학 총장선출제도 개선의 논거와 방안", 교육법학연구 제28권 제3호, 2016.
윤지관, "사학지배구조의 선진화와 교육의 공공성—해외 대학의 경우와 대비하여", 사학문제 국회세미나: 최근 대학사태의 문제점과 사립대학 제도 개선의 방향(2013.6.7. 국회의원회관).

이기우, “교육자치와 학교자치 및 지방교육행정제도에 대한 법적 검토”, 교육법학연구 제4집, 1999.

이시우, “헌법상 사학의 자유와 학교법인의 법적 지위”, 법과 정책연구 제12권 제3호, 2012.

이종근, “사립대학의 경영분규에 대한 국가 개입권의 한계”, 동아법학 55, 2012.

임재홍, “사립학교법의 문제점과 개정방향”, 열린우리당 사립학교법 개정에 대한 토론회 자료집, 2004.

전광석, “대학생의 헌법적 지위”, 양승두교수 화갑기념논문집 현대공법과 개인의 권익보호, 1994.

조상희, “학교법인의 임원해임청구 대표소송 도입 검토—미국의 모델 비영리법인법과 영국의 공익자선법에 비추어본 사학분쟁조정위원회의 기능과 관련하여,” 교육법학연구 22(2), 2010.

주영달, “사립학교법상 임시이사 선임 학교법인이 정상화제도 분석과 개선방안”, 교육학박사학위 논문, 고려대학교, 2018.

허종렬, “학교참여 법리와 사립학교법 개정방안—초중등교육법을 포함하여”, 헌법학연구 제11권 제1호, 2005.

제1장 서 론

1. 사립학교 및 사립학교법의 의의

우리나라의 기본적이고 핵심적인 교육이 이루어지는 학교는 설립 주체에 따라 국가가 설립·경영하는 학교, 국가가 국립대학법인으로 설립하는 대학이나 국립대학법인이 부설하여 경영하는 초중고등학교 등의 국립학교, 지방자치단체가 설립·경영하는 공립학교(설립주체에 따라 시립학교·도립학교로 구분할 수 있다), 학교법인이나 개인이 설립·경영하는 사립학교로 구분한다(초중등교육법과 고등교육법 각 제3조). 그러나 우리나라에서 이와 같은 설립주체에 따른 학교의 분류는 큰 의미를 가지지 못한다. 왜냐하면 우리나라의 헌법은 학교교육 및 평생교육을 포함한 교육제도와 그 운영, 교육재정 및 교원의 지위에 관한 기본적인 사항은 법률로 정한다고 규정하여(헌법 제31조 제6항) 국공립학교와 사립학교가 공교육제도 아래서 거의 동일한 의무와 책임을 부담하여 설립주체에 따른 차이가 사실상 거의 없기 때문이다. 현실에서는 학교제도 이외의 학원 등에서의 교육과 대비되는 개념으로 국공립학교와 사립학교를 포함한 학교의 교육을 공교육이라고 통칭하고 있다.

그중 사립학교에 대하여 규율하기 위하여 제정된 법이 사립학교법이다. 사립학교법 제1조가 규정하고 있듯이 사립학교법은 사립학교의 자주성을 보장하고 공공성을 고양시켜서 사립학교의 건전한 발달을 도모하기 위하여 사립학교에 관한 사항을 규정하고 있는 법이라 할 수 있다. 그렇다면 사립학교법은 사립학교에 관한 모든 사항들을 규정하여야 할 것이나 사립학교도 공교육기관에 속하는 것이기에 공교육과 관련된 사항들(예컨대 학생에 대한 사항이나 학사에 관한 사항 등)은 모두 국공립학교와 마찬가지로 초·중등교육법, 고등교육법 등 각종의 교육 관련법이 그대로 적용되므로 이를 준용하고 사립학교법은 사립학교의 설립과 경영, 그리고 교원에 대하여 주로 규정하고 있다.

사립학교의 설립·경영자에는 학교법인과 그 외의 사립학교경영자가 있는데 대부분의 사립학교는 학교법인이 설립하여 경영하므로 사립학교법도 학교법인에 대하여 주로 규정하고 있다. 학교법인에 대하여는 학교법인의 설립과 해산, 합병, 학교법인의 기관, 학교법인의 재산과 회계에 대하여 규정하고 있다.

다음으로 사립학교법이 주로 규정하고 있는 것이 교원에 관한 것이다. 사립학교는 본질적으로 교육기관이고 교육의 주체가 교원이다. 사립학교의 교원도 국공립학교의 교원과 동일한 업무를 수행하고 있는데 교육이 제대로 이루어지기 위해서는 사립학교의 교원에 대해서도 적어도 국공립학교의 교원에 상응하는 신분보장이 이루어져야 한다. 사립학교법이 교원에 대하여 규정하고 있는 것은 주로 사립학교 교원의 신분보장을 위한 것이다. 사립학교법은 교원과 관련하여 교원의 자격·임용, 교원의 신분보장 및 사회보장, 교원에 대한 징계에 대하여 규정하고 있다. 사립학교 교원의 임용은 사법상의 고용계약의 일종이라고 보지만 근로관계에 관하여 사립학교법이 우선적으로 적용되어야 한다. 교원에 관한 규정은 근로기준법 등의 특별법이라고 할 수 있는 것이다.

2. 사립학교법의 연혁

사립학교법은 1963. 6. 26.에 법률 제1362호로 제정되었다. 이전에는 교육법[1]과 민법 등으로 사립학교에 관한 법률관계를 규율하였으나 사립학교의 특수성으로 인해 사립학교만을 규율할 수 있는 법률의 제정이 요청되었다. 이에 따라 사립학교의 설립주체, 그 재산 및 회계와 감독 기타 사립학교교원의 자격과 신분보장 등을 규정함으로써 사립학교의 건전한 발달을 도모하려는 목적으로 제정되었다.[2] 사립학교법의 제정으로 사학과 관련한 법률이 사립학교법으로 단일화되었고, 유치원과 초중등학교는 시도지사, 대학은 문교부장관의 지휘감독을 받게 함으로써 사학에 대한 감독청의 지도·감독의 법적 근거가 마련

1) 1949.12.31.에 법률 제86호로 제정되어 시행되다가 1997.12.13.에 법률 제5437호로 폐지되었다.

2) 사립학교법 제정이유 참조.

되었으며, 국가나 지방자치단체가 사립학교를 지원하고 조성하는 법적 근거도 마련되었고, 단순히 민법상의 일반노동자의 지위에 불과하였던 교원이 법적으로 그 신분을 보장받는 계기가 되었다. 그 외 사립학교의 설립, 학교법인, 예산, 교원의 임용 등에 대하여 규정되었다. 그러나 사립학교법의 제정으로 사립학교의 자유가 상당부분 위축되었다고 보는 시각도 많이 있다.[3)]

이처럼 사립학교법이 1963년에 제정된 이후 2020. 3. 24. 법률 제17078호로 개정되기까지 총 75차에 걸쳐 개정되었다. 사실상 매년 사립학교법이 개정되었던 것으로 다른 법률의 개정으로 인한 것도 포함되어 있음을 감안하더라도 그 개정이 빈번하다. 이는 그만큼 사립학교법에 대한 국민적, 국가적 관심이 크고, 사립학교법에 관한 이해관계의 대립이 첨예하다는 것이며, 또한 우리나라의 교육제도가 자주 변경되고 있음을 의미한다. 이러한 잦은 변경이 사립학교법의 꾸준한 발전을 반영하는 것이라면 그만큼 빠른 속도로 발전해 왔다는 것을 의미할 것이므로 매우 바람직할 것이다. 그러나 그보다는 사립학교제도가 안정되지 않았고, 교육이라는 본연의 목적보다는 특정 정권이나 사립학교 설립·경영자들의 이해관계에 따라 각 규정들이 변동되는 것으로 보여 안타깝다.

사립학교법은 군사정권의 통치 아래서 공공성이 강화되는 방향으로 개정이 이루어졌다. 1964. 11. 10.에 개정된 법률 제1664호에서는 사립학교의 임원의 취임이나 사립학교의 장의 임명에 대하여 감독청이 승인을 취소할 수 있다는 규정을 신설하였고, 학교법인 또는 사립학교경영자가 행한 교원에 대한 징계처분이 재심결과 부당한 것으로 확정된 때에는 원징계처분으로 그 교원이 입은 손해를 배상하도록 하여 사학법인과 사학 운영자들이 반발하였다. 유신헌법하인 1973. 3. 10.에 개정된 법률 제2587호에서는 임원취임승인이 취소된 자와 총장·학장·교장·원장의 임명승인이 취소된 자로서 그 취소일로부터 2년이 경과하지 아니한 자는 학교법인의 임원이나 총장·학장·교장·원장 등 학교의 장이 될 수 없게 하고, 국민학교·중학교·고등학교·실업고등전문학교 및 전문학교 등의 사립학교의 교원임용에 관하여 감독청의 승인을 얻도록 하여 공공성이 더욱 강화되었다. 그 와중에 1978. 12. 5.에 개정된 법률 제3114

---

3) 박민, 이시우, "사립학교의 공공성과 자율성에 관한 연구", 공법연구 제39집 제3호 (2011), 151면.

호에서는 학교법인은 그 학교법인의 기본재산액의 3분의 1 이상의 금액에 해당하는 재산을 출연 또는 기증한 자 중에서 생계가 곤란한 자에 대하여는 학교법인의 수익이 있는 때에 한하여 문교부장관의 승인을 얻어 생계비·의료비·장례비를 지급할 수 있도록 하여 설립자를 배려하려는 개정이 이루어지기도 하였다.

1981. 2. 28.에 개정된 법률 제3373호에서는 학교법인의 설립자, 설립자의 배우자, 설립자의 직계 존비속 및 그 배우자는 해당 학교법인이 설치·경영하는 대학의 총장 및 학장으로 취임할 수 없도록 하고, 대학의 경우 설립자는 학교의 장의 임용권만 가지도록 하고 기타의 학교교직원의 임용은 학교의 장이 하도록 하며 학교예산의 편성 및 집행과 결산도 학교의 장이 하도록 함으로써 법인이 학교의 운영에 관여하는 것을 제한하였다. 반면에 대학의 학교예산을 심의하게 하기 위하여 대학교·사범대학 및 전문대학에 대학재무위원회를 두되, 그 조직과 운영에 관하여 필요한 사항은 학교법인의 정관으로 정하도록 하였다.

1986. 5. 9.에 개정된 법률 제3812호에서는 대학교육기관에 속하는 회계의 예산은 학교의 장이 편성하여 대학재무위원회의 심의를 거쳐 결정하도록 하던 것을 학교의 장이 편성하여 이사회에서 심의·결정하도록 하고, 대학재무위원회를 폐지함으로써 학교법인에게 학교예산에 대한 심의권과 결의권을 부여하여 학교법인의 자율성을 보장하는가 하면 학교법인에 재산을 출연 또는 기증한 자 중 생계가 곤란한 자에 대하여 당해 학교법인의 수익이 있는 때에 한하여 생계비 등을 지급하고자 할 때의 문교부장관의 승인제를 폐지함으로써 사학경영자의 의욕을 제고하려는 경향이 나타나기 시작하였다. 반면에 학교법인의 이사장과 그 배우자, 직계 존비속 등의 관계에 있는 자도 해당 대학의 장이 될 수 없도록 함으로써 일정한 제한을 계속하였다.

1990. 4. 7.에 개정된 법률 제4226호에서는 사학의 자주성을 보장하려는 경향이 뚜렷이 나타나게 되었다. 종전에는 학교법인 또는 사립학교경영자가 학교의 장을 임명하고자 할 때에는 관할청의 승인을 얻도록 하던 것을 앞으로는 관할청의 승인 없이 임명하도록 하되, 임명된 날로부터 7일 이내에 관할청에 보고하도록 하였고, 종전에는 대학교육기관의 교원은 해당 학교의 장이 임용하도록 하던 것을 앞으로는 해당 학교의 장의 제청으로 학교법인이 임용하

도록 하되, 해당 학교법인의 정관에 의하여 임용권을 학교의 장에게 위임할 수 있도록 하였으며, 각급학교의 장이 사립학교법에 의한 면직사유에 해당되거나 법령위반·회계부정 등에 관여한 때에는 관할청이 그 임명승인을 직접 취소할 수 있게 하던 것을 앞으로는 임용권자에게 해임을 요구할 수 있도록 하였고, 학교법인의 이사장과 그 배우자 또는 직계존속·직계비속 및 그 배우자의 관계에 있는 자는 해당 학교법인이 설치·경영하는 대학교육기관의 장에 임명될 수 없도록 하여온 제한 규정을 삭제하였다. 그 외 대학교육기관에 교육에 관한 중요한 사항을 심의하게 하기 위하여 대학평의원회를 둘 수 있도록 하였고, 종전에는 대학교육기관에만 두도록 되어 있던 교육인사위원회를 중학교·고등학교에도 두도록 하여 교원의 인사에 관한 중요사항을 심의하도록 하였으며, 사립학교교원에 대하여도 명예퇴직제도를 도입하였고, 교원징계위원회의 징계의결정족수를 강화하는 등 교원의 신분보장을 강화하였다.

1991. 3. 8.에 개정된 법률 제4347호에서는 지방자치단체의 교육·학예에 관한 사무는 특별시·직할시 및 도(이하 "시·도"라 한다)의 사무로 학교 교육위원회와 교육감 제도를 신설하였다.

사학에 대한 자주성의 보장은 사학운영에 대한 권한이 재단에 집중됨으로 인하여 그 폐해로 교수나 교원의 신분보장에 침해를 가져오거나, 학교의 비민주적 경영, 교육기관의 사기업화, 학교의 족벌화 등의 폐해가 종종 발생하게 되었다. 이에 대한 반작용으로 2005. 12. 29.에 개정된 법률 제7802호에서는 학교법인의 이사 정수의 4분의 1 이상은 학교운영위원회 또는 대학평의원회가 2배수 추천하는 인사 중에서 선임하고, 이사장은 해당 학교법인이 설치·경영하는 학교의 장뿐만 아니라 다른 학교법인의 이사장 또는 그 학교법인이 설치·경영하는 사립학교의 장도 겸직하지 못하도록 하며, 학교회계의 예산은 해당 학교의 장이 편성하되 학교운영위원회 또는 대학평의원회의 자문을 거친 후 이사회의 심의·의결로 확정하도록 하고, 사립학교 교원의 면직사유에서 노동운동을 한 경우를 제외하는 등의 개정이 이루어졌다.

2007. 7. 27.에 개정된 법률 제8545호에서는 더 나아가 대학평의원회 또는 학교운영위원회에 개방이사추천위원회를 두고 학교법인의 이사정수의 4분의 1을 개방이사추천위원회에서 2배수 추천한 인사 중에서 선임하도록 하며, 개방이사추천위원회의 위원정수는 5인 이상 홀수로 하되, 대학평의원회 또는 학교

운영위원회에서 개방이사추천위원회 위원의 2분의 1을 추천하도록 함으로써 학교법인의 자율적 운영을 제한하고자 하였다. 반면에 종전에는 학교법인의 이사장은 해당 학교법인 및 다른 학교법인이 설치·경영하는 사립학교의 장이나 다른 학교법인의 이사장을 겸할 수 없도록 하였으나, 앞으로는 해당 학교법인이 설치·경영하는 사립학교의 장만을 겸할 수 없도록 하고, 종전에는 각급학교의 장의 임기는 4년을 초과할 수 없고 1회에 한하여 중임을 허용하였으나, 앞으로는 횟수 제한 없이 중임을 허용하되, 초·중등학교의 장은 1회에 한하여 중임할 수 있도록 하였으며, 종전에는 학교법인의 이사장과 그 배우자 또는 직계존속 및 직계비속과 그 배우자의 관계에 있는 자는 해당 학교법인이 설치·경영하는 사립학교의 장에 임명할 수 없도록 하였으나, 이사정수의 3분의 2 이상의 찬성과 관할청의 승인을 받은 자는 예외로 하도록 하는 등 개인의 직업선택권 등 기본권 침해에 대한 논란을 해소하고자 하였다.

2012. 1. 26.에 개정된 법률 제11216호에서는 원격영상회의 방식으로 이사회를 개최할 수 있도록 하였다. 그리고 사전인가제로 운영되고 있는 정관변경 절차를 사후보고제로 전환하여 사립학교 운영의 자율성을 확대하였다. 사립의 의과대학에 재직하는 교원에 대해서도 국립 의과대학 교원과 마찬가지로 학생의 임상교육을 위하여 필요한 경우 일정한 요건을 갖춘 병원에서 겸직 근무를 할 수 있는 근거를 신설하였다.

2013. 1. 23.에 개정된 법률 제11622호에서는 교비회계를 등록금회계와 비등록금회계로 구분 경리하여 등록금 사용내역을 명확히 하고, 사립학교에 기부된 기부금이 학교회계가 아닌 법인회계의 수입으로 처리되어 학교법인의 운영비로 사용되지 않도록 학교가 받은 기부금을 교비회계의 수입으로 처리하도록 하며, 교비회계 예산 편성 및 결산 시 등록금심의위원회 심사·의결을 거치게 하여 대학 구성원의 참여를 보장하고, 결산서 제출 시 외부 감사보고서 제출을 의무화하고 이를 검증할 감리제도를 도입하여 회계의 투명성을 강화하였다.

2015. 3. 27.에 개정된 법률 제13224호에서는 사립학교 교원도 불임으로 장기간 치료가 필요한 경우 휴직을 할 수 있도록 하는 등 신분을 보호하면서도 교원의 당연퇴직 사유를 명확히 하고, 교원에 대한 징계시효를 3년과 5년으로 늘렸으며, 관할청의 요청에 의한 교원에 대한 징계가 낮은 경우에는 임

용권자로 하여금 징계위원회에 재심의를 요구하게 하는 등 교원의 적법한 복무도 강조하였다.

2016. 2. 3.에 개정된 법률 제13938호에서는 투명하고 신뢰받는 교직사회 구현을 위해 징계처분을 피하기 위한 교원의 의원면직을 제한하고, 금품 및 성(性) 관련 비위행위로 조사나 수사를 받고 있는 교원에 대하여 직위해제할 수 있도록 하였다.

2016. 5. 29.에 개정된 법률 제14154호에서는 사립학교의 족벌경영을 방지하기 위해 학교의 장이 이사장과 친족관계에 해당하게 된 경우에는 그 친족관계에 해당하게 된 날부터 3개월 이내에 이사 정수의 3분의 2 이상의 찬성과 관할청의 승인을 받도록 하였고, 민간 사학분쟁조정위원에 대해 벌칙을 적용하는 경우 공무원으로 의제하도록 하였다.

2016. 8. 30.에 개정된 법률 제14154호에서는 사립학교의 족벌경영을 방지하기 위해 학교의 장이 이사장과 친족관계에 해당하게 된 경우에는 그 친족관계에 해당하게 된 날부터 3개월 이내에 이사 정수의 3분의 2 이상의 찬성과 관할청의 승인을 받도록 하고, 기성회비 용어를 삭제하였으며, 교원징계위원회의 위원에 해당 학교의 교원 또는 학교법인의 이사 외에 외부위원을 1명 이상 포함하도록 하였다.

2018. 12. 18. 개정된 법률 제15954호에서는 교원에 대하여 관할청의 해임 또는 징계요구가 있는 경우 특별한 사유가 없으면 임용권자는 교원징계위원회에 해당 교원에 대한 해임 및 징계의결을 요구하도록 의무화하고, 해임요구, 징계의결요구, 관할청의 재심의 요구를 따르지 않는 경우 1천만원 이하의 과태료를 부과함으로써 관할청의 사립학교에 대한 감독 권한을 강화하며, 부정임용을 면직사유로 추가하여 사립학교 교원의 도덕성을 담보하고자 하였다.

2019. 1. 15.에 개정된 법률 제16219호에서는 교비횡령 등 회계부정을 저지른 경영자 등이 법인 해산으로 감사처분 이행의무를 회피하고 잔여재산을 활용하여 지속적으로 사학에 관여하는 수단으로 악용하는 것을 방지하기 위하여 학교법인의 임원 또는 사립학교 경영자 등이 법령을 위반하여 해당 학교법인이 관할청으로부터 회수 등 재정적 보전을 필요로 하는 시정요구를 받았으나 이를 이행하지 아니하고 해산되는 경우, 정관으로 지정한 자가 학교법인 해산일을 기준으로 10년 이내의 기간 중 사립학교의 대표자 또는 임원 등에

해당하는 보직에 있거나 있었던 경우 등에는 그 지정이 없는 것으로 하였다.

2019. 8. 20.에 개정된 법률 제16439호에서는 사립학교 교원에 대해서도 교원이 의원면직을 신청한 경우 모든 징계사유에 대해 수사기관 등의 확인을 거치도록 하고, 정직처분 시 보수의 전액을 감하도록 하였다.

2020. 1. 29. 개정된 법률 제16874호에서는 사립유치원의 교비회계 부정사용이 문제가 되어 교비회계에 속하는 수입이나 재산을 목적 외로 부정하게 사용할 수 없도록 금지하고, 종전에는 유치원만을 설치·경영하는 학교법인 이사장의 경우에는 해당 유치원장을 겸직할 수 있도록 하던 것을 금지시켰다.

학생 수의 감소와 고등교육 공공성 강화 요구에 의하여 대학 구조개혁이 현실화됨에 따라 대학 폐교 등의 증가가 예상되어 해산된 학교법인과 폐지·폐쇄된 학교의 기록물 관리에 관한 법적 근거를 마련하였고, 정관 기재사항이던 교원의 육아휴직 등에 대하여 규정하였다.

이상의 사립학교법의 개정 내용을 살펴보면 대부분 학교법인의 운영에 국가가 관여하여 공공성을 강화하고자 하는 것과 교원의 책무성을 강화하기 위한 것이었음을 알 수 있다. 이러한 개정은 당시 사회의 요구를 반영한 것인데 학교법인의 운영과 교원의 책무성에 지속적으로 문제가 있었음을 보여 준다. 하지만 사학의 자율성과 교원의 전문성 등에 대한 제한은 가능한 한 최소화하는 것이 바람직하다.

3. 사립학교법의 법원

법원(法源)이란 법의 연원을 가리키는 법률용어이다. 법원이 무엇인가에 대하여도 견해가 나뉘고 있으나 일반적으로 법원이라 하면 법의 존재형식으로 보고 있다. 그리고 법은 법률관계에서 분쟁이 발생하여 재판이 이루어졌을 경우에 법관에 의하여 재판의 근거가 되는 것으로 이러한 성격을 가지는 법을 재판규범이라 한다. 한편으로 법은 재판에 이르기 전이라도 법률관계를 형성하는 법률행위를 함에 있어서 따라야 하는 행위준칙도 되는데 이러한 성격을 가지는 법규범을 행위규범이라 한다.

결국 사립학교법의 법원이라 하면 사립학교와 관련한 법률관계에 대한 분쟁이 발생한 경우에 그 분쟁을 해결하기 위한 재판에서 판단의 근거가 되는 법규, 그리고 사립학교와 관련한 법률행위를 함에 있어서 따라야 할 행위의 준칙이 되는 법규가 될 것이다.

사립학교도 교육 관련법의 적용을 받게 된다. 따라서 교육에 관한 내용을 규정하고 있는 헌법 규정, 교육기본법, 초중등교육법, 고등교육법도 사립학교법의 법원이 된다. 그리고 이들 법에 의한 수권법인 대통령령, 총리령, 부령 등은 물론 사립학교에 관하여 규율하고 있는 지방자치단체의 조례 및 조례 시행규칙도 법원이다. 그 외 학교법인이 재단법인의 일종으로 볼 수 있으므로 법인과 관련하여 준용되는 민법도 법원이 된다. 교원의 신분이나 지위와 관련한 교육공무원법 및 교원의 지위향상 및 교육활동 보호를 위한 특별법 등도 법원이다. 사립학교법은 일정한 사항에 대해서는 학교법인의 정관에 의하도록 하고 있는바 정관도 사립학교법의 법원이 된다. 헌법재판소 및 법원의 판례도 향후의 재판과 사립학교의 법률행위를 함에 준칙이 되므로 법원이 될 수 있다.

이들 법원 사이에서는 상위법이 우선 적용되고, 같은 단계의 법원 사이에서는 특별법이 우선 적용되어야 한다. 사립학교법과 민법 사이에서는 사립학교법이 민법의 특별법으로서의 성격을 가지고 있으므로 사립학교법에 규정된 사항에 대해서는 사립학교법이 우선적으로 적용되어야 한다.

4. 사학의 자주성과 공공성

사립학교는 사인이 본인의 가치관에 따라 본인이 원하는 인재를 양성하기 위하여 사인의 재산을 출연하여 설립한 것이므로 이러한 설립자의 자유로운 운영을 존중해 주어야 한다. 반면 사립학교는 공교육기관이므로 그 성격에 맞도록 운영되어야 한다. 여기에 사립학교의 특수성이 있는 것이고 이러한 특수성에서 사립학교의 운영에는 자주성과 공공성의 충돌이 발생하게 된다. 사립학교법 제1조에도 이러한 점이 드러나고 있는데 "이 법은 사립학교의 특수성에 비추어 그 자주성을 확보하고 공공성을 앙양함으로써 사립학교의 건전한 발달을 도모함을 목적으로 한다."고 규정하고 있다.

사학[4]의 자주성이란 국가의 관여 없이 사학이 스스로 학교법인과 사립학

4) 흔히 사학, 학교법인, 사립학교의 용어가 뒤섞여 사용되고 있다. 그런데 학교법인과 사립학교는 엄연히 다른 것으로 구별되어 사용되어야 한다. 이 책에서는 학교법인과

교를 경영하는 것을 말한다. 사립학교는 교육에 뜻을 가진 사인인 설립자가 자신의 교육이념에 따라 자신이 바람직하다고 생각하는 교육방법으로 자신이 원하는 인재를 육성하기 위하여 설립하는 것이므로 각각 다양한 교육이념과 교육목표를 추구하게 되고, 창의적인 교육운영 방식을 적용하게 된다. 이처럼 사립학교가 다양한 이념과 가치관을 가진 다양한 인재를 육성하는 것은 국공립학교에 의한 획일적 교육의 문제점을 보완한다는 점에서 중요한 의미를 가진다. 따라서 사립학교의 설립자가 위와 같이 스스로 개성적인 교육을 하는 것은 보호되고 권장될 뿐만 아니라 지원할 필요가 있다. 이것이 사립학교의 자주성의 문제라고 할 수 있다.

이러한 사학의 자주성은 위의 사립학교법 제1조 이외에도 헌법 제31조 제4항의 "교육의 자주성·전문성·정치적 중립성 및 대학의 자율성은 법률이 정하는 바에 의하여 보장된다."라는 규정, 교육기본법 제5조 제1항 "국가와 지방자치단체는 교육의 자주성과 전문성을 보장하여야 하며, 지역 실정에 맞는 교육을 실시하기 위한 시책을 수립·실시하여야 한다."라는 규정, 교육기본법 제25조 "국가와 지방자치단체는 사립학교를 지원·육성하여야 하며, 사립학교의 다양하고 특성있는 설립목적이 존중되도록 하여야 한다."는 규정 등에서 그 법적 근거를 찾을 수 있다. 헌법재판소도 사립학교 설립의 자유와 운영의 독자성을 보장하는 것은 그 무엇과도 바꿀 수 없는 본질적 요체라고 하면서 사학의 자율성은 헌법 제10조에서 보장되는 행복추구권의 한 내용을 이루는 일반적인 행동의 자유권과 모든 국민의 능력에 따라 균등하게 교육을 받을 권리를 규정하고 있는 헌법 제31조 제1항 그리고 교육의 자주성, 전문성, 정치적 중립성 및 대학의 자율성을 규정하고 있는 헌법 제31조 제4항에 의하여 인정되는 기본권이라고 하였다(헌재 2001.1.18. 99헌바63).

한편 사학은 자주성과 함께 공공성도 가지고 있다. 이는 사학이 국민에 대한 교육을 하는 기관인데 이러한 교육은 국민의 교육권(헌법 제31조 제1항)을 실현한다는 공적 성격을 가지기 때문이다.[5] 그리고 헌법은 학교교육 및 평생

사립학교는 구별하여 사용하고, 학교법인과 사립학교를 통칭할 때는 사학이라는 용어를 사용하기로 한다.

5) 한정민, "공공서비스로서의 교육과 사립학교의 법적 지위에 관한 연구", 박사학위 논문, 성균관대학교 법학전문대학원, 2015, 15-17면 참조.

교육을 포함한 교육제도와 그 운영, 교육재정 및 교원의 지위에 관한 기본적인 사항은 법률로 정하도록 하고 있는데 사립학교도 공교육제도에 포함되어 공교육을 담당하고 있다. 사학의 공공성은 헌법 제31조의 각 조항, 교육기본법 제9조 제2항, 교육기본법 제17조, 사립학교법 제1조 등이 그 근거가 된다. 이러한 사학의 공공성은 국가가 사학에 관여하게 되는 근거가 되는데, 헌법재판소도 학교법인 운영의 투명성, 효율성은 사립학교 및 그에 의해 수행되는 교육의 공공성과 직결되므로, 이를 제고하기 위하여 사적 자치를 넘어서는 새로운 제도를 형성하거나 학교법인의 자율적인 조직구성권 및 학교운영권에 공법적 규제를 가하는 것까지도 교육이나 사학의 자유의 본질적 내용을 침해하지 않는 한 궁극적으로는 입법자의 형성의 자유에 속하는 것으로 허용된다 할 것이고, 이는 우리 헌법이 예정하고 있는 공교육의 주관자로서의 국가의 책무이기도 하다고 하였다(헌법재판소 전원재판부 2013.11.28. 2007헌마1189). 나아가 사학의 공공성은 국가의 사학에 대한 지원의 근거가 되기도 한다.

이러한 사립학교의 공공성과 자주성은 모두 최대한 보호되어야 한다. 그런데 공공성과 자주성은 공공성을 강조하면 자주성이 위축되고 자주성을 강조하면 공공성이 약화되는 상충적인 면이 있다. 이로 인하여 사립학교법이 제정된 이래 정권의 변화와 사회의 가치관의 변화에 따라 사학 정책의 수립과 집행에 자주성을 중시할 것인가, 공공성을 중시할 것인가에 관하여 끊임없이 갈등이 이루어져 왔었다. 재판에 있어서도 사학의 자주성과 공공성 어느 것을 강조하느냐에 따라 동일한 사안에 대해서도 결과가 달라질 수 있다. 하지만 어느 하나를 강조하기보다는 두 요소가 함께 보호될 수 있도록 하는 균형 잡힌 시각이 필요하다. 사학의 자율적 운영은 헌법에 의하여 보장되는 기본권이므로 당연히 최대한 보장되어야 한다. 다만 사학의 자주성으로 인하여 국민의 교육권이 침해받기에 이른 경우에는 구체적 사안에 따라 국민의 교육권 보호를 위하여 필요한 한도에서 사학의 자주성은 제한될 수 있다. 이러한 경우에도 국가는 사학의 자주성을 최소한으로 침해하도록 하여야 하고, 최소한으로 침해하는 수단을 사용하여야 한다.[6] 국민의 교육권이나 학생의 학습권이 최대한 보장됨은 물론 사학의 자주성도 최대한 보장될 수 있도록 사학의 자주성과

6) 주영달, "사립학교법상 임시이사 선임 학교법인의 정상화제도 분석과 개선방안", 박사학위 논문, 고려대학교, 2018, 135-138면.

공공성이 균형과 조화를 이루어야 하는 것이다.

5. 사학에 대한 국가와 지방자치단체의 지도 · 감독

가. 지도 · 감독의 한계

사학은 헌법상 보장된 기본권으로 그 설립과 운영에 자율권을 가진다. 하지만 사립학교도 공교육체계에 포함되어 공교육을 담당하는 기관으로 공공성을 가지고 있는 이상 사립학교에 의한 교육을 완전히 사적인 영역에 맡겨 놓을 수는 없고 일정한 지도와 감독이 필요하다. 다만 학교법인과 사립학교에 대한 관할청의 지도 · 감독은 학교법인이 그 고유의 목적을 제대로 달성할 수 있도록 하기 위한 것이라 할 것이므로 관할청의 지도 · 감독도 일정한 한계가 있어야 한다. 따라서 학교법인에 대한 관할청의 지도 · 감독은 학교법인이 법률을 위반하거나, 자체적으로 정당한 목적을 정당한 방법으로 달성하는 것이 불가능하다고 인정되는 경우에 위와 같이 잘못된 점을 바로잡기 위하여 비로소 이루어져야 하고, 지도 · 감독의 행위도 위의 목적을 달성하는데 필요한 최소한에 그쳐야 하며, 지도 감독행위로 달성하고자 하는 공익과 이로 인해 침해를 당하는 학교법인의 이익은 균형을 이루어야 한다. 관할청의 지도 · 감독은 단순히 권고적 효력만을 가지는 행정지도나 권리의무에 영향을 미치는 등 일정한 법률효과를 가져오는 처분을 통해 이루어진다. 후자는 행정소송의 대상이 된다.

나. 지도 · 감독의 관할

(1) 초 · 중등교육 사립학교에 대한 관할

유치원과 초중등 수준의 사립학교 및 이를 설치 · 경영하는 학교법인 또는 사립학교경영자는 그 주소지를 관할하는 특별시 · 광역시 · 도(이하 "시 · 도"라 한다) 교육감의 지도 · 감독을 받는다(사립학교법 제4조 제1항). 통상 학교법인의 사무소는 학교법인이 운영하는 학교 내에 두고 있다. 그러나 학교법인의 사무소가 산하 학교와 다른 시도에 있거나 산하 학교들이 서로 다른 시도에 위치하고 있는 경우에 어느 주소지 관할의 교육감이 관할청이 되는지 문제될 수 있는데 위 조항의 표현이나 관할청이 지도 감독하는 내용을 볼 때 법인이나 사립학교경영자의 주소지를 관할하는 교육감이 지도감독권을 가지고 있다고 보아야 할 것이다.

(2) 고등교육 사립학교에 대한 관할

대학 수준의 사립학교와 이를 설치·경영하는 학교법인은 교육부장관의 지도·감독을 받는다. 그리고 위의 사립학교와 기타의 사립학교를 아울러 설치·경영하는 학교법인도 교육부장관의 지도·감독을 받는다(사립학교법 제4조 제3항).

다. 관할청의 지도·감독의 처분성과 적법한 행사의 요청

관할청의 지도·감독행위 중 권리의 설정 또는 의무의 부담을 명하거나 기타 법률상 효과를 발생하게 하는 등 국민의 구체적인 권리의무에 직접적 변동을 초래하는 행위는 행정소송법상 항고소송의 대상이 되는 처분성이 인정된다. 대부분의 관할청의 지도·감독권의 행사는 여기에 해당할 것이다. 관할청이 사립학교에 대한 감사결과를 통보하며 학교법인에 대하여 예컨대 학교회계에서 다른 용도로 사용한 돈의 학교회계로의 보전, 잘못 징수된 돈의 반환 등 일정한 처리를 지시하는 경우가 있는데, 이러한 처리 지시는 단순히 권고적 효력만을 가지는 비권력적 사실행위인 행정지도에 불과하다고 보기 어렵고, 원고에게 의무의 부담을 명하거나 기타 법률상 효과를 발생하게 하는 것으로서 항고소송의 대상이 되는 행정처분에 해당한다(대법원 2008.9.11. 선고 2006두18362 판결).

따라서 위법한 지도·감독행위는 행정소송에 의하여 취소될 수 있을 뿐 아니라 손해배상을 해야 될 수도 있다(대법원 2010.4.22. 선고 2008다38288 전원합의체 판결).

라. 권한의 위임

(1) 교육부장관 권한의 교육감에게의 위임

사립학교법에 규정된 교육부장관의 권한은 그 일부를 대통령령이 정하는 바에 의하여 시·도교육감에게 위임할 수 있다(사립학교법 제71조). 이에 따라 사립학교법 제4조 제1항에 규정된 사립의 초등학교·중학교·고등학교·고등기술학교·공민학교·고등공민학교·특수학교·유치원 및 이들에 준하는 각종학교를 설치·경영하는 학교법인에 대하여, 학교법인에 대한 설립허가, 해산인가, 합병인가, 정관변경 보고의 접수, 정관에 대한 시정 또는 변경명령, 해산명령, 청문(해산명령에 따라 위임된 사항에 한정한다)의 권한을 시도교육감에게 위임한다(사립학교법시행령 제28조).

(2) 교육부 소관 권한의 교육감에게의 위임

교육부장관은 다음의 사항에 관한 권한을 교육감에게 위임한다(행정권한의 위임 및 위탁에 관한 규정 제22조 제1항).

㈎ 「초·중등교육법」 제21조 제1항 및 별표 1에 따른 교장·교감자격기준 중 다음 각 목에 해당하는 사람의 교원자격 검정

① 중등학교의 교장 자격기준 중 제1호·제3호 또는 제4호에 해당하는 사람

② 초등학교의 교장 자격기준 중 제1호 또는 제3호에 해당하는 사람

③ 고등기술학교 및 특수학교의 교장 자격기준에 해당하는 사람

④ 중등학교·초등학교·고등기술학교 및 특수학교의 교감 자격기준에 해당하는 사람

㈏ 「유아교육법」 제22조 제1항 및 별표 1에 따른 원장·원감자격기준 중 다음 각 목에 해당하는 사람의 교원자격 검정

① 유치원의 원장 자격기준 중 제1호에 해당하는 사람

② 유치원의 원감 자격기준에 해당하는 사람

㈐ 「초·중등교육법」 제21조 제1항 및 별표 1에 따른 교장·교감자격기준과 「유아교육법」 제22조 제1항 및 별표 1에 따른 원장·원감자격기준에 해당하는 사람에 대한 「초·중등교육법」 제21조 제1항, 「유아교육법」 제22조 제1항 및 「교원자격검정령」 제7조에 따른 교원자격증의 수여, 재교부 및 기재사항 정정

㈑ 「초·중등교육법」 제21조 제2항 및 별표 2에 따른 교사자격기준 중 다음 각 목에 해당하는 사람의 교원자격 검정과 교원자격증 수여

① 중등학교·초등학교 및 특수학교의 정교사(1급) 자격기준에 해당하는 사람

② 중등학교의 정교사(2급) 자격기준 중 제3호·제6호 또는 제8호에 해당하는 사람

③ 초등학교의 정교사(2급) 자격기준 중 제4호부터 제7호까지의 어느 하

나에 해당하는 사람

④ 특수학교의 정교사(2급) 자격기준 중 제3호 또는 제5호에 해당하는 사람 및 특수학교의 준교사 자격기준에 해당하는 사람

⑤ 중등학교의 준교사 자격기준 중 제2호 또는 제3호에 해당하는 사람

⑥ 초등학교의 준교사 자격기준 중 제1호 또는 제2호에 해당하는 사람

⑦ 전문상담교사(1급) 자격기준에 해당하는 사람

⑧ 사서교사(1급) 자격기준 중 제1호 또는 제2호에 해당하는 사람과 사서교사(2급) 자격기준 중 제2호에 해당하는 사람

⑨ 실기교사 자격기준 중 제1호(고등기술학교의 전공과를 졸업한 사람에 한정한다) · 제3호 또는 제4호에 해당하는 사람

⑩ 보건교사(1급) 자격기준에 해당하는 사람

⑪ 영양교사(1급) 자격기준에 해당하는 사람

(마) 「유아교육법」 제22조 제2항 및 별표 2에 따른 교사자격기준 중 다음 각 목에 해당하는 사람의 교원자격 검정과 교원자격증 수여

① 유치원의 정교사(1급) 자격기준에 해당하는 사람

② 유치원의 정교사(2급) 자격기준 중 제4호에 해당하는 사람

③ 유치원의 준교사 자격기준에 해당하는 사람

(바) 「초 · 중등교육법」 제21조 제2항 및 별표 2와 「유아교육법」 제22조 제2항 및 별표 2에 따른 교사자격기준에 해당하는 사람에 대한 「교원자격검정령」 제7조에 따른 교원자격증의 재교부 및 기재사항 정정

(사) 「고등교육법」 제46조에 따른 임시교원양성기관의 설치 및 운영

(아) 「교원자격검정령」 제6조에 따른 교원자격증의 박탈

(자) 「사립학교교직원 연금법」 제3조 제3호에 따른 적용대상 학교 및 학교경영기관의 지정

(3) 교육부 소관 권한의 학교의 장에게의 위임

교육부장관은 다음의 사항에 관한 권한을 해당 사립의 대학 · 전문대학 및 이에 준하는 각종 학교의 장(부설학교의 장을 제외한다)에게 위임한다(행정권한의 위임 및 위탁에 관한 규정 제22조 제2항).

(가) 국공립의 대학 · 교육대학 · 종합교원양성대학 · 원격대학(방송대학 · 통신대

학·방송통신대학 및 사이버대학을 말한다. 이하 이 항에서 같다)·산업대학·전문대학, 국립의 고등학교·특수학교 및 이에 준하는 각종학교 소속 5급 이상 일반직국가공무원과 이에 상당하는 별정직국가공무원에 대한 「공무원보수규정」 제7조 및 제9조에 따른 승급 및 호봉 재획정

㈏ 「초·중등교육법」 제21조 제2항 및 별표 2에 따른 교사자격기준 중 다음 각 목에 해당하는 사람에 대한 「초·중등교육법」 제21조 제2항 및 「교원자격검정령」 제7조에 따른 교원자격 검정과 교원자격증의 수여, 재교부 및 기재사항 정정

① 중등학교의 정교사(2급) 자격기준 중 제1호·제2호·제4호·제5호 또는 제7호에 해당하는 사람

② 중등학교의 준교사 자격기준 중 제1호에 해당하는 사람

③ 사서교사(2급) 자격기준 중 제1호·제3호 또는 제4호에 해당하는 사람

④ 보건교사(2급) 자격기준에 해당하는 사람

⑤ 초등학교의 정교사(2급) 자격기준 중 제1호부터 제3호까지의 어느 하나에 해당하는 사람

⑥ 초등학교의 준교사 자격기준 중 제3호에 해당하는 사람

⑦ 실기교사 자격기준 중 제1호(고등기술학교의 전공과를 졸업한 사람은 제외한다) 또는 제2호에 해당하는 사람

⑧ 특수학교의 정교사(2급) 자격기준 중 제1호·제2호·제4호 또는 제6호에 해당하는 사람

⑨ 전문상담교사(2급) 자격기준에 해당하는 사람

⑩ 영양교사(2급) 자격기준에 해당하는 사람

㈐ 「유아교육법」 제22조 제2항 및 별표 2에 따른 교사자격기준 중 유치원의 정교사(2급) 자격기준 중 제1호부터 제3호까지의 어느 하나에 해당하는 사람에 대한 「유아교육법」 제22조 제2항 및 「교원자격검정령」 제7조에 따른 교원자격 검정과 교원자격증의 수여, 재교부 및 기재사항 정정

㈑ 해당 학교 소속 공무원에 대한 「국가공무원 복무규정」 제26조에 따른 겸직 허가

㈒ 「고등교육법」 제45조 제2항에 따른 교원양성과정 현장연구 및 실습을 위한 학교의 선정. 다만, 국공립의 대학·교육대학·종합교원양성대학 및 전문대학만 해당한다.

제2장 학교법인

제1절 | 법인 및 학교법인에 대한 이해

1. 법인의 본질과 종류

가. 법인의 본질

'학교법인'이란 사립학교만을 설치·경영할 목적으로 사립학교법에 따라 설립되는 법인을 말한다(사립학교법 제2조 제2호). 정규학교는 학교법인만이 설치 경영할 수 있어서(사립학교법 제3조 제1항) 학교법인의 지위와 역할이 매우 중요하다. 사립학교법도 제2장에서 학교법인에 관하여 규정하고 있는데 사립학교법 규정의 절반 이상을 차지하고 있다. 이러한 학교법인도 법인의 일종이므로 학교법인의 이해를 위해 우선 법인의 본질에 대해 살펴본다.[1)]

법인이란 법률에 의하여 권리능력이 인정된 사단(사람의 집합) 또는 재단(재산의 집합)을 말한다. 본래 모든 사회생활 관계는 인간이 그 주체가 되어 인간이 행하는 것이고, 그 결과도 인간에게 귀속된다. 인간만이 행위능력과 권리능력을 가지는 것이다. 그러나 사회가 복잡화되면서 다수의 사람이 모인 단체나 일정한 재산으로 구성된 실체가 실질적으로 활동을 하고 활동의 결과도 그 단체에게 귀속되는 현상이 발생하였다. 이에 따라 단체나 재산 자체에 권리능력을 보유하게 할 필요성이 생겼고, 이러한 필요성을 충족시키기 위하여 도입된 개념이 법인이다. 그리하여 일정한 요건을 갖추어 성립된 법인에게는 자연인과 마찬가지로 법률에 의하여 권리능력이 부여된다.

이와 같이 법인은 법에 의하여 권리능력이 주어지는 존재이기 때문에 법인의 본질이 무엇인가에 대하여 과거부터 논의되어 왔다. 이러한 법인의 본질이

1) 이은영, 민법총칙(박영사, 2009), 230-236면.

무엇인가 하는 본질론(本質論)에 따라 법인의 권리능력의 범위, 불법행위능력 존재 여부, 법인의 행위능력의 존재여부에 대한 결론이 다르게 되므로 법인의 본질론에 대하여 살펴볼 필요가 있다.

(1) 법인의제설(法人擬制說)

이 학설은 권리는 의사(意思)에 의해 지배되는 것이므로 의사가 없는 법인은 권리의무의 주체가 될 수 없다고 한다. 즉, 권리주체가 될 수 있는 것은 의사가 있는 자연인뿐이고 법인이 권리능력의 주체가 되는 것은 법률이 법인을 자연인으로 의제하였기 때문이라고 한다.

이 학설에 의하면 법인은 법률에 의하여 특별히 인정된 경우에만 성립할 수 있으므로 법인성립에 있어서 허가주의 또는 특허주의의 이론적 기초가 된다. 그리고 법률에 의하여 권리능력의 주체로 의제된 것에 불과하므로 권리능력은 법률이 인정한 범위에서만 가질 수 있고, 법인 자체가 행위능력을 가질 수는 없으며, 다만 대리인을 통하여 행위 할 수 있을 뿐이다. 그러므로 이사의 행위는 곧바로 법인의 행위가 될 수 없는 것이고, 이사의 행위를 대리행위로 이해하여 법인에게 그 결과를 귀속시키게 된다. 법인은 불법행위능력도 가지지 않으므로 법인에 대하여 불법행위책임을 물을 수 없게 된다. 따라서 법인의 불법행위책임을 규정한 민법 제34조는 정책적이고 편의적인 규정이라고 한다.

(2) 법인부인설(法人否認說)

법인부인설은 법인의 실체 자체를 부인하며 다만 개인인 자연인 또는 재산이라는 실체가 있을 뿐이라고 한다. 이러한 법인부인설에 의하면 법인의 권리능력은 물론 행위능력과 불법행위능력도 부인하게 된다. 따라서 현행법과는 맞지 않는 이론으로 현재는 이 학설을 주장하는 견해는 없는 것으로 보인다.

(3) 법인실재설(法人實在說)

법인실재설은 법인을 실질적으로 권리와 의무의 주체가 되는 사회적 실체라고 한다. 법인실재설은 이러한 사회적 실체를 무엇으로 판단하는가에 따라 다시 유기체설, 조직체설, 사회적 가치설 등으로 나뉘고 있다. 유기체설(有機體說)은 자연인이 유기체로서 의사를 가지는 것과 같이 단체도 전체가 하나로서 사회적 유기체를 구성하고 이 사회적 유기체가 단체의사를 가지는 것이라고 한다. 이처럼 단체가 통일된 하나로서 단체의사를 가지므로 권리와 의무의 주체로서의 지위를 가진다고 한다. 조직체설(組織體說)은 법인이 실재하기는 하나 유기체가 아니라 단지 일정한 목적의 달성을 위하여 결성되어 있는 독립한 사회적 또는 법률적 조직체라고 한다. 마지막으로 사회적 가치설(社會的價値說)이 있는데 이 학설은 개인은 사회적 작용을 하기 때문에 권리와 의무의 주체가 되는데 법인도 개인처럼 일정한 사회적 작용을 하기 때문에 권리와 의무의 주체가 될 수 있는 사회적 가치가 있다고 한다. 이처럼 사회적 작용을 하여 사회적 가치를 가지는 실체로서의 단체가 법인이라는 것이다.

이러한 법인실재설에 의하면 법인은 당연히 권리능력을 가지게 되고, 법률의 규정에 좇아 정관으로 정한 목적의 범위 내에서 권리와 의무의 주체가 된다는 민법 제34조의 규정을 해석함에 있어서 정관으로 정한 목적 범위 내는 물론이고 그러한 목적 수행에 적당한 범위까지도 권리능력을 확장하여 인정하게 된다. 그리고 이사의 행위는 대리행위이론을 거치지 않고 바로 법인 자신의 행위가 된다. 법인의 불법행위능력도 당연히 인정되고, 민법 제35조의 법인의 불법행위능력에 관한 규정은 당연한 규정으로 본다.

(4) 오늘날에는 법인실재설, 그중에서도 사회적 가치설이 통설적 지위를 차지하고 있다. 위 사회적 가치설은 법인의 본질이 무엇인지에 대하여 구체적으로 답변하지 못하고 다만 사회적 가치를 가지는 것이라고만 할 뿐이어서 법인에 대한 본질론으로서 한계가 없지 않으나 현행법이 규정하고 있는 각종 법인을 무리 없이 설명할 수 있는 학설은 사회적 가치설인 것으로 보인다.

나. 법인의 종류

(1) 공법인과 사법인

공법인과 사법인을 구별함에 있어서도 견해가 대립되고 있으나 일반적으로 공공목적 달성을 위하여 특정한 법률에 근거하여 설립된 법인을 공법인이라 하고 그 이외의 법인을 사법인이라고 한다.

공법인은 조직도 법률에 규정되어 있고, 그 기관과 구성원에 대해서도 국가나 지방자치단체가 관여한다. 사법인이 아니기 때문에 사적 자치의 원칙은 적용되지 않고 경우에 따라서는 목적달성을 위해 필요한 한도에서 행정권이 부여되기도 한다(예: 공단, 공사, 공공조합). 본질적으로는 공공단체와 함께 국가와 지방자치단체도 공법인에 속하는 것인데 일반적으로는 공공단체 중에서 국가나 지방자치단체를 제외한 것을 가리키는 의미로 사용된다.

그러나 오늘날에는 국가가 경제정책 내지 사회정책을 실시하기 위하여 많은 법인에 공권력에 의한 관여를 함으로써 공법인과 사법인의 구별이 명확하지 않은 중간적 법인이 등장하고 그 수도 날로 증가하고 있다. 따라서 공법인·사법인의 획일적 분류는 타당하지 않게 되었다고 할 수 있으며, 중간적 법인에 대하여는 법률관계를 개별적·구체적으로 판단하여야 한다고 본다.

학교법인의 경우도 사립학교법에 의하여 국가 또는 지방자치단체가 광범위하게 관여하고 있으나 본질적으로는 사인이 주체가 되어 자발적으로 설립하고 자율적으로 운영한다는 점에서 사법인에 속한다고 할 것이다.2)

(2) 사단법인과 재단법인

일정한 목적을 위하여 사람들로 구성된 단체에 법인격이 부여된 것을 사단법인이라고 하며, 일정한 목적을 위해 출연된 재산에 대하여 법인격이 부여된 것을 재단법인이라고 한다.

사단법인의 기관으로는 일반적으로 의사결정기관으로서 사원총회, 대표, 집행기관으로서 이사가 있고 감사기관으로서의 감사 등이 있다. 사단법인은 사원총회를 통하여 단체의사를 결정하여 그 의사에 따라 활동하므로 사원총회는 필수기관이고, 집행기관인 이사도 필수기관이지만 감사는 임의기관이다.

재단법인은 사단법인과는 달리 재산에 대하여 법인격이 부여되어 있으므로 사원총회가 없고, 대표기관인 이사가 유일한 필수기관이다. 따라서 재단법인의 모든 의사결정과 법률행위는 이사가 하고, 대내적 업무집행권과 대외적 대표권을 모두 이사가 가진다. 감사(監事)는 필수기관이 아니고 임의기관이다.

학교법인은 사람들로 이루어진 단체라기보다는 설립자에 의하여 출연된 교육용 재산과 수익용 재산으로 이루어진 실체이고 대표기관인 이사를 통하여 행위 한다는 점에서 재단법인의 일종이라고 보아야 할 것이다. 판례도 학교법

2) 국가에 대한 관계에서 기본권을 주장할 수 있는 사법인으로서의 성격을 갖고 있다(대법원 2007.5.17. 선고 2006다19054 전원합의체 판결).

인을 재단법인의 일종으로 보고 있다(대법원 2007.5.17. 선고 2006다19054 전원합의체 판결). 다만 이에 대해서는 다양한 견해가 제기되고 있으므로 아래에서 별도로 설명을 하고자 한다.

(3) 영리법인과 비영리법인

영리법인이란 말 그대로 영리를 목적으로 하는 법인으로 수익사업을 영위할 뿐만 아니라, 수익사업으로 인하여 발생한 이윤을 이익배당·잔여재산의 분배 등 어떤 형태로든지 구성원에 귀속시키려는 것이다. 따라서 교통, 통신, 보도 등 공적인 사업을 목적으로 한 것이라도 영리를 위한 것이라면 영리법인에 해당한다. 이러한 영리법인은 구성원의 존재를 전제로 하므로 사단법인에 한하고 재단법인에는 인정되지 않는다.

영리법인은 상행위를 목적으로 하는 것(商事會社)과, 기타 상행위가 아닌 영리행위(농업·어업·광업 등)를 목적으로 하여 설립된 것(民事會社)으로 크게 나눌 수 있다. 영리법인의 설립에 관하여는 비영리법인의 경우와는 달리 준칙주의(準則主義)를 원칙으로 한다.

비영리법인은 학술(學術), 종교(宗敎), 자선(慈善), 기예(技藝), 사교(社交) 기타의 영리 아닌 사업을 목적(민법 제32조)으로 설립된 법인을 말한다. 영리법인이 사단법인만 있을 수 있는 것에 반하여 비영리법인은 사단법인과 재단법인이 있을 수 있다. 영리를 목적으로 하지 않을 뿐 비영리법인도 비영리의 목적사업을 달성하기 위하여 필요한 일정 정도의 수익행위를 하는 것은 허용된다. 하지만 사업에서 발생한 이익을 구성원에게 배분하는 것은 허용되지 않는다. 대부분의 비영리법인은 그 목적사업의 수행을 위하여 필요한 돈을 마련하기 위해 수익사업을 하려는 경향이 있다.

학교법인은 사립학교의 설립과 경영을 위하여 설립되는 법인으로 재단법인의 일종이므로 당연히 사단법인인 영리법인은 될 수 없는 것이고, 영리를 목적으로 하지 않는다는 실질적인 점에서도 비영리법인에 해당한다. 그러나 앞에서 언급한 바와 같이 학교법인도 교육목적사업의 수행에 필요한 자금을 확보하기 위하여 수익사업을 할 수 있다. 나아가 법은 학교법인으로 하여금 일정한 수익용 기본재산을 갖추도록 강제하고 있다(고등학교 이하 각급학교 설립·운영에 관한 규정 제13조, 대학설립·운영 규정 제7조). 상당수의 학교법인은 수익이 발생하지 않는 부동산으로 보유하고 있어서 이러한 재산을 수익이 발생하는 형태로 전환하도록 권유되고 있다.

비영리법인은 사회 일반의 이익에 이바지하기 위하여 학자금 · 장학금 또는 연구비의 보조나 지급, 학술, 자선(慈善)에 관한 사업을 목적으로 하는 법인인 공익법인(공익법인의 설립 · 운영에 관한 법률 제2조)과 그 이외의 법인으로 구별할 수 있으나 공익법인의 경우에는 「공익법인의 설립 · 운영에 관한 법률」의 적용을 받는다는 점 외에 구별의 실익은 없다. 학교법인은 사립학교를 설치 경영하는 것을 목적으로 하는 것이고, 사립학교의 설치경영은 공익목적이라고 할 것이므로 학교법인은 공익법인에 속한다고 할 수 있다.

위와 같이 공익법인에 대해서는 법인의 설립 · 운영 등에 관한 민법의 규정을 보완하기 위하여 「공익법인의 설립 · 운영에 관한 법률」이 제정 · 시행되고 있는데 공익법인인 학교법인도 위 법이 적용되는지 문제될 수 있다. 그러나 위 법은 적용범위에 관하여 재단법인이나 사단법인으로서 사회 일반의 이익에 이바지하기 위하여 학자금 · 장학금 또는 연구비의 보조나 지급, 학술, 자선(慈善)에 관한 사업을 목적으로 하는 법인에 대하여 적용한다고 규정하고 있다(제2조). 사립학교의 설치와 경영을 목적으로 하는 학교법인이 위의 적용범위에 포함되는 것으로는 해석되지 않고, 학교법인에 대하여는 별도의 사립학교법이 제정되어 있으므로 학교법인에 공익법인의 설립 · 운영에 관한 법률이 적용되지 않는다고 보는 것이 타당하다.

한편 비영리법인에 대하여는 일반법으로서 민법이 규율하고 있고(민법 제31조~제97조), 비영리법인의 설립에 대하여 허가주의를 취하고 있다(민법 제32조). 다만 특수성이 인정되는 법인에 대하여는 민법에 대한 특별법을 제정하여 별도로 규율하고 있는데 학교법인에 대해서는 사립학교법이 규율하고 있다. 따라서 학교법인에 대하여는 사립학교법이 민법에 우선하여 적용되고, 사립학교법이 규정하지 않은 사항에 대해서는 일반법인 민법이 적용되는 것이 원칙일 것이다.

2. 학교법인의 법적 성질

학교법인이 사법인이고 비영리법인이라는 점에 대해서는 다툼이 없다. 하지만 재단법인성과 관련해서는 다양한 견해가 제기되고 있다. 학교법인의 법적 성질을 어떻게 보는가에 따라 사립학교법에 대한 해석 및 학교법인의 자율성과 국가의 감독권의 범위, 학교법인과 관련하여 발생하는 다양한 사안에 대한 해결방법 등에 다른 결론이 내려질 수 있다. 그러므로 학교법인의 법적 성질은 무엇인지 여러 견해들을 검토하며 살펴보기로 한다.

(1) 재단법인설

앞에서 일정한 목적을 위해 출연된 재산에 대하여 법인격이 부여된 것을 재단법인이라고 하였는데, 학교법인을 바로 교육이라는 목적을 위해 출연된 재산에 법인격을 부여한 재단법인이라고 보는 견해이다.[3] 재단법인은 민법에서 규율하고 있는데 민법의 기본원리 중의 하나인 사적 자치의 원칙이다. 따라서 학교법인도 기본적으로 재단법인으로 보는 견해는 학교법인의 자율성과 재산권을 강조하게 된다.

(2) 특허기업설

학교법인을 특허기업의 일종으로 보는 견해이다.[4] 특허기업이란 본래 국가나 공공단체에 속하는 사업경영권을 법령이나 행정처분에 의하여 할 수 있도록 권한이 부여된 개인이나 법인을 말한다. 이처럼 권한을 부여하는 행위를 특허라 한다. 한국조폐공사, 한국은행 등이 특허기업의 대표적인 예이다. 특허기업의 사업은 공공의 이익에 중대한 영향을 끼치기 때문에 국가나 공공단체로부터 각종 보호와 지원을 받는 동시에 국가나 공공단체에 의한 지도와 감독을 받는다. 교육도 국가의 사업인데 이를 인가라는 행위를 통하여 학교법인이 국가나 지방자치단체로부터 학교를 운영할 수 있는 권한을 부여받는 것이므로 학교법인을 특허기업의 일종이라고 보는 것이다. 학교법인을 특허기업으로 보는 견해는 학교법인과 사립학교에 대한 국가와 지방자치단체의 지도와 감독을

---

3) 강경근, "사학운영의 자율성과 공공성–개정 사립학교법을 중심으로", 한국교육학회 춘계학술대회 자료집(2006), 38면.

4) 이시우, "헌법상 사학의 자유와 학교법인의 법적 지위", 법과 정책연구 제12권 제3호(2012), 814면 이하; 김성기. "초중등학교의 법적 지위와 학교자치". 교육법학연구 제17권 제1호(2005), 61면.

당연한 것으로 받아들이게 된다. 이처럼 특허기업설은 학교법인이 사립학교에서 공교육을 실시하고 있다는 사실이나 관할청의 지도감독을 받고 있다는 사실을 설명하는 데는 적절한 면이 있다. 그러나 인가를 특허와 동일시할 수 없다는 점에 특허기업설의 한계가 있다.

(3) 특수법인설

이 견해는 학교법인은 재단법인으로서의 성질을 가지고 있음은 물론, 이에 더하여 교원, 학생 등의 구성원도 학교의 운영에 참여한다는 점에서 사단법인으로서의 성질을 함께 가지고 있는 특수법인이라고 한다.[5] 이 견해는 특허기업설을 비판하며 등장하였다. 특허기업설은 학교법인의 법적 성격을 영조물 개념에서 도출하는데 영조물은 공공행정 목적을 달성하기 위한 인적·물적 결합체를 의미하므로 이러한 경우 학생은 단순한 이용자의 지위에 있게 된다. 하지만 오늘날의 학교는 대학은 학생들이, 초중등학교는 학교운영위원회 등을 통하여 학부모와 교원이 운영에 관여하므로 학생들을 단순히 영조물의 이용자로 보는 특허기업설은 타당하지 않고 사단법인의 성질도 가지고 있는 것이라고 한다. 그런데 사립학교는 학교법인의 기관으로 학교법인과는 구별되는 것이고[6] 학교의 구성원들이 학교의 운영에 참여한다는 사실은 사립학교의 성질을 파악하는 자료가 될 수 있을지라도 학교법인의 성질을 파악하는 데 자료가 되기에는 적절하지 않다.

(4) 공교육주체설

학교법인의 재단법인성을 부인하며 공교육 주체성을 강조하는 견해가 있다.[7] 이 견해는 헌법이나 교육기본법이 사립학교를 공교육의 주체로 정하고

---

5) 전광석, “대학생의 헌법적 지위”, 양승두 교수 화갑기념논문집 현대공법과 개인의 권익보호, 양승두화갑기념논문집 간행위원회(1994), 783-784면. 이 견해는 재단법인과 사단법인의 성질을 함께 가진다는 점에서 특수법인이라고 하는데 이는 재단법인이지만 사립학교법에 의하여 각종 규제를 받으므로 특수법인이라는 대법원의 견해와 차이가 있다.

6) 판례는, 학교는 교육시설의 명칭으로서 일반적으로 법인도 아니고 대표자 있는 법인격 없는 사단 또는 재단도 아니기 때문에, 원칙적으로 민사소송에서 당사자능력이 인정되지 않는다고 하였다(대법원 2019.3.25. 자 2016마5908 결정).

7) 임재홍, “사립학교법의 문제점과 개정방향”, 열린우리당 사립학교법 개정에 대한 토론

있기 때문에 사립학교의 자주성도 사립학교 설립자의 자율적 학교운영권을 의미하는 것이 아니라 헌법 제31조 제4항의 교육의 자주성을 의미한다고 한다. 사립학교의 자주성이나 자치는 교육의 공공성을 실현하기 위한 것이라는 점에서 사적 자치의 원칙이 지배하는 재단법인과는 성격이 다르다고 한다. 사립학교가 공교육의 주체라는 사실은 현행 교육제도하에서는 부인할 수 없는 사실이다. 하지만 사립학교의 자주성에는 그 설립자의 학교운영의 자유가 포함되어 있는 것도 사실이다. 그리고 국가나 지방자치단체도 공교육의 주체라는 점에서 이들 또는 국공립학교와 구별되는 학교법인의 법적 성질에 대한 논의로는 적절하지 않다.

(5) 자치기관 혹은 자치사단설

이 견해는 사립학교가 영조물인 동시에 자치기관 내지 자치적 사단의 성격을 함께 가지고 있다고 한다.[8] 이 견해도 학교법인의 성질에 대한 논의에 함께 언급되나 학교법인보다는 사립학교의 성격에 관한 논의에 가깝다. 그 외 오늘날에는 학생들이 일부 학교운영에 참여하고 있고 헌법재판소도 학교구성원이 학교운영위원회를 통하여 학교에 참여할 수 있는 등 학교자치를 인정하고 있음을 이유로 학교를 영조물의 성격과 자치사단으로서의 성격을 함께 가지고 있다고 보는 견해도 있다.[9] 학생을 비롯한 학교의 구성원이 학교의 의사결정에 참여하기는 하나 이들이 사단법인의 최고의사결정기관인 사원총회의 구성원이라고 할 수는 없다는 점에서 학교법인을 사단법인으로 보는 것은 무리이다.

(6) 대법원의 견해

대법원은 상지대판결(대법원 2007.5.17. 선고 2006다19054 전원합의체 판결)에서 학교법인을 기본적으로 재단법인으로 이해하면서 특수법인으로서의 성질도

회 자료집(2004.9.4.), 16-22면.

8) 이기우, "교육자치와 학교자치 및 지방교육행정제도에 대한 법적 검토", 교육법학연구(대한교육법학회) 제4집(1999), 40-43면.

9) 허종렬, "학교참여 법리와 사립학교법 개정방안－초중등교육법을 포함하여", 헌법학연구(한국헌법학회) 제11권 제1호, 259-261면.

가지고 있는 것으로 본다. 학교법인은 민법상 재단법인의 일종으로서 재단법인법의 영역에서 사적 자치의 자유를 누리고, 또한 국가에 대한 관계에서 기본권을 주장할 수 있는 사법인(私法人)으로서의 성격을 갖고 있으며, 구체적으로 사학의 설립 및 운영의 자유, 재산권 등이 인정되는데, 우리 헌법은 사학의 설립 및 운영의 자유에 대한 별도의 규정을 두지는 않고 있으나 헌법 제10조(일반적 행동의 자유), 제31조 제1항(교육받을 권리), 제31조 제4항(교육의 자주성·전문성·정치적 중립성 및 대학의 자율성) 등에 의하여 인정되는 기본권이라 할 수 있다."고 하였다. 이어서 "학교법인은 사립학교를 설치·경영하기 위한 목적으로 설립된 재단법인의 일종으로서 그 운영시 설립 당시의 설립자의 의사, 즉 설립목적을 존중함이 마땅하고, 이러한 학교법인의 설립목적은 그 의사결정기관 및 의사집행기관을 구성하는 자연인인 이사들에 의하여 실현되는 것이므로, 설립자가 최초의 이사들을, 그 다음에는 그 이사들이 후임이사들을, 또 그 다음에는 그 후임이사들이 자신의 후임이사들을 선임하는 방식으로 순차적으로 이사를 선임함으로써 학교법인의 설립목적이 영속성 있게 실현되도록 하는 것이 학교법인의 이사 제도의 본질이라 할 수 있다."고 하였다.

(7) 헌법재판소의 견해

헌법재판소는, 학교법인은 사립학교의 설치·경영만을 목적으로 설립된 재단법인으로, 그 설립자와는 별개의 권리능력을 가지는 주체라고 하면서 일단 학교법인이 설립되고 난 다음에는 설립자는 학교법인과 구체적인 권리관계 내지 법률관계를 가지지 아니하고(대법원 1998.7.10. 선고 96누14036 판결; 대법원 2003.1.10. 선고 2001다1171 판결 등 참조), 학교법인의 재산 역시 설립자의 재산이 아니라고 결정하였다(헌재 2004.4.13. 2004헌마258; 헌재 2013.5.30. 2010헌바292). 헌법재판소도 학교법인의 성격을 재단법인으로 보고 있는 것이다. 학교법인의 재단법인성을 부인하려는 견해들은 재단법인성을 인정하면 학교법인의 공공성이 침해되는 것을 우려하기 때문인데 헌법재판소는 재단법인성을 인정하면서도 공공성 또한 강조하고 있다.

(8) 학교법인의 법적 성격에 대한 검토

위의 어떤 견해도 학교법인의 법적 성격에 대하여 충분히 설명해 주지 못한다. 다만 사립학교법에 의하면 학교법인을 설립하기 위해서는 반드시 사인이 일정한 재산을 출연하고 정관을 작성하여야 한다. 이는 재단법인의 본질적 속성이다. 이러한 점에서 기본적으로 재단법인의 성질을 가지고 있다고 하지 않을 수 없다. 다만 우리나라는 사립학교도 공교육제도의 틀 안에서 국공립학교와 마찬가지로 공교육을 담당하고 있다. 이로 인해 국가의 관리와 감독이 필요하여 민법이 아닌 사립학교법의 우선 적용을 받고 이에 의하여 각종 규제를 받고 있다. 이러한 점을 고려한다면 우리나라에서 학교법인은 '특수한 재단법인'이라고 할 수 있겠다.[10)]

제2절 | 학교법인의 설립

1. 학교법인 설립의 요건 및 절차

법인은 법률의 규정에 의함이 아니면 성립하지 못한다(민법 제31조). 그러므로 학교법인도 법률의 규정에 의하여 성립하게 되는데 학교법인의 설립에 관하여 규정하는 법이 사립학교법이다. 사립학교법에 의하면 학교법인을 설립하기 위해서는 설립자는 일정한 재산을 출연하고 정관을 작성하여 교육부장관의 허가(사립학교법 제10조)를 받은 다음 설립등기를 하여야 하고(사립학교법 제8조) 이와 같이 설립등기를 함으로써 비로소 학교법인이 성립하게 된다(사립학교법 제12조). 학교법인은 재단법인의 일종이므로 설립자는 1인이라도 가능하다.

학교법인 설립의 절차를 개략적으로 살펴보면 우선 학교법인을 설립하고자 하는 자는 ① 학교법인 설립요건을 검토해보아야 한다. 그리고 ② 설립요건에 대한 사전준비를 하여야 할 것이다. 이때의 사전준비사항은 임원취임 대상자 확정, 법인의 명칭 확정, 설립취지 채택, 학교법인이 설치·경영할 학교의 설립계획(학교의 종별, 명칭, 위치, 규모, 교직원 등) 확정, 학교법인 정관 작성, 재산에 관한 사항을 확정, 기타 학교법인 운영과 관련한 중요한 사항의 준비 등일 것이다. 이러한 사전준비가 마쳐지면, ③ 법인 창립총회를 하게 된

---

10) 주영달, "사립학교법상 임시이사 선임 학교법인의 정상화제도 분석과 개선방안", 박사학위 논문, 고려대학교, 2018, 20-27면.

다. 창립총회에서는 이사장을 선임하고 학교법인의 설립취지와 학교설립계획을 채택하며, 학교법인의 정관을 심의 의결하고, 학교헌장을 심의 의결하며, 출연재산(소요자금 조달계획)을 결정하고, 임원인 이사와 감사를 선임하며, 기타 중요사항을 의결한다. 위와 같은 창립총회의 심의 의결사항을 창립총회회의록에 기재하여야 하고, 창립총회회의록에는 그 외에 회의연월일, 장소, 참석인원과 결석임원을 기재하며, 출석임원 전원이 기명날인한다. 위와 같은 법인 창립총회를 개최한 후, ④ 법인 설립허가 신청을 하여 허가를 얻으면, ⑤ 법인 설립등기를 함으로써 법인이 설립된다. 그리고 법인설립등기가 마쳐지면, ⑥ 법인 설립공고를 하게 된다.

아래에서는 법인의 각 설립요건에 대하여 구체적으로 살펴보기로 한다.

2. 재산의 출연

가. 재산출연의 의의

학교법인을 설립하고자 하는 자는 일정한 재산을 출연하여야 한다(사립학교법 제10조 제1항). 재산의 출연은 재단법인의 일종인 학교법인에게도 설립을 위한 필수적 요건의 하나다. 통상은 학교법인을 설립하고자 하는 자가 일정한 재산을 출연하는 것이 일반적이다. 그러나 반드시 설립자 본인이 재산을 출연하여야 하는 것은 아닐 것이다. 설립자가 제3의 독지가로부터 재산을 출연 받아 학교법인을 설립하는 경우도 있을 수 있다. 일반적으로 재산관계의 변동을 목적으로 하는 재산행위는 자기의 재산을 감소시키고 타인의 재산을 증가하게 하는 효과를 발생시키는 행위와 타인의 재산은 증가함이 없으면서도 행위자의 재산만 감소하게 하는 행위로 구별할 수 있다. 그런데 이 중 전자를 출연행위라고 할 수 있다.[11] 설립등기를 마친 학교법인은 지체 없이 재산출연을 증빙할 수 있는 등기사항증명서 및 금융기관의 증명서 등 대통령령이 정하는 서류(재산목록, 출연증서, 인감증명, 금융기관의 증명서)를 첨부하여 관할청에 재산출연 결과를 보고하여야 한다(사립학교법 제8조의2). 사립학교법은 지체 없이 보고하도록 하고 있는데 같은 법 시행령은 이를 구체화하여 등기한 날부터 3월 안

11) 곽윤직, 민법총칙(박영사, 2004), 323면.

에 보고하도록 규정하고 있다(사립학교법시행령 제3조의2 제1항).

출연할 재산은 제한이 없어서 부동산이나 동산의 소유권이나 그 밖의 물권 또는 채권도 출연할 수 있다.[12)]

나. 재산출연의 법적 성질

재산의 출연은 학교법인을 설립하고자 하는 자가 설립예정인 법인에 재산을 무상으로 수여하는 것이다. 그러므로 그 내용이 증여 또는 유증과 같다. 재산을 생전에 출연하여 재단법인을 설립하는 때에는 증여에 관한 규정을 준용하고(민법 제47조 제1항), 유언으로 재단법인을 설립하는 때에는 유증에 관한 규정을 준용한다(민법 제47조 제2항). 따라서 출연자는 출연의 목적인 물건 또는 권리의 하자나 흠결에 대하여 책임을 지지 아니한다. 그러나 출연자가 그 하자나 흠결을 알고서도 고지하지 아니한 때에는 그러하지 아니하다(민법 제559조 제1항).

위와 같이 민법이 재산의 출연에 대하여 증여 또는 유증의 규정을 준용한다고 규정하고 있으나 증여의 경우는 상대방이 존재하고 상대방의 승낙에 의하여 성립하는 계약임에 반하여 재산의 출연은 아직 성립하지 아니한 법인에 대하여 출연을 약속하는 것이고, 법인의 승낙을 필요로 하지 않는 일방적 단독행위(그러므로 설립자의 출연의 의사표시가 있으면 그 즉시 효력이 발생한다)라는 점에서 모든 증여에 관한 규정이 준용될 수 있을지는 의문이다. 따라서 증여계약의 해제에 관한 규정이나 부담부증여에 관한 규정은 준용하기에 어려움

---

12) 판례는 "재단법인의 기본재산은 재단법인의 실체를 이루는 것이므로, 재단법인 설립을 위한 기본재산의 출연행위에 관하여 그 재산출연자가 소유명의만을 귀속시키고 실질적 소유권은 출연자에게 유보하는 등의 부관을 붙여서 출연하는 것은 재단법인 설립의 취지에 어긋나는 것이어서 관할 관청은 이러한 부관이 붙은 출연재산을 기본재산으로 하는 재단법인의 설립을 허가할 수 없고, 또한 재단법인 설립과정에서 그 출연자들이 장래 설립될 재단법인의 기본재산으로 귀속될 부동산에 관하여 소유명의만을 신탁하는 약정을 하였다고 하더라도, 관할 관청의 설립허가 및 법인설립등기를 통하여 새로이 설립된 재단법인에게 아무 조건 없이 기본재산 증여를 원인으로 한 소유권이전등기를 마친 이후에까지 이러한 명의신탁계약이 설립된 재단법인에 효력이 미친다고 보면 재단법인의 기본재산이 상실되어 재단법인의 존립 자체에 영향을 줄 것이므로, 위와 같은 명의신탁계약은 새로 설립된 재단법인에 대해서는 효력을 미칠 수 없다."(대법원 2011.2.10. 선고 2006다65774 판결)고 하였다.

이 있을 것으로 생각된다. 다만 출연자가 출연약정 후에 출연자의 재산상태가 현저히 변경되고 그 이행으로 인하여 생계에 중대한 영향을 미칠 경우에는 출연약정을 해제할 수 있을 것이다(민법 제557조).

재산의 출연행위에 대한 법적 성질을 정리하자면 무상의 상대방 없는 단독행위에 해당한다.

다. 기술대학 설치 학교법인의 설립을 위한 재산출연

재산을 출연함에 있어 특히 기술대학을 설치·경영하는 학교법인을 설립하는 때에는 대통령령이 정하는 바에 의하여 미리 산업체가 일정한 재산을 출연하여야 한다(사립학교법 제10조 제1항 2문).

라. 재산출연의 취소

민법 제47조 제1항에 의하여 생전처분으로 재단법인을 설립하는 때에 준용되는 민법 제555조는 "증여의 의사가 서면으로 표시되지 아니한 경우에는 각 당사자는 이를 해제할 수 있다"고 함으로써 서면에 의한 증여(출연)의 해제를 제한하고 있으나, 이때의 해제는 민법 총칙상의 취소와는 요건과 효과가 다르므로 서면에 의한 출연이더라도 민법 총칙규정에 따라 출연자가 착오에 기한 의사표시라는 이유로 출연의 의사표시를 취소할 수 있다. 그리고 출연재산이 부동산인 경우에 있어서도 법인의 성립 외에 등기를 필요로 하는 것은 아니어서 성립과 동시에 법인의 소유로 되었다고 하더라도 재단법인의 출연자가 착오를 원인으로 취소를 함에 있어서는 출연된 재산이 기본재산인지 여부와 관계없이 그 의사표시를 취소할 수 있다(대법원 1999.7.9. 선고 98다9045 판결).

마. 출연재산의 귀속시기

민법은 생전처분으로 재단법인을 설립하는 때에는 출연재산은 법인이 성립된 때로부터 법인의 재산이 되고, 유언으로 재단법인을 설립하는 때에는 출연재산은 유언의 효력이 발생한 때로부터 법인에 귀속한 것으로 본다고 규정하고 있다(민법 제48조).

그런데 우리 민법은 부동산에 관한 법률행위로 인한 물권의 득실변경은 등기하여야 그 효력이 생기고(민법 제186조), 동산에 관한 물권의 양도는 그 동산을 인도하여야 효력이 생기며(민법 제188조 제1항), 지시채권은 그 증서에 배서하여 양수인에게 교부하는 방식으로 하여야 하고(민법 제508조), 지명채권의 양도는 증서를 교부하여야 효력이 발생하는 등 일정한 공시방법을 갖추어야 하는 형식주의를 취하고 있다.

이와 같이 소유권의 변동에 관하여 형식주의를 취하고 있기 때문에 법인의 성립과 소유권변동 사이에는 시간적 간격이 발생하게 된다. 법인이 성립하기 전에는 권리능력이 없기 때문에 재산에 대한 소유권도 가질 수 없다. 그런데 법인은 설립등기를 마침으로써 비로소 성립하게 된다. 만약에 소유권변동에 관한 민법의 형식주의를 고집하게 된다면 법인으로서는 설립등기를 마친 후에 비로소 소유권변동절차를 밟아야 하는 것이다. 이러한 과정, 즉 아직 법인의 소유로 소유권변동이 되지 않은 상태에서 예컨대 설립자의 채권자들이나 상속인들이 출연된 재산에 대하여 권리행사를 한다면 자칫 재단법인 설립이라는 설립자의 의사는 실현될 수 없게 될 수도 있다. 이러한 가능성을 방지하기 위하여 민법은 제48조에서 출연재산은 법인이 성립되거나 유언의 효력이 발생하는 때로부터 바로 법인의 소유가 되는 것으로 규정하고 있다.

그런데 이와 같이 소유권의 변동시기에 대하여 민법 제48조(법인이 성립한 때나 유언의 효력이 발생한 때)와 소유권변동에 관한 형식주의를 취하고 있는 민법 규정(등기를 마친 때)은 서로 달리 규정하고 있어서 법인에 출연된 재산의 경우 언제 소유권변동이 발생하는 것으로 보아야 할 것인가에 대하여 학자들 간에 견해가 대립되고 있다.

제48조 적용긍정설은 출연재산은 등기나 인도 등의 공시방법을 갖추지 않더라도 민법 제48조의 규정에 의하여 생전설립의 경우에는 법인의 성립시에, 유언설립의 경우에는 유언의 효력이 발생하는 때에 바로 법인의 소유가 된다고 한다. 이 견해는 민법 제187조는 기타 법률의 규정에 의한 부동산에 관한 물권의 취득은 등기를 요하지 아니 한다고 규정하고 있는데 민법 제48조가 바로 위의 법률의 규정에 해당하므로 재단법인에 출연된 재산은 등기가 이루어지지 않았다고 하더라도 바로 법인의 소유로 소유권변동이 발생한다고 한다.

그러나 제48조 적용부정설은 민법 제48조는 민법 제187조가 규정하고 있는 법률의 규정에 해당하지 않고, 등기나 인도 등 공시방법을 갖추어야 비로소 출연재산이 법인에게 귀속된다고 한다. 법인은 성립된 이후에 출연재산에 대하여 소유권이전을 해달라고 청구할 수 있는 채권을 가질 뿐이라는 것이다.

위에서도 설명하였듯이 민법이 형식주의를 취하고 있기 때문에 법인이 성립한 이후 소유권이전등기 등 공시방법을 마치기 전까지 법인에 출연된 재산을 보호하기 위하여 민법 제48조를 특별히 규정한 것으로 보아야 할 것이므로 민법 제48조에 따라 출연재산은 법인이 성립한 때 또는 유언의 효력이 발생한 때에 공시방법과 무관하게 당연히 법인의 소유로 소유권변동이 발생한다고 보아야 할 것이다. 만약 이와 같이 해석하지 않는다면 재단법인이 성립한 이후에도 소유권이전등기 등이 이루어지기 전까지는 재단법인의 필수적 요소인 재산이 없는 상태가 되어 재단법인의 본질에 반하게 된다.[13]

판례는 민법 제48조는 재단법인 성립에 있어서 재산출연자와 법인과의 관계에 있어서의 출연재산의 귀속에 관한 규정이고, 이 규정은 그 기능에 있어서 출연재산의 귀속에 관하여 출연자와 법인과의 관계를 상대적으로 결정함에 있어서의 기준이 되는 것에 불과하여, 출연재산은 출연자와 법인과의 관계에 있어서 그 출연행위에 터 잡아 법인이 성립되면 그로써 출연재산은 민법의 위 조항에 의하여 법인 성립시에 법인에게 귀속되어 법인의 재산이 되는 것이고, 출연재산이 부동산인 경우에 있어서도 위 양 당사자간의 관계에 있어서는 위 요건(법인의 성립) 외에 등기를 필요로 하는 것이 아니나, 제3자에 대한 관계에 있어서는 출연행위가 법률행위이므로 출연재산의 법인에의 귀속에는 부동산의 권리에 관해서는 법인성립 외에 등기를 필요로 한다(대법원 1979.12.11. 선고 78다481, 482 전원합의체 판결; 대법원 1993.9.14. 선고 93다8054 판결)고 하였다.

판례는 부동산의 경우에 대해서는 법인과 출연자 사이의 법률관계와 출연자와 제3자 사이의 법률관계를 구별하여 법인과 출연자 사이에서는 민법 제48조를 적용하여 법인의 성립시에 소유권의 귀속이 발생하고, 제3자와의 관계에서는 민법 제186조를 적용하여 등기를 함으로써 비로소 출연된 부동산이 법인의 소유로 귀속이 되는 것으로 보고 있는 것이다. 이는 출연자의 의사 보호와 부동산에 대한 거래의 안정 등을 함께 고려한 해석으로 보인다.

이에 따라 판례는 일반 채권과 관련해서는 "출연자가 유언으로 자기의 채권을 재단법인의 목적재산으로 출연하여 재단법인을 설립하는 경우, 출연재산

13) 김준호, 민법강의(법문사, 2015), 139-141면.

은 유언의 효력이 발생한때 즉 출연자가 사망한 때로부터 법인에 귀속되므로 출연재산은 상속인의 상속재산에 포함되지 않는 것이므로 재산상속인의 출연재산 처분행위는 무권한자의 행위가 될 수밖에 없다"(대법원 1984.9.11. 선고 83누578 판결)고 하면서도 부동산과 관련해서는 "유언으로 재단법인을 설립하는 경우에도 제3자에 대한 관계에서는 출연재산이 부동산인 경우는 그 법인에의 귀속에는 법인의 설립 외에 등기를 필요로 하는 것이므로, 재단법인이 그와 같은 등기를 마치지 아니하였다면 유언자의 상속인의 한 사람으로부터 부동산의 지분을 취득하여 이전등기를 마친 선의의 제3자에 대하여 대항할 수 없다"(대법원 1993.9.14. 선고 93다8054 판결)고 하고 있다.

바. 재산출연자에 대한 원조

한편 학교법인은 그 학교법인의 기본재산액의 3분의 1 이상에 해당하는 재산을 해당 법인의 기본재산으로 출연 또는 기증한 자 중 생계가 곤란한 자에 대하여는 해당 학교법인의 수익이 있는 범위 안에서 생계비·의료비·장례비를 지급할 수 있다. 다만, 상근임원으로 보수를 받는 자에 대하여는 그러하지 아니하다(사립학교법 제26조 제2항).

사립학교법시행령은 재산을 출연 또는 기증한 자 중 생계가 곤란한 자의 기준을 규정하고 있는데 그 기준은 건강하고 문화적인 최저생활을 유지할 수 있는 개인적인 재산이나 수입이 없는 자로서 부양의무자가 없거나 부양의무자가 있어도 부양할 능력이 없는 자, 학교법인의 이사로 되어 받는 사립학교법에 의한 보수만으로 생계를 유지하다가 그 직을 사임한 자가 이에 해당한다(사립학교법시행령 제10조의2).

이때 학교법인이 지급할 수 있는 생계비·의료비·장례비는 위의 생계 곤란자와 그 배우자 그리고 18세 미만의 자녀에 대해서만 지급되는 것이고 지급액의 범위도 해당 학교법인이 설치·경영하는 학교의 장의 최고 호봉 또는 호급에 해당하는 봉급월액의 70퍼센트(다만, 다른 법령에 의하여 연금·퇴직연금일시금·퇴직일시금 또는 퇴직금을 받거나 기타의 수입이 있는 자의 월 생계비의 한도액은 그 수입을 참작하여 해당 학교법인이 정한다)에 해당하는 월 생계비, 의료시설에의 입원가료에 요하는 의료비, 해당 학교법인이 설치·경영하는 학교의 장의 최고 호봉 또는 호급에 해당하는 봉급월액의 3배에 상당하는 장례비를 초과하지 않는 범위에서 지급된다(사립학교법시행령 제10조의3).

학교법인이 위와 같은 생계비 · 의료비 또는 장례비를 지급하고자 할 때에는 이사회의 의결을 거쳐야 한다(사립학교법시행령 제10조의5).

그런데 위와 같은 기본재산액의 1/3 이상에 해당하는 재산을 해당 학교법인의 기본재산으로 출연 또는 기증한 자 중 생계가 곤란한 자에 대하여 해당 학교법인의 수익이 있는 범위 안에서 생계비 · 의료비 · 장례비를 지급할 수 있다고 하는 규정은 학교법인이 재산출연자를 예우하기 위하여 생계가 곤란한 재산출연자에게 생계비 등을 지급할 수 있도록 하는 근거규정에 불과할 뿐이어서 위 규정만으로 재산출연자가 생계곤란시에 학교법인에 대하여 생계비 · 의료비 · 장례비의 지급을 청구할 수 있는 권리를 취득한다고 할 수는 없다(대법원 2008.11.27. 선고 2008다46012 판결). 따라서 출연자가 학교법인에 대하여 생계비 등의 지원을 요청할 수는 있으나 학교법인은 이에 구속되는 것이 아니고, 학교법인이 지원을 할 것인지는 학교법인의 의사에 달려 있다.

3. 정관의 작성

가. 정관의 의의

학교법인을 설립하고자 하는 자는 재산의 출연 외에 정관을 작성하여야 한다(사립학교법 제10조 제1항). 정관이란 법인의 목적, 조직, 업무집행 따위에 관한 근본 규칙, 또는 그것을 적은 문서를 말하는데 통상 학교법인의 정관에는 이 외에도 교직원의 인사에 관한 규정, 학교의 운영에 관한 규정, 재정에 관한 규정 등도 규정하고 있다.

재산의 출연자와 정관을 작성하는 자가 일치되어야 하는지, 즉 재산의 출연자가 정관을 작성하여야 하는지 문제될 수 있는데 학교법인을 설립하고자 하는 자가 반드시 자신 소유의 재산을 출연하여야 하는 것은 아니므로 재산의 출연자와 정관을 작성하는 자가 일치하여야 하는 것은 아니다. 그러므로 학교법인을 설립하고자 하는 자가 반드시 재산의 출연자를 의미하는 것은 아니다. 정관에는 설립자가 날인하여야 하고 설립자의 날인이 되어 있지 않은 정관은 효력이 없다.

정관의 기재사항은 반드시 기재하여야 하는 필수적 기재사항과 기재하지 않아도 되는 임의적 기재사항이 있다. 사립학교법이 규정하고 있는 필요적 기재사항 중 일부라도 정관에서 누락되었다면 그 정관은 효력이 없게 된다. 그 외 기재가 강제되지 아니하는 사항을 임의적 기재사항이라고 하는데 정관에는 법령에 저촉되지 아니하는 사항이라면 무엇이든 규정할 수 있다.

나. 정관의 필요적 기재사항

민법 제43조는 재단법인의 설립자는 일정한 재산을 출연하고 ① 목적, ② 명칭, ③ 사무소의 소재지, ④ 자산에 관한 규정, ⑤ 이사의 임용에 관한 규정을 기재한 정관을 작성하여 기명날인하여야 한다고 규정하고 있다. 그런데 사립학교법은 위 민법이 규정하고 있는 사항 이외에 필요한 사항을 추가적으로 규정하고 있다.

(1) 기본적 기재사항

정관에는 ① 목적, ② 명칭, ③ 설치·경영하고자 하는 사립학교의 종류와 명칭, ④ 사무소의 소재지, ⑤ 자산 및 회계에 관한 사항, ⑥ 임원의 정원 및 그 임면에 관한 사항, ⑦ 이사회에 관한 사항, ⑧ 수익사업을 경영하고자 할 때에는 그 사업의 종류 기타 사업에 관한 사항, ⑨ 정관의 변경에 관한 사항, ⑩ 해산에 관한 사항, ⑪ 공고에 관한 사항과 그 방법, ⑫ 기타 이 법에 의하여 정관에 기재하여야 할 사항 등을 기재하여야 한다(사립학교법 제10조 제1항).

(2) 설립 당초 임원의 정관 기재

학교법인의 설립당초의 임원은 정관으로 정하여야 한다(사립학교법 제10조 제2항). 그리고 임원의 정원 및 그 임용에 관한 사항(제10조 제1항 제6호)의 사항을 정함에 있어서 기술대학을 설치·경영하는 학교법인의 경우에는 대통령령이 정하는 바에 의하여 산업체에 근무하는 자를 임원으로 포함하여야 한다(사립학교법 제10조 제3항).

(3) 그 외 사립학교법이 규정한 필요적 기재사항

그 외 사립학교법이 규정하고 있는 필수적 기재사항으로는 이사장의 선출, 역할 등에 관한 사항과 개방이사추천위원회 조직과 운영 및 구성에 관한 사항, 개방이사의 추천, 선임방법 및 자격요건과 기준에 관한 사항(사립학교법 제14조), 이사장의 직무에 관한 사항(사립학교법 제19조), 임원의 선임 및 이사장 · 이사 · 감사의 임기에 관한 사항(사립학교법 제20조), 각급학교장의 임기(사립학교법 제53조 제3항), 교원인사위원회의 조직 · 기능과 운영에 관한 필요한 사항(사립학교법 제53조의3 제2항), 명예퇴직수당의 지급대상범위 · 지급액 · 지급절차 기타 필요한 사항(사립학교법 제60조의3 제2항), 학교법인 및 학교의 사무기구의 설치 · 운영에 관한 사항, 사무직원의 정원 · 임용 · 보수 · 복무 및 신분보장에 관한 사항(사립학교법 제70조의2 제1항) 등이 있다.

그리고 사립학교법시행령이 규정하고 있는 학교법인의 재산 중 기본재산으로 정하는 사항(사립학교법시행령 제5조 제1항), 개방이사의 자격요건, 시행령에서 정하고 있는 사항 외에 개방이사의 추천, 선임방법 및 기준에 관한 필요한 사항(사립학교법시행령 제7조의2 제5항)도 필요적 정관기재사항이다.

이와 같이 정관의 기재사항으로 된 사항에 대하여 규정한 정관 규정은 그대로 법률적 효력을 가지게 된다. 예컨대 임원의 선임 및 이사장 · 이사 · 감사의 임기에 관한 사항(사립학교법 제20조)은 필요적 정관기재사항이므로 감독청은 이사취임승인을 함에 있어서 학교법인 이사회의 이사선임결의 자체를 승인할 수 있을 뿐이지 그 이사의 임기를 정할 수는 없으며, 설령 학교법인이 감독청에 이사취임승인을 신청하면서 그 이사의 임기를 정관이 정한 바와 달리 기재하고 감독청이 그대로 이사취임승인을 하였다 하더라도 그러한 임기의 지정은 아무런 구속력이 없고, 따라서 그 이사취임승인은 임기의 지정이 없는 취임승인으로서의 효력이 있을 뿐이며, 그 이사의 임기는 이사회의 선임결의와 정관이 정한 바에 따라 정하여진다(대법원 2001.5.29. 선고 99두7432 판결).

(4) 그 외 교육관련 법이 규정하고 있는 필요적 기재사항

학교운영위원회의 운영에 관한 사항(초중등교육법 제34조 제2항)은 정관에 기재하여야 하고, 산학겸임교사는 학교법인이나 사립학교경영자가 임명하나 이를 학교장에게 위임할 수 있는데 이때에는 이러한 사항을 정관에 기재하여야 하며(초중등교육법시행령 제42조 제2항), 학교운영위원회의 당연직 교원위원을 제외한 교원위원은 교직원전체회의에서 추천한 자 중 학교의 장이 위촉하는데 이러한 절차에 대하여는 정관에 규정하여야 한다(초중등교육법시행령 제63조 제2항).

다. 정관의 임의적 기재사항

(1) 출연자의 정관기재

㈎ 임의적 기재사항인 출연자

학교법인은 일정한 재산을 출연한 자의 출연의사를 보호하고 그 명예를 기리기 위하여 사립학교법 제10조 제1항 각 호의 사항 외에 ① 출연자의 성명 및 생년월일, ② 출연재산의 내역과 평가기준·금액, ③ 출연자의 출연의사를 정관에 기재할 수 있다(사립학교법 제10조의2 제1항). 그리고 학교설립시의 출연자 외에 학교법인의 설립 이후 일정금액 이상의 재산을 출연하거나 기부한 자에 대하여도 당사자의 의사에 따라 제1항 각호의 사항을 정관에 기재할 수 있다(사립학교법 제10조의2 제2항). 이때의 대통령령이 정하는 일정금액이란 「대학설립·운영 규정」 제7조 제1항, 「사이버대학 설립·운영 규정」 제7조 제1항 및 「고등학교 이하 각급학교 설립·운영 규정」 제13조 제1항에 따라 확보하여야 하는 수익용기본재산의 10퍼센트 이상에 상당하는 금액을 말하며, 이에 관한 구체적인 사항은 정관으로 정한다(사립학교법시행령 제4조의2). 이들 출연자에 대한 기재는 필요적 사항이 아닌 것이다.

㈏ 출연자를 정관에 기재하도록 요구할 수 있는 권리

이와 같이 사립학교법이 재산출연자를 정관에 기재할 수 있도록 함에 따라 재산출연자가 정관에 재산출연자를 기재할 것을 요구할 경우 학교법인에서는 이 요구에 따라야 하는지가 문제된다. 과거 법원은 주무관청이 종중의 설립자명의정정 신청을 거부한 사건에서 “사립학교법령이 학교법인 설립자의 명의정정 또는 명의변경에 관하여 아무런 규정을 두지 않고 있을 뿐 아니라, 학교법인의 설립자가 이미 설립된 학교법인에 대하여 어떠한 법적 지위도 가지고 있지 않는 것으로 해석되므로 학교법인의 설립자 명의정정 또는 명의변경이 공권력의 행사 또는 이에 준하는 행정작용이라거나 그 거부행위가 신청인의 법률관계에 어떤 변동을 일으키는 것이라고 할 수 없고, 따라서 원고 종중의 설립자 명의정정신청을 거부한 이 사건 회신이 항고소송의 대상이 되는 거부처분에 해당한다고 할 수 없다”(대법원 1998.7.10. 선고 96누14036 판결)고 판시하여 학교법인의 설립자가 학교법인 설립자의 명의정정이나 명의변경을 요구할 수 있는 권리가 없는 것으로 보았다. 그런데 위와 같이 사립학교법이 재산출연자를 정관에 기재할 수 있도록 한 이후에도 판례는 "사립학교법 제10조의2 제1항은 학교법인이 정관에 일정한 재산을 출연한 자의 성명 및 생년월일, 출연재산의 내역과 평가기준, 금액, 출연자의 출연의사 등을 기재할 수 있다고 규정하고 있기는 하나, 위 규정으로 인하여 학교법인이 재산출연자를 정관에 기재하여야 할 의무를 부담하게 되었다고 보기는 어렵다"(대법원 2008.11.27. 선고 2008다46012 판결)고 하였다. 나아가 위 판례는 학교법인의 정관에 재산출연자로 기재되는지 여부에 의하여 재산출연자로서의 권리 또는 법률관계가 결정되거나 영향을 받는 것도 아니라고 하였으며, 재산출연자가 학교법인을 상대로 소로써 학교법인의 정관에 자신을 재산출연자로 기재하는 절차를 이행하라고 구하는 것은 법률상 권리보호의 이익이 없다고 하여 소로써 구할 수도 없다고 하였다.

㈐ 정관에 기재된 출연자의 변경 요구권이 있는지

한편 예컨대 현행 사립학교법은 재산출연자를 정관에 기재할 수 있도록 하고 있는데 당초 정관에 기재되었던 재산의 출연자를 변경하는 내용의 정관변경을 신청하였는데 주무관청이 이에 대하여 인가를 거부하였을 경우에 위 거부가 항고소송의 대상이 되는 거부처분에 해당할지 문제가 될 수 있을 것이다.

국민의 적극적 행위신청에 대하여 행정청이 그 신청에 따른 행위를 하지 않겠다고 거부한 행위가 항고소송의 대상이 되는 행정처분에 해당하는 것이라고 하려면, 그 신청한 행위가 공권력의 행사 또는 이에 준하는 행정작용이어야 하고 그 거부행위가 신청인의 법률관계에 어떤 변동을 일으키는 것이어야 하며(대법원 1989.12.12. 선고 89누5348 판결; 1998.2.24. 선고 96누5612 판결 등 참조), 그 국민에게 그 행위발동을 요구할 법규상 또는 조리상의 신청권이 있어야만 할 것이다(대법원 1984.10.23. 선고 84누227 판결; 1996.5.14. 선고 95누13081 판결 등 참조).

그런데 최근 공권의 확대경향, 사립학교법이 개정을 통하여 출연자를 정관에 기재할 수 있도록 하고 있다는 점, 위와 같이 사립학교법이 출연자를 정관에 기재할 수 있도록 한 것은 출연자의 출연의사와 명예를 법적으로 보호하기 위함일 것이라는 점 등을 고려해 보면 출연자가 정관에 기재됨으로써 얻는 이익은 법적으로 보호되는 이익으로 보아야 할 것이다. 그러므로 정당한 정관 변경에 대한 인가거부는 항고소송의 대상이 되는 처분이라고 보아야 한다.

(2) 그 외 임의적 기재사항

그 외에 필요에 따라 정관에 기재할 수 있는 임의적 기재사항으로는 이사회의 의사에 관한 사항(법 제18조), 이사장의 궐위나 사고시의 직무대행자(법 제19조 제2항), 사립학교법이 대학평의원회의 심의사항으로 인정하는 외에 대학평의원회의 심의사항으로 하고자 하는 교육에 관한 중요사항(법 제26조의2 제1항 제6호), 대학교육기관의 교원을 근무기간 · 급여 · 근무조건, 업적 및 성과약정 등에 관한 계약조건을 정하여 임용하고자 하는 경우 그에 관한 사항(법 제53조의2 제3항), 각급학교의 교원의 임용권자가 기간제교원의 임용을 학교의 교장에게 위임하는 경우 그 위임에 관한 사항(법 제54조의4 제1항), 교원이 사립학교법이 규정하고 있는 사유 이외의 휴직의 사유를 정하고자 할 때 그 휴직 사유(법 제59조 제1항 제12호), 사립학교교원으로서 20년 이상 근속한 자가 정년 전에 자진하여 퇴직하여 예산의 범위 안에서 명예퇴직수당을 지급하고자 하는 경우 이 명예퇴직수당의 지급대상범위 · 지급액 · 지급절차 기타 필요한 사항(법 제60조의3 제2항) 등이 있다.

라. 정관의 효력

(1) 법원(法源)으로서의 정관

정관은 법인의 조직 활동의 기본적인 사항을 규정한 규약이므로 법인의 운영은 정관에 따라야 한다. 다시 말하면 정관은 학교법인이 그 자주성의 발현으로 임의로 작성하는 것이지만 사립학교법의 법원에 속하는 것으로 행위규범, 재판규범으로 작용하는 것이다.

(2) 법령과 정관이 배치되는 경우

그러나 학교법인의 자치질서도 법질서의 범위 내에서 인정되는 것이므로 정관이 법령에 반하는 것은 효력이 없다. 판례는 학교법인의 정관에 예산내의 지출을 위하여 그 회계연도의 수입으로서 상환하는 차입금은 감독청의 허가를 받지 아니한다고 규정되어 있다 하더라도 그 입법취지에 비추어 강행규정으로 해석되는 사립학교법 제28조의 적용이 위 정관규정에 의하여 배제되는 것이라고 할 수 없다(대법원 1987.4.28. 선고 86다카2534 판결)고 하였다.

다만 사립학교법의 규정이 강행규정이 아니고 사립학교법의 규정 취지에 반하지 않으면 정관의 규율대상에게 사립학교법보다 더 유리하게 규정된 경우 그 정관은 유효한 것으로 인정된다.

판례는 "학교법인의 정관규정이 근무성적이 극히 불량한 교원에 대하여 바로 면직을 할 수 있는 것이 아니라 우선 직위해제처분과 함께 3월 이내의 기간 동안 대기를 명하였다가 그 기간 동안에 능력의 향상 또는 개전의 정이 없다고 인정된 때 비로소 징계위원회의 동의를 얻어 면직처분을 할 수 있도록 규정하고 있는 경우, 이는 사립학교법이 정하는 면직요건과 비교하여 교원에게 유리하게 규정하고 있으므로, 그것이 사립학교법상의 신분보장규정에 위반된 것이라고 할 수 없다"(대법원 1996.12.23. 선고 95다27295 판결)고 하였다.

하지만 판례는 사립학교법보다 더 불리하게 규정된 정관의 규정에 대해서는 효력을 인정하지 않는다. "사립학교법시행령은 1990. 4 .7. 법률 제4226호로 개정된 사립학교법 제62조 제2항의 규정에 저촉되는 종전의 규정을 삭제함으로써 신법 시행일인 1990. 4. 7. 이후에 계속되는 징계사건에 대하여는 신법 제62조 제2항의 규정에 의하여 구성된 교원징계위원회의 징계의결을 거치도록 하고 있으므로 이에 배치되는 학교법인의 교원징계위원회의 구성에 관한 구정관 규정은 당연히 효력을 잃게 되고 따라서 학교법인으로서는 개정된 법령에 따라 교원에 대한 징계를 하여야지 정관이 개정되지 아니하였다 하여 개정 전의 법령에 따라 마련된 개정 전 법령과 동일한 내용의 법령에 의한 징계를 할 수 없고 그렇게 하는 경우에는 법령에 위배된 징계로서 위법하고, 학교법인의 신정관 부칙이 신 사립학교법 시행일부터 신정관 시행일까지 사이에 계속된 징계사건에 대하여서도 구 사립학교법에 근거한 구정관에 따라 구성된 징계위원회의 의결을 거치도록 규정하였다면, 그 기간 중에 계속된 징계사건에 관한 한 신정관 부칙의 규정은 신법 규정에 저촉되어 효력이 없다"(대법원 1995.1.12. 선고 94누5854 판결)고 하였다.

결국 사립학교법과 배치되는 법인의 정관은 사립학교법의 강행규정에 반하는지 여부에 따라 그 효력 여부가 결정되는 것이고, 학교의 구성원과 관련해서는 사립학교법과 법인의 정관 중 유리한 규정이 적용되는 것이다. 사립학교의 구성원에 대하여 유리한 규정을 적용하고자 하는 것은 기본적으로 사립학교법의 교원 등 학교 구성원에 관한 규정이 이들의 권리를 보호하기 위하여 이루어진 것이라는 점에서 이해할 수 있다.

(3) 법령의 개정과 정관의 효력

그런데 정관의 제정 당시에는 사립학교법 등 법령에 반하지 않는 내용의 정관이었으나 나중에 사립학교법이 개정됨으로 인해서 정관이 사립학교법에 반하게 된 경우의 정관의 효력은 어떻게 될 것인지 문제가 된다. 판례는 구 사립학교법(1990. 4. 7. 법률 제4266호로 개정되기 전의 것)에 따른 학교법인의 정관은 개정된 사립학교법에 위배되지 않는 한 적법하게 인가변경 될 때까지 그 효력을 가짐은 당연하다 할 것이나, 개정 사립학교법의 시행으로 징계위원의 임용권자가 해당 학교법인으로, 징계위원의 자격이 해당 학교의 교원 또는 학교법인의 이사로 종전과 판이하게 달라졌음에도 불구하고, 구법의 교원징계에 관한 규정을 그대로 수용하여 징계위원의 임용권자는 해당 학교장으로 하고 징계위원의 자격은 해당 학교의 교원으로 제한하고 있었던 정관규정이 유효하다고 보는 것은 위와 같은 사립학교법의 개정취지를 전혀 무시하는 결과가 되어 받아들일 수 없다(대법원 1994.10.25. 선고 93다50635 판결)고 하였다. 위의 교원의 징계에 대한 사항은 교원의 신분보장이라는 사립학교법의 기본 이념과도 관련된 것인데 비단 위와 같은 교원의 징계에 관한 사항이 아니라고 하더라도 정관이 법령에 반하여 규정할 수 없는 이상 정관의 규정 내용이 법령에도 규정된 사항이고 그에 대한 법령이 개정됨으로 인하여 정관이 법령에 반하게 된 경우에는 그 정관은 효력을 상실한다고 보아야 할 것이다.

(4) 정관의 존중

그러나 학교법인의 자주성이 존중되어야 한다면 자주성의 근간이라고 할 수 있는 학교법인의 정관에 대해서도 폭넓게 그 유효성이 인정되어야 할 것이다. 학교법인의 정관에 당연퇴직사유의 하나로 '금고 이상의 형을 받고 그 집행유예의 기간이 완료된 날로부터 2년을 경과하지 아니한 자에 해당하게 된 때'를 규정하고 있는 경우에 위의 사유에 해당함을 이유로 당연퇴직을 시킨 사안에서 판례는 비록 정관 등에 규정된 당연퇴직사유에 의한 퇴직처리도 근로기준법의 제한을 받는 해고에 해당한다고 하더라도 그 정당성의 판단에 있어서는 이와 같은 당연퇴직 사유를 정한 것이 사회통념상 상당성을 인정하기 어렵다는 등의 특별한 사정이 없는 한 위 규정들의 취지는 존중되어야 할 것이라고 하였다(대법원 2005.6.10. 선고 2004두10548 판결).

마. 정관의 보충

학교법인을 설립하고자 하는 자가 정관의 필요적 기재사항 중 그 목적과 자산에 관한 사항만을 정하고 사망한 경우에는 교육부장관은 이해관계인의 청구에 의하여 그 외의 사항을 정할 수 있다(사립학교법 제11조 제1항). 이때 이해관계인이 없거나 그 청구가 없을 때에는 과학기술부장관이 직권으로 그 외의 사항을 정할 수 있다(사립학교법 제11조 제2항). 사실상 학교법인에게 가장 중요한 요소가 목적과 자산이라고 할 수 있을 것이다. 목적이 교육과 관련된 것이 아니라면 학교법인으로 성립될 수 없고, 자산에 관한 사항을 유언으로 남기지 않았다면 학교법인의 성립이 불가능하게 되기 때문이다. 따라서 정관의 필요적 기재사항 중 적어도 위의 두 가지 사항에 대하여는 정하고 사망하였을 경우에 교육부장관이 그 외의 사항을 정할 수 있는 것이고, 둘 중의 하나라도 흠결되었다면 교육부장관이 학교법인의 정관에 관한 그 이외의 사항을 정할 수 없다고 보아야 할 것이다. 한편 위 두 가지 사항 이외에 추가적인 사항을 정하고 사망하였다고 하더라도 그러한 정해진 사항만으로는 학교법인 설립이 불가능한 경우에도 교육부장관이 그 이외의 사항에 대하여 정할 수 있다고 보아야 한다.

교육부장관이 정관의 보충을 하고자 할 때에는 그 뜻을 공고하여야 하는데 공고는 전국을 보급대상으로 하는 일간신문에 의하되, 3회 이상 게재하여야 한다. 그리고 위 공고에는 해당 정관의 보충에 대하여 이의가 있는 자는 공고일로부터 2월 이내에 이의를 제출할 것을 표시하여야 한다(사립학교법시행령 제6조).

바. 정관의 변경

(1) 정관변경의 방법

학교법인의 정관을 변경하려면 이사 정수의 3분의 2 이상의 찬성으로 이사회의 의결을 거쳐야 한다. 이처럼 정관을 변경한 경우에는 교육부장관이 정하여 고시하는 서류를 갖추어 14일 이내에 교육부장관에게 보고하여야 한다. 보고를 받은 교육부장관은 변경된 사항이 법령에 위반된다고 판단하면 30일 이내에 해당 학교법인에 시정 또는 변경을 명할 수 있다. 시정 또는 변경 명령을 받은 학교법인은 지체 없이 이를 시정하거나 변경하고, 그 사실을 교육부장관에게 보고하여야 한다(사립학교법 제45조). 과거의 사립학교법은 정관변경을 위해서는 교육부의 인가를 받아야 한다고 하여 변경된 정관은 인가를 받아야 효력이 발생하는 것으로 해석될 수 있었다. 그러나 위와 같은 개정으로 인하여 변경된 정관은 이사회의 의결을 마침과 동시에 효력을 가지는 것으로 해석된다. 물론 정관에 효력의 발생일에 대하여 별도로 규정하고 있다면 그에 따라야 될 것이다.

민법은 재단법인의 정관은 그 변경방법을 정관에 정한 때에 한하여 변경할 수 있다(민법 제45조 제1항)고 규정하고 있으나 위의 사립학교법 규정에 따라 정관에 변경방법에 관한 규정이 없다고 하더라도 이사회의 의결에 의하여 정관을 변경할 수 있다.

재단법인의 목적을 달성할 수 없는 때에는 설립자나 이사는 주무관청의 허가를 얻어 설립의 취지를 참작하여 그 목적 기타 정관의 규정을 변경할 수 있다(민법 제46조). 이러한 민법 제46조는 재단법인의 정관에 그 변경방법에 관한 규정의 유무에 관계없이 적용된다(대법원 1978.3.28. 선고 75다1299 판결).

교육부장관의 인가를 받기 위한 인가신청서에는 변경사항(신·구)을 기재한 서류, 이사회회의록 사본을 첨부하여야 한다(사립학교법시행령 제18조 제1항).

이때 정관의 변경이 해당 학교법인이 그가 설치·경영하고 있는 학교와 다른 사립학교를 새로이 설치하기 위한 것인 경우에는 제1항의 서류 이외에 제4조 제1항 제3호 내지 제8호인 재산목록, 재산출연증서, 재산출연자의 인감증명, 재산의 소유권증명(건물등기부 등본 및 토지등기부 등본 외의 것), 재산의 평가조서(이상의 서류는 증자하는 경우에 한한다), 재산의 수익조서와 제14호인 수익사업을 하는 경우 정관변경 후 3년간의 예산서가 포함된 사업계획서를 더 첨부하여야 한다(사립학교법시행령 제18조 제2항).

반면에 정관의 변경이 해당 학교법인이 그가 설치·경영하던 사립학교를 폐지하기 위한 것인 경우에는 제1항의 서류 이외에 그 폐지하고자 하는 사립학교의 재산처리와 학생조치에 관한 사항을 기재한 서류를 그 인가신청서에 첨부하여야 한다(사립학교법시행령 제18조 제3항).

(2) 실무에서의 정관변경 절차

실무에서의 정관변경절차를 살펴보면 ① 정관기재사항에 대한 법령이 변경되거나 학교법인 자체에 정관을 변경할 사유가 발생하면, ② 회의 7일 전에 이사회를 소집하여 ③ 이사 정수 3분의 2 이상의 찬성에 의하여 의결을 한 후 ④ 정관의 신구대조표 및 이사회회의록 사본을 첨부하여 관할청에 정관변경의 보고를 한다. ⑤ 관할청의 시정이나 변경명령이 없으면 ⑥ 관할 법원에 변경사항을 등기함으로써 정관이 변경된다.

(3) 정관에 대한 시정 또는 변경명령의 법적 성질

과거에는 관할청의 인가가 있어야 변경된 정관의 효력이 발생하였고 행정청의 사립학교 정관변경에 대한 인가는 기본행위인 사립학교의 정관변경에 대한 법률상의 효력을 완성시키는 보충행위로 인정되었다(대법원 2004.10.28. 선고 2002두10766 판결). 그러나 현행법상으로는 이사회 의결을 거침으로써 정관의 효력이 발생하고 다만 관할청에 사후보고만 하면 된다. 이때 관할청은 변경된 정관에 대하여 시정이나 변경명령을 할 수 있는데 이러한 시정이나 변경명령만으로 정관이 시정 또는 변경되는 것은 아닐 것이다. 따라서 만약 위와 같은 시정 또는 변경명령이 있더라도 학교법인이 이에 따르지 않는다면 변경된 정관의 효력이 그대로 유지될 수밖에 없는 것이다. 학교법인으로서는 관할청의 시정 또는 변경명령에 대하여 그 취소를 구하는 행정소송을 하여 다툴 수도 있을 것이고, 판결이 확정될 때까지 정관의 효력이 유지될 수 있다. 관할청으로서는 사립학교법 등에 규정된 권한을 이용하여 시정 또는 변경을 강제하게 될 것이다.

4. 설립허가

가. 설립허가

학교법인 설립을 위해서는 재산출연, 정관작성을 하여 교육부장관의 허가를 받아야 한다(사립학교법 제10조 제1항). 법인은 법률에 의해서만 성립되고, 법인의 설립에는 허가주의, 인가주의, 준칙주의 등이 있으나 학교법인의 경우에는 허가주의를 따르고 있다. 일반적으로 법인이라면 사인들이 설립하는 것이므로 자유롭게 설립할 수 있어야 할 것이나 이러한 법인설립이 행정청의 재량에 의하여 결정되도록 한 것이 허가주의이다.

허가주의를 취한 취지는 비영리의 미명하에 부정한 목적으로 법인을 설립하는 것을 방지하기 위함이다. 허가는 행정관청의 자유재량이므로 허가를 얻지 못하더라도 행정소송의 대상이 되지는 않는다. 물론 허가거부처분에 재량권의 일탈이나 남용이 있다면 행정소송의 대상이 될 것이다. 판례는 "민법상의 비영리법인의 허가와 관련하여, 현행 법령상 비영리법인의 설립허가에 관한 구체적인 기준이 정하여져 있지 아니하므로, 비영리법인의 설립허가를 할 것인지 여부는 주무관청의 정책적 판단에 따른 재량에 맡겨져 있다. 따라서 주무관청의 법인설립 불허가처분에 사실의 기초를 결여하였다든지 또는 사회관념상 현저하게 타당성을 잃었다는 등의 사유가 있지 아니하고, 주무관청이 그와 같은 결론에 이르게 된 판단과정에 일응의 합리성이 있음을 부정할 수 없는 경우에는, 다른 특별한 사정이 없는 한 그 불허가처분에 재량권을 일탈·남용한 위법이 있다고 할 수 없다"(대법원 1996.9.10. 선고 95누18437 판결)고 하였다. 그런데 사립학교법에 의한 학교법인은 민법의 비영리법인에 비하여 그 공공성이 더 크다고 할 수 있으므로 관할청이 허가 여부에 대한 재량권도 더욱 넓게 인정되어야 할 필요가 있다. 한편 법원은 유언집행자가 유언에 따른 재단법인을 설립함에 있어 설립자에 의하여 이사로 지명된 자를 이사로 선임하지 아니하고 재단법인의 목적 등을 유언과 달리하여 재단법인 설립허가 신청을 하였음에도 주무관청이 이를 허가하자 당초 설립자에 의하여 이사로 지명된 자가 위 허가처분의 취소를 구한 사건에서 위 설립자에 의하여 이사로 지명된 자는 유언에 의하여 적법하게 설립될 재단법인의 이사로 취임할 수 있는 직접적이고 구체적인 법률상 이익을 침해하였다고 하여 설립될 법인의 이사로 지명된 자에게 위 허가처분을 다툴 원고적격이 있다고 하였고, 주무관청의 설립허가는 취소하는 것으로 확정하였다(대법원 1994.5.27. 선고 93누23374 판결).

나. 설립허가신청

학교법인의 설립허가신청서에는 ① 설립취지서, ② 정관, ③ 재산목록, ④ 재산출연증서, ⑤ 재산출연자의 인감증명, ⑥ 재산의 소유권증명(건물등기부 등본 및 토지등기부 등본 외의 것), ⑦ 재산의 평가조서, ⑧ 재산의 수익조서, ⑨ 임원의 이력서, ⑩ 임원의 신원증명서, ⑪ 임원의 취임승낙서, ⑫ 임원의 가족관계등록부 증명서, ⑬ 임원상호간의 관계에 있어서 법 제21조 제2항 및 동조 제4항의 규정에 저촉되지 아니함을 입증하는 각서, ⑭ 수익사업을 하는 경우에는 설립 후 3년간의 사업계획서(예산서 첨부) 등의 서류를 첨부하여야 한다(사립학교법시행령 제4조 제1항).

위 첨부서류 중 ③ 재산목록은 기본재산과 보통재산으로 구분하여 작성하되, 기본재산은 교육용 기본재산과 수익용 기본재산으로 구분하여야 한다(사립학교법시행령 제4조 제2항).

학교법인의 재산 중 ① 부동산, ② 정관에 의하여 기본재산으로 되는 재산, ③ 이사회의 결의에 의하여 기본재산에 편입되는 재산, ④ 학교법인에 속하는 회계의 매년도 세계잉여금 중 적립금에 해당하는 재산은 기본재산으로 한다(사립학교법시행령 제5조 제1항). 그리고 그 이외의 재산은 보통재산으로 한다(사립학교법시행령 제5조 제2항).

⑦ 재산의 평가조서에는 「부동산가격공시 및 감정평가에 관한 법률」에 의한 감정평가업자의 감정평가서를 첨부하여야 한다(사립학교법시행령 제4조 제3항).

⑧ 재산의 수익조서에는 공인된 감정평가기관의 수익증명 또는 수익을 증명할 수 있는 기관의 증빙서류를 첨부하여야 한다(사립학교법시행령 제4조 제4항).

위 설립허가신청서를 제출받은 교육부장관은 「전자정부법」 제36조 제1항에 따른 행정정보의 공동이용을 통하여 재산의 소유권을 증명하는 건물등기부 등본 및 토지등기부 등본을 확인하여야 한다(사립학교법시행령 제4조 제5항).

고등학교 이하 각급학교를 운영하기 위한 학교법인 설립허가 신청을 받은 관청은 허가 신청을 받은 날부터 3월 이내에 신청인에게 허가여부를 통보하여야 한다(고등학교 이하 각급학교 설립·운영규정시행규칙 제3조).

5. 설립의 등기

가. 등기사항 및 등기시기

학교법인은 설립허가를 받은 때에는 3주일 내에 ① 목적, ② 명칭, ③ 사무소, ④ 설립허가의 연월일, ⑤ 존립시기나 해산사유를 정한 때에는 그 시기 또는 사유, ⑥ 자산의 총액, ⑦ 출자의 방법을 정한 때에는 그 방법, ⑧ 이사의 성명·주소 등의 등기사항을 등기하여야 한다(사립학교법 제8조 제1항). 이와 같이 등기한 사항은 법원이 지체 없이 공고하여야 한다(사립학교법 제8조 제3항).

학교법인은 설립허가를 받은 후 그 주된 사무소의 소재지에서 설립의 등기를 함으로써 비로소 성립한다(사립학교법 제12조). 설립의 등기는 법인의 성립요건이다.

나. 사무소 이전의 등기

법인이 그 사무소를 이전하는 때에는 구소재지에서는 3주간 내에 이전등기를 하고 신소재지에서는 동 기간 내에 사립학교법 제8조 제1항에 게기한 사항을 등기하여야 한다(사립학교법 제13조에 의하여 준용되는 민법 제49조 제2항이 등기사항을 규정하고 있으나 사립학교법 제8조 제1항이 별도로 등기사항을 규정하고 있는 이상 위 사립학교법이 규정하고 있는 등기사항을 등기하여야 할 것이다). 동일한 등기소의 관할구역 내에서 사무소를 이전한 때에는 그 이전한 것을 등기하면 된다(민법 제51조, 사립학교법 제13조).

다. 변경등기

이러한 등기사항 중에 변경이 있는 때에는 3주간 내에 변경등기를 하여야 한다(민법 제52조, 사립학교법 제13조). 마찬가지로 등기사항에 변경이 생겼으나 등기를 게을리하여 변경된 사항에 대하여 등기를 하지 않았다면 변경된 사항에 대해서는 제3자에 대하여 대항할 수 없다.

라. 직무집행정지 등 가처분의 등기

이사의 직무집행을 정지하거나 직무대행자를 선임하는 가처분을 하거나 그 가처분을 변경 · 취소하는 경우에는 주사무소와 분사무소가 있는 곳의 등기소에서 이를 등기하여야 한다(민법 제52조의2, 사립학교법 제13조).

마. 등기기간의 기산(起算)

등기할 사항으로 관청의 허가를 요하는 것은 그 허가서가 도착한 날로부터 등기의 기간을 기산한다(민법 제53조, 사립학교법 제13조).

바. 등기의 효력

(1) 대 항 력

위와 같이 학교법인이 등기하여야 할 사항은 등기한 후가 아니면 제3자에게 대항하지 못한다(사립학교법 제8조 제2항). 법인과 거래하는 제3자로서는 법률에 의하여 권리능력이 인정되는 사람의 집합(사단법인) 또는 재산의 집합(재단법인)의 실체를 알 수가 없어서 불의의 피해를 입을 수 있고, 이는 결과적으로 법인의 활동을 위축시킬 수밖에 없다. 따라서 법인과 거래하는 제3자를 보호하기 위하여 외부에 공시하는 제도로서 등기제도를 인정하고 있는 것이다. 이러한 점에서 등기하여야 할 사항에 대해서는 등기하지 아니하면 법인 내부적으로 결정된 법률관계라고 하더라도 이를 제3자에 대해서는 주장할 수는 없는데 이를 대항력이라고 한다. 물론 등기하지 않은 사항이라고 하더라도 적법하게 성립된 법률관계라면 법인 내부에서는 그 효력을 가진다.

(2) 공신력에 대하여

실제로는 권리관계가 없음에도 불구하고 권리관계가 있는 것 같이 생각되는 사실이 있는 경우에, 그 외형을 믿고 거래를 한 사람을 보호하고 실제로 권리관계가 있는 것과 같은 법률효과를 인정하려고 하는 법률원칙을 공신의 원칙이라고 한다. 등기는 등기사항이 그대로 존재하는 것으로 공시를 하는 것이다. 이러한 등기에 공신의 원칙이 적용되는 경우 등기에 공신력이 있다고 한다. 대표적인 등기인 부동산등기에도 우리나라는 공신력을 인정하지 않고 있다. 법인등기의 경우에도 공신력은 인정되지 않고 있는 것으로 판단된다. 법인등기에 공신력이 인정되지 않으면 학교법인의 임원으로 선임되지 않았거나 선임절차에 무효사유가 존재하여 사실상 임원이 아님에도 불구하고 임원으로 등기된 경우에 이러한 등기를 믿고 임원과 거래관계를 가졌다고 하더라도 위와 같이 거래관계를 맺은 제3자는 보호받지 못하는 결과에 이르게 된다. 그러나 법인등기는 법인에 의하여 이루어진 것임에도 그러한 등기를 신뢰한 제3자만 피해를 입게 된다는 것은 부당하다. 이때의 제3자는 민법의 표현대리에 의하여 등기된 이사와의 거래관계의 효력을 학교법인에게 주장할 수 있다고 보아야 한다. 다만 이러한 제3자의 보호는 표현대리에 의한 것이지 법인등기의 공신력 때문은 아닌 것이다.

6. 재산이전의 보고

설립등기를 마친 학교법인은 지체 없이 재산출연을 증빙할 수 있는 등기사항증명서 및 금융기관의 증명서 등 대통령령이 정하는 서류를 첨부하여 관할청에 재산출연결과를 보고하여야 한다(사립학교법 제8조의2).

① 재산출연결과의 보고는 등기를 한 날부터 3월 안에 관할청에 하여야 하는데 보고에는 ① 재산목록, ② 출연증서, ③ 인감증명, ④ 금융기관의 증명서 등의 서류를 첨부하여야 한다(사립학교법시행령 제3조의2 제1항). 그리고 위의 서류를 제출받은 관할청은 「전자정부법」 제36조 제1항에 따른 행정정보의 공동이용을 통하여 학교법인의 등기부등본을 확인하여야 한다(사립학교법시행령 제3조의2 제2항).

7. 학교법인의 주소

가. 주 소 지

학교법인의 주소는 그 주된 사무소의 소재지에 있는 것으로 한다(사립학교법 제7조).

나. 분사무소

법인이 분사무소를 설치한 때에는 주사무소 소재지에서는 3주간 내에 분사무소를 설치한 것을 등기하고 그 분사무소 소재지에서는 동 기간 내에 전조 제2항의 사항(설립등기사항)을 등기하고 다른 분사무소 소재지에서는 동 기간 내에 그 분사무소를 설치한 것을 등기하여야 한다(민법 제50조 제1항). 그리고 주사무소 또는 분사무소의 소재지를 관할하는 등기소의 관할구역 내에 분사무소를 설치한 때에는 전항의 기간 내에 그 사무소를 설치한 것을 등기하면 된다(사립학교법 제50조 제2항).

위와 같은 규정들을 볼 때 학교법인의 경우도 분사무소의 설치는 당연히 가능할 것이고 특히 위 관련법규에 의하여 분사무소 설치의 장소에 대하여 특별히 제한을 두고 있지 않으므로 분사무소를 해외에 두는 것도 가능할 것이다.

다만 사립학교법은 학교법인의 사무소의 소재지를 필요적 정관기재사항으로 하고 있고(사립학교법 제10조 제1항 제4호), 사무소도 등기사항으로 하고 있는데(사립학교법 제8조 제1항 제3호) 이때의 사무소는 주된 사무소 외에 분사무소도 포함하는 것으로 해석되고 민법도 분사무소의 등기에 대하여 규정(민법 제50조)하고 있는 이상 기존에 없던 분사무소를 새로 설치하거나 기존의 분사무소를 변경하는 경우에는 정관을 변경하고 등기를 하여야 할 것이다.

다. 법인의 주소와 경영학교의 주소

위에서도 설명한 바와 같이 학교법인의 주소는 주된 사무소의 소재지에 있는 것으로 한다는 규정만 있고, 학교법인의 주소와 그 학교법인이 경영하는 학교의 주소가 동일하여야 하는지에 대하여는 규정이 없다. 편의성과 비용 등의 이유 때문에 대부분의 학교법인은 경영하는 학교 내에 주소를 두고 있다. 하지만 학교법인이 다수의 학교를 경영하는 경우도 있는 것이고, 이때는 학교법인의 주소와 학교의 주소가 다를 수밖에 없을 것이다. 그리고 법률에 특별한 제한이 없으므로 학교법인은 그 주소지와 다른 지역에서의 학교의 경영도 가능하다.

제3절 | 학교법인의 능력

학교법인의 권리능력과 불법행위능력에 관하여는 민법 제34조, 제35조의 규정이 준용된다(사립학교법 제9조).

1. 학교법인의 권리능력

가. 학교법인의 권리능력

민법은 법인이 법률의 규정에 좇아 정관으로 정한 목적의 범위 내에서 권리와 의무의 주체가 된다(민법 제34조). 이러한 법인의 권리능력에 대하여는 법인의 본질론에 따라 권리능력의 인정여부, 권리능력의 범위가 달라진다. 법인부인설은 법인의 권리능력 자체를 인정하지 않고, 법인의제설에 의하면 법인은 법에 의하여 권리능력을 가지고 있는 것으로 의제되어 있는 것이어서 법인의 목적범위 내에서만 권리능력을 가지게 된다. 반면 법인실재설에서는 법인은 당연히 권리능력을 가지고 그 범위도 넓게 인정한다.

나. 학교법인의 권리능력의 제한

법인도 자신의 이름을 가지고, 주소를 가지고 있으며 자신의 이름으로 권리와 의무를 가지나 자연인이 아니므로 자연인임을 전제로 한 권리는 가질 수 없다. 즉, 재산권은 가질 수 있으나 친족권이나 상속권 등 가족법상의 권리는 가질 수 없다. 다만 포괄유증을 받음으로써 상속을 받는 것과 같은 효과를 가져 올 수 있고, 유증에 의한 재단법인의 설립도 상속과 같은 법률효과를 가져온다.

그리고 법인의 권리능력은 법률에 의하여 제한되는 경우도 있다. 예컨대 청산법인이나 청산회사의 권리능력은 청산의 목적범위 내로 한정된다(민법 제81조, 상법 제245조. 이는 사실상 목적에 의한 제한으로 볼 수도 있을 것이다).

한편 각각의 특별법이 해당 법이 규율하는 법인의 권리능력을 제한하는 경우가 있는데 사립학교법의 경우도 학교법인의 권리능력을 제한하고 있는 규정이 있다. 예컨대 사립학교법 제28조는 학교법인이 학교법인의 재산을 매도·증여·교환 또는 용도변경하거나 담보에 제공하고자 할 때 또는 의무의 부담이나 권리의 포기를 하고자 할 때에 학교법인의 재산임에도 임의로 하지 못하고 관할청의 허가를 받아야만 할 수 있도록 하고 있으며 학교교육에 직접 사용되는 학교법인의 재산 중 일정한 재산에 대하여는 아예 매도나 담보제공을 할 수 없도록 하고 있다.

법인은 일정한 목적을 위하여 법에 의하여 설립되는 것이므로 법인의 권리능력은 법인의 목적에 의해서도 제한된다. 그런데 이와 같이 법인의 목적에 의하여 법인의 권리능력을 제한하는 범위를 어느 정도로 할 것인지가 문제된다. 이러한 제한의 범위는 법인의 종류와 법인의 목적 등과 함께 법인과 거래하는 제3자의 보호 등을 종합적으로 고려하되, 법인이 그 목적을 원활히 달성하도록 하기 위해서는 법인의 목적에 반하지 않는 한 권리능력의 범위를 폭넓게 해석하는 것이 옳을 것이다. 판례는 "목적 범위 내의 행위라 함은 법률이나 정관에 명시된 목적 자체에 국한되는 것이 아니라 그 목적을 수행하는 데 있어 직접, 간접으로 필요한 행위는 모두 포함된다."(대법원 2007.1.26. 선고 2004도1632 판결, 대법원 2001.9.21. 자 2000그98 결정)고 한다.

다. 법인의 인격권, 명예

법인도 권리능력을 가지는 것과 같이 자연인임을 전제로 하는 것이 아닌 한 헌법상의 기본권을 가진다. 특히 법인의 경우도 인격권을 가지고 있는지가 문제된다.

헌법재판소는 법인의 사죄광고와 관련하여 민법 제764조가 사죄광고를 포함하는 취지라면 그에 의한 기본권제한에 있어서 그 선택된 수단이 목적에 적합하지 않을 뿐만 아니라 그 정도 또한 과잉하여 비례의 원칙이 정한 한계를 벗어난 것으로 헌법 제37조 제2항에 의하여 정당화될 수 없는 것으로서 헌법 제19조에 위반되는 동시에 헌법상 보장되는 인격권의 침해에 이르게 된다(1991.4.1. 89헌마160)고 하여 법인의 인격권도 인정하였다. 그 판시내용 중에 "사죄광고 과정에서는 자연인이든 법인이든 인격의 자유로운 발현을 위해 보호받아야 할 인격권이 무시되고……"라는 표현에서도 법인에게도 인격권이 있음을 당연한 전제로 하고 있음을 알 수 있다.

대법원도 "학교를 설립·운영하는 법인과 그 교장은 자신들의 인격권을 침해하는 위법한 표현행위 등에 대하여 부작위청구권을 행사하는 권리주체가 될 수 있으며, 나아가 학교에 대한 운영주체로서 그 시설관리권 등에 근거하여 면학분위기를 해치는 위법행위에 대한 방해예방청구 등 부작위청구권을 행사할 수 있다"(대법원 2006.5.26. 선고 2004다62597 판결)고 하여 법인의 인격권을 인정하고 있다. 이에 나아가 위 판례는 법인의 재판청구권까지도 인정하고 있음을 알 수 있다.

한편 민법 제764조는 타인의 명예를 훼손한 자에 대하여는 법원은 피해자의 청구에 의하여 손해배상에 가름하거나 손해배상과 함께 명예회복에 적당한 처분을 명할 수 있다고 규정하고 있는데 이와 관련하여 판례는 "민법 제764조에서 말하는 명예라 함은 사람의 품성, 덕행, 명예, 신용 등 세상으로부터 받는 객관적인 평가를 말하는 것이고 특히 법인의 경우에는 그 사회적 명예, 신용을 가리키는 데 다름없는 것으로 명예를 훼손한다는 것은 그 사회적 평가를 침해하는 것을 말하고 이와 같은 법인의 명예가 훼손된 경우에 그 법인은 상대방에 대하여 불법행위로 인한 손해배상과 함께 명예 회복에 적당한 처분을 청구할 수 있고, 종중과 같이 소송상 당사자능력이 있는 비법인사단 역시 마찬가지이다"(대법원 1997.10.24. 선고 96다17851 판결)고 판시하였다. 위 판례에서는 법인이 민법 제764조에서 말하는 명예의 주체가 됨은 물론 민법 제764조에 의하여 법인의 명예회복을 위하여 적당한 처분을 구할 수도 있다는 것을 밝히고 있다.

다만 판례는 법인에 대한 명예훼손이 불법행위(민법 제750조)를 구성하기 위해서는 일정한 사실이 단지 언론에 보도되었다는 것만으로는 부족하고 법인의 목적사업 수행에 영향을 미칠 정도로 법인의 사회적 명성, 신용을 훼손하여 법인의 사회적 평가가 침해된 경우라야 한다(대법원 1999.10.22. 선고 98다6381 판결)고 한다.

또한 형법이 규정하고 있는 명예훼손죄(형법 제307조)에 있어서의 명예의 주체가 될 수 있다는 점에 대하여도 이론이 없다.

2. 법인의 행위능력

법인이 타인과의 관계에서 의사를 결정하여 이를 표시하거나 타인의 의사표시를 수령하는 법률행위를 하기 위해서는 법인이 이러한 의사결정과 의사의 표시 및 수령의 능력을 가지고 있어야 한다. 이를 행위능력이라고 한다. 그런데 민법은 이러한 법인의 행위능력에 대하여 아무런 규정도 두고 있지 않다.

사실 법인은 관념적인 존재이므로 법인 자신이 행위를 할 수는 없고 결국 자연인이 행위를 하여야 한다. 법인의제설은 기관이라는 대리인을 통하여 행위를 한다고 하고, 법인실재설은 법인 자체도 의사를 가지고 있는 것이고 기관의 행위가 곧 법인의 행위라고 한다. 법인이 권리능력을 가지고 있는 한 이러한 권리능력을 행사하기 위해서 법인의 권리능력의 범위 내에서 행위능력을 가진다고 보아야 할 것이다. 그러나 어느 학설에 의하더라도 법인은 현실적으로 자연인에 의하여 행위를 할 수밖에 없다. 그런데 법인은 일정한 목적 범위 내에서만 권리와 의무의 주체가 되므로 이러한 목적 범위를 벗어난 행위는 법인의 행위로서의 의미를 가질 수 없다. 법인의 목적에 반하지 않는 한 권리능력의 범위를 폭넓게 해석하는 것이 옳은 것처럼 법인의 행위능력도 그의 권리능력의 범위에 속하는 권리와 의무를 얻기 위한 모든 행위를 할 수 있다고 행위능력의 범위를 폭넓게 인정하는 것이 옳을 것이다. 법인의 행위능력의 범위는 사실상 권리능력의 범위와 일치한다고 할 수 있다. 법인의 행위능력의 범위를 벗어난 대표기관의 행위는 법인의 행위로서 인정되지 않으며, 대표기관 개인의 행위에 지나지 않게 된다.

3. 법인의 불법행위능력 및 불법행위책임

가. 법인의 불법행위능력

법인이 권리능력과 행위능력을 가지고 법률행위를 하는 한 법인의 고의나 과실로 인하여 제3자에게 손해를 일으키는 경우가 발생할 수 있다. 이때 피해자인 제3자를 보호하기 위해서는 법인에게도 불법행위능력을 인정해야 한다.[14] 행위능력이 유효하게 법률행위를 할 수 있는 능력이므로 불법행위능력은 법인이 유효하게 불법행위를 할 수 있는 능력이라고 할 수 있다. 법인에게 불법행위능력이 있어야 법인이 위법행위를 한 경우에 불법행위가 성립할 수 있고, 이러한 불법행위가 성립되어야 민사상, 형사상의 책임을 물을 수 있는 것이며 이로써 상대방인 제3자가 보호받을 수 있는 것이다.

---

14) 법인의제설은 법인의 행위능력을 부인하므로 당연히 불법행위능력도 인정하지 않는데 거래의 안전을 위하여 정책적으로 법인의 불법행위책임에 관하여 규정하였을 뿐이라고 한다. 이에 반해 법인실재설은 법인의 행위능력을 인정하므로 당연히 법인의 불법행위능력도 인정하고 법인은 자신의 불법행위에 대하여 법인 자신이 책임을 져야 한다고 한다.

나. 민법 제35조의 불법행위책임

이에 민법은 법인의 불법행위능력을 인정하는 규정을 두고 있고, 사립학교법은 위와 같은 민법의 법인의 불법행위능력에 관한 규정을 준용하고 있다(사립학교법 제9조). 즉 법인은 이사 기타 대표자가 그 직무에 관하여 타인에게 가한 손해를 배상할 책임이 있다. 그러나 법인에게 손해배상책임이 인정되더라도 이사 기타 대표자는 이로 인하여 자기의 손해배상책임을 면하지 못한다(민법 제35조 제1항). 그리고 법인의 목적범위 외의 행위로 인하여 타인에게 손해를 가한 때에는 그 사항의 의결에 찬성하거나 그 의결을 집행한 사원, 이사 및 기타 대표자가 연대하여 배상하여야 한다(민법 제35조 제2항).

다. 법인의 불법행위책임발생의 요건

(1) 대표기관

법인의 불법행위책임이 발생하기 위해서는 이사 기타 대표자가 불법행위를 하였어야 한다. 법인실재설이나 법인의제설 모두 법인은 기관을 통하여 행위를 하기 때문이다. 따라서 이사 기타 대표자 이외의 자는 불법행위를 하더라도 법인의 불법행위책임이 성립하지는 않는다.

㈎ 민법의 이사

민법 제59조 제1항은 이사는 각자 법인을 대표한다고 한다. 민법상의 법인의 이사는 법인의 사무에 관하여 각자 법인을 대표하는 것이다. 대표하는 사무는 법인의 모든 사무로 제한이 없고, 각자 대표하므로 이사가 수인 있어도 각 이사는 단독으로 대표할 수 있는 단독대표가 된다(단독대표의 원칙). 따라서 통상적으로는 이사의 불법행위도 법인의 불법행위가 될 것이다. 이때 피해자를 보호하기 위한 민법 제35조의 취지상 이사에게 대표권이 없다고 하더라도 이사의 불법행위에는 법인의 손해배상책임을 인정해야 한다는 견해도 있다.[15]

㈏ 사립학교법의 이사

위와 같이 민법의 이사는 이사 각자가 법인을 대표하나 사립학교법은 이사장이 학교법인을 대표하고 이사장이 사립학교법과 정관에 규정된 직무를 행

---

15) 이은영, 민법총칙(박영사, 2009), 284면.

하며 기타 학교법인 내부의 사무를 통할한다고 규정하고 있다(사립학교법 제19조 제1항). 이사는 이사회에 출석하여 학교법인의 업무에 관한 사항을 심의·결정하며, 이사회 또는 이사장으로부터 위임받은 사항을 처리할 뿐이다(사립학교법 제19조 제3항). 따라서 사립학교법상 학교법인의 이사는 대외적으로 학교법인을 대표할 권한이 없음은 물론 대내적으로도 학교법인의 업무를 독자적으로 처리할 권한도 없다. 사립학교법 제42조는 민법의 규정을 준용하는 규정인데 위 조항은 법인이 채무를 완제하지 못하게 된 때에는 이사는 지체 없이 파산신청을 하여야 한다는 민법 제79조를 준용하면서 위 민법 제79조의 '이사'는 '이사장'으로 한다고 한다. 이러한 점을 보더라도 학교법인은 이사장만이 대표임을 알 수 있다. 그렇다면 학교법인의 경우는 이사가 대표기관이 아니므로 이사의 불법행위로 인하여 제3자에게 손해를 끼쳤을 경우라도 학교법인이 민법 제35조에 의한 손해배상책임을 지는 것은 아니다. 판례는 민법 제35조에서 말하는 '이사 기타 대표자'는 법인의 대표기관을 의미하는 것이고 대표권이 없는 이사는 법인의 기관이기는 하지만 대표기관은 아니기 때문에 그들의 행위로 인하여 법인의 불법행위가 성립하지 않는다(대법원 2005.12.23. 선고 2003다30159 판결)고 하였다. 위 판례 사안은 학교법인의 이사가 법인의 자금에 관한 업무를 담당하고 있었으나 제3자(금융기관)로부터 예금을 인출할 당시 법인으로부터 이 사건 예금을 인출할 권한을 부여받은 바 없고 그 밖에 예금을 인출할 다른 정당한 권한도 없었으며, 은행도 위와 같은 사실을 잘 알고 있었던 사안이었다.

결국 학교법인의 경우는 민법 제35조에 의하여 학교법인이 불법행위책임을 부담하게 되는 학교법인의 대표기관은 이사장이고 그 외 이사장의 직위를 맡은 임시이사, 이사장의 권한에 대한 특별대리인 등이 있을 수 있을 것이다.

㈐ 학교법인의 고유한 불법행위

오늘날에는 법인이 다양한 활동을 하는 조직체로 존재하기 때문에 그 영향으로 법인에 의한 불법행위도 다양하게 발생할 가능성이 커지고 있다. 위에서 설명한 대표기관의 불법행위 외에도 법인의 대표기관의 행위와는 무관하게 법인의 불법행위가 이루어지고 이로 인해 제3자에게 손해가 발생할 수 있게 된 것이다. 예컨대 학교법인 소유의 공작물이 붕괴되어 법인이 공작물책임(민법 제758조)을 져야 하거나 법인 소유의 공장이 환경오염을 야기한 경우(법인이 수익사업을 하는 경우에는 이러한 문제도 발생할 가능성이 있다), 법인 소유의 자동차가 사고를 일으켜 법인이 자동차운행자로서 손해배상책임을 부담하는 경우(자동차손해배상보장법 제3조) 등에는 법인의 대표기관의 행위가 존재하지 않음에도 불구하고 법인의 불법행위책임이 성립하게 된다. 이러한 경우에는 민법 제35조 제1항이 아닌 제750조에 의하여 직접 불법행위책임을 져야 할 것인데[16] 사립학교법에 민법 제750조를 준용하는 규정이 없다고 하여도 마찬가지이다.

판례는 "직위해제처분을 할 만한 사유가 없음에도 오로지 교원을 학교에서 몰아내려는 의도하에 고의로 명목상의 직위해제사유를 내세우거나 만들어 직위해제처분을 한 경우나, 징계의결이 요구된 사유가 사립학교법의 규정 등에 비추어 국가공무원법에 정한 파면이나 해임 등을 할 만한 사유에 해당한다고 볼 수 없거나 기소된 형사사건에 대하여 국가공무원법에서 정한 당연퇴직의 사유가 될 정도가 아닌 판결이 선고될 것임이 객관적으로 명백하고, 또 조금만 주의를 기울이면 그와 같은 사정을 쉽게 알아볼 수 있는데도 그것을 이유로 직위해제처분에 나아간 경우와 같이, 직위해제처분이 우리의 건전한 사회통념이나 사회상규상 용인될 수 없음이 분명한 경우에는 그 직위해제처분은 재량권의 범위를 일탈하거나 재량권을 남용한 위법한 처분으로서 그 효력이 부정될 뿐만 아니라 위법하게 상대방에게 정신적 고통을 가하는 것으로서 그 교원에 대한 관계에서 불법행위를 구성한다."(대법원 2008.6.26. 선고 2006다30730 판결)고 하였는데 위 판례는 법인의 고유의 불법행위책임을 인정한 예라고 할 수 있다.

(2) 대표기관의 불법행위와 직무관련성

(가) 대표기관의 행위

학교법인의 대표기관이 제3자에게 손해를 끼치는 행위는 그것이 법률행위인지, 사실행위인지를 불문한다. 아래에서 설명하는 직무와 관련된 행위이기만 하면 제3자에게 손해를 끼치는 대표기관의 모든 행위가 이에 해당할 것이다.

16) 이은영, 앞의 책, 286면.

(나) 직무관련성

법인의 불법행위가 성립하기 위해서는 대표기관의 행위가 대표기관의 직무와 관련성이 있어야 한다. 대표기관의 행위가 과연 대표기관으로서의 직무와 관련된 것인지가 문제될 것인데 통설과 판례는 직무와 관련된 것인지에 대한 판단을 외형이론(外形理論)에 의한다. 즉 객관적으로 볼 때 대표기관의 직무라고 인정되는 행위라면 대표기관의 실질적인 의사와 무관하게 직무관련성을 인정하는 것이다.[17)]

법인의 대표기관의 행위에 대하여 대표자의 직무관련성을 인정하였던 판례들에 대하여 살펴본다. 판례는 비법인사단의 대표자가 직무에 관하여 타인에게 손해를 가한 경우에 그 사단은 민법 제35조 제1항의 유추적용에 의하여 그 손해를 배상할 책임이 있고, 비법인사단의 대표자의 행위가 대표자 개인의 사리를 도모하기 위한 것이었거나 혹은 법령의 규정에 위배된 것이었다 하더라도 외관상, 객관적으로 직무에 관한 행위라고 인정할 수 있다면 민법 제35조 제1항의 직무에 관한 행위에 해당한다고 하였다. 직무행위와 관련되는지 여부를 그 실질에 따라서 판단하는 것이 아니라 외관상 직무와 관련된 것으로 볼 수 있는지에 따라 판단하는 것이다. 다만, 그 대표자의 행위가 직무에 관한 행위에 해당하지 아니함을 피해자 자신이 알았거나 또는 중대한 과실로 인

17) 이러한 직무관련행위가 민법 제34조가 규정하고 있는 '목적의 범위 내'와 어떤 관련을 가지고 있는가에 대해 제34조는 거래관계에서의 권리의무 관계에 대한 것이고, 민법 제35조는 불법행위에서의 권리의무를 정한 것이므로 제34조의 '목적의 범위 내'와 제35조 제1항의 '직무에 관하여'는 동일하지 않다고 해석하는 견해가 있다. 민법 제35조 1항의 적용에 있어서는 '외형이론'을 충실히 적용하면 되는 것이지, 거기에 더하여 목적범위 내의 행위로 제한할 필요가 없다는 것이다. 이러한 견해에 의하면 법인의 대표기관의 행위가 목적범위를 벗어난 것이어서 법인이 제34조에 의한 책임을 지지 않는다고 하더라도 그 행위가 제35조의 '직무에 관하여' 행해진 것이라면 법인은 불법행위책임을 부담한다는 것이다. 그러나 '외형이론'은 '직무에 관하여'라는 규정을 해석하는 방법의 하나일 뿐이고, 법인이 목적의 범위 내에서 행위능력을 가지는 한 불법행위능력도 목적의 범위 내에서 가진다고 볼 수밖에 없을 것이다. 따라서 폭넓게 해석되는 목적의 범위 내(권리능력의 범위 내)에서 '직무에 관하여' 불법행위를 하였을 경우에 비로소 법인은 민법 제35조 제1항에 의한 책임을 부담한다고 하여야 할 것이다. 판례도 대표이사의 대표권한 범위를 벗어난 행위라 하더라도 그것이 "회사의 권리능력의 범위 내에 속한 행위이기만 하면" 대표권의 제한을 알지 못하는 제3자가 그 행위를 회사의 대표행위라고 믿은 신뢰는 보호되어야 한다고 하여(대법원 2004.3.26. 선고 2003다34045 판결) 권리능력의 범위 내의 행위일 것을 요건으로 하고 있다.

하여 알지 못한 경우에는 비법인사단에게 손해배상책임을 물을 수 없다고 하였는데 여기서 중대한 과실이라 함은, 거래의 상대방이 조금만 주의를 기울였더라면 대표자의 행위가 그 직무권한 내에서 적법하게 행하여진 것이 아니라는 사정을 알 수 있었음에도 만연히 이를 직무권한 내의 행위라고 믿음으로써 일반인에게 요구되는 주의의무에 현저히 위반하는 것으로 거의 고의에 가까운 정도의 주의를 결여하고, 공평의 관점에서 상대방을 구태여 보호할 필요가 없다고 봄이 상당하다고 인정되는 상태를 말한다(대법원 2008.1.18. 선고 2005다34711 판결; 대법원 2004.2.27. 선고 2003다15280 판결).

학교법인의 대표자였던 자에 의한 차금행위가 불법행위가 된다면 이는 민법상 사용자의 배상책임이 아니고 민법 제35조에 의한 법인 자체의 불법행위가 되어 배상책임이 있다(대법원 1978.3.14. 선고 78다132 판결)고 하면서 비록 배상책임이 있다는 점에서는 같다 할지라도 민법 제756조 소정의 사용자의 배상책임과는 그 성질이 다르다고 하였다.

종중의 대표자가 종중 소유의 부동산을 개인 소유라 하여 매도하고 계약금과 중도금을 지급받은 후 잔대금지급 이전에 매수인이 종중 소유임을 알고 항의하자 종중의 결의가 없는데도 종중 대표자로서 그 이전을 약속하고 종중 총회 결의서 등을 위조하여 등기이전을 해 주고 잔금을 받은 경우에도 판례는 종중의 불법행위를 인정하고 매수인이 지급한 잔대금 상당액을 배상할 의무가 있다고 하였다(대법원 1994.4.12. 선고 92다49300 판결).

㈐ **대표권의 남용**

대표기관이 대표권의 한계를 벗어난 행위를 한 경우와 대표권의 범위 내의 행위이지만 실질적으로는 법인이 아닌 자기 또는 제3자의 이익을 위하여 대표행위를 하는 경우가 있다.

이 중 대표권의 한계를 벗어난 행위를 한 경우의 예로는 법률이 이사회 등의 절차를 거치도록 하고 있음에도 이를 거치지 않고 대표행위를 하는 경우를 들 수 있는데 이때에는 권한을 넘은 표현대리의 성립도 문제될 수 있다. 따라서 위 민법 제35조 제1항과 제126조 중 어느 규정에 의하여 법인의 책임을 인정할 것인지에 대한 다툼이 있다. 민법 제126조를 우선 적용하되 당사자에게 불공평한 결과를 초래하게 되면 제35조를 적용하여야 한다는 견해가 학설의 다수를 차지하고 있다. 그 외 제35조를 적용하여야 한다는 견해가 있으며, 두 조항을 선택적으로 적용할 수 있다는 견해도 있다. 판례는 제35조를 적용하자는 견해를 취하고 있다(대법원 2004.3.26. 선고 2003다34045 판결, 대법원 1969.8.26. 선고 68다2320 판결[18])).

한편 위와 같이 대표기관이 대표권의 한계를 벗어난 행위를 하였거나 혹은 실질적으로 자기 또는 제3자의 이익을 위하여 대표행위를 하였는데 이러한 사실을 상대방이 알고 있었던 경우에까지 법인에게 책임을 지도록 한다는 것은 법인에게 지나치게 가혹하지 않을 수 없다. 따라서 이러한 경우에는 법인의 책임을 면하도록 해줄 필요가 있는데 이를 위한 이론적 근거에 대하여 학설의 대립이 있다. 민법 제107조 제1항 단서 유추적용설은 대표자의 내심은 자기나 제3자의 이익을 도모하려는 것이나 형식적으로는 법인의 대표행위로서 의사를 표시하는 것이므로 민법 제107조의 적용을 받고 같은 조 제1항 단서에 의하여 악의의 상대방은 법인의 책임을 주장할 수 없다는 것이다. 그 외 원칙적으로는 법인의 책임을 인정하여야 하나 상대방에게 악의나 중과실이 있는 경우에도 법인의 책임을 주장하는 것은 신의칙에 반하는 것이므로 허용할 수 없다는 신의칙설(권리남용설)과 대표권은 대리권과 유사하고 대리인의 행위는 내재적 한계가 있는데 대리인의 배임행위를 상대방이 알았거나 정당한 이유 없이 알지 못했을 경우에 한하여 본인(법인)의 책임을 인정해야 한다는 무권대리설, 대표권 남용의 문제는 표현대리의 문제와 유사하므로 상대방이 선의이거나 무과실인 경우에 한하여 표현대리 규정에 의하여 법인의 책임이 인정된다는 표현대리설이 있다. 판례는 대표이사의 대표권한 범위를 벗어난 행위라 하더라도 그것이 회사의 권리능력의 범위 내에 속한 행위이기만 하면 대표권의 제한을 알지 못하는 제3자가 그 행위를 회사의 대표행위라고 믿은 신뢰는 보호되어야 하고, 대표이사가 대표권의 범위 내에서 한 행위는 설사 대표이사가 회사의 영리목적과 관계없이 자기 또는 제3자의 이익을 도모할 목적으로 그 권한을 남용한 것이라 할지라도 일단 회사의 행위로서 유효하고, 다만 그 행위의 상대방이 대표이사의 진의를 알았거나 알 수 있었을 때(중대한 과실로 알지 못한 경우)에는 회사에 대하여 무효가 되는 것이며, 이는 민법상 법인의

---

18) 행위의 외형상 법인의 대표자의 직무행위라고 인정할 수 있는 것이라면 설사 그것이 대표자 개인의 사리를 도모하기 위한 것이었거나 혹은 법령의 규정에 위배된 것이었다 하더라도 위의 직무에 관한 행위에 해당한다(대법원 1969.8.26. 선고 68다2320 판결).

대표자가 대표권한을 남용한 경우에도 마찬가지라고 하여(대법원 2004.3.26. 선고 2003다34045 판결) 민법 제107조 제1항 단서 유추적용설을 취하고 있다. 이처럼 대부분 위의 견해를 취하고 있으나 일부 신의칙설을 취한 판례도 있다(1987.10.13. 선고 86다카1522 판결).

㈑ **법인의 불법행위책임의 성립여부와 관련된 기관의 행위와 기타 법인의 책임과 관련된 기관의 행위의 구별**

한편 법인의 불법행위책임의 성립여부와 관련된 기관의 행위와 기타 법인의 책임과 관련된 기관의 행위는 구별되어야 한다. 위에서도 설명한 바와 같이 법인의 불법행위 책임이 성립되기 위해서는 법인의 대표기관의 행위이어야 하나 법인의 행정적 책임과 관련한 행위의 경우는 반드시 대표기관의 행위일 필요는 없고 법인의 행위로 볼 수 있는 자의 행위이면 족하다.

예컨대 판례는 "재단법인 기독교 ○○총회의 대표기관 또는 그의 기관의 구성원인 목사 또는 전도사 등이 위 법인의 목적사업인 전도사업의 장소에서 교리에 전혀 없는 황당무계한 설교를 하여 신도들로부터 많은 금품을 편취했고 사전에 책임금액을 점수제로 할당하여 성적 미달자에게는 신앙심이 부족하다는 이유로 "초달"이라는 명목으로 구타하여 금품을 갈취하는 등의 불법행위는 모두가 위 법인설립의 기본목적으로 하는 종교적 활동에 빙자 내지는 가장하여 이루어진 것이므로 이들의 위 행위는 위 법인의 기관으로서 그 조직적 의사의 발현이었다고 볼 일면이 부정될 수는 없다"(대법원 1976.7.13. 선고 75누254 판결)고 하여 재단법인설립허가취소처분은 적법하다고 하였다. 법인설립허가취소사유로서의 행위는 반드시 대표기관의 행위가 아니고 법인의 기관의 행위로서 족하다고 본 것이다.

(3) 일반불법행위의 요건

민법 제35조의 법인의 불법행위책임은 민법 제750조의 불법행위책임의 특별규정이므로 민법 제35조의 불법행위책임이 성립하기 위해서는 위에서 설명한 법인의 요건 외에 민법 제750조의 불법행위책임이 성립하기 위한 요건도 갖추어야 한다.

간략하게 설명하면 우선 위에서 설명한 대표기관의 행위에 대표기관의 고의 또는 과실이 있어야 한다. 그리고 위의 대표기관의 행위는 위법한 것이어야 하며, 피해자에게 손해가 발생하여야 하고, 피해자의 손해와 대표기관의 위법행위 사이에 인과관계가 있어야 한다.

라. 민법 제35조의 불법행위책임의 내용

(1) 법인의 책임

위와 같은 요건들을 구비하여 법인의 불법행위책임이 성립하면 법인은 피해자에 대하여 손해배상책임을 부담한다.

(2) 이사의 책임

법인의 불법행위책임이 성립하여 법인이 손해배상책임을 부담한다고 하더라도 이사 기타 대표자가 자기의 손해배상책임을 면하는 것은 아니다(민법 제35조 제1항 단서). 만약 법인의 불법행위책임이 성립하면 법인과 함께 이사 기타 대표자도 손해배상책임을 부담한다. 이와 같은 법인과 대표자의 공동의 손해배상책임관계에 대하여 학설은 부진정연대채무(不眞正連帶債務)관계라고 본다. 부진정연대채무란 책임을 지는 자가 2인 이상인 경우에 이들 책임자가 각자 손해액 전부에 대해서 배상할 채무를 부담하되 그 중 일부가 채무를 변제하면 변제한 만큼 다른 모든 채무자에 대한 관계에서도 채무가 소멸하게 되는 채무관계를 말한다. 위와 같은 변제를 제외하고 2인 이상의 채무자 일부에 대하여 생긴 사유는 다른 채무자에게는 아무런 영향이 없다. 예컨대, 채권자가 법인이나 대표자 중 하나에 대하여 손해배상채무를 면제해주더라도 채무를 면제받지 못한 나머지 법인이나 대표자는 여전히 채무 전액에 대하여 배상할 책임을 부담하는 것이다.

이와 같이 법인과 이사 또는 대표자가 공동으로 손해배상책임을 부담하는 경우 피해자는 법인이나 이사 또는 대표자 중 임의로 선택하여 청구할 수 있고, 양자에 대하여 동시에 청구할 수도 있다.

한편 법인의 불법행위책임이 성립하지 않는 경우에도 이사 또는 대표자는 피해자에 대하여 손해배상책임을 부담한다. 물론 이때에도 이사 또는 대표자에게 피해자에 대한 손해배상책임이 발생하기 위해서는 이사 또는 대표자의 행위가 민법 제750조의 불법행위책임 성립요건을 갖추어야 한다.

(3) 기타 관련자의 연대책임

법인의 목적범위 외의 행위로 인하여 타인에게 손해를 가한 때에는 그 사항의 의결에 찬성하거나 그 의결을 집행한 사원, 이사 및 기타 대표자가 연대하여 배상하여야 한다(민법 제35조 2항). 법인의 목적범위 외의 행위로 인하여 손해를 발생시킨 경우에는 이사나 대표자가 아닌 사원까지도 손해배상책임을 부담하게 된다.

다만 판례는 "사원총회, 대의원 총회, 이사회의 의결은 원칙적으로 법인의 내부행위에 불과하므로 특별한 사정이 없는 한 그 사항의 의결에 찬성하였다는 이유만으로 제3자의 채권을 침해한다거나 대표자의 행위에 가공 또는 방조한 자로서 제3자에 대하여 불법행위책임을 부담한다고 할 수는 없다. 이 때 의결에 참여한 사원 등이 대표자와 공동으로 불법행위를 저질렀거나 이에 가담하였다고 볼 수 있는지 여부는, 그 의결에 참여한 법인의 기관이 해당 사항에 관하여 의사결정권한이 있는지 여부 및 대표자의 집행을 견제할 위치에 있는지 여부, 그 사원이 의결과정에서 대표자의 불법적인 집행행위를 적극적으로 요구하거나 유도하였는지 여부 및 그 의결이 대표자의 업무 집행에 구체적으로 미친 영향력의 정도, 침해되는 권리의 내용, 의결 내용, 의결행위의 태양을 비롯한 위법성의 정도를 종합적으로 평가하여 법인 내부행위를 벗어나 제3자에 대한 관계에서 사회상규에 반하는 위법한 행위라고 인정될 수 있는 정도에 이르러야 한다"(대법원 2009.1.30. 선고 2006다37465 판결)고 하여 위 규정에 의한 손해배상책임의 성립을 제한적으로 인정하고 있다.

(4) 법인의 구상권

법인의 불법행위책임이 성립하여 법인이 피해자에 대하여 손해배상채무를 이행하였다면 법인은 책임이 있는 이사장에 대하여 구상권을 행사할 수 있다(사립학교법 제27조, 민법 제65조).

마. 과실상계(過失相計)

법인이 손해배상책임을 부담하는 경우라도 피해자의 손해발생에 대하여 피해자의 책임(과실)도 개입된 것이라면 피해자가 개입된 만큼 손해액은 감경되게 된다. 피해자의 책임이란 법인의 불법행위와 관련된 과실이거나 법인의 불법행위가 있은 후에 발생한 손해의 증가와 관련된 과실이거나 불문하고 법인의 손해배상책임의 발생여부와 손해배상액에 영향을 미친 과실이면 모두 대상이 된다. 재판에서는 법원은 직권으로 채권자의 과실의 유무를 조사하여야 하고, 채권자의 과실을 인정한 때에는 반드시 참작하여야 하며 채권자의 과실을 인정하면서도 참작하지 않는 것은 위법한 판결이 된다. 그러나 법원이 어느 정도로 채권자의 과실을 인정할 것인가 하는 것은 법원의 재량에 속한다. 판례는 "피고금고 대표기관의 고의적인 불법행위에 해당한다 하더라도 피해자에게 그 불법행위 내지 손해발생에 과실이 있다면 법원은 과실상계의 법리에 좇아 손해배상의 책임 및 그 금액을 정함에 있어 이를 참작하여야 할 것이다"(대법원 1987.12.8. 선고 86다카1170 판결)고 하였다.

그리고 학교법인의 이사장이 개인적인 용도로 사용할 목적으로 돈을 차용하면서도 법인이 경영하는 학교의 운동장 확장 등의 공사에 사용한다고 하면서 사립학교법상 금전차용에 필요한 이사회의 결의와 감독관청의 허가 절차를 거치지 않은 채 금융기관으로부터 돈을 차용한 경우[19]에 법인의 손해배상책임을 인정하면서도 금융기관이 법인에게 돈을 대여함에 있어서 사립학교법이 정하는 위의 절차를 거쳤는지 여부를 알아보지 아니한 과실이 있음을 인정하고 이를 참작하는 것을 인정하였다(대법원 1975.8.19. 선고 75다666 판결).

4. 법인의 사용자 책임

가. 의 의

사용자책임이란 사용자가 그의 업무나 영업에 피용자를 사용하여 사업을 수행하게 하던 중에 피용자의 고의나 과실로 제3자에 손해가 발생한 경우에 사용자가 제3자의 손해를 배상하는 책임을 말한다(민법 제756조 제1항 본문).

나. 민법 제35조의 법인의 손해배상책임과의 구별

학교법인의 경우에도 학교법인의 사용자의 불법행위로 인하여 제3자에게 손해가 발생한다면 학교법인이 제3자에게 손해배상을 하여야 할 것이다. 하지

19) 위와 같은 절차를 거치지 않은 차용행위는 법인에 대하여 효력이 없으므로 금융기관은 법인에 대하여 대여금의 변제를 구할 수 없게 된다.

만 위에서도 설명하였듯이 학교법인의 이사장 등 대표자가 불법행위를 하였다면 민법 제35조에 의한 법인 자체의 손해배상책임이 성립하게 될 것이다.

학교법인의 대표자였던 자에 의한 차금행위가 불법행위가 된다면 이는 민법상 사용자의 배상책임이 아니고 민법 제35조에 의한 법인 자체의 불법행위가 되어 배상책임이 있다(대법원 1978.3.14. 선고 78다132 판결). 즉 대표기관의 행위에 의한 법인의 책임은 민법 제35조에 의한 것이고, 민법 제756조의 사용자책임은 아니다.

판례는 "학교법인이 타인으로부터 금원을 차용하면서 이사회의 결의를 얻지 아니하거나 감독청의 허가를 받지 아니하면 사립학교법 제16조, 제28조에 위반하여 효력이 없는 것과 학교법인의 피용자가 그 업무집행에 관하여 제3자에게 손해를 가함으로써 불법행위가 성립되어 사용자로서 손해배상책임을 지는 것은 별개의 법리이므로 학교법인의 금전차용행위의 효력을 부정하면서 사용자 책임을 인정하여도 사립학교법 제16조, 제28조의 법리오해가 있거나 동법 제1조의 입증취지를 몰각하였다고 볼 수 없다"(대법원 1980.4.8. 선고 79다1431 판결)고 하였다.

다. 성립요건

사용자책임이 성립하기 위해서는 사용자에 의해 고용된 피용자가 제3자에 대하여 위법한 가해행위를 하였어야 한다. 그리고 사용자와 피용자 사이에는 사용관계가 있어야 한다. 이때의 사용관계는 고용계약에 의한 고용관계나 근로계약관계보다는 넓은 개념으로 사용자와 피용자의 관계는 반드시 고용관계에 있어야 하는 것은 아니고 사실상 어떤 사람이 다른 사람을 위하여 그 지휘·감독 아래 그 의사에 따라 사무를 집행하는 관계에 있으면 족하다. 따라서 타인에게 위탁하여 계속적으로 사무를 처리하여 온 경우 객관적으로 보아 그 타인의 행위가 위탁자의 지휘·감독의 범위 내에 속한다고 보이는 경우 그 타인은 민법 제756조에 규정한 피용자에 해당하게 된다(대법원 1998.8.21. 선고 97다13702 판결). 다음으로 피용자의 가해행위는 피용자의 사무집행과 외관상 관련성이 있어야 한다. 이는 법인의 손해배상책임에서 대표자의 행위가 직무관련성[20]이 있어야 한다는 점과 같다.

판례는 학교법인이 사립학교법 규정에 의하여 이사회의 결의와 감독청의 허가 없이 타인으로부터 금원을 차용한 경우에는 동 차용행위는 위 법인에 대하여 효력이 없으나, 동 법인의 피용자가 그 업무집행에 관하여 타인으로부터 금원을 차용함으로써 그 타인에게 손해를 가한 경우에는 위 법인은 그 사용자로서 손해배상책임이 있다고 하였다(대법원 1981.9.22. 선고 80다1317 판결).

라. 사용자책임의 면책

사용자가 피용자의 선임·감독에 상당한 주의를 한 때나 상당한 주의를 하였더라도 손해가 발생하였을 때에는 사용자책임이 성립하지 않는다(민법 제756조 제1항 단서). 다만 판례는 사용자가 피용자의 선임·감독에 상당한 주의를 하였음을 이유로 사용자의 면책을 인정한 예가 거의 없어서 사실상 무과실책임과 마찬가지로 운영되고 있다.

그러나 판례는 "학교법인의 피용자가 그 업무집행에 관하여 이사회의 결의와 감독청의 허가 없이 타인으로부터 금원을 차용함으로써 타인에게 손해를 가한 경우에는 학교법인은 그 사용자로서 손해배상책임이 있다 할 것이나, 이 경우 그 타인이 학교법인의 의무부담행위가 감독관청의 허가 없이 하는 것이라는 사정을 미리 알고 이에 적극 가담한 경우 그 타인은 그러한 학교법인의 행위가 자신에 대하여 불법행위가 됨을 내세워 학교법인에 그로 인한 손해배상책임을 물을 수는 없다 할 것이다"(대법원 1998.12.8. 선고 98다44642 판결)고 한다. 또한 "피용자의 불법행위가 외관상 사무집행의 범위 내에 속하는 것으로 보이는 경우에도 피용자의 행위가 사용자나 사용자에 갈음하여 그 사무를 감독하는 자의 사무집행행위에 해당하지 않음을 피해자 자신이 알았거나 또는 중대한 과실로 알지 못한 경우에는 사용자 또는 사용자에 갈음하여 그 사무를 감독하는 자에 대하여 사용자책임을 물을 수 없다."(대법원 2005.12.23. 선고 2003다30159 판결)고도 하였다. 피용자의 고의·과실이 있다고 하더라도 이러한 사실을 알고서 오히려 이를 이용한 상대방까지 사용자책임에 의하여 보호할

---

20) 소외인이 자기 개인의 사업자금으로 사용할 목적으로 위 금원을 차용하였다면 이는 원고 학교법인의 사무로 볼 수 없다는 것이나, 원심인정과 같이 소외인이 원고 학교법인의 명의로 위 금원을 차용한 것이고 그와 같이 차용함에 있어서 원고 학교법인의 이사회결의까지 있었던 것이라면 그 차용금의 사용목적이 무엇이든 간에 동 소외인의 차용행위는 원고 학교법인의 사무집행행위라 하지 않을 수 없으므로 논지는 이유 없다(대법원 1987.4.28. 선고 86다카2534 판결).

필요가 없기 때문이다.

제4절 | 학교법인의 기관

제1관 기관의 종류

법인은 법률에 의하여 권리능력이 인정된 단체 또는 재산을 말한다. 법인은 법률에 의하여 권리와 의무의 주체가 되었지만 본질은 단체 또는 재산에 불과하기 때문에 권리를 행사하고 의무를 이행하는 것은 기관을 통하여 하게 된다.

민법은 법인의 기관으로 이사, 이사회(제58조 제2항), 임시이사(제63조), 특별대리인(제64조), 감사(제66조)를 규정하고 있다. 그리고 사립학교법도 기관으로 이사(제14조), 감사(제14조), 임시이사(제25조)를 두고 있으며 같은 법 제27조는 민법 제64조[21]의 규정을 학교법인의 이사장과 이사에게 이를 준용한다고 하여 특별대리인도 규정하고 있다.

제2관 이 사

1. 의 의

이사는 이사회의 구성원으로서 법인의 업무를 집행하는 상설필요기관이다. 학교법인에는 임원으로서 7인 이상의 이사를 두어야 하는데 다만, 유치원만을 설치·경영하는 학교법인에는 임원으로서 5인 이상의 이사를 두면 된다(사립학교법 제14조 제1항). 이와 같은 사립학교법의 범위 내에서 이사의 수는 제한이 없으므로 법인이 정관으로 그 수를 자유롭게 정할 수 있다. 이사 중 1인은 정관이 정하는 바에 의하여 이사장이 된다(사립학교법 제14조 제2항).

이사 또는 이사장의 지위는 일신전속권이다. 따라서 상속의 대상이 된다고 할 수 없으므로 특정인이 학교법인의 이사 및 이사장의 자격으로 법인의

---

21) 민법 제64조: 법인과 이사의 이익이 상반하는 사항에 관하여는 이사는 대표권이 없다. 이 경우에는 전조의 규정에 의하여 특별대리인을 선임하여야 한다.

이사회결의 무효확인청구소송을 제기하여 수행 중 사망한 경우에는 소송은 동인의 사망으로 중단됨이 없이 종료되고 그 상속인에 의하여 수계될 수 없다(대법원 1981.7.16. 선고 80마370 결정).

2. 이사의 선임과 임기

가. 이사의 선임과 임기 및 공개

사립학교법은 학교법인의 설립자로 하여금 정관을 작성케 하고(사립학교법 제10조 제1항), 설립 당초의 임원은 반드시 정관으로 규정하도록 하고 있다(사립학교법 제10조 제2항). 따라서 학교법인의 최초의 이사는 결국 설립자가 선임하게 된다. 그리고 이후의 임원은 정관이 정하는 바에 의하여 이사회에서 선임하도록 규정되어 있다(사립학교법 제20조 제1항). 임원은 관할청의 승인을 얻어 취임한다. 이 경우 교육부장관이 정하는 바에 따라 인적사항을 공개하여야 한다(사립학교법 제20조 제2항). 이사의 임기는 정관으로 정하되, 5년을 초과할 수 없고 중임할 수 있다(사립학교법 제20조 제3항). 이사회에서 이사를 선임하면서 이사의 임기를 정관과 달리 정하여 의결을 하더라도 이는 정관에 반하는 것이어서 이사회가 의결한 임기는 효력이 인정될 수 없다.

나. 관할청의 이사 취임 승인

(1) 보충적 행정행위로서의 성질

임원은 정관이 정하는 바에 의하여 이사회에서 선임하는데 관할청의 승인을 얻어 취임한다(사립학교법 제20조 제2항). 이와 같은 학교법인의 임원에 대한 관할청의 취임승인은 학교법인의 임원선임행위를 보충하여 그 법률상의 효력을 완성하게 하는 보충적 행정행위(인가)로서 성질상 기본행위를 떠나 승인처분 그 자체만으로는 법률상 아무런 효과도 발생할 수 없다.

그러므로 기본행위인 사법상의 임원선임행위에 하자가 있다 하여 그 선임행위의 효력에 관하여 다툼이 있는 경우에 민사쟁송으로서 그 선임행위의 취소 또는 무효 확인을 구하는 것은 별론으로 하고 기본행위의 불성립 또는 무효를 내세워 바로 그에 대한 감독청의 취임승인처분의 취소 또는 무효확인을 구하는 것은 특별한 사정이 없는 한 행정소송을 제기할 법률상의 이익이 부정된다(대법원 1987.8.18. 선고 86누152 판결).

그리고 위와 같은 보충적 행정행위로서의 성질 때문에 사립학교법의 관련 규정이 임원의 임기 등을 정관으로 규정하도록 하고 있는 이상 학교법인이 감독청에 이사취임승인을 신청하면서 그 이사의 임기를 정관이 정한 바와 달리 기재하고 감독청이 그대로 이사취임승인을 하였다 하더라도 그러한 임기의 지정은 아무런 구속력이 없고, 따라서 그 이사취임승인은 임기의 지정이 없는 취임승인으로서의 효력이 있을 뿐이며, 그 이사의 임기는 이사회의 선임결의와 정관이 정한 바에 따라 정하여진다(대법원 2001.5.29. 선고 99두7432 판결).

하지만 관할청의 취임승인이 있어야 비로소 임원이 될 수 있고 임원으로서의 직무를 수행할 수 있으므로 학교법인이 임원취임승인을 신청하면서 임기를 소급하여 신청하는 경우라도 임원의 임기는 취임승인일부터 개시되는 것으로 보는 것이 옳다. 반면에 취임승인일 이후에 임기가 개시되는 것으로 취임승인을 신청하였다면 그에 대한 승인을 한 것이므로 해당 지정일에 임기가 개시된다.

(2) 기속행위로서의 성질

또한 관할청의 임원취임승인행위는 기속행위이다. 따라서 이사회에서 선임하여 승인을 요청한 임원 후보자가 사립학교법 제22조가 규정하는 결격사유에 해당하는 등 승인을 거부할 법령상의 근거가 없는 한 그 외의 다른 사유를 들어 승인을 거부할 수 없다. 사학은 원칙적으로 자율성을 가지고 그 핵심은 이사의 선임의 자율성이라고 할 수 있다. 따라서 관할청으로서는 학교법인이 선임한 이사가 법령상 결격사유가 없다면 취임승인을 거부할 수 없는 것이다. 판례는 임원취임승인요청 대상자가 형사입건으로 구속기소 되어 지방법원에서 유죄판결을 선고받았고 그 사건이 상고심에 계류 중이라는 사유 등으로 취임승인을 거부한 행위에 대해서도 아직 그 유죄판결이 확정되지 아니한 이상 사립학교법 제22조 소정의 결격사유 등에 해당하는 것은 아니므로 거부처분의 근거사유가 될 수 없다고 하였다(대법원 1992.9.22. 선고 92누5461 판결). 물론 해당 이사에게 결격사유가 없더라도 학교법인의 이사선임행위가 불성립 또는 무효인 경우에는 취임승인을 거부할 수 있다(대법원 1997.2.11. 선고 96누4657 판결). 그리고 관할청이 이러한 불성립이나 무효의 사정을 알지 못하여 취임승인을 하였다고 하여도 이로써 무효인 그 선임행위가 유효한 것으로 될 수도 없다(대법원 1995.4.14. 선고 94다12371 판결).

(3) 임원취임승인 거부에 대한 불복

관할청의 임원취임 승인행위는 기속행위이므로 학교법인에 의하여 임원으로 선임된 사람은 관할청의 부당한 임원취임승인 거부처분에 대하여는 학교법인의 임원으로 취임할 수 없게 되는 불이익을 입게 되었음을 이유로 임원취임승인거부처분의 취소를 구하는 소를 제기하여 구제받을 수 있다(대법원 2007.12.27. 선고 2005두9651 판결). 그러나 행정처분의 취소를 구할 법률상의 이익이 있는 경우에만 취소를 구할 법률상 이익이 있는 것이므로 학교법인의 구 이사들이 신 이사들에 대한 이사선임결의 및 이사취임승인신청에 사실상 관여하였다고 할지라도 이사취임승인 거부처분의 상대방이 아닌 이상 위 처분으로 인하여 신 이사들이 취임하지 못한 결과에 이르렀다고 하여도 권리의 침해나 법률상의 불이익을 받았다고 보기는 어렵고, 다만 위 거부처분의 반사적 효과로서 신 이사들이 취임하지 못함으로 인하여 간접적이거나 사실상의 불이익을 입을 뿐이라고 봄이 상당하므로, 위 거부처분의 취소를 구할 원고적격을 가지고 있다고 할 수 없다(대법원 1999.6.11. 선고 96누10614 판결).

다. 이사선임의 제한

이사 정수의 반수 이상은 대한민국 국민이어야 한다. 다만, 대학교육기관 중 대학·산업대학·사이버대학 및 이에 준하는 각종학교(사립학교법시행령 제9조의3)를 설치·경영하는 학교법인으로서 대한민국 국민이 아닌 자가 학교법인의 기본재산액의 2분의 1 이상에 해당하는 재산을 출연한 학교법인인 경우에는 이사정수의 3분의 2 미만을 대한민국 국민이 아닌 자로 할 수 있다(사립학교법 제21조 제1항).

이사회의 구성에 있어서 각 이사 상호간에 민법 제777조에 규정된 친족관계인 8촌 이내의 혈족,[22] 4촌 이내의 인척,[23] 배우자의 관계에 있는 자가

---

22) 자기의 직계존속과 직계비속을 직계혈족이라 하고 자기의 형제자매와 형제자매의 직계비속, 직계존속의 형제자매 및 그 형제자매의 직계비속을 방계혈족이라 하므로(민법 제768조) 예를 들면 부모, 형제자매, 조카, 조카의 자녀, 백부, 숙부, 고모, 이모와 이들의 자녀, 손자녀 등의 관계에 있는 자가 이사 정수의 4분의 1을 초과하여서는 안 된다.

그 정수의 4분의 1을 초과하여서는 아니 된다(사립학교법 제21조 제2항).

그리고 이사 중 적어도 3분의 1 이상은 교육경험이 3년 이상 있는 자라야 한다(사립학교법 제21조 제3항). 이전에는 법에 "교육경험이 3년 이상 있는 자"라고만 규정하여 교육경험이 무엇을 말하는지에 대하여 교육현장에서 혼란이 있었다. 이에 필자는 본서 구판에서 교육경험이 무엇을 말하는 것인지 구체적으로 규정할 필요가 있음을 지적하였는데 2020. 3. 24. 법률 제17078로 개정하여 교육경험에 대하여 구체적으로 규정하였다. 그리하여 「유아교육법」 제2조 제2호에 따른 유치원에서 교원으로 근무한 경험, 「초·중등교육법」 제2조에 따른 학교에서 교원으로 근무한 경험, 「고등교육법」 제2조에 따른 학교에서 교원 또는 같은 법 제17조 제1항의 명예교수·겸임교원 및 초빙교원 등으로 근무한 경험, 그리고 이러한 근무경험에 준하는 것으로서 대통령령[24]으로 정하는 교육경험 중 어느 하나 또는 이들 경험을 합산한 기간이 3년 이상인 사람으로 규정하였다(사립학교법 제21조 제3항). 바람직한 방향이나 다만 법체계면으로는 사립학교법에는 구법과 같이 '교육경험'만을 규정하고 교육경험의 구체적인 의미에 대해서는 시행령에 위임하여 시행령에서 규정하였으면 더 좋지 않았을까 생각된다. 위와 같이 교육경험이 있는 일정한 수의 이사를 요구하고 있는 것은 학교법인의 주된 목적이 사립학교를 경영하는 것이므로 학교법인이 사립학교를 경영하는 데 효율적으로 할 수 있도록 하기 위한 것이다.

① 사립학교법의 규정(제20조의2)에 따라 임원취임승인이 취소된 날부터 5년이 경과한 자, ② 사립학교법의 규정(제61조)에 따라 파면된 날부터 5년이 경과한 자, ③ 사립학교법의 규정(제54조의2)에 따라 학교의 장의 직에서 해임된 날부터 3년이 경과한 자 중 어느 하나에 해당하는 자를 이사취임의 승인을 요청하는 경우에는 재적이사 3분의 2 이상의 찬성을 얻어야 한다(사립학교법 제21조 제7항).

라. 이사의 보충

이사 중에 결원이 생긴 때에는 2월 이내에 이를 보충하여야 한다(사립학교법 제24조).

---

23) 인척은 혈족의 배우자, 배우자의 혈족, 배우자의 혈족의 배우자(민법 제769조)를 말한다.
24) 아직은 대통령령에 이에 대한 내용은 규정되지 않았다.

마. 이사의 결격사유

① 국가공무원법 제33조의 규정에 해당하는 자, ② 사립학교법 제20조의2의 규정에 의하여 임원취임의 승인이 취소된 자로서 5년이 경과하지 아니한 자, ③ 사립학교법 제54조의2의 규정에 의한 해임요구에 의하여 해임된 자로서 3년이 경과하지 아니한 자, ④ 제61조의 규정에 따라 파면된 자로서 5년이 경과하지 아니한 자, ⑤ 4급 이상의 교육행정공무원 또는 4급 상당 이상의 교육공무원으로 재직하다 퇴직한 지 2년이 경과하지 아니한 자는 학교법인의 임원이 될 수 없으므로 이사도 될 수 없다(사립학교법 제22조).

그리고 국가공무원법 제33조는 임용결격사유로 다음과 같이 규정하고 있다.

① 피성년후견인 또는 피한정후견인

② 파산선고를 받고 복권되지 아니한 자

③ 금고 이상의 실형을 선고받고 그 집행이 종료되거나 집행을 받지 아니하기로 확정된 후 5년이 지나지 아니한 자

④ 금고 이상의 형을 선고받고 그 집행유예 기간이 끝난 날부터 2년이 지나지 아니한 자

⑤ 금고 이상의 형의 선고유예를 받은 경우에 그 선고유예 기간 중에 있는 자

⑥ 법원의 판결 또는 다른 법률에 따라 자격이 상실되거나 정지된 자

⑦ 공무원으로 재직기간 중 직무와 관련하여 「형법」 제355조 및 제356조에 규정된 죄를 범한 자로서 300만원 이상의 벌금형을 선고받고 그 형이 확정된 후 2년이 지나지 아니한 자

⑧ 「성폭력범죄의 처벌 등에 관한 특례법」 제2조에 규정된 죄를 범한 사람으로서 100만원 이상의 벌금형을 선고받고 그 형이 확정된 후 3년이 지나지 아니한 사람

⑨ 미성년자에 대한 「성폭력범죄의 처벌 등에 관한 특례법」 제2조에 따른 성폭력범죄나 「아동·청소년의 성보호에 관한 법률」 제2조 제2호에 따른 아동·청소년대상 성범죄의 어느 하나에 해당하는 죄를 저질러 파면·해임되거나 형 또는 치료감호를 선고받아 그 형 또는 치료감호가 확정된 사람(집행유예를 선고받은 후 그 집행유예기간이 경과한 사람을 포함한다)

⑩ 징계로 파면처분을 받은 때부터 5년이 지나지 아니한 자

⑪ 징계로 해임처분을 받은 때부터 3년이 지나지 아니한 자

임용결격사유는 공무원으로 임용됨에 있어서 가장 본질적이고 중요한 신분상의 불이익을 초래하는 것이므로 엄격하게 해석하여야 하므로 위의 징계는 실질적 징계에 한하는 것이고 그 효과에 있어서는 징계와 같다고 하더라도 직권면직 등은 포함하지 않는 것이고(대법원 1994.2.9. 선고 94누6666 판결), 사법인 등에서 받은 징계는 해당 징계가 공정하게 이루어졌다는 것을 담보할 수 없으므로 위의 징계는 공무원 또는 공무원에 준하는 신분으로 받은 징계만을 의미하는 것으로 해석하는 것이 바람직하다.

이사로 재직 중에 형의 선고를 받는 등 위의 임원의 결격사유에 해당하게 되는 경우에는 이러한 결격사유가 발생함과 동시에 임원의 지위를 상실하는 것이 아니고, 이사회에서 해임하고 이에 대하여 관할청이 승인을 하거나 관할청이 취임승인을 취소함으로써 비로소 임원의 지위를 상실하게 된다(대법원 1973.10.11. 선고 73마837 결정).

다른 한편 판례는 관할청은 학교법인의 임원으로 선임된 사람에게 사립학교법에 정한 임원결격사유가 있는 경우 외에 피선임자가 종전 임원 지위에 있을 당시 교비회계 부당집행 및 이에 대한 시정요구 불이행 등과 같은 사립학교법의 임원취임승인취소사유가 있는 경우에도 그 임원취임승인신청을 거부할 수 있다(대법원 2007.12.27. 선고 2005두9651 판결)고 하였다. 판례는 임원결격사유 외에 임원취임승인취소사유가 있는 경우에도 임원취임승인을 거부할 수 있는 것으로 보는 것이다. 임원취임의 승인이 취소된 자로서 5년이 경과하지 아니한 자는 임원결격사유에 해당하므로 임원이 될 수 없다. 그런데 이러한 사립학교법의 규정에 의한 제한을 회피하고자 일부 임원은 취임승인의 취소가 되기 전에 사임을 하는 경우가 있다. 그러나 위 판례의 취지에 의하면 이러한 경우에도 취임승인에 대한 거부를 통하여 임원결격자가 다시 임원이 되는 것을 막을 수 있게 된다는 점에서도 의미가 있겠다.

3. 개방이사

가. 의의 및 선임방법

학교법인은 이사정수의 4분의 1(단, 소수점 이하는 올림한다)에 해당하는 이

사를 개방이사추천위원회에서 2배수 추천한 인사 중에서 선임하여야 한다(사립학교법 제14조 제3항). 이렇게 선임된 이사를 개방이사라고 한다. 이사정수의 4분의 1에서 이사 정수는 개방이사를 포함한 정관상의 이사의 정수를 말한다. 개방이사제도는 외부의 객관적 인사를 이사회에 참여시킴으로써 사학운영의 투명성을 확보하고, 구성원들의 학교운영 참여에 대한 기회를 제공하여 내부의 자주성과 민주성을 높이며, 다양한 인사가 이사회에 참여하도록 함으로써 학교발전을 위한 다양한 의견이 제시될 수 있도록 하기 위한 것이다. 헌법재판소는 개방이사제에 관한 사립학교법 제14조 제3항, 제4항은 사립학교운영의 투명성과 공정성을 제고하고, 학교구성원에게 학교운영에 참여할 기회를 부여하기 위한 것으로서, 개방이사가 이사 정수에서 차지하는 비중, 대학평의원회와 학교운영위원회가 추천하는 개방이사추천위원회 위원의 비율, 학교법인 운영의 투명성 확보를 위한 사전적·예방적 조치의 필요성 등을 고려할 때 학교법인의 사학의 자유를 침해한다고 볼 수 없다고 하였다(헌재 2013.11.28. 2007헌마1189 등). 나아가 설립자나 종전이사가 사립학교 운영에 대해 가지는 재산적 이해관계는 법률적인 것이 아니라 사실상의 것에 불과하므로 개방이사제도가 이들의 재산권을 침해하는 것도 아니라고 하였다. 개방이사는 개방이사추천위원회에서 추천하는 인사 중에서 선임하여야 하므로 전적으로 학교법인 운영자의 의사에 의하여 선임되는 것은 아니나 개방이사추천위원회에서 2배수 추천하는 인사 중에서 결국은 학교법인(이사회)이 선임한다는 점(사립학교법 제14조 제3항)에서 궁극적으로는 개방이사도 학교법인 운영자의 의사에 의하여 선임되거나 적어도 학교법인 운영자의 의사가 반영된다. 이러한 점에서 개방이사제도가 사학의 자유의 본질적 내용을 침해하는 것은 아니라고 할 수 있다. 나아가 개방이사추천위원회에도 학교법인 운영자의 의견을 대변하는 이사가 참여하여 사실상 개방이사의 추천 단계에서도 학교법인 운영자의 의사에 따른 후보자가 결정되는 경우도 많아서 이에 대한 개선방안도 필요한 것이 현실이다.

일본 이외의 다수의 선진국가에서는 법률로 개방형 이사제도를 강제하고 있지는 않은 것으로 보인다. 다만 유럽과 미국의 사학법인은 법률적 강제와 무관하게 폭넓게 외부의 인사를 이사에 포함시키고 있다. 여기에는 재산을 법인에 출연할 수 있는 재력가, 기부금을 받아 올 수 있는 사회적 명망가, 재산운용을 잘할 수 있는 사람, 법인을 위해 법적 조언을 해줄 수 있는 법률가, 학교를 위해 정치력을 행사해줄 수 있는 정치인, 학교와 지역의 연결고리가 될 수 있는 지역의 유지(지방자치단체장을 이사로 하는 경우도 많다), 법인과 학교의 발전을 위해 동문의 다양한 도움을 이끌어 낼 수 있는 동문, 교육현장의 의견을 법인과 학교의 운영에 반영할 수 있는 교직원과 학교의 장 등이 있다.[25] 우리나라의 학교법인에게도 참고가 될 수 있고, 개방형 이사제도의 운영에도 고려될 수 있을 것으로 보인다.

나. 개방이사 추천방법

개방이사추천위원회는 대학평의원회 또는 「초·중등교육법」 제31조에 따른 학교운영위원회에 두고 그 조직과 운영 및 구성은 정관으로 정하되, 위원 정수는 5인 이상 홀수로 하고 대학평의원회 또는 학교운영위원회에서 추천위원회 위원의 2분의 1을 추천하도록 한다. 다만, 종교지도자 양성만을 목적으로 하는 대학 및 대학원 설치·경영 학교법인의 경우에는 해당 종교단체에서 2분의 1을 추천한다(사립학교법 제14조 제4항). "종교지도자 양성만을 목적으로 하는 대학 및 대학원 설치·경영 학교법인"이란 정관에서 그 설립목적과 해당 종교단체의 관계를 명확히 하고 있는 학교법인으로서 해당 종교단체에서 종교의식의 집행, 신도의 교육, 선교 활동, 종교단체의 운영 등을 지도·담당하는 자의 양성만을 위하여 설립된 대학 및 대학원을 설치·경영하는 학교법인을 말한다(사립학교법시행령 제7조의2 제6항). 교육부장관은 학교법인의 설립목적과 설치·경영하는 학교의 교육과정 등을 확인하여 위의 학교법인을 고시한다(사립학교법시행령 제7조의2 제7항).

추천위원회가 개방이사를 추천하는 경우에는 30일 이내에 추천을 완료하여야 하며, 이 기간 내에 추천하지 못하는 때에는 관할청이 추천한다(사립학교법 제14조 제5항). 2 이상의 학교를 설치·경영하고 있는 학교법인의 경우에는 대학평의원회 또는 학교운영위원회가 협의하여 추천위원회를 공동으로 구성할 수 있다(사립학교법시행령 제7조의2 제4항).

개방이사를 학교법인이 선임하고자 하는 때에는 선임사유가 발생한 날부

---

25) 박부권, "미국 사립대학 이사회의 특성," 교육사회학연구 제11권 제3호(2004), 78면.

터 15일(재직이사의 경우 임기만료 전 3개월) 안에 이사장이 개방이사추천위원회에 추천을 요청하여야 한다(사립학교법시행령 제7조의2 제1항). 15일(재직이사의 경우 임기만료 전 3개월) 안에 이사장이 개방이사추천위원회에 추천을 요청하지 않는 경우에는 추천위원회는 그 사실을 안 날부터 30일 안에 2배수의 추천을 할 수 있다(사립학교법시행령 제7조의2 제3항).

다. 개방이사의 자격요건

이사장의 요청에 따라 추천위원회가 개방이사를 추천하는 때에는 해당 학교의 건학이념을 구현할 수 있는 자를 추천하여야 한다(사립학교법시행령 제7조의2 제2항). 개방이사의 자격요건은 일반이사의 자격요건을 고려하여 정관으로 정한다(사립학교법시행령 제7조의2 제5항).

라. 기타 개방이사 선임방법 및 기준

이상과 같이 사립학교법시행령에서 정하고 있는 사항 외에 개방이사의 추천, 선임방법 및 기준에 관하여 필요한 사항은 정관으로 정한다(사립학교법시행령 제7조의2 제8항).

학교법인 운영의 투명성 확보 등을 위하여 개방이사제를 도입하였으나 상당수의 학교법인에서는 개방이사를 학교법인 또는 학교법인 이사들과 관련이 있는 인사로 충원함으로써 개방이사제도 본래의 목적을 달성하지 못하고 있다. 상법도 기업의 대주주나 경영진의 독단적 경영으로 기업경영의 효율성이 저해되는 것을 방지하고자 사외이사제도를 두고 있다. 이러한 사외이사의 결격사유로 최근 2년 이내에 회사에 근무한 이사 등, 최대주주와 일정한 친인척 관계에 있는 사람, 임원과 일정한 친인척 관계에 있는 사람 등을 규정하고 있다(상법 제382조 제3항). 그럼에도 위 사외이사제도가 제대로 기능하지 못하고 있다는 비판이 제기되고 있다. 학교법인 개방이사의 경우는 위와 같은 제한도 없는 상태이므로 더더욱 실효성을 거두기 어려울 것으로 예상된다. 적어도 상법의 사외이사의 결격사유에 준하는 제한 규정을 두는 것이 바람직할 것이다.

4. 이사의 직무행위의 성질(민법상 대리규정의 준용)

가. 대리권(代理權)의 의의

이사장의 법인 대표에 관하여는 사립학교법 제27조에 따라 민법 제59조 제2항의 대리에 관한 규정을 준용한다. 민법상의 대리는 본인(여기에서는 학교법인)과 일정한 관계에 있는 타인(여기에서는 이사장)이 본인을 위한 의사표시를 하면 그에 대한 법률효과가 본인에게 귀속하게 되는 것을 말하고, 이때 대리권이라 함은 대리인이 본인의 이름으로 법률행위를 하여 그 법률행위의 효과를 본인에게 귀속시키게 할 수 있는 법률상의 권한을 말한다. 대리권은 법률의 규정이나 법원의 선임에 의하여 발생하는 법정대리권과 사인간에 대리권의 수여행위와 승낙에 의하여 발생하는 임의대리권이 있다. 학교법인의 이사장의 대표권은 사립학교법에 의하여 발생하는 것이므로 법정대리권의 범주에 속한다고 볼 수 있다. 대리에 관한 내용 중 학교법인의 이사장과 관련될 수 있는 사항에 대해서만 살펴보겠다.

나. 대리권의 범위

대리인의 권한은 무한하지 않고 일정한 한계를 가지고 있다. 대리권의 범위는 법정대리권인 경우에는 법률의 규정에 의하여 정해지고 임의대리권은 대리권을 수여하는 본인이 정하는 바에 따라 결정된다. 법정대리권에서 대리권의 범위를 정하는 규정은 강행규정이다.

대리권의 범위와 관련하여 민법은 권한을 정하지 않은 대리인은 보존행위 및 대리의 목적인 물건이나 권리의 성질을 변하지 아니하는 범위에서 그 임용 또는 개량하는 행위만을 할 수 있다고 규정한다(민법 제118조). 그러나 학교법인의 이사장의 경우는 사립학교법 등에 의하여 그 권한이 정해져 있으므로 위 규정은 적용되지 않을 것이다.

다. 자기계약(自己契約)과 쌍방대리(雙方代理)의 금지

대리인은 본인의 허락이 없으면 본인을 위하여 자기와 법률행위를 하거나 동일한 법률행위에 관하여 당사자 쌍방을 대리하지 못한다. 그러나 채무의 이행은 할 수 있다(민법 제124조).

(1) 자기계약과 쌍방대리의 금지

자기계약이란 계약 당사자인 쌍방 중 일방에서는 본인의 대리인으로 당사자가 되고 상대방에서는 자기가 직접 계약의 당사자가 되어 계약을 체결하는 것을 말한다. 쌍방대리란 대리인이 계약 당사자인 쌍방으로부터 모두 대리권을 받아서 대리인 혼자서 쌍방의 대리인으로 계약을 체결하는 것을 말한다.

대리인제도는 본래 본인의 이익을 위하여 인정되는 것인데 서로 이해가 대립되는 계약에서 대리인이 직접 계약의 한 당사자가 되거나 양 당사자 모두의 대리인이 되어 혼자서 계약을 체결한다면 본인의 이익을 해할 우려가 있으므로 민법은 본인의 허락이 없으면 자기계약과 쌍방대리를 하지 못하도록 금하고 있는 것이다.

자기계약 금지나 쌍방대리 금지의 원칙에 반하여 행한 자기계약이나 쌍방대리는 그 효력이 부인된다. 대리로서의 효력이 발생하지 않는 것이다. 다만 본인이 사후에 자기계약이나 쌍방대리행위에 대하여 추인을 하면 대리행위로서 유효하게 된다.

(2) 자기계약 · 쌍방대리가 허용되는 경우

원칙적으로 자기계약과 쌍방대리가 금지되나 예외적으로 본인이 자기계약이나 쌍방대리를 허락한 경우와 채무의 이행에 관한 대리는 허용된다. 자기계약 · 쌍방대리 금지의 원칙이 본인의 이익을 보호하기 위한 것이므로 본인이 허락을 한 이상 금지할 필요가 없고, 채무의 이행은 본인에게 해가 되지 않기 때문이다. 다만 본인의 허락에 의한 자기계약 · 쌍방대리는 본인이 대리인의 자기계약이나 쌍방대리의 내용을 알고 이를 허락하여야 할 것이다.

라. 대리권의 남용

(1) 대리권 남용의 의의

대리인(이사장)이 대리권(대표권)의 권한범위를 넘는 대리행위를 하면 이는 무권대리(無權代理)에 해당하고, 다만 민법 제126조가 정하는 표현대리(월권대리)가 성립할 수 있다. 그리고 대리권의 범위 내의 행위이지만 사실상 본인인 학교법인의 이익에 반하는 행위는 대리권 남용(濫用)으로 그 효력이 제한된다. 즉, 대리권의 남용이란 대리인의 대리행위가 외형상으로는 대리권의 범위 내이지만 사실은 대리인이 자기 자신의 이익을 위하여 본인의 이익과 상충되는 행위를 하는 것으로 이와 같이 대리권을 남용한 행위에 대해서는 본인에 대하여 그 효력을 귀속시키는 것을 제한할 필요가 있다.

(2) 대리권 남용행위의 효력의 제한방법

위와 같이 대리권 남용행위에 대해서는 그 효력을 제한하여야 하는데 어떠한 법리에 의하여 제한할 것인가에 대하여 견해가 대립하고 있다.

민법 제107조 제1항 단서규정의 유추적용하여 원칙적으로 대리행위로서의 효력이 발생한다는 견해가 있다. 다만 대리인이 대리권을 남용하고 있다는 사실을 그 거래의 상대방이 알았거나 알 수 있었다면 민법 제107조 제1항 단서규정을 유추하여 대리행위의 효력을 부정하자는 것이다.[26)]

다음으로 대리인이 대리인 자신의 이익을 위하여 본인의 이익과 배치되는 행위를 하더라도 그 효과를 본인에게 귀속시킨다면 거래 당사자들이 대리제도의 이용을 기피하게 될 것이므로 대리권을 남용한 경우에는 그 효력을 부인하여야 한다는 견해도 있다.[27)]

판례는 "주식회사의 대표이사가 그 대표권의 범위 내에서 한 행위는 설사 대표이사가 회사의 영리목적과 관계없이 자기 또는 제3자의 이익을 도모할 목적으로 그 권한을 남용한 것이라 할지라도 일단 회사의 행위로서 유효하고, 다만 그 행위의 상대방이 대표이사의 진의를 알았거나 알 수 있었을 때에는 회사에 대하여 무효가 되는 것이다"(대법원 2005.7.28. 선고 2005다3649 판결)라고 하여 민법 제107조 제1항 단서규정의 유추적용설의 견해를 취하고 있다.

생각건대 예컨대 학교법인의 이사장이 학교법인 이사장의 명의로 제3자와 거래를 할 경우에 그 거래행위가 학교법인 이사장의 권한 범위 내의 행위라면 제3자로서는 그 행위가 적법한 대표권(대리권)의 행사인 것으로 신뢰하는 것이 당연하다. 그럼에도 불구하고 학교법인 이사장의 거래행위가 제3자가 알지 못하는 대리권 남용행위라는 이유로 대리행위로서의 효력을 부인하고 그 거래행위가 학교법인에게는 효력이 없다고 한다면 대리권이 유효함을 믿고 거래한 제3자로서는 전혀 예상하지 못하였던 손해를 입게 되어 대리행위에 의한 거래

---

26) 곽윤직, 앞의 책, 381면.

27) 이영준, 민법총칙(박영사, 2005), 485면 이하; 김상용, 민법총칙(법문사, 2003), 571면.

의 안정성을 심각하게 저해한다. 일부 견해는 거래 상대방은 대리권 남용행위를 한 대리인(여기에서는 이사장)이 거래상대방인 제3자에게 무권대리인으로서 책임을 지고, 민법 제126조의 권한을 넘은 표현대리에 의하여 보호될 수 있어서 문제되지 않는다고 주장한다.[28] 그러나 거래 현실에 있어서 대리행위를 한 대리인은 본인에 비하여 손해배상을 할 수 있는 여력이 현저히 작은 것이 보통이고, 더군다나 대리권 남용행위를 하는 대리인은 더더욱 경제력이 없는 경우가 대부분이다. 따라서 대리인이 무권대리인으로서 책임을 부담하는 것은 본인의 경제력(학교법인의 경우에는 학교법인의 경제력)을 믿고 거래한 상대방을 보호하기에는 부족하다고 하지 않을 수 없다. 한편 민법 제126조를 유추적용함으로써 거래상대방을 보호할 수 있다고 하는데 모든 대리권 남용에 있어서 민법 제126조의 표현대리가 성립한다고 단정지을 수 없을 뿐만 아니라 학교법인 이사장의 경우처럼 법정대리의 경우에는 민법 제126조가 적용될 수 있는지에 대하여 견해가 대립되어(부정하는 견해가 다수인 것으로 보인다) 민법 제126조에 의하여 구제될 수 있다는 보장도 없다. 따라서 대리권 남용의 경우에도 원칙적으로 그 거래행위의 법률효과가 본인에게 귀속된다고 보아야 할 것이다. 다만 거래의 상대방이 대리인의 대리권 남용 사실을 알았다면 그러한 상대방까지도 보호할 필요가 없는 것이고, 대리권 남용 사실을 알 수 있었다면 위험분배의 차원에서 그러한 경우에는 거래의 상대방이 위험을 부담하여야 할 것이다.

(3) 대리권 남용행위의 효과

그렇다면 대리권의 남용의 경우에도 원칙적으로 대리행위로서 유효하되, 다만 그 대리인의 거래 상대방이 대리인의 대리권 남용 사실을 알았거나 알 수 있었다면 그 대리행위는 본인에 대하여는 효력이 없게 되는 것이다.

마. 표현대리(表見代理)의 문제

(1) 표현대리(表見代理)의 의의

대리인이 대리인임을 표시하여 대리행위를 하여 외형상으로는 대리행위가 성립하였지만 사실은 그 대리인에게 그와 같은 거래행위를 할 대리권이 없었

28) 이은영, 앞의 책, 622면.

음에도 불구하고 본인에게 대리행위의 법률효과가 귀속되는 것을 표현대리라고 한다(본인에게 대리행위의 법률효과가 귀속되지 않는 것은 무권대리이다).

민법은 ① 본인이 제3자에 대하여 타인에게 대리권을 수여하였음을 표시하였다면 사실은 그 타인에게 대리권을 수여하지 않았다고 하더라도 제3자가 그와 같이 대리권을 수여하지 않았다는 사실을 몰랐거나 알 수도 없었던 상태에서 대리권을 수여받은 것으로 표시된 그 타인과 거래행위를 한 경우 본인이 그 거래행위에 대하여 책임을 지도록 한 대리권 수여의 표시에 의한 표현대리(민법 제125조)와 ② 일정한 대리권이 있는 대리인이 그 권한 범위를 벗어난 법률행위를 하였더라도 그 대리인과 거래한 제3자가 대리인에게 해당 법률행위를 할 대리권이 있다고 믿을 만한 정당한 이유가 있는 때에는 본인이 그 행위에 대하여 책임을 지도록 한 권한을 넘은 표현대리(민법 제126조), ③ 일정한 대리권을 가졌었던 대리인이 그 대리권이 소멸하였음에도 불구하고 여전히 대리인인 것처럼 대리행위를 하였을 경우에 그 대리행위자와 거래행위를 한 상대방이 그 대리행위자의 대리권이 이미 소멸하였다는 사실을 과실 없이 모르고 있었다면 본인이 그 대리행위에 대하여 책임을 지도록 한 대리권 소멸 후의 표현대리(민법 제129조)를 규정하고 있다.

학교법인의 대표인 이사장의 행위에 대하여도 위와 같은 민법상의 표현대리에 관한 규정이 적용될 수 있다. 다만 판례는 "사립학교법 제16조를 비롯하여 제19조, 제1조 그 밖에 같은 법의 여러 규정을 아울러 살펴보면 사립학교법 제16조에서 학교법인의 재산의 처분에 관한 사항 등을 이사회에서 심의·결정한다고 한 것은 사립학교의 설치 경영을 목적으로 설립된 학교법인의 특수성을 고려하여 그 재정과 사무기능의 적정을 기함으로써 사립학교의 건전한 발달을 도모하고자 하는 데 목적이 있다 할 것이고, 따라서 학교법인을 대표하는 이사장이라 하더라도 이사회의 심의·결정을 거쳐야 하는 이와 같은 재산의 처분 등에 관하여는 법률상 그 권한이 제한되어 이사회의 심의·결정 없이는 이를 대리하여 결정할 권한이 없는 것이라 할 것이므로 이사장이 한 학교법인의 기본재산처분행위에 관하여는 민법 제126조의 표현대리에 관한 규정이 준용되지 아니한다"(대법원 1983.12.27. 선고 83다548 판결)고 하였다. 이는 법원도 학교법인의 재산을 가능한 보전하고자 하는 취지에서 나온 판결로 보인다.

(2) 민법 제125조와 민법 제126조의 표현대리

민법 제125조의 표현대리가 법정대리에도 적용될 수 있는지에 대하여 견해가 대립되고 있으나 민법 제125조의 표현대리는 제3자에게 대리권을 수여하는 의사표시를 하였으나 사실은 대리권을 수여하지 않았던 경우에 관한 것이므로 본질적으로 대리권 수여의 의사표시가 없는 법정대리권의 경우에는 민법 제124조가 적용될 여지가 없다고 본다.

민법 제126조의 표현대리에 대해서도 법정대리에 적용될 수 있는지에 대하여 견해가 대립되고 있으나 판례는 이를 부인하고 있다. 위에서 설명한 바와 같이 판례는 학교법인의 이사장의 행위에는 민법 제126조의 표현대리는 준용되지 않는다고 한다(대법원 1983.12.27. 선고 83다548 판결). 이러한 판례의 취지에 비추어 볼 때 대법원은 민법 제125조의 표현대리도 부인할 것으로 보인다.

(3) 민법 제129조의 표현대리(대리권 소멸 후의 표현대리)

㈎ **의 의**

대리권소멸 후의 표현대리라 함은 대리권이 있었던 자가 대리권이 소멸되었음에도 불구하고 아직까지도 대리인인 것처럼 대리행위를 하였는데 그와 거래행위를 한 상대방이 그 자에게 해당 거래행위를 대리할 수 있는 권한이 있는 것으로 믿었고, 그와 같이 믿은 데에 과실이 없었다면 그 거래행위의 효과를 본인에게 귀속시키는 것이다. 민법 제129조는 대리권의 소멸은 선의의 제3자에게 대항하지 못한다. 그러나 제3자가 과실로 인하여 그 사실을 알지 못한 때에는 그러하지 아니하다고 규정하고 있다. 이러한 민법 제129조의 표현대리는 법정대리인 학교법인의 이사장의 경우에도 적용될 수 있는 것으로 판단된다.

㈏ **표현대리 성립의 요건**

먼저 대리권소멸 후의 표현대리가 성립하기 위해서는 과거에 대리권이 있었어야 한다. 즉, 과거에 학교법인의 이사장의 직책을 맡고 있었어야 하는 것이다. 그런데 이후 대리권이 소멸, 즉 이사장의 지위를 상실하였어야 한다. 이사장의 지위를 상실한 것은 임원취임승인취소, 임기만료, 사임 등 그 원인을 불문한다.

위와 같이 대리권이 소멸한 이후에 대리인으로서 법률행위를 하였어야 한다. 그리고 본 표현대리가 성립하기 위해서는 당초에 가지고 있었던 대리권의 범위 내의 법률행위를 하였어야 한다.

한편 본 표현대리가 성립하기 위해서는 표현대리행위를 한 자와 법률행위를 한 상대방이 대리행위자의 대리권이 소멸되었다는 사실을 알지 못하였고(善意), 그와 같이 알지 못한 데에 상대방의 과실이 없어야 한다. 다시 말하면 상대방이 대리행위자에게 대리권이 소멸되었다는 사실을 알고 있었음에도 그와 법률행위를 하였다면 그 상대방은 보호할 필요가 없기 때문에 표현대리가 성립하지 않는 것이고, 상대방이 대리행위자의 대리권이 소멸되었다는 사실을 몰랐다고 하더라도 상대방이 조금만 주의를 기울였더라면 대리권이 소멸되었다는 것을 알 수 있었는데도 그러한 주의를 기울이지 않아 대리권이 소멸되었다는 사실을 알지 못한 것이라면 이때에는 과실이 있는 거래의 상대방을 보호하기보다는 본인을 보호할 필요성이 더 크기 때문에 표현대리의 성립을 부인하는 것이다.

상대방의 선의·무과실 여부와 관련하여 소송실무에서는 이러한 선의·무과실에 대하여 누가 입증하여야 하는가라는 입증책임의 문제가 중요하다. 이에 대해서는 표현대리책임은 일단 본인에게 책임이 발생하는 것이므로 그 책임을 면하기 위해서 본인이 상대방의 악의와 과실에 대하여 입증할 책임을 부담한다는 견해와 민법 조문의 해석상 상대방이 선의라는 점에 대하여는 그와 같이 주장하는 상대방에게 있고, 상대방에게 과실이 있다는 점에 대하여는 이에 대하여 주장하는 본인에게 있다는 견해가 대립되고 있다.[29] 그런데 본인에게 상대방의 악의와 과실에 대하여 입증책임이 있다고 하는 견해는 대리행위의 책임이 일단 본인에게 발생한다는 것을 전제로 하고 있으나 대리행위자에게 과거에 대리권이 있었다는 사실 외에는 본인에게 아무런 잘못이 없음에도 불구하고 무조건 본인에게 책임이 발생한다는 것을 전제로 하여 입증책임을 본인에게 부담시키는 것은 부당한 것으로 생각된다. 따라서 법률의 규정에 따라 상대방이 자신의 선의에 대해 입증하고 반면에 상대방에게 과실이 있다는 점에 대해서는 본인이 입증하도록 하는 것이 타당할 것이다.

㈐ 표현대리의 효과

표현대리의 요체는 대리행위자에게 대리권이 없음에도 불구하고 대리권이 있었던 것처럼 그 대리행위의 법률효과를 본인에게 귀속시키는 것이다. 따라

---

29) 김준호, 앞의 책, 350면.

서 표현대리가 성립된다면 예컨대 학교법인의 이사장이 사임하였음에도 불구하고 아직까지 이사장인 것처럼 하여 제3자와 매매행위 등 거래행위를 하였더라도 위의 표현대리 요건이 갖추어진다면 학교법인이 매매행위를 한 것으로 되어서 학교법인이 매매행위의 무효를 주장할 수 없는 것이다.

바. 무권대리(無權代理)의 문제

(1) 무권대리의 의의

무권대리란 대리행위를 하는 자가 본인을 위하여 법률행위를 할 아무런 권한이 없음에도 불구하고 본인의 대리인으로서 제3자와 법률행위를 한 것으로서 이때에는 해당 무권대리행위의 법률효과가 본인에게 귀속되지 않는다(민법 제130조).

(2) 무권대리에 대한 추인(追認)

그러나 위와 같은 무권대리라고 하더라도 본인이 그 법률행위를 추인한다면 본인에게 효력이 발생한다. 이러한 추인은 다른 의사표시가 없는 때에는 계약시에 소급하여 그 효력이 생긴다. 그러나 이와 같이 소급하여 효력이 생긴다고 하더라도 그로 인하여 제3자의 권리를 해하지는 못한다(민법 제133조).

이 때문에 대리권 없는 자가 타인의 대리인으로 계약을 한 경우에 상대방은 상당한 기간을 정하여 본인에게 그 추인여부의 확답을 최고할 수 있다. 그런데 본인이 그 기간 내에 확답을 발하지 아니한 때에는 추인을 거절한 것으로 본다(민법 제131조).

추인을 하거나 거절을 하는 의사표시는 상대방에 대하여 하지 아니하면 그 상대방에게 대항하지 못한다. 그러나 상대방이 그 사실을 안 때에는 그러하지 아니하다(민법 제132조).

무권대리인과 거래를 한 거래 상대방은 본인의 추인이 있을 때까지 자신이 한 법률행위의 효과가 어떻게 될지 몰라 불안한 지위에 있게 되기 때문에 이러한 거래 상대방을 보호하기 위하여 대리권 없는 자가 한 계약에 대하여 본인의 추인이 있을 때까지 상대방은 본인이나 그 대리인에 대하여 이를 철회할 수 있다. 그러나 계약 당시에 상대방이 대리권 없음을 안 때에는 그러하지 아니하다(민법 제134조).

(3) 무권대리인의 상대방에 대한 책임

타인의 대리인으로 계약을 한 자가 그 대리권을 증명하지 못하고 또 본인의 추인을 얻지 못한 때에는 상대방의 선택에 좇아 계약의 이행 또는 손해배상의 책임이 있다(민법 제135조 제1항). 하지만 상대방이 무권대리인에게 대리권 없음을 알았거나 알 수 있었을 때 또는 대리인으로 계약한 자가 행위능력이 없는 때에는 무권대리인에게 계약의 이행이나 손해배상의 책임이 없다(민법 제135조 제2항).

(4) 단독행위의 무권대리

단독행위에는 그 행위 당시에 상대방이 대리인이라 칭하는 자의 대리권 없는 행위에 동의하거나 그 대리권을 다투지 아니한 때 또는 대리권 없는 자에 대하여 그 동의를 얻어 단독행위를 한 때(受動代理)에 한하여 무권대리에 관한 민법 규정이 준용된다(민법 제136조).

법률관계에는 계약과 단독행위가 있다. 계약은 2인 이상의 서로 대립하는 당사자가 서로 합의하여 법률효과를 발생시키는 것인 데 반하여 일방 당사자만의 의사표시에 의하여 법률효과를 발생시키는 것이 단독행위이다. 단독행위에도 채무면제, 상계, 추인 취소, 해제처럼 상대방에게 의사표시를 하여야 하고 의사표시가 상대방에게 도달하는 때에 그 효력이 발생하는 상대방 있는 단독행위와 유언이나 소유권의 포기 등 상대방에게 의사표시를 하여 상대방에게 의사표시가 도달할 필요가 없이 의사표시자의 행위만으로 효력이 발생하는 상대방 없는 단독행위가 있다. 위의 무권대리에 관한 단독행위는 그 규정 내용을 볼 때 상대방의 존재를 전제로 하고 있는 것으로 상대방 있는 단독행위에 대하여 적용된다.

5. 이사의 권한

가. 이사장이 될 수 있는 권한

(1) 이사장의 지위

이사 중 1인이 정관이 정하는 바에 의하여 이사장이 되는데(사립학교법 제14조 제2항) 이사장은 학교법인을 대표하고 사립학교법과 정관에 규정된 직무를 행하며 기타 학교법인 내부의 사무를 통할한다(사립학교법 제19조 제1항). 민법의 이사는 각자가 법인을 대표하나(민법 제59조 제1항) 학교법인은 이사장만이 학교법인을 대표하고 사무집행권을 가진다(사립학교법 제19조 제1항, 대법원 1967.12.29. 선고 67다1456 전원합의체 판결).

(2) 이사장의 선임

사립학교법은 이사 중 1인이 정관이 정하는 바에 의하여 이사장이 된다고 규정하고 있다(사립학교법 제14조 제2항). 이사장의 선임과 관련하여 이사회에서 호선하도록 정관에 규정되어 있는 경우가 많다. 호선은 '특정한 사람들이 자기네 가운데서 어떠한 사람을 골라 뽑는 방법의 선거'를 일컫는데, 호선의 특성상 후보자 모두에게 의결에 참여할 기회를 부여하여도 호선의 본질에 반하지 않으므로 비록 학교법인의 정관에 "임원의 선임 및 해임이 자신에 관한 사항일 경우 해당 이사장 또는 이사는 그 의결에 참여하지 못한다."고 규정되어 있다 하더라도 적어도 이러한 제척사유는 위와 같은 방식의 '이사장 호선'에 관하여는 적용되지 아니한다(대법원 2006.6.15. 선고 2004다10909 판결). 그러므로 이사장 호선의 경우는 특정 이사를 이사장으로 선임하는 경우에 그 해당 이사도 호선에 참여하여 자신을 이사장으로 선출하자는 의사를 표현할 수 있다.

정관에 출석 이사의 과반수의 찬성으로 이사장에 대한 선임결의를 하도록 규정하고 있는데 2인의 이사장 후보가 경합하는 상황에서 공정한 선임을 위하여 2인의 이사장 후보가 퇴실한 가운데 나머지 이사들이 이사장 선출을 하였을 경우에 위와 같이 퇴실하여 의결에 참여하지 않은 이사들도 의결정족수의 출석이사에 포함시켜야 되는 것일까. 위와 같이 2인의 이사가 퇴실하고 나머지 이사들이 이사장의 선임절차를 진행하였다면 이는 퇴실한 이사는 의결권을 행사하지 않겠다는 의사표시 또는 의결을 한 것으로 보아야 할 것이므로 나머지 이사들이 참여한 가운데 참여 이사들의 과반수 이상의 의결로 이사장을 선임하였다면 이는 출석 이사 과반수의 의결로 이사장을 선임한다는 정관의 규정에 부합하는 것으로 해석하여야 할 것이다.

(3) 이사장의 직무대행

이사장이 궐위되거나 사고로 인하여 직무를 수행할 수 없을 때에는 정관이 정하는 바에 의하며, 정관에 규정이 없을 때에는 이사회의 호선에 의하여 다른 이사가 이사장의 직무를 대행한다(사립학교법 제19조 제2항).

학교법인의 정관에는 이사장이 사고가 있을 때에는 이사장이 지명하는 이사가 이사장의 직무를 대행하고, 이사장이 궐위되었을 때에는 이사회에서 지명하는 이사가 직무를 대행하며, 이사장 직무대행자로 지명된 이사는 지체 없이 이사장 선출의 절차를 밟아야 한다고 규정하는 경우가 많이 있다.[30]

그런데 앞에서 언급한 것처럼 학교법인의 정관에 임원의 선임 및 해임이 자신에 관한 사항일 경우 해당 이사장 또는 이사는 그 의결에 참여하지 못한다고 규정되어 있다면 이사장 해임안에 대한 의결시 이사장은 퇴장하여야 한다. 이때 이사장의 직무를 누가 대행하여야 하는지 문제된다. 이사장의 퇴장을 사고로 보아 위 정관에 의하면 이사장이 지명하는 이사가 직무를 대행하게 된다는 견해도 있다(법무부 질의회신 810-239. 73. 6. 11). 그러나 위에서 궐위란 이사장이 사임이나 해임, 사망 등으로 재직하지 않고 있는 경우를 의미하며 사고란 신병이나 출장 등으로 직무를 수행할 수 없는 경우를 말한다. 따라서 이사장이 자신의 해임에 관한 안건이어서 자신이 의결에 참여할 수 없어서 해당 안건에 한하여 퇴장을 하는 경우는 위에서 말하는 궐위나 사고와는 구별되어야 한다. 이사장이 이사장으로서의 전반적인 업무를 집행할 수 없는 사고와는 달리 자신에 대한 해임안건 처리와 관련한 퇴장은 해당 안건에 대해서만 의결권이 제한될 뿐으로 차이가 있다. 따라서 이때에는 이러한 경우의 이사장 직무대행에 대하여 정관에 별도로 규정되어 있지 않으면 정관에 규정이 없을 때에 해당하므로 이사회의 호선에 의하여 다른 이사가 이사장의 직무를 대행하도록 하여야 할 것이다(사립학교법 제19조 제2항).

이사장 자신의 해임안건에 대하여 자신이 관여하는 것은 옳지 않으므로 퇴장하는데 자신의 직무대행을 할 사람을 퇴장하는 이사장이 지명하는 것은 의결권을 제한하는 법률이나 정관의 취지에 반하는 것이라는 점에서도 이사장의 호선에 의하여 직무를 대행할 자를 선출하도록 하는 것이 옳을 것이다.

---

30) 과거 교육부에서 학교법인 정관준칙을 마련하고 있었는데 여기에 규정되어 있었다. 위 정관준칙은 학교법인의 자율성을 침해한다는 여론에 따라 2005년에 폐지되었다.

(4) 이사장의 법인 대표의 성질

이사장의 법인 대표에 관하여는 사립학교법 제27조에 따라 민법 제59조 제2항의 대리에 관한 규정을 준용한다. 따라서 이사장이 행하는 업무 집행은 대리행위로 보고 이사장은 민법상의 대리인으로 본다. 그런데 학교법인을 대표하는 이사장이라 하더라도 이사회의 심의 · 결정을 거쳐야 하는 이와 같은 재산의 처분 등에 관하여는 법률상 그 권한이 제한되어 이사회의 심의 · 결정 없이는 이를 대리하여 결정할 권한이 없는 것이라 할 것이므로 이사장이 한 학교법인의 기본재산 처분행위에 관하여는 민법 제126조의 표현대리에 관한 규정이 준용되지 아니한다(대법원 1983.12.27. 선고 83다548 판결).

나. 이사회의 구성 및 사무처리 권한

이사는 이사회의 구성원이 되며(사립학교법 제15조 제2항), 이사회에 출석하여 학교법인의 업무에 관한 사항을 심의 · 결정하며, 이사회 또는 이사장으로부터 위임받은 사항을 처리한다(사립학교법 제19조 제3항). 이사장이 법인을 대표하여 행하는 사무는 민법의 대리에 관한 규정을 준용하므로 민법상의 대리인으로 보게 된다(사립학교법 제27조, 민법 제59조 제2항).

다. 대리인 선임권한 및 위임의 범위

이사는 정관 또는 총회의 결의로 금지하지 아니한 사항에 한하여 다른 이사로 하여금 특정한 행위를 대리하게 할 수 있다(사립학교법 제27조, 민법 제62조). 민법 제62조는 타인으로 하여금 대리하게 할 수 있다고 규정하고 있으나 사립학교법은 위 민법 제26조를 준용하면서도 타인을 다른 이사로 한정함으로써 학교법인의 경우는 이사는 다른 이사에게만 대리하게 할 수 있도록 하였다(사립학교법 제27조 단서조항). 그리고 특정한 행위를 한정하여 다른 이사로 하여금 대리하게 할 수 있으므로 포괄적으로 사무를 위임할 수는 없다. 판례는 학교법인의 이사는 특정한 행위를 다른 이사에게 대리하게 할 수 있으므로, 학교법인의 이사는 이사 자신이 반드시 이사회에 출석하여 의결에 참석하여야 하는 것이 아니고 대리인을 대신 출석시키더라도 적법한 것이나 학교법인의 제반 사무처리를 포괄적으로 위임하여 위임받은 자가 학교법인의 해산결의를 한 경우 그 결의의 존재를 부인하였다(대법원 1989.5.9. 선고 87다카2407

판결). 나아가 위 판례는 원래 인가는 다른 사람의 법률적 행위의 효력을 보충하여 이를 완성시키는 보충적 행정행위에 지나지 않음을 이유로 기본적 행위인 학교법인 이사회의 해산결의가 성립하지 않거나 무효인 때에는 교육부장관의 인가를 받았더라도 그 해산결의가 유효하게 되는 것은 아니며 인가도 무효로 된다고 하였다.

반면에 학교법인 이사들이 그 인장을 학교 측에 보관시키면서 이사들의 의사에 반하지 아니하는 범위 내에서 즉 이사회 회의록 등을 작성할 때 그 내용이 진실에 합치되는 경우에는 필요에 따라 이를 사용할 수 있도록 사전에 포괄적 위임을 한 경우에는 이사회 회의록의 내용이 회의경과를 그대로 기재하고 있어 이사들의 의사에 배치되는 점이 전혀 없는 이상 사문서위조죄를 구성하지 않는다(대법원 1984.3.27. 선고 82도1915 판결)고 하였다.

그러나 사문서위조죄의 경우는 행사할 목적으로 권리 · 의무 또는 사실증명에 관한 타인의 문서 또는 도화를 위조 또는 변조할 때 성립하는 범죄(형법 제231조)로 작성자가 문서의 명의인의 의사에 반하여 문서를 현실적으로 작성하여야 성립하게 되는데 위 판례 사안의 경우는 학교의 관계자가 이사회회의록을 임의로 작성하였다고 하더라도 그것이 인장을 맡긴 이사의 의사에 반하는 것은 아니라는 점이 인정되었기 때문일 뿐이다. 위의 경우에도 만약 여러 사정을 종합하여 볼 때 임의로 작성한 이사회회의록 내용이 인장을 맡긴 이사가 원하지 않았을 것으로 인정되는 것이었다면 사문서위조죄가 성립될 수도 있을 것이다.

그리고 위의 판례는 포괄위임에 의한 경우라도 위임이 있었던 이상 형사상 처벌의 대상이 되는 것은 아니라는 것에 불과하고 민사상으로도 포괄위임에 의한 이사회의 의결이 적법함을 인정하는 것은 아니다.

라. 이사의 대표권

통상 민법상의 법인의 이사는 각자가 법인의 사무를 집행하고(민법 제58조), 법인의 사무에 관하여 각자 법인을 대표한다(민법 제59조 제1항). 대표하는 사무는 법인의 모든 사무로 제한이 없고, 각자 대표하므로 이사가 수인 있어도 각 이사는 단독으로 대표할 수 있는 단독대표가 원칙이다(단독대표의 원칙).

그런데 사립학교법은 이사장이 학교법인을 대표하고 사립학교법과 정관에 규정된 직무를 행하며 기타 학교법인 내부의 사무를 통할한다고 규정하고(사립학교법 제19조 제1항), 이사는 이사회에 출석하여 학교법인의 업무에 관한 사항을 심의·결정하며, 이사회 또는 이사장으로부터 위임받은 사항을 처리한다(사립학교법 제19조 제3항)고 규정하고 있다. 따라서 사립학교법상 학교법인의 이사는 대외적으로 학교법인을 대표할 권한이 없음은 물론 대내적으로도 학교법인의 업무를 독자적으로 처리할 권한도 없다. 그리하여 사립학교법은 과거에 학교법인의 설립허가를 위한 등기 시에 이사의 대표권을 제한하는 경우에는 그 제한에 관하여도 등기를 하도록 규정하고 있었는데(법률 제1735호 1965.12.30. 제8조 제9호), 대법원은 이사에게 대표권이 없는 이상 이러한 이사의 대표권 제한에 관한 규정은 무의미한 것이라고 하였고(대법원 1967.12.29. 선고 67다1456 전원합의체 판결), 사립학교법은 1981. 2. 28.자 개정을 통하여 위 이사의 대표권 제한에 관한 사항을 삭제하였다.

마. 임원의 보수

학교법인의 임원 중 정관에서 정한 상근하는 임원을 제외한 임원에 대하여는 보수를 지급하지 아니한다. 다만, 실비의 변상은 예외로 한다(사립학교법 제26조 제1항).

6. 이사의 의무

가. 선량한 관리자의 주의의무

(1) 선관주의의무

이사는 그 직무를 수행함에 있어 선량한 관리자의 주의로 그 직무를 수행하여야 한다(사립학교법 제27조, 민법 제61조). 이와 같이 선량한 관리자의 주의로 그 직무를 수행하지 않으면 이사는 그에 대해 불법행위책임을 부담하게 되는데 이때 선량한 관리자의 주의의무는 개개인의 차이를 고려하지 않고, 추상적(抽象的) 평균인(平均人)을 전제로 하는 것을 말하며 줄여서 선관주의의무(善管注意義務)라고 한다. 다시 말하면 구체적인 경우에 있어서 상당한 지식과 경험이 있는 사람을 가정하여 그러한 사람이라면 자신이 주의를 기울이지 않으면 잘못된 결과가 발생할 수 있다는 것을 인식하고 그러한 결과가 발생하지 않도록 주의를 기울여야 할 의무를 말한다. 이와 같은 주의를 기울이지 않아 잘못된 결과가 발생하면 결국 이사에게 과실이 인정되고 이사는 그에 따른 법적 책임을 추궁당할 수 있다. 이와 대비되는 것으로 자기 재산과 동일한 주의의무라는 것이 있는데 이는 자기 재산에 대하여 기울이는 정도의 주의를 기울이면 된다는 것으로 선량한 관리자의 주의의무보다 주의의무의 정도가 낮다. 이사가 위와 같은 선량한 주의의무를 위반하여 학교법인에게 손해를 끼치는 경우 이사는 학교법인에 대하여 손해배상책임을 부담하게 된다.

특히 학교법인 이사회의 경우 의결내용이나 방향이 설립자나 설립자와 친인척관계에 있는 사람들의 의사에 의하여 좌우되는 경우가 많은데 이들이 회계부정을 저지르거나 신임교원 임용과정에서 부정행위가 있다고 하더라도 이들 설립자 등에 의하여 임용된 이사들이 위와 같은 불법행위를 막지 못하는 경우가 대부분이다. 이처럼 다른 이사들의 부정행위를 인식하였거나 인식할 수 있었음에도 불구하고 위 불법행위를 방치한 이사들에 대해서도 엄격한 의무위반의 책임을 물어야 할 것이다.

(2) 이사의 배임죄

배임죄란 타인의 사무를 처리하는 사람이 그 임무에 위배하는 행위로써 재산상의 이익을 취득하거나, 제3자로 하여금 이를 취득하게 하여 본인에게 손해를 가하는 죄(형법 355조 2항 이하)를 말한다. 그런데 업무상 즉, 타인의 사무처리를 업무로 하는 사람이 임무에 위배하는 행위로 배임죄를 범하면 이를 업무상 배임죄라고 한다. 학교법인의 임원 사무를 처리하는 것도 업무에 속하는 것이므로 학교법인의 임원이 그 임무에 위배하는 행위로써 재산상의 이익을 취득하거나, 제3자로 하여금 이를 취득하게 하여 본인에게 손해를 가하면 업무상 배임죄가 성립한다. 이때의 '업무'는 그 업무가 생활수단인 직업이거나 영리행위이거나, 본업 또는 겸업이거나, 주업무 또는 부수업무이거나를 가리지 않으며, 적법한 업무인지도 가리지 않는다. '임무에 위배하는 행위'라 함은, 처리하는 사무의 내용, 성질 등에 비추어 법령의 규정, 계약의 내용 또는 신의칙상 당연히 하여야 할 것으로 기대되는 행위를 하지 않거나 당연히 하지 않아야 할 것으로 기대되는 행위를 함으로써 본인과의 신임관계를 저버리는 일체의 행위를 포함한다. 그리고 본인에게 가하는 손해란 현실적인 손해를 가한 경우뿐만 아니라 재산상 실해 발생의 위험을 초래한 경우도 포함된다. 아래에서는 이사업무상 배임죄의 성립에 관한 판례를 정리하여 보았다.

대법원은 이사장이 명예총장에의 추대 및 활동비와 전용 운전사를 제공한 사안에 대하여 학교법인의 정관이나 대학교의 학교규칙에 대학교 명예총장에 관한 규정이 없고, 사립학교법은 상근하는 임원 이외의 학교법인의 임원에 대한 보수의 지급을 금지하고 다만 실비의 변상은 예외로 하고 있으며, 학교의 회계와 법인의 회계를 분리하도록 하고 있는 점, 명예총장은 문언 그대로 명예직인데도 그러한 명예총장에게 매월 일정한 금액이 장기간에 걸쳐 지급되고 장기간에 걸쳐 전용 운전사가 제공된다면 이미 명예직이라고 보기 어려워지는 점 등을 이유로 이사장에게 배임죄가 성립한다고 판단하였다(대법원 2003.1.10. 선고 2002도758 판결). 그리고 이와 같이 '임무에 위배하는 행위'에 해당하는 이상, 헌법 제31조 제4항에 따라 대학의 자치가 인정되고 그 내용에 인사에 관한 자치 내지는 자주결정권, 재정에 관한 자주결정권이 포함되며 그러한 결정권을 가진 학교법인의 이사회의 결의가 있었다고 하여 정당화할 수도 없다고 하였다.

통상 학교법인의 경우에는 이사장만이 기본재산관리 등의 행위의 주체가 될 수 있으므로 학교법인의 이사에 불과한 자는 사립학교법상 범행의 주체가 될 수 없다(대법원 1983.7.26. 선고 83도819 판결). 그런데 위 판례에서 대학교 총장으로 대학교 업무 전반을 총괄함과 동시에 위 학교법인의 이사로서 위 학교법인 이사회에 상당한 영향력을 행사하고 있는 자가 위 학교법인의 이사로서 이사회에 참석하여 명예총장에 추대하는 결의에 찬성하고, 위 이사회의 결의에 따라 대학교의 총장으로서 대학교의 교비로써 명예총장의 활동비 및 전용 운전사의 급여를 지급한 경우에 업무상배임죄의 주체가 될 수 있다고 하여 학교법인의 이사에 불과한 경우라도 배임죄의 주체가 될 수 있다고 하였다.

회사의 이사 등이 타인에게 회사자금을 대여함에 있어 그 타인이 이미 채무변제능력을 상실하여 그에게 자금을 대여할 경우 회사에 손해가 발생하리라는 정을 충분히 알면서 이에 나아갔거나 충분한 담보를 제공받는 등 상당하고도 합리적인 채권회수조치를 취하지 아니한 채 만연히 대여해 준 경우, 업무상배임죄가 성립한다(대법원 2000.3.14. 선고 99도4923 판결).

사실상 학교법인의 경영을 주도하고 업무를 총괄하며 학교자금을 보관·

관리하는 업무를 취급하고 있는 학교법인의 이사 겸 학교법인이 설립한 고등학교의 교장이 학교재산에 관한 임대차계약을 체결한 경우, 업무상배임죄의 주체가 될 수 있다고 하였다(대법원 2000.3.14. 선고 99도457 판결).

한편 배임행위가 주무관청의 허가를 필요로 하는 것이나 주무관청의 허가를 받지 않아 무효가 되었다고 하더라도 사실상 학교법인에게 손해가 발생할 위험이 있었다면 배임죄가 성립하게 된다. 즉, 배임죄에 있어 재산상의 손해를 가한 때라 함은 현실적인 손해를 가한 경우뿐만 아니라 재산상 실해 발생의 위험을 초래한 경우도 포함되고, 재산상 손해의 유무에 대한 판단은 본인의 전 재산 상태와의 관계에서 법률적 판단에 의하지 아니하고 경제적 관점에서 파악하여야 하며, 따라서 법률적 판단에 의하여 해당 배임행위가 무효라 하더라도 경제적 관점에서 파악하여 배임행위로 인하여 본인에게 현실적인 손해를 가하였거나 재산상 실해발생의 위험을 초래한 경우에는 재산상의 손해를 가한 때에 해당되어 배임죄를 구성한다(대법원 1992.5.26. 선고 91도2963 판결).

그리하여 판례는 학교법인의 이사가 학교법인의 전 이사장 개인명의의 당좌수표를 회수하기 위하여 학교법인 명의로 약속어음을 발행하고 강제집행인낙공증까지 해 준 이상, 당시 위 어음을 발행함에 있어서 이사회의 적법한 결의를 거치지 아니하고 관할청의 허가를 받지 아니하여 법률상 당연 무효라고 하더라도 배임행위가 성립함에 아무런 지장이 없고, 위와 같은 행위로 인하여 위 학교법인이 민법 제35조 제1항에 의한 손해배상의 책임을 부담할 수 있으므로 위 배임행위로 인하여 위 학교법인에게 그 어음금 상당의 손해를 가한 것에 해당한다고 보아 배임죄의 성립을 인정하였다(대법원 1995.12.22. 선고 94도3013 판결).

학교법인의 이사장이 학교법인 소유의 토지를 매도함에 있어서 그 매수인이 그 매매목적물인 부동산을 매수 즉시 그 매매가격보다 월등하게 높은 가격으로 전매할 것임을 알면서도 이를 확실하게 예측되는 전매가격보다 현저한 저가로 매도하였다면, 이는 그 임무에 위배되는 배임행위로서 본인인 학교법인에게 손해를 가하였다고 보지 아니할 수 없고 위의 저가매도에 관하여 재산처분에 관한 결정권을 가진 학교법인의 이사회의 결의가 있었다거나 그것이 감독청의 허가조건에 위배되지 아니한다는 사유만으로는 그 배임행위를 정당화할 수 없다고 하였다(대법원 1990.6.8. 선고 89도1417 판결).

반면에 새마을 금고의 이사장이 이사회의 의결 없이 개인으로부터 자금을 차입하거나 채무를 부담하는 행위는 당연무효이므로 피고인이 금고이사장으로서의 임무에 위배하여 ○○○에게 금고 이사장명의로 채무를 부담하는 각서를 작성·교부하였다 하더라도 당시 이사회의 의결을 거치지 아니하였으니 ○○○은 위 각서상의 채권을 취득할 수 없음은 물론 금고도 채무를 부담하지 않으며 따라서 동 금고에 아무런 손해도 발생하지 아니한다는 이유로 배임죄에 관하여 무죄를 선고한 예도 있다(대법원 1987.11.10. 선고 87도993 판결).

그리고 배임죄의 공범은 타인의 재산을 감소시키는 재산의 처분, 권리의 포기, 채무의 부담 등 배임행위에 직접 가공함으로써 성립되는 것이므로 학교법인의 이사가 이사회에 출석하여 그 법인의 재산을 타에 기증하기로 하는 결의에 찬성하고 그 결의내용을 적은 이사회회의록에 날인한 것만으로는 배임죄의 공범은 되지 아니한다고 하였다(대법원 1985.7.23. 선고 85도480 판결).

나. 겸직금지의무

학교법인의 이사장은 해당 학교법인이 설치·경영하는 사립학교의 장을 겸할 수 없다. 다만, 유치원만을 설치·경영하는 학교법인 이사장의 경우도 마찬가지다(사립학교법 제23조 제1항). 이사는 감사 또는 해당 학교법인이 설치·경영하는 사립학교의 교원 기타 직원을 겸할 수 없다. 다만, 학교의 장은 예외로 한다(사립학교법 제23조 제2항).

다. 성실의무

이사가 그 임무를 해태한 때에는 그 이사는 법인에 대하여 연대하여 손해배상의 책임이 있다(사립학교법 제27조, 민법 제65조). 주식회사의 경우 이사가 다른 업무담당이사의 업무집행이 위법하다고 의심할 만한 사유가 있음에도 이를 방치한 경우, 회사가 입은 손해에 대하여 배상책임을 지도록 하고 있다(대법원 2011.4.14. 선고 2008다14633 판결).[31] 학교법인의 경우 주식회사와 달리

---

31) 주식회사의 이사는 이사회의 일원으로서 이사회에 상정된 의안에 대하여 찬부의 의사표시를 하는 데 그치지 않고, 담당업무는 물론 다른 업무담당이사의 업무집행을 전반적으로 감시할 의무가 있으므로, 주식회사의 이사가 다른 업무담당이사의 업무집행이 위법하다고 의심할 만한 사유가 있음에도 불구하고 이를 방치한 때에는 이사에게 요구

실질적인 지배권이 주주가 아닌 설립자와 설립자의 친인척 등인 이사에게 있다. 그리고 이들에 의하여 나머지 이사들은 임용된다. 따라서 나머지 이사들은 위 설립자 등의 의사에 대부분 종속되게 마련이다. 다행히 설립자 등이 학교법인과 산하 학교의 발전을 위해 헌신하는 사람들이라면 문제가 없겠으나, 설립자 등이 학교의 발전에 이바지하기는커녕 오히려 학교회계에서 돈을 횡령하거나 교원의 임용에 있어서 부정행위를 하는 등으로 학교발전에 저해되는 행위를 하는 경우에도 나머지 이사들은 위의 행위를 저지하지 못하고 일종의 거수기 노릇을 하는 경우가 비일비재하다. 심지어는 이사로 등기되어 있으나 이사회에 전혀 참석하지 않는 경우도 있다. 주식회사의 이사에 대한 판례이기는 하나 "대표이사가 대표이사로서의 업무 일체를 다른 이사 등에게 위임하고, 대표이사로서의 직무를 전혀 집행하지 않는 것은 그 자체가 이사의 직무상 충실 및 선관의무를 위반하는 행위에 해당한다"(대법원 2009.5.14. 선고 2008다94097 판결)는 판례가 있는데 이는 학교법인의 이사에게도 동일하게 적용될 수 있을 것이다. 이러한 경우에는 이들 이사들에게 법인에 대한 손해배상책임을 인정함으로써 이사로서의 성실의무를 다하도록 하여야 한다. 그러나 위와 같이 임무를 해태하는 이사들에 대해 손해배상책임을 묻는 사람들은 결국 이사들일 것인데 이러한 이사들은 모두 손해배상책임을 부담하는 사람들과 동일한 입장에 있는 사람들이기에 현실적으로 손해배상책임을 묻는 것을 기대하기 어렵다. 따라서 학교의 구성원(교직원과 학생)이나 나아가 이론 구성에 어려움이 있을 것이나 외부 공공기관 혹은 동문회 등에게 손해배상청구를 할 수 있도록 하는 제도적 장치의 마련이 필요하다.

한편 회사의 경우 이사가 자신의 권한 내에서 합리적인 근거에 따라 회사에 이익이 된다는 믿음 아래 결단을 내렸다면, 비록 그 판단이 잘못된 것이어서 회사에 손해가 발생하였을지라도 해당 이사에게 손해배상책임을 물어서는 안 된다는 경영판단의 원칙이 적용되고 있다. 이러한 경영판단의 원칙이 학교법인의 이사에게는 적용될 수 없다는 합리적인 이유를 찾을 수 없는 이상 학교법인의 이사에게도 적용되어야 할 것으로 생각된다.

되는 선관주의의무 내지 감시의무를 해태한 것이므로 이로 말미암아 회사가 입은 손해에 대하여 배상책임을 면할 수 없다(대법원 2007.9.20. 선고 2007다25865 판결).

라. 이사의 취임승인 취소사유

한편 사립학교법 제20조의2 제1항 제1호는 사립학교법 규정의 위반을 임원취임승인의 취소사유로 규정하고 있다. 그리고 사립학교법은 이들을 이사의 의무로 규정하고 있으므로 이러한 의무를 위반한 경우도 이사취임승인의 취소사유에 해당하게 된다. 판례는 “선량한 관리자의 주의로써 그 직무를 행하여야 할 의무가 있음을 더하여 보면, 학교법인의 이사장이나 이사들로서는 법인회계에서 부담하여야 할 비용을 교비회계에 속하는 수입에서 충당하는 내용의 예산안에 대하여는 이를 승인하지 말아야 할 뿐만 아니라 직무를 수행하는 과정에서 위와 같은 예산의 부당 전용사실을 알게 된 때에는 그 시정을 요구하는 등 필요한 조치를 강구하여야 할 의무나 책임이 있다”(대법원 2013.1.24. 선고 2012두18875 판결)고 하였다. 비록 이사장이나 이사가 직접 사립학교법을 위반한 행위를 하지 않았고, 학교의 장이나 기타 직원이 위법행위를 하였다고 하더라도 이를 인식할 수 있었고 예방할 수 있었음에도 방지하지 못하였다면 선량한 관리자의 주의의무를 위반한 것이므로 이사취임승인의 취소사유에 해당한다는 것이다. 다만 실제 취임승인을 취소하기 위해서는 그 위법의 정도나 이사의 주의의무 위반의 정도가 취임승인을 취소할 수 있을 정도에 이르고 절차적 요건을 갖추어야 된다.

7. 이사의 직무대행자

가. 직무대행자의 발생

(1) 직무집행정지 가처분

일정한 직위에 대하여 분쟁이 발생하고 스스로 해결이 불가능하게 되었을 때 결국은 소송절차를 거쳐야 해결을 할 수 있게 된다. 그러나 통상적으로 소송절차는 많은 시일이 걸리므로 그 사이에 직위를 이용한 법률관계의 변동이 생기게 되면 소송에서 승소하더라도 쉽게 회복할 수 없는 손해를 입게 되는 경우가 많다. 이러한 결과를 방지하기 위해 확정판결을 받기 전에 미리 임시로 잠정적인 법률관계를 형성시켜 두는 것이 필요한데 이를 보전처분이라 한다. 보전처분에는 가압류, 가처분 등이 있는데 여기에서는 법인에서 발생하는 직무집행정지가처분과 관련한 직무대행에 대해서만 논하기로 한다.

(2) 직무집행정지가처분을 신청할 수 있는 경우

학교법인이나 공익법인의 이사의 선임절차에 하자가 있음을 이유로 선임결의무효확인소송을 제기하면서 해당 선임결의에 의하여 선임되었던 이사에 대한 직무집행정지가처분을 신청하는 경우가 많이 있다.

한편 회사의 경우는 이사가 직무에 관한 부정하거나 불법한 행위를 하였을 때 해당 이사에 대한 해임청구의 소를 제기하면서 이사에 대한 직무집행정지가처분을 신청할 수도 있다. 그런데 학교법인의 경우 판례는 "기존 법률관계의 변경·형성의 효과를 발생함을 목적으로 하는 형성의 소는 법률에 특별한 규정이 있는 경우에 한하여 허용되는데, 학교법인 이사장에 대하여 불법행위를 이유로 그 해임을 청구하는 소송은 형성의 소에 해당하는바, 이를 허용하는 법적 근거가 없으므로 이를 피보전권리로 하는 이사장에 대한 직무집행정지 및 직무집행대행자 선임의 가처분은 허용되지 않는다"(대법원 1997.10.27. 97마2269 결정)고 하였다. 즉 회사와는 달리 학교법인의 경우에는 이사장의 불법행위를 이유로 이사장에 대한 해임을 청구하는 소송에 관한 규정이 없으므로 위와 같은 소송을 할 수도 없고 따라서 이사장에 대한 해임청구권을 피보전권리로 하여 이사장의 직무집행정지나 직무대행자 선임 가처분도 불가능하다는 것이다. 법적으로 허용되는 권리를 행사하기 위해서 필요한 경우에만 직무집행정지가처분이 인정되는 것이다.

그 외 임원이 임기 중에 사임하였거나 임기가 만료되었거나 해임되었음에도 불구하고 이러한 사실을 부인하면서 계속하여 임원으로서의 권한을 행사하는 경우 법인의 구성원으로서 이러한 임원의 지위나 권한을 배제시킬 필요가 있을 것이다. 이때에는 해당 임원의 지위 또는 권한의 부존재확인소송을 제기할 수 있을 것인데 이를 피보전권리로 하여 직무집행정지가처분을 신청할 수 있다(대법원 1996.12.10. 96다37206 판결 참조). 이사 등의 임기가 만료되었더라도 후임이사가 선임될 때까지는 이사의 권리의무가 있다. 이처럼 임기만료 후에 권한대행을 하는 이사에 대해서도 지위나 권한을 배제시킬 사유가 존재한다면 직무집행정지가처분 신청을 할 수 있다.

(3) 직무집행정지가처분의 당사자

직무집행정지가처분은 본안소송의 원고 적격을 가지는 자 즉, 직무집행정지가처분을 한 후 실질적인 소송을 함으로써 궁극적으로 이익을 얻으려고 하는 자(예를 들면 이사선임절차의 하자를 이유로 선임된 이사의 직무집행정지가처분을 구하는 것은 이사선임결의무효확인의 소를 제기할 수 있는 자가 될 것이다)가 직무집행정지를 요구받는 이사 등을 상대방으로 하여 가처분신청을 할 수 있다.

다만 대표자의 직무집행을 정지하고 그 대행자를 선임하는 가처분을 하는 경우 어느 특정한 사람을 그 직무대행자로 선임할 것인가는 법원의 자유재량에 속하는 것이어서 어떤 특정인을 직무대행자로 선임하여 달라고 요구하는 권리는 누구에게도 인정되지 않는다. 통상적으로는 복수의 후보자를 제시하여 그 중에 선임해 줄 것을 요청한다. 그리고 법원이 일단 어떤 사람을 직무대행자로 선임한 뒤에도 그 사람이 부적당하다고 인정될 때는 직권으로 그를 해임하고 적당한 자를 새로 선임할 수 있는 것이지 직무대행자의 변경 내지는 개임신청권이 가처분 당사자에게 인정되지 아니한다(대법원 1979.7.19. 자 79마198 결정). 직무대행자의 직무집행이 부당하다고 생각되는 경우에는 개임해줄 것을 요청할 수는 있을 것이나 이는 단지 직권발동을 촉구하는 의미를 가지는 것뿐이고 개임할 것인지 여부는 법원이 판단하여 결정한다.

(4) 법원의 심판

신청인이 피신청인을 상대로 법인의 주된 사무소나 영업소 소재지의 지방법원에 신청을 하면 법원은 원칙적으로 변론기일 또는 피신청인이 참석할 수 있는 심문기일을 열어 신중하게 재판하게 된다(민사집행법 제304조). 법원은 심리를 한 결과 해당 이사의 직무집행을 정지할 필요가 있다고 인정되는 경우 해당 이사의 직무집행을 정지시키고 특별히 직무대행자를 선임할 필요가 없는 경우를 제외하고는 통상적으로 직무집행이 정지된 이사의 직무를 수행할 직무대행자를 선임하게 된다.

판례는 학교법인의 이사에 대한 직무집행정지 및 직무대행자 선임의 가처분에 있어서는 당사자 쌍방의 이해득실뿐만 아니라 학교법인이 가지는 자주성·공공성을 고려하여야 하는바, 비록 피신청인들의 이사선임절차에 하자가 있다 하더라도 피신청인들이 학교법인의 직무집행을 불성실하게 하여 학교법인에게 회복할 수 없는 손해를 가하였다거나 정상적으로 사립학교를 운영하지 못함으로써 학생들의 수학권(受學權)을 보장하지 못하고 있다는 특별한 사정에 대한 소명이 없는 한 그 현상을 섣불리 변경시키는 것은 오히려 학교법인의 안정적 경영과 학생들의 정당한 수학권을 해칠 우려가 있으므로, 그 보전의 필요성 유무를 판단함에 있어서 학교법인과 학교법인이 운영하는 사립학교의 학생들의 이익 등 제반 사정을 참작하여 보다 신중하게 결정하여야 한다(서울고법 2006.11.28. 선고 2004나31113 판결)고 하였다.

해당 법인의 정관에 임원 유고시의 직무대행자에 관하여 규정하고 있는 경우가 많으나 법원의 직무집행정지가처분에 의하여 임원 등이 직무를 수행할 수 없게 된 것이 해당 임원의 유고에 해당한다고 볼 수 없고, 직무집행정지에 따른 직무대행자는 상무에 속한 행위밖에 할 수 없음에 반하여 정관에 의한 직무대행자는 해당 임원의 모든 권한을 행사할 수 있어서 그 성격도 다른 것이므로 비록 정관에 직무대행에 관한 규정이 있더라도 직무대행이 필요한 경우라면 법원은 직무대행을 선임하게 된다.

(5) 직무대행자 선임의 등기

이사의 직무집행을 정지하거나 직무대행자를 선임하는 가처분을 하거나 그 가처분을 변경·취소하는 경우에는 주사무소와 분사무소가 있는 곳의 등기소에서 이를 등기하여야 한다(민법 제52조의2, 사립학교법 제13조).

법원사무관 등은 법원이 법인의 대표자 그 밖의 임원으로 등기된 사람에 대하여 직무의 집행을 정지하거나 그 직무를 대행할 사람을 선임하는 가처분을 하거나 그 가처분을 변경·취소한 때에는, 법인의 주사무소 및 분사무소 또는 본점 및 지점이 있는 곳의 등기소에 그 등기를 촉탁하여야 한다. 다만, 이 사항이 등기하여야 할 사항이 아닌 경우에는 그러하지 아니하다(민사집행법 제306조).

나. 이사장 직무대행자의 이사로서의 지위 여부

통상 이사장을 선임한 이사회결의 무효확인의 소를 본안으로 하는 이사장 직무집행정지 가처분은 이사장으로서의 직무집행정지만을 목적으로 하는 것이므로 이사로서의 직무는 집행할 수 있다고 보아야 한다. 그리하여 이사의 자격을 갖추지 아니한 사람을 이사장 직무대행자로 선임한 경우 그가 동시에 이사 직무대행자로 선임되지 아니하였다면 당연히 이사의 자격이 부여되는 것은 아니라고 보는 것이 일반적이다.[32] 다만, 대법원은 정관상 이사의 정원이 한정되어 있고, 이사장 직무대행자에게 이사의 지위를 인정하게 되면 정관에 규정된 이사의 정원을 초과하게 된 사안에서 "가처분에 의하여 ○○○의 이사장으로서의 직무만이 정지되고 이사장직무대행자로서 △△△가 선임되었지만, 참가인 정관의 관계 규정상, 이사장은 이사 중에서 선임하고, 이사회는 이사장의 소집으로 개최되어 이사장이 그 의장으로서 의사를 진행하며 의결시 가부동수인 경우에는 의장이 결정하고, 또 이사정원을 9인으로 한정하고 있는 점 등에 비추어, 이 사건의 경우에는 가처분이 있은 뒤 ○○○는 이사로서의 직무도 수행할 수 없게 되고 대신 그 직무대행자로 선임된 △△△가 이사로서의 직무까지 수행할 수 있는 권한을 가지게 되었다고 해석하여야 할 사정이 있어 보인다"(대법원 2001.5.29. 선고 99두7432 판결)고 본 사례가 있다.

다. 직무대행자의 권한

(1) 정관에 정한 직무대행자의 직무정지

법원이 직무대행을 선임하게 되면 비록 유고시에 대비하여 정관에 직무대행자를 규정해 두었다고 하더라도 정관에 규정된 직무대행자는 직무대행의 업무를 수행할 수 없고, 법원이 선임한 직무대행의 업무를 방해하는 경우에는 형사상 업무방해죄가 성립될 수 있다.

(2) 통상사무에 속하는 행위

직무대행자는 가처분명령에 다른 정함이 있는 경우 외에는 법인의 통상사무에 속하지 아니한 행위를 하지 못한다. 다만, 법원의 허가를 얻은 경우에는 그러하지 아니하다(민법 제52조의2 제1항). 그러므로 만약 직무대행자가 통상사무에 해당하지 아니하는 행위를 하고자 할 경우에는 가처분을 한 법원에서 해당 행위에 대한 허가를 얻어야 한다. 판례는 "민사소송법(구법) 제714조 제2항의 임시의 지위를 정하는 가처분은 권리관계에 다툼이 있는 경우에 권리자가 당하는 위험을 제거하거나 방지하기 위한 잠정적이고 임시적인 조치로서 그 분쟁의 종국적인 판단을 받을 때까지 잠정적으로 법적 평화를 유지하기 위한 비상수단에 불과한 것으로, 가처분결정에 의하여 학교법인의 이사의 직무를

32) 법원실무제요 민사집행[IV], 법원행정처(2003), 340면.

대행하는 자를 선임한 경우에 그 직무대행자는 단지 피대행자의 직무를 대행할 수 있는 임시의 지위에 놓여 있음에 불과하므로 학교법인을 종전과 같이 그대로 유지하면서 관리하는 한도 내의 학교법인의 통상업무에 속하는 사무만을 행할 수 있다고 하여야 할 것이고, 그 가처분결정에 다른 정함이 있는 경우 외에는 학교법인의 근간인 이사회의 구성 자체를 변경하는 것과 같은 학교법인의 통상업무에 속하지 아니한 행위를 하는 것은 이러한 가처분의 본질에 반한다."(대법원 1995.4.14. 선고 94다12371 판결)고 보았다. 위 판례의 사안은 원래의 이사들로 구성된 이사회에 이사직무대행자가 참여하여 피대행자 자신의 후임이사를 직접 선임한 이사회결의의 효력에 관한 것이었다. 판례는 직무대행자가 후임 이사를 선임하는 것은 분쟁의 내용이 된 권리관계 자체를 직무대행자들 스스로 소멸시키는 결과를 초래하여 당초의 가처분결정에서 정하여진 임시의 지위를 변경하는 결과를 가져오고, 가처분에 의하여 이사의 직무집행을 정지당한 자가 사임하여 퇴임한 경우에는 가처분의 대상인 분쟁의 권리관계는 이미 소멸하여 해당 가처분을 더 이상 유지할 필요가 없게 된다는 등의 이유로 직무대행자에게 후임이사의 선임에 참여할 수 없다고 하였다.

따라서 직무대행자인 이사들에 의하여 선임된 이사에 대한 취임승인요청에 대해서 감독청으로서는 취임승인을 거부하여야 할 것이다(대법원 1997.2.11. 선고 96누4657 판결). 그럼에도 감독청이 이를 간과하고 취임을 승인하였다고 하더라도 이사에 대한 감독청의 취임승인은 학교법인의 이사선임행위를 보충하여 그 법률상의 효력을 완성케 하는 보충적 행정행위로서, 성질상 그 기본행위를 떠나 승인처분 그 자체만으로는 법률상 아무런 효력도 발생할 수 없는 것이므로, 기본행위인 학교법인의 이사선임행위가 불성립 또는 무효인 경우에는 비록 그에 대한 감독청의 취임승인이 있었다 하여도 이로써 무효인 그 선임행위가 유효한 것으로 될 수는 없다(대법원 1995.4.14. 선고 94다12371 판결). 한편 학교법인이 이사 선임행위를 다시 한다거나 기타 무효인 행위를 추인한다고 하더라도 무효인 승인행위가 치유되는 것은 아니다(대법원 1984.2.28. 선고 81누275 전원합의체 판결).

항소를 취하하는 것도 재단법인의 통상업무에 속하지 않는 것이므로 직무대행자선임의 가처분결정에 다른 정함이 있거나 관할법원의 허가를 얻지 아니하고서는 이를 할 수 없고 직무대행자가 재단법인이 당사자인 소송의 항소를 취하하더라도 이는 효력이 없고(대법원 2006.10.27. 선고 2004다63408 판결), 가처분결정에 의하여 선임된 학교법인 이사직무대행자가 그 가처분의 본안소송인 이사회결의무효확인의 제1심판결에 대하여 항소권을 포기하는 행위는 학교법인의 통상업무에 속하지 않는다고 보아야 할 것이므로, 그 가처분결정에 다른 정함이 있거나 관할법원의 허가를 얻지 아니하고서는 위와 같은 항소권의 포기도 할 수 없다(대법원 2006.1.26. 선고 2003다36225 판결).

직무대행자가 정관을 변경할 수 있을까. 정관은 법인의 근본규칙이어서 이를 변경하는 것은 일응 법인을 보존하는 행위에는 속하지 않는 것으로 보인다. 그런데 정관에는 필수적 기재사항과 임의적 기재사항, 법인의 명칭이나 목적과 같은 본질적인 사항과 일반적 운영에 관한 사항 등 다양한 내용이 포함되어 있다. 따라서 정관의 변경을 일률적으로 법인의 본질적인 사항의 변경으로 보아 허가가 필요하다고 할 것이 아니라 변경하고자 하는 정관의 내용에 따라 구별하여 판단하여야 할 것이다.

한편 이사는 이사회에 출석하여 학교법인의 업무에 관한 사항을 심의·결정하며, 이사회 또는 이사장으로부터 위임받은 사항을 처리하는바 그 직무대행이 하지 못하는 행위도 결국 이사회에서 심의·결정하거나, 이사회 또는 이사장으로부터 위임받은 사항을 처리하는 행위이다. 그러나 이사회에 참석하는 것은 당연히 가능하다고 보아야 할 것이므로 통상 사무에서 벗어난 안건에 대한 심의 의결과 관련해서는 의사정족수에는 포함되나 의결정족수에는 포함되지 않는 것으로 보아야 한다.

(3) 직무대행자의 직무범위를 벗어난 행위에 대한 법인의 책임

한편 직무대행자가 법원의 허가를 받지 않고 통상사무 이외의 행위를 한 경우에도 법인은 선의의 제3자에 대하여 책임을 진다(민법 제52조의2 제2항).

라. 직무대행자의 권한의 소멸

가처분에 의하여 직무집행이 정지된 이사 등은 이사회결의무효확인의 소송 등 본안 소송에서 승소하여 그 판결이 확정되면 직무집행정지가처분은 당연히 효력을 상실하게 된다(대법원 1989.9.12. 87다카2691). 그러나 이사장 등의 직무집행정지 및 직무대행자 선임의 가처분이 이루어진 이상 그 후 이사장 등이 해임되고 새로운 이사장 등이 선임되었다 하더라도 가처분결정이 취소되지 아니하는 한 직무대행자의 권한은 유효하게 존속하고 새로이 선임된 이사장 등은 그 선임결의의 적법 여부에 관계없이 대표이사 등으로서의 권한을 가지지는 못한다(대법원 1992.5.2. 선고 92다5638). 가처분에 의하여 이사의 직무집행을 정지당한 자가 사임하여 퇴임한 경우에도 가처분의 대상인 분쟁의 권리관계는 이미 소멸하여 해당 가처분을 더 이상 유지할 필요가 없게 되는 것이므로(대법원 1995.4.14. 선고 94다12371 판결), 이때에는 사정변경을 이유로 가처분의 취소를 신청하여 가처분을 취소시켜야 한다.

8. 이사 직무의 종료

가. 이사의 임기의 만료

(1) 임기의 만료

이사의 임기는 정관으로 정하되 5년을 초과할 수 없고 중임할 수 있다(사립학교법 제20조 제3항).

(2) 이사의 임기의 만료와 긴급처리권의 발생

학교법인은 이사회에 의하여 행위할 수밖에 없는데 다양한 사정에 의한 이사의 결원으로 이사회가 정상적으로 운영되지 못하는 경우가 있다. 학교법인의 지속적인 운영과 유지를 위해서는 이러한 경우에 대비한 장치가 필요한데 그것이 긴급처리권 제도이다. 판례는 학교법인의 이사나 감사 전원 또는 그 일부의 임기가 만료되었다고 하더라도, 그 후임이사나 후임감사를 선임하지 않았거나 또는 그 후임이사나 후임감사를 선임하였다고 하더라도 그 선임결의가 무효이고 임기가 만료되지 아니한 다른 이사나 감사만으로는 정상적인 학교법인의 활동을 할 수 없는 경우, 임기가 만료된 구 이사나 감사로 하여금 학교법인의 업무를 수행케 함이 부적당하다고 인정할 만한 특별한 사정이 없는 한, 민법 제691조[33]를 유추하여 구 이사나 감사에게는 후임이사나 후임감사가 선임

33) 민법 제691조: 위임종료의 경우에 급박한 사정이 있는 때에는 수임인, 그 상속인이나 법정대리인은 위임인, 그 상속인이나 법정대리인이 위임사무를 처리할 수 있을 때까지 그 사무의 처리를 계속하여야 한다. 이 경우에는 위임의 존속과 동일한 효력이 있다.

될 때까지 종전의 직무를 계속하여 수행할 긴급처리권이 인정된다고 한다(대법원 2007.7.19. 선고 2006두19297 전원합의체 판결).

그러나 구 이사의 긴급처리권은 불가피하게 예외적으로 인정되는 것이므로 아직 임기가 만료되지 않은 다른 이사들로서 정상적인 법인의 활동을 할 수 있는 경우에는 구태여 구 이사로 하여금 이사로서의 직무를 행사케 할 필요는 없다(대법원 2012.8.23. 선고 2011다19997 판결).

이러한 판례들의 견해에 비추어 보면 예컨대 현재 잔존하는 이사만으로는 정상적인 이사회의 운영이 불가능하여 임기가 만료된 전 이사의 긴급처리권 행사가 필요한데, 전 이사들이 순차적으로 임기가 종료되었을 경우, 직전에 임기만료 된 이사만 긴급처리권을 행사하더라도 학교법인의 정상적 운영이 가능하다면 직전에 임기만료된 이사에게만 긴급처리권을 부여하면 되는 것이지 그 이전에 임기만료된 이사에게까지 긴급처리권을 부여하는 것은 적절하지 않다. 임기가 만료된 이사들의 긴급처리권은 예외적으로 인정되는 것이므로 제한적으로만 허용되어야 할 것인데 직전에 임기만료된 이사만으로도 학교법인의 정상적 운영이 가능하였고, 그 이전에 임기만료된 이사는 위와 같은 상태에서도 권한을 행사할 수 없었기 때문이다(대법원 1968.9.30. 선고 68다515 판결 참조). 물론 직전에 동시에 임기만료된 이사가 복수인 경우에는 해당되는 이사 전원에게 긴급처리권이 부여되어야 할 것이고, 직전에 임기만료된 이사의 긴급처리권에 의하더라도 이사회 정족수가 부족하다면 그 이전에 임기만료된 이사에게까지 긴급처리권을 부여하여야 할 것이다. 이러한 원칙이 수립되지 않으면 현직의 이사나 종전의 이사 등 사이에 갈등이 있었을 경우 어느 한쪽의 이해관계에 따라 긴급처리권의 부여범위가 결정된다면 긴급처리권에 의하여 성립되는 이사회도 파행상태를 빚을 가능성이 있다.

그런데 긴급처리권을 행사하여야 할 순위에 있는 구 이사가 긴급처리권을 포기한다거나 사망하여 긴급처리권을 행사할 수 없는 경우가 있다. 이때에는 그의 차순위의 구 이사가 긴급처리권을 행사할 수 있을까. 사립학교법 제25조 제1항 제1호의 "학교법인이 이사의 결원보충을 하지 아니하여 학교법인의 정상적 운영이 어렵다고 판단될 때"에 해당하는 것으로 판단하여 위 규정에 따라 관할청이 임시이사를 선임하여야 하는 것으로 보는 견해가 있을 수 있다. 하지만 앞에 인용한 판례의 취지가 긴급처리권을 행사할 순위의 구 이사가 부존재하는 경우에도 해당 순위의 구 이사까지만 긴급처리권을 인정하는 것으로는 해석되지 않는다. 학교법인에게 기본권으로서의 사학의 자유가 인정되고 이의 핵심적 내용은 이사회를 스스로 구성하는 것이라고 할 것인데 비상한 상황에서도 이러한 사학의 자유를 보장하기 위해서는 차순위의 구 이사에게 긴급처리권을 인정하여야 한다. 민법 제691조의 긴급처리권도 차순위의 구 이사에게는 긴급처리권을 부인하는 것으로 볼 수 없다. 사립학교법 제25조 제1항에 의한 임시이사의 선임은 제재적 성격도 가지고 있는데 학교법인의 귀책사유 없이 불가피한 사정으로 해당 순위의 구 이사만으로 긴급처리권자를 구성하지 못하는 경우까지 위의 규정을 적용하는 것은 부당하다. 더군다나 긴급처리권을 행사하기를 원하지 않는 구 이사에게 긴급처리권을 행사할 의무를 부여할 근거가 없다는 점까지 종합하여 고려해 보면 당초 긴급처리권을 행사하였어야 할 구 이사의 차순위 구 이사가 긴급처리권을 행사할 수 있다고 보아야 할 것이다.

한편 판례는 "기존 정이사의 퇴임이 확정되고 구 사립학교법(2005.12. 29. 법률 제7802호로 개정되기 전의 것)상의 절차에 따라 임시이사가 적법하게 선임되었다면 그 선임사유가 무엇이든 통상적인 업무에 관한 이사로서의 권한은 임시이사에게 속하게 되므로, 민법 제691조를 유추하여 그 퇴임이사에게 종전의 직무를 계속 수행한다는 차원에서 일반적인 사무를 처리할 권한으로서의 긴급처리권을 인정할 여지가 없고, 나중에 임시이사가 그 임무를 종료한다고 하더라도 그 시점에 이르러 과거에 퇴임하였던 이사에 대하여 그와 같은 긴급처리권이 새로이 부여된다고 할 수도 없으며, 일반적인 사무처리 권한 중 후임 이사 선임 권한만을 분리하여 그에 관한 일종의 부분적인 긴급처리권이 인정되거나 새로 부여된다고 할 수도 없다"(대법원 2010.6.24. 선고 2010두6069 판결)고 하였다.

(3) 구 이사의 긴급처리권의 범위

구 이사의 긴급처리권은 긴급한 사정으로 정이사의 권한을 행사하는 것이므로 특별한 사정이 없는 한 정이사와 동일한 권한을 가진다. 하지만 임기만료된 이사의 업무수행권은 급박한 사정을 해소하기 위하여 퇴임이사로 하여금 업무를 수행하게 할 필요가 있는지를 개별적·구체적으로 가려 인정할 수 있는 것이지 퇴임이사라는 사정만으로 당연히 또 포괄적으로 부여되는 지위는 아니다(대법원 1996.12.10. 선고 96다37206 판결). 위 판결은 긴급처리권자가 이사의 지위에 있다는 확인을 구하는 청구를 기각하였는데 반드시 필요하지 않은 사항에 대해서까지 긴급처리권을 행사할 수 있는 것은 아니라고 해석될 수 있다.

학교법인의 경우 민법상 재단법인과 마찬가지로 이사를 선임할 수 있는 권한은 이사회에 있으므로, 임기가 만료된 이사들의 참여 없이 후임 정이사들을 선임할 수 없는 경우 임기가 만료된 이사들로서는 위 긴급처리권에 의하여 후임 정이사들을 선임할 권한도 보유하게 된다(대법원 2007.7.19. 선고 2006두19297 전원합의체 판결). 이러한 정이사 선임은 이사정수에 해당하는 이사 전원을 선임할 수 있다고 보아야 할 것이다. 위와 같은 법리에 따라 비록 취임승인이 취소된 학교법인의 정이사들에 대하여 원래 정해져 있던 임기가 만료되고 구 사립학교법(2005.12.29. 법률 제7802호로 개정되기 전의 것) 제22조 제2호 소정의 임원 결격사유 기간마저 경과하였다고 하더라도, 그 임원취임승인취소처분이 위법하다고 판명되고 나아가 임시이사들의 지위가 부정되어 직무권한이 상실되면, 그 정이사들은 후임이사 선임시까지 민법 제691조의 유추적용에 의하여 직무수행에 관한 긴급처리권을 가지게 되고 이에 터잡아 후임 정이사들을 선임할 수 있게 되는바, 이는 감사의 경우에도 마찬가지이다(대법원 2007.7.19. 선고 2006두19297 전원합의체 판결). 이처럼 긴급처리권에 의하여 직무를 수행하는 이사들이 포함된 이사회에서 긴급처리권을 가지고 있는 이사를 정이사로 선임하는 것도 선임절차에 하자가 없고, 선임된 사람이 임원결격사유가 없는 이상 가능하다고 보아야 할 것이다.

이와 같은 긴급처리권에는 새로이 선임된 이사의 직무수행을 배제하고 현재의 임원을 확정하기 위하여 소송을 통하여 당초의 이사회결의의 무효확인을 구하는 것도 포함된다(대법원 1998.12.23. 선고 97다26142 판결).

나. 임원의 직무집행정지

관할청은 임원취임의 승인취소를 위한 조사 또는 감사가 진행 중일 때, 또는 취임승인취소의 전단계로 시정요구를 하였는데 시정요구 기간 중 해당임원이 계속 직무를 집행할 경우 법인 또는 학교운영상 중대한 손해가 발생할 우려가 있다고 인정될 때에는 60일의 범위 안에서 해당 임원의 직무를 정지시킬 수 있다. 그리고 부득이한 사유가 있을 때에는 60일의 범위 안에서 그 기간을 연장할 수 있다(사립학교법 제20조의3 제1항). 임원에 대한 직무집행정지는 사학의 자율성에 대한 중대한 제한이므로 제한적으로 해석되어야 하나 이러한 사학의 자율성이 악용될 때에는 위의 직무집행정지사유는 너무 제한적이다. 조사나 감사가 종결되었고, 시정요구 기간도 종결된 이후 임원취임승인취소를 위한 절차(예컨대 계고나 청문절차 진행 등) 진행 중에도 정지시켜야 할 필요가 있는 경우가 있다.

위와 같이 임원의 직무가 정지되었다가 임원의 직무집행정지 사유가 종료된 때에는 관할청은 이를 즉시 해제하여야 한다(사립학교법 제20조의3 제2항).

다. 이사의 사임

(1) 사임의 효력 발생시기

이사도 자의에 의하여 사임함으로써 이사의 지위를 상실하게 된다. 학교법인의 이사는 법인에 대한 일방적인 사임의 의사표시에 의하여 법률관계를 종료시킬 수 있고, 그 의사표시는 수령 권한 있는 기관에 도달됨으로써 바로 효력을 발생하는 것이며 사임의 효력발생을 위하여 이사회의 결의나 관할관청의 승인이 있어야 하는 것은 아니다(대법원 2003.1.10. 선고 2001다1171 판결). 따라서 이사가 사임하자 이에 대하여 이사회의 의결을 거쳐 이사를 해임하였는데 그 이사회의 결의가 무효가 되었다고 하여 이사의 지위가 유지되는 것은 아니다. 학교법인은 이사장이 대표이므로 특별한 사정이 없는 한 이사장에게 도달하여야 효력이 발생하고 단지 이사에게 제출한 사정만으로는 그 효력이 발생하지 않는다고 봄이 타당하다(대법원 2006.10.27. 선고 2006다23695 판례). 그리고 이사장이 사임을 하는 경우에는 이사장이 사임하면 그 권한을 대행하게 될 사람에게 도달한 때에 효력이 발생한다(대법원 2007.5.10. 선고 2007다7256 판결).

그런데 이사의 사임을 전후하여 개최된 이사회의 의사정족수나 의결정족수의 충족과 관련하여 이사의 사임 효력 발생 시기나 사임의 철회 가능 여부가 문제될 수 있다. 사임의 의사표시가 수령 권한 있는 기관에 도달함으로써 바로 효력이 발생하고 그 의사표시가 효력을 발생한 후에는 마음대로 이를 철회할 수 없음이 원칙이나, 사임서 제출 당시 즉각적인 철회권유로 사임서 제출을 미루거나, 대표자에게 사표의 처리를 일임하거나, 사임서의 작성일자를 제출일 이후로 기재한 경우 등 사임의사가 즉각적이라고 볼 수 없는 특별한 사정이 있을 경우에는 별도의 사임서 제출이나 대표자의 수리행위 등이 있어야 사임의 효력이 발생하고, 그 이전에 사임의사를 철회할 수 있다"(대법원 2006.6.15. 선고 2004다10909 판결)고 하였다. 또한 법인이 정관에서 이사의 사임절차(예컨대 이사회의결을 거치도록 한 경우)나 사임의 의사표시의 효력발생시기 등에 관하여 특별한 규정을 둔 경우에는 그에 따라야 하므로, 위와 같은 경우에는 이사의 사임의 의사표시가 법인의 대표자에게 도달하였다고 하더라도 그와 같은 사정만으로 곧바로 사임의 효력이 발생하는 것은 아니고 정관에서 정한 바에 따라 사임의 효력이 발생하는 것이다. 그러므로 이사가 사임의 의사표시를 하였더라도 정관에 따라 사임의 효력이 발생하기 전에는 그 사임의사를 자유롭게 철회할 수 있다(대법원 2008.9.25. 선고 2007다17109 판결).

(2) 사임한 이사의 긴급처리권

이사가 사임한 경우라도 민법 제691조를 유추하여 구 이사에게는 후임이사가 선임될 때까지 종전의 직무를 계속하여 수행할 긴급처리권이 인정된다. 마찬가지로 사임한 이사에게 직무수행권을 인정하는 것은 그 사임한 이사가 아니고서는 법인이 정상적인 활동을 중단할 수밖에 없는 급박한 사정이 있는 경우에 한정된다(대법원 2003.1.10. 선고 2001다1171 판결).

라. 해 임

이사의 해임에 관하여는 사립학교법이 규정하고 있지 않다. 그러나 이사회에 이사의 선임의 권한이 있는 이상 이사회에 해임에 관한 권한도 있다고 보는 것이 옳다. 해임은 이사의 임기가 만료되기 이전에 당사자의 의사에 반하여 이사의 지위를 박탈하는 것이다.

임원의 임기만료 전에 임원의 결격사유(사립학교법 제22조)가 발생하거나 기타 정관에 규정된 임원의 해임사유가 발생한 경우에 이사회에서 해임에 대한 결의를 할 수 있을 것이다. 학교법인의 임원의 선임은 이사회의 결의와 이에 대한 관할청의 취임승인을 통하여 이루어지는데 임원에 대한 해임 역시 관할청의 승인을 얻어야 하는 것인지 문제된다. 법률에는 이사의 해임에 관한 규정을 두지 않았기 때문에 이사의 해임에 관할청의 승인을 얻어야 한다는 규정도 존재하지 않는다. 이사의 선임에 관할청의 승인을 얻도록 한 것은 이사로서의 직무수행에 부적합한 사람을 이사로 선임하는 것을 방지하기 위한 것이다. 그런데 이사의 선임과 해임이 각 법인에 미치는 영향은 차이가 있고, 법인의 운영 또는 이사회 운영의 자율성이 존중되어야 할 필요성이 있다는 점에서 이사의 해임에는 관할청의 승인을 필요로 하지 않는다고 보는 것이 타당하다.

이사회에서의 해임에 대해 사립학교법에는 당사자의 의견진술의 기회에 대하여는 규정하고 있지 않으나 그 외 해임의 절차, 즉 이사회 소집절차, 안건 상정 등의 절차는 사립학교법과 정관에 규정된 절차가 엄격히 적용되어야 할 것이다.

마. 임원의 보충

이사 또는 감사 중 결원이 생긴 때는 2월 이내에 보충해야 한다(사립학교법 제24조). 법인의 이사회에 대립과 갈등이 생기면 그로 인하여 이사에 결원이 생겼음에도 불구하고 후임이사를 선임하지 못하는 경우가 있다. 이로 인하여 결국 잔존 이사 전체의 취임승인취소에 이르게 될 수도 있다.

9. 취임승인의 취소

가. 법원의 판결에 의한 취소

이사에 대한 취임승인을 취소해야 하는 경우는 학교법인의 이사 선임행위에 하자가 있는 경우와 관할청의 취임승인이라는 처분에 하자가 있는 경우의 두 가지가 있을 수 있다. 이 중 법인의 임원선임행위에는 하자가 없으나 관할청의 취임승인행위 자체에 하자가 있다면 이에 대하여 법원에 취소를 구하는 소를 제기할 수 있을 것이고, 재판에 의하여 취소될 수 있을 것이다. 그러나 보충적 법률행위에 하자가 있는 경우는 많지 않을 것이다. 한편 법인의 이사 선임행위 자체에 하자가 있을 경우에 법원을 통하여 해결을 하는 방법에는 주의할 점이 있다. 판례는 기본행위인 이사선임결의가 적법·유효하고 보충행위인 승인처분 자체에만 하자가 있다면 그 승인처분의 무효확인이나 그 취소를 주장할 수 있지만, 이 사건 임원취임승인처분에 대한 무효확인이나 그 취소의 소처럼 기본행위인 임시이사들에 의한 이사선임결의의 내용 및 그 절차에 하자가 있다는 이유로 이사선임결의의 효력에 관하여 다툼이 있는 경우에는 민사쟁송으로서 그 기본행위에 해당하는 위 이사선임결의의 무효확인을 구하는 등의 방법으로 분쟁을 해결할 것이지 그 이사선임결의에 대한 보충적 행위로서 그 자체만으로는 아무런 효력이 없는 승인처분만의 무효확인이나 그 취소를 구하는 것은 특단의 사정이 없는 한 분쟁해결의 유효적절한 수단이라 할 수 없다(대법원 2002.5.24. 선고 2000두3641 판결).

나. 관할청의 직권취소

관할청은 임원이 ① 사립학교법, 초·중등교육법 또는 고등교육법의 규정을 위반하거나 이에 의한 명령을 이행하지 아니한 때, ② 임원간의 분쟁·회계부정 및 현저한 부당 등으로 인하여 해당 학교운영에 중대한 장애를 야기한 때, ③ 학사행정에 관하여 해당 학교의 장의 권한을 침해하였을 때, ④ 관할청의 학교의 장에 대한 징계요구에 불응한 때의 어느 하나에 해당할 때에는 임원취임의 승인을 취소할 수 있다(사립학교법 제20조의2 제1항). 이러한 취임승인의 취소는 관할청이 해당 학교법인에게 그 사유를 들어 시정을 요구한 날로부터 15일이 경과하여도 이에 응하지 아니한 경우에 한한다. 다만, 시정을 요구하여도 시정할 수 없는 것이 명백하거나 회계부정, 횡령, 뇌물수수 등 비리의 정도가 중대한 경우에는 시정요구 없이 임원취임의 승인을 취소할 수 있으며, 그 세부적 기준은 대통령령으로 정한다(사립학교법 제20조의2 제1항).

그 외에도 관할청은, 비록 그 취임승인처분 자체에 별다른 흠이 없고 또 그 처분을 취소할 수 있는 별도의 법적 근거가 없다고 하더라도 원래의 처분을 유지할 필요가 없게 된 사정변경이 생겼다거나 중대한 공익상의 필요가 생긴 경우에는 그 처분의 효력을 상실하게 하는 별도의 행정행위로 이를 취소할 수 있다(대법원 2002.11.26. 선고 2001두2874 판결).

또한 판례는 당연무효의 이사회의 결의에 의하여 선임된 임원에 대한 주무관청의 임원취임승인 처분은 그 행정처분절차에 중대하고도 명백한 하자가 있는 경우이므로 이에 대하여는 주무관청은 스스로 이를 취소할 수 있다고 한다. 나아가 사립학교법 제20조의2 제2항은 적법·유효하게 선임되어 취임승인을 받은 임원에게 취소사유가 있을 때 비로소 적용되므로 당연무효의 이사회의 결의에 따라 이루어진 임원취임승인처분을 취소함에 있어서는 사립학교법 제20조의2 제2항에 따른 시정요구를 하여야 하는 것도 아니라고 하였다(대법원 1987.6.23. 선고 87누256 판결).

다. 관할청의 직권취소사유에 대한 검토

(1) 사립학교법, 초·중등교육법 또는 고등교육법의 규정을 위반하거나 이에 의한 명령을 이행하지 아니한 때

임원취임취소처분의 상대방에 미치는 영향을 고려할 때 사립학교법, 초·중등교육법 또는 고등교육법의 규정을 위반하거나 이에 의한 명령을 이행하지 아니한 모든 경우에 취소할 수 있다면 지나치게 과중한 것이 된다. 다른 규정과 마찬가지로 법규에 반하거나 법규에 의한 명령을 위반한 것이 학교운영에 중대한 장애를 야기하는 정도에 이른 경우에 비로소 적법한 취소사유가 된다고 보아야 한다. 그렇지 않은 경우의 취소는 재량권의 일탈이나 남용이 될 가능성이 크다.

(2) 임원 간의 분쟁·회계부정 및 현저한 부당 등으로 인하여 해당 학교운영에 중대한 장애를 야기한 때

임원 사이에 분쟁이 발생하여 이사회에서의 의결이 불가능하거나 임기가 만료된 임원이 발생하였음에도 임원 사이의 갈등으로 신임 이사를 선임하지 못하여 이사회를 구성하지도 못하는 경우가 있다. 이러한 경우에도 임원취임승인취소사유가 되는 것이다. 회계부정의 경우는 회계처리가 불법인 경우뿐만 아니라 부당한 경우에도 취소사유가 될 수 있으나 다만 부당의 경우는 현저하게 부당하여야 한다.

한편 임원간의 분쟁·회계부정 및 현저한 부당의 사유는 이에 더하여 학교운영에 중대한 장애를 야기하였어야 한다. 현재 초중등학교는 학교운영비의 대부분을 국가와 지방자치단체의 지원금으로 충당하고 있다. 그런데 일부 설립자와 그 일가들은 마치 학교의 돈을 개인의 돈인 것처럼 지속적으로 횡령하여 사적인 용도로 사용하는 경우가 있다. 이러한 경우에 학교의 학생들은 보다 좋은 환경에서 학습할 수 있는 기회를 상실하였겠지만 학교는 큰 문제 없이 운영되는 것이 현실이다. 그런데 이러한 경우에도 학교운영에 중대한 장애가 발생하지는 않았다는 이유로 임원취임승인취소사유에 해당하지 않는다고 하는 것은 부당하다고 하지 않을 수 없다. 따라서 위의 '중대한 장애'의 의미는 학교운영에 '중대한 장애를 가져올 위험'이라고 해석하여야 할 것이다. 다만, 사학의 자주성을 존중하기 위해서는 직접적이고 명백하며 현존하는 구체적 위험이 발생하는 경우로 엄격하게 제한하여야 한다. 사립학교의 자주성과 공공성이라는 대립적인 가치를 조화시키기 위해서는 신입생 선발, 수업과 같은 학교의 교육기능과의 관련성이 높은 사안일수록 공공성을 강조하고 이와 관련성이 낮을수록 자주성이 강조되는 쪽으로 법률을 해석하는 것이 바람직하고 따라서 학교법인의 임원취임승인취소라는 극단적인 공적 개입을 정당화하는 사유로서의 사립학교법 제20조의2 제1항 제2호 소정의 '학교운영의 중대한 장애'란 원칙적으로 신입생 선발, 수업과 같은 학교의 교육기능 중 중요한 부분에 중대한 장애가 발생하거나 차질이 빚어지고 있어 사립학교의 자율성을 다소 해치는 한이 있더라도 이사취임승인취소라는 극단적인 공적 개입이 필요한 경우를 가리키는 것으로 해석하는 것이 사립학교법의 목적에 부합할 뿐 아니라, '중대한 장애'라는 사립학교법 제20조의2 제1항 제2호의 문리적 해석에도 충실한 것으로 판단된다는 견해(서울행정법원 2011.11.25. 선고 2011구합23825 판결)도 있다. 그러나 학교에 재정지원을 하여야 할 의무가 있는 법인의 이사가 오히려 학교운영에 사용되어야 할 돈을 마치 개인의 돈처럼 횡령하여 사용하는 경우에도 위 이사를 이사의 지위에서 배제시킬 수 없다면 이는 부당하다고 하지 않을 수 없다. 학교의 재정의 안정과 학습환경의 개선도 도모하기 어려울 것이다. 위의 견해는 대법원에서 대법원 2013.1.24. 선고 2012두18875 판결에 의하여 사실상 부정되었다.

한편 위 대법원 2012두18875 판결은 학교법인의 이사장이나 이사들로서는 법인회계에서 부담해야 할 비용을 교비회계에 속하는 수입에서 충당하는 내용의 예산안에 대하여는 이를 승인하지 말아야 할 뿐만 아니라 직무를 수행하는 과정에서 위와 같은 예산의 부당 전용사실을 알게 된 때에는 그 시정을 요구하는 등 필요한 조치를 강구해야 할 의무나 책임이 있으므로 이를 이행하지 않았다면 임원취임승인취소사유에 해당한다고 하였다. 위 판례의 사안은 학교법인이 경영하는 산하 고등학교장이 법인회계에서 부담하여야 할 비용을 교비회계에 속하는 수입에서 부당하게 집행한 것에 관한 것이었다. 원심법원은 위의 학교장의 행위는 이사장이나 이사가 행한 것이 아니므로 이사장이나 이사에 대한 취임승인취소사유로 삼을 수 없다는 취지로 판단하였는데 대법원은 위의 원심법원의 판단이 학교법인의 이사장이나 이사들이 예산의 수립 및 집행과 관련하여 부담하는 선량한 관리자로서의 주의의무나 책임의 범위에 관한 법리를 오해한 것이라고 하였다. 비록 이사장이나 이사가 직접 행한 것이 아니고 산하 학교의 장이나 법인의 회계 직원 등이 행한 것이라고 하더라도 위의 행위가 이사장이나 이사에게 주어진 선량한 관리자의 주의의무 위반으로 인한 것으로 볼 수 있다면 이사장이나 이사에 대한 취임승인취소사유가 된다고 보아야 할 것이다.

(3) 학사행정에 관하여 해당 학교의 장의 권한을 침해하였을 때

학교법인과 학교의 운영에 있어서 설립이념이 반영되도록 하여야 하겠지만 교원의 학생들에 대한 교육에 있어서는 국가는 물론 학교법인으로부터도 자율성이 보장되어야 한다. 이러한 교육의 자율성의 연장선에서 학교의 학사행정에 대해서는 학교에 맡겨져야 하고 이들을 위해 사립학교법은 학사행정에 관하여 해당 학교의 장의 권한을 침해하였을 때를 임원취임승인취소의 사유로 규정함으로써 학교의 자율성을 최대한 보장하고 있다.

(4) 관할청의 학교의 장에 대한 징계요구에 불응한 때

한편 학교의 장의 학사행정에 관한 자율권을 인정하면서도 법은 학교의 장에게 위법한 행위가 있었을 때에는 학교의 장에 대한 징계를 관철시키고자 하고 있다. 관할청은 사립학교의 교원이 이 법에 규정된 면직사유 및 징계사유에 해당한 때에는 해당 교원의 임용권자에게 그 해직 또는 징계를 요구할 수 있고, 임용권자는 특별한 사정이 없으면 이에 따라야 한다(사립학교법 제54조 제3항).[34] 그런데 일반 교원과는 달리 학교의 장에 대한 징계요구에 불응한 때에는 임원취임승인 취소도 할 수 있도록 함으로써 교장에 대한 징계는 특별히 관철시키려고 하고 있는 것이다.

학교의 장과 교원의 임용권은 학교법인 또는 사립학교경영자에게 있다(사

---

34) 이를 따르지 않으면 1천만 원 이하의 과태료를 부과받게 된다(사립학교법 제74조 제1항 제1호).

립학교법 제53조와 제53조의2의 각 제1항). 이에 더하여 교원징계위원회가 관할청이 요구한 징계나 징계의 종류에 기속되지 않는다고 한다면(뒤에서 살펴보기로 한다) 임원취임승인취소사유인 '관할청의 학교의 장에 대한 징계요구에 불응한 때'란 결국 관할청의 학교의 장에 대한 징계요구가 있음에도 임용권자가 징계의결요구를 하지 않은 경우를 의미한다고 보아야 하겠다. 한편 학교의 장에 대한 징계의결요구는 임용권자에게 내려진 처분이고 임용권자로서는 징계의결요구를 따라야 할 것이므로 관할청의 요구에 따른 징계의결요구를 위해서는 이사회의결절차는 불필요하다고 본다.

라. 직권취소를 위한 요건

(1) 법령의 규정

위의 취임승인의 취소는 관할청이 해당 학교법인에게 그 사유를 들어 시정을 요구한 날로부터 15일이 경과하여도 이에 응하지 아니한 경우에 한한다. 다만, 시정을 요구하여도 시정할 수 없는 것이 명백하거나 회계부정, 횡령, 뇌물수수 등 비리의 정도가 중대한 경우에는 시정요구 없이 임원취임의 승인을 취소할 수 있으며, 그 세부적 기준은 대통령령으로 정한다(사립학교법 제20조의2 제2항).

이에 따라 ① 관할청이 시정을 요구하여도 요구기한 내에 시정할 수 없는 것이 명백한 경우, ② 임원이 학교법인 및 학교의 회계 등에서 「대학설립·운영 규정」 제7조 제1항, 「사이버대학 설립·운영 규정」 제7조 제1항 및 「고등학교 이하 각급학교 설립·운영 규정」 제13조 제1항에 따라 확보하여야 하는 해당 학교법인의 수익용기본재산의 30퍼센트 이상(고등학교 이하의 학교법인의 경우에는 50퍼센트 이상)에 대하여 회계부정한 사실이 법원의 판결 또는 관할청의 감사에 의하여 명백히 확인된 경우, ③ 임원이 학교법인의 재산을 횡령하거나 교직원 채용 및 시설공사 등과 관련하여 금품을 수수한 사실이 법원의 판결 또는 관할청의 감사에 의하여 명백히 확인된 경우 등에는 시정요구 없이 임원취임의 승인을 취소할 수 있다(사립학교법시행령 제9조의2 제1항). 위와 같이 사립학교법시행령이 시정요구 없이 임원취임의 승인을 취소할 수 있는 경우를 한정적으로 열거하고 있는 이상 그 이외의 사유로 취임승인을 취소하기 위해서는 반드시 시정요구를 하여야 하는 것으로 해석된다.

(2) 중대한 경우의 의미

위 규정은 시정요구 없이 취소할 수 있는 경우로 "회계부정, 횡령, 뇌물수수 등 비리의 정도가 중대한 경우"를 규정하고 있는데 이때의 '중대한 경우'란 비리의 정도가 어느 정도인 경우를 의미하는지가 문제 된다. 판례가 2006년부터 2010년경까지 합계 30,636,700원을 법인회계가 아닌 학교회계에서 집행한 사실을 임원취임승인취소사유로 인정(대법원 2013.1.24. 2012두18875 판결)한 것을 볼 때 판례는 현실적으로 학교법인의 존폐 등에 심각한 영향을 끼치는 경우에만 취임승인취소사유로 보는 것은 아니다. "중대한 경우"가 학교법인이 부도 날 정도로 심각한 경우를 의미한다면 사실상 학교법인의 횡령행위 등에 대하여 제재가 불가능하다는 점에서 법인의 운영에 상당한 장애를 줄 수 있는 위험이 있는 경우를 의미한다고 하지 않을 수 없다.

(3) 직권취소의 요건인 시정요구

사립학교법은 임원취임승인 취소를 위해서는 먼저 15일간의 시정의 기회를 줄 것을 요구하고 있다(사립학교법 제20조의2 제2항 본문). 시정요구사항에 따라 위 15일이 충분한 기간일 수도 있고 너무 짧은 기간일 수도 있다. 이와 관련하여 판례는 임원취임승인 취소 전의 시정요구 절차는 사학의 자율성을 고려하여 관할청이 취임승인 취소사유를 발견하였더라도 바로 임원의 취임승인을 취소할 것이 아니라 일정한 기간을 주어 학교법인 스스로 이를 시정할 기회를 주고 학교법인이 이에 응하지 아니한 때에 한하여 취임승인을 취소한다는 취지라고 한다. 따라서 관할청이 시정을 요구하면서 부여한 기간이 너무 불합리하거나 부당하지 않는 한 단기간이라는 이유만으로 그 시정요구가 위법하다고 볼 수는 없으며, 또한 시정이 가능한 사항에 대하여만 시정 요구할 것을 전제로 하고 있다거나 시정이 불가능하여 시정 요구가 무의미한 경우에는 임원취임승인취소처분을 할 수 없다고 해석할 수는 없다(대법원 2007.7.19. 선고 2006두19297 전원합의체 판결).

위 판례를 달리 해석해 본다면 관할청이 시정요구를 함에 있어서 시정의 내용이 어떠한 것인지와 무관하게 법률이 규정하고 있는 15일이 지날 때까지 시정이 이루어지지 않으면 임원취임승인 취소를 할 수 있는 것이 아니라 학교법인 스스로 이를 시정할 기회를 주려고 하는 입법취지상 시정의 내용에 따라서는 15일 이상의 시정기간을 주어야 한다는 것으로 해석될 여지도 있다. 사실 시정해야 할 내용이 15일 이내에 이루어지는 것이 물리적으로 전혀 불가능한 경우에도 15일 이내에 시정을 하라고 하는 것은 학교법인 스스로 시정할 기회를 주는 것이라고 볼 수는 없을 것이다. 위 판례의 취지는 다만 부여한 기간이 시정을 하기에 충분한 기간이 아니라고 하더라도 너무 불합리하거나 부당하게 짧지 않은 한 시정요구를 위법하다고 할 수는 없다는 것이다. 위 판례의 사안은 교비회계에서 법인회계로 부당 전출된 자금의 반환, 유용·횡령된 교비의 회수, 참가인법인이 관리하는 호텔의 매각 등을 요구하면서 45일의 기간을 주었고, 이에 대하여 학교법인은 위 기간 내에 위 시정요구 사항을 할 수 없어서 부당하다고 주장하였으나 법원은 위 시정요구가 위법하지 않다고 하였다. 시정요구 기간과 관련하여 시가 합계가 277억 원에 달하는 부동산을 15일 이내에 매각하여 그 대금을 교비회계에 세입조치 하라는 시정요구가 그 이행이 현실적으로 어려워 보이기는 하나, 그렇다고 하여 그 점만을 이유로 그 부분 시정요구가 위법하다거나 나아가 이 사건 임원취임승인취소가 위법하게 된다고 볼 수는 없다고 한 사례도 있다(대법원 2002.2.5. 선고 2001두7138 판결). 그리고 최근에는 관할청이 시정을 요구하면서 일정한 시정기한을 부여한 경우, 그 시정기한이 15일 미만이라면 이는 사립학교법 제20조의2 제2항에 저촉되는 한도 내에서 효력이 없으므로 그 시정요구일로부터 15일 이내에 시정을 마친 경우에는 이를 임원취임승인의 취소사유로 삼을 수 없으나, 만일 관할청이 해당 사유의 시정에 사립학교법 제20조의2 제2항에서 정한 15일을 초과하는 기간이 필요하다고 판단하여 그 시정기간으로서 15일을 초과한 기간을 부여한 경우에는 다른 특별한 사정이 없는 한 학교법인은 그 시정기한의 만료일까지 시정을 마쳐야 한다고 봄이 상당하다는 판결(대법원 2013.1.24. 선고 2012두18875 판결)을 한 바 있다.

이러한 판례의 취지까지 보태어 본다면 사립학교법이 규정한 15일의 시정요구기간이 주어진다면 이를 위법하다고 볼 수는 없는 것으로 판단된다. 임원 스스로 시정할 수 있는 기회도 주지 않고 취임승인을 취소하는 것도 문제이지만 임원에게 장시간의 시정요구 기회를 주는 것이 오히려 임원이 학교법인에 불이익한 행위들을 할 수 있는 기회를 주게 될 수도 있다. 입법자의 의도는 이러한 여러 가지 사정을 고려하여 관할청에게 시정요구 사항의 내용과 무관하게 시정을 할 기간으로 15일만 주면 취임승인취소를 적법한 것으로 보려는 것으로 해석된다.

그리고 판례는 사립학교법 제20조의2 제1항이 규정하고 있는 '시정요구에 응하지 아니한 경우'에는 관할청의 시정요구를 애초부터 거부한 경우뿐만 아니라 시정명령에 응하기는 하였으나 그 결과가 관할청의 시정요구를 이행하였다고 보기에 미흡한 경우도 포함된다고 한다. 시정요구를 받은 학교법인이 시정명령에 응하였다고 하더라도 시정에 응할 의사로 최선의 합리적인 조치를 다하였는지는 이를 객관적으로 판정하기 어려우며, 기본적으로 시정이 전혀 이루어지지 아니하였음에도 시정을 위한 최선의 노력을 하였다는 것만으로 '시정요구에 응하였다'고 보아 임원취임승인취소를 할 수 없다고 한다면 이는 문언 취지에도 맞지 아니하므로, 그러한 사정은 임원취임승인취소의 재량 남용 여부를 판단함에 있어서 참작될 수 있을 뿐 임원취임승인취소를 하였다고 하더라도 이에 대하여 재량권을 일탈하였거나 남용하였다고 볼 수는 없다고 한다(대법원 2007.7.19. 선고 2006두19297 전원합의체 판결). 그리하여 판례는 교비회계자금을 법인회계로 부당 전출한 위법성의 정도와 임원들의 이에 대한 가공의 정도가 가볍지 아니하고, 학교법인이 행정청의 시정요구에 대하여 이를 시정하기 위한 노력을 하였다고는 하나 결과적으로 대부분의 시정요구 사항이 이행되지 아니한 경우 해당 임원들에 대한 취임승인취소처분은 재량권을 일탈·남용하였다고 볼 수 없다고 하였다.

관할청이 행하는 시정요구는 임원취임승인취소처분이 행하여짐으로써 사립학교법 제20조의2 제2항 소정의 목적을 달성하여 실효된다. 따라서 그러한 상태에서 관할청이 기존에 시정요구 하였던 사항에 대하여 변경하여 통보를 하더라도 이로써 기존의 시정요구가 소급적으로 취소되는 것이 아니고 변경통보는 행정지도의 성질을 지니는 새로운 조치에 불과하다(대법원 2002.2.5. 선고 2001두7138 판결).

그러나 관할청의 계고기간을 둔 시정요구에 대하여 학교법인의 시정조치가 있었으나 그 내용이 관할청의 요구에 미흡한 경우에 관할청은 바로 취임승인 취소를 할 수 있지만 취소를 하지 아니하고 다시 기간을 정하여 재차의 시정요구를 할 수도 있을 것인데(그 기간이 반드시 15일 이상일 필요는 없다), 이와 같이 관할청이 재차의 시정요구를 한 경우라면 관할청으로서는 새로 설정된 기간 내에 행하여지는 시정조치를 기다려 그 시정조치가 법령에 따라 관할청이 정한 요구조건을 충족하는지 여부를 판단하여 임원취임승인의 취소 여부를 결정하여야 하는 것이고, 재차의 시정요구에 따른 시정조치를 무시하고 그 시정요구 이전의 사정만을 근거로 임원취임승인을 취소하여서는 아니 된다(대법원 2001.1.19. 선고 99두9674 판결).

(4) 시정요구의 예외

한편 위 판례는 "시정이 가능한 사항에 대하여만 시정 요구할 것을 전제로 하고 있다거나 시정이 불가능하여 시정요구가 무의미한 경우에는 임원취임승인취소처분을 할 수 없다고 해석할 수는 없다."고 하여 시정이 불가능한 경우에도 임원취임승인취소를 할 수 있는 것으로 판단하고 있다. 만약 시정이 불가능한 상태인 경우에는 임원취임승인취소 사유의 내용 및 정도가 아무리 중하더라도 임원취임승인취소처분을 할 수 없다는 것은 불합리한 것이므로 위 판례의 해석은 타당한 것으로 보인다. 그런데 위 판례는 시정이 불가능한 상태에 있는 경우에도 15일간의 기간을 부여하여 시정명령을 하여야 한다고 해석하는 것으로 보인다. 그러나 위 시정요구가 학교법인이 스스로 이를 시정할 기회를 주려고 하는 것이라면 시정이 불가능한 것을 시정하도록 학교에 기회를 준다는 것은 무의미하므로, 이때에도 시정명령을 하여야 한다면 이는 행정력의 낭비일 뿐만 아니라 신속한 행정의 목적에도 부합하지 않는 것이다. 그러므로 학교법인 스스로 시정하는 것이 불가능한 상태라면 시정명령을 하지 않더라도 곧바로 임원취임승인취소를 할 수 있는 것으로 해석하는 것이 바람직하다고 본다.

이에 대해서는 사립학교법 제20조의2 제2항 단서가 시정을 요구하여도 시정할 수 없는 것이 명백하거나 회계부정, 횡령, 뇌물수수 등 비리의 정도가 중대한 경우에는 시정요구 없이 임원취임의 승인을 취소할 수 있다고 규정함으로써 입법적으로 해결되었다. 그리고 위에서 본 것처럼 사립학교법시행령은 구체적인 경우를 규정하고 있다(사립학교법시행령 제9조의2 제1항)를 규정하고 있다.

이때 시정요구사항이 '시정을 요구하여도 시정할 수 없는 것이 명백한 경우'에 해당하는지 여부에 대하여 다툼이 생기고 있다. 시정요구를 하는 취지에 비추어 본다면 관할청의 시정요구 이후 물리적으로 시정이 불가능한 경우뿐만 아니라 시정하는 행위를 하더라도 그 시정이 무의미한 경우도 포함된다고 보아야 할 것이다. 예컨대 학교법인의 예산·결산·차입금 및 재산의 취득·처분과 관리에 관한 사항에 대하여는 이사회의 의결을 거쳐서 행하여야 하는데 이들에 대하여 이사회를 거치도록 하는 것은 사전에 이사회의 심의와 의결 절차를 거침으로써 신중하고 공정한 집행이 이루어지도록 하기 위함이다. 그런데 관할청의 시정요구 이후에 이사회에서 비로소 위의 사항들에 대하여 의결을 한다고 하더라도 학교법인의 예산·결산·차입금 및 재산의 취득·처분과 관리에 관한 사항에 대하여 사전에 이사회의 의결을 거치도록 한 입법목적은 달성할 수 없게 된다. 이러한 경우에는 물리적으로는 관할청의 시정요구에 따라 이사회의 심의와 의결을 할 수 있다고 하더라도 '시정할 수 없는 것이 명백'한 경우에 해당한다고 보아야 할 것이다. 또한 법인의 이사장은 매 회계연도 개시 2월 이전에 그 법인과 학교의 예산편성요령을 정하여야 한다는 규정(사학기관재무회계규칙 제12조)처럼 집행에 일정한 기한을 정하고 있는 경우가 있다. 이처럼 일정한 기한을 정한 것은 입법자가 해당 기한 내에 집행하여야 할 필요성이 있는 것으로 판단하였기 때문일 것이다. 따라서 위의 기한의 준수 불이행만을 이유로 임원취임승인취소를 하는 것이 비례의 원칙에 반하는 것인지 여부는 별론으로 하고 적어도 위 기한을 준수하지 않은 경우도 시정할 수 없는 것이 명백한 경우에 해당하는 것으로 보는 것이 타당하다.

그리고 시행령은 '법원의 판결 또는 관할청의 감사에 의하여 명백히 확인된 경우'라고 규정하고 있는데, 이때 법원의 판결에 의하여 확인된 경우란 반드시 판결이 확정된 것을 의미하는 것이 아니라 일단 판결이 선고된 이상 법원의 판결에 의하여 명백히 확인된 경우에 해당한다고 보아야 할 것이다. 공무원에게 징계사유가 인정되는 이상 관련된 형사사건이 아직 유죄로 확정되지 아니하였다고 하더라도 징계처분을 할 수 있다는 판례(대법원 2001.11.9. 선고 2001두4184 판결)의 취지, 법원의 판결이 확정판결을 의미한다고 하면 감사의 경우는 그 정당성이 객관적으로 확인되지 않았음에도 임원취임승인취소를 할 수 있는 것에 비추어 균형이 맞지 않는다는 점, 형사판결이 만약 상고심까지 거친다면 장기간이 소요될 것인데 그동안 임원취임승인취소를 할 수 없다면 해당 임원에 의하여 학교법인에게 불이익한 행위가 계속될 가능성이 있고 이런 경우에는 해당 임원을 신속히 학교법인의 업무로부터 배제시킬 필요가 있다는 점 등을 고려해 볼 때 위 규정에서의 법원의 판결은 확정판결을 의미하는 것은 아니라고 보아야 한다.

마. 관할청에 의한 취소와 재량권

사립학교법의 임원취임승인취소 처분은 관할청의 재량행위이다. 그러나 관할청은 적법한 재량권의 범위 내에서 임원취임승인취소를 하여야 하고 설령 임원취임승인취소의 요건을 갖추었다고 하더라도 여러 사정을 고려하였을 때 임원취임승인의 필요성과 사학의 자주성을 비교하여 임원취임승인취소의 필요성에 비하여 사학의 자주성 침해나 해당 임원이 받는 불이익이 현저하게 크다면 재량권을 일탈하거나 남용한 것으로 위법한 처분이 된다.

판례는 이사 겸 이사장이 법인의 부동산을 매매함에 있어서 선량한 관리자의 주의의무를 게을리한 잘못이 있다고 하더라도 원고에 대하여 그 잘못에 상응한 손실보전의 조치를 취하여야 할 정도에까지는 미치지 아니하고, 그 외 손실보전을 위한 노력을 다하였음에도 취임승인취소를 한 사안에서 판례는 사립학교의 '공공성'을 지나치게 중시한 나머지 사립학교의 '자주성'을 현저히 침해하였을 뿐만 아니라, 그로써 달성하려는 행정목적에 비하여 위 이사에 대한 불이익의 정도가 과중하여 법익균형성을 갖추었다고 보기 어렵다는 이유로 그 재량권의 한계를 일탈한 위법한 것이라 하였다(대법원 2003.5.30. 선고 2002두11073 판결).

학교법인의 임원들이 법정기일 내에 산하 전문대의 예산을 심의, 결정하지 못한 점과 그 산하 전문대 및 고등학교의 학내소요사태를 진정시켜 학교의 정상적인 운영을 위한 보다 적극적인 조치를 취하지 못한 점은 일응 사립학교법 제20조의2 소정의 임원취임승인 취소사유에 해당하나, 위 법인과 각 학교의 설립운영과정, 위 예산의 심의결정이 지연된 사정 등에 비추어 보면 위와 같은 사유가 위 법인의 임원 전원의 임원취임승인을 모두 취소할 정도로 중하다고는 인정되지 아니하므로, 임원 전원에 대한 임원취임승인 취소처분은 재량권의 한계를 일탈한 위법이 있다고 하였다(대법원 1991.12.10. 선고 90누7609 판결).

이사장의 적극적인 비위행위와 나머지 이사들의 묵인 및 감사들의 감사업무 소홀로 야기된 사태는 일응 사립학교법 제20조의2 소정의 임원취임승인 취소사유에 해당하나, 직접 비위행위를 한 이사장 자신과 그의 부당한 학사행정 관여를 방조한 학교장인 이사 및 이사장의 비위를 감사로서 적발하지 아니하고 방치한 감사들을 제외한 나머지 이사들은 소요사태 후 학교정상화를 위하여 노력하였고 위 이사장의 비위의 정도가 이사 전원의 취임승인을 취소해야 할 만큼 중하다고 보이지 않을 뿐 아니라 기독교신앙을 고취시킨다는 학교의 설립목적에 비추어 이사 전원의 취임승인을 취소하고 임시이사를 선임하는 것은 바람직하지 않은 점이 있으므로, 위 이사장의 비위에 적극적으로 가담하지 아니하고 묵인하였을 뿐인 원고들에 대하여서까지 임원승인을 취소한 것은 재량권의 범위를 일탈한 위법한 처분이라고 판단하였다(대법원 1991.2.12. 선고 90누5573 판결).

바. 임원취임승인의 직권취소를 위한 절차

(1) 청문의 실시

사립학교법 제20조의2 제2항에 따라 관할청이 임원취임의 승인을 취소하는 경우에는 청문을 실시하여야 한다(사립학교법시행령 제9조의2 제2항). 기존의 판례는 시정요구 자체를 학교법인 이사장을 비롯한 임원들에게, 임원취임승인 취소처분의 사전통지와 아울러 행정절차법 소정의 의견진술의 기회를 준 것으로 볼 수 있다고 하였으나(대법원 2002.2.5. 선고 2001두7138 판결), 위와 같이 임원취임의 승인을 취소하기 위해서는 청문의 절차를 거치도록 규정하고 있는 것이다(청문에 대해서는 「행정절차법」 참조).

(2) 처분이유의 제시

행정청은 처분을 하는 때에는 ① 신청내용을 모두 그대로 인정하는 처분인 경우, ② 단순·반복적인 처분 또는 경미한 처분으로서 당사자가 그 이유를 명백히 알 수 있는 경우, ③ 긴급을 요하는 경우를 제외하고는 당사자에게 그 근거와 이유를 제시하여야 한다(행정절차법 제23조 제1항). 이는 행정청으로 하여금 처분 등을 보다 신중하게 하여 자의적인 처분을 방지하고 쟁송단계에서 그 상대방이 해당 처분에 대하여 다툴 수 있는 구체적 근거를 제공하여 준다는 데에 의의가 있다. 따라서 단순히 처분의 근거조문을 기재하는 것만으로는 충분하지 않고, 구체적인 사실과 해당 처분과의 관계가 적시되어야 한다. 근거법령과 함께 해당 임원의 임원취임승인취소사유에 해당하는 위법 또는 부당한 점, 시정요구에 대하여 일정한 기간까지 불응하였다는 점을 기재하여야 한다.

다만, 판례는 임원들의 위법·부당사항을 적시하는 것 외에 그에 대한 시정요구를 학교법인이 위 기간 내에 응하지 아니하였다는 점까지를 처분서에 기재하였어야 함이 마땅하나 처분서에 "사립학교법 제20조의2 규정에 의거 임원취임승인을 취소함"이라고 기재되어 있고, 같은 조 제2항은 같은 조 제1항의 사유를 들어 시정을 요구한 날로부터 15일이 경과하여도 이에 응하지 아니한 경우에 한하여 임원취임승인을 취소한다고 규정하고 있으므로, 처분 대상자들로서는 사립학교법 제20조의2의 규정 적시만으로도 '시정요구 불응' 사실을 알 수 있었다고 보이고, 이러한 기재와 함께 처분서에 사립학교법 제20조의2 제1항 소정의 임원취임승인취소사유가 위와 같이 구체적으로 적시되어 있었다면, 이 정도의 이유제시로써 이 사건 임원취임승인취소처분의 처분사유, 즉 '임원취임승인취소사유의 존재와 그에 대한 시정요구 불이행'은 충분히 특정되었다고 봄이 상당하다고 하였다(대법원 2002.2.5. 선고 2001두7138 판결). 나아가 판례는 당사자가 근거규정 등을 명시하여 신청하는 인·허가 등을 거부하는 처분을 함에 있어 당사자가 그 근거를 알 수 있을 정도로 상당한 이유를 제시한 경우에는 해당 처분의 근거 및 이유를 구체적 조항 및 내용까지 명시하지 않았더라도 그로 말미암아 그 처분이 위법한 것이 된다고 할 수 없다고도 하였다(대법원 2002.5.17. 선고 2000두8912 판결).

사. 취임승인 취소의 효과와 취소된 임원이 한 행위의 효력

취소의 효과는 기왕에 소급하는 것이 원칙이다. 따라서 취임승인이 취소되면 임원은 처음부터 임원으로서의 자격이 없는 것으로 되어야 한다. 이때 임원이 취임승인 이후 그 승인이 취소되기 전까지 하였던 임원으로서의 행위는 유효한지가 문제된다.

형식상으로 보면 사실상 자격이 없는 이사에 의하여 행하여진 행위도 효력이 없어야 할 것이나 그렇게 되면 처리된 예산·결산에 관한 사항, 변경된 정관에 관한 사항, 재산의 취득이나 처분에 관한 사항, 교원의 임용에 관한 사항들에 커다란 혼선을 가져오게 될 것이다. 따라서 승인이 취소되는 이사가 취소되기 이전에 행한 행위에 대해서는 그 효력을 인정하여야 할 필요성이 매우 크다.

이때의 취소는 취소라는 용어를 사용하고는 있으나 그 실질적 의미는 경우에 따라 강학상의 철회로 보아야 한다고 본다.

취소는 그 취소되는 행위에 하자가 존재함을 이유로 그 효력을 소멸시키기 때문에 원칙적으로 소급효를 인정한다. 반면에 철회는 하자 없이 적법하게 성립한 행위를 이후에 발생하는 사유를 이유로 효력을 소멸시키는 것이므로 그 효력도 장래를 향하여 발생한다.

임원취임승인 취소의 경우도 취소의 원인이 무엇인지에 따라 실질적 의미도 취소인지 아니면 철회인지를 판단할 필요가 있는 것이다.

그런데 사립학교법이 규정하고 있는 관할청의 임원에 대한 승인취소는 임원이 ① 사립학교법, 초·중등교육법 또는 고등교육법의 규정을 위반하거나 이에 의한 명령을 이행하지 아니한 때, ② 임원간의 분쟁·회계부정 및 현저한 부당 등으로 인하여 해당 학교운영에 중대한 장애를 야기한 때, ③ 학사행정에 관하여 해당 학교의 장의 권한을 침해하였을 때, ④ 관할청의 학교의 장에 대한 징계요구에 불응한 때이고(사립학교법 제20조의2 제1항), 관할청이 해당 학교법인에게 그 사유를 들어 시정을 요구한 날로부터 15일이 경과하여도 이에 응하지 아니한 경우에 한하여(사립학교법 제20조의2 제2항) 취소할 수 있다.

위 취소사유를 살펴보면 취임승인 이후에 새로 발생한 사유임을 알 수 있다. 이와 같이 표현은 취소라는 용어를 사용하고 있으나 취임승인 이후에 새로이 발생한 것을 이유로 취소하는 것인 만큼 그 실질은 철회라고 할 수 있고, 따라서 철회의 효력으로서 취소의 효력이 장래를 향하여 발생하는 것이므로 취임승인이 취소되는 이사가 취소 이전에 행한 행위의 효력은 그대로 유지되는 것이다.

관할청이 사립학교법인에 대하여 한 기존의 자금차입허가의 취소사유가 사립학교법인이 허가에 따라 차입한 자금을 법인회계에 수입조치하지 아니하고 본래의 허가 용도가 아닌 다른 용도에 사용하였다는 것으로서, 이는 허가처분의 효력이 발생하여 자금차입행위가 유효하게 이루어진 이후에 비로소 이행할 수 있는 것들이고 허가처분 당시에 그 처분에 위와 같은 흠이 존재하였던 것은 아니므로, 위와 같은 취소처분은 그 명칭에 불구하고 행정행위의 철회에 해당하는 것으로서 위 자금차입허가의 효력은 장래에 향하여 소멸한다고 한 판례(대법원 2006.5.11. 선고 2003다37969 판결)도 위와 같은 취지로 해석하였다.

반면에 판례는 당연무효인 이사회 결의에 의하여 선임된 임원에 대한 주무관청의 임원취임승인 처분은 그 행정처분절차에 중대하고도 명백한 하자가 있는 경우이므로 이에 대하여는 주무관청은 스스로 이를 취소할 수 있다(대법원 1987.6.23. 선고 87누256 판결)고 하는데 이러한 경우의 취임승인의 취소사유는 취임승인 이후에 발생한 것이 아니라 취임승인 이전에 발생한 것이다. 따라서 위의 사유로 인한 취소는 실질적 의미로도 취소에 해당한다. 그러므로 이러한 경우에는 취소의 원칙적 효과에 따라 취소로 인해 임원취임승인의 처분은 소급하여 그 효력이 소멸하고 결국 이후에 취임승인이 취소되는 이사가 행한 행위는 자격이 없는 자가 행한 것이므로 그 효력 또한 인정될 수 없을 것이다.

위 판례(대법원 1987.6.23. 선고 87누256 판결)가 사립학교법 제20조의2 제2항은 적법유효하게 선임되어 취임승인을 받은 임원에게 그 제1항의 사유가 있을 때 비로소 적용되므로 당연무효의 이사회의 결의에 따라 이루어진 임원취임승인처분을 취소함에 있어서 사립학교법 제20조의2 제2항에 따른 시정요구를 하여야 하는 것은 아니라고 한 것도 같은 취지인 것으로 보인다. 다만 하자가 있는 행정행위에는 그 하자의 정도에 따라 무효인 것과 취소사유에 해당하는 것이 있다. 무효는 외관상으로는 행위가 있으나 처음부터 전혀 효력이 발생하지 않는 것이고, 취소는 취소할 때까지는 유효한 것으로 존재하는 것을 말한다. 그런데 위 판례에서는 당연무효의 이사회의 결의에 의하여 선임된 임원에 대한 주무관청의 임원취임승인처분은 그 행정처분절차에 중대하고도 명백한 하자가 있는 경우로 임원취임승인처분 자체도 무효라고 판단하여 이러한 무효의 법률효과에 따라 취임승인처분이 무효였던 이사가 행한 행위는 자격이 없는 자가 행한 것이므로 그 효력 또한 인정하지 아니한다. 무효인 행정행위에 대하여도 무효를 선언하는 의미의 취소처분이 인정되고 있는데(대법원 2007.9.6. 선고 2006두9290 판결), 위의 처분을 무효를 선언하는 의미의 취소처분으로 해석한 것이다.

아. 임원취임승인취소 직전의 임원 선임

학교법인 임원에게 임원취임승인취소 사유가 있는 경우 관할청이 임원취임승인취소를 하기 위해서는 감사와 감사결과 통보, 감사결과에 대한 재심의 절차, 청문절차 등을 거쳐야 하고 이를 위해서는 상당한 시간이 소요된다. 이때 학교법인은 취소사유가 있는 임원이 사임하거나 후임 임원을 선임함으로써 실질적인 임원취임승인취소를 회피하고자 한다. 이러한 경우에 취임승인취소사유가 있는 임원이 참여한 이사회의 임원 선임 결의의 효력이 문제된다. 이와 관련하여 대법원은 학교법인 이사들에 대한 임원취임승인이 취소되지 않은 이상 기존 이사들의 자격이나 권한에는 아무런 변동이 없고, 임원 취임의 승인 취소 이전에도 부득이한 사유가 있을 때는 사립학교법 제20조의3 제1항에 의한 직무집행정지가 가능한 사정을 종합하여, 임원취임승인취소 이전의 예정통보만으로 임원들이 후임 임원을 선임할 수 없게 되는 효력이 발생한다고 볼 근거가 없다고 보아, 임원취임승인취소 예정통보 대상자들이 이사 및 감사선임결의에 참여하였다는 사정만으로 이를 무효로 볼 수는 없다고 판단하였다(대법원 2014.2.27. 선고 2012두16671 판결). 하지만 상당수의 학교법인에서 이사들이 설립자나 이사장의 의사에 추종하고 있는 것이 현실인데 위의 판례와 같이 판단한다면 임원취임승인취소의 대상인 이사는 설립자 혹은 해당 이사 자신의 의사를 추종할 후임 이사를 선임하려 할 것이다. 그렇게 되면 관할청의 임원취임승인취소의 효과는 사실상 거의 없어진다. 그러므로 이에 대한 보완책도 필요할 것이다.

자. 취임승인취소처분의 직권취소

행정행위를 한 처분청은 그 행위에 하자가 있는 경우에 별도의 법적 근거가 없더라도 스스로 이를 취소할 수 있다(대법원 1986.2.25. 선고 85누664 판결). 따라서 관할청이 행한 임원취임승인취소처분에 대하여도 그 처분에 하자가 있다면 당연히 이를 취소할 수 있다.

행정청이 이사에 대한 이사취임승인취소처분을 직권으로 취소한 경우에는 그로 인하여 이사가 소급하여 이사로서의 지위를 회복하게 되고, 그 결과 이사취임승인취소처분에 따라 선임된 임시이사들의 지위는 법원이나 행정청의 해임결정이 없더라도 당연히 소멸된다(대법원 1997.1.21. 선고 96누3401 판결).

차. 관할청의 취임승인취소처분에 대한 불복

(1) 법원에 제소할 수 있는 법률상 이익

관할청의 임원취임승인취소처분에 대해서는 행정법원에 취소 또는 무효확인의 소를 제기할 수 있다. 판례는 취임승인이 취소된 학교법인의 정이사들은 그 취임승인취소처분 및 임시이사 선임처분에 대한 각 취소를 구할 법률상 이익이 있다고 한다.

종전의 판례는 관할청으로부터 취임승인이 취소된 학교법인 이사의 임기는 취임승인취소처분에 대한 행정심판이나 행정소송의 제기에도 불구하고 의연히 계속하여 진행되는 것이고, 따라서 취임승인취소처분의 취소를 구하는 소송의 원심변론종결일 이전에 그 이사의 임기가 만료되었다면, 취임승인취소처분이 취소된다고 하더라도 학교법인의 이사가 그 지위를 회복할 수 없는 것이고, 거기다가 사립학교법 제22조 제2호의 임원결격사유에 정하여진 기간까지 경과되었다면 취임승인취소처분의 취소를 구하는 소는 법률상의 이익이 없어 부적법하고, 이와 같은 경우 취임승인이 취소된 이사가 이사로 복귀하거나 이사직무를 수행할 지위를 회복할 수도 없는 것이므로, 임시이사선임처분의 취소를 구하는 소 역시 법률상의 이익이 없어 부적법하다고 하였다(대법원 1999.6.11. 선고 96누10614 판결).

그러나 대법원은 전원합의체판결을 통하여 비록 취임승인이 취소된 학교법인의 정이사들에 대하여 원래 정해져 있던 임기가 만료되고 구 사립학교법(2005.12.29. 법률 제7802호로 개정되기 전의 것) 제22조 제2호 소정의 임원결격사유기간마저 경과하였다 하더라도, 그 임원취임승인취소처분이 위법하다고 판명되고 나아가 임시이사들의 지위가 부정되어 직무권한이 상실되면, 그 정이사들은 후임이사 선임시까지 민법 제691조의 유추적용에 의하여 직무수행에 관한 긴급처리권을 가지게 되고 이에 터 잡아 후임 정이사들을 선임할 수 있게 된다고 하면서, 제소 당시에는 권리보호의 이익을 갖추었는데 제소 후 취소 대상 행정처분이 기간의 경과 등으로 그 효과가 소멸한 때, 동일한 소송당사자 사이에서 동일한 사유로 위법한 처분이 반복될 위험성이 있어 행정처분의 위법성 확인 내지 불분명한 법률문제에 대한 해명이 필요하다고 판단되는 경우, 그리고 선행처분과 후행처분이 단계적인 일련의 절차로 연속하여 행하여져 후행처분이 선행처분의 적법함을 전제로 이루어짐에 따라 선행처분의 하자가 후행처분에 승계된다고 볼 수 있어 이미 소를 제기하여 다투고 있는 선행처분의 위법성을 확인하여 줄 필요가 있는 경우 등에는 행정의 적법성 확보와 그에 대한 사법통제, 국민의 권리구제의 확대 등의 측면에서 여전히 그 처분의 취소를 구할 법률상 이익이 있다고 하여(대법원 2007.7.19. 선고 2006두19297 전원합의체 판결) 기존의 태도를 변경하였다.

그리하여 변경된 판례에 의하면 취임승인이 취소된 이사라고 하더라도, 나아가 취임승인의 취소 이후에도 계속 진행되는 임기에 의하여 그 임기가 만료되고 임원결격기간마저 경과하였다고 하더라도, 취소처분의 취소에 의하여 민법 제691조의 유추적용에 따른 긴급처리권을 부여받을 수 있는 지위를 취득할 수 있는 법률상 이익이 인정된다. 그리고 당초의 임시이사 선임처분의 취소를 구하는 소송 도중 임시이사가 교체되었다고 하더라도 행정처분의 위법성 확인 내지 불분명한 법률문제에 대한 해명이 필요하다고 판단되거나, 선행처분과 후행처분이 단계적인 일련의 절차로 연속하여 행하여져 후행처분이 선행처분의 적법함을 전제로 이루어짐에 따라 선행처분의 하자가 후행처분에 승계된다고 볼 수 있어 이미 소를 제기하여 다투고 있는 선행처분의 위법성을 확인하여 줄 필요가 있는 경우에는 여전히 승인취소처분 및 당초의 임시이사 선임처분에 대하여 그 취소를 구할 수 있다.

법원이 임시이사 선임처분에 대하여 취소를 구하는 소송의 계속 중 임기만료 등의 사유로 새로운 임시이사들로 교체된 경우, 선행 임시이사 선임처분의 효과가 소멸하였다는 이유로 그 취소를 구할 법률상 이익이 없다고 보게 되면, 원래의 정이사들로서는 계속 중인 소를 취하하고 후행 임시이사 선임처분을 별개의 소로 다툴 수밖에 없게 되며, 그 별소 진행 도중 다시 임시이사가 교체되면 또 새로운 별소를 제기하여야 하는 등 무익한 처분과 소송이 반복될 가능성이 있다. 이러한 경우 법원이 선행 임시이사 선임처분의 취소를 구할 법률상 이익을 긍정하여 그 위법성 내지 하자의 존재를 판결로 명확히 해명하고 확인하여 준다면 위와 같은 구체적인 침해의 반복 위험을 방지할 수 있을 뿐 아니라, 후행 임시이사 선임처분의 효력을 다투는 소송에서 기판력에 의하여 최초 내지 선행 임시이사 선임처분의 위법성을 다투지 못하게 함으로써 그 선임처분을 전제로 이루어진 후행 임시이사 선임처분의 효력을 쉽게 배제할 수 있어 국민의 권리구제에 도움이 된다는 이유로 위와 같이 법률상 이익을 인정하고 있는 것이다.

(2) 불복의 소에 대한 학교법인의 보조참가

관할청의 임원취임승인취소처분으로 인하여 임원의 지위를 상실한 임원은 관할청을 피고로 하여 행정법원에 임원취임승인취소를 구하는 소를 제기할 것이므로 소송의 당사자는 취임승인이 취소된 임원과 관할청이 된다. 그런데 학교법인은 위의 소송에 당사자가 아니지만 경우에 따라 학교법인도 위 소송에 참여하여 학교법인의 주장을 할 필요가 있을 수 있다. 판례는 관할청인 교육부장관이 학교법인의 이사 및 이사장에 대한 학교법인 이사 및 이사장 취임승인을 취소하는 처분을 한 후, 학교법인의 결의에 의하여 후임 이사 겸 이사장이 선임된 경우, 학교법인 이사 및 이사장 취임승인취소처분이 취소되어 종전의 이사 및 이사장이 그 지위를 회복하게 되면 학교법인으로서는 결과적으로 그 의사와 관계없이 법인 이사회의 구성원과 대표자가 변경되는 관계에 있다고 할 것이고, 이는 소송의 결과에 의하여 그 법률상 지위가 결정되는 관계로 보조참가의 요건인 법률상 이해관계에 해당하여 학교법인은 관할청을 위한 보조참가를 할 수 있다(대법원 2001.1.19. 선고 99두9674 판결).

(3) 취임승인취소에 대한 불복의 소 계속 중 새로운 이사의 선임

관할청의 승인취소처분에 대하여 다투는 본안소송 중에 승인취소 된 임원들의 임기가 만료되어 이사회에서 새로 임원을 선임할 경우 이에 대한 승인여부는 관할청의 재량에 속한다.

(4) 판결에 의한 임원승인취소의 취소 효과

임원승인 취소처분이 판결에 의하여 취소되면 관할청에 의하여 임원취임승인이 취소되었던 이사나 이사장 등은 다시 학교법인의 이사 및 이사장으로서의 지위를 회복하게 되어 학교법인으로서는 결과적으로 그 의사와 관계없이 이사회의 구성원이나 대표자가 변경되는 결과가 된다(대법원 2003.5.30. 선고 2002두11073 판결).

카. 취임승인취소와 사임 및 긴급처리권

관할청에 의하여 취임승인이 취소되면 해당 이사는 취소된 날로부터 5년

이 경과하지 않으면 임원으로 선임될 수 없는 등(사립학교법 제22조 제2호) 불이익이 있다. 따라서 일부 이사의 경우는 관할청의 취임승인취소가 있기 이전에 사임을 함으로써 취임승인취소를 피하여 취임승인취소로 인한 불이익을 회피하려고 한다. 이때 관할청으로서는 사임한 이사에 대하여도 취임승인취소를 하고자 할 수 있을 것이다. 그러나 처분 대상 이사는 이미 이사로서의 지위를 상실하였으므로 관할청의 임원취임승인취소 처분은 아무런 법적 효과를 발생하지 못하게 되므로 관할청으로서는 취소를 할 실익이 없을 것이다(대법원 1962.4.26. 선고 4294민상1601 판결; 광주고법 1989.11.7. 선고 89구441 판결).

하지만 위와 같이 위법행위를 한 이사에 대하여 관할청이 취임승인취소를 하려고 절차를 진행하는 중에 해당 이사가 사임을 한 다음 이후의 이사회에서 다시 이사로 선임을 한다면 위 사립학교법 제22조가 사문화될 우려가 있다. 따라서 임원취임승인취소사유가 있는 임원에 대하여는 관할청이 감사를 진행하는 과정에 사임을 하더라도 임원취임승인취소를 할 수 있다고 하는 등으로 입법적 보완을 할 필요가 있다. 한편 관할청으로서는 위와 같은 탈법행위의 방지를 한다는 점에서 비록 사임한 임원에 대하여도 취임승인을 취소할 실익이 있으므로 현행법 하에서도 사임한 이사에 대해 취임승인취소를 할 수 있는 것으로 이론을 구성하는 것이 불가능하지는 않을 것으로 보인다.

한편 임원취임승인취소된 이사는 임기가 만료된 이사나 사임한 이사와는 달리 임원의 직무를 수행하는 것이 적절치 않기 때문에 임원의 지위에서 배제된 것이므로 긴급처리권도 행사할 수 없다고 보아야 할 것이다. 물론 위에서도 보았지만 임원취임승인취소가 취소된다면 임기가 만료되었다고 하더라도 긴급처리권을 가지게 된다.

제3관 임시이사

1. 임시이사의 선임

사립학교법에 의하여 설립된 학교법인은 사립학교의 설치·경영만을 목적으로 하여 설립된 특수법인으로서 다른 법률에 의한 법인과는 구별되므로 학교법인의 임시이사선임에 관하여서는 민법의 규정에 우선하여 사립학교법이 적용되어야 한다. 따라서 아래에서 서술하는 바와 같이 관할청에 의하여 임시이사가 선임되어야 하는 것이지 법원에 학교법인의 임시이사선임신청을 할 수는 없다(대법원 1986.12.4. 86마879 결정). 이사는 등기를 하여야 하는데 임시이사도 등기를 하게 되는지 문제가 된다. 그러나 사립학교법 및 동법 시행령 등에서는 학교법인의 임시이사를 등기할 수 있도록 하는 규정을 두고 있지 않기 때문에, 학교법인의 임시이사는 등기할 수 없다(2007.3.29. 공탁상업등기과-337 질의회답). 한편 임시이사가 이사장인 경우 위와 같이 등기를 할 수 없으므로 이사장의 인감에 관한 증명서도 발급되지 않는다(2007.6.14. 공탁상업등기과-668 질의회답).

가. 임시이사가 선임되는 경우

관할청은 ① 학교법인이 이사의 결원보충을 하지 아니하여 학교법인의 정상적 운영이 어렵다고 판단될 때, ② 사립학교법 제20조의2에 따라 학교법인의 임원취임 승인을 취소한 때(다만, 이 경우는 사립학교법 제18조가 정한 이사회 의결정족수인 정관에 규정된 이사정수의 과반수를 초과하는 이사에 대하여 임원취임 승인이 취소된 때에 한한다),[35] ③ 사립학교법 제25조의2의 규정에 의하여 임시이사를 해임한 때 중 어느 하나에 해당하는 경우에는 이해관계인의 청구 또는 직권으로 조정위원회의 심의를 거쳐 임시이사를 선임하여야 한다(사립학교법 제25조 제1항).[36] 이해관계인이 교육부장관이나 교육감에게 임시이사의 선

---

35) 대법원은 이사들 중 단 2명의 이사에 대해 이사취임승인취소처분을 하여 2명의 결원이 생겼으나 나머지 이사들이 새로운 이사를 선임하여 학교법인을 정상화시킬 수 있을 것으로 예상되는 경우에도 임시이사를 선임한 것은 위법하다(대법원 1991.2.12. 선고 90누5573 판결)고 하였다. 한편 위 사립학교법 제25조 제1항 제1호 단서 규정은 표현상 문제가 있다. 예컨대 정관이 정한 이사정수가 7인인 경우 의결정족수는 4인이다. 그런데 위 규정은 이사회 의결정족수를 초과하는 이사에 대하여 임원취임승인이 취소된 때에 한하여 임시이사를 선임할 수 있다고 한다. 따라서 만약 관할청이 4인의 이사에 대한 취임승인취소를 하는 경우에는 의결정족수를 초과하는 이사에 대한 취임승인취소에 해당하지 않으므로 임시이사를 선임할 수 없게 된다. 이 경우 법인에 남아 있는 이사는 3인에 불과하여 의결정족수에 미달하게 되므로 이사회는 정상적으로 운영될 수 없게 된다. 위 규정의 표현은 예컨대 '과반수 이상의 이사' 등 명확한 것으로 변경되어야 한다.

36) 조정위원회는 임시이사의 선임에 관한 심의의 절차와 방법에 대하여 규정하고 있는데

임을 청구함에 있어서는 청구사유와 이해관계인임을 증명하는 서류를 구비하여야 한다(사립학교법시행령 제10조).

나. 이해관계인의 임시이사 선임청구권

(1) 이해관계인의 의미

임시이사의 선임을 청구할 수 있는 이해관계인이란 학교법인의 이사가 결원될 경우 자기의 권리나 이익이 영향을 받게 되는 자를 의미하고 단순히 반사적 이익이나 감정상의 만족을 얻기 위한 경우에는 이해관계인이라고 볼 수 없다. 어떤 경우에 이해관계인으로 인정할 수 있는지는 여러 가지 사정을 종합적으로 고려하여 구체적인 경우에 따라 판단하여야 할 것인데 예를 들면 학교법인의 설립을 위하여 재산을 출연한 자나 학교의 유지·운영을 위해 학교법인에 재산을 출연한 자는 이사의 결원으로 재산 출연의 목적인 학교법인의 목적 달성이 어려워짐으로 인해 불이익을 입게 된다는 점에서 이해관계인으로 보아야 할 것이다.

한편 학교법인에 관한 사안은 아니나 판례는 "사회복지사업법 제20조 제2항에 따라 임시이사를 신청할 수 있는 이해관계인에는, 임시이사가 선임되는

아래와 같다[사학분쟁조정위원회 운영 및 심의기준에 관한 규정(2019.3.25. 개정) 제11조].

> 제11조(임시이사의 선임 심의) ① 위원회는 「사립학교법」(이하 "법"이라 한다) 제24조의2 제2항 제1호에 따라 임시이사의 선임에 관한 사항을 심의할 때에는 임시이사 후보자를 관할청이 직접 또는 필요한 때에는 다음 각 호의 자로부터 추천받아, 2배수 이상으로 제출하게 할 수 있다. 〈개정 2018.10.22.〉
> 1. 교원·직원 등 교내 구성원 대표기구, 동창회
> 2. 교육계·법조계·언론계 등 관련 기관·협회 또는 학부모단체 등
> 3. 해당 학교법인(법 제14조 제4항 단서에 해당하는 학교법인으로 한정한다)을 설립한 종교단체
> 4. 이해관계인(이해관계인이 임시이사의 선임을 청구한 경우에 한한다)
>
> ② 제1항에 따라 심의를 하는 경우에는 임시이사 선임사유 및 해당 학교법인과 학교의 상황 등을 고려하여야 한다. 〈개정 2018.10.22.〉
>
> ③ 심의를 위하여 필요한 경우에 해당 학교법인에 대한 현장조사를 할 수 있고, 제1항 각 호의 추천 기관 등으로부터 의견을 청취할 수 있다. 이 경우 청취대상자의 범위는 위원회에서 정한다. 〈개정 2008.2.14.〉
>
> ④ 〈삭제 2008.9.4.〉

것에 관하여 법률상의 이해관계가 있는 자로서 그 법인의 이사, 사원, 채권자 등이 이에 속하고, 위 법인의 이사에는 법인의 정당한 최후의 이사였다가 퇴임한 자이거나 비록 그 선임결의의 효력이 다투어지더라도 신청 당시에 법인의 등기부상 이사로서 법인의 업무처리를 담해당온 자 등은 포함한다."(대법원 2007.5.10. 선고 2006다85747 판결; 대법원 1976.12.10. 76마394 결정)고 하였다. 학교법인과 사회복지법인은 모두 일종의 공익법인이고, 법인의 신속한 정상화를 위하여 이해관계인에게 임시이사를 청구할 수 있도록 한 점에서 학교법인의 경우에도 위 판례에서 인정한 법인의 이사, 채권자, 정당한 최후의 이사였다가 퇴임한 자 등도 이해관계인으로 인정될 수 있을 것이다.

한편 위 판례는 임시이사 선임청구가 있어 관할청이 임시이사를 선임한 이상 비록 임시이사 선임청구를 한 자가 법인의 이해관계인으로 인정될 수 없는 자이고 이를 파악하지 못한 관할청의 하자가 중대한 것이라고 하더라도 임시이사 선임결정을 한 주무관청이 그와 같은 사실관계를 알고 있었거나 쉽사리 잘 알 수 있지 않고 사실관계의 자료를 정확히 조사하여야 비로소 그 하자 유무가 밝혀질 수 있는 경우라면 이를 명백한 하자라고 할 수는 없어서 관할청의 임시이사 선임결정을 무효라고 할 수는 없다고 하였다.

(2) 이해관계인의 임시이사 선임청구권의 범위

사립학교법 제25조에 규정된 임시이사 선임사유가 발생하여 이해관계인이 임시이사 선임청구를 한 때에는 관할청은 임시이사를 선임하여야 한다. 그런데 위와 같이 이해관계인이 임시이사를 선임할 때 특정인을 임시이사로 선임해달라고 추천을 하는 경우 관할청이 위 이해관계인의 추천에 기속되는가 하는 문제가 있다. 위 사립학교법 제25조의 취지는 학교법인의 조속한 정상적 운영을 위한 것으로 이해관계인에게 임시이사를 선임할 것을 청구할 수 있는 권리만을 인정하고 있는 것이지 특정인을 임시이사로 선임할 것을 요구할 수 있는 권리까지 인정한 것은 아니다. 따라서 이해관계인이 특정인을 임시이사로 선임해줄 것을 추천할 수 있고, 관할청이 위와 같이 추천된 자를 임시이사로 선임할 수도 있는 것이나, 반면에 추천된 자에게 아무런 임시이사로서의 자격에 하자가 없더라도 제3자를 임시이사로 선임할 수도 있다.

다. 임시이사의 선임제한 및 결격사유

사립학교법 제21조는 임원선임의 제한사유들에 대하여 규정하고 있고, 같은 법 제22조는 임원의 결격사유에 대하여 규정하고 있는데 임시이사들의 경우에도 위의 제한사유와 결격사유에 관한 규정이 적용될 것인지 문제된다.

이사와 임시이사가 모두 유사한 업무를 하는 것은 사실이나 선임절차나 그 업무의 범위, 법적 성질 등이 엄연히 달라서 그 결격사유에 대하여도 별도로 판단하여야 될 것으로 생각된다. 우선 사립학교법 제21조와 제22조가 규정하고 있는 임원은 사립학교법 제14조에 해당하는 임원으로 사립학교법 제20조에 의하여 선임된 임원을 의미하는 것으로 해석되어야 할 것이다. 왜냐하면 사립학교법 제21조와 제22조가 규정하는 '임원'과 사립학교법 제14조와 20조가 규정하는 '임원'이 동일한 표현을 사용하고 있고, 법률체계상으로도 사립학교법 제14조에서 임원에 관하여 규정하고 이후 제24조까지 제14조에서 규정한 임원에 대하여 규율하고 있으며, 임시이사의 권한은 정이사와 같지 않고, 임시이사는 제25조 이하에서부터 별도로 규정하고 있는 점을 볼 때 위와 같이 해석되는 것이다.

위와 같이 임시이사와 이사의 결격사유를 동일하게 평가할 수는 없는 것이고 임시이사의 자격에 관하여 사립학교법이 달리 제한하고 있지 아니하다면 관할청은 누구에 대하여든 사립학교법 제25조의 규정에 의하여 조정위원회의 심의를 거쳐 임시이사로 선임할 수 있는 것으로 해석된다. 다만 임시이사의 선임시에 위 사립학교법 제21조와 제22조도 고려될 수 있고, 사립학교법 제25조의2는 임시이사가 「국가공무원법」 제33조 각 호의 어느 하나에 해당하게 된 때를 임시이사의 해임사유로 규정하고 있는바 위와 같은 국가공무원법 제33조에 해당하는 경우는 임시이사의 결격사유에 해당하는 것으로 보아야 할 것이다.

라. 임시이사 선임에 대한 불복

관할청에 의하여 학교법인의 이사들에 대한 취임승인취소처분과 함께 임시이사선임처분이 있는 경우 이들도 모두 처분이므로 이들 모두에 대하여 또는 임시이사선임처분에 대하여 행정심판이나 행정소송을 제기하여 다툴 수 있다.

대법원은 학교법인의 이사에 대한 취임승인이 취소되고 임시이사가 선임된 경우 그 임시이사의 재직기간이 지나 다시 임시이사가 선임되었다면 당초의 임시이사선임처분의 취소를 구하는 것은 법률상의 이익이 없어 부적법하다(대법원 2002.11.26. 선고 2001두2874 판결)고 하였었다. 그러나 대법원은 기존의 취임승인이 취소된 정이사 등 국민의 권익구제라는 측면을 고려한 결과 기존의 판례를 변경하여 선행 임시이사 선임처분의 취소를 구하는 소송 도중에 선행 임시이사가 후행 임시이사로 교체되었다고 하더라도 여전히 선행 임시이사 선임처분의 취소를 구할 법률상 이익이 있다(대법원 2007.7.19. 선고 2006두19297 전원합의체 판결)고 판시하였다.

2. 임시이사의 임기

임시이사는 임시이사 선임의 원인이 된 사유가 해소될 때까지 재임하되, 임시이사의 임기는 선임된 날부터 3년을 초과할 수 없다(사립학교법 제25조 제3항).

위와 같은 임시이사의 임기 규정에 대하여 3년이라는 기간이 임시이사 개개인의 임기 제한인지 아니면 관할청의 임시이사를 선임할 수 있는 기간 자체를 제한한 것으로 해석할 것인지에 대하여 대립이 있다. 관할청은 최초로 학교법인에 임시이사를 선임한 이후 법률에 규정된 임기 기간이 지나면 더 이상 임시이사를 선임하여 파견할 수는 없고 이미 선임된 임시이사의 자격 또한 상실된다는 주장에 대하여 대법원은 위 임시이사의 임기규정을 이와 같이 볼 수는 없고 이사 개개인의 임기 제한을 규정한 것이라는 취지로 판시하였다(대법원 2005.4.16. 2005마53 결정).

위 판례의 취지대로 한다면 위 법률에 규정된 임기의 기간이 지나도록 법인이 정상화되지 않았다면 선임된 임시이사는 임기만료로 퇴직하게 되지만 관할청은 새로운 임시이사를 선임할 수 있게 된다. 그리고 사립학교법에 달리 제한이 없으므로 임시이사는 중임이 가능한 것으로 보아야 한다.

3. 임시이사의 의무

임시이사는 조속한 시일 내에 임시이사 선임의 원인이 된 사유가 해소될 수 있도록 노력하여야 한다(사립학교법 제25조 제2항).

4. 임시이사의 권한 범위

임시이사의 권한범위와 관련하여 임시이사가 정이사를 선임할 수 있는지가 문제되었다. 현재는 이에 대하여 사립학교법이 관할청으로 하여금 선임된 임시이사의 선임사유가 해소되었다고 인정한 때에는 지체 없이 임시이사를 해임하고 이사를 선임하여야 한다고 규정함으로써 임시이사의 임기 종료 후의 정이사의 선임에 관하여 규정(사립학교법 제25조의3 제1항)하고 있다. 이에 관한 규정이 없었을 때에는 이에 관한 분쟁이 있었는바 결론적으로 판례는 임시이사가 정이사를 선임할 수 없다고 보았다. 과거 대법원은 교육부장관이 선임한 임시이사는 특히 장관의 결정에 의하여 그 권한에 제한이 없는 이상 정이사와 동일한 결의권이 있다 할 것이므로 그 임시이사로 구성된 이사회에서 정이사를 선임하였다 하더라도 무효로 볼 수 없다는 취지로 판시하였으나(대법원 1970.10.30. 선고 70누116 판결), 견해를 바꾸어 임시이사는 정이사를 선임할 수 없다고 판단한 것이다(대법원 2007.5.17. 선고 2006다19054 전원합의체 판결). 위와 같은 판단을 함에 있어서는 대법관들 사이에서도 치열한 논쟁이 있었다.

다수의견은 "학교법인의 기본권과 구 사립학교법(2005.12.29. 법률 제7802호로 개정되기 전의 것, 즉 법률 제7354호)의 입법목적, 그리고 구 사립학교법 제25조가 민법 제63조에 대한 특칙으로서 임시이사의 선임사유, 임무, 재임기간 그리고 정이사로의 선임제한 등에 관한 별도의 규정을 두고 있는 점 등에 비추어 보면, 같은 조 제1항에 의하여 교육부장관이 선임한 임시이사는 이사의 결원으로 인하여 학교법인의 목적을 달성할 수 없거나 손해가 생길 염려가 있는 경우에 임시적으로 그 운영을 담당하는 위기관리자로서, 민법상의 임시이사와는 달리 일반적인 학교법인의 운영에 관한 행위에 한하여 정이사와 동일한 권한을 가지는 것으로 제한적으로 해석하여야 할 것이고, 따라서 정이사를 선임할 권한은 없다고 봄이 상당하다"고 하였다. 위와 같은 판단의 논거로 다수의견은 ① 사립학교법 관련 규정을 살펴보면 임시이사는 이사의 결원으로 인하여 학교법인의 목적을 달성할 수 없거나 손해가 생길 염려가 있는 경우에 임시적으로 운영을 담당하는 위기관리자에 불과하다는 점, ② 위 조항에 의하면, 임시이사의 임기가 만료된 경우에 그 후임 임시이사를 선임할 권한은 교육부장관에게 있으므로 자신의 후임 임시이사를 선임할 권한도 없는 임시이사에게 정이사를 선임할 권한이 있다고 보는 것은 무리인 점, ③ 구 사립학교법상의 임시이사에게 정이사와 다름없는 무제한적인 권한을 부여한다면, 예컨대 구 사립학교법 제20조의2에 의하여 기존 이사 전원의 취임승인을 취소할 수 있는 조항과 함께 발동될 경우 단순히 학교 경영을 정상화하는 수준을 넘어서서 학교법인을 운영할 권한과 임무가 손쉽게 제3자에게 넘어가게 되어 학교법인에 본질적인 변화를 가져오게 되고, 그것은 학교법인의 설립목적 및 이념의 변질로 이어져 독립된 법인격체로서의 학교법인 등에게 보장된 헌법상의 기본권으로서 교육의 자주성·전문성·정치적 중립성 등을 본질적으로 침해하는 것이 될 수 있다는 점, ④ 임시이사 선임사유가 해소된 경우의 정상화 방법에 관하여 아무런 규정을 두고 있지 아니하던 구 사립학교법하에서는 민법의 일반원칙으로 돌아와 해결함이 상당하다는 점, ⑤ 학교법인의 자주성을 지나치게 강조하다보면 임시이사 제도를 비롯한 학교법인의 공공성 강화를 위한 각종 제도 자체를 부인하는 것으로 귀착될 염려가 있다는 점 등을 들고 있다.

반면에 위와 같은 다수의견에 반대하는 의견은 "① 구 사립학교법 제16조 제1항은 이사를 포함한 임원의 임면에 관한 사항을 이사회가 의결할 수 있다고 규정하고 있는데 위 조항을 비롯하여 구 사립학교법 어디에도 임시이사로 구성된 이사회가 임원의 임면을 결의할 수 없다는 취지의 규정은 찾아볼 수 없다는 점, ② 학교법인은 기본적으로 민법상 재단법인에 해당하는 것이고, 다만 그 조직·운영에 관하여 법적 규제와 행정감독을 강화함으로써 사학의 공공성을 높이기 위하여 사립학교법이라는 특별법에 의하여 설립·운영되는 특수법인으로 규정하고 있는 것으로 보아야 하므로 학교법인에 대하여는 사립학교법이 우선 적용되나 그 외 사립학교법에 규정되지 않은 사항에 관하여는 민법의 재단법인에 관한 규정이 적용되어야 하는데, 민법 제63조에 의하여 법원이 선임한 임시이사는 일반 이사와 동일한 결의권이 있다는 것이므로(대법원 1963.3.21. 선고 62다800 판결 등 참조), 비록 그 선임 주체가 다르다 하더라도 사립학교법 소정의 임시이사들 역시 정이사와 동일한 권한이 있는 것으로 해석하여야 한다는 점, ③ 교육부장관이 해당 학교법인에 대하여 해산을 명할 수 있는 제도(사립학교법 제47조) 등이 있으므로, 임시이사는 위와 같은 해산에 갈음하여 학교법인을 정상화시키기 위하여 사립학교법이 특별히 규정하고 있는 제도로서 임시이사의 선임행위 자체에 학교법인의 정상화라는 목적을 위한 정이사의 선임이 예정되어 있다고 볼 수 있으며, 또한 사학의 자유라는 측면에서 학교법인은 그 정관에 이사 등 임원의 선임에 관한 제한규정을 둘 수 있을 것이고 관할청에 의하여 선임된 임시이사 역시 그 정관의 규정에 따라야 하므로 정이사의 선임에 관한 임시이사의 권한은 정관에 의하여도 그 통제가 가능하다는 측면에서 보면 학교법인의 기본권을 침해하는 것으로 볼 수 없다는 점, ④ 다수의견이 구 사립학교법의 해석론에 관하여 민법의 일반원칙이 적용됨을 긍정하면서도 사립학교법상 임시이사의 권한에 대하여서는 민법의 일반원칙의 적용을 배제하는 것은 논리적으로 모순된다는 점 등을 들고 있다.

임시이사의 권한에 관한 위 판례는 임시이사의 정이사의 선임권한에 관한 것이었으나 그 이외의 사안에 대하여도 참고가 될 수 있다는 점에서 의미가 있다. 위 판례에서 다수의 견해는 민법상의 임시이사와는 달리 일반적인 학교법인의 운영에 관한 행위에 한하여 정이사와 동일한 권한을 가지는 것으로 제한적으로 해석하여야 한다는 것이다. 적어도 임시이사가 선임된 학교의 정이사 선임에 대해서는 사립학교법의 개정으로 관할청이 조정위원회의 심의를 거쳐서 이사를 선임하는 것으로 되었으나 그 외의 사안에 대해서도 임시이사는 학교법인의 운영에 관한 사항에 한하여 권한이 있는 것으로 인정되게 된 것이다.

5. 임시이사가 선임된 학교법인의 정상화

가. 학교법인 정상화 방법의 변천

구 사립학교법(2005.12.29. 법률 제7802호로 개정되기 전의 것)에는 임시이사가 파견된 사립학교의 정상화 방안에 대하여 아무런 규정도 두지 아니하였고 따라서 정상화 방법과 관련한 분쟁이 발생하였다. 이후 사립학교법의 개정(2005. 12.29. 법률 제7802호)으로 임시이사가 선임된 학교법인의 정상화 방법에 대하여 관할청이 임시이사의 선임사유가 해소되었다고 인정한 때에 상당한 재산을 출연하거나 학교 발전에 기여한 자 및 학교운영위원회 또는 대학평의원회의 의견을 들어 관할청이 임시이사를 해임하고 이사(이사의 3분의 1 이상은 초·중등학교는 학교운영위원회가, 대학은 대학평의원회가 추천하는 자)를 선임하여야 한다고 규정하였다. 그리고 사립학교법이 다시 개정되어(2007.7.27. 법률 제8545호) 현행법은 관할청은 임시이사의 선임사유가 해소되었다고 인정한 때에는 이사의 임기 등과 무관하게 사학분쟁조정위원회의 심의를 거쳐 지체 없이 임시이사를 해임하고 이사를 선임하여야 한다고 하였다(제25조의3 제1항). 관할청은 정상화 방안에 대하여 사학분쟁조정위원회에 심의를 요청하게 되는데 이에 대하여 심의를 한 사학분쟁조정위원회는 심의결과를 지체 없이 관할청에 통보하여야 하고 관할청은 통보된 심의결과에 따라야 한다(제24조의2 제3, 4항). 정이사의 선임에 대한 최종 결정권은 사실상 사학분쟁조정위원회에 주고 있는 것이다. 이러한 사학분쟁조정위원회의 권한 때문에 사학분쟁조정위원회를 구성함에 있어서 대통령이 추천하는 자 3인, 국회의장이 추천하는 자 3인, 대법원장이 추천하는 자 5인으로 구성하고, 위원장은 대법원장이 추천하는 인사 중에서 호선하도록 하여 정치적으로는 물론 이해관계인으로부터의 독립성이 최대한으로 보장되도록 하였다(사립학교법 제24조의3).

나. 정상화의 추진

임시이사가 선임된 학교법인은 매년 1회 이상 조정위원회에 정상화 추진 실적을 보고하여야 한다(사립학교법 제25조의3 제2항). 조정위원회는 학교법인이 보고한 정상화 추진실적을 평가하여 해당 학교법인의 임시이사 해임 및 정상화 여부에 관한 사항을 관할청에 통보한다(사립학교법 제25조의3 제3항).

다. 정상화의 방법

관할청은 임시이사의 선임사유가 해소되었다고 인정한 때에는 정상화 방안에 대하여 사학분쟁조정위원회에 심의를 요청하고, 이에 대하여 심의를 한 사학분쟁조정위원회는 심의결과를 지체 없이 관할청에 통보하여야 하며 관할청은 통보된 심의결과에 지체 없이 임시이사를 해임하고 이사를 선임하여야 한다(제24조의2 제3, 4항, 제25조의3 제1항).

(1) 관할청에 의한 정이사 선임의 합헌성

판례는 임시이사가 선임된 학교법인의 정상화를 위한 이사 선임에 관하여 사학분쟁조정위원회에 주도권을 부여한 사립학교법 제24조의2 제2항 제3호, 제4항 본문, 제25조의3 제1항은, 조정위원회가 그 인적 구성과 기능에 있어 공정성 및 전문성을 갖추고 있고, 학교법인의 정체성은 설립목적 및 그것이

화체된 정관을 통하여 기능적으로 유지·계승되며, 조정위원회는 정상화 심의 과정에서 종전이사 등 이해관계인의 의견을 청취할 수 있는 점 등을 고려할 때 학교법인과 종전이사 등의 사학의 자유를 침해한다고 볼 수 없다고 하였다. 그리고 사립학교를 위하여 출연된 재산에 대한 소유권은 학교법인에 있고, 설립자는 학교법인이 설립됨으로써, 그리고 종전이사는 퇴임함으로써 각각 학교운영의 주체인 학교법인과 더 이상 구체적인 법률관계가 지속되지 않게 된다 할 것이므로 설립자나 종전이사가 사립학교 운영에 대하여 가지는 재산적 이해관계는 법률적인 것이 아니라 사실상의 것에 불과하다고 하였다[헌법재판소 2013.11.28. 선고 2011헌바136, 2011헌바180(병합), 2012헌바279(병합), 대법원 2014.1.23. 선고 2012두6629 판결].

(2) 임시이사 선임사유의 해소 여부

학교법인의 정상화는 임시이사 선임사유가 해소되었을 때 정이사를 선임함으로써 이루어진다. 따라서 정상화 진행에서 임시이사 선임사유가 해소되었는지도 쟁점이 된다. 임시이사가 선임된 학교법인은 내부사정 혹은 관계자들의 이해관계에 따라 임시이사 선임사유가 해소되었음을 주장하며 정이사 선임을 요구하기도 하고 그 반대로 임시이사 선임사유가 해소되지 않았음을 이유로 임시이사 체제의 유지를 요구하기도 한다. 따라서 정이사 선임이 이루어진 이후에도 이에 대한 법적 분쟁에서 임시이사 선임사유가 해소되었는지 여부에 대해서 다투어지기도 한다. 임시이사 선임사유가 해소되었는지 여부의 판단에 대해서는 임시이사를 선임한 관할청과 정이사를 선임할 수 있는 조정위원회에게 재량권이 있다고 하겠다.

임시이사 선임사유의 해소 여부는 임시이사 선임사유별로 판단하여야 한다. 사립학교법 제25조 제1항 제1호 "학교법인이 이사의 결원보충을 하지 아니하여 학교법인의 정상적 운영이 어렵다고 판단될 때"에 해당하여 임시이사가 선임된 경우에는 이사의 결원이 보충되면 정상화가 되었다고 할 수 있다. 판례는 학교법인이 종전이사들 사이의 갈등과 반목으로 이사의 결원을 보충하지 않아 이사가 의사정족수 미만으로 남아 있는 이사들에 대하여 관할청이 학교법인의 정상적인 운영이 어렵다고 판단하여 이사취임승인을 취소하고 임시이사를 선임하였다가 정이사를 선임하였던 사건에서 종전이사들 사이의 갈등 및 반목은 그들에 대한 임원취임승인을 취소하고 임시이사를 선임하여 학교법인의 운영에서 배제함으로써 해결되었다고 하여 임시이사의 선임으로 임시이사 선임사유가 해소되었다고 하였다(대법원 2014.1.23. 선고 2012두6629 판결). 그런데 통상 학교법인이 이사의 결원보충을 하지 않는 경우는 임원 사이에 분쟁이 발생하여 임원을 선임하지 못하는 경우가 대부분이다. 임원 사이의 분쟁으로 임원선임을 위한 의결정족수를 채우지 못한 상태에서 기존 임원의 임기만료 등으로 결원이 발생하게 되는 것이다. 이러한 경우에는 정이사를 선임하여 정상화를 하더라도 기존의 임원들의 의사를 반영하여 정이사를 선임하면 분쟁이 계속될 수 있으므로 단순히 임시이사가 선임되었다는 사정 이외에도 임원 사이의 분쟁이 해소될 수 있는 사정이 있는지도 함께 고려되어야 할 것이다.

사립학교법 제25조 제1항 제2호의 관할청이 "학교법인의 임원취임 승인을 취소한 때"에는 임원취임승인취소사유가 해소되었을 때 임시이사 선임사유가 해소되었다고 할 수 있을 것이다. 임원취임승인취소사유는 법령이나 관할청의 명령을 이행하지 아니한 때, 임원 간의 분쟁·회계부정 및 현저한 부당 등으로 인하여 당해 학교운영에 중대한 장애를 야기한 때, 학사행정에 관하여 당해 학교의 장의 권한을 침해하였을 때, 관할청의 학교의 장에 대한 징계요구에 불응한 때 등이다(사립학교법 제20조의2 제1항). 이 중 임시이사 선임사유의 해소 여부가 문제되는 것은 대부분 "임원 간의 분쟁·회계부정 및 현저한 부당 등으로 인하여 당해 학교운영에 중대한 장애를 야기"하여 임원취임승인이 취소된 경우이다. 임원 간의 분쟁이 발생하였을 경우의 임시이사 선임사유 해소 여부는 위에서 살펴본 바와 같다.

그 외 '회계부정 및 현저한 부당'으로 인해 임원취임승인이 취소된 경우에는 위의 회계부정 등으로 발생한 학교법인이나 학교의 회계상의 결손을 보충한 때가 임시이사 선임사유가 해소된 때라고 볼 수 있다. 물론 이때에도 금전적인 보충 외에 정이사를 선임하였을 경우에 학교법인이 정상적으로 운영되지 못할 수 있는 다른 사정은 없는지도 함께 고려되어야 할 것이다. 다만 임시이사 선임사유였던 회계의 결손이 보충되었음에도 그 외의 사정을 지나치게 크게 고려하여 정상화가 지체된다면 신속한 정상화를 추구하는 사립학교법의 취지에 반하는 결과가 된다.

(3) 정이사 선임의 절차

구 사립학교법(2005.12.29. 법률 제7802호) 제25조의3은 정이사를 선임할 때 상당한 재산을 출연하거나 학교 발전에 기여한 자의 의견을 듣도록 하였으나 개정법(2007.7.27. 법률 제8545호)은 위의 의견청취절차를 삭제하였다. 따라서 정이사 선임 절차에 있어서 이들 재산출연자나 설립자 그 외 임시이사 선임청구권자인 이해관계인 등의 의견을 청취하는 절차를 거쳐야 하는지가 문제된다. 통상은 관할청이 정상화 방안을 마련할 때나 조정위원회가 심의를 할 때에 이해관계인의 의사를 청취하는 절차를 거치고 있다. 사립학교법시행령은 조정위원회가 심의에 필요하다고 인정하는 때에는 해당 학교법인의 임직원, 해당 학교법인이 설치 · 경영하는 학교의 교직원, 관할청 및 그 밖의 이해관계인 등으로부터 의견을 청취할 수 있다고 규정하여 의견청취를 선택적으로 할 수 있도록 하고 있다(제9조의6 제3항). 판례는 구 사립학교법 제9조의6 제3항,[37] 구 조정위원회 운영규정 제13조 제1항은 조정위원회가 안건의 심의에 필요하다고 인정할 경우 그 판단에 따라 이해관계인 등으로부터 의견을 청취할 수 있다고 규정하고 있을 뿐 반드시 이해관계인 등으로부터 의견청취를 하도록 규정하고 있지 아니하므로 의견을 청취하지 않은 상태에서 이사 선임행위가 행해졌다고 하더라도 위법한 것은 아니라고 하였다.

하지만 조정위원회가 정이사를 선임하는 심의를 하려는 경우에는 일정한 관계자로부터 정이사 후보자 추천 의견을 청취하여야 한다(사립학교법시행령 제9조의6 제4항). 조정위원회가 의견을 청취하여야 하는 관계자는 ① 해당 학교법인의 이사(임시이사는 제외한다)와 이를 제외한 사람 중 해당 학교법인의 이사(임시이사는 제외한다)였던 사람을 위의 순서에 따라 포함하여 구성하고 조정위원회의 인정을 받은 협의체,[38] ② 해당 학교법인이 설치 · 경영하는 학교의 교직원 대표기구나 해당 학교법인이 설치 · 경영하는 학교의 학생 · 학부모 대

---

37) 조정위원회는 심의에 필요하다고 인정하는 때에는 해당 학교법인 및 학교의 임직원, 그 밖의 이해관계인 등으로부터 의견을 청취할 수 있다.

38) 이 경우 학교법인의 이사였던 사람은 그 퇴직일이 가장 최근인 사람부터 순차적으로 포함하고, 협의체의 총인원 수는 해당 학교법인 이사정수의 과반수로 하되, 해당 학교법인의 이사인 사람만으로 인원수가 초과되거나 이사였던 사람 중 마지막으로 구성원으로 포함될 사람들의 퇴직일이 동일하여 인원수가 초과되는 경우에는 그 초과된 인원을 포함한 인원수를 협의체의 총인원 수로 본다.

표기구의 어느 하나에 해당하는 기구로서 조정위원회가 인정하는 기구, ③ 개방이사 추천위원회, ④ 종교지도자 양성만을 목적으로 하는 대학 및 대학원 설치 · 경영 학교법인(사립학교법 제14조 제4항 단서)을 설립한 종교단체, ⑤ 관할청, ⑥ 그 밖에 조정위원회가 인정하는 이해관계인 등이다(사립학교법시행령 제9조의6 제4항).

이들의 구체적인 의견제출 · 청취의 절차 및 방법은 조정위원회가 정하는데(사립학교법시행령 제9조의6 제4항 후단), 다만 ①의 협의체에게 추천하도록 하는 후보자의 수가 조정위원회가 추천받는 전체 후보자 수(동일한 후보자가 있더라도 위의 추천 주체가 다른 경우에는 별개로 계산한다)의 과반수 이상이 되도록 하여야 한다(사립학교법시행령 제9조의6 제5항 제2호). 하지만 협의체의 구성원 중에 사립학교법 제20조의2에 따라 임원취임의 승인이 취소(임원 간의 분쟁을 이유로 취임의 승인이 취소된 경우는 제외한다)된 적이 있는 사람이나, 사립학교법 제54조의2에 따라 해임된 적이 있는 사람이나 사립학교법 제61조에 따라 파면의 징계를 받은 적이 있는 사람이 포함되어 있다면 추천받는 전체 후보자 수(동일한 후보자가 있더라도 추천 주체가 다른 경우에는 별개로 계산한다)의 과반수 미만이 되도록 하여야 한다(사립학교법시행령 제9조의6 제5항 제1호). 위의 하자가 있는 사람은 정상화 절차에서 배제시키고자 하는 의지의 표현이다.

한편 조정위원회 위원 또는 그 배우자나 배우자이었던 사람이 해당 안건의 당사자가 되거나 그 안건의 당사자와 공동권리자 또는 공동의무자인 경우나, 위원이 해당 안건의 당사자와 친족이거나 친족이었던 경우(이상은 당사자가 법인 · 단체 등인 경우에는 그 임원을 포함한다.)나, 위원이 해당 안건에 관하여 증언, 진술, 자문, 연구, 용역 또는 감정을 한 경우나, 위원이나 위원이 속한 법인 · 단체 등이 해당 안건의 당사자의 대리인이거나 대리인이었던 경우에는 조정위원회의 심의 · 의결에서 제척(除斥)된다(사립학교법시행령 제9조의7 제1항). 위원이 제척 사유에 해당하는 경우에는 스스로 해당 안건의 심의 · 의결에서 회피(回避)하여야 한다(사립학교법시행령 제9조의7 제3항). 해당 안건의 당사자는 위원에게 공정한 심의 · 의결을 기대하기 어려운 사정이 있는 경우에는 조정위원회에 기피 신청을 할 수 있고, 조정위원회는 의결로 이를 결정하는데 기피 신청의 대상인 위원은 그 의결에 참여하지 못한다(사립학교법시행령 제9조의7 제2항).

조정위원회는 사립학교법시행령 제9조의6 제4항 후단에 따라 정상화 심의에 관한 절차와 방법을 규정하였는데 그 내용은 아래와 같다[사학분쟁조정위원회 운영 및 심의기준에 관한 규정(2019.3.25. 개정) 제13조 제2항].

1. 정이사 후보자 추천 의견 청취시, 위원회가 선임해야 할 정이사 수의 2 내지 3배수의 범위 내에서 후보자를 추천받는다.
2. 사립학교법시행령 제9조의6 제4항 제1호(이하 '전 · 현직이사협의체'라고 한다)로부터 이사후보자 추천 의견을 청취하는 경우, 해당 구성원 전원이 연명하여 추천하도록 하고, 만약 해당 구성원 전원이 연명하여 정해진 기한까지 이사후보자를 추천하지 아니하는 경우에는 전 · 현직이사협의체의 의견이 없는 것으로 간주할 수 있다.
3. '전 · 현직이사협의체'가 인정될 경우, 해당 구성원에 대해서는 원칙적으로 시행령 제9조의6 제4항 제6호 해당 주체의 지위를 인정하지 아니한다.
4. 사망 등으로 전 · 현직이사협의체 구성원이 이사정수의 과반수에 미치지 못할 경우에는 전 · 현직이사협의체는 부존재하는 것으로 보고, 해당 구성원은 제9조의6 제4항 제6호 해당 주체로 인정한다.
5. 원칙적으로 '대학평의원회' 또는 '학교운영위원회'를 시행령 제9조의6 제4항 제2호 해당 주체로 인정한다.
6. 시행령 제9조의6 제4항 제6호 해당 주체는 해당 학교법인의 상황 등을 고려하여 위원회에서 정하되, 해당 학교법인에 상당한 재산을 출연하거나 기부한 자, 학교 발전에 상당히 기여한 것으로 인정되는 자 등을 인정할 수 있다.

라. 정이사의 선임과 종전이사의 지위

학교법인과 그 설립자는 사학의 자유라는 헌법상 보장된 기본권을 가지고 있는데 이는 이사회를 통하여 스스로 학교법인과 학교를 경영하는 것이다. 그리고 이는 궁극적으로는 이사회의 이사를 스스로 선임함으로써 구현된다. 따라서 사학의 자유를 보장하기 위해서는 임시이사 선임사유가 해소된 후 정이사를 선임할 때에도 설립자 또는 종전이사의 의사를 반영하여 정이사를 선임하여야 한다. 즉 설립자 또는 종전이사에게 정이사에 대한 추천권을 주어야 하는 것이다. 하지만 임시이사가 선임된 학교법인은 설립자나 종전이사의 심각한 불법행위로 학교법인의 운영에 중대한 장애를 야기하였기 때문에 임시이사가 선임된 것인데, 그러한 잘못이 있는 설립자나 종전이사에게 다시 정이사 추천권을 부여하는 것은 공교육을 담당하는 공교육기관인 학교법인의 공공성을 도외시하는 것이 된다. 따라서 학교법인의 정상화는 결국 정이사를 선임함에 있어서 설립자나 종전이사의 의견을 얼마나 어떻게 반영할 것인지가 가장 중요한 문제이고, 정이사 선임이라는 형식적 정상화는 물론 학교법인의 안정과 발전 지속이라는 실질적 정상화를 위해서도 매우 중요하다. 하지만 사립학교법은 임시이사가 선임된 학교법인의 정상화 방법에 대하여 규정하면서도 실질적으로 중요한 문제인 어떠한 기준에 의하여 누구를 정이사로 선임할 것인가에 대해서는 규정하지 않고 사실상 조정위원회에 맡겨 두고 있다. 이는 임시이사가 선임된 학교법인의 사정이 워낙 다양하기에 일률적인 기준을 법률로 정하는 것이 사실상 불가능하기 때문일 것이기는 하나, 이처럼 규정이 없다 보니 정상화 과정에서 이해관계인들의 첨예한 다툼이 발생하고 이는 새로운 분쟁의 씨앗이 되고 있다.

(1) 정이사 선임에 대한 종전이사의 지위에 관한 견해의 대립

상지대 판결의 다수의견은 종전이사는 학교법인의 정체성을 대변할 지위에 있으므로 학교법인의 설립목적을 구현함에 적절한 정이사를 선임하는 문제에 대해 직접적인 이해관계가 있다고 하였다. 그 근거로 대법원은 사립학교는 설립자의 의사와 재산으로 독자적인 교육목적을 구현하기 위해 설립되는 것이므로 사립학교 설립의 자유와 운영의 독자성을 보장하는 것은 그 무엇과도 바꿀 수 없는 본질적 요체라는 사실, 학교법인은 사립학교를 설치 · 경영하기 위한 목적으로 설립된 재단법인의 일종으로서 그 운영 시 성립 당시의 설립자의 의사, 즉 설립목적을 존중하여야 한다는 사실, 그리고 학교법인의 설립목적과 사학의 자유는 그 의사결정기관 및 의사집행기관을 구성하는 자연인인 이사들에 의하여 실현되고, 종전이사는 설립자로부터 설립목적을 승계해 온 사람으로 학교법인의 자주성과 정체성을 확보하는 임무와 가장 근접한 위치에 있다는 사실을 제시하였다.

강경근[39]은 학교법인은 본질적으로 재단법인이기 때문에 민법의 정신에 따라 사립학교법의 임원취임승인취소 제도나 임시이사 제도는 향후 설립자의 의사에 의하여 이사회가 구성되는 구조가 보장되어야 비로소 합헌이 되고 그렇지 못하면 위헌적 제도가 된다고 한다. 이종근[40]도 국가가 사립학교의 경영분규에 개입하는 주된 수단으로 이용되는 사립학교법 제20조의2 및 제25조의 규정에 의한 임원취임승인 취소의 제도 및 임시이사 제도가 법 제25조의3의 규정에 의한 임시이사가 선임된 학교법인의 정상화 규정과 결합하면 학교법인의 경영권을 과도하게 제한함으로써 학교법인의 사회화까지 초래할 가능성이 있다고 한다. 비리를 저지른 학교법인의 임원에 대하여 그에 합당한 민·형사상의 책임을 물으면 되는 것이지 동시에 사학의 공공성을 확보하는 수준을 넘어서 자의적인 정이사 선임을 통하여 학교법인의 정체성까지 바꾸게 되면 위헌의 소지가 있다고 한다.

반면에 상지대 판결의 소수의견은 종전이사들은 이미 정이사의 직에서 퇴임하였기 때문에 학교법인의 자주성과 정체성을 대변할 지위를 상실하였다고 한다. 따라서 종전이사들은 구 사립학교법상의 임시이사들이 정이사를 선임하는 것을 내용으로 하는 이사회결의에 대하여 직접적인 이해관계를 가진다고 볼 수 없다는 것이다. 헌법재판소도 위의 대법원의 상지대 판결이 있기 전부터 소수의견과 유사한 견해를 보였다. 교육인적자원부장관이 임시이사들로 구성된 이사회가 선임한 이사의 취임을 승인한 처분에 대하여 종전이사 측이 기본권 침해를 이유로 제기한 헌법소원심판 사건에서 "청구인이 학교법인을 설립하였고, 이사장으로서 학교법인 상지학원을 운영하였던 사실이 있다고 하더라도 이는 단지 간접적, 사실적 또는 경제적 이해관계에 불과하다. 이 사건 이사취임 승인이 취소된다고 하여 학교법인 상지학원의 이사장 또는 이사로 선임되는 것도 아니므로 청구인 또는 청구인이 원하는 자가 상지학원의 이사장으로 취임하지 않았다고 하더라도 이를 권리의 침해나 법률상 불이익을 받

39) 강경근, "사립학교법상 관선사학 정상화의 문제점 및 개선방향", 임시이사 파견사학 정상화를 위한 대토론회(이주호 국회의원/자유주의교육운동연합주체 심포지움, 2006.8.18.), 5면.

40) 이종근, "사립대학의 경영분규에 대한 국가 개입권의 한계", 동아법학 55(2012), 126면.

았다고 보기 어렵고 다만 반사적 효과로서 간접적이거나 사실상의 불이익을 입을 뿐이라고 봄이 상당하다"며 헌법소원심판청구를 각하하였다(헌재 2004.4.13. 2004헌마258 결정). 종전이사에게 임시이사들이 선임한 이사의 취임승인취소를 구할 법률상 이익을 부인한 것이다. 또한 헌법재판소는 정상화란 학교법인이 직면하였던 운영상의 위기상황이 수습되어 위기관리자로서의 소임을 다한 임시이사 체제가 통상적인 학교법인 이사회 체제로 전환되는 것을 말하나, 이는 위기관리자로서의 특성상 그 권한에 내재적인 한계가 있는 임시이사 대신 후임이사의 선임을 포함하여 이사로서의 모든 권한을 행사할 수 있는 정이사가 선임된다는 것이지 학교법인의 지배구조나 이사회의 구성이 학교법인 설립 당시나 임시이사 선임 전의 상태로 회귀하는 것을 의미하는 것은 아니라고 하였다. 나아가 정상화 단계에서 반드시 종전이사 등이 이사회로 복귀하거나 이들에게 정이사 선임의 주도권을 부여하지 않더라도 정관에 명시된 학교법인의 설립목적이 유지되고 제대로 실현될 수 있다면 학교법인의 정체성은 여전히 유지·계승된다고 하였다. 그러면서도 헌법재판소는 조정위원회가 주도하는 정상화 과정에 종전이사 등이 관여하는 것을 적극적으로 배제하는 조항이 아니라고 하면서, 사립학교법시행령과 조정위원회 운영규정이 종전이사 등 학교법인의 이해관계인으로부터 의견을 청취할 수 있도록 하는 근거 규정을 두고 있으므로, 조정위원회는 이들로부터의 의견 청취 등 정상화 심의과정에서 종전이사 중에 학교비리 등 임시이사 선임사유에 연루되지 않고 설립목적 구현에 노력한 인사들이 있을 경우 이들의 참여를 배제할 이유가 없을 뿐만 아니라, 정이사 선임에 관한 이들의 의견을 적극 수용하거나 나아가 이들을 정이사로 선임할 수도 있을 것이고, 이렇게 하는 것이 조정위원회 본연의 임무라고 하였다[헌재 2013.11.28. 2009헌바206, 2010헌바101(병합) 전원재판부 결정].

한편 대법원도 이후의 판결에서는 헌법재판소의 판례를 인용하면서 헌법재판소와 같이 사립학교 운영의 자유가 기본권이기는 하나, 사립학교도 공교육의 일익을 담당한다는 점에서 국·공립학교와 본질적인 차이가 있을 수 없다는 사실, 따라서 공적인 학교 제도를 보장하여야 할 책무를 진 국가가 일정한 범위 안에서 사립학교의 운영을 감독·통제할 권한과 책임을 진다는 사실, 그 규율의 정도는 시대적 상황과 각급 학교의 형편에 따라 다를 수밖에 없는 것이므로, 교육의 본질을 침해하지 않는 한 궁극적으로는 입법자의 형성의 자유에 속한다는 사실을 인정하였다. 그리하여 입법자가 형성한 조정위원회가 정이사를 선임하는 것은 학교법인과 종전이사 등의 사학의 자유를 침해하는 것이 아니라고 하였다. 또한 사립학교를 위하여 출연된 재산에 대한 소유권은 학교법인에 있고, 설립자는 학교법인이 설립됨으로써, 그리고 종전이사는 퇴임함으로써 각각 학교운영의 주체인 학교법인과 더 이상 구체적인 법률관계가 지속되지 않게 된다 할 것이므로, 설립자나 종전이사가 사립학교 운영에 대하여 가지는 재산적 이해관계는 법률적인 것이 아니라 사실상의 것에 불과하다고도 하였다. 그리하여 제3자인 인수인이 ○○학원을 인수한다고 하여 ○○학원의 설립목적이 크게 훼손될 것으로 보이지 아니하며, 실제로 인수인이 ○○학원을 인수한 후 그 명칭을 변경하는 등 일부 변화가 있었으나 그로 인하여 ○○학원의 설립목적이 훼손되었다고 보기도 어려우므로, ○○교육청이 조정위원회의 심의를 거쳐 인수인으로 하여금 ○○학원의 경영을 인수하여 정상화하도록 하고 종전이사들을 배제하였다고 하여 이 사건 처분이 사학의 자유 또는 종전이사 측의 재산권을 침해한 것으로 볼 수 없다고 판단하였다(대법원 2014.1.23. 선고 2012두6629 판결).

학자 중에도 사학비리 등으로 학교의 경영에서 배제된 인사들은 영구적으로 학교법인의 운영에 복귀하는 것을 금지하는 것으로 입법화해야 한다는 주장이나,[41] 종전이사가 비리로 학교법인의 운영에 현저한 장애를 초래하고 학교법인의 목적 달성을 불능에 이르게 하여 임원취임승인이 취소되었다면 선량한 관리자의 주의의무위반으로 학교법인과의 신뢰관계를 배반한 것이므로 종전이사 본인은 물론 그가 추천하는 인사도 정이사의 선임에서 배제되어야 한다는 견해[42]가 있다.

이처럼 정상화에서 종전이사의 의사를 존중하여야 한다는 견해와 배제시켜야 한다는 견해의 대립이 있으나 두 견해 모두 종전이사의 의사를 완전히 존중하여야 한다는 것은 아니고 종전이사의 의사를 완전히 배제시켜야 한다는

---

41) 윤지관, "사학지배구조의 선진화와 교육의 공공성—해외 대학의 경우와 대비하여". 사학문제 국회세미나 : 최근 대학사태의 문제점과 사립대학 제도 개선의 방향(2013.6.7. 국회의원회관), 62면.

42) 김명연, "사립학교법상 학교법인 정상화에 있어 종전이사의 지위", 민주법학 36(2008), 253면.

것도 아니다. 실제의 문제는 종전이사의 의사를 어느 정도까지 존중할 것인가 하는 것이다. 헌법재판소도 사립학교는 공공의 이익을 위한 설립자의 재산출연에 의하여 설립되었고, 이로써 국가의 공교육 실시를 위한 재정적 투자능력의 한계를 자발적으로 보완해 주는 역할을 수행해 오고 있다는 점에서, 정상화 단계에서 종전이사 등의 의견이 반영되도록 제도를 설정할 필요성은 여전히 있다고 하면서, 관건이 되는 것은 이들의 의견을 어느 정도까지 보장해 주어야 하느냐의 문제일 것이라고 하였다[헌재 2013.11.28. 2011헌바136, 2011헌바180(병합), 2012헌바279(병합) 결정].

(2) 정상화에서 종전이사의 의견 반영의 정도 결정 방법[43]

사학의 자주성과 공공성의 조화를 위해서는 정상화 과정에서도 종전이사의 의사를 적정하게 반영하여야 한다. 종전이사의 의사를 반영하되, 어느 정도 반영할 것인가는 매우 난해한 문제인데 헌법학에서 기본권 제한의 합헌성 여부를 판단할 때 사용되는 과잉금지의 원칙을 적용하여 해결하는 것이 바람직하다.

본질적으로 사립학교법 제25조의3이 규정하고 있는 정상화는 사학에 대한 국가의 관여라는 측면에서는 임시이사가 선임되기 이전으로 되돌리는 것이라고 보아야 한다. 그리고 학교법인이 다시 스스로 정상적으로 운영할 수 있는 상태가 되어 정상화를 하는 것이라면 원칙적으로는 설립자나 종전이사들에게 정이사를 추천하도록 하는 것이 기본권의 최대보장, 최소제한의 원칙을 존중하는 것이 될 것이다(헌재 1991.7.22. 89헌가106). 하지만 공교육제도에 포함된 공교육기관인 사학에 종전이사가 복귀함으로써 국민의 교육을 받을 권리나 공교육이 침해되는 경우에는 사학의 자주성은 제한되어야 하고 국민의 교육을 받을 권리를 실현시켜야 할 책무가 있는 국가는 공익실현을 위하여 종전이사를 학교법인의 운영에서 배제시켜야 한다. 이는 종전이사의 권리를 제한하는 것이므로 학교법인 정상화에서 종전이사 의사의 반영 정도를 판단할 때 과연 종전이사의 정이사 선임권을 제한할 것인지, 제한한다면 얼마나 할 것인지의 문제로 보아 기본권 제한의 법리인 과잉금지의 원칙을 적용하여 판단하자는

---

43) 주영달, 앞의 논문, 161-166면.

것이다.

(3) 과잉금지원칙의 구체적 적용 방법

정상화에서 종전이사의 의사를 얼마나 반영할 것인지 혹은 얼마나 제한할 것인지 과잉금지 원칙의 4가지의 요건을 구체적으로 적용하여 본다.

첫째, 목적의 정당성 여부를 검토한다. 이미 중대한 비리나 불법행위를 저질러 임원취임승인이 취소되었음에도 학교법인의 손해를 회복하지 못하고 학교법인이나 대학구성원들로부터 신뢰를 회복하지 못한 종전이사라면 이들이 다시 학교법인을 경영하게 되면 학교법인 운영에 비위의 발생이 우려될 뿐만 아니라 분쟁이 재연될 수 있다. 그러므로 부적절한 종전이사를 정상화 과정에서 배제함으로서 학교법인의 공공성을 보호하고자 하는 목적의 정당성은 인정될 수 있다.

둘째, 방법의 적절성에 대하여 살펴보면 위와 같이 다시 학교법인의 경영에 관여하는 것이 적절치 않은 종전이사를 정상화 과정에서 배제시키는 것은 방법의 적절성도 인정된다.

셋째, 피해의 최소성의 원칙에 부합하는지를 검토한다. 피해의 최소성의 원칙은 행정청이 정당한 목적을 달성하기 위한 것이라고 하더라도 국민의 기본권을 최소한으로 침해하는 다른 수단이 있다면 그것을 선택해야 한다는 것이다. 법인의 진정한 정상화를 위해서 예컨대 종전이사 중 특정한 이사나 일부 이사만 배제시키더라도 공익을 달성하기에 충분하다면 굳이 종전이사 전체를 정상화에서 배제시켜서는 안 된다. 미국은 이사의 결원이 발생하여 남은 이사가 이사회의 의사정족수에 미달되는 경우에도 외부의 관여 없이 남은 이사들의 과반수로 결정하여 이사를 선임한다. 물론 결원된 이사의 지위가 정관에서 정해진 이사지명권이 있거나 결원된 이사를 제3자가 선임하도록 되어 있는 경우에는 정관에 지정된 자가 선임하여야 하고 이사회에서 선임할 수 없다.[44] 학교법인의 자주성을 존중하기 위해서는 비록 사립학교법에 의결정족수가 규정되어 있다고 하더라도 특수한 상황에서는 위와 같이 내부적으로 해결

44) 조상희, "학교법인의 임원해임청구 대표소송 도입 검토—미국의 모델 비영리법인법과 영국의 공익자선법에 비추어본 사학분쟁조정위원회의 기능과 관련하여", 교육법학연구 22(2)(2010), 224면.

할 수 있도록 하는 것이 옳을 것이나, 현행 법률상으로는 이러한 경우에도 임원취임승인취소나 임시이사 선임사유로 규정하고 있어서 임시이사 선임이 불가피하다고 하더라도 위와 같은 점까지 고려하면 정상화에서 종전이사의 의사를 최대한 반영할 필요가 있다. 다만 임원 간 분쟁의 경우 종전이사들의 대립이 해소되지 않는다면 다른 경우에 비하여 오히려 정상화를 위한 기간이 더 길어질 수 있다. 이때는 임시이사가 선임되기 이전의 종전이사의 비율, 종전이사들 이외의 이해관계인들의 의견을 종합적으로 반영하여 정이사의 비율을 정할 수 있겠다.

넷째, 마지막으로 법익의 균형성을 갖추었는지 검토한다. 법익균형성의 원칙은 처분으로 인하여 얻는 이익(공공성 보호)이 침해되는 사익(자주성 보장)보다 더 커야 한다는 것이다. 공익과 사익을 비교형량할 때에는 임시이사의 선임사유가 임원 간의 분쟁으로 인한 경우인지 임원취임승인취소사유로 인한 경우인지 여부, 임원취임승인취소사유의 내용, 종전이사의 학교법인에 대한 기여도와 정상화에의 기여도, 학교법인의 상황, 학내 구성원들의 의견 등을 종합적으로 고려하여야 할 것이다.

예컨대 임원 간의 분쟁으로 인하여 임원취임승인이 취소되어 임시이사가 파견된 경우라면 임원의 비위가 있었던 것은 아니므로 임시이사가 선임됨으로 인해 임시이사 선임사유는 해소된다. 따라서 곧바로 정이사 선임을 위한 절차에 들어갈 수 있는데 이러한 경우에는 종전이사를 정이사 선임에서 배제시킴으로써 얻는 공익보다 정이사로 선임되지 못하거나 정이사에 대한 추천권도 가지지 못함으로써 받게 되는 종전이사의 불이익이 더 크다고 할 수 있다. 반면 현저한 회계부정 등으로 임원취임승인이 취소되었던 종전이사라면 사학의 공공성이 더 중요시되어야 하고 해당 이사는 스스로 학교법인의 설립목적 달성을 어렵게 한 사람이므로 보호해야 할 사익(자주성)의 크기는 줄어들어 정상화 과정에서 배제되어야 한다. 하지만 해당 종전이사들이 횡령한 돈을 모두 학교법인과 학교에 보전을 하였다면 이들이 주장할 수 있는 사학의 설립·경영의 자유의 정도는 대부분 회복되었다고 보아야 하고 그럼에도 불구하고 이들을 정상화 과정에서 배제함으로써 얻게 되는 공익은 많이 줄어든 것이다. 그렇다면 이러한 경우에는 종전이사도 정이사 선임과정에 참여할 수 있도록 하는 것이 바람직하다. 물론 횡령의 죄질, 다른 복합적인 임원취임승인취소사유의 존재여부, 학교법인이나 대학구성원들로부터의 신뢰 등 여러 가지 사항을 함께 고려하여야 하겠지만 우선 횡령만을 고려하였을 때에는 법인이나 학교에 끼친 손실을 보전함으로써 사학의 설립·경영의 자유를 회복한 것이다. 당초 임원취임승인취소는 관할청이 당해 학교법인에게 그 사유를 들어 시정을 요구한 날로부터 15일이 경과하여도 이에 응하지 아니한 경우에 행해진다. 즉 관할청은 학교법인이나 횡령행위를 한 이사에게 횡령한 금액의 보전을 명하고 15일이 지나도록 보전하지 못하였을 경우에 비로소 임원취임승인취소를 하는 것이다(사립학교법 제20조의2 제2항 본문). 이러한 취지에 비추어 보면 횡령으로 인한 임원취임승인취소는 횡령으로 발생한 손실을 회복하는 것이 얻고자 하는 공익의 중요한 부분임을 알 수 있다. 만약 해당 이사가 15일 이내에 보전을 하였더라면 임원취임승인이 취소되지 않고 그대로 이사의 지위를 유지할 수도 있었다. 그런데 시일은 늦었지만 횡령한 부분을 모두 보전함으로써 이미 대부분의 공익 목적을 달성하였음에도 불구하고 이전에 여러 가지 사정으로 15일 이내에 보전하지 못하였다는 이유만으로 여전히 다시 정이사가 될 수 있는 기회마저 박탈된다면 이는 얻는 공익보다 침해되는 종전이사의 사익이 더 크다고 할 수 있다. 이때에는 법익균형성의 원칙에 위반될 수 있는 것이다. 다만, 시정을 요구하여도 시정할 수 없는 것이 명백하거나 회계부정, 횡령, 뇌물수수 등 비리의 정도가 중대한 경우에는 대통령령이 정한 기준[45]에 따라 시정요구 없이 임원취임의 승인을 취소할 수 있다(사립학교법 제20조의2 제2항 단서). 따라서 이러한 경우에는 달리 평가될 수 있을 것이나 마찬가지로 그럼에도 불구하고 피해액을 모두 회복하였다면 보호되어야 할 공익의 크기는 줄어들었고

---

45) 사립학교법시행령 제9조의2(시정요구 없는 임원취임의 승인취소에 대한 세부기준) ① 법 제20조의2 제2항 단서에 따라 시정요구 없이 임원취임의 승인을 취소할 수 있는 경우는 다음 각 호와 같다.

1. 관할청이 시정을 요구하여도 요구기한 내에 시정할 수 없는 것이 명
2. 임원이 학교법인 및 학교의 회계 등에서 「대학설립·운영 규정」 제7조 제1항, 「사이버대학 설립·운영 규정」 제7조 제1항 및 「고등학교 이하 각급 학교 설립·운영 규정」 제13조 제1항에 따라 확보하여야 하는 당해 학교법인의 수익용기본재산의 30퍼센트 이상(고등학교 이하의 학교법인의 경우에는 50퍼센트 이상)에 대하여 회계부정한 사실이 법원의 판결 또는 관할청의 감사에 의하여 명백히 확인된 경우
3. 임원이 학교법인의 재산을 횡령하거나 교직원 채용 및 시설공사 등과 관련하여 금품을 수수한 사실이 법원의 판결 또는 관할청의 감사에 의하여 명백히 확인된 경우

사익보호의 필요성은 커졌으므로 해당 종전이사의 의사는 상당히 존중되어야 할 것이다.

그리고 종전이사의 사익을 고려함에 있어서 종전이사들에 따라 가지는 사익의 크기가 다르다는 점도 고려되어야 한다. 예컨대, 종전이사가 설립자이거나 그의 가족이나 후손이라면 학교법인의 존재 근거가 되는 재산의 출연에 직접 간접적으로 기여한 바가 있다. 따라서 이들이 정이사의 선임과정에서 배제된다면 그로 인해 침해되는 사익의 정도는 매우 크다. 물론 설립자 본인인지, 설립자의 가족인지 아니면 후손인지에 따라서도 침해되는 사익에 차이가 있다. 그 외 설립자와 무관하고 재산이나 그 외의 노력으로 학교법인에 헌신한 바가 거의 없는 종전이사들이라면 정이사 선임과정에서 배제된다고 하더라도 침해되는 사익의 정도는 상대적으로 작을 것이다.

(4) 사학분쟁조정위원회의 정상화 심의 원칙

사립학교법시행령 제9조의11 제1항은 "조정위원회는 학교법인과 학교 운영의 투명성·합리성을 실현하고, 학생들의 학습권을 보장하며, 안정적인 교육환경에 이바지하는 심의가 이루어질 수 있도록 자체 심의기준을 마련하여야 한다."라고 규정한다. 그런데 조정위원회는 공정하고 객관적이며 일관된 정상화를 위하여 정이사의 선임에 관한 기준이 필요함에 따라 위의 시행령이 규정되기 이전인 2009. 9. 10. 제43차 회의에서 정상화 심의원칙을 확정하였다. 이후 2012년도 국회의 국정감사에서 비리재단의 복귀 문제, 분쟁사학 정상화를 위한 정이사 선임원칙이 미흡하다는 문제가 제기되자 논의를 거쳐서 2013. 7. 11. 제90차 회의에서 '정이사 추천권 제한조항'에 대한 수정을 하였다. 이어서 2016. 2. 22. 심의원칙 제4항에 대하여 설립자나 인수자가 종교단체인 경우에 대하여 준칙을 마련하였다. 정상화 심의원칙 내용을 정리하면 아래 표와 같다.

위의 개정 심의원칙 중 핵심적인 제1, 2항을 보면 종전이사에게 과반수의 정이사 추천권을 주되 종전이사가 학교 경영에 중대하고 명백한 장애를 발생하게 하게 한 경우에는 이를 제한하는 것이 원칙임을 알 수 있다. 이는 위에서 언급한 사립학교법시행령 제9조의6 제4항과 제5항에서 정이사 후보자 추천의견을 청취하는 방법과 기준에 대하여 규정함으로써 법제화되었다. 위의 사립

수정전(2009.9.10.)	수정후(2013.7.11.)
① 합의 또는 합의에 준하는 이해관계자(구성원) 2/3 이상의 찬성이 있는 경우 합의를 존중하여 합의안대로 처리한다.	① 합의 또는 합의에 준하는 이해관계자(구성원) 2/3 이상의 찬성과 종전이사 과반수의 찬성이 있는 경우, 합의를 존중하여 합의안대로 처리한다.
② 합의가 이루어지지 아니하거나, 2/3 이상의 구성원 사이의 찬성이 없는 경우, 종전이사 측에 지배구조의 큰 틀을 변경시키지 않는 최소한(과반수)의 정이사 추천권을 부여하고, 나머지(과반수 미만) 정이사는 중립적인 인사를 추천하여 사분위 검증과정을 거쳐 선임한다. 다만, 사회상규와 국민의 법감정 등에 비추어 도저히 용납될 수 없는 경우는 제외한다* * 제외조항 적용 예시 : 파렴치범, 반인륜범, 강력범법 행위자 등	② 합의가 이루어지거나 합의에 준하는 경우가 아닌 경우, 종전이사 측에 지배구조의 큰 틀을 변경시키지 않는 최소한(과반수)의 정이사 추천권을 부여하고, 나머지(과반수 미만) 정이사는 중립적인 인사를 추천하여 사분위 검증과정을 거쳐 선임한다. ③ 비리 등으로 학교 경영에 중대·명백한 장애를 발생하게 하거나 파렴치 범죄, 반인륜 범죄, 강력 범죄 등의 범죄를 범한 종전이사는 비리의 정도 및 정상화를 위한 노력 등을 고려하여 정이사 추천권을 전부 또는 일부 제한할 수 있다.
③ 위의 원칙을 준수하되, 대학별 사정 등을 종합, "대학별 구체적 선임 방안" 마련한다.	④ 위의 원칙을 준수하되, 학교별 사정 등을 종합하여 구체적 정이사 선임 방안 마련한다.
	④항 준칙 마련 - 설립자 또는 인수자가 종교단체이고, 해당 종교단체가 실질적으로 이사진 구성 권한을 행사해 온 경우 해당 종교단체에게 최소한(과반수)의 정이사 추천권을 부여하는 것을 원칙으로 한다. (2016. 2.)

* 출처: 사학분쟁조정위원회 운영위원회 운영핸드북(2019. 4.) 100-101면의 표를 부분적으로 편집

학교법시행령의 규정들은 학교법인의 정상화에 있어서 매우 중요한 문제이므로 사립학교법에 규정되는 것이 바람직하나 법률 개정의 어려움으로 시행령에 규정된 것이다. 그리고 원칙적으로 종전이사를 비롯한 이해관계인들에게 정이사 추천권을 부여한 것이 아니라 이들의 의견제출권을 규정한 것에 불과하다.

따라서 조정위원회는 위의 의견에 구속되는 것은 아니나 위 시행령 규정의 취지를 고려한다면 협의체의 추천비율 등은 최대한 존중되어야 할 것이다.

마. 정이사 선임에 대한 불복

(1) 정이사 선임에 대한 불복방법

학교법인 정상화의 방법으로 종전의 학교법인의 운영자에게 다시 학교법인의 경영권을 부여하는 경우도 있고, 새로운 정이사를 선임하는 방법에 의하여 학교법인의 경영자가 변경되는 경우도 있을 수 있다. 새로운 정이사를 선임함에 의한 정상화의 경우 과거의 경영자는 정이사 선임처분 등에 대하여 위법하다고 주장하며 정이사 선임처분의 취소를 구하는 행정소송을 제기할 수 있다. 정이사 선임행위도 처분에 해당하므로 여기에 하자가 있다면 행정심판이나 행정소송을 통하여 구제받을 수 있는 것이다.

(2) 정이사 선임처분 취소 소송의 원고적격

위의 정이사 선임에는 다양한 이해관계인이 있기에 이에 대하여 소송을 통하여 불복할 수 있는 사람의 범위가 문제된다. 정이사로 선임되는 자가 이에 대하여 불복하여 행정소송 등을 제기하는 경우는 거의 없을 것이다. 그 외 행정처분의 직접 상대방이 아닌 제3자라 하더라도 해당 행정처분으로 인하여 법률상 보호되는 이익을 침해당한 경우에는 취소소송을 제기할 수 있다. 여기에서 말하는 법률상 보호되는 이익이란 해당 처분의 근거 법규 및 관련 법규에 의하여 보호되는 개별적·직접적·구체적 이익이 있는 경우를 말하고, 공익보호의 결과로 국민 일반이 공통적으로 가지는 일반적·간접적·추상적 이익과 같이 사실적·경제적 이해관계를 갖는 데 불과한 경우는 여기에 포함되지 아니한다.[46] 또 해당 처분의 근거 법규 및 관련 법규에 의하여 보호되는 법률상 이익은 해당 처분의 근거 법규의 명문 규정에 의하여 보호받는 법률상 이익, 해당 처분의 근거 법규에 의하여 보호되지는 아니하나 해당 처분의 행정목적을 달성하기 위한 일련의 단계적인 관련 처분들의 근거 법규에 의하여 명시적으로 보호받는 법률상 이익, 해당 처분의 근거 법규 또는 관련 법규에

---

46) 김성수, 일반행정법(홍문사, 2014), 855면 이하; 김남철, 행정법강론(박영사, 2020), 778-779면.

서 명시적으로 해당 이익을 보호하는 명문의 규정이 없더라도 근거 법규 및 관련 법규의 합리적 해석상 그 법규에서 행정청을 제약하는 이유가 순수한 공익의 보호만이 아닌 개별적·직접적·구체적 이익을 보호하는 취지가 포함되어 있다고 해석되는 경우까지를 말한다(대법원 2004.8.16. 선고 2003두2175 판결 등 참조). 종전이사에게 법률상 보호되는 이익이 있다는 점에 대하여는 다툼이 없다.

설립자나 재산출연자의 경우도 위 정이사 선임에 대하여 불복할 수 있는지가 다투어지고 있다.

판례는 설립자나 일정한 재산출연자도 위의 법률상 보호되는 이익이 인정된다고 하였다(대법원 2013.9.12. 선고 2011두33044 판결). 우선 구 사립학교법(2005.12.29. 법률 제7802호) 제25조의3은 정이사를 선임할 때 상당한 재산을 출연하거나 학교 발전에 기여한 자의 의견을 듣도록 하였으나 개정법(2007.7.27. 법률 제8545호)은 위의 의견청취절차를 삭제하였다. 그런데 위 판례 사안은 실질적 정상화 조치가 개정법이 시행될 시기에 이루어졌지만 임시이사 선임사유 해소로 인한 정상화 절차의 시작은 구 사립학교법이 시행되던 시기에 있었다. 이때 판례는 위 구 사립학교법의 규정을 이유로 상당한 재산을 출연한 자 및 학교 발전에 기여한 자 등은 관할청이 정이사를 선임하는 처분에 관하여 법률상 보호되는 이익을 가진다고 하였다. 그리고 특히 위와 같이 구 사립학교법이 적용되는 시기에 법률상 보호이익이 발생한 이상 이후 개정법에 의하여 정상화 절차가 진행되었다고 하더라도 이미 발생된 법률상 보호이익이 소멸되는 것은 아니라고 하였다.[47] 다만 상당한 재산을 출연한 자는 사립학교법령의 규정들에 비추어 볼 때에 학교법인의 기본재산액의 3분의 1 이상에 해당하는 재산을 출연하거나 기부한 자(사립학교법 제26조 제1항 참조)로 보아야 할 것이고, 그 밖에 재산의 출연 내지 증식을 통하여 학교 발전에 기여한 자는 학교법인의 수익용 기본재산의 10% 이상에 상당하는 금액의 재산을 출연한 자로서 위와 같은 상당한 재산 출연에 견줄 수 있을 정도로 학교법인의 기본재산 형성 내지 운영 재원 마련에 기여하였음이 뚜렷한 자로 해석되어야 할 것이라고 하여 그 범위를 제한하고 있다.

---

47) 하지만 판례는 학교법인의 설립자 겸 종전이사로서 그 이사선임처분의 취소를 구하는 지위는 성질상 일신전속적인 것으로 상속의 대상이 되지 않는다고 하였다.

그런데 만약 임시이사 선임사유 해소로 인한 정상화 절차가 구 사립학교법이 아닌 개정법 시행시기에 이루어지기 시작하였다면 이때에도 상당한 재산을 출연하거나 학교 발전에 기여한 자에게 정이사 선임에 법률상 보호이익이 인정될 수 있을지 문제된다. 개정법이 굳이 위와 같은 의견청취 절차를 삭제한 사실, 그 외 정상화 과정에서 상당한 재산출연자 등이 관여할 수 있는 규정은 임의적인 절차에 불과한 사학분쟁조정위원회의 운영 규정 이외에는 존재하지 않는다는 사실, 학교법인의 운영에는 설립 당시의 설립자의 의사, 즉 설립목적을 존중함이 마땅하나 이러한 학교법인의 설립목적은 정관과 아울러 그 의사결정기관 및 의사집행기관을 구성하는 자연인인 이사들에 의하여 실현되므로, 설립자가 최초의 이사들을, 그 다음에는 그 이사들이 후임이사들을, 또 그 다음에는 그 후임이사들이 자신의 후임이사들을 선임하는 방식으로 순차적으로 이사를 선임함으로써 학교법인의 설립목적이 영속성 있게 실현되도록 하는 것이 학교법인의 이사 제도의 본질이므로(대법원 2007.5.17. 선고 2006다19054 전원합의체 판결) 종전이사들에게 법률상 보호이익이 인정됨으로써 설립자 등의 이해관계도 보호된다고 볼 수 있다는 사실 등에 비추어 본다면 설립자나 재산출연자 등은 학교법인 정상화방법으로서 정이사 선임에 대하여 소송을 통하여 다툴 수 있는 법률상 보호되는 이익이 인정될 수 없을 것으로 생각된다. 실제 대법원은 사립학교법 제25조의3 제1항이 학교법인을 정상화하기 위하여 임시이사를 해임하고 이사를 선임하는 절차에서 이해관계인에게 어떠한 청구권 또는 의견진술권을 부여하고 있지 아니하므로 사립학교법 제25조 제1항에 따라 임시이사 선임을 청구할 수 있는 이해관계인에 해당한다고 보더라도 그러한 사유만으로는 임시이사 해임 및 정이사 선임에까지 사립학교법에 의해 보호받는 법률상 이익이 있는 것으로 볼 수 없다고 판단하였다(대법원 2014.1.23. 선고 2012두6629 판결).

그 외 대법원은 대학교 교수협의회와 총학생회는 이사선임처분을 다툴 법률상 이익을 인정한다. 하지만 고등교육법령은 교육받을 권리나 학문의 자유를 실현하는 수단으로서 학생회와 교수회와는 달리 학교의 직원으로 구성된 노동조합의 성립을 예정하고 있지 아니하고, 노동조합은 근로자가 주체가 되어 자주적으로 단결하여 근로조건의 유지·개선 기타 근로자의 경제적·사회적 지위의 향상을 도모하기 위하여 조직된 단체인 점 등을 고려할 때, 학교의 직원으로 구성된 노동조합이 교육받을 권리나 학문의 자유를 실현하는 수단으로서 직접 기능한다고 볼 수는 없다고 한다. 그러므로 개방이사에 관한 구 사립학교법과 구 사립학교법시행령 및 학교법인 정관 규정이 학교직원들로 구성된 전국대학노동조합 대학교지부의 법률상 이익까지 보호하고 있는 것으로 해석할 수는 없다고 하였다(대법원 2015.7.23. 선고 2012두19496,19502 판결).

바. 정이사 선임에 대한 불복의 소 결과에 따른 문제점

한편, 이때의 행정소송은 소송의 승패에 따른 손익이 매우 커서 이해관계가 첨예하게 대립되고 사안이 단순치가 않은 경우가 대부분이어서 통상 장기간이 소요되며 대법원 판결이 나기까지는 수년이 경과하기도 한다. 새로운 학교법인의 운영자는 대부분 운영권을 부여받을 때 그 조건으로 학교법인의 정상화 계획과 학교법인의 발전계획을 제출하게 되고 이를 이행할 의무가 있다. 그런데 위의 행정소송의 결과에 따라서는 새로운 운영자가 상당한 재정적 출연을 한 이후에 학교법인의 운영권을 상실하게 되는 수도 발생할 수 있을 것이다. 새로운 운영자는 학교법인 발전계획 등의 이행을 망설일 수밖에 없다. 그러나 원칙적으로는 학교법인의 운영권을 인수한 이상 새로운 운영자는 소송의 진행 여부와 무관하게 정상화 계획과 발전계획을 이행할 의무를 부담한다고 보지 않을 수 없다. 그렇지 않으면 장기간 소송을 진행되는 동안 학교법인의 운영이 파행적으로 이루어질 수밖에 없기 때문이다. 그럼에도 새로운 운영진으로 하여금 모든 계획을 정상적으로 이행할 것을 요구하는 것은 가혹하다고 하겠다. 따라서 학교법인과 학교의 운영에 시급하고 중요한 사항은 이행을 강제하고 시급하지 않고 장기간의 발전 계획과 관련된 사항은 시간적 여유를 주는 것이 필요할 것이다.

한편 새로운 운영자가 학교법인 운영권 인수와 동시에 학교법인에 재산을 출연하였는데 이후에 정이사 선임처분의 취소판결로 인하여 학교법인의 운영권을 상실하게 되는 경우 새로운 운영자로서는 큰 손실을 입게 된다. 이때 새로운 운영자는 자신이 출연한 재산의 반환을 구할 수 있는지, 구할 수 있다면 그 방법은 어떤 것이 될지 문제된다. 일단 학교법인에 재산을 출연한 이상 이의 반환을 구할 수는 없다는 견해도 있을 수 있으나, 새로운 운영자의 재산출연은 학교법인의 운영을 조건으로 한 것으로 볼 수 있고 그러한 조건이 성립되지 않은 이상 반환을 구할 수 있다고 보아야 할 것이다. 그리고 그 방법은 학교법인에 대하여 부당이득반환을 구하는 것을 생각해볼 수 있다. 그리고 정이사 선임처분을 한 관할청에 대한 손해배상을 청구하는 것도 고려해볼 수 있다.

학교법인에 대한 부당이득반환청구는 당연히 가능할 것이나 이에 대한 지급을 위해서는 관할청의 허가가 필요하다는 문제점이 있다. 이때에 관할청으로서는 부당이득에 대한 반환이 학교의 운영에 중대한 영향을 미치지 않는 한 허가를 하는 것이 원칙일 것으로 보인다. 하지만 많은 경우 부당이득을 반환하게 된다면 학교법인과 학교에 중대한 영향을 미치게 될 것이다. 새로운 운영권 인수자에게 부담을 시키는 등의 방법을 고려할 필요가 있겠다.

다음으로 관할청에 대한 손해배상청구의 문제인데 이와 관련해서는 "어떠한 행정처분이 후에 항고소송에서 취소되었다고 할지라도 해당 행정처분이 곧바로 공무원의 고의 또는 과실로 인한 것으로서 불법행위를 구성한다고 단정할 수는 없는 것이고, 그 행정처분의 담당공무원이 보통 일반의 공무원을 표준으로 하여 볼 때 객관적 주의의무를 결하여 그 행정처분이 객관적 정당성을 상실하였다고 인정될 정도에 이른 경우에 국가배상법 제2조 소정의 국가배상책임의 요건을 충족하였다고 봄이 상당할 것이며, 이때에 객관적 정당성을 상실하였는지 여부는 피침해이익의 종류 및 성질, 침해행위가 되는 행정처분의 태양 및 그 원인, 행정처분의 발동에 대한 피해자 측의 관여의 유무, 정도 및 손해의 정도 등 제반 사정을 종합하여 손해의 전보책임을 국가 또는 지방자치단체에 부담시켜야 할 실질적인 이유가 있는지 여부에 의하여 판단하여야 한다"(대법원 2000.5.12. 선고 99다70600 판결, 2004.6.11. 선고 2002다31018 판결 등 참조)는 판례가 참고될 수 있다. 이 판례에 비추어 본다면, 행정처분의 담당공무원이 보통 일반의 공무원을 표준으로 하여 볼 때 객관적 주의의무를 결하여 그 행정처분이 객관적 정당성을 상실하였다고 인정될 정도에 이르렀다고 볼 수 있는지, 정상화 과정에 새로운 운영자가 적극적으로 참여하였는지 여부 등을 종합적으로 고려하여 결정될 것이다.

6. 임시이사의 임원으로의 선임 제한

임시이사는 이사회에 의해서 임원으로 선임될 수 없다(사립학교법 제25조

제4항). 이는 임시이사의 직무집행의 공정성을 담보하기 위한 것으로 보이므로 직무집행과 무관한 전직 임시이사의 경우는 여기에 해당하지 않는 것으로 해석된다. 즉 임원으로 선임될 수 없는 임시이사는 선임 당시의 임시이사인 것이다.

7. 임시이사의 보수

임시이사의 보수에 관하여는 특별한 규정을 두고 있지 않다. 따라서 이사의 보수에 준하여야 할 것이다. 임시이사가 선임된 학교법인 중 재정이 열악한 학교법인의 최소한의 이사회 운영경비 및 사무직원 인건비는 국가 또는 지방자치단체에서 지원할 수 있다(사립학교법 제25조 제6항). 이때 지원되는 이사회 운영경비도 현행법상으로는 실비에 한하는 것으로 보아야 한다.

8. 관할청의 이사회소집 요구권

관할청은 임시이사가 선임된 법인에 대하여 이사회의 소집을 요구할 수 있다(사립학교법 제25조 제5항).

9. 임시이사의 해임

가. 관할청의 해임

관할청은 ① 임시이사가 「국가공무원법」 제33조 각 호의 어느 하나에 해당하게 된 때, ② 임시이사가 그 직무를 현저히 태만한 때, ③ 제20조의2 제1항[48] 각호의 어느 하나에 해당하는 행위를 한 때에는 조정위원회의 심의를

48) 제20조의2(임원취임의 승인취소) ① 임원이 다음 각 호의 1에 해당하는 행위를 하였을 때에는 관할청은 그 취임승인을 취소할 수 있다.
1. 이 법, 「초·중등교육법」 또는 「고등교육법」의 규정을 위반하거나 이에 의한 명령을 이행하지 아니한 때
2. 임원 간의 분쟁·회계부정 및 현저한 부당 등으로 인하여 해당 학교운영에 중대한 장애를 야기한 때
3. 학사행정에 관하여 해당 학교의 장의 권한을 침해하였을 때

거쳐 임시이사의 전부 또는 일부를 해임할 수 있다(사립학교법 제25조의2). 이는 임시이사들에게 직무를 계속 수행하기 어려운 사정이 있는 경우에 관한 것으로 이때에는 위의 사유가 발생하였는지, 임시이사의 해임이 적법한 재량권의 행사인지가 문제될 것이다. 그리고 해임 이후에는 새로운 임시이사의 선임이 필요할 것이다. 이 외에도 관할청은 임시이사 선임사유가 해소되었다고 인정할 때에는 조정위원회의 심의를 거쳐서 임시이사를 해임하고 정이사를 선임하게 된다(사립학교법 제25조의3 제1항).

나. 이해관계인의 임시이사 해임 요구

이와 같이 관할청의 임시이사 해임은 재량행위로 규정되어 있으나 학교법인의 이해관계인은 임시이사의 선임사유가 해소되었음에도 불구하고 교육부장관이 부당하게 임시이사체제를 유지하고 있는 경우에는 교육부장관에게 임시이사의 해임신청을 할 수 있고 이에 대한 교육부장관의 거부처분에 대하여는 항고소송으로 다툴 수 있다(대법원 2005.4.16. 2005마53 결정; 서울고법 2006.11.28. 선고 2004나31113 판결). 이해관계인에게 임시이사의 선임요구권을 인정(사립학교법 제25조 제1항)한 것처럼 선임사유가 종결된 경우에는 해임요구도 할 수 있도록 하는 것이 옳을 것이다.

제4관 이 사 회

1. 이사회의 의의

이사회는 이사들로 구성되어 법인의 업무집행에 관한 사항을 결정하는 기관이다. 주식회사는 이사회가 필수기관(상법 제390조)이나 민법상의 일반법인은 이사의 수가 2인 이상인 경우 정관에 따라 의결하되 정관에 의결정족수 등에 관한 규정이 별도로 없으면 이사의 과반수의 찬성에 의하여 의결을 한다(민법

---

4. 삭제
5. 삭제
6. 관할청의 학교의 장에 대한 징계요구에 불응한 때

제58조 제2항)고 규정하고 있을 뿐 이사회에 관한 규정이 없어서 필수기관이라 할 수 없다.

그런데 학교법인은 민법상의 법인과는 달리 이사회는 필수기관이다. 이사회는 이사장이 소집하고 이사장이 그 의장이 되어 이사회를 진행하게 된다. 이사회는 전체 이사로 구성되고 감사는 이사회에 출석하여 발언할 수 있으나 이사회의 구성원이 되는 것은 아니므로 의결권을 행사할 수 없다(사립학교법 제15조). 이사회는 학교법인의 의사를 결정하는 의결기관으로 이사회에서 결정한 사항이 곧 학교법인의 의사가 되는 것이다. 따라서 이사회의 구성과 운영은 적법하게 이루어져야 한다. 그런데 미국 등에서는 대학의 경우 이사회의 구성과 이사의 임기 등에 관하여 정관으로 규정하도록 하는 등 광범위한 자율성이 인정되고 있다고 한다. 이사의 구성은 지역과 연계될 수 있는 자치단체장, 정치력을 발휘할 수 있는 정치인, 재정적 지원을 할 수 있는 재력가, 동문과의 소통을 원활하게 하기 위한 동문, 교육이나 법률 전문가 등 다양한 인사를 이사로 선임한다고 한다. 우리나라에서도 사립학교의 공공성을 보장할 수 있도록 이사회의 구성이 이루어져야 할 것이고, 이러한 구성이 정착되면 이사회의 구성과 운영을 법인이 자유롭게 할 수 있도록 최대한 자율권이 주어져야 된다.

2. 이사장의 선임

이사장의 선임과 관련하여 이사회에서 호선하도록 정관에 규정되어 있는 경우가 많다. 호선은 '특정한 사람들이 자기네 가운데서 어떠한 사람을 골라 뽑는 방법의 선거'를 일컫는데, 호선의 특성상 후보자 모두에게 의결에 참여할 기회를 부여하여도 호선의 본질에 반하지 아니한다 할 것이므로 비록 학교법인의 정관에 "임원의 선임 및 해임이 자신에 관한 사항일 경우 해당 이사장 또는 이사는 그 의결에 참여하지 못한다."고 규정되어 있다 하더라도 적어도 이러한 제척사유는 위와 같은 방식의 '이사장 호선'에 관하여는 적용되지 아니한다(대법원 2006.6.15. 선고 2004다10909 판결). 그러므로 이사장 호선의 경우는 특정 이사를 이사장으로 선임하는 경우에 그 해당 이사도 호선에 참여하여 자신을 이사장으로 선출하자는 의사를 표현할 수 있다.

이사장이 궐위되거나 사고로 인하여 직무를 수행할 수 없을 때에는 정관이 정하는 바에 의하며, 정관에 규정이 없을 때에는 이사회의 호선에 의하여 다른 이사가 이사장의 직무를 대행한다(사립학교법 제19조 제2항).

3. 이사회의 기능

이사회는 ① 학교법인의 예산·결산·차입금 및 재산의 취득·처분과 관리에 관한 사항, ② 정관의 변경에 관한 사항, ③ 학교법인의 합병 또는 해산에 관한 사항, ④ 임원의 임면에 관한 사항, ⑤ 학교법인이 설치한 사립학교의 장 및 교원의 임용[49]에 관한 사항, ⑥ 학교법인이 설치한 사립학교의 경영에 관한 중요사항, ⑦ 수익사업에 관한 사항, ⑧ 기타 법령이나 정관에 의하여 그 권한에 속하는 사항을 심의·의결한다(사립학교법 제16조 제1항). 그런데 이사장 또는 이사가 학교법인과 이해관계가 상반하는 때에는 그 이사장 또는 이사는 해당 사항에 관한 의결에 참여하지 못한다(사립학교법 제16조 제2항).

4. 이사회의 소집

가. 이사회가 소집되는 경우 및 소집권자

이사회는 이사장이 필요하다고 인정할 때에 이사회를 소집함으로써 열리게 된다(사립학교법 제17조 제1항). 위와 같이 이사장이 판단하여 이사회를 소집하지만 재적이사 반수 이상이 회의의 목적을 제시하여 소집을 요구한 때에는 이사회를 소집하여야 한다. 그리고 감사는 학교법인의 재산상황과 회계 또는 이사회의 운영과 그 업무에 관한 사항을 감사한 결과 부정 또는 불비한 점이 있음을 발견한 때 이를 이사회와 감독청에 보고하는 일을 하는데 감사가 이때의 보고를 하기 위하여 이사회의 소집을 요구하는 경우(사립학교법 제19조 제4항)에도 이사장은 이사회를 소집하여야 한다(사립학교법 제17조 제2항).

이사회를 소집하여야 할 경우에 그 소집권자가 궐위되거나 또는 이를 기

49) 구법(법률 제13938호로 개정되기 전의 것)에서는 '임용'이라는 용어를 사용하였으나 이를 '임용'으로 개정하면서 정의 규정 제2조 제4호에 "임용"이란 신규채용, 승진, 전보(轉補), 겸임, 파견, 강임(降任), 휴직, 직위해제, 정직(停職), 복직, 면직, 해임 및 파면을 말한다고 규정하였다.

피함으로써 7일 이상 이사회의 소집이 불가능할 때에는 재적이사 과반수의 찬동으로 이를 소집할 수 있다(사립학교법 제17조 제4항 본문).

나. 관할청의 이사회 소집승인

위와 같이 이사장이 이사회를 소집하여야 하는 경우임에도 이사장이 소집을 기피하여 재적과반수의 이사가 이사회를 소집하려 할 때에는 관할청의 승인을 얻어야 한다(사립학교법 제17조 제4항 단서). 사립학교법 제17조 제4항에서 재적과반수의 이사가 이사회를 소집하는 경우는 이사장이 궐위되거나 이사회 소집을 기피하는 경우인데 두 경우에 모두 관할청의 승인이 필요한지에 대하여 의문이 있을 수 있다. 그런데 위 4항 단서가 명문으로 소집권자가 이사회의 소집을 기피하는 경우로 한정하고 있다는 점, 이사장이 이사회소집을 기피하는 데 특별한 사정이 있을 수도 있기 때문에 이때에는 관할청의 승인을 얻어야 이사들이 이사회를 소집할 수 있는 것으로 제한을 하고 있는 것으로 볼 수 있다는 점, 이사회의 소집이 필요함에도 소집권자인 이사장이 궐위되었을 경우에는 학교법인의 원만한 운영을 위하여 관할청의 승인과 무관하게 이사회를 열 수 있도록 하는 것이 당연하다는 점들을 고려할 때 이사장이 궐위된 경우에는 관할청의 승인이 필요 없는 것으로 보는 것이 옳다.

이때 이사회의 소집승인신청서에는 ① 이사회의 소집이 불가능한 이유와 이를 입증하는 서류, ② 재적이사 과반수의 찬성을 입증하는 증빙서류, ③ 이사회를 소집하지 못함으로 인하여 예상되는 손해의 구체적인 사실을 명시한 서류를 첨부하여야 한다(사립학교법시행령 제8조). 이와 같이 관할청의 승인을 얻도록 한 것은 관할청으로 하여금 소집승인요건의 심사를 통하여 회의의 목적사항을 정한 이사회의 소집승인을 함으로써 학교법인의 정상적인 운영을 저해하는 불법적인 이사회의 난립을 방지하려는 데에 그 취지가 있다(대법원 1988.4.27. 선고 87누1106 판결).

위와 같은 사립학교법 제17조 제4항에 의한 감독청의 이사회 소집승인처분은 이사장이 아닌 이사에게 이사회 소집권한을 부여하여 이사회결의의 전제가 되는 이사회 소집의 법률상 효력을 완성시켜 주는 보충적 행정행위로서 성질상 기본행위인 이사회 소집행위가 법정요건을 충족하지 못하여 무효인 경우에는 그에 대한 승인이 있다 하더라도 이사회 소집이 유효한 것으로 될 수 없을 뿐만 아니라 기본행위를 떠나 승인처분 자체만으로는 법률상 아무런 효력도 없다. 따라서 판례는 감독청의 소집승인을 받은 이사에 의하여 이사회가 소집되고 이사회의 결의가 있은 후 이사회 소집절차에 하자가 있다는 이유로 이사회결의의 효력에 관하여 다툼이 있는 경우에는 민사쟁송으로서 이사회결의의 무효확인을 구할 것이지 이사회결의의 전제에 불과한 이사회 소집승인처분 취소를 구하는 것은 특단의 사정이 없는 한 분쟁해결의 유효적절한 수단이라 할 수 없다고 한다(대법원 1993.4.23. 선고 92누15482 판결).

그러므로 감독청으로서는 위와 같은 요건을 갖춘 이사회소집승인신청이 있으면 이를 승인할 의무가 있고 다른 이유를 들어 이를 거부할 수는 없으며, 이사회소집승인은 회의의 목적사항을 정한 이사회의 소집 그 자체를 승인할 수 있을 뿐이고, 여기에 이사회를 소집할 일시, 장소를 지정할 수는 없는 것이며, 가사 감독청이 소집승인을 하면서 일시, 장소를 지정하였다 하더라도 그 그 소집승인은 그러한 일시, 장소의 지정이 없는 소집승인으로서의 효력이 있을 뿐이다(대법원 1988.4.27. 선고 87누1106 판결). 그리고 그 소집승인행위는 그 신청자에게 이사회의 소집권한을 부여하는 것이다. 소집권한자는 이사회 소집승인을 신청한 재적 과반수의 이사가 될 것이다.

다. 이사회 소집의 방법

이사회를 소집할 때에는 이사장이 적어도 회의 7일전에 회의의 목적을 명시하여 각 이사에게 통지하여야 한다. 다만, 이사 전원이 집합되고 또 그 전원이 이사회의 개최를 요구한 때에는 예외로 한다(사립학교법 제17조 제3항).

(1) 소집권자의 소집

이사회의 소집은 이사장이 하여야 한다. 물론 이사장의 직무대행이 있다면 직무대행자가 소집권자가 될 것이다. 법령 또는 정관이 정하는 바에 따른 정당한 소집권자가 아닌 자에 의하여 소집되고 적법한 소집절차도 없이 개최되어 한 것이라면 그 결과가 설사 적법한 소집통지를 받지 못한 이사가 출석하여 반대의 표결을 하였던들 이사회결의의 성립에 영향이 없었다고 하더라도 그 이사회결의는 당연무효가 된다(대법원 1987.3.24. 선고 85누973 판결).

(2) 기간의 준수

사립학교법은 회의의 7일 전에 통지를 하여야 한다고 규정하고 있는데 민법 제157조에 의하여 기간의 초일은 산입하지 아니하므로 회의 개최일의 전날을 기산일로 하여 역산한 다음 7일째 되는 날의 이전에 통지를 하여야 할 것이다(예컨대 10일에 회의를 개최한다면 2일까지는 통지를 하여야 하는 것이다). 판례는 학교법인이 이사회를 개최하려면 회의의 목적을 명시하여 적어도 이사회 개최일 7일 전까지 각 이사에게 통지하여야 하고, 이러한 절차를 거치지 않은 채 이루어진 이사회 결의는 특별한 사정이 없는 한 무효라고 보고 있다(대법원 2015.11.27. 선고 2014다44451 판결). 다만 판례는 이사회 소집통지에 관한 규정은 학교법인의 이사들이 사전에 회의의 목적 사항을 알 수 있게 함으로써 이사회 참석 여부를 결정하거나 적정한 심의권 행사를 위하여 필요한 준비를 할 수 있도록 하는 데 취지가 있으므로 이사회 소집통지 기간을 1일이나 2일 지연하였을 뿐이고 이사들이 이사회의 목적 사항을 충분히 숙지한 상태에서 이의 없이 이사회에 참석하여 의결에 참여한 경우 등 이사들의 출석권과 의결권의 적정한 행사가 방해받지 않았다고 볼 만한 특별한 사정이 있을 경우에는 이사회 결의는 유효하다고 하였다. 이사들의 출석권과 의결권의 적정한 행사가 방해받지 않았다고 볼 만한 특별한 사정이 있다고 볼 것인지는 일률적인 기준이 있을 수 없고 구체적 사안에 따라 판단될 수밖에 없을 것이다.

(3) 통지의 도달

이때의 통지는 도착하여야 한다. 민법은 상대방이 있는 의사표시는 통지가 상대방에게 도달한 때부터 그 효력이 생긴다고 하여(민법 제111조) 도달주의를 채택하고 있기 때문이다. 실무에서는 민감한 사안의 경우는 통지가 도달되었는지에 대하여 다투어지는 경우가 많이 있으므로 별도의 항으로 이에 대해 정리해 본다. 이때의 도달은 통지서 등이 통지 상대방의 지배권 내에 들어가 사회통념상 일반적으로 인지할 수 있는 상태가 되었다고 인정되는 상태가 된 것을 말한다. 여기에서도 추상적 개념인 사회통념이 사용되고 있다. 어떠한 경우에 사회통념상 상대방이 인지할 수 있는 상태가 되었다고 인정할 수 있는지는 결국은 구체적 사례들에 대한 판례의 견해들을 통해 유추해 볼 수밖에 없다. 판례는 우편물이 수취인 집의 우편함에 투입되었다고 하더라도 분실 등으로 인해 수취인이 받지 못할 가능성도 있으므로 단지 우편함에 넣어 두었다는 이유만으로 수취인이 우편물을 받았을 것이라고 단정할 수 없다고 하였다(대법원 2006.3.24. 선고 2005다66411 판결). 이 사건의 수취인은 78세의 고령으로 아침 일찍 출근하였다가 밤늦게 퇴근하였고 평소에 우편물이 없어서 우편물 확인을 하지 않고 있었다. 물론 사정이 이와 다르고 우편함에 자물쇠가 설치되어 있다거나 우편물의 구조가 다른 사람이 가져갈 수 없는 상태라면 다른 결론에 이를 수도 있을 것이다. 건물경비원에게 전달되었다고 하더라도 마찬가지로 상대방에게 도달된 것으로 무조건 인정되는 것이 아니다(대법원 1993.11.26. 선고 93누17478 판결). 수취인의 가정부가 통지서를 수령하였는데 수취인에게 전달되기 전에 통지를 한 사람이 이를 회수해 버렸다면 수취인이 그 우편물의 내용이 무엇인지 알고 있었다는 등의 특별한 사정이 없었던 이상 통지의 내용을 알 수 있는 객관적 상태에 놓였던 것이라고 볼 수 없다고 하였다(대법원 1983.8.23. 선고 82다카439 판결). 하지만 수취인의 동거인이나 직장 동료 등에게 전달되었다면 적법하게 통지된 것으로 볼 가능성이 훨씬 클 것이다. 그리고 내용증명 우편물이나 등기우편은 반송되지 않았다면 송달된 것으로 추정된다(대법원 2000.10.27. 선고 2000다20052 판결, 대법원 1992.3.27. 선고 91누3819 판결).

한편 앞에서도 이야기하였듯이 도달이란 사회통념상 상대방이 통지의 내용을 알 수 있는 객관적 상태에 놓여 있는 경우를 가리키는 것이므로 상대방이 통지를 현실적으로 수령하거나 통지의 내용을 알 것까지 필요로 하는 것은 아니다(대법원 2008.6.12. 선고 2008다19973 판결). 예컨대 수취인이 통지서를 받았으나 읽지 않은 상태에서 분실하였거나 버림으로써 그 내용을 알지 못한 경우라고 하더라도 통지는 도달한 것으로 보는 것이다. 나아가 상대방이 정당한 사유 없이 통지의 수령을 거절한 경우에도 상대방이 그 통지의 내용을 알 수 있는 객관적 상태에 놓여 있는 때에 의사표시의 효력이 생기는 것으로 본다(위 대법원 2008다19973 판결). 그리고 처분서가 처분상대방의 주소지에 송달되는 등 사회통념상 처분이 있음을 처분상대방이 알 수 있는 상태에 놓인 때에는 반증이 없는 한 처분상대방이 처분이 있음을 알았다고 추정할 수 있다(대법원 2017.3.9. 선고 2016두60577 판결, 대법원 2002.8.27. 선고 2002두3850 판결, 대법원 1999.12.28. 선고 99두9742 판결 등 참조).

다만 상대방 있는 행정처분이 상대방에게 고지되지 아니한 경우에는 상대방이 다른 경로를 통해 행정처분의 내용을 알게 되었다 하더라도 행정처분의 효력이 발생한다고 볼 수 없다(대법원 2004.4.9. 선고 2003두13908 판결 등 참조).

(4) 회의 목적의 명시

이사회의 소집통지를 함에 있어서는 이사회의 목적을 명시하여야 한다. 명시되지 않은 안건을 의결한 경우 그 의결은 무효가 된다"(대법원 2005.5.18. 자 2004마916 결정). 판례는 사전에 통지되지 아니한 이사해임안건이 사회복지법인 이사회에 상정된 경우 그 해임의 대상이 된 이사가 자신을 해임하는 안건을 회의 목적 사항으로 추가하고 이로써 이사회 소집절차 위반의 하자가 치유되었다는 점에 동의하지 않는 한 해당 이사가 우연히 이사회에 출석하고 있어 재적이사 전원이 출석하여 있다는 사정만으로는 회의의 목적이 구체적으로 회의 7일 전에 각 이사에게 통지되지 아니한 이사회 소집절차 위반의 하자가 치유될 수는 없고, 해당 이사가 소집권자인 대표이사라고 하더라도 마찬가지이며(특히 사회복지법인의 이사 4인이 이사 1인을 전격 해임하여 사회복지사업법이 강행하고 있는 5인 이상의 이사 수를 일시적으로나마 충족할 수 없게 되는 경우에는 이러한 해석이 더욱 필요하다), 이러한 동의가 있었다는 사실은 이사회 결의가 유효함을 주장하는 자가 증명하여야 한다(대법원 2008.7.10. 선고 2007다78159 판결)고 한다. 위 판례의 사안은 이사회의 안건이 해임안에 관한 것이었는데 해임 대상 이사가 이사회에 출석하였었다. 그런데도 판례는 해당 이사가 자신에 대한 해임안을 안건으로 상정하는 것에 대하여 동의를 하지 않는다면 미리 통지되지 않은 이사 해임안을 안건으로 상정할 수 없다고 하였다. 이는 해임의 대상이 되는 이사가 미리 이사회에 참석하여 자신의 해임안에 대하여 소명할 수 있도록 준비하기 위한 시간이 주어져야 한다는 점을 고려한 것으로 보인다. 그리고 이사에 대한 해임안이 사전에 통지되지 않았다고 하더라도 해당 이사가 참석하여 위 안건의 상정에 동의하였다면 안건으로 상정하여 의결할 수 있다는 취지인바 사전에 통지되지 않은 안건이라고 하더라도 참석한 이사 전원의 동의가 있다면 안건으로 상정하여 의결할 수 있는 것으로 해석된다. 의결권자인 이사 전원이 동의를 한 이상 이때에는 해당 안건이 이사회의 기본적인 목적사항과 관계가 있거나 일상적인 운영을 위하여 필요한 사항이 아닌 새로운 사항이라도 무관할 것이다.

그러나 이사회를 소집함에 있어 회의의 목적 사항을 밝히도록 하는 취지는 학교법인의 이사들로 하여금 사전에 회의의 목적 사항을 알 수 있게 함으로써 이사회 참석 여부를 결정하거나 적정한 심의권 행사를 위하여 필요한 준비를 할 수 있도록 하는 데 그 취지가 있으므로, 소집통지에 포함될 회의의 목적 사항은 위와 같은 이사들의 회의참석에 관한 의사결정이나 준비를 가능하게 할 정도이면 충분하고, 달리 학교법인의 정관 등에서 특별한 규정을 두고 있지 않은 한, 상정될 안건의 구체적 내용이나 그에 관한 판단자료까지 반드시 소집통지에 포함해야 하는 것은 아니다(대법원 2012.1.27. 선고 2011두9164 판결). 위 판례 사안은 이사회 소집통지서에 '법인이사 선 · 해임의 건'이라고 회의의 목적 사항으로 명시되어 있었다. 위 이사회 결의에 의한 임원취임승인 신청을 하였으나 관할청은 소집통지서에 새로 선임될 이사들의 신상자료가 첨부되지 않았으므로 이사회절차가 위법함을 이유로 승인을 거부한 것이었다. 그러나 법원은 위 소집통지서에 새로 선임될 이사들의 신상자료가 첨부되지 않았다고 하여 회의의 목적 사항이 명시되지 않았다고 볼 수 없으므로 이사회 소집절차상 잘못이 없다고 판단하였던 것이다.

그리고 이사회의 목적을 기재함에는 기타라는 안건을 기재하는 경우가 흔히 있다. 이와 관련하여 판례는 이사회 소집통지 당시 회의의 목적 사항으로 기재된 바 있는 '기타사항'은 회의의 기본적인 목적 사항과 관계가 있거나 일상적인 운영을 위하여 필요한 사항에 국한된다고 할 것이므로, 소집통지서에 '기타사항'이 회의의 목적 사항으로 기재된 바 있다고 하더라도 대표이사의 자격을 박탈하는 사항이 위 '기타사항'에 포함된다고 할 수는 없다(대법원 2005. 5.18. 2004마916 결정)고 한다.

(5) 통지의 방법

판례는 학교법인의 이사회가 특정 이사에게 적법한 소집통지를 하지 아니하여 그 이사가 출석하지 아니한 채 개최되었다면 그 결과가 설사 적법한 소집통지를 받지 못한 이사가 출석하여 반대의 표결을 하였던들 이사회결의의 성립에 영향이 없었다고 하더라도 그 이사회결의는 당연무효(대법원 2008.5.15. 선고 2008다3534 판결)라고 하였고, 같은 취지로 민법상 비영리법인에서 임시이사회를 개최함에 있어서 일부 이사에 대한 적법한 소집절차를 밟지 아니한 경우(대법원 1968.12.9. 68마1083 결정, 대법원 1992.7.24. 선고 92다749 판결) 이사회는 당연무효라고 하였다.

다만 판례는 종중총회에 대하여 소집통지를 받지 아니한 종원이 다른 방법으로 이를 알게 된 경우에는 그 종원이 종중총회에 참석하지 않았다고 하더라도 그 종중총회의 결의를 무효라고 할 수 없다(대법원 2006.10.27. 선고 2006다23695 판결)고 하였으나 이러한 취지가 학교법인의 이사회에까지 적용되기에는 문제가 있는 것으로 보인다.

나아가 판례는 학교법인의 이사회가 소집권자에 의해 소집된 것도 아니고 소집권자를 포함한 이사 전원의 동의에 의한 것이 아니라면 그 이사회의 결의가 사실상 이사전원의 의사에 일치한다 하더라도 적법하다 할 수 없고 위와 같은 이사회에 참석하여 그 결의에 적극 가담하고 관할청의 인가를 받아 학교법인을 운영해온 자라 할지라도 이사회결의부존재 또는 무효 주장이 반드시 신의성실이나 금반언의 원칙에 반하는 것이 아니므로 이사회결의부존재 또는 무효를 주장할 수 있다고 하였다(대법원 1978.8.22. 선고 76다1747 판결).

이사의 주소가 변경되어 통지서가 이사에게 통지되지 않은 경우에는 적법한 통지가 있었던 것으로 볼 수 있는지 문제될 수 있다. 학교법인의 이사인 자는 만약 자신의 주소가 변경된 경우에는 그 변경된 주소를 학교법인에게 통지해야 할 의무가 있다고 보아야 할 것이고 위와 같은 의무를 게을리하여 이사회소집통지서를 받지 못하였다면 그에 대한 책임은 해당 이사가 부담하여야 할 것이다. 따라서 위의 경우도 적법한 통지가 있었다고 보아야 한다. 그런데 학교법인이 변경된 주소를 알고 있음에도 불구하고 단지 기존에 법인 임원명부에 기재된 주소로만 통지를 하여 해당 이사가 불출석한 채로 이사회를 개최하였다면 그 이사회결의는 무효라고 보아야 할 것이다.

한편 이미 소집의 통지를 하였으나 이후에 소집을 철회하거나 연기를 하는 경우가 있을 수 있다. 이때에는 소집에서와 같은 방법으로 통지를 하여야 할 것이다.

그리고 경우에 따라서는 긴급한 필요에 의하여 서면으로 통지하지 못하고 전자통신이나 전화 등으로 통지를 하여야 하는 경우도 있을 수 있다. 이사회 소집통지에 관한 규정의 취지에 비추어 본다면 통지의 상대방에게 이사회의 개최사실, 개최일시, 이사회의 목적 등에 관하여 통지가 된다면 비록 서면에 의한 것이 아니라고 하더라도 적법한 통지라고 보아야 한다. 사립학교법 제17조 제3항은 목적을 명시하여 통지하여야 한다고 규정하고 있는데 여기에서의 목적의 명시가 반드시 서면에 의한 명시라고 해석될 수는 없다. 판례도 사단법인에 관한 것이기는 하나 사단법인의 신임회장을 조속히 선임하여 실추된 명예를 회복하고 업무의 공백을 메워야 할 형편에 있어 정관 소정의 기한 내에 전화로 안건을 명시하여 총회소집통보를 하였으며 또한 총회구성원들 모두가 총회결의 등에 관하여 아무런 이의를 제기하지 아니하였다면 총회 소집통지를 서면에 의하지 아니하고 전화로 하였다는 경미한 하자만으로는 총회의 결의를 무효라고 할 수 없다고 하였다(대법원 1987.5.12. 선고 86다카2705 판결).

(6) 소집절차의 예외

이사 전원이 집합되고 또 그 전원이 이사회의 개최를 요구한 때에는 적법한 소집절차를 거치지 않았더라도 유효한 이사회가 된다(사립학교법 제17조 제3항 단서). 예컨대 이사에 대하여 구두나 전화로 통지를 하였다거나(대법원 1987.5.12. 선고 86다카2705 판결) 7일 전에 통지를 하지 못하였다고 하더라도 해당 이사가 이사회에 출석하여 이사회 개최요구나 동의의 의사를 표시하였다면 이는 적법한 이사회로 보아야 할 것이다.

라. 관할청의 이사회소집 요구권

관할청은 임시이사가 선임된 법인에 대하여는 이사회의 소집을 요구할 수 있다(사립학교법 제25조 제5항).

마. 이사회의 운영

(1) 의결내용의 범위

판례는 "학교법인의 이사회가 대학교육기관의 총장을 해임하는 결의와 신임 총장을 선출하는 결의는 그 사유 및 절차를 달리하므로, 일반적으로 이사회의 신임 총장 선출 결의에 임기 중인 기존 총장의 해임 결의가 당연히 포함된다고 볼 수는 없다고 할 것이나, 신임 총장의 선출 결의를 하게 된 배경과 그 목적, 결의의 경위 및 의결정족수의 충족 등 제반 사정에 비추어 신임 총장의 선출 결의에 기존 총장의 해임 결의가 포함된 것으로 보는 것이 합리적이라고 인정되는 경우에는 그 선출 결의와 함께 해임 결의가 동시에 행하여진 것으로 볼 수 있다"고 하였다(대법원 2001.9.25. 선고 2001다23379 판결).

(2) 이사회의 의사정족수와 의결정족수

사립학교법은 이사회의 의사는 정관에 특별한 규정이 없는 한 재적이사 과반수의 출석으로 개의하고, 정관이 정한 이사정수의 과반수 찬성으로 의결한다(사립학교법 제18조 제1항). 이때의 재적이사의 의미는 이사회에서 선임되어 관할청의 승인을 받아 취임된 자로서 그 임기 중에 있는 자를 말한다.

일정한 안건을 결의하기 위한 회의는 일정한 숫자의 참석이 있어야 단체의 구성원의 의사를 파악할 수 있으므로 회의의 진행을 위해서는 일정한 숫자가 모여야 하는 것으로 결정하는데 이를 의사정족수라고 한다. 이처럼 일정한 수의 구성원이 참여하여야 회의가 성립하고 회의를 진행할 수 있기 때문에 개의정족수라고도 한다. 보통은 재적 구성원의 과반수가 출석하면 의사정족수를 갖춘 것으로 보고 있다. 만약 회의에서의 안건이 여러 개라면 안건마다 의사정족수 여부를 따져야 한다. 회의 시작시에는 참여하였더라도 특정한 안건에 대한 심의와 의결을 할 때 현장에 있지 않다면 그 사람은 의사정족수를 계산할 때 포함시켜서는 안 되는 것이다. 의결정족수는 의사정족수를 충족시킨 상태에서 일정한 안건을 결정할 때 필요한 찬성자의 숫자이다. 가결정족수라고도 하는데 일반적으로는 출석한 사람의 과반수의 찬성이 필요한 것으로 하고 있다. 판례는 의결정족수를 정하는 기준이 되는 출석자도 당초 회의에 참석한 모든 출석자를 의미하는 것이 아니라 문제가 된 결의 당시 회의장에 남아 있던 출석자만을 의미하고, 회의 도중 스스로 회의장에서 퇴장한 구성원은 이에 포함되지 않는다고 한다(대법원 2010.4.29. 선고 2008두5568 판결). 이처럼 의결정족수를 정하는 출석자는 성원보고시 출석자가 아니라 결의 당시 회의장에 남아 있던 출석자만을 의미하므로, 의결정족수가 출석자 과반수의 찬성인 경우 찬성하는 사람이 성원보고시의 숫자를 기준으로 하면 과반수에 미달하더라도 퇴장한 사람을 제외하고 현장에 남아 있는 사람을 기준으로 하면 출석자의 과반수가 되는 경우에는 결의가 성립된 것으로 보게 된다.

나아가 비법인사단의 이사회 혹은 대의원회의의 결의에 자격 없는 자가 참가한 하자가 있다 하더라도 그 의사의 경과, 자격 없는 자의 표결을 제외하더라도 그 결의가 성립함에 필요한 정족수를 충족하는 등으로 그 하자가 결의의 결과에 영향을 미치지 않았다고 인정되는 때에는 그 결의를 무효라고 볼 것은 아니라고 하였는데(대법원 1995.11.21. 선고 94다15288 판결 등 참조) 학교법인도 달리 볼 이유는 없을 것이다.

의결을 하고자 하는 안건에 대하여 이해관계가 있는 사람은 제척사유에 해당하는 경우가 있다. 호선의 경우에는 제척이 문제되지 않는다는 것이 판례이다. 앞에서 소개한 바와 같이 이사회에서 이사장을 선임하는 것은 호선에 의하는데 이때에는 직접 이해관계인인 이사장의 후보자도 의견을 발표할 수 있고 의결권도 행사할 수 있는 것이다(대법원 2006.6.15. 선고 2004다10909 판결). 반면 그 외의 사안에서는 단체와 의결권 행사자 사이에 이해관계가 있는 경우에는 표결에 참여할 수 없음이 원칙이다. 판례는 이사회에서 법인과 어느 이사와의 관계사항을 의결하는 경우에는 그 이사는 의결권이 없다고 할 것이라고 하였다. 그런데 판례는 이때 의결권이 없다는 의미는 상법 제368조 제4항과 제371조 제2항의 유추해석상 이해관계 있는 이사는 이사회에서 의결권을 행사할 수는 없으나 의사정족수 산정의 기초가 되는 이사의 수에는 포함된다고 보아야 하고, 다만 결의성립에 필요한 출석이사에는 산입되지 아니한다고 풀이함이 상당하다고 하였다(대법원 2009.4.9. 선고 2008다1521 판결).

한편 대법원은 정관에 규정된 이사회의 정족수를 중요하게 보고 있다. 예컨대 이사장의 직무가 정지되고 대신 이사가 아닌 자가 이사장 직무대행자로 선임된 사건에서, 이사장의 직무가 정지되더라도 이사의 지위는 상실되지 않는 것임에도 불구하고 정관에 규정된 이사회의 정족수를 맞추기 위하여 이 사안처럼 직무대행자가 추가되어 이사회의 정족수가 초과하게 된 경우에는 직무집행이 정지된 이사장이 이사의 직무도 수행할 수 없는 것으로 판단한 것이다(대법원 2001.5.29. 선고 99두7432 판결).

(3) 이사회 의결의 방법

이사회의 회의는 이사가 동영상과 음성을 동시에 송수신하는 장치가 갖추어진 다른 장소에 출석하여 진행하는 원격영상회의의 방식에 의할 수 있다(사립학교법 제18조 제2항). 이 경우 해당 이사는 이사회에 출석한 것으로 본다.

발달된 정보통신기술을 활용하여 학교법인이 이사회를 신속하고 효율적으로 운영할 수 있도록 하기 위한 것이다.

한편 이사회의 결의를 할 때 이사가 직접 참석하지 않고 서면으로 결의를 하는 경우가 있다. 판례는 관련 법규가 이사회의 결의를 요하는 사항만을 규정하고 있을 뿐 이사회의 결의방법에 관하여 아무런 규정을 두고 있지 않은 경우에, 이사회결의를 요하는 사항에 관하여 이사들에게 개별적으로 결의사항의 내용을 설명하고 동의를 받은 후 미리 작성한 이사회회의록에 날인받는 방식으로 의결을 하는 이른바 서면결의 방식에 의한 이사회결의를 금지하고 있는 것으로 볼 수는 없다고 하면서, 정관에 "이사회는 재적이사 과반수의 출석으로 개최하고 출석이사 과반수의 찬성으로 의결한다."는 규정이 있더라도 이는 의사정족수 및 의결정족수에 관한 일반 규정이어서 서면결의 방식에 의한 이사회결의를 금하는 규정이라고 단정하기 어렵다고 하였다(대법원 2005.6.9. 선고 2005다2554 판결).

바. 이사회의 하자에 대한 쟁송

(1) 원고적격

학교법인의 이사회결의에 대한 무효확인의 소를 제기할 수 있는 자가 누구인지에 관하여 사립학교법이나 민법 등에 특별한 규정이 없으므로, 통상 확인의 소의 경우처럼 확인의 이익 내지 법률상 이해관계를 갖는 자는 누구든지 원고적격을 가지고 감사도 직무수행권에 기하여 원고적격을 가진다(대법원 2015.11.27. 선고 2014다44451 판결). 하지만 확인의 소에서 확인의 이익은 원고의 권리 또는 법률상 지위에 현존하는 불안·위험이 있고 그 불안·위험을 제거하기 위하여 확인판결을 받는 것이 가장 유효적절한 수단일 때에만 인정된다(대법원 2011.9.8. 선고 2009다67115 판결). 학교법인의 설립에 있어서 연고를 갖고 있다는 이유만으로 이사회 결의의 무효확인을 구할 법률상 이익이 있다고 할 수 없으므로(대법원 1999.11.23. 선고 99다43103 판결; 대법원 1963.4.18. 선고 63다15 판결), 달리 특별한 사정이 없는 한 학교법인의 설립자라는 지위에서 학교법인 이사회 결의의 무효확인을 구할 수 없다(대법원 2003.1.10. 선고 2001다1171 판결). 학교법인의 경영권을 다른 사람에게 양도하기로 하여 학교법인 이사직을 사임한 사람이 학교법인이나 현 이사로부터 돈을 받을 목적만으로 학교법인의 이사회결의의 부존재확인을 구하는 것에 대해서도 소의 이익이 부정되었다(대법원 1974.9.24. 선고 74다767 판결). 임시이사들이 선임되기 전에 적법하게 선임되었다가 퇴임한 최후의 정식이사들에게 임시이사들이 그 선임사유가 종료한 때에 정식이사를 선임하는 내용의 이사회결의에 대해 하자를 다툴 소의 이익은 인정하였다(대법원 2007.5.17. 선고 2006다19054 전원합의체 판결).

(2) 피고적격

학교법인 이사회의 이사선임결의는 학교법인의 의사결정으로서 그로 인한 법률관계의 주체는 학교법인이므로 학교법인을 상대로 하여 이사선임결의의 존부나 효력 유무의 확인판결을 받음으로써만 그 결의로 인한 원고의 권리 또는 법률상 지위에 대한 위험이나 불안을 유효적절하게 제거할 수 있는 것이고, 학교법인이 아닌 이사 개인을 상대로 한 확인판결은 학교법인에 그 효력이 미치지 아니하여 즉시확정의 이익이 없으므로 그러한 확인판결을 구하는 소송은 부적법하다(대법원 2010.10.28. 선고 2010다30676, 30683 판결).

(3) 이사회결의무효확인 판결의 효력의 범위

민법상 법인의 이사회 결의에 하자가 있는 경우에 관하여는 법률에 별도의 규정이 없으므로 그 결의에 무효사유가 있는 경우에는 이해관계인은 언제든지 또 어떤 방법에 의하든지 그 무효를 주장할 수 있다고 할 것이지만, 이와 같은 무효주장의 방법으로서 이사회결의 무효확인소송이 제기되어 승소확정판결을 받은 경우 그 판결의 효력은 위 소송의 당사자 사이에서만 발생하는 것이지 대세적 효력은 없다(대법원 1988.4.25. 선고 87누399 판결 참조). 따라서 특정인을 이사로 선임한 이사회결의가 무효라는 확인판결이 확정되었다고 하더라도 특정인이 소송의 당사자가 아닌 한 그에게 판결의 효력이 미치지 않으므로 위 확정판결이 있다는 사정만으로 곧바로 특정인의 이사의 지위가 부정되는 것은 아니라고 하였다(대법원 2000.2.11. 선고 99다30039 판결). 이사회결의 무효확인의 소는 그 소송의 목적이 당사자 일방과 제3자에 대하여 합일적으로 확정될 경우가 아니어서 제3자는 공동소송참가를 할 수 없다(대법원 2001.7.13. 선고 2001다13013 판결).

사. 이사회회의록

(1) 회의록의 작성

이사회는 ① 개의·회의중지 및 산회의 일시, ② 안건, ③ 의사, ④ 출석한 임원과 직원의 성명, ⑤ 표결 수, ⑥ 그 밖에 이사장이 필요하다고 인정하는 사항을 기재한 회의록을 작성하여야 한다. 다만, 이사회 개최 당일에 회의록 작성이 어려운 사정이 있는 경우에는 안건별로 심의·의결 결과를 기록한 회의조서를 작성할 수 있다(사립학교법 제18조의2 제1항). 이와 같이 회의조서를 작성한 경우에는 조속한 시일 내에 회의록을 작성하여야 한다. 다만, 긴급한 필요가 있는 때에는 회의록을 대신하여 회의조서를 관할청에 제출할 수 있다(사립학교법 제18조의2 제3항).

회의록 및 회의조서에는 출석임원 전원이 그 성명을 알 수 있도록 자필로 서명하여야 한다. 이와 같이 자필서명을 하도록 한 취지는 회의시 이사 자신이 발언한 내용에 대하여 정확히 기재되어 있는지를 확인함은 물론 자신이 발언한 내용에 대하여 책무성을 확보하기 위함이다. 그리고 회의록 또는 회의조서가 2매 이상인 경우에는 간서명하여야 한다. 다만, 이사회는 출석임원 중 3인을 호선하여 이사회 회의록 및 회의조서에 대표로 간서명 또는 간인하게 할 수 있다(사립학교법 제18조의2 제2항).

(2) 이사회회의록의 허위작성

이사회를 개최함에 있어 일부 이사들이 그 참석 및 의결권의 행사에 관한 권한을 특정 이사에게 위임하였다면 그 이사들이 실제로 이사회에 참석하지도 않았는데 마치 참석하여 의결권을 행사한 것처럼 특정 이사가 이사회 회의록에 기재하였다 하더라도 이는 이른바 사문서의 무형위조에 해당할 따름이어서 처벌대상이 되지 아니한다(대법원 1985.10.22. 선고 85도1732 판결).

일부 이사들이 그 인장을 학교 측에 보관시키면서 이사들의 의사에 반하지 아니하는 범위 내에서 즉 이사회 회의록 등을 작성할 때 그 내용이 진실에 합치되는 등의 경우에는 필요에 따라 이를 사용할 수 있도록 사전에 포괄적인 위임을 한 것이라고 볼 것이고 또 피고인이 작성한 이 사건 이사회 회의록의 내용이 회의경과를 사실 그대로 기재하고 있어 위 이사들의 의사에 배치되는 점이 전혀 없어 피고인이 자의로 위 이사회 회의록을 작성하였다고 인정할 수 있는 증거가 없다 하여 사문서위조죄 등에 대하여는 무죄를 선고하였다(대법원 1984.3.27. 선고 82도1915 판결).

그러나 기본재산의 처분에 대하여 학교법인 이사회의 결의를 거쳐야 함에도 그 절차를 거치지 아니한 채 마치 이사회를 적법하게 개최하여 부동산에 관한 매각 결의를 거친 것처럼 이사회 회의록을 작성한 다음 피고의 사무실에 보관 중이던 이사 7명의 인장을 함부로 찍어 그 회의록을 작성한 경우 해당 이사회에 대하여 효력을 인정하지 않았다(대법원 1999.4.9. 선고 98다27623, 27630 판결).

(3) 회의록의 공개와 비공개 대상

회의록은 공개하여야 한다. 다만, 대통령령이 정하는 사항에 대해서는 이사회의 의결로 공개하지 아니할 수 있다(사립학교법 제18조의2 제4항).

먼저 사립학교법시행령에 의하여 회의록에 기재되어 있는 이름·주민등록번호 등 개인의 신상에 관한 사항으로서 공개될 경우 개인의 사생활의 비밀 또는 자유를 침해할 우려가 있다고 인정되는 사항은 공개하지 않을 수 있다. 다만, 개인에 관한 정보라도 ① 법령이 정하는 바에 따라 열람할 수 있는 사항, ② 학교법인이 공표를 목적으로 작성하거나 취득한 정보로서 개인의 사생활의 비밀과 자유를 부당하게 침해하지 아니하는 사항, ③ 학교법인이 작성하거나 취득한 정보로서 공개하는 것이 공익 또는 개인의 권리구제를 위하여 필요하다고 인정되는 사항, ④ 직무를 수행한 임·직원의 성명 및 직위, ⑤ 공익을 위하여 공개가 필요한 경우로서 법령에 따라 국가 또는 지방자치단체로부터 업무의 일부를 위탁받았거나 위촉받은 개인의 성명 및 직업 등은 공개하여야 한다(사립학교법시행령 제8조의2 제1항 제1호).

그 밖에 「공공기관의 정보공개에 관한 법률」 제9조 제1항 제4호·제5호·제7호 및 제8호[50]에 준하는 사항으로서 해당 학교법인과 직접 관련되어

50) 공공기관의 정보공개에 관한 법률 제9조

① 공공기관이 보유·관리하는 정보는 공개대상이 된다. 다만, 다음 각 호의 1에 해당하는 정보에 대하여는 이를 공개하지 아니할 수 있다.

4. 진행 중인 재판에 관련된 정보와 범죄의 예방, 수사, 공소의 제기 및 유지, 형의 집행, 교정, 보안처분에 관한 사항으로서 공개될 경우 그 직무수행을 현저히 곤란하게 하거나 형사피고인의 공정한 재판을 받을 권리를 침해한다고 인정할 만한 상당한

이사회가 비공개하기로 의결한 사항도 공개하지 않을 수 있다(사립학교법시행령 제8조의2 제1항 제2호).

그러나 학교법인은 사립학교법시행령 제8조의2 제1항의 각 사항이 기간의 경과 등으로 인하여 비공개의 필요성이 없어진 경우에는 해당 사항을 공개대상으로 하여야 한다(사립학교법시행령 제8조의2 제2항).

(4) 회의록의 공개기간과 절차

사립학교법은 회의록의 공개에 관한 기간 · 절차 그 밖에 필요한 사항에 대하여 대통령령으로 정하도록 하고 있다(사립학교법 제18조의2 제5항).

이에 따라 사립학교법시행령은 이사회의 회의록은 회의일로부터 10일 안에 해당 학교의 인터넷 홈페이지에 게재하여 3월간 이를 공개하여야 한다고 규정하고 있다(사립학교법시행령 제8조의3 제1항). 그런데 학교법인이 설치 · 경영하는 학교의 교직원 · 학생 및 학부모는 위의 공개기간이 경과한 후에도 이사회 회의록 공개청구서를 작성 · 제출하여 회의록의 공개를 청구할 수 있다. 이때 이사회회의록 공개청구서에는 청구인의 이름 · 주민등록번호 · 주소 및 연락처(전화번호 · 전자우편주소 등을 말한다)와 공개를 청구하는 정보의 내용 및 공개방법을 기재하여야 한다(사립학교법시행령 제8조의3 제2항). 이러한 이사회

이유가 있는 정보

5. 감사 · 감독 · 검사 · 시험 · 규제 · 입찰계약 · 기술개발 · 인사관리에 관한 사항이나 의사결정 과정 또는 내부검토 과정에 있는 사항 등으로서 공개될 경우 업무의 공정한 수행이나 연구 · 개발에 현저한 지장을 초래한다고 인정할 만한 상당한 이유가 있는 정보. 다만, 의사결정 과정 또는 내부검토 과정을 이유로 비공개할 경우에는 의사결정 과정 및 내부검토 과정이 종료되면 제10조에 따른 청구인에게 이를 통지하여야 한다.

7. 법인 · 단체 또는 개인의 경영 · 영업상 비밀에 관한 사항으로서 공개될 경우 법인 등의 정당한 이익을 현저히 해할 우려가 있다고 인정되는 정보. 다만, 다음 각 목에 열거한 정보는 제외한다.
   가. 사업활동에 의하여 발생하는 위해(危害)로부터 사람의 생명 · 신체 또는 건강을 보호하기 위하여 공개할 필요가 있는 정보
   나. 위법 · 부당한 사업활동으로부터 국민의 재산 또는 생활을 보호하기 위하여 공개할 필요가 있는 정보

8. 공개될 경우 부동산 투기, 매점매석 등으로 특정인에게 이익 또는 불이익을 줄 우려가 있다고 인정되는 정보

회의록 공개청구서에 의한 공개청구를 받은 학교법인은 10일 안에 이를 공개하여야 한다(사립학교법시행령 제8조의3 제3항). 그런데 공개를 청구한 사항이 공개대상과 비공개 대상이 혼재되어 있는 경우로서 공개청구의 취지에 어긋나지 아니하는 범위 안에서 두 부분을 분리할 수 있는 때에는 이를 분리하여 공개대상이 되는 부분만을 공개하여야 한다(사립학교법시행령 제8조의3 제4항).

(5) 회의록의 증명력

법인의 총회 또는 이사회의 의사에는 의사록을 작성하여야 하고 의사록에는 의사의 경과, 요령 및 결과 등을 기재하고 이와 같은 의사의 경과요령 및 결과 등은 의사록을 작성하지 못하였다든가 또는 이를 분실하였다는 등의 특단의 사정이 없는 한 이 의사록에 의하여서만 증명된다(대법원 1984.5.15. 선고 83다카1565 판결).

제5관 특별대리인

법인과 이사의 이익이 상반하는 사항에 관하여는 이사는 대표권이 없다. 이 경우에는 이해관계인이나 검사의 청구에 의하여 특별대리인을 선임하여야 한다(사립학교법 제27조, 민법 제64조, 민법 제63조). 이사가 개인의 자격으로 법인을 상대로 소를 제기하는 것(대법원 2003.5.27. 선고 2002다69211 판결), 이사가 그 법인을 대표하여 자기의 개인 채무를 법인으로 하여금 인수케 하는 행위(서울고법 1965.4.7. 64나1106 판결) 등은 이익상반행위에 해당하므로 해당 이사에게는 법인의 대표권이 없고 위의 행위를 하더라도 법인에는 그 효력이 없다. 법인의 대표자로 선임된 특별대리인은 그 선임된 소송에 관하여는 본인인 법인을 위하여 이익이 되는 소송행위를 할 수 있는 이른바 법정대리인의 지위에 있다(대법원 1969.7.22. 선고 69다507 판결).

정관 등에 대표자의 유고시에 대리하여 직무를 수행할 수 있는 사람에 대하여 규정하고 있더라도 위와 같이 특별대리인의 선임으로 직무를 수행할 수 없는 경우는 유고시라고 할 수는 없고, 따라서 대표자가 법인과 이해상반되는 지위에 있다고 하더라도 법원의 직무집행정지 가처분 결정이 확정되는 등의 사정이 없는 이상 그러한 사유만으로 정관에 규정된 자가 직무를 대행하거나 할 수는 없다(대법원 2010.5.13. 선고 2010다3384 판결).

제6관 감 사

1. 임원으로서의 감사

감사란 사무나 업무의 집행 또는 재산의 상황·회계의 진실성을 검사하여, 그 정당성 여부를 조사하는 일을 하는 임원이다. 학교법인에는 임원으로서 7인 이상의 이사와 2인 이상의 감사를 두어야 한다. 다만, 유치원만을 설치·경영하는 학교법인에는 임원으로서 5인 이상의 이사와 1인 이상의 감사를 둘 수 있다(사립학교법 제14조 제1항). 학교법인의 설립시에 설립허가 신청서에도 이사와 함께 감사도 필수적 기재사항에 속한다. 감사도 학교법인의 임원인 것이다. 공익법인에서는 이사는 반드시 존재해야 하는 필수기관이나, 감사는 정관이나 총회의 결의 등에 의하여 둘 수도 있고 두지 않을 수도 있는 임의기관이다(민법 제66조). 그러나 사립학교법에서는 감사를 필수기관으로 규정하고 있고 그 수도 2인 이상을 두도록 규정하고 있다.

2. 감사의 선임

가. 선임의 방법

임원은 정관이 정하는 바에 의하여 이사회에서 선임하므로(사립학교법 제20조 제1항) 임원인 감사도 정관이 정하는 바에 의하여 이사회에서 선임하게 된다. 그러나 학교법인에 두는 감사 중 1인은 개방이사추천위원회에서 추천하는 자를 선임하여야 한다(사립학교법 제21조 제5항). 그리고 감사도 임원이므로 이사와 마찬가지로 관할청의 승인을 얻어 취임하고 이 경우 교육부장관이 정하는 바에 따라 인적사항을 공개하여야 한다(사립학교법 제20조 제2항). 또한 마찬가지로 감사도 관할청이 취임승인을 취소할 수 있다.

나. 선임의 제한

감사는 감사상호간 또는 이사와 민법 제777조에 규정된 친족관계인 8촌 이내의 혈족,[51] 4촌 이내의 인척,[52] 배우자의 관계에 있는 자가 그 정수의 4분의 1을 초과하여서는 아니 된다(사립학교법 제21조 제2항).

다. 감사의 자격

일정한 기준 이상의 학교법인에서는 감사 중 1인은 공인회계사의 자격을 가진 자라야 하는데(사립학교법 제21조 제6항) 이에 해당하는 학교법인은 대학·산업대학 및 이들에 준하는 각종학교로서 그 입학정원이 500인 이상인 학교를 설치·경영하는 학교법인을 말한다. 다만, 사립학교법시행령 제14조 제3항 제1호가 규정하고 있는 해당 회계연도의 입학정원이 1천명 이상인 대학·산업대학·사이버대학 또는 입학정원이 2천명 이상인 전문대학을 설치·경영하는 학교법인의 경우에는 공인회계사의 자격을 가진 자를 감사로 선임하지 아니할 수 있다(사립학교법시행령 제9조의4).

① 사립학교법의 규정(제20조의2)에 따라 임원취임승인이 취소된 날부터 5년이 경과한 자, ② 사립학교법의 규정(제61조)에 따라 파면된 날부터 5년이 경과한 자, ③ 사립학교법의 규정(제54조의2)에 따라 학교의 장의 직에서 해임된 날부터 3년이 경과한 자 중 어느 하나에 해당하는 자에 대하여 감사취임의 승인을 요청하는 경우에는 재적이사 3분의 2 이상의 찬성을 얻어야 한다(사립학교법 제21조 제7항).

라. 감사의 결격사유

국가공무원법 제33조의 규정에 해당하는 자, 임원취임의 승인이 취소된 자로서 5년이 경과하지 아니한 자, 해임요구에 의하여 해임된 자로서 3년이

51) 자기의 직계존속과 직계비속을 직계혈족이라 하고 자기의 형제자매와 형제자매의 직계비속, 직계존속의 형제자매 및 그 형제자매의 직계비속을 방계혈족이라 하므로(민법 제768조) 예를 들면 부모, 형제자매, 조카, 조카의 자녀, 백부, 숙부, 고모, 이모와 이들의 자녀, 손자녀 등의 관계에 있는 자가 이사 정수의 4분의 1을 초과하여서는 안 되는 것이다.

52) 인척은 혈족의 배우자, 배우자의 혈족, 배우자의 혈족의 배우자를 말한다(민법 제769조).

경과하지 아니한 자, 파면된 자로서 5년이 경과하지 아니한 자, 4급 이상의 교육행정공무원 또는 4급 상당 이상의 교육공무원으로 재직하다 퇴직한 지 2년이 경과하지 아니한 자는 감사가 될 수 없다(사립학교법 제22조).

3. 감사의 직무

감사는 ① 학교법인의 재산상황과 회계를 감사하는 일, ② 이사회의 운영과 그 업무에 관한 사항을 감사하는 일, ③ 학교법인의 재산상황과 회계 또는 이사회의 운영과 그 업무에 관한 사항을 감사한 결과 부정 또는 불비한 점이 있음을 발견한 때 이를 이사회와 관할청에 보고하는 일, ④ 학교법인의 재산상황과 회계 또는 이사회의 운영과 그 업무에 관한 사항을 감사한 결과 부정 또는 불비한 점이 있음을 발견하여 이를 보고하기 위하여 필요한 때에는 이사회의 소집을 요구하는 일, ⑤ 학교법인의 재산상황 또는 이사회의 운영과 그 업무에 관한 사항에 대하여 이사장 또는 이사에게 의견을 진술하는 일 등의 업무를 행한다(사립학교법 제19조 제4항).

학교법인의 감사가 학교법인의 재산상황과 회계 또는 이사회의 운영과 그 업무에 관한 사항을 감사한 결과 부정 또는 불비한 점이 있음을 발견하여 이를 관할청에 보고(사립학교법 제19조 제4항 제3호)하고자 할 때에는 그 감사를 종결한 날로부터 15일 이내에 하여야 한다(사립학교법시행령 제9조).

관할청은 일정한 경우 60일의 범위 안에서 감사의 직무를 정지할 수 있으며, 부득이한 사유가 있을 때에는 60일의 범위 안에서 직무정지 기간을 연장할 수 있다(사립학교법 제20조의3 제1항).

4. 감사의 임기 및 임기만료 후의 감사의 직무

감사의 임기는 정관으로 정하되, 3년을 초과할 수 없고 1회에 한하여 중임할 수 있다.

민법상 법인의 감사 전원 또는 그 일부의 임기가 만료되었음에도 불구하고 그 후임감사의 선임이 없거나 또는 그 후임감사의 선임이 있었다고 하더라도 그 선임결의가 무효이고, 임기가 만료되지 아니한 다른 감사만으로는 정상적인 법인의 활동을 할 수 없는 경우, 임기가 만료된 구 감사로 하여금 법인의 업무를 수행케 함이 부적당하다고 인정할 만한 특별한 사정이 없는 한, 구 감사는 후임감사가 선임될 때까지 종전의 직무를 수행할 수 있다(대법원 1998.12.23. 선고 97다26142 판결). 그리고 이러한 경우에는 새로이 선임된 이사의 직무수행을 배제하고 현재의 임원을 확정하기 위하여 당초의 이사회결의의 무효확인을 구할 법률상 이익도 있다고 한다.

5. 감사의 보충

감사 중에 결원이 생긴 때에는 2월 이내에 이를 보충하여야 한다(사립학교법 제24조).

6. 감사의 겸직금지

감사는 감사의 독립성을 유지하기 위하여 이사장 · 이사 또는 학교법인의 직원(해당 학교법인이 설치 · 경영하는 사립학교의 교원 기타 직원을 포함한다)을 겸할 수 없다(사립학교법 제23조 제3항).

제5절 | 학교법인의 재산과 회계

제1관 학교법인의 재산의 확보 및 운영

1. 학교법인 재산의 구분

학교법인은 그 설치 · 경영하는 사립학교에 필요한 시설 · 설비와 해당 학교의 경영에 필요한 재산을 갖추어야 한다(사립학교법 제5조). 학교법인의 재산은 기본재산과 보통재산으로 구분되는데 기본재산은 부동산, 정관에 의하여 기본재산으로 되는 재산, 이사회의 결의에 의하여 기본재산에 편입되는 재산, 학교법인에 속하는 회계의 매년도 세계잉여금 중 적립금을 말한다(사립학교법시행령 제5조). 위 규정에 의하면 학교법인의 재산이 부동산인 이상 이는 정관에 기본재산으로 규정되어 있는지, 이사회의 결의에 의하여 기본재산으로 편입되었는지와 무관하게 기본재산이 된다. 판례도 사립학교법시행령 제5조 제1항 제1호의 규정에 의하면 학교법인의 소유인 부동산은 당연히 학교법인의 기본재산이 된다고 볼 것이고, 그 부동산이 학교법인의 정관상 기본재산으로 기재되어 있지 않고 그 부동산을 기본재산으로 편입시키기로 하는 이사회의 결의가 없었거나 그 부동산의 취득에 관한 주무관청의 인가가 없었다고 하여 기본재산이 아니라고 볼 수는 없다(대법원 1994.12.22. 선고 94다12005 판결)고 한다. 그리고 이사회의 결의에 의하여 기본재산으로 편입된 이상 정관에 규정되었는지 여부, 관할청의 인가가 있었는지 여부와 무관하게 기본재산에 속하게 된다. 다시 위 기본재산은 교육용 기본재산과 수익용 기본재산으로 구분된다. 교육용기본재산은 교지, 교사, 체육장, 실습 또는 연구시설 등 학교법인이 설치·경영하는 사립학교의 교육에 직접 사용되는 시설·설비 및 교재·교구 등의 재산을 말하고, 수익용 기본재산은 학교법인의 기본재산 중 교육에는 직접적으로 사용하지는 않지만 학교교육에 쓰일 목적으로 수익이 발생하는 재산을 말한다.

보통재산은 위의 기본재산을 제외한 재산으로 기본재산으로부터 발생하는 일체의 이익금(이자, 임대료, 배당금 등), 전기이월금, 환급금이나 회수금, 잡수입 등이 이에 해당하고 목적사업비 및 운영비로 사용될 수 있다. 사용자의 구분에 따라 법인에서 직접 사용하는 일반사무용재산인 법인용 재산과 학교에서 직접 사용하는 일반사무용 재산 및 기타 학교에 소속되는 보통재산인 학교용 재산으로 구분된다(사학기관재무회계규칙 제42조).

2. 재산목록의 작성과 비치

학교법인은 위와 같은 분류에 따라 재산을 구분하여 재산목록을 작성하여야 하고 매회계년도 종료 후 2월 이내에 매회계년도말 현재의 재산목록을 다른 대차대조표 등과 함께 항상 사무소에 비치하여야 한다(사립학교법 제32조 제1항). 학교에서는 교육용기본재산이 실제는 교육에 사용되고 있지 않거나 수익용기본재산에서 교육이 이루어지고 있는 경우도 있다. 교육용기본재산과 수익용기본재산을 실제의 용도에 따라 분류하여야 할지 아니면 재산목록에 의하여 분류하여야 할지 문제될 수 있는데, 관할청에서는 재산목록을 기준으로 분류하여 행정업무를 처리하고 있다. 아래에서 각 학교별로 교육용기본재산과 수익용기본재산의 확보 및 운영에 대하여 설명하기로 한다.

3. 고등학교 이하 각급학교

— 고등학교 이하 각급학교 설립·운영규정 및 동 시행규칙 —

가. 교육용 기본재산의 확보

(1) 교 지(校地)

교지란 교사용 대지와 체육장의 면적을 합한 용지로서 교사의 안전·방음·환기·채광·소방·배수 및 학생의 통학에 지장이 없는 곳에 위치하여야 한다(설립·운영규정 제6조).

(2) 교 사(校舍)

교사는 교실, 도서실 등 교수·학습활동에 직·간접적으로 필요한 시설물을 말하는데 이는 교수·학습에 적합하여야 하고, 그 내부환경은 학교보건법 제4조가 규정하고 있는 환기, 채광, 조명 등의 환경위생과 식기, 식품, 음료수 등의 식품위생의 유지·관리에 관한 기준(이 기준에 대해서는 학교보건법시행규칙 제3조 제1항이 상세하게 규정하고 있다)에 적합하여야 한다(설립·운영규정 제3조 제1항). 유치원의 교사는 교실, 화장실 및 교사실을 갖추어야 하고, 유치원에서 조리한 음식을 유아의 급식으로 제공하는 경우에는 조리실도 갖추어야 한다. 다만, 병설유치원의 교사실과 조리실은 병설된 학교의 교사 중 유치원으로 사용되는 부분 외의 부분에 둘 수 있다(설립·운영규정 제3조 제2항). 하고 교사의 기준면적은 아래의 별표 1과 같다(설립·운영규정 제3조)(별표 1). 교사용 대지의 기준면적은 건축관련법령의 건폐율 및 용적율에 관한 규정에 따라 산출한 면적으로 하면 된다(설립·운영규정 제4조).

[별표 1]

〈 교사의 기준면적 (설립 · 운영규정 제3조 제3항 관련) 〉

(단위 : ㎡)

<table>
<tr><th>학 교</th><th colspan="4">학생수별 기준면적</th></tr>
<tr><td rowspan="3">유치원</td><td colspan="2">40명 이하</td><td colspan="2">41명 이상</td></tr>
<tr><td colspan="2">5N</td><td colspan="2">80+3N</td></tr>
<tr><td colspan="4">교사 중 교실 총면적 2.2N</td></tr>
<tr><td rowspan="2">초등학교 · 공민학교 및 이에 준하는 각종학교</td><td colspan="2">240명 이하</td><td>241명 이상 960명 이하</td><td>961명 이상</td></tr>
<tr><td colspan="2">7N</td><td>720+4N</td><td>1,680+3N</td></tr>
<tr><td rowspan="2">중학교 · 고등공민학교 및 이에 준하는 각종학교</td><td colspan="2">120명 이하</td><td>121명 이상 720명 이하</td><td>721명 이상</td></tr>
<tr><td colspan="2">14N</td><td>1,080+5N</td><td>1,800+4N</td></tr>
<tr><td rowspan="4">고등학교 · 고등기술학교 및 이에 준하는 각종학교</td><td>계열별</td><td>120명 이하</td><td>121명 이상 720명 이하</td><td>721명 이상</td></tr>
<tr><td>인문계열</td><td rowspan="3">14N</td><td>960+6N</td><td>1,680+5N</td></tr>
<tr><td>전문계열</td><td>720+8N</td><td>2,160+6N</td></tr>
<tr><td>예 · 체능계열</td><td>480+10N</td><td>1,920+8N</td></tr>
</table>

* 비 고
1. N은 각급학교의 전학년의 학생정원을 말한다.
2. 위 표의 고등학교 계열구분은 시 · 도교육감이 정하는 바에 의하되, 동일 고등학교에 2 이상의 계열이 있는 경우에는 각 계열별 기준면적을 합한 면적을 적용한다.
3. 「초 · 중등교육법」 제30조의 규정에 의한 통합 · 운영학교 및 동일 구내에 2 이상의 각급학교가 위치하는 경우에는 각 학교 급별 기준면적을 합한 면적을 적용한다.
4. 주간수업과 야간수업을 겸하여 행하는 학교에 대하여는 그 중 인가학생정원이 많은 것을 기준으로 한다.
5. 수준별 교육과정의 심화 · 보충 학습에 필요한 시설의 기준면적은 지역 및 학교 특성에 따라 시 · 도교육감이 별도로 정할 수 있다.

(3) 체 육 장

(옥외)체육장은 배수가 잘 되거나 배수시설을 갖춘 곳에 위치하여야 하고 그 면적은 별표 2와 같다. 다만 초중등교육법 제2조가 규정한 초등학교, 공민학교, 중학교, 고등공민학교, 고등학교, 고등기술학교, 특수학교, 각종학교와

고등교육법 제2조가 규정하는 대학, 산업대학, 교육대학, 전문대학, 방송대학, 통신대학 및 방송통신대학, 기술학교, 각종학교의 체육장 또는 공공체육시설 등과 인접하여 공동사용이 용이한 경우와 도서·벽지 등 지역의 여건상 기준 면적 규모의 체육장의 확보가 곤란한 경우에는 교육부장관 또는 교육감은 교육상 지장이 없다고 인정되는 경우에는 체육장을 두지 아니하거나 기준면적을 완화하여 인가할 수 있다(설립·운영규정 제5조).

(4) 사립학교의 교사 및 교지의 소유주체

사립의 각급학교의 교사 및 교지는 해당 학교를 설립·경영하는 자(이하 설립주체)의 소유이어야 하고, 다만, 사립인 유치원의 설립주체가 「협동조합 기본법」 제2조 제3호에 따른 사회적 협동조합인 경우에는 국가, 지방자치단체, 「공공기관의 운영에 관한 법률」 제4조부터 제6조까지의 규정에 따라 지정·고시된 공공기관, 「지방자치단체 출자·출연 기관의 운영에 관한 법률」 제5조에 따라 지정·고시된 출자·출연 기관이 소유하는 시설·건축물 또는 토지를 그 유치원의 교사 또는 교지로 사용할 수 있다(설립·운영규정 제7조 제1항). 교지 안에는 설립주체 외의 자가 소유하는 시설·건축물이 없어야 한다. 다만 ① 위의 교사로 사용하는 시설·건축물이나, ② 설립주체에게 소유권 이전이 예정되어 있거나 설립주체가 국가·지방자치단체·연구기관 또는 산업체가 소유하는 것에 동의하였고, 문화·복지시설, 생활체육시설, 평생교육시설 또는 주차장 등 공공의 목적에 부합하며, 학생의 교육 및 안전에 지장을 주지 아니하는 시설·건축물을 교지 안에 둘 수 있다(설립·운영규정 제7조 제2항).

(5) 특수중고등학교 등의 시설기준의 완화

시도교육감은 초중등교육법시행령 제76조에 의하여 교육과정의 운영 등을 위하여 특성화하기 위한 특성화중학교, 같은 법 시행령 제91조에 의한 소질과 적성 및 능력이 유사한 학생을 대상으로 특정분야의 인재양성을 목적으로 하는 교육 또는 자연현장실습 등 체험위주의 교육을 전문적으로 실시하는 특성화고등학교와 공민학교, 고등공민학교, 고등기술학교 및 각종 학교에 대하여 교육상 지장이 없는 범위 안에서 교사와 체육장의 기준면적을 완화하여 인가할 수 있다(설립·운영규정 제12조).

(6) 교구 및 기타 시설

각급학교에는 학과 또는 교과별로 필요한 도서, 기계, 기구 등의 교구를 갖추어야 하고 갖추어야 할 교구의 종목 및 기준은 시·도교육감이 정하여 고시한다(설립·운영규정 제8조).

산업수요 맞춤형 고등학교(「초·중등교육법 시행령」 제90조 제1항 제10호), 특성화고등학교(같은 법 시행령 제91조 제1항. 자연현장실습 등 체험위주의 교육을 전문으로 실시하는 고등학교는 제외한다), 전문계학과를 설치한 일반고등학교 및 고등기술학교와 이에 준하는 각종학교에는 해당 학교의 교육과정에 필요한 실험·실습시설 및 설비를 갖추어야 한다(설립·운영규정 제9조).

각급학교에는 급수시설을 두어야 하되, 수질검사결과 위생상 무해하다고 판명된 것이어야 하며 온수를 공급할 수 있는 시설도 갖추어야 한다(설립·운영규정 제10조).

나. 수익용 기본재산의 확보 및 운영

(1) 수익용 기본재산

수익용 기본재산이란 학교법인의 기본운영비를 포함한 학교운영비를 지원하는 데 필요한 수익금 확보를 위한 투자재산을 말하는 것이다. 토지, 건물, 주식(공개법인 또는 상장법인의 주식), 정기예금, 금전신탁 또는 그 밖에 원금이 보장되는 금융상품, 국채·공채(설립·운영규정시행규칙 제8조 제2항)로 연간 학교회계 운영수익총액의 2분의 1이상에 해당하는 가액의 수익용기본재산을 확보하여야 한다(설립·운영규정 제13조 제1항). 수익용기본재산은 그 총재산의 가액을 기준으로 연간 수익이 발생하여야 한다(설립·운영규정 제13조 제2항).

그리고 위 토지와 건물의 가액은 「부동산 가격공시 및 감정평가에 관한 법률」에 의한 개별공시지가, 감정평가업자의 감정평가액 또는 지방세법에 의한 시가표준액 중 학교법인이 정한 것으로 하고 주식, 금융상품, 국공채는 「상속세 및 증여세법」 제63조에서 정한 평가방법에 따라 산정한 가액이다(설립·운영규정시행규칙 제8조 제3항).

(2) 수익용기본재산의 확보

사립학교를 설립·경영하는 고등학교 이하의 각급학교 및 특수학교를 설립 · 경영하는 학교법인은 연간 학교회계 운영수익 총액의 2분의 1 이상에 해당하는 가액의 수익용 기본재산을 확보하여야 한다(운영규정 제13조 제1항). 다만 시 · 도교육감은 도시개발법에 의하여 지정 · 고시된 도시개발구역 안에 위치한 각급학교 및 특수학교에 대하여는 위의 수익용 기본재산을 3년을 초과하지 아니하는 범위 안에서 연차적으로 확보하도록 할 수 있다(설립 · 운영규정 제13조 제3항).

(3) 수익용기본재산의 연차적 확보

위 「고등학교 이하 각급학교 설립 · 운영규정」 제13조 제3항에서 규정하고 있는 도시개발구역 안에 위치한 각급학교 및 특수학교가 연차적으로 확보하여야 하는 수익용 기본재산의 기준은 ① 학교설립 인가시는 수익용 기본재산의 50%를 확보하여야 하고, ② 학교설립인가일이 속한 연도의 다음 연도 12월 31일까지는 수익용 기본재산의 75%까지, ③ 학교설립인가일이 속한 연도의 다음 다음 연도 12월 31일까지는 수익용 기본재산의 100%를 각 확보하여야 한다(설립 · 운영규정시행규칙 제8조 제1항).

(4) 학교회계 운영수익

위에서 학교회계 운영수익은 「사학기관 재무 · 회계규칙」 별표 3 세입표에 따른 학교세입합계액에서 세입표의 ① 그 밖의 이전수입, ② 학교운영비, ③ 수익자부담금을 뺀 금액으로 한다(설립 · 운영규정 시행규칙 제9조 제2항).

(5) 연간 학교회계 운영수익 총액

위의 연간 학교회계 운영수익 총액은 편제완성연도를 기준으로 해당 학년도별 학교회계 운영수익의 총액으로 한다. 다만, 학급 · 학과 또는 학생정원을 증설 또는 증원하는 경우에는 다음 계산식에 따라 산출된 금액으로 한다.(설립 · 운영규정시행규칙 제9조 제1항).

$$\text{증설 또는 증원하는 연도의 직전연도 학교회계 운영수익총액} + \left(\frac{\text{증설 또는 증원하는 연도의 작전연도 학교회계 운영수익총액} \times 0.5}{\text{증설 또는 증원하는 연도의 직전연도 학급 수 또는 학생 수}} + \text{증설되는 학급 수 또는 증원되는 학생 수} \right)$$

※ 학급 수와 학생 수가 동시에 증가하는 경우에는 학급 수를 기준으로 한다.

(6) 수익용기본재산 수익의 학교운영비에의 충당

학교법인은 매년 수익용기본재산에서 생긴 수익의 100분의 80 이상에 해당하는 가액을 소속학교의 운영에 필요한 경비로 충당하여야 한다. 이때의 학교운영에 필요한 경비는 학교 및 그 부속시설의 운영에 소요되는 경상비에서 인건비를 제외한 경비로 한다. 이러한 학교운영에 필요한 경비를 충당하고 남은 금액은 이를 인건비로 충당할 수 있다(규정 제14조).

위에서 학교운영비에 충당하는 수익용기본재산에서 생긴 수익의 범위는 수익용기본재산에서 생긴 총수입에서 ① 제세공과금, ② 학교법인운영필요경비, ③ 법정부담경비를 위의 기재 순서에 따라 공제한 금액으로 한다. 다만, 학교법인운영필요경비는 시·도교육감이 해당 학교법인의 재정여건을 고려하여 수익용기본재산에서 생긴 수입에서 학교법인 운영 등에 필요한 최소한의 경비를 우선적으로 확보할 필요가 있다고 인정하는 경우에만 공제한다(고등학교 이하 각급학교설립운영규정시행규칙 제10조 제1항). 이때 공제되는 비용의 세부범위는 아래의 별표와 같다(시행규칙 제10조 제4항).

[별 표]

〈 공제비용의 세부범위(시행규칙 제10조 제2항 관련) 〉

구 분	세 부 범 위
1. 제세공과금	• 해당 수익용기본재산에 부과되는 세금 및 보험료 등
2. 학교법인운영필요경비	가. 세부 내용: 다음의 어느 하나에 해당하는 비용 1) 이사회의 회의비 및 직원 인건비 등 학교법인의 운영에 필요한 것으로 교육감이 인정하는 비용(이하 "운영비용"이라 한다) 2) 해당 수익용기본재산의 수익 유지에 필요한 것으로 교육감이 인정하는 비용(이하 "수익비용"이라 한다) 나. 범위: 다음 구분에 따른 금액의 합계 1) 운영비용: 교육감이 실제 학교법인의 운영에 소요되거나 소요될 비용을 고려하여 정하는 기준에 따른 금액. 다만, 수익용기본재산에서 생긴 총수입에서 제세공과금을 공제한 후 남는 금액의 40퍼센트를 초과할 수 없다. 2) 수익비용: 교육감이 실제 수익용기본재산의 수익 유지에 소요되거나 소요될 비용을 고려하여 정하는 기준에 따른 금액
3. 법정부담경비	• 사립학교교직원연금법 기타 법령에 의하여 해당 학교법인이 부담하는 경비

다. 학생정원의 증원에 따른 시설기준

학급 또는 학과를 증설하거나 학생정원을 증원하는 경우에는 그 증설 또는 증원분을 포함한 전체에 대하여 고등학교 이하 각급학교 설립·운영규정이 정한 기준을 갖추어야 한다. 다만, 수익용기본재산의 경우에는 증설 또는 증원분에 대하여 적용한다(규정 제17조).

라. 보 고

각급학교의 장은 교육부장관 또는 시도교육감이 정하는 바에 따라 매년 4월 1일 현재의 시설·설비 및 교원 등의 보유현황을 4월 30일까지 교육부장관 또는 시도교육감에게 보고하여야 하고, 설립주체는 시도교육감이 정하는 바에 따라 3년마다 7월 31일까지 시도교육감에게 보고하여야 한다(규정 제18조).

마. 기준미달학교에 대한 조치

시도교육감은 고등학교 이하 각급학교 설립·운영규정에 의한 기준에 미달하는 사립의 각급학교에 대하여는 일정한 기간을 정하여 위 영에 의한 기준에 적합하도록 시정 또는 변경을 명할 수 있고, 정당한 사유 없이 지정된 기간 내에 이행하지 못한 학교에 대하여는 학생정원의 감축 또는 학생모집의 정지 등을 명할 수 있으며 행정 및 재정지원정책에 이를 반영할 수 있다(규정 제19조).

4. 특수학교

– 특수학교 시설·설비기준령 –

가. 교 지

특수학교의 교지는 교사용 대지와 체육장용 대지를 합한 용지로서 교사의 안전·방음·환기·채광·소방·배수 및 학생의 통학에 지장이 없는 입지이어야 한다(특수학교 시설설비기준령 제2조 제1항).

그리고 교지의 기준면적은 학급수 12학급까지는 4,000㎡로 하고, 12학급 초과 24학급까지는 4천㎡ + (12학급을 초과하는 학급 수 × 3백㎡), 24학급을 초과하는 때에는 7천6백㎡ + (24학급을 초과하는 학급 수 × 2백㎡)으로 하되 다만 유치부만을 설치 · 운영하는 학교의 경우에는 학교에 두는 시설 · 설비 및 체육장을 확보하는 데 지장이 없는 면적으로 한다(위 기준령 제2조 제2항). 예외적으로 이러한 교지의 기준면적을 확보할 수 없는 특별한 사유가 있고, 교육에 지장이 없다고 관할청이 인정하는 경우에는 기준면적의 3분의 1의 범위 안에서 이를 감축할 수 있다(위 기준령 제2조 제4항).

학교에는 학생의 체육활동에 지장이 없는 체육장을 두되, 그 시설 · 설비 기준은 시 · 도교육감이 따로 정한다. 다만, 유치부만을 설치 · 운영하는 학교에 놀이실이 있는 경우에는 체육장을 두지 아니할 수 있다(위 기준령 제2조 제3항).

나. 실 습 지

학교는 학생의 진로 및 직업 교육을 위하여 동물 사육 또는 식물 재배 등 실습지에서의 실습이 필요한 경우에는 해당 실습을 위한 실습지를 갖추어야 한다(위 기준령 제3조).

다. 교사에 두는 시설의 종류 및 기준

학생의 교육을 위하여 설치하여야 하는 시설의 종류 및 그 기준은 아래의 별표와 같다. 다만, 지역의 여건 및 학생의 장애 유형 등을 고려하여 시설의 종류별 면적기준을 3분의 1의 범위에서 시 · 도 조례로 정하는 바에 따라 완화하거나 강화하여 적용할 수 있다(위 기준령 제4조 제1항). 그리고 각 시설에 두어야 할 설비 · 비품 등의 품목 · 수량 등은 교육감이 따로 정한다(위 기준령 제4조 제2항).

[별표 1]

〈 시설의 종류 및 기준(기준령 제4조 제1항 관련) 〉

시설의 종류	설치기준	면적기준
1. 보통교실	「장애인 등에 대한 특수교육법」 제27조에 따른 학급 수에 상당하는 수가 되도록 설치한다.	각 교실마다 50제곱미터(유치부만을 설치 · 운영하는 학교의 경우에는 25제곱미터) 이상이어야 한다.
2. 특별교실 음악실, 미술실, 과학실, 가사실 및 치료지원실 등	학교 특성에 따라 설치	각 교실마다 66제곱미터 이상

3. 시청각교실	학교 특성에 따라 설치	
4. 도서실	학교 특성에 따라 설치하며, 보통교실과 겸용하는 형태로 설치할 수 있다. 다만, 총 열람 좌석은 20석 이상이어야 한다.	
5. 상담실(심리검사실 포함)	학교 특성에 따라 설치	각 실마다 50제곱미터 이상
6. 직업교육실	중학교 과정 이상의 학교에만 설치하며, 학교당 2실 이상 설치한다.	각 교육실마다 66제곱미터 이상
7. 관리용 시설 교장실, 교무실(서무실 및 행정실을 포함한다), 숙직실 및 창고 등	학교 실정에 따라 설치한다.	학교의 규모에 따라 알맞은 면적으로 설치한다.
8. 놀이실	유치부를 설치·운영하는 학교에만 설치한다. 다만, 학생의 놀이를 위한 별도의 시설이 있는 경우에는 설치하지 않을 수 있다.	66제곱미터 이상이어야 한다.
9. 보건실	1실 이상 설치한다.	
* 비 고 : 위 시설 외에 강당·체육관·점자인쇄실·특별활동실·교수준비실 및 자료보관실 등 교육 관련 시설을 둘 수 있다.		

라. 안전 및 편의 시설·설비의 종류 및 기준

학교가 학생 등의 안전 및 편의를 위하여 설치하여야 하는 시설·설비의 종류 및 그 기준은 별표 2와 같다(위 기준령 제5조).

[별표 2]

〈 안전 및 편의를 위한 시설·설비의 종류 및 기준(제5조 관련)〉

시설·설비의 종류	설치기준
1. 보행로	가. 다음의 장소에는 통행에 장애가 없도록 연속된 보행로를 설치하여야 한다. 1) 교문에서 주된 교사의 주 출입구까지 2) 통학차량 승하차구역에서 주된 교사까지 3) 교사와 교사 사이

	나. 주 보행로 유효 폭은 1.8미터 이상이어야 한다. 다만, 가목 2)에 설치하는 보행로의 경우에는 유효 폭을 1.2미터 이상으로 할 수 있다. 다. 바닥면의 높이 차이가 있는 경우 휠체어의 통행에 지장이 없는 수준이어야 하고, 바닥면의 기울어진 부분은 그 기울기가 18분의 1 이하이어야 한다. 다만, 지형 등을 이유로 그 기울기를 18분의 1 이하로 하기 곤란한 경우에는 12분의 1 이하로 하여 설치할 수 있다. 라. 차도보다 10센티미터 이상 높게 하거나, 연석·화단 또는 안전난간 등을 설치하는 등의 방법으로 차도와 분리되어야 한다. 마. 가목 2) 및 3)에 설치하는 보행로에는 비 가림 시설을 설치하여야 한다.
2. 통학차량 승하차 구역	가. 통학차량이 주차 또는 회차하는 경우 보행로와 간섭이 발생하지 않을 위치에 설치하여야 한다. 나. 승하차구역 끝 부분에 충돌 방지를 위한 장치를 설치하여야 한다. 다. 휠체어 출입이 가능한 교사의 출입구 또는 승강설비에 쉽게 접근할 수 있는 장소에 설치하여야 한다. 라. 승하차구역 주변에 승하차구역임을 알리는 입식 기둥형 또는 벽면 부착형의 안내판을 설치하여야 한다. 마. 휠체어 탑승자가 승하차 및 승하차 대기를 할 수 있는 공간이 확보되어야 하고, 바닥면이 폭 4.5미터 이상(차량 주차 구역 3.3미터 이상, 승하차 대기 구역 1.2미터 이상), 길이 13미터 이상이어야 한다. 바. 바닥면의 높이 차이가 있는 경우 승하차에 지장이 없는 수준이어야 하고, 바닥면의 기울기가 50분의 1 이하이어야 하며, 바닥면에 아래 그림과 같이 승하차구역을 구분할 수 있는 표시를 하여야 한다. 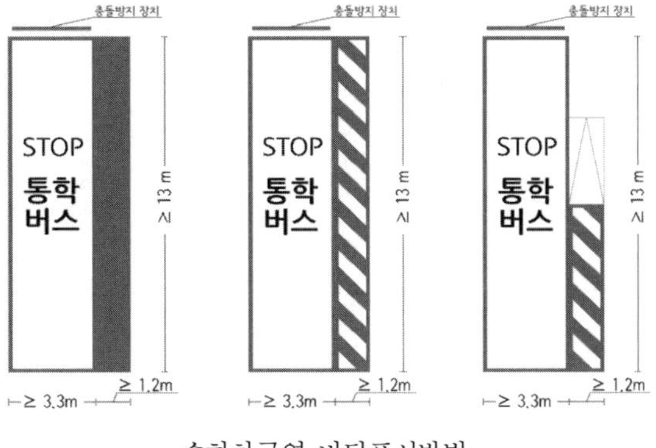 승하차구역 바닥표시방법

3. 교사 등의 주 출입구	가. 바닥면의 높이 차이가 없어야 한다. 나. 진입구간은 가급적 별도의 경사로와 계단이 없이 설치하되, 바닥면이 기울어진 경우에는 그 기울기가 18분의 1 이하이어야 한다. 다. 문은 학교의 특성을 고려하여 설치하되, 손 끼임 방지장치를 부착하여야 하고, 유리문인 경우에는 부딪힘 방지를 위해 색띠 등을 설치하여야 한다.
4. 복도	가. 유효 폭이 2.4미터 이상이어야 한다. 나. 통행을 방해하는 고정 장애물이 없어야 한다. 다. 휠체어 보관함, 재활도구 보관함, 소화기 보관함, 음수대 또는 신발장 등의 설비를 복도에 설치하는 경우에는 벽면에 매립하는 등으로 통행에 지장을 주지 않도록 해야 한다. 라. 복도에 노출되는 벽 모서리나 기둥 모서리는 안전사고를 최소화할 수 있도록 둥근 형태로 하거나, 별도의 충돌 방지장치 또는 안전장치를 부착하여야 한다. 마. 손잡이는 학생의 성장 발달 과정을 고려하여 설치하며, 필요한 경우 2중으로 설치할 수 있다.
5. 교실 출입문	가. 미닫이 또는 미세기 구조로 하고, 유효 폭이 1.0미터 이상이어야 한다. 나. 문에는 문턱이 없어야 하고, 손 끼임 방지 장치를 부착하여야 한다. 다. 출입문 손잡이는 돌출형으로 설치하여야 한다. 라. 출입문에 투시 가능한 재료를 부분적으로 사용하여 출입문을 통해 반대편을 볼 수 있게 하여야 한다.
6. 계단	가. 계단 및 계단참(계단 마지막 디딤판 부분은 제외한다)의 유효 폭은 1.5미터 이상으로 하여야 한다. 나. 계단코는 미끄러짐을 방지할 수 있는 재질로 마감하고, 계단의 디딤판과 색을 달리하여 계단 모서리를 쉽게 인식할 수 있게 하여야 한다. 다. 계단 손잡이는 계단의 양쪽에 벽면 부착형 또는 난간 일체형으로 설치하여야 하고, 손잡이 끝부분이 옷소매 등이 걸리지 않는 구조로 마감하여야 한다. 라. 난간 1) 난간과 손잡이가 일체형인 경우에는 난간 살이 없는 판형 또는 난간 살 수직형(계단 마지막 디딤판 부분을 제외한 부분의 난간 살 사이의 간격이 10센티미터 이하인 것으로 한정한다)으로 설치하여야 한다. 2) 난간의 높이는 바닥면 기준 1.2미터 이상이어야 하고, 계단

	참 및 계단 마지막 디딤판 부분의 난간 높이는 바닥면 기준 1.5미터 이상이어야 한다.
7. 승강기	가. 승강기 중 1대 이상은 그 바닥면이 폭 1.6미터 이상, 길이 2.3미터 이상이어야 한다. 나. 승강기 출입문 일부 또는 전부를 투명하게 설치하여 승강기 출입문을 통해 반대편을 볼 수 있게 하여야 한다. 다. 승강기 출입문에 충격 센서와 적외선 센서가 모두 있어야 한다.
8. 경사로	가. 경사로 유효 폭은 1.5미터 이상이어야 한다. 나. 경사로에 굴절 부분이 있는 경우 그 바닥면의 폭과 길이가 각각 2미터 이상이어야 한다. 다. 경사로의 진행방향을 고려하여 통행자가 충돌할 가능성이 있는 벽면 및 난간 등에 충격방지매트를 설치하여야 한다. 라. 경사로 바닥면은 미끄럽지 않은 재질로 하여야 한다.
9. 긴급 대피공간	가. 건축물 구조를 고려하여 교실과 연결된 발코니 또는 층별 공용 테라스 형태의 긴급 대피공간을 설치하여야 한다. 나. 구조차량 및 구조장비 등의 접근이 용이한 위치 및 구조이어야 한다.
10. 창문	긴급 상황 시 용이하게 바깥으로 피난이 가능하되, 평상 시 창 바깥으로 떨어지는 것을 방지할 수 있는 구조이어야 한다.
11. 그 밖의 시설 · 설비	가. 실내 강당, 체육관의 무대 · 단상 또는 운동장의 구령대 등은 휠체어 이용자가 직접 접근할 수 있는 구조이어야 한다. 나. 경비실(수위실 및 안내실을 포함한다)은 교문이 잘 보이도록 교문과 인접한 위치에 설치하여야 한다. 다. 화장실의 경우 대변기는 2학급당 1개 이상, 소변기는 학생 수를 고려하여 필요한 적정 수만큼 설치하여야 한다. 라. 교원휴게실, 탈의실, 목욕실 및 학부모 대기실의 경우 각 1실 이상씩 설치하는 것을 원칙으로 하되, 학교 실정에 따라 일부 또는 전부를 설치하지 않을 수 있다.

마. 기준미달학교에 대한 조치

시도교육감은 특수학교시설 · 설비기준령에 의한 기준에 미달하는 사립의 학교에 대해서는 일정한 기간을 정하여 이 영에 의한 기준에 적합하도록 시정 또는 변경을 명할 수 있고, 정당한 사유 없이 지정된 기간 내에 이행하지 아니한 학교에 대해서는 학생정원의 감축 또는 학생모집의 정지 등을 명할 수 있으며, 행정 및 재정 지원정책에 이를 반영할 수 있다(위 기준령 제7조).

5. 대안학교

– 대안학교의 설립 · 운영에 관한 규정 –

가. 시설 · 설비기준

대안학교의 설립 · 운영을 위해서는 아래의 시설 · 설비기준을 갖추어야 한다(대안학교의 설립운영에 관한 규정 제3조 제1항).

① 안전 · 방음 · 환기 · 채광 · 소방 및 배수 등의 면에서 교수 · 학습에 적합한 교사[校舍(교실, 도서실 등 교수 · 학습활동에 직 · 간접적으로 필요한 시설물을 말한다)]

② 배수가 잘 되는 옥외 체육장

③ 학생의 통학에 지장이 없는 곳에 위치한 교지[校地(교사용 대지와 옥외 체육장용 대지를 합한 용지를 말한다)]

④ 학습에 필요한 도서 · 기계 · 기구 등의 교구

⑤ 수질검사 결과 위생상 무해하다고 판명된 급수시설 및 온수를 공급할 수 있는 시설

교사와 옥외체육장의 기준면적은 아래의 표와 같다(규정 제3조 제2항).

[별표 1]

〈 교사의 기준면적 (규정 제3조 제2항 관련) 〉

(단위 : ㎡)

학 교	학생수별 기준면적	
초등학교 과정 대안학교	120명 이하	121명 이상
	3.5 × 총학생정원	120 + 2.5 × 총학생정원
중학교 과정 대안학교	60명 이하	61명 이상
	7 × 총학생정원	210 + 3.5 × 총학생정원
고등학교 과정 대안학교	60명 이하	61명 이상
	7 × 총학생정원	180 + 4 × 총학생정원

* 비 고
1. 총학생정원은 각급학교의 전학년의 학생정원을 말한다.
2. 「초·중등교육법」 제60조의3 제2항에 따라 통합하여 운영하는 대안학교의 경우에는 각 학교 급별 기준면적을 합한 면적을 적용한다.

[별표 2]

〈 옥외체육장의 기준면적 (규정 제3조 제2항 관련) 〉

(단위 : ㎡)

학 교	학생수별 기준면적	
초등학교 과정 대안학교	120명 이하	121명 이상
	1,500	1,350 + 0.5 × 총학생정원
중학교 과정 대안학교	60명 이하	61명 이상
	2,000	2,025 + 0.5 × 총학생정원
고등학교 과정 대안학교	60명 이하	61명 이상
	2,000	2,325 + 0.5 × 총학생정원

* 비 고
1. 총학생정원은 각급학교의 전학년의 학생정원을 말한다.
2. 수영장·체육관·강당·무용실 등 실내체육시설이 있는 경우 실내체육시설 바닥면적의 2배 면적은 제외할 수 있다.
3. 「초·중등교육법」 제60조의3 제2항에 따라 통합하여 운영하는 대안학교의 경우에는 총학생 정원을 최상급학교의 학생정원으로 보아 적용한다.

하지만 교육감은 새로 설립되는 대안학교가 「초·중등교육법」 제2조 또는 「고등교육법」 제2조에 따른 학교의 체육장 또는 공공체육시설 등과 인접하여 해당 대안학교의 학생 등이 쉽게 체육장 또는 공공체육시설 등을 사용할 수 있는 경우나 도심지 및 도서·벽지 등 지역의 여건상 위의 옥외체육장의 확보가 곤란한 경우로서 교육상 지장이 없다고 인정하는 경우에는 옥외체육장, 위의 별표1 및 별표 2를 적용하지 아니하거나, 별표 2를 완화하여 적용할 수 있다(규정 제3조 제3항).

나. 사립 대안학교 교사·교지 등의 소유주체 등

사립 대안학교의 교사 및 교지는 해당 대안학교를 설립·경영하는 자의 소유이어야 한다(규정 제3조의2 제1항). 그러나 대안학교의 정원을 기준으로 교육감이 정하여 고시하는 비율 이상의 「북한이탈주민의 보호 및 정착지원에 관한 법률」 제2조 제1호에 따른 북한이탈주민 및 그 자녀, 「다문화가족지원법」 제2조 제1호에 따른 다문화가족의 자녀, 「재한외국인 처우 기본법」 제2조 제1호에 따른 재한외국인의 자녀 또는 「초·중등교육법」(이하 "법"이라 한다) 제28조에 따른 학습부진아 등을 교육대상으로 하는 대안학교를 설립하려는 자가 「폐교재산의 활용촉진을 위한 특별법」 제2조 제1호에 따른 폐교나 교육감이 안정적 사용이 가능하고 교육상 지장이 없다고 판단하는 건물이나 시설 또는 부지를 교육감이 정하여 고시하는 기간 이상 임대하는 경우 그에 해당하는 교사와 교지의 요건을 갖춘 것으로 본다(규정 제3조의2 제2항).

또한 사립 대안학교의 교사 및 교지는 해당 대안학교를 설립·경영하는 자의 소유가 아니라도 대안학교를 설립하려는 자가 규정 제3조의 기준에 적합한 국가나 지방자치단체의 일반재산을 분할납부하는 조건으로 매입하는 경우 위의 소유의 요건을 갖춘 것으로 본다(규정 제3조의2 제3항). 그리고 「도시공원 및 녹지 등에 관한 법률」 제2조 제1호에 따른 공원녹지 또는 국·공립 체육시설 등의 체육장 대용시설을 임대 등을 통하여 확보하는 경우로서 교육감이 안정적 사용이 가능하고 교육상 지장이 없다고 판단하는 때에는 제3조 제1항 제2호의 옥외체육장을 갖춘 것으로 본다(규정 제3조의2 제4항).

다. 대안학교의 설립인가

법 제4조 제2항에 따라 사립 대안학교의 설립인가를 받으려는 자는 「초·중등교육법 시행령」 제3조에도 불구하고 목적, 명칭, 위치, 학칙, 경비와 유지방법, 설비, 교사(체육장 포함)의 배치도·평면도, 개교연월일, 병설학교 등을 둘 때에는 그 계획서, 설립자가 법인인 경우에는 출연금 등에 관한 서류, 설립자가 사인인 경우에는 경비의 지급 및 변제능력에 관한 서류, 교육과정 운영계획서, 교직원 배치계획서가 기재된 서류를 갖추어 교육감에게 신청하여야 한다. 이 경우 교육감은 「전자정부법」 제36조 제1항에 따른 행정정보의 공동이용을 통하여 교지의 지적도 및 법인 등기사항증명서(설립자가 법인인 경우로 한정한다)를 확인하여야 한다(규정 제4조 제1항). 교육감이 대안학교를 설립인가하는 경우 해당 학교의 교육과정 운영계획을 고려하여 그 대안학교를 졸업한 사람에게 인정할 수 있는 학력을 설립인가서에 표시하여야 한다(규정 제4조 제2항). 사립 대안학교의 설립인가를 받으려는 자가 필요한 시설·설비를 갖추기 전에 대안학교 설립계획서를 교육감에게 제출하는 경우에는 교육감은 설립인가의 가능성 등 대안학교 설립을 위한 협의에 성실히 응하여야 한다(규정 제4조 제3항).

라. 대안학교의 학력인정과 운영

설립인가를 받은 대안학교를 졸업한 자는 국·공립 대안학교의 설립 시 계획된 학교 급별 또는 사립 대안학교의 설립인가 시 표시된 인정학력에 따라 초등학교·중학교 또는 고등학교 졸업 학력이 있는 것으로 본다(규정 제6조).

대안학교의 장은 교육과정 운영상 필요한 경우에는 학년 구분 없이 교육과정을 운영할 수 있고(규정 제7조 제1항), 대안학교의 학기 운영은 학교교육과정을 고려하여 학칙으로 정한다(규정 제7조 제2항). 대안학교의 교육과정은 대안학교의 장이 학칙으로 정한다. 다만, 「초·중등교육법 시행령」 제43조에 따른 교과 중에서 국어 및 사회(중학교와 고등학교 과정의 사회 교과는 국사 또는 역사를 포함한다)를 교육부장관이 정한 교육과정상 수업시간 수의 100분의 50 이상을 운영하여야 한다(규정 제6조). 대안학교의 수업연한은 일반 초중고등학교와 같고 수업일수는 매 학년 180일 이상으로 한다(규정 제8조).

대안학교의 장은 학교의 학업 성취도 등 학생 생활에 관한 기록 및 「학교보건법」 제7조의3 제1항에 따른 건강검사기록 중 학생의 진학이나 전학에 필요한 내용을 적절한 방법으로 기록·관리할 수 있다(규정 제11조).

마. 대안학교의 교직원 배치기준

초등학교 과정의 대안학교에는 교장·교감을 포함하여 학급마다 교사 1명(규정 제10조의2 제1항), 중·고등학교 과정의 대안학교에는 교장·교감 외에 3학급까지는 학급마다 2명의 교사를, 3학급을 초과할 때에는 1학급이 증가할 때마다 1명의 비율로 교사를 더 배치하는데(규정 제10조의2 제2항), 학생 수가 100명 이하이거나 학급 수가 5학급 이하인 대안학교의 경우에는 교감을 두지 아니할 수 있다(규정 제10조의2 제3항). 초중등교육법 제60조의3 제2항에 따라 통합하여 운영하는 대안학교의 경우에는 각 학교 급별 배치기준을 합한 기준을 적용하되, 학교운영 및 교육에 지장이 없는 범위에서 교직원을 겸임하게 하는 경우 각각의 교직원이 있는 것으로 본다(규정 제10조의2 제4항). 직원을 1

명 이상 둔다(규정 제10조의2 제5항).

다만 초등학교 과정의 대안학교를 설립인가하는 경우 교육감은 대안학교의 소재지역, 교육대상 등을 고려하여 특히 필요한 경우에는 교육부장관과 협의하여 교직원의 배치기준을 완화할 수 있다(규정 제10조의2 제6항). 배치기준에 따라 필요한 교원정원의 3분의 1 이내의 수를 산학겸임교사 등으로 대치할 수 있다(규정 제10조의2 제7항).

바. 대안학교의 입학전형 및 위탁교육

대안학교의 장은 입학전형 및 학생 선발시기에 관하여 필요한 사항을 학칙으로 정한다(규정 제14조).

국·공립 대안학교의 설립자는 위탁운영계약을 통하여 「사립학교법」 제2조 제2항에 따른 학교법인과 그 밖에 안정적으로 대안교육을 실시할 수 있다고 판단되는 자에게 대안학교의 운영을 위탁할 수 있다(규정 제12조 제1항). 대안학교는 재학생 외에 다른 학교 학생을 위탁받아 대안교육을 할 수 있다(규정 제13조 제1항).

6. 대학 등(대학·산업대학·교육대학·전문대학 및 이에 준하는 각종학교)

– 대학설립·운영규정 및 동 규정 시행규칙 –

가. 교육용기본재산의 확보

(1) 교사 및 교지의 소유주체

대학을 설립하고자 하는 자는 교사, 교지, 교원, 수익용기본재산을 확보하여 교육부장관에게 신청하는데(대학설립·운영규정 제2조 제1항, 이하 규정이라 한다) 사전에 대학설립계획서를 제출하여야 한다(규정 제2조 제3항). 교사와 교지는 설립주체의 소유이어야 한다. 다만, 일정한 공공기관 소유의 건축물이나 토지를 사용하는 경우와 설립주체가 일정한 토지를 타인과 공동으로 소유하여 대학원대학을 설립하거나 대학에 대학원을 두는 경우 등에는 그렇지 않다(규정 제2조 제6항). 교지에는 설립주체 외의 자가 소유하는 건축물을 둘 수 없는데 설립주체에게 소유권이 이전되는 건축물이나 국가나 지방자치체 등이 건축하고자 하는 일정한 시설 등은 예외이다(규정 제2조 제7항). 대학을 설립·운영하는 자 또는 대학의 장은 산학협력에 의한 교육 및 연구 등을 촉진하기 위하여 필요한 경우 일정한 업체에게 대학의 시설을 이용하게 할 수 있다(규정 제2조 제8항).

(2) 대학원, 대학 등의 설립 또는 설치

대학에 두는 대학원, 대학원대학과 그 학위과정의 학과 또는 전공에 관한 설치기준이 정해져 있다(규정 제2조의2 제1항 별표1). 대학원에 학과 간 협동과정, 산학연 등 협동과정을 둘 수 있다(규정 제2조의2 제2항). 대학이 박사학위과정을 신설하려는 경우에는 일정한 교원 등을 충족하여야 한다(규정 제2조의2 제4항). 산업대학과 전문대학을 설치·경영하는 학교법인이 두 대학을 통·폐합하여 대학을 설립하는 경우로서 통·폐합을 신청한 날이 속하는 해의 3년 전 학년도 입학정원을 기준으로 산업대학은 25퍼센트 이상, 전문대학은 60퍼센트 이상에 해당하는 입학정원을 각각 감축하는 경우 교원 및 교사 등은 교사나 교원 확보율은 별도로 정한다(규정 제2조의4). 대학원대학이 아닌 대학이 경영 등 관련 전문대학원을 설치하는 경우(규정 제2조의5), 사업대학을 폐지하여 대학을 설립하는 경우(규정 제2조의6) 등에는 일정한 기준을 갖추어야 한다.

(3) 학과·정원 등의 증설·증원 기준

대학, 대학원 및 대학원대학 등이 설립인가 후 편제가 완성된 후에만 학과 또는 학부를 증설하거나 학생정원을 증원할 수 있으며, 학과 등을 증설하거나 학생정원을 증원하는 경우에는 그 증설 또는 증원분을 포함한 전체에 대하여 일정한 기준을 갖추어야 한다(규정 제2조의3).

(4) 교사·교지·교원

대학의 교사는 교육기본시설, 지원시설 및 연구시설, 부속시설 등으로 구분되는데 일정한 요건을 갖추어야 한다(규정 제4조). 그리고 대학은 일정한 기준면적에 따른 교지를 교육·연구 활동에 지장이 없는 적합한 장소에 확보하여야 한다(규정 제5조).

나. 수익용기본재산의 확보 및 운영

(1) 확보해야 할 수익용기본재산의 가액

학교법인은 대학의 연간 학교회계 운영수익총액에 해당하는 가액의 수익용기본재산을 확보하되, 대학은 300억원, 전문대학은 200억원, 대학원 대학은 100억원 이상을 확보하여야 한다(규정 제7조 제1항). 그런데 법인이 수 개의 학교를 설립·운영하고자 하는 경우에는 각 학교별로 위 각 금액의 합산액 이상을 확보하여야 한다(규정 제7조 제2항). 1개 법인이 수 개의 학교를 설립운영하는 경우에는 각 학교별로 위의 금액을 확보하여야 한다(규정 제7조 제2항). 그리고 위의 연간 학교회계 운영수익총액에 해당하는 가액의 수익용기본재산은 그 총액에 한국은행이 발표하는 전년도의 예금은행 가중평균금리 중 저축성수신 금리를 곱하여 산출한 금액 이상의 연간 수익이 발생하여야 한다(규정 제7조 제3항).

(2) 수익용기본재산 가액의 평가방법

위의 수익용기본재산의 가액은 「상속세 및 증여세법」 제60조 내지 제66조의 규정에 의하여 정한다. 다만 토지의 경우에는 「감정평가 및 감정평가사에 관한 법률」 제2조 제4호에 따른 감정평가업자가 수익용기본재산의 가액 산정 기준일부터 직전 5년 이내에서 가장 가까운 감정평가 기준일에 평가한 감정가액을 그 가액으로 볼 수 있다(규정 제7조 제4항).

(3) 학교회계 운영수익의 범위

위(제1항)의 규정에 의한 학교회계 운영수익의 범위는 교육부령으로 정한다(규정 제7조 제5항). 이에 따라 시행규칙은 학교회계 운영수익총액은 대학설립계획서에 첨부되는 대학재정운영계획(시행규칙 제2조 제2항 제5호)에 있는 편제완성연도의 학교회계 운영수익총액으로 한다. 다만, 대학의 학과 또는 학부를 증설하거나 학생정원을 증원하는 경우에는 그 증설 또는 증원하는 연도의 직전연도 학교회계 운영수익총액에 그 증설 또는 증원에 따라 증가하는 학교회계 운영수익을 합한 금액으로 한다(시행규칙 제10조 제1항). 그리고 이때의 학교회계 운영수익은 「사학기관 재무·회계 규칙에 대한 특례규칙」 별표 3의 규정에 의한 운영수익총계에서 전입금수입 및 기부금수입을 뺀 금액으로 한다

(시행규칙 제10조 제2항).

(4) 수익용기본재산의 대학운영경비 부담

학교법인은 그가 설립·경영하는 대학에 대하여 매년 수익용기본재산에서 생긴 소득의 100분의 80 이상에 해당하는 가액을 대학운영에 필요한 경비로 충당하여야 한다(규정 제8조 제1항). 수익용기본재산에서 생긴 소득의 범위는 수익용기본재산에서 생긴 총수입에서 해당 수익용기본재산에 관한 제세공과금 및 법정부담경비를 뺀 금액으로 한다. 이 경우 총수입 중 수익사업회계로 경리되는 수익용기본재산에서 생긴 수입은 그 수익사업회계로부터 일반업무회계로 전입되는 금액을 말한다(규정 제8조 제2항, 시행규칙 제11조).

7. 기술대학

– 기술대학 설립·운영규정 및 동 규정 시행규칙 –

가. 기술대학의 교사·교원·수익용기본재산

기술대학을 설립하기 위해서는 일정한 교사(규정 제8조)와, 교원(제9조), 그리고 수익용기본재산(규정 제10조)을 갖추어야 한다. 교사는 기술대학법인의 소유이어야 하나 일정한 경우에는 임차하여 사용할 수 있다(규정 제6조 제3항).

나. 대학 등의 설립·경영자의 기술대학법인에의 참여 등

대학·산업대학의 설립·경영자는 기술대학의 학사학위과정을, 전문대학의 설립·경영자는 기술대학의 전문학사학위과정을 산업체와 공동으로 운영하고자 할 경우에 기술대학법인을 공동으로 설립할 수 있다(규정 제3조 제1항). 이때 산업체는 기술대학의 설립에 필요한 재산의 2분의 1 이상을 출연하여야 한다(규정 제3조 제1항). 기술대학법인의 이사 정수의 3분의 1 이상은 해당 기술대학법인을 설립하는 산업체에 근무하고 있는 자로 한다(규정 제3조 제3항).

다. 대학운영경비의 부담

기술대학법인을 설립하는 산업체 및 기술대학법인은 해당 기술대학의 운

영에 필요한 경비를 부담하여야 한다. 기술대학법인은 그가 설립·경영하는 기술대학에 대하여 매년 수익용기본재산에서 발생한 소득의 100분의 80 이상에 해당하는 가액을 기술대학 운영에 필요한 경비로 지출하여야 한다(규정 제11조). 이때의 수익용기본재산에서 생긴 소득의 범위는 수익용기본재산에서 생긴 총수입에서 해당 수익용기본재산에 관한 제세공과금 및 법정부담경비를 뺀 금액으로 한다(시행규칙 제10조).

8. 사이버대학

– 사이버대학 설립·운영규정 –

가. 교사·설비

사이버대학도 교사와 원격교육에 필요한 설비를 갖추어야 하고 교사는 설립주체의 소유라야 한다(규정 제5조).

나. 조직 및 교원

사이버대학에는 학칙에 따라 학과 또는 학부 등을 둔다. 사이버대학의 교원은 학과 또는 학부 등에 소속되는 것을 원칙으로 하며, 학과 또는 학부 등에 전공별로 교원 1명 이상을 확보하여야 한다(규정 제6조).

다. 수익용기본재산

사이버대학을 설립·운영하는 학교법은 대학의 연간 학교회계 운영수익총액의 50퍼센트 이상에 해당하는 가액의 수익용기본재산을 확보하되, 수익용기본재산은 35억원(전문학사학위를 주는 사이버대학의 경우에는 25억원) 이상이어야 한다(규정 제7조 제1항). 확보한 수익용기본재산에는 연간 학교회계 운영수익총액의 50퍼센트에 해당하는 가액에 한국은행이 발표하는 전년도의 예금은행 가중평균금리 중 저축성 수신 금리를 곱하여 산출한 금액 이상의 연간 수익이 발생하여야 한다(규정 제7조 제2항).

제2관 학교법인의 재산관리

1. 재산의 관리자

법인의 모든 재산의 관리책임자는 이사장이 된다. 다만, 학교에 속하는 교육용 기본재산과 학교용 보통재산의 운용 책임자는 학교의 장이 된다(사학기관재무·회계 규칙 제43조).

사립학교법 제73조는 학교법인의 이사장 또는 사립학교경영자(법인의 경우에는 그 대표자 또는 이사)가 사립학교법상 재산의 관리 및 보호에 관한 규정(제28조)을 위반한 경우에는 2년 이하의 징역 또는 2천만원 이하의 벌금에 처하도록 규정하고 있다. 따라서 학교법인의 경우에는 이사장만이 그 행위의 주체가 될 수 있으므로 학교법인의 이사에 불과한 자는 사립학교법상 범행의 주체가 될 수 없다(대법원 1983.7.26. 선고 83도819 판결). 다만 아래에서 설명하듯이 일정한 경우에는 이사도 재산관리와 관련하여서 형법상의 배임죄가 성립할 수 있다.

2. 기본재산의 처분 제한

가. 이사회의 결의

학교법인의 재산 취득이나 처분, 그리고 관리에 관한 사항은 이사회의 심의와 의결을 거쳐야 한다(사립학교법 제16조 제1항 제1호). 만약 이들 행위를 함에 있어서 이사회 의결을 거치지 않았다면 그 효력이 인정되지 않는다(대법원 2000.9.5. 선고 2000다2344 판결). 대법원은 학교법인이 사립학교법 제16조 제1항에 의한 이사회의 심의·의결 없이 학교법인 재산의 취득·처분행위를 하거나, 구 사립학교법 제28조 제1항의 규정에 의하여 관할청의 허가 없이 의무부담행위를 한 경우에 그 행위는 효력이 없고, 학교법인이 그 후에 위 의무부담행위를 추인하더라도 효력이 생기지 않는다고 한다(대법원 2016.6.9. 선고 2014다64752 판결). 이는 학교법인의 재산을 보존하기 위한 것인데, 사후에 이사회에서 추인한다면 적어도 이사회 결의 절차의 흠결이라는 하자는 치유되는 것으로 보는 것이 합리적일 것이다. 사립학교법 제27조에 의하여 법인의 대표에 관하여는 대리에 관한 규정을 준용하는데(민법 제59조 제2항) 민법 제130조는 대리권 없는 자가 타인의 대리인으로 한 계약은 본인이 이를 추인하면 효력이 인정될 수 있는 것으로 규정하고 있기 때문이다.

나. 관할청의 허가의 필요

한편 학교법인이 그 기본재산을 매도·증여·교환 또는 용도변경하거나 담보에 제공하고자 할 때 또는 의무의 부담이나 권리의 포기를 하고자 할 때에는 관할청의 허가를 받아야 한다(사립학교법 제28조 제1항 본문).

이처럼 학교법인이 그 기본재산에 대한 처분행위를 하고자 할 때에는 관할청의 허가를 받아야 한다고 규정한 것은 사립학교의 설치·경영을 위하여 설립된 학교법인이 그 기본재산을 부당하게 감소시키는 것을 방지함으로써 사립학교의 건전한 발달을 도모하기 위한 것이다(대법원 1999.3.12. 선고 98다12669 판결). 이러한 사립학교법의 규정이 사립학교 운영의 자유, 재산권을 침해하는지가 문제 되었다. 헌법재판소(헌재 2012.2.23. 2011헌바14)는 사립학교는 그 설립자의 특별한 설립이념을 구현하거나 독자적인 교육방침에 따라 개성있는 교육을 실시할 수 있을 뿐만 아니라 공공의 이익을 위한 재산출연을 통하여 정부의 공교육 실시를 위한 재정적 투자능력의 한계를 자발적으로 보완해 주는 역할을 담당하므로 사립학교 설립의 자유와 운영의 독자성을 보장할 필요는 인정하였다. 다만 사립학교도 교직원, 교과과정, 교과용도서의 사용 등에 있어서 국공립학교와 동일하여 공교육의 일익을 담당한다는 점에서 국·공립학교와 본질적인 차이가 없으므로, 공적인 학교제도를 보장하여야 할 책무를 진 국가는 일정한 범위 안에서 사립학교의 운영을 감독·통제할 권한과 책임을 지고, 튼튼한 재정적 기초 위에서 체계적인 교육을 구현하기 위한 국가적 지도통제가 어느 정도 필요하다고 하였다(헌재 2001.1.18. 99헌바63, 헌재 2009.4.30. 2005헌바101). 그리고 이러한 사립학교의 특성과 공적 기능 등에 비추어 사립학교를 설치·운영하는 학교법인의 물적 기반이 되는 기본재산의 매도에 있어 관할청의 허가를 받도록 하는 것은 목적의 정당성과 수단의 적정성도 인정된다고 하였다. 강제경매의 경우나 법인이 해산되는 경우 등에 관할청의 허가를 요하는 것에도 합리적 이유가 있으므로 과잉금지원칙을 위반하여 사립학교 운영의 자유나 학교법인의 채권자 내지 거래 상대방 등의 재산권을 침해하는 것은 아니라고 하였다.

따라서 예컨대 기본재산 처분행위가 재학생들에 대한 장학사업을 위한 장학재단설립을 위한 것이라고 하더라도 허가여부는 장학사업이라는 공익목적보다는 사립학교의 운영에 장애가 있는지에 따라 판단되어야 할 것이다.

위의 헌법재판소의 판례도 언급하고 있지만 대법원도 학교법인이 사립학교법 제47조 제1항에 의한 해산명령을 받아 해산되고 고등교육법 제62조 제1항에 의한 학교폐쇄 처분을 받아 사실상 학교법인으로서 실체를 상실하고 기능을 수행할 수 없게 된 경우에도 사립학교법 제28조 제1항이 여전히 적용되어 그 기본재산을 처분하고자 할 때에는 관할청의 허가를 받아야 한다고 한다(대법원 2010.4.8. 선고 2009다93329 판결). 이때는 사실상 사립학교의 발달과는 관계가 없지만, 강제집행 등의 절차에서 학교법인 해산명령 및 학교폐쇄 처분이 있다는 이유로 관할청의 허가 없이 기본재산의 매각이 유효하다고 해석하게 되면, 강제경매신청 채권자가 우연한 사정으로 우선 변제의 효과를 누리는 셈이 되어 다른 채권자들과의 형평을 해치게 된다는 점, 교육부장관의 해산명령으로 학교법인이 해산되어 사실상 학교법인으로서 실체를 상실하고 기능을 수행할 수 없게 된 경우에 그 기본재산을 부당하게 감소시키는 것과 같은 극히 제한된 경우에 한하여 사립학교법 제28조 제1항을 적용하여야 한다고 해석할 경우, '기본재산을 부당하게 감소시키는 것과 같은 극히 제한된 경우'에 해당하는지를 둘러싸고 법적 분쟁이 발생할 소지가 크고, 그 판단에 따라 기본재산 처분의 효력이 좌우되므로 법적 안정성을 해치게 된다는 점 등을 고려한 판단이다.

그 외 판례는 어떤 부동산이 학교법인에게 명의신탁된 것이라 하여도 그 부동산이 학교법인의 기본재산에 편입된 것이라면 명의신탁자로서는 관할청의 허가 없이는 명의수탁자인 학교법인을 상대로 하여 명의신탁 해지를 원인으로 하는 소유권이전등기를 청구할 수 없다(대법원 1995.5.9. 선고 93다62478 판결)고 하는 등 학교법인의 재산의 처분에는 가능한 한 관할청의 허가가 필요한 것으로 해석하고 있다.

다. 관할청에 신고

다만 아래의 경미한 사항은 이를 관할청에 신고하면 된다(사립학교법 제28조 제1항 단서). 그러나 사립학교법 제28조 제1항 본문에 따른 허가를 받지 아니할 목적으로 학교법인의 기본재산을 분할하거나 사립학교법·동 시행령 또는 관계법령에 위반되는 경우에는 관할청의 허가를 받아야 한다(사립학교법시행령 제11조 제5항 단서).

① 「대학설립·운영 규정」 제7조 제1항 및 「사이버대학 설립·운영 규정」 제7조 제1항에 따른 수익용기본재산을 확보한 대학, 산업대학 또는 사이버대학을 경영하는 학교법인이 수익증대를 목적으로 다른 수익용기본재산으로 대체취득하기 위하여 수익용기본재산을 매도 또는 교환하는 경우

② 「공익사업을 위한 토지 등의 취득 및 보상에 관한 법률」의 규정에 의한 협의 또는 수용에 의하여 기본재산을 처분하는 경우(손실보상금을 해당 기본재산의 용도와 동일하게 사용하는 경우에 한한다)

③ 제1호 또는 제2호에 해당하지 아니하는 경우로서 기본재산의 매도·증여·교환·용도변경 또는 담보의 제공가액이 5천만원 미만(대학 또는 산업대학을 경영하는 학교법인의 경우는 3억원 미만)인 경우

④ 법 제29조 제2항에 따른 교비회계·부속병원회계 및 법 제29조 제3항에 따른 일반업무회계(이하 이 항에서 "교비회계 등"이라 한다)의 기본금(총자산에서 총부채를 뺀 순자산으로서 법인 및 학교에 계속적으로 투입·운용되는 기본적자산의 가액을 말한다)에 대한 총 차입금(차입하고자 하는 차입금을 포함한다. 이하 같다)의 비율(이하 이 항에서 "차입비율"이라 한다)이 각 20퍼센트 미만이고 교비회계 등의 차입금의 합계액이 200억원 미만인 대학 또는 산업대학을 경영하는 학교법인이 차입비율 각 20퍼센트와 총 차입금의 합계액 200억원 미만의 범위에서 금융기관(「금융산업의 구조개선에 관한 법률」 제2조 제1호 각 목의 금융기관을 말한다)으로부터 차입하는 경우

⑤ 대학·산업대학·사이버대학 또는 전문대학을 경영하는 학교법인이 「한국사학 진흥재단법」 제17조의 규정에 의한 사학진흥기금에서 융자받는 경우(대학 또는 산업대학을 경영하는 학교법인의 경우에는 총 차입금의 합계액이 200억원 미만, 사이버대학 또는 전문대학을 경영하는 학교법인의 경우에는 총 차입금의 합계액이 50억원 미만인 경우에 한한다)

⑥ 수익용기본재산에 전세권을 설정하는 경우

⑦ 제4호 내지 제6호에 해당하지 아니하는 경우로서 의무의 부담 또는 권리의 포기가액이 5천만원 미만(대학 또는 산업대학을 경영하는 학교법인의 경우

는 3억원 미만. 다만, 의무부담의 경우에는 그 총 합계액이 200억원 미만인 경우에 한한다)인 경우

라. 허가의 시기

위와 같이 기본재산의 처분에 관할청의 허가를 요하는 것은 학교법인의 기본재산에 관한 거래계약 자체를 규제하려는 것이 아니라 사립학교를 설치·운영하는 학교법인의 재정적 기초가 되는 기본재산을 유지·보전하기 위하여 감독청의 허가 없이 그 기본재산에 관하여 타인 앞으로 권리이전 되거나 담보권·임차권이 설정되는 것을 규제하려는 것이다. 따라서 반드시 기본재산의 매매 등 계약 성립 전에 감독청의 허가를 받아야만 하는 것은 아니고, 매매 등 계약 성립 후에라도 감독청의 허가를 받으면 그 매매 등 계약이 유효하게 된다(대법원 1998.7.24. 선고 96다27988 판결).

마. 의무부담행위에 대하여

㈎ 관할청의 허가가 필요한 의무부담행위의 구별

학교법인이 의무를 부담하는 내용의 모든 법률행위에 대하여 일률적으로 관할청의 허가를 받아야 하는 것은 아니고 관할청의 허가를 받아야 하는 의무부담행위인지는 해당 행위의 목적과 대조하여 사안에 따라 구체적으로 결정하여야 한다. 학교법인 재산의 원활한 관리와 유지·보호에 필요한가 여부가 주된 기준이 될 것이다.

㈏ 관할청의 허가를 요하는 의무부담행위는 기본재산에 대한 의무부담행위에 한하는 것인지

사립학교법 제28조 제1항의 규정에 의하면 학교법인이 기본재산을 매도, 증여, 교환 또는 용도 변경하거나 담보에 제공하고자 할 때 또는 의무의 부담이나 권리의 포기를 하고자 할 때에는 감독청의 허가를 받도록 되어 있는 바, 동 규정 취지로 보아 학교법인은 ① 기본재산의 매도 등 처분 또는 그의 용도변경을 하고자 할 때, ② 의무를 부담하거나, ③ 권리를 포기할 때에는 반드시 감독청에 허가를 받아야 할 것이고, 위 의무부담 또는 권리포기가 기본재산에 관한 것에 한해서 감독청의 허가를 받아야 한다는 것은 아니다(대법원 1977.12.27. 선고 77다511, 584 판결).

㈐ **관할청의 허가가 필요한 의무부담행위라고 한 사례**

판례는 대학교를 운영하는 학교법인이 100억원 상당의 공사도급계약을 한 사안에서 해당 학교법인의 재정상태와 건축공사의 규모 및 공사도급액 등 제반 사정을 고려하여 위 공사도급계약은 관할청의 허가를 받아야 하는 의무부담행위에 해당한다고 하였다(대법원 2000.9.5. 선고 2000다2344 판결).

학교법인이 타인으로부터 금전을 차용하는 행위는 학교 운영상의 통상적인 거래행위도 아닐 뿐만 아니라 그로 인하여 학교법인은 일방적인 의무부담의 대가로 소비에 용이한 금전을 취득하는 결과가 되어 이를 감독하지 아니하면 학교재산의 원활한 유지·보호를 기할 수 없음이 분명하므로 그 차용액수의 과다, 변제 기간의 장단, 예산편성의 범위 내인지의 여부에 관계없이 구 사립학교법(1997.1.13. 법률 제5274호로 개정되기 전의 것) 제28조 제1항에 의하여 감독청의 허가를 받아야 할 의무부담행위에 해당하는 것으로 해석된다(대법원 1998.12.8. 선고 98다44642 판결).

차용행위에 대해서는 학교법인의 정관에 감독청의 허가 없이 차입을 할 수 있다는 취지의 규정이 있다고 하더라도 그 취지가 법 제28조의 위 취지의 범위를 이탈하지 아니하는 한도에서의 차입에 관한 것이라면 모르되 그렇지 아니한 경우에는 동 정관이 법 제10조에 의하여 관할청의 허가를 받았다고 해서 그로써 곧 위 정관에서 정한 차입에 관해서도 관할청의 허가가 있었다고는 볼 수 없다(대법원 1977.12.27. 선고 77다511, 584 판결).

㈑ **관할청의 허가가 불필요한 의무부담행위라고 한 사례**

변호사에게 사건처리를 위임한 학교법인으로서는 특별한 사정이 없는 한 응분의 보수를 그 변호사에게 지급할 의무가 있고 이러한 지급의무는 사립학교법 제28조 제1항에서 규정한 감독관청의 허가를 요하는 '의무의 부담'에 해당하지 않는다(대법원 1978.5.23. 선고 78다166 판결).

학교법인의 수익사업체의 경영에 당연히 수반하는 통상경비에 관련된 수표 보증과 같은 의무부담행위는 학교법인의 수익사업예산에 포함된 것이므로 새로이 감독청의 허가를 받을 필요는 없다(대법원 1977.10.11. 선고 77다1357 판결).

㈒ **의무부담행위가 무효로 된 경우의 학교법인의 배상문제**

한편 판례는 위 학교법인의 공사도급계약 사건에서 공사도급계약에 의하여 완성된 건물이 학교법인의 소유라는 전제하에 공사도급계약에 따라 공사업자의 자재와 노무의 제공으로 건물을 완성 받은 학교법인으로서는 공사업자에게 그 원상회복으로서 해당건물 가액 상당의 부당이득을 반환할 의무가 있다고 하였다(대법원 2000.9.5. 선고 2000다2344 판결).

사립학교 교장이 학교운영비에 사용할 목적으로 개인자격으로 은행으로부터 돈을 빌리고 피고 법인의 이사회에서 그 차용을 승인하는 결의와 함께 연대보증인이 되었다면 비록 차용 및 보증행위에 있어서 감독청의 허가를 받지 아니하였다 하더라도 피고 법인은 위 차금행위가 감독청의 허가를 받지 않은 것으로서 무효로 됨으로 인하여 원고 은행에게 위 대여금 상당의 손해를 입혔다 할 것이므로 학교법인은 그 사용자로서 손해배상책임이 있다고 하였다(서울고법 1977.3.8. 선고 76나1062 판결). 사립학교법이 기본재산의 처분에 허가를 받도록 하는 것은 학교법인의 재산을 보존하여 법인의 목적을 달성할 수 있도록 하기 위한 것인데 허가를 받지 않은 처분행위를 무효로 하면서도 법인의 손해배상책임을 인정한다면 이는 사립학교법의 기본재산을 보존하고자 하는 사립학교법의 취지에 반하는 것이 아닌가 문제되는데, 판례는 이와 같은 사용자로서의 손해배상책임과 허가 없는 처분행위를 무효로 하는 것은 별개의 법리이므로 학교법인에게 손해배상책임을 인정하더라도 사립학교법의 취지를 몰각시키는 것은 아니라고 하였다(대법원 1980.4.8. 선고 79다1431 판결). 학교법인의 설립자로서 이사 겸 학교법인이 경영하는 고등학교장으로 재직하던 자가 개인적으로 경영하던 회사의 사업자금에 쓸 목적으로 학교법인의 이사회결의를 거쳐 금전을 차용한 행위는 학교법인의 명의로 위 금원을 차용한 것이고 그와 같이 차용함에 있어서 원고 학교법인의 이사회결의까지 있었던 것이라면 그 차용금의 사용목적이 무엇이던 간에 위 차용행위는 학교법인의 사무집행행위이고 위의 사무집행행위인 차용행위가 무효로 되어 제3자에게 손해가 발생하였다면 학교법인은 사용자책임을 부담하여야 한다고 하였다(대법원 1987.4.28. 선고 86다카2534 판결).

하지만 이러한 견해는 사립학교법 제28조 제1항 제1문을 사문화시킬 우려가 있고, 대법원 스스로 이사회 결의나 관할청의 허가가 없는 재산의 처분을 무효로 하고 사후 승인도 인정하지 않는 법리를 구성한 취지를 몰각시키는 것이다.

㈓ 학교법인의 배상에서의 과실상계 등의 문제

하지만 학교법인의 피용자가 그 업무집행에 관하여 이사회의 결의와 감독청의 허가 없이 타인으로부터 금원을 차용함으로써 타인에게 손해를 가하였더라도 그 타인이 학교법인의 의무부담행위가 감독관청의 허가 없이 하는 것이라는 사정을 미리 알고 이에 적극 가담한 경우 그 타인은 그러한 학교법인의 행위가 자신에 대하여 불법행위가 됨을 내세워 학교법인에 그로 인한 손해배상책임을 물을 수는 없다(대법원 1998.12.8. 선고 98다44642 판결).

학교법인의 이사이며 그 경영하는 대학의 학장인 자가 학교법인 명의로 금전을 차용한 행위가 불법행위를 구성하는 경우 해당 불법행위로 인하여 손해를 입은 피해자에게 감독청의 허가의 유무를 확인하지 않은 과실이 있다면 과실상계를 하게 된다(대법원 1968.11.19. 선고 68다1704 판결).

바. 허가신청서 또는 신고서

위와 같은 학교법인의 기본재산의 매도·증여 또는 교환에 관한 허가신청서 또는 신고서에는 ① 처분재산명세서, ② 「부동산가격공시 및 감정평가에 관한 법률」에 의한 감정평가업자의 감정평가서(교환의 경우에는 쌍방의 재산), ③ 이사회회의록 사본, ④ 교환재산 또는 처분대금의 처리에 관한 사항을 기재한 서류(교환 또는 매도의 경우에 한한다) ⑤ 처분이 가능한 교육용재산(사립학교법 제12조제2항)에 해당하는 경우에는 그 내용을 증명할 수 있는 서류 등을 첨부하여야 한다(사립학교법시행령 제11조 제1항).

그리고 학교법인의 기본재산의 담보제공에 관한 허가신청서 또는 신고서에는 ① 담보에 제공할 재산목록, ② 피담보액, ③ 담보처, ④ 상환방법 및 상환계획, ⑤ 이사회회의록 사본 등의 서류와 사항을 첨부하여야 한다(사립학교법시행령 제11조 제3항).

그리고 학교법인의 기본재산의 용도변경, 의무의 부담 또는 권리의 포기 등에 관한 허가신청서 또는 신고서에는 그 사유를 명기하여야 한다(사립학교법 시행령 제11조 제4항).

사. 허가의 대위신청

위와 같은 허가신청은 민법상의 채권자대위의 대상이 될 수 없다. 채권자

대위권은 채권자가 자기의 채권을 보전하기 위하여 자기의 이름으로 채무자의 권리를 행사할 수 있는 권리이다.[53] 예컨대 채무자가 현재 재산을 가지고 있지 않으나 제3자에 대하여 대여금채권을 가지고 있어서 그 대여금을 반환받으면 그 돈으로 채권자에 대한 채무를 이행할 수 있음에도 채무자가 제3자에 대하여 대여금채권을 행사하지 않고 있는 경우에 채권자가 채무자를 대신해서 제3자에 대하여 대여금을 변제하도록 하는 것이 채권자대위권이다. 그런데 학교법인이 제3자와 거래를 하였고 그 거래가 유효하게 성립하기 위해서는 위 거래에 대하여 학교법인이 관할청의 허가를 받아야 하는데도 허가신청을 하지 않고 있는 경우 제3자가 학교법인을 대신하여 관할청에 허가신청을 할 수 있는지가 문제된다. 사립학교법의 취지상 이러한 대위신청은 인정되지 않는 것이다. 학교법인의 기본재산의 처분을 위하여 관할청의 허가를 신청할 것인지 여부는 특별한 사정이 없는 한 학교법인의 의사에 맡겨져 있고, 채무자인 학교법인에 다른 재산이 없어 기본재산을 처분하지 않고는 채무의 변제가 불가능하다고 하더라도, 학교법인으로부터 기본재산을 양수한 자도 아니고 금전채권자들에 불과한 자에게는 강제이행청구권의 실질적인 실현을 위하여 필요하다는 사유만으로 기본재산의 처분을 희망하지도 않는 학교법인을 상대로 관할청에 대하여 기본재산에 대한 처분허가신청절차를 이행할 것을 청구할 권한은 없다(대법원 1998.8.21. 선고 98다19202, 19219 판결, 대법원 2001.12.28. 선고 2001다24075 판결 참조). 또한 사립학교법 제28조 제1항의 규정 취지 및 학교법인 기본재산에 대한 처분허가신청권의 법적 성격에 비추어 볼 때 학교법인의 금전채권자로서는 학교법인을 대위하여 관할청에 기본재산의 처분허가신청을 할 수도 없다(대법원 2011.12.8. 선고 2011두14357 판결).

아. 허가 없는 재산처분의 효력

주무관청의 허가가 없는 학교법인의 기본재산의 처분은 효력이 없다. 판례는 이사회의 결의나 감독청의 허가가 없이 기본재산이 양도된 경우에는 그것이 학교법인의 의사에 기한 것이든 강제경매절차에 기한 것이든 무효라고 한다(대법원 1994.9.27. 선고 93누22784 판결). 나아가 판례는 채권계약과 물권계

53) 김준호, 민법강의(법문사, 2015), 1141-1157면.

약을 나누어 물권계약으로서의 효력만 부인하고 채권계약으로서는 유효한 것이라 인정한다면 특단의 사정이 없는 한 주무관청의 허가 없는 기본재산의 처분을 금하는 법의 취지가 몰각되는 결과를 빚을 염려가 있음을 이유로 채권계약으로서의 효력도 인정될 수 없다고 한다(대법원 1974.6.11. 선고 73다1975 판결).

법령상 관할청의 허가가 있는 경우에 한하여 처분이 허용되고 그 허가 없이는 처분이 금지된 학교법인의 기본재산에 대하여 처분허가가 없다는 것을 알면서 점유하는 자는 이미 자신이 그 부동산의 진정한 소유자의 소유권을 배제하고 마치 자기의 소유물처럼 배타적 지배를 할 수 없다는 것을 알면서 점유하는 것이므로, 점유 개시 당시에 그 부동산에 대하여 학교법인의 소유권을 배제하고 자기의 소유물처럼 배타적 지배를 행사한다는 의사가 있었다고 볼 수 없다(대법원 1996.11.8. 선고 96다29410 판결). 그리고 판례는 학교법인과 학교법인의 기본재산에 대한 교환계약을 함에 있어 그 계약의 상대방이 관할청의 허가 없음을 알고 있었다면 그 교환계약이 무효임을 알았다고 봄이 경험칙상 타당하다고 한다(대법원 1976.11.9. 선고 76다486 판결).

한편 관할청이 허가를 하였다고 하더라도 당초의 허가 조건이 있었음에도 이 조건을 이행하지 않는다면 해당 허가는 당연무효가 되는 것이고, 허가에 기초하여 처분을 위한 등기 등이 마쳐졌다고 하더라도 그 등기는 원인무효의 등기가 된다(대법원 1968.7.24. 선고 68다799 판결).

자. 무효인 처분행위에 대한 관할청의 허가

관할청의 교환허가처분이 학교법인의 이사장이 이사회의 승인의결을 받음이 없이 이사회회의록 사본을 위조하여 첨부한 교환허가신청서에 의한 것이라면 이는 중대하고 명백한 하자로서 당연무효이고, 교환허가처분이 당연무효인 이상 학교법인 이사회가 위 교환허가처분 후에 부동산에 대한 교환을 추인 또는 재추인한다는 의결을 하였다는 사실만으로써 곧 당연무효인 교환허가처분이 유효로 전환되거나 그 하자가 치유되는 것으로 볼 수는 없다(대법원 1984.2.28. 선고 81누275 전원합의체 판결). 관할청의 허가가 기본행위인 처분행위를 보충하여 그 법률상 효력을 완성시키는 보충행위에 불과한 이상 그 기본행위인 처분행위가 이사회의 승인결의가 없어서 무효라면 그 보충행위인 감독청의 허가처분도 당연무효라고 보는 것이 옳을 것이다.

차. 허가의 취소

허가에 위법사유가 있어 허가를 취소한다면 이와 같은 취소의 효력은 소급하여 발생하게 된다. 그런데 일정한 경우에는 소급효가 제한되어 장래효를 가지게 된다. 판례는 관할청이 사립학교법인에 대하여 한 기존의 자금차입허가의 취소사유가 사립학교법인이 허가에 따라 차입한 자금을 법인회계에 수입조치하지 아니하고 본래의 허가 용도가 아닌 다른 용도에 사용하였다는 것인 경우에 이는 허가처분의 효력이 발생하여 자금차입행위가 유효하게 이루어진 이후에 비로소 이행할 수 있는 것들이고 허가처분 당시에 그 처분에 위와 같은 흠이 존재하였던 것은 아니므로, 위와 같은 취소처분은 그 명칭에 불구하고 행정행위의 철회에 해당하는 것으로서 위 자금차입허가의 효력은 장래에 향하여 소멸한다고 하였다(대법원 2006.5.11. 선고 2003다37969 판결).

행정행위의 취소는 일단 유효하게 성립한 행정행위를 그 행위에 위법 또는 부당한 하자가 있음을 이유로 소급하여 그 효력을 소멸시키는 별도의 행정처분이고, 행정행위의 철회는 적법요건을 구비하여 완전히 효력을 발하고 있는 행정행위를 사후적으로 그 행위의 효력의 전부 또는 일부를 장래에 향해 소멸시키는 행정처분이다.[54] 그러므로 행정행위의 취소사유는 행정행위의 성립 당시에 존재하였던 하자를 말하고, 철회사유는 행정행위가 성립된 이후에 새로이 발생한 것으로서 행정행위의 효력을 존속시킬 수 없는 사유를 말한다. 위 사안의 경우는 적어도 관할청이 차입을 허가할 당시와 그 이후 학교법인이 차입할 당시까지는 학교법인에게 위법사항이 없고, 다만 차입한 이후에 차입한 돈을 법인회계에 수입조치 하지 않은 것이 위법사항이므로 명칭은 취소이나 그 실질은 철회라는 것이다. 이는 거래의 안전을 고려한 판결로 보이고 이러한 판례에 의하면 학교법인의 차입행위는 유효하나 차입행위에 대한 허가가 철회되었으므로 학교법인으로서는 차입한 금원을 변제할 의무를 부담하게 된다.

---

54) 홍정선, 앞의 책, 445면.

3. 매도 또는 담보제공의 금지 재산

가. 매도 또는 담보제공이 금지되는 재산의 범위

학교법인이 설치·경영하는 사립학교의 교육에 직접 사용되는 재산으로서 ① 교지, ② 교사(강당을 포함한다), ③ 체육장(실내체육장을 포함한다), ④ 실습 또는 연구시설, ⑤ 기타 교육에 직접 사용되는 시설·설비 및 교재·교구 등은 매도하거나 담보에 제공할 수 없다(사립학교법 제28조 제2항, 사립학교법시행령 제12조 제1항 본문). 이러한 제한규정은 사립학교경영자에게도 준용된다(사립학교법 제51조). 이때의 사립학교경영자란 「유아교육법」, 「초·중등교육법」 및 「고등교육법」과 사립학교법에 따라 사립학교를 설치·경영하는 공공단체 외의 법인(학교법인을 제외한다) 또는 사인을 말한다(사립학교법 제2조 제3항).

집합건축물대장상 용도가 준공시부터 유치원으로 되어 있고 전체건물의 등기부의 건물표시란에도 유치원 및 근린생활시설로 되어 있으며 관할 교육청에서는 유치원의 강당시설로 파악하고 있는 지층을 유치원 경영자가 유치원강당으로 사용할 것을 전제로 교육에 매일 사용되는 시설은 아니므로 현실적으로 유치원에서 사용하지 않는 시간에 타용도에 전용하는 경우라도 이는 학교교육에 직접 사용되는 재산에 해당한다(대법원 2000.6.23. 선고 2000다12761, 12778 판결).

사립학교 경영자가 사립학교의 교지·교사로 사용하기 위하여 출연·편입시킨 토지나 건물이 등기부상 학교경영자 개인 명의로 있는 경우 그 토지나 건물에 관하여 경료된 담보 목적의 가등기나 근저당권설정등기도 무효가 된다(대법원 2002.6.28. 선고 2001다25078 판결). 그런데 대법원은 위 판례에서 유치원에 사용되는 부동산의 실질소유자가 제3자의 명의로 유치원의 설립인가를 받았고, 위 소유자가 설립인가 신청 당시 제3자에게 해당 부동산을 무상으로 사용케 하는 것처럼 계약서 및 재산사용승낙서를 작성하는 한편, 부동산에 담보를 설정하거나 타에 매각하지 않을 것을 서약한다는 각서를 작성하여 관할 교육청에 제출하였다 하더라도, 이와 같이 설립인가 된 사립학교(유치원) 경영자는 어디까지나 제3자이고 소유자가 아니므로, 사립학교 경영자가 아닌 소유자로서는 사립학교법 제28조 제2항, 같은 법 시행령 제12조의 규정에 관계 없이 부동산의 소유자로서 매각하거나 담보로 제공하는 등 이를 유효하게 처분할 수 있고, 이와 같은 처분행위가 제3자나 관할 교육청과의 약정에 반한 것이라고 하여도 이것 때문에 무효가 될 수는 없다고 한다(대법원 2002.6.28. 선고 2001다25078 판결).

이와 같은 판례의 태도는 형식논리에 의한다면 타당한 것으로 보이나 위와 같은 입장을 고수하게 된다면 사립학교의 기본재산을 충실히 하고자 하는 사립학교법 해당 규정의 입법취지가 몰각되는 결과를 가져오게 될 것이다. 다만 이제는 「고등학교 이하 각급학교 설립·운영규정」 제7조에 의하여 사립의 각급학교의 교사 및 교지는 해당 학교를 설립·경영하는 자(이하 "설립주체"라 한다)의 소유이어야 하고 교지 안에는 설립주체 외의 자가 소유하는 건축물을 둘 수 없으므로 적어도 교지와 교사, 그리고 건축물인 시설물에 대해서는 설립 또는 경영자의 소유이어야 설립이 될 수 있으므로 위와 같은 문제는 발생하지 않을 것이다. 하지만 체육장, 그 외의 건축물이 아닌 시설, 설비, 교구 등의 경우에는 위의 판례와 같은 문제가 여전히 발생할 수 있다. 사립학교 기본재산의 유지라는 사립학교법의 취지를 살리기 위해서는 위의 시설, 설비 등의 소유자가 자발적으로 기본재산으로 하였고, 실제 기본재산으로 사용되고 있는 이상 그 처분을 제한하는 해석이 필요할 것으로 보인다.

나. 매도 또는 담보제공의 예외적 허용

(1) 교육에 직접 사용되는 재산에 대한 매도 또는 담보제공의 예외적 허용

교육환경의 개선을 위하여 교지의 전부와 교육용 기본시설의 일부를 확보한 후 학교를 이전하거나 본교와 분교를 통합하고자 하는 경우로서 이전 또는 통합으로 용도가 폐지되는 ① 교지, ② 교사(강당을 포함한다), ③ 체육장(실내체육장을 포함한다)과 교육·연구의 경쟁력 강화 및 특성화를 위하여 학교법인 간에 교환하는 방법으로 처분하거나 공공 또는 교육·연구의 목적으로 교육용 기본재산을 국가, 지방자치단체 또는 연구기관에 무상으로 귀속하는 경우에는 모든 교육용재산을 매도 또는 담보에 제공할 수 있다(사립학교법시행령 제12조 제2항).

위의 제2항에 따라 관할청이 부동산의 매도 또는 담보제공의 허가를 함에 있어서는 해당 부동산의 명도일 또는 담보로 제공되는 부동산과 관련된 채무의 변제일을 「유아교육법」 제8조 제4항 및 같은 법 시행령 제9조 제3항, 「초·

중등교육법」 제4조 제3항 및 같은 법 시행령 제5조 제1항 또는 「고등교육법」 제4조 제3항 및 같은 법 시행령 제2조 제5항의 규정에 의한 학교위치의 변경인가일 후로 하는 것을 조건으로 허가하여야 한다(사립학교법시행령 제12조 제3항).

(2) 교육에 직접 사용되지 않는 재산

판례는 사립유치원의 경우에 '학교교육에 직접 사용되는 사립학교경영자의 재산으로서 매도하거나 담보에 제공할 수 없는 재산' 중 교지 · 교사 · 체육장은 유치원 설립인가를 받을 당시의 원지 · 원사 · 유원장으로서 실제로 유치원 교육에 직접 사용되는 것 또는 설립인가 이후에 원지 · 원사 · 유원장의 변경인가를 받은 경우에는 그 변경인가를 받은 원지 · 원사 · 유원장으로서 실제로 유치원 교육에 직접 사용되는 것을 의미한다. 따라서 지하 1층, 지상 3층의 건물에 유치원설립인가를 받았다가 개원 후 위 건물을 집합건물로 전환하여 위 건물 중 지상 1, 2층만 유치원 건물로 사용하는 변경인가를 받은 경우, 변경인가에서 제외된 위 건물 지하층은 유치원 교육에 직접 사용하는 재산에서 제외되었다고 봄이 타당하다고 한다(대법원 2004.12.10. 선고 2004도6261 판결).

(3) 향후 교육에 직접 사용되지 않는 재산

학교 운영권이 부득이한 사유로 인하여 다른 학교법인에게 이전되는 경우에는 학교 교육에 필요한 재산도 함께 이전되어야 그 재산이 계속 그 학교 교육에 사용될 수 있을 것이고, 학교의 운영권이 다른 학교법인에게 이전되고 기존 학교법인의 정관상 규정된 설치학교에서 그 학교가 삭제된 이상 비록 종전에는 기존 학교법인의 교지 및 체육장으로써 학교 교육에 직접 사용되어 온 기본재산일지라도 더 이상 학교 교육에 직접 사용되는 재산이 아니라 구 사립학교법(1990.4.7. 법률 제4226호로 개정되기 전의 것) 제28조 제1항 소정의 기본재산일 뿐이므로 감독청의 허가를 받아서 이를 처분할 수 있고, 따라서 이러한 경우에는 같은 법 제28조 제2항, 같은법시행령(1993.2.23. 대통령령 제13855호로 개정되기 전의 것) 제12조 제1항이 적용되지 아니한다고 한다(대법원 1998.4.24. 선고 97다54284 판결).

학교교육에 직접 사용되는 학교법인의 재산 중 교지와 체육장 등은 매도하거나 담보에 제공할 수 없다고 규정한 것은 사립학교의 존립 및 목적 수행에 필수적인 교육시설을 보전함으로써 사립학교의 건전한 발전을 도모하려는 데 그 목적이 있는 것이므로, 매매당사자들이 유치원부지에 대하여 유치원을 다른 곳으로 이전하거나 폐원함으로써 매매목적 토지상에 유치원이 존재하지 아니할 것을 조건으로 매매계약을 체결한 경우 그 유치원의 이전이나 폐원이 불가능하지 않다면 위의 규정들에 불구하고 그 매매계약은 유효하게 된다(대법원 2002.9.27. 선고 2002다29152 판결).

(4) 학교법인에게 명의신탁된 재산

또한 실질적인 소유자에게 그 명의를 돌려주는 것에 지나지 아니하여 학교법인의 실질적인 기본재산에는 아무런 영향이 없는 명의신탁해지의 경우에는 그 대상이 형식상으로는 명의수탁자인 학교법인의 기본재산이라고 할지라도, 교육에 직접 사용하는 교사 및 학교용지 등의 매도 또는 담보제공을 금지하는 규정이 적용되지 아니한다고 하여 관할청의 처분허가를 받을 것을 조건으로 해당 부동산에 대하여 명의신탁해지를 원인으로 한 소유권이전등기절차를 이행할 의무가 있다고 판단하였다(대법원 1999.3.12. 선고 98다12669 판결). 그리고 이러한 경우에 관할청으로서는 특별한 사정이 없는 한 그 처분행위를 허가하여야 한다고 한다(대법원 1997.12.26. 선고 97누14538 판결).

이러한 명의신탁 된 부동산의 경우는 비록 학교법인에게 명의신탁된 것이라 하여도 그 부동산이 학교법인의 기본재산에 편입된 것이라면 명의신탁자로서는 관할청의 허가 없이는 명의수탁자인 학교법인을 상대로 하여 명의신탁해지를 원인으로 하는 소유권이전등기를 청구할 수 없는데 학교법인에게 명의신탁한 부동산에 대해서 관할청의 허가가 있으면 명의신탁자는 이를 반환받을 수 있으므로 명의신탁자가 명의신탁을 해지한 경우에는 명의수탁자인 학교법인으로서는 관할청에 대하여 명의신탁 부동산 반환에 관하여 관할청의 허가를 신청할 의무를 부담하고, 명의수탁자가 이러한 의무를 이행하지 않는 경우에는 명의신탁자로서는 민법 제389조 제2항에 의하여 허가신청의 의사표시에 갈음하는 재판을 청구할 수 있다(대법원 1995.5.9. 선고 93다62478 판결).

다. 매도 또는 담보제공이 금지되는 재산에 대한 압류 등

위의 사립학교법 규정의 취지상 교육에 직접 사용되는 재산에 대해서는 압류도 금지되는 것으로 보아야 할 것이다. 판례도 학교 이전으로 용도가 폐지된 교지에 대하여 매도 또는 담보제공이 금지된 학교법인의 재산에 해당한다고 볼 수 없으므로, 압류 및 강제경매가 금지되는 재산에도 해당하지 않는다고 할 것이라고 함으로써 반대해석에 의하면 위의 사립학교의 교육에 직접 사용되는 재산에 대하여는 압류나 강제경매가 허용되지 않음을 밝히고 있다(대법원 2004.9.8. 2004마408 결정).

그러나 사립학교의 교육에 직접 사용되는 재산을 제외한 기본재산에 대해서는 그 처분에 관할청의 허가를 받아야 한다고 제한하고 있을 뿐이므로, 관할청의 허가를 받을 수 없는 사정이 확실하다고 인정되는 등의 특별한 사정이 없는 한, 이러한 기본재산에 대한 압류는 허용된다(대법원 2003.5.16. 선고 2002두3669 판결).

그런데 기본재산인 채권에 대하여 압류 및 추심명령의 신청이 있는 경우, 집행법원으로서는 그 처분을 금지하는 압류명령은 발할 수 있지만, 관할청의 허가가 없는 이상 현금화(환가)를 명하는 추심명령을 발할 수는 없다고 봄이 상당할 것이고, 압류명령이 발하여진 경우에도 피압류채권이 사립학교의 기본재산임이 밝혀지고 나아가 관할청의 허가를 받을 수 없는 사정이 확실하다고 인정되거나 관할청의 불허가가 있는 경우 그 채권은 사실상 압류 적격을 상실하게 된다고 봄이 상당하다고 할 것이므로, 채무자는 그 결정에 대한 즉시항고를 하여 압류명령의 취소를 구하거나, 민사집행법 제246조 제2항에 따라 위와 같은 이유를 들어 압류명령의 전부 또는 일부의 취소를 신청할 수 있다고 한다(대법원 2002.9.30. 2002마2209 결정).

결국 교지, 교사 등이 아니라고 하더라도 기본재산인 경우에 압류는 허용되나 관할청의 처분에 대한 허가가 있지 않다면 강제집행은 불가능하게 된다. 따라서 학교법인의 기본재산이 강제경매절차에 의하여 양도되는 경우에도 관할청의 허가가 없다면 그 양도행위가 금지된다고 할 것이고, 그 결과 학교법인의 기본재산이 관할청의 허가 없이 강제경매절차에 의하여 경락되어 이에 관하여 경락을 원인으로 하여 경락인 명의의 소유권이전등기가 경료 되었다 하더라도 그 등기는 적법한 원인을 결여한 등기가 된다(대법원 1994.1.25. 선고 93다

42993 판결). 그리고 이때 강제경매절차에 있어서 최고가매수신고인은 경락기일에 경락허가를 받을 경매절차상의 권리가 있을 뿐 직접 집행채권자나 채무자에 대하여 어떠한 권리를 가진다고 할 수는 없으므로, 최고가매수신고인이 집행채무자인 학교법인을 대위하여 감독청에 대하여 기본재산의 처분에 관한 허가신청을 대위행사 할 수도 없다(대법원 1994.9.27. 선고 93누22784 판결).

하지만 임의경매의 경우에는 약간의 차이가 있다. 학교법인의 기본재산일지라도 저당권 실행을 위한 임의경매일 경우 이미 저당권을 설정할 당시 관할청의 허가를 받았었다면 낙찰에 대해서도 별도로 관할청의 허가를 받을 필요는 없다. 다만 학교법인의 기본재산임에도 불구하고 관할청의 허가가 없이 저당권 등기가 되는 경우가 있다. 등기 당시 등기공무원에게 실질적 심사권이 없기 때문에 관할청의 허가가 없음에도 불구하고 저당권등기가 마쳐질 수 있다. 이러한 경우에는 저당권 설정행위가 무효가 되어 저당권 등기가 원인무효의 등기가 될 수 있다(대법원 2003.9.26. 2002마4353 결정). 하지만 기본재산이 아닌 부동산이 적법하게 저당권설정의 목적물이 되었다면, 뒤에 그 담보로 제공된 부동산이 기본재산이 되었다 하여도 그 기본재산은 적법하게 설정된 저당채무를 부담한 것이라 할 것이므로 그 저당권 실행에 있어서 주무관청의 승인은 필요하지 않다(대법원 1993.7.16. 선고 93다2094 판결 등).

라. 매도 또는 담보제공이 금지되는 재산을 처분한 자가 처분행위의 무효를 주장할 수 있는지

위와 같이 학교법인이 학교교육에 직접 사용되는 학교법인의 재산 중 교지, 교사 등은 이를 매도하거나 담보에 제공할 수 없다고 규정한 것은 사립학교의 존립 및 목적 수행에 필수적인 교육시설을 보전함으로써 사립학교의 건전한 발달을 도모하는 데 그 목적이 있는 것인데, 만약 위반한 자 스스로가 무효를 주장하는 것이 권리남용 내지 신의성실원칙에 위배되는 권리의 행사라는 이유로 배척된다면 위와 같은 입법 취지를 완전히 몰각시키는 결과가 될 것이다. 따라서 사립학교 경영자가 매도나 담보제공이 무효라는 사실을 알고서 매도나 담보제공을 하였다고 하더라도 매도나 담보제공을 금지한 관련 법규정의 입법 취지에 비추어 위법행위를 한 학교법인이 자신의 행위에 대하여 강행규정 위배로 인한 무효라고 주장하더라도 이것을 신의성실 원칙에 반하거나 권리남용이라고 할 수는 없다(대법원 2000.6.9. 선고 99다70860 판결). 다만 명목상으로만 학교법인에 직접 사용되는 재산으로 되어 있을 뿐 실제로는 학교교육에 직접 사용되는 시설·설비 및 교재·교구 등이 아니거나 학교 자체가 형해화되어 사실상 교육시설로 볼 수 없는 경우와 같은 특별한 사정이 있다면 매도나 담보제공을 무효라고 주장하는 것은 법 규정의 취지에 반하는 것이므로 신의성실 원칙에 반하거나 권리남용이라고 보아야 할 것이다.

4. 압류금지 재산

「초·중등교육법」 제10조 및 「고등교육법」 제11조의 규정에 의한 수업료 기타 납부금(입학금·학교운영지원비 또는 기성회비를 말한다)을 받을 권리와 이 법 제29조 제2항의 규정에 의하여 별도 계좌로 관리되는 수입에 대한 예금채권은 이를 압류하지 못한다(사립학교법 제28조 제3항).

이때 압류가 금지되는 '수업료 기타 납부금'에는 입학금·학교운영지원비 또는 기성회비 외에 육성회비, 특기·적성비, 보충수업비, 수학여행경비도 포함된다(대법원 2001.3.20. 2000마7801 결정). 따라서 위와 같이 압류가 금지되는 수업료 등에 대한 압류 및 추심명령은 부적법한 것이 된다(대법원 1999.7.28. 99마2815, 2816 결정).

5. 학교의 채무보증 금지

학교는 채무에 대한 보증을 해서는 안 된다(사학기관재무·회계규칙 제55조).

6. 기타 재산의 관리(규칙)

가. 재산의 관리자

법인의 모든 재산의 관리책임자는 이사장이 된다. 다만, 학교에 속하는 교육용 기본재산과 학교용 보통재산의 운용 책임자는 학교의 장이 된다(사학기관재무·회계규칙 제43조). 이는 학교법인의 이사장에게 법인의 기본재산이 되는 부동산을 수익용 기본재산과 교육용 기본재산으로 엄격히 구분·관리하도록 관리책임을 부여하는 한편, 학교의 장에게는 학교에 속하는 교육용 기본재산에 대하여 운용책임을 부여한 것이다. 따라서 법인용 재산의 회복에 대한 책임도 이사장에게 있다(대법원 2017.6.19. 선고 2015두59808 판결).

나. 학교법인의 재산 취득

학교법인이 재산을 취득하는 경우도 있다. 이때에는 이사회의 결의를 거쳐서 매매계약을 하고, 대가를 지급한 후 등기를 하고 관할청에 증자보고를 하여야 한다. 그런데 재산의 취득이 현금재산의 처분에 의한 것이라면 이사회의 결의 후 매매계약을 체결하기 전에 감독청의 허가를 얻어야 한다. 감독청의 허가를 받도록 한 취지는 학교법인 재산을 보존하려고 하는 목적에 의한 것이므로 재산을 무상으로 취득하는 것이라면 감독청의 허가를 받을 필요가 없을 것이다.

(1) 등기와 등록

법인이 재산을 취득한 때에는 그 법인의 이사장은 지체 없이 등기·등록 기타 권리확보에 필요한 절차를 이행하여야 한다(사학기관재무·회계규칙 제44조).

(2) 증자보고

고등학교 이하 각급학교에 속하는 학교를 설치·경영하는 법인이 기본재산을 매수·기부채납·신축·증축에 의하거나 기타의 원인에 의하여 취득한 때에는 지체 없이 ① 증자재산목록, ② 등기·등록 기타 권리확보에 관한 증빙서(주권인 경우에는 명의서환 사실을 증명하는 서류), ③ 이사회회의록 사본의 서류를 첨부하여 관할청에 증자보고서를 제출하여야 한다(사학기관재무·회계규칙 제45조).

(3) 소유권의 이전

법인이 사립학교법의 규정에 의하여 관할청의 허가를 받아 그 재산을 처분한 때에는 처분대금을 완수하지 아니하고는 해당 재산의 소유권을 이전하지 못한다(사학기관재무·회계규칙 제46조). 교육용기본재산의 소유권 이전에는 취득세 및 등록세가 비과세되고, 수익용기본재산의 소유권이전에는 취득세 및 등록세가 과세되나 학교법인은 지방세법에 의한 비영리사업자에 해당되므로 과세율이 다른 법인에 비하여 낮다(예컨대 등록세의 경우 재단법인은 1000분의 15임에 비하여 학교법인은 1000분의 8이다).

다. 처분결과의 제출

학교법인이 재산을 처분한 후에는 처분 내역을 증빙할 수 있는 서류를 첨부하여 처분결과를 제출하여야 한다. 이때의 서류는 매매계약서 사본, 처분대금의 세입 · 세출내역, 처분대금의 사용(은행보관)내역(은행통장사본) 등이다.

7. 학교법인의 재산관리와 배임죄의 문제

가. 배임죄의 의의

배임죄는 타인의 사무를 처리하는 자가 그 임무에 위배하는 행위로써 재산상의 이익을 취득하거나 제3자로 하여금 이를 취득하게 하여 본인에게 손해를 가함으로써 성립한다(형법 제355조 제2항).

나. 배임죄의 주체

배임죄는 타인의 사무를 처리하는 자가 그 임무에 위배하는 행위로써 재산상의 이익을 취득하거나 제3자로 하여금 이를 취득하게 하여 본인에게 손해를 가함으로써 성립하는 것이므로 행위자는 타인의 사무를 처리하는 자라야 한다. 학교법인의 재산관리라는 타인의 사무를 처리하는 자는 이사장이므로 원칙적으로 학교법인의 배임죄의 주체는 이사장이 된다. 그런데 배임죄의 주체로서 '타인의 사무를 처리하는 자'란 타인과의 대내관계에 있어서 신의성실의 원칙에 비추어 그 사무를 처리할 신임관계가 존재한다고 인정되는 자를 의미하고, 반드시 제3자에 대한 대외관계에서 그 사무에 관한 대리권이 존재할 것을 요하는 것은 아니다. 따라서 사실상 학교법인의 경영을 주도하고 업무를 총괄하며 학교자금을 보관 · 관리하는 업무를 취급하고 있는 학교법인의 이사 겸 학교법인이 설립한 고등학교의 교장이 학교재산에 관한 임대차계약을 체결한 경우, 업무상배임죄의 주체가 될 수 있다(대법원 2000.3.14. 선고 99도457 판결). 그리고 대학교 총장으로 대학교 업무 전반을 총괄함과 동시에 학교법인의 이사로서 학교법인 이사회에 상당한 영향력을 행사하고 있는 자가 학교법인의 이사로서 이사회에 참석하여 명예총장에 추대하는 결의에 찬성하고, 이사회의 결의에 따라 대학교의 총장으로서 대학교의 교비로써 명예총장의 활동비 및 전용 운전사의 급여를 지급한 경우, 업무상배임죄의 주체가 될 수 있다(대법원 2003.1.10. 선고 2002도758 판결).

업무상배임죄의 실행으로 인하여 이익을 얻게 되는 수익자 또는 그와 밀접한 관련이 있는 제3자를 배임의 실행행위자와 공동정범으로 인정하기 위하여는 실행행위자의 행위가 피해자 본인에 대한 배임행위에 해당한다는 것을 알면서도 소극적으로 그 배임행위에 편승하여 이익을 취득한 것만으로는 부족하고, 실행행위자의 배임행위를 교사하거나 또는 배임행위의 전 과정에 관여하는 등으로 배임행위에 적극 가담할 것을 필요로 한다. 이러한 점에서 판례는 학교법인의 이사가 이사회에 출석하여 그 법인의 재산을 타에 기증하기로 하는 결의에 찬성하고 그 결의내용을 적은 이사회회의록에 날인한 것만으로는 배임죄의 공범이 되지 아니한다고 한다(대법원 1985.7.23. 선고 85도480 판결).

다. 배임죄의 성립요건 중 임무에 위배하는 행위

배임죄의 '임무에 위배하는 행위'라 함은 처리하는 사무의 내용, 성질 등에 비추어 법령의 규정, 계약의 내용 또는 신의칙상 당연히 하여야 할 것으로 기대되는 행위를 하지 않거나 당연히 하지 않아야 할 것으로 기대되는 행위를 함으로써 본인과의 신임관계를 저버리는 일체의 행위를 포함하며, 이에 해당하는 한 재산처분에 관한 결정권을 가진 학교법인의 이사회의 결의가 있었다거나 감독청의 허가를 받아서 한 것이라고 하여 정당화할 수 없다(대법원 2000.3.14. 선고 99도457 판결). 대학의 경우에도 임무에 위배하는 행위를 한 이상 헌법 제31조 제4항에 따라 대학의 자치가 인정되고 그 내용에 인사에 관한 자치 내지 자주결정권, 재정에 관한 자주결정권이 포함되며 그러한 결정권을 가진 학교법인 이사회의 결의가 있었다고 하여 정당화할 수도 없다(대법원 2003.1.10. 선고 2002도758 판결).

학교법인의 이사장이 법인의 명의로 임의로 채무부담 행위를 하여서는 아니 된다는 사실을 잘 알면서도 자금사정이 악화되어 있던 제3자의 채무를 사실상 인수하면서 약속어음에 배서연대보증행위를 하였다면 배임죄가 성립하게 된다(대법원 2005.8.25. 선고 2005도3410 판결). 그리고 학교법인의 이사장이 학교법인 소유의 토지를 매도함에 있어서 그 매수인이 그 매매목적물인 부동산을 매수 즉시 그 매매가격보다 월등하게 높은 가격으로 전매할 것임을 알면서도 이를 확실하게 예측되는 전매가격보다 현저한 저가로 매도하였다면 이사회 결의가 있었거나 주무관청의 허가조건에 반하지 않는다고 하더라도 배임죄가 성립한다(대법원 1990.6.8. 선고 89도1417 판결).

라. 배임죄의 성립요건 중 재산상의 손해

배임죄에 있어 재산상의 손해를 가한 때라 함은 현실적인 손해를 가한 경우뿐만 아니라 재산상 손해 발생의 위험을 초래한 경우도 포함되고, 재산상 손해의 유무에 대한 판단은 본인의 전 재산 상태와의 관계에서 법률적 판단에 의하지 아니하고 경제적 관점에서 파악하여야 하며, 따라서 법률적 판단에 의하여 해당 배임행위가 무효라 하더라도 경제적 관점에서 파악하여 배임행위로 인하여 본인에게 현실적인 손해를 가하였거나 재산상 손해발생의 위험을 초래한 경우에는 재산상의 손해를 가한 때에 해당되어 배임죄가 성립하게 된다. 따라서 학교법인의 기본재산의 처분이 주무관청의 허가를 받지 않아 무효이어서 학교법인에게 사실상 아무런 손해가 발생하지 않는다고 하더라도 기본재산 처분행위가 배임행위에 해당하는 한 배임죄는 성립한다(대법원 1995.12.22. 선고 94도3013 판결). 그리고 일단 재산상 손해가 발생하거나 손해가 발생할 위험이 존재함으로써 배임죄는 성립하는 것이므로 사후에 담보를 확보하거나 피해를 모두 회복하였다고 하더라도 배임죄로 인한 처벌이 감경될 수는 있을지언정 배임죄가 성립하는 데는 차이가 없다.

그러나 재산상의 손해를 가한다 함은 총체적으로 보아 본인의 재산 상태에 손해를 가하는 경우, 즉 본인의 전체적 재산가치의 감소를 가져오는 것을 말하므로 재산상의 손실을 야기한 임무위배행위가 동시에 그 손실을 보상할 만한 재산상의 이익을 준 경우, 예컨대 그 배임행위로 인한 급부와 반대급부가 상응하고 다른 재산상 손해(현실적인 손해 또는 재산상 실해 발생의 위험)도 없는 때에는 전체적 재산가치의 감소, 즉 재산상 손해가 있다고 할 수 없다(대법원 2005.4.15. 선고 2004도7053 판결).

한편 업무상배임죄는 본인에게 재산상의 손해를 가하는 외에 배임행위로 인하여 행위자 스스로 재산상의 이익을 취득하거나 제3자로 하여금 재산상의 이익을 취득하게 할 것을 요건으로 하므로, 본인에게 손해를 가하였다고 할지라도 행위자 또는 제3자가 재산상 이익을 취득한 사실이 없다면 배임죄가 성립할 수 없다(대법원 2009.12.24. 선고 2007도2484 판결).

마. 학교법인 운영권의 양도와 배임죄

현행법하에서는 학교법인의 이사장 또는 사립학교경영자가 학교법인 운영권을 양도하고 양수인으로부터 양수인 측을 학교법인의 임원으로 선임해 주는 대가로 양도대금을 받기로 하는 내용의 '청탁'을 받았다 하더라도, 이를 배임수재죄의 구성요건인 '부정한 청탁'에 해당한다고 할 수 없다. 학교법인의 이사장 또는 사립학교경영자가 자신들이 출연한 재산을 회수하기 위하여 양도대금을 받았다거나 당해 학교법인이 국가 또는 지방자치단체로부터 일정한 보조금을 지원받아 왔다는 등의 사정이 있더라도 마찬가지이다. 다만 그 청탁의 내용이 당해 학교법인의 설립목적과 다른 목적으로 기본재산을 매수하여 사용하려는 것으로서 학교법인의 존립에 중대한 위협을 초래할 것임이 명백하다는 등의 특별한 사정이 있다면 배임죄가 성립할 수도 있다(대법원 2014.1.23. 선고 2013도11735 판결). 그리고 학교법인이 교육용 기본재산을 다른 학교법인에 처분하더라도 이것이 학교의 경영권과 함께 양도하여 결국 양도되는 재산이 계속 학교교육에 사용되도록 하는 것이라면 교육용 재산의 매도나 담보제공을 금지하고 있는 사립학교법 제28조에 위반되는 것이 아니라고도 하였다(대법원 2015.4.9. 선고 2013도484 판결). 이러한 대법원의 판례는 사학의 공공성을 보호하면서도 설립자의 재산권을 존중하는 것이라는 점에서 타당한 것이다.

이처럼 학교법인 운영권을 돈을 받고 매도하는 것을 용인하는 것은 설립자의 재산권을 존중하려는 취지도 있을 것이다. 그렇다면 만약 위의 운영권의 매매가 설립자나 그 유족에 의한 것이 아닌 경우는 달리 평가되어야 할 것이다. 학교법인의 운영은 이사회를 통하여 이루어지므로 설립자가 아니라도 이사회를 장악하게 된다면 학교법인의 운영권을 획득하게 될 수 있는데 그러한 경우에 해당 임원이 설립자나 설립자 유족의 의사와 무관하게 대가를 받고 학교법인의 운영권을 매도하려는 시도가 있을 수 있다. 이러한 경우는 오히려 설립자의 재산권을 침해하는 것일 뿐만 아니라 사학의 공공성에도 반하는 것이므로 배임죄로 처벌하여야 할 것이다.

8. 학교법인 재산의 용도변경

가. 의 의

학교법인의 재산은 기본재산과 보통재산으로 구별되고 기본재산과 보통재산은 다시 세부적으로 구별된다는 점에 대하여 설명한 바 있다. 그런데 이와 같이 구별되는 각 재산은 일정한 경우에 주무관청의 허가를 받아서 그 용도를 변경할 수 있다. 한편 학교법인의 기본재산이 정관상 용도와 달리 사실상 타 용도로 이용되고 있는 경우 관할청에 용도변경 허가를 받아 일치시켜야 한다. 용도변경을 위해서는 그 사유서와 용도변경 후 재산활용 계획 및 관련 증빙서류, 이사회 회의록을 첨부하여 신청하여야 한다.

나. 용도변경이 발생하는 경우

기본재산과 보통재산은 그 구별의 성격상 기본재산과 보통재산 상호간에 용도변경 할 사유가 발생하지 않으나 기본재산인 학교법인의 재산 중 기본재산을 학교경영을 위하여 학교회계에 전입하는 경우에는 보통재산으로 용도변경을 하여야 한다. 한편 필요에 따라 교육용기본재산을 수익용기본재산으로(예 : 교육목적에 직접 사용하는 재산이 학과개편 등으로 교육목적에 사용하지 않게 될 경우), 수익용기본재산을 교육용기본재산으로(예 : 수익용 기본재산을 교육목적으로 직접 사용하고자 하는 경우) 용도변경 할 필요가 있을 수 있다. 용도변경으로 인하여 법령에 의하여 확보되어야 할 교육용기본재산이나 수익용기본재산의 기준을 충족하지 않게 된다면 이러한 용도변경은 허용될 수 없을 것이다. 그리고 교육용기본재산이 교비회계의 돈으로 구입한 것이었다면 사립학교법 제29조 제6항에 따라 시가에 상당하는 금액을 교비회계로 보전하여야 한다.

교육용기본재산의 수익용기본재산으로의 변경 절차에 관하여는 과거부터 다툼이 있었다. 학령인구의 감소로 인한 대학의 구조조정을 위해서는 학교법인의 적극적인 호응이 있어야 한다. 이를 유인하는 방법으로 위의 변경을 사후보고나 신고제로 변경하는 방법이 주장되었는데 다른 한편에서는 이는 사학의 재산을 부풀리거나 빼돌리는 데 활용될 수 있음을 이유로 반대하였다. 법령상 구비해야 할 교육용기본재산은 학생수를 기준으로 하는데 학령인구의 감소와 정원감축으로 상대적으로 잉여 교육용기본재산이 발생하고 있음에 반하여 대부분의 학교법인은 법정 수익용기본재산을 갖추지 못하고 있다. 이러한 문제를 해소하기 위해서는 적극적으로 교육용기본재산을 수익용기본재산으로 변경할 필요가 있다. 따라서 교육용기본재산을 수익용기본재산으로 변경하는 것을 전향적으로 신고제로 하거나 허가제를 유지한다고 하더라도 관할청이 적극적으로 허가를 하는 것이 바람직하다. 다만 변경된 수익용기본재산에 대해서는 보다 엄격한 사후관리가 필요하다.

다. 용도변경의 신청

용도변경신청은 학교법인 이사장이 신청서에 용도변경대상 재산명세서, 용도변경 사유서, 이사회회의록 사본을 첨부하여 제출함으로써 한다.

제3관 학교법인의 물품관리

사학기관재무회계규칙은 학교법인과 학교의 물품관리에 관하여도 규정하고 있다.

1. 물품의 범위

사학기관재무회계규칙에서 규율하고 있는 물품은 현금·유가증권 및 부동산 이외의 비품과 소모품이 있는데 비품은 품질·형상의 변동 없이 비교적 장기간 사용할 수 있는 물품이고, 소모품은 사용함으로써 소모되거나 파손되기 쉬운 물품과 공작물 기타 물품의 구성부분으로서 소모되거나 파손되기 쉬운 물품을 말한다(사학기관재무회계규칙 제47조).

2. 물품의 관리자 및 출납원

법인과 학교의 물품관리자는 그 법인의 이사장과 학교의 장으로 한다(사학기관재무회계규칙 제48조 제1항). 다만 물품관리자는 필요에 따라 소속직원 중에서 분임물품관리자를 지정하여 그 소관에 속하는 물품관리에 관한 사무를 위임할 수 있다(사학기관재무회계규칙 제48조 제2항). 그리고 물품관리자나 그로부터 관리사무를 위임받은 분임물품관리자는 물품의 출납과 보관을 위하여 소속직원 중에서 물품출납원을 지정하여야 한다(사학기관재무회계규칙 제48조 제3항).

3. 물품의 관리

물품관리자 · 물품출납원 및 물품사용자는 선량한 관리자로서의 주의와 의무를 다하여야 한다(사학기관재무회계규칙 제49조).

물품관리자는 물품출납의 사유가 생겼을 때에는 그 물품출납원에게 그 출납을 명하고, 물품출납원은 이와 같은 물품관리자의 명령이 없이는 물품을 출납하지 못한다(사학기관재무회계규칙 제50조 제1, 2항). 그리고 이때의 출납명령은 각 해당 수급부에 결재날인 함으로써 행한다(사학기관재무회계규칙 제50조 제3항).

한편 물품관리자는 2년마다 정기적으로 학년도 말을 기준으로 재물조사를 실시하여야 한다(사학기관재무회계규칙 제50조 제4항).

4. 불용품의 처리

법인과 학교의 물품 중 그 사용이 불능하거나 수리하여 다시 사용할 수 없게 된 물품에 대한 불용의 결정은 각각 그 물품관리자가 한다(사학기관재무회계규칙 제51조 제1항). 이때 불용품을 매각한 경우에는 그 대금을 해당법인 또는 학교의 세입예산에 편입시켜야 한다(사학기관재무회계규칙 제51조 제2항).

5. 장부의 비치

법인의 사무소에는 재산목록 및 그 권리에 관한 증빙서류를 비치하여야 한다(사학기관재무회계규칙 제52조 제1항). 그리고 법인의 이사장은 그 법인의 사업체의 관리자와 학교의 장으로 부터 매월 말 현재의 수입 · 지출보고서와 함께 재산증감보고시를 받아 수입지출총괄부와 예산결산서에 각각 그 보고사항을 기록하여 재산과 재무의 현황을 상시 파악하여야 한다(사학기관재무회계규칙 제52조 제2항).

학교에는 회계관련 장부 서류와 함께 재산대장(교육용 재산)과 도면, 비품수급부와 소모품수급부, 징수대장, 수입부, 금전출납부와 세출내역부, 수입·지출외 현금출납부·보관물수급부 및 유가증권수급부, 금융회사와의 거래실적 입증서류, 기타 이 규칙에서 정하는 서류로서 학교에 해당하는 서류를 비치하여야 한다(사학기관재무회계규칙 제53조).

법인의 이사장과 학교의 장은 위 장부와 서류를 각각 5년간 보존하여야 하는데(사학기관재무회계규칙 제53조의2 제1항) 다만 위의 장부 및 서류의 내용을 전산화하는 경우에는 따로 장부 및 서류를 작성·비치하지 아니할 수 있다. 이 경우 전산화한 사항 중 장부에 해당하는 사항은 이를 출력하여 이를 디스켓 또는 자기테이프 등과 함께 5년의 보존기간까지 보관하여야 한다(사학기관재무회계규칙 제53조의2 제2항).

제4관 학교법인의 재무회계

1. 재무와 회계의 총칙

가. 재무와 회계의 원칙

법인과 학교의 재무와 회계는 건전하게 운영하여야 하며 국가의 정책과 사회의 공공기관으로서의 의무와 그 설립목적에 반하여서는 아니 된다(사학기관재무회계규칙 제4조). 사학기관재무회계규칙이 정하고 있는 이와 같은 기본원칙 규정은 사립학교의 건전한 발달을 도모할 목적으로 학교법인의 내부관계를 규율하기 위한 것으로 선언적 규정이라고 할 수 있다.

나. 수입의 직접 사용금지

법인과 학교의 모든 수입은 각각 세입세출예산에 편입하여야 하며, 이를 직접 사용하지 못한다. 다만, 입찰보증금·계약보증금 등 보관금과 잡종금의 경우에는 그러하지 아니하다(사학기관재무회계규칙 제6조).

다. 자금의 관리

법인과 학교는 자금집행계획을 수립하고 그 수입된 세입금을 수개로 분할하여 사업의 진도에 따르는 자금집행시기에 만기가 되도록 법률에 의하여 금융을 업으로 하는 은행 등 금융회사에 예치하여야 한다(사학기관재무회계규칙 제7조 제1항). 이때 예치라 함은 금융기관에 예금·적금 또는 신탁을 하거나 금융기관이 발행하거나 지급을 보증한 어음이나 그밖의 채무증서를 매입하는 것을 말한다(사학기관재무회계규칙 제7조 제2항).

라. 출납폐쇄기간

법인과 학교의 출납은 회계연도 종료 후 20일이 되는 날에 폐쇄한다(사학기관재무회계규칙 제9조).

마. 재무회계에 관한 사항의 위임

사학기관재무회계규칙에 규정하지 아니한 재무와 회계에 관한 사항은 법인의 이사장과 학교의 장이 정한다(사학기관재무회계규칙 제60조).

바. 지정정보처리장치에 의한 재무·회계의 처리

고등학교 이하 각급 학교의 교비회계에 속하는 예산·결산 및 회계 업무는 교육부장관이 지정하는 정보처리장치로 처리하여야 한다. 이는 학교의 예산·결산 및 회계 업무의 투명성과 신뢰성을 높이기 위한 것이다. 다만, 법 제43조 제1항에 따른 국가 또는 지방자치단체의 보조금(인건비 및 학교운영비에 한정한다)을 받지 않는 「초·중등교육법」 제2조 제5호에 따른 각종학교 또는 「유아교육법」 제16조 제1항에 따른 외국인유치원은 그렇지 않다(사학기관재무회계규칙 제53조의3).

2. 학교법인의 예산 및 결산

가. 세입·세출과 예산총계주의

예산에 있어서 1회계연도의 모든 수입을 세입으로 하고 모든 지출을 세출로 한다(사학기관재무회계규칙 제10조). 그리고 수입과 지출은 모두 예산에 편입하여야 한다(사학기관재무회계규칙 제11조).

나. 예산의 편성

(1) 예산편성 요령

법인의 이사장은 매 회계연도 개시 2월 이전에 그 법인과 학교의 예산편성요령을 정하여야 한다(사학기관재무회계규칙 제12조).

(2) 예산서에 첨부하여야 할 서류

(가) 법인회계의 예산의 경우

법인의 업무에 속하는 회계의 예산에는 ① 예산총칙, ② 수입지출예산명세서, ③ 전년도 부채명세서(차입금을 포함한다), ④ 직원의 보수(수당을 포함한다) 일람표, ⑤ 지난 연도 미수액 조서, ⑥ 추정 대차대조표, ⑦ 전년도 대차대조표, ⑧ 전년도 손익계산서(제27조 단서의 규정에 의하여 단식부기에 의하는 경우에는 전년도 수지계산서), ⑨ 기구와 정원일람표, ⑩ 이사회관계 회의록의 사본 등의 서류가 첨부되어야 한다(사학기관재무회계규칙 제15조 제1항).

(나) 학교의 예산의 경우

학교의 예산에는 ① 예산총칙, ② 수입지출예산명세서, ③ 전년도 부채명세서(차입금을 포함한다), ④ 직원의 보수(수당을 포함한다) 일람표, ⑤ 과년도 미수액 조서, ⑥ 기구와 정원일람표, ⑦ 이사회관계 회의록의 사본, ⑧ 학급편성표 및 ⑨ 학년별 학과별 학생수조서가 첨부되어야 한다(사학기관재무회계규칙 제15조 제2항).

(3) 예산과목의 구분

사학기관재무회계규칙은 법인의 업무에 속하는 회계와 학교에 속하는 회계의 예산과목의 구분을 별표 1-4에서 정하고 있다. 다만, 「유아교육법」 제2조 제2호에 따른 유치원의 경우 학교에 속하는 회계의 예산과목 구분은 별표 5 및 별표 6에 따른다(사학기관재무회계규칙 제15조의2 제1항). 교육감은 지역의 실정·특색과 관할 학교 및 유치원의 운영 실태 등을 고려하여 별표 3부터 별표 6까지에 따른 예산과목 구분의 전부 또는 일부를 조정할 수 있다(사학기관재무회계규칙 제15조의2 제2항).

(4) 예산편성절차

법인의 업무에 속하는 회계의 예산은 이사장이 편성하여 매 회계연도개시 10일 전까지 이사회의 의결을 얻어야 한다(사학기관재무회계규칙 제16조 제1항).

학교에 속하는 회계의 예산은 해당 학교의 장이 편성하되 대학교육기관은 대학평의원회의 자문 및 등록금심의위원회의 심사 · 의결을 거친 후 이사회의 심사 · 의결로 확정하고 학교의 장이 집행하며, 「초 · 중등교육법」 제2조에 따른 학교는 학교운영위원회의 자문을 거친 후 이사회의 심사 · 의결로 확정하고 학교의 장이 집행한다. 다만 유치원운영위원회를 두지 않은 경우에는 학교의 장이 집행한다(사립학교법 제29조 제4항). 해당 학교의 장은 예산을 편성하여 매 회계연도 개시 1월 전까지 해당학교법인의 이사장에게 제출하여야 한다. 이 경우 고등학교 이하 각급학교의 학교운영지원비에 관한 예산편성에 있어서는 해당 학교의 학부모회의 의견을 들어야 한다(사학기관재무회계규칙 제16조 제2항). 이와 같이 제출받은 예산안에 대하여 이사장은 회계연도 개시 10일 전까지 이사회의 의결을 얻어 학교의 장에게 송부하여야 한다(사학기관재무회계규칙 제16조 제3항).

다. 예산의 종류

(1) 준 예 산

법인이 설치 · 경영하는 학교 및 해당 법인의 업무에 속하는 회계의 예산이나 사인이 설치 · 경영하는 학교에 속하는 회계의 예산이 회계연도 개시 전까지 확정되지 아니하는 때에는 법인이 설치 · 경영하는 학교 및 해당 법인의 경우에는 법인의 이사장이, 사인이 설치 · 경영하는 학교의 경우에는 학교의 장이 각각 관할청에 그 사유를 보고하고 법인의 업무에 속하는 회계의 예산은 법인의 이사장이, 학교에 속하는 회계의 예산은 학교의 장이 예산이 성립되는 때까지 ① 교직원의 보수, ② 학교교육에 직접 사용되는 필수적 경비, ③ 학교시설의 유지관리비, ④ 법률상 지급의무가 있는 경비를 전년도 예산에 준하여 집행할 수 있다(사학기관재무회계규칙 제17조 제1항).

이후에 해당 연도의 예산이 확정된 때에는 이와 같이 준예산으로 집행된 예산은 그 확정된 예산에 의하여 집행된 것으로 본다(사학기관재무회계규칙 제17조 제2항).

(2) 추가경정예산

이사장과 학교의 장은 예산확정 후 생긴 사유로 인하여 이미 성립된 예산에 변경을 가할 필요가 있는 때에는 제16조의 규정에 의한 절차에 준하여 추가경정예산을 편성할 수 있다. 다만, 회계연도 중에 용도가 지정되고 전액이 교부 또는 기탁된 경비는 추가경정예산의 성립 이전에 이를 사용할 수 있으며, 이는 동일 회계연도내의 차기 추가경정예산에 계상하여야 한다(사학기관재무회계규칙 제18조).

(3) 예 비 비

법인은 예측할 수 없는 예산 외의 지출 또는 예산초과지출에 충당하기 위하여 예비비로서 상당하다고 인정되는 금액을 법인의 업무에 속하는 회계와 학교에 속하는 회계의 세출예산에 계상하여야 한다(사학기관재무회계규칙 제19조 제1항). 이러한 예비비의 사용에 관하여는 법인에 있어서는 이사장이, 학교에 있어서는 학교의 장이 결정한다(사학기관재무회계규칙 제19조 제2항).

라. 예산의 집행

(1) 성립된 예산 외의 집행금지

사학기관재무규칙에 의한 절차에 따라 성립한 예산이 아니면 이를 집행하지 못한다(사학기관재무규칙 제20조 제1항). 추가경정예산의 절차를 밟지 아니하고는 기정예산을 초과하여 집행하지 못한다(사학기관재무규칙 제20조 제2항).

(2) 예산의 목적 외 사용금지

그리고 법인의 업무에 속하는 회계의 세출예산은 목적 외에 이를 사용하지 못한다(사학기관재무규칙 제21조 제1항). 또한 학교에 속하는 회계의 세출예산은 이를 목적 외에 사용하지 못하며 교비회계에서는 다른 회계에 전출하지 못한다(사학기관재무규칙 제21조 제2항). 예산을 목적 외에 사용하거나 학교에 속하는 회계의 예산을 다른 목적에 사용하는 경우에는 횡령죄가 성립할 수 있다(교비회계의 전출로 인한 횡령죄에 대해서는 아래에서 다시 설명한다). 판례에 의하면 업무상횡령죄에 있어서의 불법영득의 의사라 함은 자기 또는 제3자의 이익을 꾀할 목적으로 업무상의 임무에 위배하여 보관하고 있는 타인의 재물을 자기의 소유인 것과 같이 사실상 또는 법률상 처분하는 의사를 의미하는 것으로, 예산을 집행할 직책에 있는 자가 자기 자신의 이익을 위한 것이 아니고 경비부족을 메우기 위하여 예산을 전용한 경우, 그것이 본래 책정되거나 영달되어 있어야 할 필요경비이기 때문에 일정한 절차를 거치면 그 지출이 허용될 수 있었던 때에는 그 간격을 메우기 위한 유용이 있었다는 것만으로 바로 그 유용자에게 불법영득의 의사가 있었다고 단정할 수는 없는 것이지만, 그 예산의 항목유용 자체가 위법한 목적을 가지고 있다거나 예산의 용도가 엄격하게 제한되어 있는 경우에는 불법영득의 의사가 인정된다고 한다(대법원 2004.12.24. 선고 2003도4570 판결).

법인의 구성원은 적법한 방법으로 그 법인을 위한 업무를 수행하여야 하므로, 법인의 구성원이 업무수행에 있어 관계 법령을 위반함으로써 형사재판을 받게 되었다면 그의 개인적인 변호사비용을 법인자금으로 지급한다는 것은 횡령에 해당하며, 그 변호사비용을 법인이 부담하는 것이 관례라고 하여도 그러한 행위가 사회상규에 어긋나지 않는다고 할 만큼 사회적으로 용인되어 보편화된 관례라고 할 수 없다고 하였다(대법원 2003.5.30. 선고 2002도235 판결).

다만 동일 예산 관내의 항간 또는 목간에 예산의 과부족이 있는 경우에는 상호 전용할 수 있다(사학기관재무규칙 제21조 제3항). 그리고 이와 같이 법인의 이사장 또는 학교의 장이 제3항의 규정에 의하여 전용을 할 때에는 이사장은 이를 그 이사회에, 학교의 장은 이를 해당법인의 이사장에게 각각 보고하여야 한다(사학기관재무규칙 제21조 제4항).

(3) 세출예산의 이월 및 계속

법인의 업무에 속하는 회계와 학교에 속하는 회계의 세출예산 중 경비의 성질상 해당연도 안에 지출을 끝내지 못할 것이 예측되는 경비와 불가피한 사유로 그 연도 안에 지출하지 못한 경비는 다음 연도 예산에 이월 계상하고 그 사유를 명기하여 이를 사용할 수 있다(사학기관재무규칙 제22조 제1항).

법인의 이사장과 학교의 장은 공사나 제조 기타 사업으로서 그 완성이 2년이상을 요하는 것에 대하여는 그 소요경비의 총액과 연도별 금액을 계속비로서 2년이상에 걸쳐 지출할 수 있다(사학기관재무규칙 제22조 제2항).

(4) 적립금의 적립 및 사용 등

법인의 이사장과 학교의 장은 노후교실의 개축·증축 등을 위한 건축적립금 기타 관할청이 특히 필요하다고 인정하는 적립금(이하 "적립금"이라 한다)을 적립할 수 있다. 이 경우 적립금의 적립 및 사용계획을 사전에 관할청에 보고하여야 한다(사학기관재무규칙 제22조의2 제1항).

적립금은 그 상당액을 기금으로 예치하여 관리하여야 한다. 다만, 「고등교육법」 제2조 각 호에 해당하는 사립학교(대학, 산업대학, 교육대학, 전문대학, 방송대학·통신대학·방송통신대학 및 사이버대학, 기술대학, 각종학교)에서는 적립금의 2분의 1 한도에서 「증권거래법」 제2조 제1항 각 호에 따른 증권을 취득할 수 있다(사학기관재무규칙 제22조의2 제2항).

적립금은 그 적립목적에 한하여 사용하여야 한다(사학기관재무규칙 제22조의2 제3항). 그리고 관할청은 해당 법인과 학교의 재정상태 등을 감안하여 적립금의 적립여부·규모 및 적립기간 등에 관하여 필요한 조치를 할 수 있다. 이 경우 교육부장관이 정하는 기준이 있는 경우에는 그에 따라야 한다(사학기관재무규칙 제22조의2 제4항).

마. 학교법인의 결산

(1) 결산의 확정

법인의 업무에 속하는 회계와 학교에 속하는 회계의 세입·세출의 결산에 있어서 결산서는 매 회계연도 종료 후 40일 이내에 작성하여 해당 법인의 이사장에게 제출하여야 한다. 이 경우에 그 결산서에는 감사의 감사보고서가 첨부되어야 한다. 이러한 결산은 이사회의 의결을 얻어야 하는데 이사회는 매 회계연도 종료 후 55일까지 결산을 심의·확정하여야 한다. 이로써 세입·세출의 결산이 확정된다(사학기관재무회계규칙 제23조 제1항).

학교에 속하는 회계의 결산은 매 회계연도 종료 후 대학교육기관은 대학평의원회의 자문 및 등록금심의위원회의 심사·의결을 거쳐야 하고, 「초·중등교육법」 제2조에 따른 학교는 학교운영위원회의 자문을 거쳐야 한다. 다만, 유치원의 경우에는 그러하지 아니하다(사립학교법 제31조 제3항).

(2) 회계 결산서의 작성

법인의 업무에 속하는 회계의 세입·세출결산서는 예산과목과 동일구분에 의하여 작성된 계산서 및 그 부속서류로 한다(사학기관재무회계규칙 제23조 제2항).

학교에 속하는 회계의 세입 · 세출결산서는 예산과목과 동일구분에 의하여 작성하되 ① 수입과 지출에 있어서의 예산액 · 결산액 및 비교증감대비액, ② 불용액에 있어서는 수입총액, 지출총액 및 수입총액에서 지출총액을 뺀 나머지 금액의 사항을 명확히 하여야 한다(사학기관재무회계규칙 제23조 제3항).

(3) 붙임표의 작성

법인의 업무에 속하는 회계와 학교에 속하는 회계의 세입 · 세출결산서에는 결손처분액조서 · 미수액조서 · 차입금명세서 · 채무확정액조서 및 예비비사용액조서를 각각 그 붙임표로 작성하여야 한다(사학기관재무회계규칙 제23조 제4항).

(4) 재무보고서의 첨부

고등학교 이하 각급 학교에 속하는 학교의 세입 · 세출결산서에는 재무보고서를 첨부할 수 있다(사학기관재무회계규칙 제23조 제5항). 재무보고서의 작성에 관하여는 「교육비특별회계 회계기준에 관한 규칙」 제3조부터 제36조까지의 규정을 준용한다. 이때 "시 · 도교육청"은 "학교"로 본다(사학기관재무회계규칙 제23조 제6항).

바. 예산 및 결산의 보고와 공시

학교법인은 매 회계연도 개시 전에 예산을, 매 회계연도 종료 후에는 결산을 관할청에 보고하고 공시하여야 한다(사립학교법 제31조 제1항). 이때의 보고와 공시는 예산의 경우에는 매 회계연도 개시 5일 이전에, 결산의 경우에는 매 회계연도 종료 후 3월 이내에 하여야 한다(사립학교법시행령 제14조 제1항). 연도 중도에 예산을 추가 또는 경정하고자 할 때에는 그 성립한 날로부터 15일 이내에 해당 예산을 관할청에 보고하여야 한다(사립학교법시행령 제14조 제2항).

사. 관할청의 예산에 대한 시정지도

관할청은 예산이 회계 관계 법령 등을 위반하여 편성되었다고 인정할 때에는 그 시정을 지도할 수 있다(사립학교법 제31조 제2항). 사립학교법은 당초의 예산에 대하여만 시정지도에 대하여 규정하고 있는 것처럼 보이나 추가 또는 경정예산의 경우도 당초의 예산의 연장이고, 또한 추가나 경정예산의 경우도 관할청의 시정지도가 필요하다는 점을 고려해볼 때 추가 또는 경정예산에 대한 시정지도권도 당연히 인정된다고 보아야 할 것이다.

아. 관할청의 학교법인 결산에 대한 감독

학교법인은 결산서를 제출할 때에 해당 학교법인의 감사 전원이 서명·날인한 감사보고서를 첨부하여야 한다. 이 경우 대학교육기관을 설치·경영하는 학교법인은 학교법인과 독립한 공인회계사 또는 회계법인의 감사증명서 및 부속서류(사립학교법 제4조 제1항 제1호에 따른 학교의 교비회계 결산은 제외한다)를 첨부하여야 한다(사립학교법 제31조 제4항).

교육부장관은 필요한 경우 위 감사증명서 및 부속서류에 대하여 감리할 수 있다(사립학교법 제31조의2 제1항). 이러한 감리는 학교법인이 제출한 결산서에 대하여 회계규칙을 준수하였는지를 심사한 결과 이를 위반한 사실이 인정되는 경우, 계량적 분석 또는 무작위 표본 추출 등 교육부장관이 정하는 바에 따라 감리대상으로 선정된 경우, 국가기관으로부터 대학교육기관을 설치·경영하는 학교법인의 회계 관련 법령 위반사실을 통보받은 경우 등에 할 수 있다(사립학교법시행령 제14조 제1항). 이러한 감리업무의 전부 또는 일부를 대통령령이 정하는 바에 따라 외부회계감사 및 감리에 관한 전문성을 갖춘 법인이나 단체에 위탁할 수 있다(사립학교법 제31조의2 제2항). 위탁할 수 있는 법인은 공인회계사법이 정하는 회계법인이고, 단체는 한국사학진흥재단이다(사립학교법시행령 제14조의3).

자. 학교법인의 예산서·결산서의 공개의무

학교법인은 학교법인의 업무에 속하는 회계와 학교에 속하는 회계의 예산서와 결산서(각각「사학기관 재무·회계규칙」 및 「사학기관 재무·회계규칙에 대한 특례규칙」에 따른 부속명세서를 포함한다)에 대하여 예산서는 매 회계연도 개시 5일 전까지, 결산서는 매 회계연도 종료 후 3월 안에 해당 학교의 인터넷 홈페이지에 게재하여 1년간 공개하여야 한다(사립학교법시행령 제14조 제4, 5항).

3. 회 계

가. 회계의 구분

학교법인의 회계는 그가 설치·경영하는 학교에 속하는 회계와 법인의 업무에 속하는 회계로 구분한다(사립학교법 제29조 제1항). 이 중 학교에 속하는 회계는 이를 교비회계와 부속병원회계(부속병원이 있는 경우에 한한다)로 구분할 수 있고, 교비회계는 등록금회계와 비등록금회계로 구분하며, 각 회계의 세입·세출에 관한 사항은 대통령령으로 정하되 학교가 받은 기부금 및 수업료 기타 납부금은 교비회계의 수입으로 하여 이를 별도 계좌로 관리하여야 한다(사립학교법 제29조 제2항).

그리고 법인의 업무에 속하는 회계는 이를 일반업무회계와 사립학교법 제6조의 규정에 의한 수익사업회계로 구분할 수 있다(사립학교법 제29조 제3항).

학교에 속하는 회계의 예산은 해당 학교의 장이 편성하되 대학교육기관은 대학평의원회의 자문 및 등록금심의위원회의 심사·의결을 거친 후 이사회의 심사·의결로 확정하고 학교의 장이 집행하며, 「초·중등교육법」 제2조에 따른 학교는 학교운영위원회의 자문을 거친 후 이사회의 심사·의결로 확정하고 학교의 장이 집행한다. 유치원은 유치원운영위원회의 자문을 거친 후 학교의 장이 집행하되, 유치원운영위원회를 두지 아니한 경우에는 학교의 장이 집행한다(사립학교법 제29조 제4항).

교비회계에 속하는 수입이나 재산은 다른 회계에 전출·대여하거나 목적 외로 부정하게 사용할 수 없다. 일부 유치원이 교비회계에 속하는 수입이나 재산을 교육목적 이외에 부정하게 사용하는 것이 사회적으로 문제가 되어 목적 외로 사용하는 것도 금지시키고 이를 위반한 경우에는 처벌까지 할 수 있도록 하였다. 다만, 차입금의 원리금을 상환하는 경우나 공공 또는 교육·연구의 목적으로 교육용 기본재산을 국가, 지방자치단체 또는 연구기관에 무상으로 귀속하는 경우(다만, 대통령령으로 정하는 기준을 충족하는 경우에 한한다)에는 그러하지 아니하다(사립학교법 제29조 제6항).

나. 학교회계의 세입·세출

(1) 교비회계의 세입

교비회계의 세입은 ① 법령 또는 학칙에 의하여 학교가 학생으로부터 징수하는 입학금·수업료 및 입학수험료, ② 학사관계 각종 증명수수료, ③ 학교시설의 사용료 및 이용료, ④ 다른 회계로부터 전입되는 전입금, ⑤ 학생의 실험실습에서 생기는 생산품 등의 판매대금, ⑥ 교비회계의 운용과정에서 생기는 이자수입, ⑦ 교육용 기자재 등의 불용품 매각수입, ⑧ 교비회계의 세출에 충당하기 위한 차입금, ⑨ 학교가 학교교육에 사용할 목적으로 받은 기부금, ⑩ 기타 학교법인의 수입으로서 다른 회계에 속하지 아니하는 수입 등으로 한다(사립학교법시행령 제13조 제1항).

(2) 교비회계의 세출

교비회계의 세출은 ① 학교운영에 필요한 인건비 및 물건비, ② 학교교육에 직접 필요한 시설·설비를 위한 경비, ③ 교원의 연구비, 학생의 장학금, 교육지도비 및 보건체육비, ④ 제1항 제8호의 차입금의 상환원리금, ⑤ 기타 학교교육에 직접 필요한 경비 등의 경비로 한다(사립학교법시행령 제13조 제2항). 지출이 교비회계의 세출에 해당하는지 여부는 그 지출과 관련된 제반 사정을 종합적으로 살펴서 당해 학교의 교육에 직접 필요한 것인지 여부에 따라 판단되어야 하고, 당해 학교의 교육에 직접 필요한 용도가 아닌 다른 용도에 사용하였다면 결과적으로는 학교에 도움이 되는 곳에 사용되었다고 하더라도 업무상횡령죄가 성립한다(대법원 2015.2.26. 선고 2014도15182 판결). 교비회계에 속하는 돈을 같은 학교법인에 속하는 다른 학교의 교비회계에 사용한 경우에도 마찬가지다(대법원 2014.8.28. 선고 2014도6286 판결).

(3) 부속병원회계의 세입

부속병원회계의 세입은 ① 진료수입, ② 일반업무회계로부터 전입되는 전입금, ③ 부속병원회계의 운용과정에서 생기는 이자수입, ④ 부속병원회계의 세출에 충당하기 위한 차입금, ⑤ 기타 부속병원운영에 따른 제수입 등의 수입으로 한다(사립학교법시행령 제13조 제3항).

(4) 부속병원회계의 세출

부속병원회계의 세출은 ① 부속병원운영에 필요한 인건비, ② 부속병원관리·운영과 진료에 필요한 물건비, ③ 부속병원에 직접 필요한 시설·설비를 위한 경비, ④ 교비회계 또는 일반업무회계로의 전출금, ⑤ 제3항 제4호의 차입금의 상환원리금, ⑥ 기타 부속병원운영에 필요한 경비 등의 경비로 한다(사립학교법시행령 제13조 제4항).

다. 교비회계의 전출금지 및 횡령죄의 성립

(1) 의 의

교비회계에 속하는 수입은 다른 회계에 전출하거나 대여할 수 없다. 다만, 차입금의 원리금을 상환하는 경우에는 그러하지 아니하다(사립학교법 제29조 제6항).

(2) 교비회계세출에 해당하는지의 판단에 대한 기준

교비회계에 속하는 수입에 의한 지출이 허용되는 교비회계의 세출에 해당하는지 여부는 그 지출과 관련된 제반 사정을 종합적으로 살펴볼 때 해당 학교의 교육에 직접 필요한 것인지 여부에 따라 판단하여야 한다(대법원 2008.2. 29. 선고 2007도9755 판결). 따라서 형식적으로는 학교교육에 직접 필요한 시설·설비를 위한 경비로 지출되었다고 하더라도 그 지출과 관련된 제반 사정을 종합하여볼 때 실질적으로는 다른 회계나 다른 용도로 사용하였을 경우에는 교비회계세출로 인정할 수 없다. 이 경우에는 횡령죄가 성립하게 된다. 반면 교비회계의 세출에 의하여 구입하고자 하는 시설, 설비, 물건 등이 외관상으로는 학교교육에 직접 필요한 것으로 보이지 않을지라도 실질적으로 학교의 교육에 직접 필요한 재산이라면 적법하게 된다(대법원 2002.2.5. 선고 2001두7138 판결).

한편 학교교육에 필요한 시설·설비라도 사립학교 설립 당시 학교법인 내지 설립자가 공사계약을 체결한 시설·설비의 공사비는 그 시설·설비가 학교설립인가조건에 포함되어 있는 시설·설비인지 여부와 상관없이 학교법인의 법인회계에서 지출하거나 설립자가 부담하여야지 위의 사립학교법시행령 제13조 제2항 제2호를 들어 교비회계에서 지출할 수는 없다(대법원 2007.12.27. 선고 2005두9651 판결 등 참조).

(3) 교비회계의 전출이나 대여가 금지된 다른 회계의 의미

교비회계에 속하는 수입을 전출하거나 대여할 수 없도록 하고 있는 다른 회계란 해당 학교의 다른 회계나 소속 학교법인의 다른 회계에 한정되는 것이 아니라 해당 교비회계 이외의 다른 모든 회계를 포함한다(대법원 2008.2.29. 선고 2007도9755 판결).

(4) 그 외 횡령죄를 인정한 사례

판례는 사립학교의 교비회계에 속하는 국가보조금을 전용하여 학교법인의 수익용 자산 취득비용으로 사용한 경우(대법원 2004.12.24. 선고 2003도4570 판결), 학교법인 산하 대학교총장 등에 대한 형사재판의 변호사비용을 법인회계자금 및 교비회계자금에서 지출한 경우(대법원 2003.5.30. 선고 2002도235 판결), 사립학교법상 교비회계에 속하는 금원을 같은 학교법인에 속하는 다른 학교의 교비회계에 사용한 경우(대법원 2002.5.10. 선고 2001도1779 판결), 학교법인의 이사장이었던 자가 이사장으로 근무할 당시 학교법인이 부담하는 부외부채를 자신의 자금으로 변제한 후 그 자금회수를 위하여 자신이 보관하던 학교법인 소유의 양도성 예금증서를 어음할인에 대한 담보로 제공하였으나 그 부외부채가 학교법인이 승인한 채무가 아니고 그 변제도 학교법인의 의사에 반하여 임의로 한 것이었던 경우(대법원 2000.2.8. 선고 99도3982 판결) 등에 횡령죄를 인정하였다.

(5) 차입금의 상환

㈎ **학교법인의 차입**

학교법인은 그 운영상의 불가피한 사유가 있을 경우에는 확실한 상환재원이 있는 때에 한하여 해당 법인의 업무에 속하는 회계와 해당 법인이 설치·경영하는 학교에 속하는 회계에 충당하기 위한 일시차입 또는 장기차입을 할 수 있다(다만, 일시 차입은 그 연도 안에 상환하여야 한다). 이러한 차입을 하고자 할 때에는 그 학교법인의 이사장이 ① 차입금액, 차입처 및 차입사유를 기재한 서류, ② 상환방법 및 상환계획을 기재한 서류, ③ 이사회회의록 사본의 서류를 갖추어 미리 관할청의 허가를 받아야 한다(사학기관재무회계규칙 제8조).

㈏ **차입절차로서의 이사회의 결의**

학교법인의 예산·결산·차입금 및 재산의 취득·처분과 관리에 관한 사항은 이사회의 심의·의결사항이다(사립학교법 제16조 제1항 제1호).

사립학교법인의 이사회가 자금차입에 관한 결의를 하면서 자금을 대출할 상대방을 구체적으로 특정하지 않은 채 단지 '금융기관'이라고만 하여 그와 관련된 부수업무는 사무국에 위임한다는 내용의 의결을 하였고, 그와 같은 이사회 결의에 터 잡아 관할청으로부터 자금차입허가를 받는 과정에서 비로소 차입처가 특정된 경우, 이후 실제 대출을 받는 과정에서 차입처가 다른 특정 금융기관으로 변경되었다 하더라도 변경된 차입처 역시 원래의 이사회 결의에서 정했던 금융기관에 해당하는 것이고, 그와 같은 변경으로 차입조건이 당초 이사회 결의에서 예상하였던 것보다 사립학교법인에게 불리하게 되었다는 등의 특별한 사정이 인정되지 않는 이상, 그와 같은 차입처의 변경은 기존의 이사회 결의 내용에 이미 포함된 것으로서 별도의 이사회 결의를 필요로 하지 않는다(대법원 2006.5.11. 선고 2003다37969 판결).

㈐ **자금차입허가 취소의 효력의 발생시기**

학교법인의 차입은 관할청의 허가가 있어야 하는데 학교법인의 기망이나 이사회결의의 누락 등이 있었음에도 불구하고 관할청이 차입을 허가한 경우에 관할청은 위 허가를 취소할 수 있다. 관할청에 의하여 차입금에 대한 허가가 취소되면 취소의 소급효에 의하여 차입계약은 소급하여 효력을 상실하게 될 것이다. 이러한 경우에 학교법인에 대한 대여자의 손해는 손해배상청구나 부당이득반환청구를 생각해 볼 수 있다.

그런데 관할청이 사립학교법인에 대하여 한 기존의 자금차입허가의 취소사유가 사립학교법인이 허가에 따라 차입한 자금을 법인회계에 수입조치하지 아니하고 본래의 허가 용도가 아닌 다른 용도에 사용하였다는 것으로서, 허가처분의 효력이 발생하여 자금차입행위가 유효하게 이루어진 이후에 비로소 이행할 수 있는 것들이고 허가처분 당시에 그 처분에 위와 같은 흠이 존재하였던 것은 아니라면, 위와 같은 취소처분은 그 명칭에 불구하고 행정행위의 철회에 해당하는 것으로서 위 자금차입허가의 효력은 장래에 향하여 소멸한다(대법원 2006.5.11. 선고 2003다37969 판결).

㈑ **교비회계에 의한 차입금의 상환**

차입금의 원리금을 상환하는 경우에는 교비회계에 속하는 수입도 다른 회계에 전출하거나 대여할 수 있다. 그러나 위의 차입금 상환에 대하여 미리 감독청의 허가를 받은 내용에 따라 이루어지는 것이어야 한다. 따라서 교비회계에 속하는 금액을 학교법인회계(일반기부금)에 전출하여 변제에 충당한 차입금은 이 학교법인의 이름으로 감독청의 허가를 받지 않고 차입한 사채이거나 감독청의 허가를 받았다 하더라도 상환재원을 교비회계 아닌 다른 재원으로 하여 허가받은 차입금이라면 사립학교법 제29조 제6항 단서에 의하여 허용되는 차입금의 원리금 상환에 해당하지 않는다(대법원 1993.7.27. 선고 92도2160 판결). 즉, 교비회계에 속하는 수입을 다른 회계에 전출하거나 대여하여 원리금을 상환하는 것이 허용되는 것은 위와 같이 관할청의 허가를 받은 차입금을 교비회계에서 상환하는 것으로 하여 허가를 받았어야 하는 것이다.

라. 학교회계 관련 규정의 성질(단속규정)

학교회계와 관련한 법령 등은 모두 사립학교의 건전한 발달을 도모할 목적으로 학교법인의 내부관계를 규율함에 불과한 단속규정일 뿐 대외관계에 있어서 강행성을 갖는 효력규정이라 볼 수 없다(대법원 1987.3.24. 선고 86다카2389 판결; 1991.5.20. 91마229 결정; 1996.12.24. 96마1302, 1303 결정). 과거 판례는 이에 따라 교비회계에 속하는 재산에 대하여 한 강제집행을 무효라고 할 수는 없다고 하거나 예금채권 중에 교비회계의 수입에 해당하는 입학금 또는 수업료 등을 예치한 것으로서 학교교육에 직접 사용하도록 되어 있는 재산이 포함되어 있다고 하더라도 채권자가 그러한 예금채권에 대하여 압류 등의 강제집행을 하는 것도 가능하다(대법원 1998.3.16. 97마966, 967 결정)고 하였다. 그러나 이후 사립학교법은 「초·중등교육법」 제10조 및 「고등교육법」 제11조의 규정에 의한 수업료 기타 납부금(입학금·학교운영지원비 또는 기성회비를 말한다)을 받을 권리와 이 법 제29조 제2항의 규정에 의하여 별도 계좌로 관리되는 수입에 대한 예금채권은 이를 압류하지 못한다는 규정을 신설하였다(사립학교법 제28조 제3항).

마. 회계연도

학교법인의 회계연도는 그가 설치·경영하는 사립학교의 학년도에 따른다(사립학교법 제30조).

바. 회계의 방법

학교에 속하는 회계와 법인의 업무에 속하는 회계는 복식부기에 의한다.

다만, 그 규모와 실정에 따라 법인의 업무에 속하는 회계와 유치원은 단식부기에 의할 수 있다(사학기관재무회계규칙 제27조).

사. 수입과 지출

(1) 수입과 지출의 기관

㈎ 수입기관과 지출명령기관

법인과 학교의 수입기관·지출명령기관은 각각 그 법인의 이사장과 학교의 장으로 한다(사학기관재무회계규칙 제25조 제1항). 위와 같이 수입기관으로 지정된 자를 세입징수자라 하고 지출명령기관으로 지정된 자를 지출명령자라고 한다(사학기관재무회계규칙 제25조 제2항). 이러한 세입징수자 및 지출명령자는 세입징수 또는 지출명령에 관한 그 직무를 각각 소속직원에게 위임할 수 있다(사학기관재무회계규칙 제25조 제3항).

㈏ 수입과 지출의 집행기관

법인과 학교에는 그 수입과 지출의 집행기관으로 각각 수입원과 지출원을 둔다(사학기관재무회계규칙 제26조 제1항). 수입원과 지출원은 각각 그 법인의 이사장과 학교의 장이 임용한다. 다만, 학교의 규모에 따라서 수입원과 지출원을 동일인으로 할 수 있다(사학기관재무회계규칙 제26조 제2항).

(2) 수 입

㈎ 수입금 징수

모든 수입은 세입징수자(세입징수에 관한 직무의 위임을 받은 자를 포함한다.)가 아니면 징수하지 못한다(사학기관재무회계규칙 제28조 제1항). 학교의 세입징수자는 납세의무자에게 기일을 정하여 문서로써 납입의 고지를 하여야 한다. 다만, 수입원에게 즉시 납입시키는 경우에는 구술로 이를 할 수 있다(사학기관재무회계규칙 제28조 제2항).

㈏ 수입금의 수납

모든 수입금의 수납은 이를 금융기관에 취급하게 하는 경우를 제외하고는 수입원이 아니면 수납하지 못한다(사학기관재무회계규칙 제29조 제1항). 수입원이 수납한 수납금은 수납한 날에 금융기관에 예입하여야 한다(사학기관재무회계규칙 제29조 제2항).

(다) 지난 연도수입과 반납금 여입

출납이 완결된 연도에 속하는 수입은 모두 현년도의 세입에 편입하여야 한다(사학기관재무회계규칙 제30조 제1항). 지출된 세출의 반납금은 각각 그 지출된 세출의 과목에 여입할 수 있다. 그러나 출납폐쇄 후의 반납금은 현년도 수입금으로 처리하여야 한다(사학기관재무회계규칙 제30조 제2항).

(라) 과오납의 반환

과오납된 수입금은 수입한 세입에서 직접 반환한다(사학기관재무회계규칙 제31조).

(3) 지 출

(가) 지출의 원칙

지출은 지출명령이 있는 것에 한하여 지출원이 행한다(사학기관재무회계규칙 제32조 제1항). 위의 지출명령은 예산의 범위 안에서 하여야 한다(사학기관재무회계규칙 제32조 제2항).

(나) 지출의 방법

지출은 금융회사의 수표로 하는 방법, 금융회사의 예금계좌에 입금하는 방법 또는 전산망을 통한 자금 이체의 방법으로 한다(사학기관재무회계규칙 제33조 제1항). 지출원은 상용의 소액지출을 위하여 100만원 이하의 현금을 보관할 수 있다(사학기관재무회계규칙 제33조 제2항).

(다) 지출의 특례

지출에 있어서 선금급을 할 수 있는 경비는 ① 사례금, ② 부담금, 보조금, ③ 시험, 연구 또는 조사의 수임인에 대하여 지급하는 경비, ④ 정기간행물의 대가, ⑤ 외국에서 직접 구입하는 물품비, ⑥ 외국에서 연구 또는 조사에 종사하는 자에 대하여 지급하는 급여, ⑦ 소속직원 중 특별한 사정이 있는 자에 대한 급여의 일부, ⑧ 기타 경비의 성질상 선금급을 하지 아니하면 사무 또는 사업에 지장을 초래할 우려가 있는 경비 등이다.

그리고 지출에 있어서 개산급을 할 수 있는 경비는 ① 여비 및 업무추진비(기직책급업무추진비만 해당한다), ② 소송비용, ③ 국가 또는 지방자치단체의 기관 기타 공공단체에 대하여 지급하는 경비, ④ 부담금 · 보조금이다(사학기관재무회계규칙 제34조 제1항).

고등학교 이하 각급학교의 교비회계에 속하는 경비 중 도급경비로서 지급할 수 있는 경비의 범위는 ① 일반운영비, ② 여비, ③ 기타 관할청이 정하는 경비 등이다(사학기관재무회계규칙 제34조 제2항).

4. 계 약

가. 계약의 원칙

예정가격이 「국가를 당사자로 하는 계약에 관한 법률 시행령」 제26조 제1항 제5호 가목에 따른 금액[55]을 초과하는 공사·제조·구매·용역 기타 계약을

---

55) 제26조(수의계약에 의할 수 있는 경우) ① 법 제7조 제1항 단서에 따라 수의계약에 의할 수 있는 경우는 다음 각 호와 같다.
1. 경쟁에 부칠 여유가 없거나 경쟁에 부쳐서는 계약의 목적을 달성하기 곤란하다고 판단되는 경우로서 다음 각 목의 경우
가. 천재·지변, 작전상의 병력 이동, 긴급한 행사, 긴급복구가 필요한 수해 등 비상재해, 원자재의 가격급등, 사고방지 등을 위한 긴급한 안전진단·시설물 개선, 그 밖에 이에 준하는 경우
나. 국가안전보장, 국가의 방위계획 및 정보활동, 군시설물의 관리, 외교관계, 그 밖에 이에 준하는 경우로서 보안상 필요가 있거나, 국가기관의 행위를 비밀리에 할 필요가 있는 경우
다. 방위사업청장이 군용규격물자를 연구개발한 업체 또는 「비상대비자원 관리법」에 따른 중점관리대상업체로부터 군용규격물자(중점관리대상업체의 경우에는 방위사업청장이 지정하는 품목에 한정한다)를 제조·구매하는 경우
라. 비상재해가 발생한 경우에 국가가 소유하는 복구용 자재를 재해를 당한 자에게 매각하는 경우
2. 특정인의 기술이 필요하거나 해당 물품의 생산자가 1인뿐인 경우 등 경쟁이 성립될 수 없는 경우로서 다음 각 목의 경우
가. 공사와 관련하여 장래 시설물의 하자에 대한 책임 구분이 곤란한 경우로서 직전 또는 현재의 시공자와 계약을 하는 경우
나. 작업상 혼란이 초래될 우려가 있는 등 동일 현장에서 2인 이상의 시공자가 공사를 할 수 없는 경우로서 현재의 시공자와 계약을 하는 경우
다. 마감공사와 관련하여 직전 또는 현재의 시공자와 계약을 하는 경우
라. 접적지역 등 특수지역에서 시행하는 공사로서 사실상 경쟁이 불가능한 경우
마. 특허공법을 적용하는 공사 또는 「건설기술 진흥법」 제14조에 따라 지정·고시된 신기술, 「환경기술 및 환경산업 지원법」 제7조에 따라 인증받은 신기술이나 검증받은 기술, 종전의 「전력기술관리법」(법률 제13741호로 개정되기 전의 것을 말한다) 제6조의2에 따라 지정·고시된 새로운 전력기술 또는 「자연재해대책법」 제61조에 따라 지정·고시된 방재신기술(각 해당 법률에 따라 지정된 보호

체결하려는 경우에는 일반경쟁입찰에 의하여야 한다(사학기관재무회계규칙 제35조 제1항).

기간 또는 유효기간 내의 경우로 한정한다)을 적용하는 공사로서 사실상 경쟁이 불가능한 경우

바. 해당 물품을 제조·공급한 자가 직접 그 물품을 설치·조립 또는 정비하는 경우

사. 이미 조달된 물품의 부품교환 또는 설비확충 등을 위하여 조달하는 경우로서 해당 물품을 제조·공급한 자 외의 자로부터 제조·공급을 받게 되면 호환성이 없게 되는 경우

아. 특허를 받았거나 실용신안등록 또는 디자인등록이 된 물품을 제조하게 하거나 구매하는 경우로서 적절한 대용품이나 대체품이 없는 경우

자. 해당 물품의 생산자 또는 소지자가 1인뿐인 경우로서 다른 물품을 제조하게 하거나 구매해서는 사업목적을 달성할 수 없는 경우

차. 특정인의 기술·품질이나 경험·자격을 필요로 하는 조사·설계·감리·특수측량·훈련 계약, 특정인과의 학술연구 등을 위한 용역 계약, 관련 법령에 따라 디자인공모에 당선된 자와 체결하는 설계용역 계약의 경우

카. 특정인의 토지·건물 등 부동산을 매입하거나 재산을 임차 또는 특정인에게 임대하는 경우

3. 「중소기업진흥에 관한 법률」 제2조 제1호에 따른 중소기업자가 직접 생산한 다음 각 목의 제품을 해당 중소기업자로부터 제조·구매하는 경우

가. 「중소기업제품 구매촉진 및 판로지원에 관한 법률」 제15조에 따라 성능인증을 받은 제품

나. 「소프트웨어산업 진흥법」 제13조에 따라 품질인증을 받은 제품

다. 「중소기업 기술혁신 촉진법」 제9조 제1항 제3호에 따른 지원을 받아 개발이 완료된 제품으로서 당초의 수요와 연계된 자가 구매를 협약한 제품

라. 「산업기술혁신 촉진법」 제16조에 따라 신제품으로 인증받은 제품

마. 「산업기술혁신 촉진법」 제15조의2, 「환경기술 및 환경산업 지원법」 제7조, 「건설기술 진흥법」 제14조 또는 「자연재해대책법」 제61조에 따라 인증 또는 지정·고시된 신기술을 이용하여 제조한 제품으로서 주무부장관이 상용화 단계에서 성능을 확인한 제품

바. 「조달사업에 관한 법률 시행령」 제18조에 따라 우수조달물품으로 지정·고시된 제품

사. 「조달사업에 관한 법률 시행령」 제18조의2에 따라 지정·고시된 우수조달 공동상표의 물품(기획재정부장관이 고시한 금액 미만의 물품을 구매하는 경우에 한정한다)

아. 「과학기술기본법」 등 법령에 따른 연구개발사업을 통하여 개발된 제품 중 기획재정부장관이 관계 중앙관서의 장의 의견을 들어 정하는 기준과 절차에 따라 기술의 혁신성이 인정된 제품

자. 과학기술정보통신부장관이 「국가정보화 기본법」 제38조에 따른 정보보호시스템의 성능과 신뢰도에 관한 기준에 합치된 것으로 확인한 제품으로서 「전자정부법 시행령」 제69조에 따라 국가정보원장이 정한 정보보호시스템 유형별 도입요

「국가를 당사자로 하는 계약에 관한 법률 시행령」 제23조 제1항 제1호·제6호·제9호 또는 제10호에 해당하거나 수의계약에 의할 수 있는 경우에는

건을 준수한 제품

4. 국가유공자 또는 장애인 등에게 일자리나 보훈·복지서비스 등을 제공하기 위한 목적으로 설립된 다음 각 목의 어느 하나에 해당하는 단체 등과 물품의 제조·구매 또는 용역 계약(해당 단체가 직접 생산하는 물품 및 직접 수행하는 용역에 한정한다)을 체결하거나, 그 단체 등에 직접 물건을 매각·임대하는 경우
   가. 국가보훈처장이 지정하는 국가유공자 자활집단촌의 복지공장
   나. 「국가유공자 등 단체설립에 관한 법률」에 따라 설립된 단체 중 상이를 입은 자들로 구성된 단체
   다. 「중증장애인생산품 우선구매 특별법」 제9조 제1항에 따라 지정받은 중증장애인생산품 생산시설
   라. 「사회복지사업법」 제16조에 따라 설립된 사회복지법인
5. 제1호부터 제4호까지의 경우 외에 계약의 목적·성질 등에 비추어 경쟁에 따라 계약을 체결하는 것이 비효율적이라고 판단되는 경우로서 다음 각 목의 경우
   가. 다음의 어느 하나에 해당하는 계약
      1) 「건설산업기본법」에 따른 건설공사(같은 법에 따른 전문공사는 제외한다)로서 추정가격이 2억원 이하인 공사, 같은 법에 따른 전문공사로서 추정가격이 1억원 이하인 공사 및 그 밖의 공사 관련 법령에 따른 공사로서 추정가격이 8천만원 이하인 공사에 대한 계약
      2) 추정가격이 2천만원 이하인 물품의 제조·구매계약 또는 용역계약
      3) 추정가격이 2천만원 초과 5천만원 이하인 계약으로서 「중소기업기본법」 제2조 제2항에 따른 소기업 또는 「소상공인 보호 및 지원에 관한 법률」 제2조에 따른 소상공인과 체결하는 물품의 제조·구매계약 또는 용역계약. 다만, 제30조 제1항 제3호 및 같은 조 제2항 단서에 해당하는 경우에는 소기업 또는 소상공인 외의 자와 체결하는 물품의 제조·구매계약 또는 용역계약을 포함한다.
      4) 추정가격이 2천만원 초과 5천만원 이하인 계약 중 학술연구·원가계산·건설기술 등과 관련된 계약으로서 특수한 지식·기술 또는 자격을 요구하는 물품의 제조·구매계약 또는 용역계약
      5) 추정가격이 2천만원 초과 5천만원 이하인 계약으로서 다음의 어느 하나에 해당하는 자와 체결하는 물품의 제조·구매계약 또는 용역계약
      가) 「여성기업지원에 관한 법률」 제2조 제1호에 따른 여성기업
      나) 「장애인기업활동 촉진법」 제2조 제2호에 따른 장애인기업
      다) 「사회적기업 육성법」 제2조 제1호에 따른 사회적 기업, 「협동조합 기본법」 제2조 제3호에 따른 사회적 협동조합, 「국민기초생활 보장법」 제18조에 따른 자활기업 또는 「도시재생 활성화 및 지원에 관한 특별법」 제2조 제1항 제9호에 따른 마을기업 중 기획재정부장관이 정하는 요건을 충족하는 자
      6) 추정가격이 5천만원 이하인 임대차 계약(연액 또는 총액을 기준으로 추정가격을 산정한다) 등으로서 공사계약 또는 물품의 제조·구매계약이나 용역계약이 아닌 계약

지명경쟁에 의할 수 있다(사학기관재무회계규칙 제35조 제2항).

「국가를 당사자로 하는 계약에 관한 법률 시행령」 제26조 제1항 각호의 1에 해당하는 경우에는 수의계약에 의할 수 있다(사학기관재무회계규칙 제35조 제3항).

나. 계약담당자

계약담당자는 각각 그 법인의 이사장과 학교의 장으로 한다(사학기관재무회계규칙 제36조 제1항). 계약담당자는 계약규모에 따라 그 계약체결에 관한 사무를 소속직원에게 위임할 수 있다(사학기관재무회계규칙 제36조 제2항). 계약은 계약담당자(계약체결에 관한 사무의 위임을 받은 자를 포함한다. 이하 같다)가 체결한다(사학기관재무회계규칙 제36조 제3항).

다. 계약서의 작성

계약금액이 「국가를 당사자로 하는 계약에 관한 법률 시행령」 제49조 제1호의 규정에 의한 금액(3천만원)을 초과하는 경우에는 계약서를 작성하여야 한다(사학기관재무회계규칙 제37조 제1항). 계약서에는 계약담당자가 기명날인하여야 한다(사학기관재무회계규칙 제37조 제2항). 계약서를 작성하지 아니하고 계약을 하는 경우 관련서류의 제출·비치에 관하여는 「국가를 당사자로 하는 계약에 관한 법률 시행규칙」 제50조[56]의 규정을 준용한다(사학기관재무회계규칙

나. 재외공관이 사용하는 물품을 현지에서 구매하는 경우
다. 물품을 가공·하역·운송 또는 보관할 때 경쟁에 부치는 것이 불리하다고 인정되는 경우
라. 「방위사업법」에 따른 방산물자를 방위산업체로부터 제조·구매하는 경우
마. 다른 법령에 따라 국가사업을 위탁 또는 대행할 수 있는 자와 해당 사업에 대한 계약을 하는 경우
바. 다른 국가기관 또는 지방자치단체와 계약을 하는 경우
사. 「조달사업에 관한 법률 시행령」 제7조의3 제3항에 따라 시범구매 대상 시제품으로 지정되어 등록된 제품을 같은 조 제1항 또는 제4항에 따라 구매하려는 경우

56) 제50조(계약서의 작성을 생략하는 경우) 각 중앙관서의 장 또는 계약담당공무원은 영 제49조의 규정에 의하여 계약서의 작성을 생략하는 경우에는 계약상대자로부터 청구서·각서·협정서·승낙사항 등 계약성립의 증거가 될 수 있는 서류를 제출받아 비치하여야 한다. 다만, 재정경제부장관이 따로 정하는 회계경리에 관한 서식에 의한 경우

제37조 제3항).

라. 보 증 금

계약담당자는 경쟁입찰에 참가하고자 하는 자로 하여금 입찰보증금을 납부하게 하여야 한다. 이 경우 입찰보증금의 금액·납부방법 등에 관하여는 「국가를 당사자로 하는 계약에 관한 법률 시행령」 제37조 제1항 및 제2항의 규정을 준용한다(사학기관재무회계규칙 제38조 제1항).

계약담당자는 계약을 체결하고자 하는 자로 하여금 계약보증금을 납부하게 하여야 한다. 이 경우 계약보증금의 금액·납부방법 등에 관하여는 「국가를 당사자로 하는 계약에 관한 법률 시행령」 제50조 제1항 내지 제3항 및 제7항의 규정을 준용한다(사학기관재무회계규칙 제38조 제2항).

계약담당자가 공사계약을 체결하고자 하는 경우에는 계약을 체결하고자 하는 자로 하여금 계약이행의 보증을 하게 하여야 한다. 이 경우 계약이행의 보증방법 등에 관하여는 「국가를 당사자로 하는 계약에 관한 법률 시행령」 제52조 제1항의 규정[57]을 준용한다(사학기관재무회계규칙 제38조 제3항).

에는 그러하지 아니하다.

57) 제52조(공사계약에 있어서의 이행보증) ① 각 중앙관서의 장 또는 계약담당공무원은 공사계약을 체결하고자 하는 경우 계약상대자로 하여금 다음 각 호의 어느 하나에 해당하는 방법을 선택하여 계약이행의 보증을 하게 하여야 한다. 다만, 각 중앙관서의 장 또는 계약담당공무원은 공사계약의 특성상 필요하다고 인정되는 경우에는 계약이행보증의 방법을 제3호의 규정에 의한 방법으로 한정할 수 있으며, 제42조 제4항의 규정에 의한 공사계약인 경우에는 반드시 제3호의 규정에 의한 방법으로 계약이행을 보증하게 하여야 한다.

1. 제50조 제1항 내지 제3항의 규정에 의한 계약보증금을 납부하고 해당 공사의 계약상의 시공의무이행(하자보수이행을 포함한다)을 보증하는 1인 이상의 연대보증인을 세우는 방법
2. 제1호의 규정에 의한 연대보증인을 세우지 아니하고 계약보증금을 계약금액의 100분의 20 이상 납부하는 방법
3. 제50조 제1항 내지 제3항의 규정에 의한 계약보증금을 납부하지 아니하고 공사이행보증서[해당 공사의 계약상의 의무를 이행할 것을 보증한 기관이 계약상대자를 대신하여 계약상의 의무를 이행하지 아니하는 경우에는 계약금액의 100분의 40(예정가격의 100분의 70 미만으로 낙찰된 공사계약의 경우에는 100분의 50) 이상을 납부할 것을 보증하는 것이어야 한다]를 제출하는 방법

위의 입찰보증금의 전부 또는 일부의 면제에 관하여는 「국가를 당사자로 하는 계약에 관한 법률 시행령」 제37조 제3항의 규정을, 위의 계약보증금의 전부 또는 일부의 면제에 관하여는 동법시행령 제50조 제6항의 규정을 준용한다(사학기관재무회계규칙 제38조 제4항).

마. 직영공사

법인과 학교의 각종 공사는 그 법인의 이사장과 학교의 장의 결정에 따라 이를 직영할 수 있다(사학기관재무회계규칙 제39조 제1항). 이러한 직영 공사를 할 때는 작업일지와 자재수급부·노임지급명세표등을 비치하여 정확하게 기록하고 그 집행·관리 및 감독은 이를 전문기술자로 하여금 담당하게 하여야 한다(사학기관재무회계규칙 제39조 제2항).

바. 검사조서의 작성

법인과 학교는 공사·제조 또는 물품구입 등의 대가를 지급할 경우에 그 대가가 「국가를 당사자로 하는 계약에 관한 법률 시행령」 제56조 제1호의 규정에 의한 금액(3천만원)을 초과하는 때에는 계약상대자의 계약이행을 확인하기 위하여 계약서·설계서 기타 관계서류에 의하여 이를 검사하거나 소속직원 또는 전문기관으로 하여금 필요한 검사를 하게 하여야 한다(사학기관재무회계규칙 제40조 제1항).

이와 같이 검사를 하는 자는 검사조서를 작성하여야 한다. 다만, 「국가를 당사자로 하는 계약에 관한 법률 시행령」 제56조 제2호 또는 제3호에 해당하는 경우[58]에는 검사조서의 작성을 생략할 수 있다(사학기관재무회계규칙 제40조 제2항).

---

58) 제56조(검사조서의 작성생략) 법 제14조 제2항 단서의 규정에 의하여 검사조서의 작성을 생략할 수 있는 경우는 다음 각 호와 같다.
1. 계약금액이 3천만원 이하인 계약의 경우
2. 매각계약의 경우
3. 전기·가스·수도의 공급계약 등 그 성질상 검사조서의 작성을 필요로 하지 아니하는 계약의 경우

5. 감　사

법인의 감사는 해당 법인과 학교에 대하여 감사를 매년 1회 이상 실시하여야 한다. 이 경우 고등학교 이하 각급학교에 속하는 학교의 세입·세출 예산 중 학교운영지원비에 관하여는 학부모회의 의견을 들어야 한다(사학기관재무회계규칙 제41조 제1항).

법인의 이사장은 학교의 장과 수입원 및 지출원이 사망하거나 바뀐 때에는 그 관장에 속하는 수입·지출·재산·물품 및 현금 등의 관리상황을 감사로 하여금 감사하게 하여야 한다(사학기관재무회계규칙 제41조 제2항). 감사에는 전임자가 참관하여야 하며 전임자가 참관할 수 없는 경우에는 그 전임자가 정한 대리인이나 법인의 이사장이 관계직원 중에서 선정한 참관인을 감사에 참관하게 하여야 한다(사학기관재무회계규칙 제41조 제3항).

감사는 감사를 한 때는 감사보고서를 작성하여 해당 법인의 이사장에게 보고하여야 하며 특히 필요하다고 인정되는 사항은 관할청에 보고하여야 한다(사학기관재무회계규칙 제41조 제4항). 감사보고서에는 감사와 피감사자 또는 참관인이 각각 기명·날인하여야 한다(사학기관재무회계규칙 제41조 제4항).

6. 회계관계직원의 책임

가. 회계관계직원의 책임

법인과 학교의 수입·지출·물품 및 재산의 수급·보관 또는 관리를 담당한 직원은 선량한 관리자로서의 주의 의무를 다하지 못하여 손해를 끼쳤을 때에는 그 정도에 따라 각각 변상의 책임을 진다(사학기관재무회계규칙 제57조).

나. 회계관계직원의 사무의 인계인수

회계 관계직원이 바뀐 때에는 인계자(전임자)는 발령일로부터 5일 이내에 그 사무를 인수자(후임자)에게 인계하여야 한다(사학기관재무회계규칙 제58조 제1항).

인계자는 예금잔고 증명을 첨부하고 인계할 장부와 증빙서류 등의 목록을 각각 3통씩 작성하여 인계인수자가 각각 연서날인한 후 각각 1통씩 보관하고 1통은 인계인수보고서에 첨부하여 법인의 이사장에게 제출하여야 한다. 이 경우 학교에 있어서는 학교의 장을 거쳐 제출하여야 한다(사학기관재무회계규칙 제58조 제2항).

7. 학교법인의 재산목록 등의 비치

학교법인은 매 회계연도 종료 후 2월 이내에 매 회계연도 말 현재의 재산목록·대차대조표 및 수지계산서 기타 필요한 장부 또는 서류를 작성하여 이를 항시 그 사무소에 비치하여야 한다(사립학교법 제32조 제1항).

가. 법인의 사무소에 비치할 장부와 서류

법인의 사무소에 비치할 장부와 서류는 ① 재산목록 및 그 권리에 관한 증빙서류, ② 대차대조표·손익계산서 및 그 부속서류(정규부기의 경우에 한한다), ③ 수입·지출총괄부, ④ 법인과 학교의 예산결산서, ⑤ 금융회사와의 거래실적 입증서류, ⑥ 기타 이 규칙에서 정하는 서류로서 법인에 해당하는 서류(사학기관재무회계규칙 제52조 제1항) 등이다.

법인의 이사장은 그 법인의 사업체의 관리자와 학교의 장으로부터 매월 말 현재의 수입·지출보고서와 재산증감보고서를 받아 수입·지출총괄부, 법인과 학교의 예산결산서의 해당 장부에 각각 그 보고사항을 기록하여 재산과 재무의 현황을 상시 파악하여야 한다(사학기관재무회계규칙 제52조 제2항).

나. 학교에 비치할 장부와 서류

학교에 비치하여야 할 장부와 서류는 ① 재산대장(교육용 재산)과 도면, ② 비품수급부와 소모품수급부, ③ 징수대장, ④ 수입부, ⑤ 금전출납부와 세출내역부, ⑥ 수입·지출의 현금출납부·보관물수급부 및 유가증권수급부, ⑦ 금융회사와의 거래실적 입증서류, ⑧ 기타 이 규칙에서 정하는 서류로서 학교에 해당하는 서류(사학기관재무회계규칙 제53조) 등이다.

다. 증빙서류 및 장부의 보존

법인의 이사장은 법인사무소에 비치할 장부와 서류를, 학교의 장은 학교에 비치할 장부와 서류를 각각 5년간 보존하여야 한다(사학기관재무회계규칙 제

53조의2 제1항).

다만 장부 및 서류의 내용을 전산화하는 경우에는 따로 장부 및 서류를 작성·비치하지 아니할 수 있다. 이 경우 전산화한 사항 중 장부에 해당하는 사항은 이를 출력하여 이를 디스켓 또는 자기테이프 등과 함께 5년간 보관하여야 한다(사학기관재무회계규칙 제53조의2 제2항).

8. 적립금 및 이월금

가. 적 립 금

대학교육기관의 장 및 대학교육기관을 설치·경영하는 학교법인의 이사장은 교육시설의 신축·증축 및 개수·보수, 학생의 장학금 지급 및 교직원의 연구활동 지원 등에 충당하기 위하여 필요한 적립금을 적립할 수 있다. 다만, 등록금회계로부터의 적립은 해당 연도 건물의 감가상각비 상당액을 교육시설의 신축·증축 및 개수·보수 목적으로 적립하는 경우에만 할 수 있다(사립학교법 제32조의2 제1항). 이때의 감가상각비 산정방법 등 구체적인 사항은 교육부령으로 정한다(사립학교법 제32조의2 제6항).

적립금은 원금보존적립금과 임의적립금으로 구분하고, 성격에 따라 연구적립금·건축적립금·장학적립금·퇴직적립금 및 그 밖에 구체적인 목적을 정하여 적립하는 특정목적적립금으로 구성한다(사립학교법 제32조의2 제2항). 적립금은 기금으로 예치하여 관리하고, 그 적립목적으로만 사용하여야 한다. 다만, 등록금회계에서 비등록금회계로 전출된 적립금 상당액을 제외한 적립금은, 적립금의 2분의 1의 한도에서 「자본시장과 금융투자업에 관한 법률」 제4조 제2항 각 호에 따른 증권의 취득을 하거나, 적립금의 10분의 1의 한도에서 해당 대학교육기관의 소속 교원 또는 학생이 개발한 신기술 또는 특허 등으로 창업한 「벤처기업육성에 관한 특별조치법」에 따른 벤처기업에 대한 투자 중의 하나로 법인에 투자할 수 있다(사립학교법 제32조의2 제3항).

대학교육기관의 장 및 대학교육기관을 설치·경영하는 학교법인의 이사장은 위의 적립금 투자 대상이 해당 대학교육기관과 대통령령으로 정하는 특수한 관계에 있는 법인인 경우에는 그 투자결과를 교육부장관에게 보고하여야 한다(사립학교법 제32조의2 제4항). 특수한 관계에 있는 법인이란 해당 대학교육기관을 설치·경영하는 학교법인의 임원이거나 임원의 임기가 만료된 후 5년

이 지나지 아니한 사람이나 해당 대학교육기관의 장이거나 해당 대학교육기관의 장에서 퇴직 후 5년이 지나지 아니한 사람이나 출연 재산의 기준액 이상을 해당 대학교육기관 또는 해당 대학교육기관을 설치·경영하는 학교법인에 출연한 사람이나 이러한 사람들과 민법 제777조의 관계에 있는 사람이 발행주식총수의 100분의 30 이상의 주식을 보유하거나 출자총액의 100분의 30 이상을 출자한 법인을 말한다. 그리고 위의 사람을 통하여 적립금의 운영 방침을 결정하거나 해당 대학교육기관을 설치·경영하는 학교법인의 임원에 대한 임면권을 행사하는 등 대학교육기관 또는 대학교육기관을 설치·경영하는 학교법인의 운영에 대하여 지배적인 영향력을 행사할 수 있는 법인도 포함된다(사립학교법시행령 제1조의4).

대학교육기관의 장 및 대학교육기관을 설치·경영하는 학교법인의 이사장은 제3항 단서에 따른 적립금 투자 대상이 해당 대학교육기관과 대통령령으로 정하는 특수한 관계에 있는 법인인 경우에는 그 투자결과를 교육부장관에게 보고하여야 한다(사립학교법 제32조의2 제4항). 교육부장관은 해당 대학교육기관과 대학교육기관을 설치·경영하는 학교법인의 재정상태 등을 고려하여 적립금의 적립여부·적립규모 및 적립기간 및 투자 등에 필요한 조치를 할 수 있다(사립학교법 제32조의2 제5항). 위의 감가상각비 산정방법과 투자결과의 보고시기 및 방법 등은 교육부령으로 정한다(사립학교법 제32조의2 제6항).

나. 기금운용심의회

대학교육기관의 장 및 대학교육기관을 설치·경영하는 학교법인의 이사장은 적립금을 예치한 기금의 관리·운용에 관한 사항을 심의하기 위하여 기금운용심의회를 둔다. 기금운용심의회는 위원장 1명을 포함한 7명 이내의 위원으로 구성하되, 회계 또는 재무 관련 외부 전문가가 1명 이상 포함되어야 한다. 기금운용심의회의 위원은 직무를 수행할 때 외부의 어떠한 지시나 간섭을 받지 아니한다(사립학교법 제32조의3). 기금운용심의회의 구성 및 운영 등에 대해서는 사립학교법시행령 제14조의5에 규정되어 있다.

다. 이 월 금

대학교육기관의 장 및 대학교육기관을 설치·경영하는 학교법인의 이사장은 해당 회계연도의 교비회계 예산을 편성·집행함에 있어서 이월금을 최소화하도록 노력하여야 한다(사립학교법 제32조의4 제1항). 교육부장관은 대학교육기관의 이월금이 재정규모에 비하여 과다한 경우에는 이월금을 줄이기 위하여 시정요구 등 필요한 조치를 할 수 있다(사립학교법 제32조의4 제2항).

9. 사학기관의 재무회계규칙의 법인이 아닌 사립학교 경영자에의 준용

사학기관재무회계규칙 중 제12조 제1항(이사장이 정하는 법인과 학교의 예산편성 요령), 제16조 제2항(학교장의 예산 편성과 이사장에게의 제출), 제21조 제4항(예산의 목간 전용에 대한 학교장의 이사장에게의 보고), 제23조 제1항 제1호(이사장에게의 결산서 제출)와 제3호(이사회의 결산심의 확정), 제24조 제1항(법인과 학교의 예결산의 관할청에의 제출), 제41조 제2항 내지 제5항(감사), 제58조 제2항(회계 관계직원의 인계인수보고서의 이사장에게로의 제출)의 규정은 법인이 아닌 사립학교경영자에게 이를 준용하되, 이 경우 이사장과 이사회는 해당 사립학교 경영자로 하며 감사는 해당사립학교 경영자가 지정하는 사람으로 한다(사학기관재무회계규칙 제59조).

10. 사립대학 등에 대한 사학기관재무회계규칙의 특례

가. 사립대학 등에 대한 재무회계규칙의 특례 규정

사학기관재무회계규칙에 대한 특례규칙(이하 "특례규칙"이라 한다)은 사립대학 등과 이를 설치·경영하는 학교법인의 특성에 맞는 예산·회계 및 결산에 관한 사항을 정하기 위하여 제정되었다.

(1) 적용범위 등

특례규칙은 사립의 대학·산업대학·전문대학 및 이에 준하는 각종학교(이하 "학교"라 한다)와 이를 설치·경영하는 학교법인(이하 "법인"이라 한다)에 적용한다(특례규칙 제2조 제1항). 학교의 교비회계(이하 "학교회계"라 한다)와 법인의 일반업무회계(이하 "법인회계"라 한다)에 관하여 이 규칙에 규정한 것을 제외하고는 사학기관재무·회계규칙을 적용한다(특례규칙 제2조 제2항).

학교의 부속병원회계는 일반적으로 인정되는 의료법인의 병원회계에 준하여 회계처리하고, 법인의 수익사업회계는 일반적으로 인정되는 기업회계에 준하여 회계처리한다(특례규칙 제2조 제3항).

(2) 용어의 정의

특례규칙에서 사용하는 용어의 정의는 다음과 같다(특례규칙 제3조).

① "자금"이라 함은 현금·예금·수표 및 우편환 등을 말한다.

② "대차대조표기준일"이라 함은 일정시점의 재무상태를 파악하기 위한 기준일을 말한다. 이 경우 대차대조표에서 기준일을 따로 정한 때를 제외하고는 회계연도의 말일을 말한다.

③ "전기말"이라 함은 전 회계연도의 말일을 말한다.

④ "기말"이라 함은 해당 회계연도의 말일을 말한다.

⑤ "자금수입"이라 함은 자금의 증가를 말한다.

⑥ "자금지출"이라 함은 자금의 감소를 말한다.

⑦ "운영수익"이라 함은 자산의 감소나 부채의 증가를 수반하지 아니하는 자산의 증가를 말한다.

⑧ "운영비용"이라 함은 자산의 증가나 부채의 감소를 수반하지 아니하는 자산의 감소를 말한다.

⑨ "자금예산"이라 함은 1회계연도의 모든 자금수입의 원천과 모든 자금지출의 용도를 명시한 자금수지예정계산서를 말한다.

⑩ "기본금"이라 함은 총자산에서 총부채를 뺀 순자산으로서 법인 및 학교에 계속적으로 투입·운용되는 기본적 자산의 가액을 말한다.

⑪ "적립금"이라 함은 재평가적립금 등 특정한 경영목적을 달성하기 위하여 예치하는 자금으로서 기금 등에 대응하는 적립액을 말한다.

나. 예　산

(1) 예산편성요령

법인의 이사장과 학교의 장은 매 회계연도 개시 2월전까지 각각 법인회계 및 학교회계의 예산편성요령을 정하여야 한다. 교육부장관은 법인회계 및 학교회계의 예산편성에 관하여 특히 필요한 사항이 있는 경우에는 해당 회계연도 개시 70일 전까지 그 사항을 통보하여야 한다. 이사장 및 학교의 장은 전년도 추정결산 등의 합리적 자료를 기초로 하여 예산을 편성하여야 한다(특례규칙 제4조).

(2) 예산총계주의

수입예산 및 지출예산은 모두 예산에 포함시켜야 하며 수입예산과 지출예산을 상계하거나 그 일부를 예산에서 제외하여서는 아니 된다(특례규칙 제5조).

(3) 예산의 확정 및 제출

이사장은 법인회계의 예산안을 편성하여 매 회계연도 개시 50일 전까지 이사회에 제출하여야 하고, 이사회는 매 회계연도 개시 40일 전까지 이를 심의·확정하여야 한다(특례규칙 제6조 제1항).

이사장은 매 회계연도 개시 35일 전까지 학교전출금 등 학교회계에 관계되는 예산내역을 학교의 장에게 통지하여야 한다(특례규칙 제6조 제2항). 학교의 장은 학교회계의 예산안을 편성하여 매 회계연도 개시 30일 전까지 이사회에 제출하여야 하고, 이사회는 매 회계연도 개시 20일 전까지 이를 심의·확정하여야 한다(특례규칙 제6조 제3항).

이사장은 매 회계연도 개시 5일 이전까지 확정된 법인회계 및 학교회계의 예산을 교육부장관에게 제출하여야 한다(특례규칙 제6조 제5항).

(4) 준 예 산

이사장은 회계연도 개시 전까지 법인회계 및 학교회계의 예산이 확정되지 아니한 때에는 그 사유를 관할청에 보고하고, 법인회계의 예산은 이사장이, 학교회계의 예산은 학교의 장이 예산이 성립될 때까지 ① 교원 및 직원의 보수, ② 학교시설의 유지관리비, ③ 법령에 의하여 지급의무가 있는 경비, ④ 기타 학교교육에 직접 사용되는 필수적 경비 등의 경비를 전년도 예산에 준하여 집행할 수 있다(특례규칙 제7조 제1항). 이와 같이 집행된 예산은 해당 연도의 예산이 확정되면 그 확정된 예산에 의하여 집행된 것으로 본다(특례규칙 제7조 제2항).

(5) 추가경정예산

이사장 및 학교의 장은 예산이 확정된 후에 발생한 사유로 인하여 이미 확정된 예산의 변경이 필요한 경우에는 추가경정예산을 편성하여 이사회에 제출할 수 있다. 이사장은 법인회계 또는 학교회계의 추가경정예산이 확정된 때에는 그 확정된 날부터 15일 이내에 이를 교육부장관에게 제출하여야 한다(특례규칙 제8조).

(6) 예산의 내용

예산의 내용은 예산총칙과 자금예산으로 하는데 예산총칙에는 ① 자금예산의 규모, ② 예산편성의 기본방침, ③ 주요사업계획의 개요, ④ 장기차입금의 한도액, ⑤ 일시차입금의 한도액, ⑥ 기타 예산집행에 관하여 필요한 사항 등의 사항을 명시하여야 한다.

자금예산은 특례규칙의 별지에 있는 자금예산서에 의하여 작성하되 예산부속명세서에 의하여 목별 계산의 기초를 명백히 하여야 한다(특례규칙 제9조).

(7) 예산의 부속서류

법인회계의 예산부속서류는 ① 이사회 회의록 사본, ② 예산부속명세서(전기말추정미수금명세서, 전기말추정차입금명세서, 기타 예산목별 명세서, 이상은 특례규칙에 별지로 서식이 규정되어 있다)이다(특례규칙 제10조 제1항).

학교회계의 예산부속서류는 ① 이사회회의록 및 대학평의원회의 자문 내용 사본 및 등록금심의위원회 회의록 사본, ② 학년별·학과별학생수명세서, ③ 예산부속명세서(전기말추정미수금명세서, 전기말추정차입금명세서, 등록금명세서, 인건비명세서, 기타 예산목별 명세서)이다(특례규칙 제10조 제2항).

(8) 예산집행의 내부통제

이사장 및 학교의 장은 예산을 편성하는 자와 집행하는 자를 분리하여 운영하고, 적정한 내부통제에 따라 예산을 집행하여야 한다(특례규칙 제11조).

(9) 예산의 목적 외 사용금지

이사장 및 학교의 장은 자금예산을 초과하여 지출하거나 자금예산이 정한 목적 외에 이를 사용할 수 없다(특례규칙 제12조).

(10) 예산의 전용

이사장 및 학교의 장은 동일 관내의 항간 또는 목간에 예산의 과부족이 있는 경우에는 상호 전용할 수 있다. 다만, 예산총칙에서 전용을 제한한 과목 및 예산편성과정에서 삭감된 과목으로는 전용하여서는 아니 된다. 이사장 및 학교의 장이 예산을 전용한 경우에는 이사회에 이를 보고하여야 한다(특례규칙 제13조).

(11) 예산편성의 예외

법인의 수익사업회계 및 학교의 부속병원회계는 변동예산으로 편성할 수 있다(특례규칙 제14조).

다. 회 계

(1) 회계원칙

이사장 및 학교의 장은 회계를 처리함에 있어서

① 회계처리는 복식부기원리에 따라야 한다.

② 회계처리는 신뢰할 수 있도록 객관적인 자료와 증거에 의하여 공정하게 처리하여야 한다.

③ 재무제표의 양식 및 과목과 회계용어는 이해하기 쉽도록 표시하여야 한다.

④ 회계처리의 방법은 기간별 비교가 가능하도록 매기 계속하여 적용하고, 정당한 사유 없이 이를 변경하여서는 아니 된다.

⑤ 회계처리 및 재무제표 작성에 있어서 과목은 그 중요성에 따라 실용적인 방법에 의하여 결정하여야 한다.

그리고 재무제표를 작성하여야 한다(특례규칙 제15조).

(2) 재무제표

재무제표는 자금계산서 · 대차대조표 및 운영계산서로 한다. 재무제표는 이를 이용하는 자에게 충분한 회계정보를 제공할 수 있도록 필요한 부속명세서를 작성하고, 주기 및 주석을 하여야 한다(특례규칙 제16조).

(3) 계정과목

법인회계 및 학교회계의 계정과목 및 그 내용은 특례규칙 별표 1의 자금계산서계정과목명세표, 별표 2의 대차대조표계정과목명세표 및 별표 3의 운영계산서계정과목명세표로 한다. 별표 1 내지 별표 3에서 규정한 계정과목 외에 그 성질이나 금액이 중요한 경우에는 계정과목을 추가할 수 있다. 이 경우 계정과목의 추가는 해당 관·항·목 체계의 범위 안에서 하여야 한다(특례규칙 제17조).

(4) 자금계산의 원칙

이사장 및 학교의 장은 해당 회계연도의 활동에 따른 모든 자금수입예산 및 자금지출예산이 실제의 자금수입 및 자금지출의 내용과 명백하게 대비되도록 자금계산을 하여야 한다(특례규칙 제18조). 이때의 자금계산은 특례규칙 별지에 있는 자금계산서에 의한다(특례규칙 제19조).

(5) 자금계산의 방법

자금계산은 자금수입란과 자금지출란을 구분하여 계정과목별로 계산하며, 자금수입 및 자금지출은 이를 상계하여서는 아니 된다. 자금수입의 계산은 해당 회계연도에 실현된 자금수입을 예산항목과 미사용전기이월자금으로 구분하여 작성하고, 자금지출의 계산은 해당 회계연도에 실현된 자금지출을 예산항목과 미사용차기이월자금으로 구분하여 작성한다(특례규칙 제20조).

이때 미사용전기이월자금의 계산은 전기말 대차대조표상의 유동자산금액 및 유동부채 중 예산항목을 제외한 금액과의 차이로 하고, 미사용차기이월자금의 계산은 당기말 대차대조표상의 유동자산금액 및 유동부채 중 예산항목을 제외한 금액과의 차이로 한다(특례규칙 제21조).

(6) 대차대조표 작성의 원칙

이사장 및 학교의 장은 법인 및 학교의 대차대조표 기준일 현재의 재무상태가 적정하게 파악될 수 있도록 대차대조표를 작성하여야 한다.

(7) 대차대조표의 작성방법

대차대조표는 특례규칙 별지의 서식에 의하여 작성하는데(특례규칙 제23조)

자산·부채 및 기본금으로 구분하고, 자산은 유동자산·투자와 기타자산 및 고정자산으로, 부채는 유동부채 및 고정부채로, 기본금은 출연기본금·적립금·기본금조정 및 운영차액으로 각각 구분한다(특례규칙 제24조 제1항). 이때 기간이 1년 미만인 자산 및 부채는 이를 각각 유동자산 및 유동부채로 구분하고, 기간이 1년 이상인 자산 및 부채는 이를 각각 고정자산 및 고정부채로 구분함을 원칙으로 한다(특례규칙 제24조 제2항).

자산·부채 및 기본금은 그 과목을 상계하거나 그 일부를 대차대조표에서 제외하여서는 아니 된다(특례규칙 제24조 제3항).

(8) 기본금의 증감(특례규칙 제25조)

이사장 및 학교의 장은 고정자산 등 기본재산이 증가한 때에는 그 증가한 자산가액만큼의 운영차액을 기본금의 증가로 대체한다.

이사장 및 학교의 장은 재정운영의 필요에 의하여 고정자산 등 기본재산을 매각 또는 폐기처분한 때에는 그 자산의 장부가액과 동일한 금액의 기본금을 전기이월운영차액수정으로 대체한다.

(9) 적립금의 적립 및 사용

이사장 및 학교의 장은 적립금을 적립하는 경우에는 자금예산서 및 자금계산서의 지출란에 자금지출로 계상하고(특례규칙 제26조 제1항), 적립금을 사용하려는 경우에는 자금예산서 및 자금계산서의 비등록금회계 수입 및 지출에 계상하여 사용한다(특례규칙 제26조 제4항).

(10) 운영계산의 원칙

이사장 및 학교의 장은 해당 회계연도의 운영수익 및 운영비용의 내용이 적정하게 파악될 수 있도록 운영계산을 하여야 한다.

(11) 운영계산의 방법

운영계산은 특례규칙 별지의 서식에 의한다(특례규칙 제28조). 운영수익의 계산은 해당 회계연도의 운영수익을 계정과목별로 구분하여 계산하고, 운영비용의 계산은 해당 회계연도의 운영비용·기본금대체액 및 당기운영차액으로 구분하여 계산한다. 이 경우 운영비용은 계정과목별로 표시한다(특례규칙 제29조 제1, 2항). 여기에서 기본금대체액은 해당 회계연도 중의 각종 기금 적립 등 비운영지출에 대응한 각종 적립금 대체액으로 표시한다(특례규칙 제29조 제3항), 당기운영차액은 운영수익과 운영비용을 일치시키기 위한 차액을 말한다(특례규칙 제29조 제4항).

라. 자산·부채의 평가

(1) 자산의 평가기준

대차대조표에 표시하는 자산의 가액은 해당 자산의 취득원가를 기초로 하여 계상함을 원칙으로 한다(특례규칙 제30조 제1항). 다만, 해당 자산의 취득을 위하여 통상적으로 소요되는 가액과 비교하여 현저하게 저렴한 가액으로 취득한 자산 또는 증여받은 자산의 평가는 취득원가가 아닌 취득하거나 증여받은 때의 시가로 평가한다(특례규칙 제30조 제2항). 이때의 시가는 「부동산 가격공시 및 감정평가에 관한 법률」에 의한 감정평가액에 의함을 원칙으로 하되, 토지의 경우에는 동법 제4조의 규정에 의한 해당 토지의 공시지가(해당 토지의 공시지가가 없는 경우에는 동법 제10조의 규정에 의하여 산정한 개별토지의 가격)에 의할 수 있다(특례규칙 제30조 제3항).

(2) 자산재평가에 대한 특례

이사장 및 학교의 장은 보유자산의 장부가액을 시가에 적합하게 하기 위하여 자산의 재평가를 할 수 있다. 자산의 재평가방법 및 재평가차액 등의 회계처리에 관한 사항은 「자산재평가법」의 규정을 준용하되, 토지는 특례규칙 제30조 제3항의 규정에 의한 공시지가 또는 개별토지의 가격에 의하여 자체적으로 평가할 수 있다(특례규칙 제31조).

(3) 대손상각 등

이사장 및 학교의 장은 법인회계 및 학교회계의 자산 중 회수 불가능한 것으로 추정되는 부실채권이나 사용이 불가능한 고정자산이 있는 경우에는 이사회의 승인을 얻어 대손상각하거나 폐기할 수 있다(특례규칙 제32조).

(4) 투자유가증권의 평가

대차대조표 기준일 현재의 투자유가증권의 시가가 취득가액의 2분의 1 이하로 된 경우에는 시가로 평가하여야 한다. 이에 따라 투자유가증권을 시가로 평가하는 경우에 발생하는 평가손익은 기본금 조정을 통하여 처분 이전까지 미실현손익으로 회계처리하고, 처분하였을 때에는 투자유가증권 처분손익으로 기재한다. 그런데 이와 같이 투자유가증권평가충당금을 계상한 후에 시가가 회복된 경우에는 시가가 회복된 만큼 투자유가증권충당금을 환입한다. 유동자산에 속하는 유가증권의 경우에도 마찬가지이다(특례규칙 제33조).

(5) 감가상각

법인회계 및 학교회계에 속하는 유형고정자산에 대하여는 감가상각을 하지 아니한다. 법인회계 및 학교회계에 속하는 무형고정자산에 대하여는 해당 법률의 규정에 의한 유효기간 중에 매기 균등액을 상각한다(특례규칙 제34조).

(6) 외화자산 및 외화부채의 환산 등

외화자산 및 외화부채는 대차대조표 기준일 현재 한국은행이 고시한 환율로 환산한다. 이때 발생하는 환산차액은 외화환산손실 또는 외화환산이익의 과목으로 운영계산서에 계상한다. 외화자산 및 외화부채의 회수 또는 상환으로 인하여 발생하는 장부가액과 실제회수액 또는 실제상환액과의 차액은 외환차익 또는 외환차손의 과목으로 운영계산서에 계상한다(특례규칙 제35조).

마. 종합재무제표 · 합산재무제표

(1) 종합재무제표 등의 작성원칙

종합재무제표 및 합산재무제표는 법인회계 및 학교회계를 하나의 회계단위로 하여 종합적인 자금수지 · 재무상태 및 운영수지가 적정하게 파악되도록 작성하여야 한다(특례규칙 제36조).

(2) 종합재무제표 등의 구성

종합재무제표는 법인 및 학교의 모든 회계를 합한 것으로 종합자금계산서, 종합대차대조표, 종합운영계산서 등의 서류로 구성된다(특례규칙 제37조 제1항).

합산재무제표는 법인회계 및 학교회계만을 합한 것으로 합산자금계산서, 합산대차대조표, 합산운영계산서 등의 서류로 구성된다(특례규칙 제37조 제2항).

(3) 종합재무제표 등의 작성방법

종합재무제표 및 합산재무제표는 법인 및 학교의 개별 재무제표를 합산한 후 내부의 수입 및 지출과 내부의 채권 및 채무를 각각 상계하여 작성한다(특례규칙 제38조).

바. 결 산

(1) 결산의 내용

결산은 ① 자금계산서, ② 대차대조표 및 대차대조표 부속명세서, ③ 운영계산서 및 운영계산서 부속명세서, ④ 별지 제8호서식의 합계잔액시산표, ⑤ 결산 부속서류 등의 서류에 의한다(특례규칙 제39조).

(2) 부속명세서의 내용

대차대조표의 부속명세서는 현금 및 예금명세서, 수표출납명세서, 선급금명세서, 가지급금명세서, 선급법인세명세서, 받을어음 명세서, 투자와 기타자산명세서, 투자유가증권명세서, 적립기금 유가증권 투자 명세서, 유형 및 무형고정자산명세서, 단기(장기)차입금명세서, 미지급금명세서, 가수금명세서, 지급어음명세서, 어음출납명세서, 차관(외화장기차입금)명세서, 학교채명세서, 적립금명세서, 미사용 차기이월자금 내역 및 사용계획 명세서, 기타 필요한 명세서 등이다(특례규칙 제40조 제1항).

운영계산서의 부속명세서는 등록금명세서, 전입금명세서, 예비비사용액명세서, 기타 필요한 명세서이다(특례규칙 제40조 제2항).

이사장 및 학교의 장은 결산에 관한 상세한 정보의 제공을 위하여 이들 서류 외에도 모든 계정과목에 관한 부속명세서를 작성·비치하여야 한다(특례규칙 제40조 제3항).

(3) 결산 부속서류

결산 부속서류는 결산과 관련한 ① 이사회 회의록 사본, ② 예산·결산자문위원회 회의록, ③ 감사보고서, ④ 합산재무제표, ⑤ 기타 결산과 관련하여 필요한 서류로 한다(특례규칙 제41조).

(4) 결산서(決算書)의 작성 · 제출 등

이사장 및 학교의 장은 매 회계연도 종료 후 50일 이내에 결산서를 이사회에 제출하여야 한다. 이사회는 매 회계연도 종료 후 2월 이내에 제출할 결산서의 결산을 심의 · 확정하여야 한다. 이사장은 결산(특례규칙 제39조) 및 합산재무제표(제37조 제2항)의 합산재무제표를 매 회계연도 종료 후 3월 이내에 교육부장관에게 제출하여야 한다(특례규칙 제42조).

제6절 | 학교법인의 해산과 합병

1. 학교법인의 해산

가. 해산의 의의

개인이 사회적 작용을 함으로써 권리와 의무의 주체가 되는 것처럼 법인도 일정한 사회적 작용을 함으로써 권리의무의 주체임에 적합한 사회적 가치를 가지는 것이고 따라서 법인도 권리능력을 가지는 것임을 설명한 바 있다(법인실재설). 그런데 법인이 사회적으로 가치 있는 사회적 작용을 하지 않거나 할 수 없는 경우에는 법인은 그 권리능력을 상실하게 되는데 이를 해산이라 한다. 개인이 사망함으로써 권리능력이 없어지는 것과 같다.

나. 해산사유

학교법인은 ① 정관에 정한 해산사유가 발생한 때, ② 목적의 달성이 불가능한 때, ③ 다른 학교법인과 합병한 때, ④ 파산한 때, ⑤ 사립학교법 제47조의 규정에 의한 교육부장관의 해산명령이 있은 때에 해산한다(사립학교법 제34조 제1항).

다. 해산명령

교육부장관은 학교법인에 ① 설립허가조건에 위반한 때, ② 목적의 달성이 불가능한 때에 해당하는 사유가 있다고 인정할 때에는 해당 학교법인에 대하여 해산을 명할 수 있다(사립학교법 제47조 제1항). 이때의 학교법인의 해산명령은 다른 방법으로는 감독의 목적을 달성할 수 없을 때 또는 관할청이 시정 지시한 후 6월이 경과하여도 이에 응하지 아니한 때에 한하여야 한다(사립학교법 제47조 제2항). 목적의 달성이 불가능한 때에 해당하는 사유가 있는 때라는 해산명령사유는 상당히 추상적이고 이의 판단권이 해산명령권자에게 있다. 학교법인의 해산은 궁극적으로는 사립학교의 폐쇄에 이르게 된다. 따라서 위의 사유를 해석함에 있어서는 매우 엄격하게 하여야 된다. 목적의 달성이 불가능한지 여부는 사회통념에 의하여 판단하게 된다. 그리고 이러한 학교법인의 해산을 명하고자 하는 경우에는 청문을 실시하여야 한다(사립학교법 제47조의2). 청문이란 행정청이 어떠한 처분을 하기에 앞서 당사자 등의 의견을 직접 듣고 증거를 조사하는 절차를 말한다. 행정청은 청문을 실시하고자 하는 경우에 청문이 시작되는 날부터 10일 전까지 처분의 제목, 처분의 내용, 처분의 근거법규, 처분의 원인사실, 당사자, 의견제출의 기회부여와 의견 미제출시의 처리방법 의견제출기한 등의 사항을 당사자 등에게 통지하여야 한다(행정절차법 제21조 제1, 2항). 기타의 청문에 대하여는 행정절차법이 상세히 규정하고 있다.

라. 목적달성이 불가능한 경우의 해산절차

목적의 달성이 불가능하여 해산하는 경우(사립학교법 제34조 제1항 제2호)에는 이사 정수의 3분의 2 이상의 동의를 얻어 교육부장관의 인가를 받아야 한다(사립학교법 제34조 제2항). 다만 사립학교법 제4조 제1항에 의하여 시·도교육감의 지도·감독을 받는 유치원과 초중등학교의 경우는 사립학교법시행령 제8조 제2호에 의하여 시도교육감의 인가를 받아야 한다. 인가를 받기 위한 학교법인의 해산인가신청서에는 ① 이사회회의록 사본, ② 재산목록, ③ 남은 재산의 처분에 관한 사항을 기재한 서류를 첨부하여야 한다(사립학교법시행령 제15조).

한편 위와 같이 해산을 위해서는 이사 정수의 3분의 2 이상의 동의를 얻는 절차를 거쳐 교육부장관의 인가를 받아야 하는데 이사회의 해산결의가 존재하지 않거나 이사회의 해산결의가 있다고 하더라도 이사회의 결의가 무효임에도 정상적인 이사회 결의가 있는 것처럼 서류를 작성하여 인가신청을 하고,

감독청에서는 이러한 사실을 간과한 채 해산에 대한 인가를 하는 경우가 있을 수 있다. 이와 같이 감독청의 해산에 대한 인가가 있다면 이사회결의에 흠결이 있더라도 해산이 유효하게 될 수 있는지가 문제되는데 원래 인가는 다른 사람의 법률적 행위의 효력을 보충하여 이를 완성시키는 행정행위에 지나지 않으므로 기본적 행위인 학교법인 이사회의 해산결의가 성립하지 않거나 무효인 때에는 교육부장관의 인가를 받았더라도 그 해산결의가 유효하게 되는 것은 아니며 인가도 무효로 된다(대법원 1989.5.9. 선고 87다카2407 판결). 나아가 위와 같이 인가가 있은 후에 이사회가 새로이 이사회를 열어 해산결의를 한다고 하더라도 기존의 감독청의 인가가 유효하게 되는 것은 아닐 것이다. 따라서 법인으로서는 이사회를 열어 해산결의를 한 후 다시 감독청의 인가를 받아야 할 것이다.

마. 잔여재산의 귀속

(1) 잔여재산의 귀속

학교법인은 정관에 법인의 해산에 따른 잔여재산의 귀속자에 관한 규정을 두고자 할 때는 그 귀속자는 학교법인이나 그 밖에 교육사업을 경영하는 자59) 중에서 선정되도록 하여야 한다(사립학교법 제35조 제1항). 이처럼 법인의 해산 시 잔여재산의 귀속자를 학교법인이나 기타 교육사업을 경영하는 자 중에서 선정되도록 한 취지는 학교법인의 잔여재산이 교육 목적에 사용될 수 있도록 하기 위함일 것이다. 위 규정의 취지상 적어도 정관에 귀속자를 규정함에 있어서 해당 법인의 설립자 또는 그 상속인에게 반환한다는 규정을 정관에 둘 수는 없다. 다만 법인의 설립자나 그 상속인이 해당 법인 이외의 학교법인이나 교육사업을 경영하고 있다면 그 상속인이나 학교법인이 잔여재산의 귀속자로 지정될 수 있을 것이다. 해산한 학교법인의 잔여재산은 합병 및 파산의 경우를 제외하고는 교육부장관에 대한 청산종결의 신고가 있은 때에 위와 같이 정관으로 지정한 자에게 귀속된다(사립학교법 제35조 제2항). 그런데 예컨대 복수의 학교법인 설립자 등이 잔여재산의 귀속자를 다른 학교법인으로 정해 두

59) 법원은 '기타 교육사업을 경영하는 자'를 반드시 법인에 한정하는 의미로 해석할 수 없고, 학교법인 이외의 교육사업을 경영하는 단체 또는 개인을 포함하는 의미로 보아야 한다고 한다(서울행정법원 2002.5.23. 선고 2001구49155 판결).

는 경우, 교비횡령 등 회계부정을 저질러 이에 대하여 관할청으로부터 보전명령을 받았으나 이를 보전하지 않고 있는 중에 해산되면 해당 학교법인의 잔여재산은 설립자의 다른 학교법인으로 귀속되어 여전히 설립자가 사학에 관여하게 된다. 이러한 문제점을 해소하기 위해 사립학교법은 학교법인의 임원 또는 해당 학교법인이 설립한 사립학교를 경영하는 자 등이 사립학교법 또는 교육관계법령을 위반하여 해당 학교법인이 관할청으로부터 회수 등 재정적 보전을 필요로 하는 시정요구를 받았으나 이를 이행하지 아니하고 해산되는 경우 정관으로 지정한 자가 법률에 규정된 자인 경우에는 그 지정이 없는 것으로 본다(사립학교법 제35조 제3항). 이처럼 지정이 없는 것으로 보는 귀속자는 ① 해산한 학교법인의 설립자나 임원 또는 이들과 「민법」 제777조의 친족관계에 있는 자가 학교법인 해산일을 기준으로 10년 이내의 기간 중 정관으로 지정한 자 또는 정관으로 지정한 자가 설립한 사립학교의 대표자, 임원, 대학의 총장 또는 부총장, 초중고등학교의 교장 또는 교감, 유치원의 원장 또는 원감의 어느 하나에 해당하는 보직에 있거나 있었던 경우와 ② 정관으로 지정한 자의 임원 또는 정관으로 지정한 자가 설립한 사립학교를 경영하는 자 등이 이 법 또는 교육관계법령을 위반하여 정관으로 지정한 자가 관할청으로부터 회수 등 재정적 보전을 필요로 하는 시정요구를 받았으나 이를 이행하지 아니한 경우이다. 횡령한 돈을 보전하지 않은 해산되는 학교법인의 임원 또는 설립자와 일정한 관계에 있는 자는 물론 다른 학교법인에서 횡령하고 보전하지 않은 자와 그 일정한 관련자도 해산되는 법인 재산의 귀속자가 될 수 없는 것이다. 이러한 경우에는 해산되는 학교법인의 재산은 국고나 지방자치단체에 귀속된다. 대학교육기관을 설치·경영하는 학교법인의 재산은 국고에, 그 외의 초중고등학교 및 유치원 등을 설치·경영하는 학교법인의 재산은 해당 지방자치단체에 각각 귀속된다(사립학교법 제35조 제4항). 그런데 정관에 지정한 자가 없는 것으로 보는 경우가 지나치게 넓고 한편 전체 잔여재산과 보전되지 않은 횡령재산의 비율 등을 고려함이 없이 보전하지 못하는 횡령재산이 있다면 일체의 잔여재산을 국고나 지방자치단체에 귀속시키는 것은 지나치게 사학의 자율성을 침해하여 과잉금지의 원칙에 위배될 여지가 있다. 적용 과정의 융통성이나 입법이나 행정적 보완이 필요할 것으로 보인다. 국고 또는 지방자치단체에 귀속된 재산은 사립학교교육의 지원을 위하여 다른 학교법인에 대하여 양여 · 무상대부 또는 보조금으로 지급하거나 기타 교육사업에 사용한다(사립학교법 제35조 제5항). 국고에 귀속된 재산은 교육부장관이, 지방자치단체에 귀속된 재산은 해당 시 · 도교육감이 관리하는데 위 규정에 따라 처분을 하고자 할 때에는 미리 교육부장관은 기획재정부장관의, 시 · 도교육감은 교육부장관의 동의를 얻어야 한다(사립학교법 제35조 제6항). 귀속된 재산의 사용처를 사실상 행정청에 맡기고 있는데, 본래 학교법인의 소유였다가 국가나 지방자치단체에 귀속된 재산이라면 일반적인 국가나 지방자치단체의 재산과는 달리 이에 대한 사용처에 대하여 보다 구체적인 기준이 마련되어야 할 것이다.

(2) 인가시 잔여재산 귀속에 관한 심사의 가부

하급심이기는 하나 법원은 "사립학교법 제35조에서 학교법인의 해산인가시에 잔여재산의 처분에 관한 사항을 심사할 수 있는지 여부에 대하여 명시적인 규정을 두고 있지 아니하더라도, 사립학교의 공공성을 보장하기 위하여 학교법인 재산의 관리 및 처분에 관하여 행정청이 어느 정도 책임을 지고 감독할 필요성이 있는 점, 청산종결의 신고와 함께 별도의 절차 없이 잔여재산이 지정된 자에게 귀속됨으로써 행정청에서 학교법인의 해산인가시 외에는 따로 잔여재산 귀속자 지정의 당부를 심사할 기회가 없는 점 등의 사정에 비추어 보면, 행정청으로서는 학교법인의 해산인가시에 사립학교법의 규정에 부합하도록 잔여재산의 귀속자를 지정하였는지 여부를 심사할 권한이 있다"(서울행법 2002. 5. 23. 선고 2001구49155 판결)고 한다.

바. 해산에 관한 특례

(1) 해산에 관한 특례사유

고등학교 이하 각급학교를 설치 · 경영하는 학교법인은 학생수의 격감으로 인하여 그 목적의 달성이 곤란한 경우에는 제34조 제1항이 정하는 해산사유의 규정에 불구하고 시 · 도교육감의 인가를 받아 해산할 수 있다(사립학교법 제35조의2 제1항).

(2) 특례에 의한 해산 절차

위와 같은 해산의 특례규정에 의하여 시 · 도교육감의 인가를 받고자 하는 학교법인은 해산인가신청서에 잔여재산처분계획서를 첨부하여 시 · 도교육감에게 제출하여야 한다(사립학교법 제35조의2 제2항). 이러한 잔여재산처분계획은 이사 정수의 3분의 2 이상의 동의를 얻은 것이어야 한다(사립학교법 제35조의2 제3항).

위의 학교법인의 해산인가신청서에는 ① 해산사유, ② 재학생처리계획, ③ 교직원처리계획, ④ 이사회회의록 사본, ⑤ 법 제35조의2 제4항 제1호의 규정에 의한 해산장려금의 지급 또는 같은 항 제2호의 규정에 의한 기본재산의 매입 신청사항이 포함되어야 한다(사립학교법시행령 제15조의2 제1항). 학교법인의 해산은 그 설치 · 경영하는 학교에 재학 중인 학생의 학습권, 재직 중인 교직원 등의 실직 등과 관련된다. 학교법인의 해산은 이들 구성원과의 갈등을 야기하게 된다. 그러므로 재학생에 대한 전학과 졸업, 교직원의 이직 등 고용에 대한 대책 등도 요구하여 해산 인가 심사시 고려하도록 하였다.

그리고 잔여재산처분계획서에는 ① 재산목록 및 조성경위, ② 재산감정평가내역, ③ 잔여재산귀속예정자 및 귀속사유, ④ 기본재산 중 학교교육에 직접 사용되는 재산 내역(법 제35조의2 제4항 제2호의 규정에 의하여 국가 또는 지방자치단체가 재산을 매입하는 경우에 한한다), ⑤ 공익법인의 정관(법 제35조의2 제7항의 규정에 의하여 공익법인의 설립을 위한 재산으로 잔여재산을 출연하는 경우에 한한다)의 사항이 포함되어야 한다(사립학교법시행령 제15조의2 제2항).

(3) 특례에 의한 해산에 대한 국가 또는 지방자치단체의 지원

과거에는 학교법인의 설립은 사립학교의 유지 · 경영을 위한 것이어서 공익에 부합하기 때문에 가능한 한 학교법인을 유지하려고 하였다. 그러나 학생들의 숫자가 급감함에 따라 학교시설에 여유가 발생하였고, 일부학교는 신입생의 모집에 어려움을 겪게 되었으며, 이로 인하여 등록금 수입의 감소로 학교를 계속 유지 · 경영하는 것에 어려움을 겪게 되었다. 국가나 지방자치단체로서도 제한된 예산을 이러한 한계선상에 있는 학교에 지원하는 것은 예산의 효율성을 저감시키는 것이어서 해산에 거부감을 갖지 않게 되었고, 어느 경우에는 해산을 유도하는 실정에 있다.

국가 또는 지방자치단체는 위와 같은 특례규정에 의하여 해산하는 학교법인이 원활한 해산을 할 수 있도록 ① 해산인가 신청 당시 학교법인이 보유하고 있는 기본재산 감정평가액의 100분의 30 이내의 범위에서 해산장려금의 지금, ② 해산인가 신청 당시 학교법인이 보유하고 있는 기본재산 중 학교교육에 직접 사용되었던 재산의 매입의 방법으로 지원을 할 수 있다(사립학교법 제35조의2 제4항). 이는 학생수의 감소로 인하여 학교의 정상적인 운영이 어려움에도 불구하고 학교법인이 해산을 하지 않는 경우에 위와 같이 재정지원을 함으로써 학교법인의 해산과 합병을 유도하기 위한 것이다.

(4) 사학정비심사위원회

위와 같은 특례에 의한 학교법인의 해산과 이때의 잔여재산 처분이나 재정지원에 관한 사항을 심사하기 위하여 시·도교육감소속하에 사학정비심사위원회를 둔다(사립학교법 제35조의2 제5항).

위원회는 ① 학교법인의 해산의 타당성 여부, ② 잔여재산처분계획의 적정성 여부, ③ 법 제35조의2 제4항의 규정에 의한 재정지원의 타당성 여부, ④ 기타 학교법인의 해산·잔여재산의 처분 및 재정지원에 관한 사항을 심사하기 위하여 필요한 사항을 심사한다(사립학교법시행령 제15조의4 제1항). 위원장을 포함한 위원은 본인 또는 직계존비속과 직접 이해관계가 있는 안건에 관하여는 그 심사에 참여할 수 없다(사립학교법시행령 제15조의4 제4항).

(5) 잔여재산 귀속의 특례

위와 같은 특례규정에 의하여 해산한 학교법인은 그 잔여재산의 전부 또는 일부를 사립학교법 제35조 제1항의 규정(잔여재산의 귀속자는 학교법인이나 기타 교육사업을 경영하는 자 중에서 선정)에 불구하고 위의 잔여재산처분계획서에서 정한 자에게 귀속시키거나 「공익법인의 설립·운영에 관한 법률」 제2조의 규정에 의한 공익법인의 설립을 위한 재산으로 출연할 수 있다(사립학교법 제35조의2 제7항).

2. 학교법인의 청산(清算)

회사나 비영리법인 등의 법인·조합이 해산(解散)에 의하여 모든 법률관계를 종료시키고 그 재산관계를 정리하여 이를 분배함을 목적으로 하는 절차를 청산이라 한다. 학교법인이 해산하게 되면 이러한 청산절차에 들어가게 된다.

학교법인의 해산과 청산에 대하여 사립학교법은 민법 제81조 내지 제95조의 규정을 학교법인의 해산과 청산의 경우에 준용한다(사립학교법 제42조 제1항). 민법상의 청산절차에 관한 규정은 모두 제3자의 이해관계에 중대한 영향을 미치기 때문에 이른바 강행규정이라고 해석되므로 이에 반하는 잔여재산의 처분행위는 특단의 사정이 없는 한 무효라고 보아야 한다(대법원 1995.2.10. 선고 94다13473 판결). 판례는 청산절차에 관한 규정에 대하여 강행규정이라고 하면서도 특단의 사정이 있다면 민법이 규정한 청산절차에 반하는 것도 유효하게 인정될 수 있는 여지를 남겨두고 있다.

가. 청산법인의 권리의무

해산한 법인은 청산의 목적 범위 내에서만 권리가 있고 의무를 부담한다(민법 제81조). 학교법인은 해산함으로써 교육기관 운영 등의 목적을 위한 행위를 할 수 있는 권리능력을 상실하게 되고 다만 재산의 분배라고 하는 목적을 위해서만 권리와 의무를 가지게 된다.

나. 청 산 인

(1) 의 의

해산한 법인의 청산사무를 맡아서 집행하는 사람을 청산인이라 한다. 법인이 해산한 때에는 파산의 경우를 제외하고는 이사가 청산인이 된다. 그러나 정관 또는 총회의 결의로 달리 정한 바가 있으면 그에 의한다(민법 제82조).

(2) 청산인의 선임 및 해임

이사가 없거나 정관에 청산인에 관한 규정이 없고 총회의 결의로 정한 바도 없어서 결국 청산인이 될 자가 없거나, 청산인의 결원으로 인하여 손해가 생길 염려가 있는 때에는 법원은 직권 또는 이해관계인이나 검사의 청구에 의하여 청산인을 선임할 수 있다(민법 제83조). 그리고 중요한 사유가 있는 때에는 법원은 직권 또는 이해관계인이나 검사의 청구에 의하여 청산인을 해임할 수 있다(민법 제84조).

(3) 청산인회의

청산법인은 이사회에 대응하는 청산인회의와 이사장에 대응하는 대표청산인이 존재하게 된다. 청산인회의 의사는 정관에 특별한 규정이 없는 한 재적 청산인 과반수의 출석으로 개의하고, 정관이 정한 이사(청산인)정수의 과반수 찬성으로 의결한다(사립학교법 제42조 제2항, 제18조).

(4) 청산인의 직무

청산인은 ① 현존사무의 종결, ② 채권의 추심 및 채무의 변제, ③ 잔여 재산의 인도 등의 직무를 수행한다. 그리고 이러한 직무를 행하기 위하여 필요한 모든 행위를 할 수 있다(민법 제87조). 대법원은 학교법인이 관할청에 의하여 해산명령을 받아 해산되고 학교폐쇄 처분을 받아 사실상 학교법인의 실체를 상실하고 기능을 수행할 수 없게 된 경우에도 학교법인 재산의 처분 등에는 여전히 사립학교법 제28조 제1항이 적용되어 그 기본재산을 처분하고자 할 때에는 관할청의 허가를 받아야 한다고 하는데(대법원 2010.4.8. 선고 2009다93329 판결), 위 해산의 경우에 마찬가지로 해석되어야 할 것이다.

(5) 청산인의 대표행위의 성질(대리)

청산인의 청산법인 대표에 관하여는 민법의 대리에 관한 규정을 준용한다(사립학교법 제42조 제2항, 민법 제59조 제2항). 학교법인의 경우 법인을 대표하는 기관은 이사장이었으므로 학교법인의 청산법인도 대표청산인만이 청산법인을 대표한다고 보는 것이 옳을 것이다. 청산인의 대표행위의 대리에 관한 규정 준용에 대해서는 이사의 대리에 관한 규정 준용과 같으므로 이를 참조하기 바란다.

(6) 청산인의 주의의무 및 손해배상책임

청산인은 선량한 관리자의 주의로 그 직무를 수행하여야 한다(사립학교법 제42조 제2항, 민법 제61조). 청산인이 그 임무를 해태한 때에는 그 청산인은 법인에 대하여 연대하여 손해배상의 책임이 있다(민법 제65조).

(7) 이사의 대리인 선임

청산인은 정관 또는 총회의 결의로 금지하지 아니한 사항에 한하여 타인으로 하여금 특정한 행위를 대리하게 할 수 있다(민법 제62조).

(8) 특별대리인의 선임

청산법인과 청산인의 이익이 상반하는 사항에 관하여는 청산인은 대표권이 없다. 이 경우에는 특별대리인을 선임하여야 한다(민법 제64조).

다. 청산절차

(1) 청산인의 해산등기

청산인은 파산의 경우를 제하고는 그 취임 후 3주간 내에 해산의 사유 및 연월일, 청산인의 성명 및 주소와 청산인의 대표권을 제한한 때에는 그 제한을 주된 사무소 및 분사무소 소재지에서 등기하여야 한다(민법 제85조 제1항). 이러한 사항 중에 변경이 있는 때에도 3주간 내에 변경등기를 하여야 한다(민법 제85조 제2항, 제52조).

이사 전원의 의결에 의하여 잔여재산을 처분하도록 한 정관 규정은 성질상 등기하여야만 제3자에게 대항할 수 있는 청산인의 대표권에 관한 제한이라고 볼 수 없다(대법원 1995.2.10. 선고 94다13473 판결). 따라서 이사 전원의 의결에 의하여 잔여재산을 처분하도록 한 정관 규정도 유효하고 이를 등기하지 아니하더라도 제3자에게 대항 할 수 있으며, 이에 반하여 행한 잔여재산의 처분은 무효이다.

(2) 청산인의 해산신고

청산인은 파산의 경우를 제하고는 그 취임 후 3주간 내에 위의 해산등기 사항을 주무관청에 신고하여야 한다. 청산 중에 취임한 청산인은 그 성명 및 주소를 신고하면 된다(민법 제86조).

(3) 청산인의 채권신고의 공고

청산인은 취임한 날로부터 2월 내에 3회 이상의 공고로 채권자에 대하여 일정한 기간 내에 그 채권을 신고할 것을 최고하여야 한다. 그 기간은 2월 이상이어야 한다. 위의 공고에는 채권자가 기간 내에 신고하지 아니하면 청산으로부터 제외될 것을 표시하여야 한다. 그리고 위의 공고의 방법은 법원의 등기사항의 공고와 동일한 방법으로 하여야 한다(민법 제88조).

(4) 청산인의 채권신고의 최고

청산인은 알고 있는 채권자에게 대하여는 각각 그 채권신고를 최고하여야 한다. 알고 있는 채권자는 청산으로부터 제외하지 못한다(민법 제89조).

(5) 채권신고기간 내의 변제금지

청산인은 민법 제88조 제1항의 채권신고기간 내에는 채권자에 대하여 변제하지 못한다. 그러나 법인은 채권신고기간 동안 변제하지 못함으로 인하여 발생하는 채권자에 대한 지연손해배상의 의무는 면하지 못한다(민법 제90조).

(6) 채권변제의 특례

청산 중의 법인은 변제기에 이르지 아니한 채권에 대하여도 변제할 수 있다. 변제기에 이르지 않은 채권에 대하여 변제를 할 때에는 조건 있는 채권, 존속기간이 불확정한 채권 기타 가액의 불확정한 채권에 관하여는 법원이 선임한 감정인의 평가에 의하여 변제하여야 한다(민법 제91조).

(7) 청산으로부터 제외된 채권

청산으로부터 제외된 채권자는 법인의 채무를 완제한 후 귀속권리자에게 인도하지 아니한 재산에 대하여서만 변제를 청구할 수 있다(민법 제92조).

(8) 청산 중의 파산

청산 중 법인의 재산이 그 채무를 완제하기에 부족한 것이 분명하게 된 때에는 청산인은 지체 없이 파산선고를 신청하고 이를 공고하여야 한다(민법 제93조 제1항). 파산선고가 되는 경우 청산인은 파산관재인에게 그 사무를 인계함으로써 그 임무가 종료한다(민법 제93조 제2항). 파산선고를 신청하고 이를 공고하는 방법은 법원의 등기사항의 공고와 동일한 방법으로 하여야 한다(민법 제93조 제3항, 제88조 제3항).

(9) 청산종결의 등기와 신고

청산이 종결한 때에는 청산인은 3주간 내에 이를 등기하고 주무관청에 신고하여야 한다(민법 제94조).

(10) 해산, 청산의 검사, 감독

법인의 해산 및 청산은 법원이 검사, 감독한다.

3. 학교법인의 파산

법인이 채무를 완제하지 못하게 된 때에는 이사장은 지체 없이 파산신청을 하여야 한다(사립학교법 제42조 제1항, 민법 제79조). 사립학교법은 준용하는 민법 제79조에서의 이사는 이사장으로 한다고 하고 있는데 이는 민법의 이사는 대표권이 있으나 학교법인의 경우는 이사장에게만 있기 때문일 것이다. 파산이란 채무자가 경제적으로 파탄상태에 빠졌을 때 그 총재산으로 총채권자에게 공평한 만족을 주기 위해 진행되는 재판상 절차를 말한다(「채무자회생 및 파산에 관한 법률」이 규율하고 있다). 위와 같은 신청에 대하여 법원이 파산을 선고하면 법원은 파산관재인(破産管財人)을 선임하고, 제1회의 채권자집회(債權者集會)기일 · 채권신고기간 · 채권조사기일 등을 정하여 공고하여야 하고 이러한 절차들을 거쳐서 채권자들에게 재산을 분배하게 된다.

4. 학교법인의 합병

가. 합병의 의의

둘 이상의 기구나 단체가 합쳐져서 하나로 되는 것을 합병이라 한다. 합병에 의하여 당사자인 학교법인의 일부 또는 전부가 해산 후 그 재산에 대하여 청산절차를 거치지 아니하고 포괄적으로 존속법인 또는 신설법인에 이전하게 된다.

나. 합병의 절차

(1) 이사회의 의결

학교법인이 다른 학교법인과 합병하고자 할 때에는 이사정수의 3분의 2 이상의 동의가 있어야 한다(사립학교법 제36조 제1항).

(2) 관할청의 인가

합병을 위해서는 이사회의 의결을 거친 후 교육부장관의 인가를 받아야 한다(사립학교법 제36조 제2항). 합병의 인가에는 각 학교법인의 채권·채무에 관한 사항, 재산에 관한 사항 및 합병 후의 교직원 및 학생의 처리에 관한 사항이 중요하게 고려된다.

교육부장관으로부터 인가를 받고자 할 때에는 그 인가신청서에 합병 후 존속하는 학교법인 또는 합병에 의하여 설립되는 학교법인의 정관과 기타 대통령령이 정하는 서류를 첨부하여야 한다(사립학교법 제36조 제3항). 이에 따라 인가신청서에는 ① 합병이유서 ② 각 학교법인의 이사회회의록 사본, ③ 학교법인의 설립을 위하여 각 학교법인이 선임한 자임을 입증하는 서류, ④ 합병약정서, ⑤ 합병 후 존속하는 학교법인 또는 합병으로 인하여 설립되는 학교법인의 정관, ⑥ 합병 전의 각 학교법인의 재산목록 및 대차대조표, ⑦ 재산의 소유권을 증명하는 서류, ⑧ 합병 후 존속하는 학교법인 또는 합병으로 인하여 설립되는 학교법인에 대한 임원의 이력서, 임원의 신원증명서, 임원의 취임승낙서, 임원의 가족관계등록부 증명서(이상은 합병 후 존속하는 학교법인의 임원으로서 계속 재임되는 임원에 대하여는 생략할 수 있다), 임원상호간의 관계에 있어서 사립학교법 제21조 제2항 및 동조 제4항의 규정에 저촉되지 아니함을 입증하는 각서, ⑨ 수익사업을 하는 경우에는 설립 후 3년간의 사업계획서(예산서 첨부) 등의 서류를 첨부하여야 한다(사립학교법시행령 제16조 제1항). 재산목록은 기본재산과 보통재산으로 구분하여 작성하되, 기본재산은 교육용 기본재산과 수익용 기본재산으로 구분하여야 한다(사립학교법시행령 제16조 제2항, 제4조 제2항). 설립허가신청서를 제출받은 교육부장관은 「전자정부법」 제36조 제1항에 따른 행정정보의 공동이용을 통하여 재산의 소유권을 증명하는 건물등기부 등본 및 토지등기부 등본을 확인하여야 한다(사립학교법시행령 제16조 제2항, 제4조 제5항).

(3) 재산목록과 대차대조표의 작성

학교법인은 관할청의 인가를 받은 때에는 그 인가의 통지를 받은 날로부터 15일 이내에 재산목록과 대차대조표를 작성하여야 한다(사립학교법 제37조 제1항).

(4) 채권자에 대한 공고와 최고

학교법인은 관할청의 인가를 받은 때에는 그 인가의 통지를 받은 날로부터 15일 이내에 그 채권자에 대하여 합병에 대하여 이의가 있으면 일정한 기간 내에 제의할 것을 공고하고, 또 알고 있는 채권자에게는 각별로 이를 최고하여야 한다. 다만, 그 기간은 2월 이상이어야 한다(사립학교법 제37조 제2항).

채권자가 공고한 기간 내에 합병에 대하여 이의를 제의하지 아니한 때에는 합병으로 인하여 존속 또는 설립된 학교법인의 채무인수를 승인한 것으로 본다(사립학교법 제38조 제1항). 그러나 채권자가 기간 내에 이의를 제의한 때에는 학교법인은 이를 변제하거나 상당한 담보를 제공하여야 한다(사립학교법 제38조 제2항).

(5) 합병에 의한 학교법인의 설립

합병에 의하여 학교법인을 설립할 경우에는 정관 기타 학교법인의 설립에 관한 사무는 각 학교법인이 선임한 자가 공동으로 행하여야 한다(사립학교법 제39조).

(6) 합병의 효력과 그 발생시기

학교법인의 합병은 합병 후 존속하는 학교법인 또는 합병에 의하여 설립되는 학교법인의 주된 사무소의 소재지에서 등기함으로써 그 효력이 생긴다(사립학교법 제41조).

합병 후 존속하는 학교법인 또는 합병에 의하여 설립된 학교법인은 합병에 의하여 소멸된 학교법인의 권리·의무(해당 학교법인이 그가 경영하는 사업에 관하여 교육부장관의 인가 기타 처분에 기인하여 가지는 권리·의무를 포함한다)를 승계한다(사립학교법 제40조).

제7절 | 학교법인에 대한 국가 또는 지방자치단체의 지원과 감독

1. 학교법인에 대한 지원

국가 및 지방자치단체는 사립학교를 지원·육성하여야 하며, 사립학교의 다양하고 특성 있는 설립목적이 존중되도록 하여야 한다(교육기본법 제25조).

이에 따라 국가 또는 지방자치단체는 교육의 진흥상 필요하다고 인정할 때에는 사립학교교육의 지원을 위하여 대통령령 또는 해당 지방자치단체의 조례가 정하는 바에 의하여 보조를 신청한 학교법인 또는 사학지원단체에 대하여 보조금을 교부하거나 기타의 지원을 할 수 있다(사립학교법 제43조 제1항). 이 조항에 따라 국가는 「사립학교 보조와 원조에 관한 건」을 제정하였고 각 지방자치단체도 사립학교 재정지원에 관한 조례를 제정하고 지원하고 있다.

국가 또는 지방자치단체가 학교법인을 지원하고자 할 때에는 실업학교를 설치·경영하는 학교법인에게 우선권을 주어야 한다(사립학교법 제44조).

2. 국가의 보조

가. 국가의 지원 대상

국가가 사립학교교육의 지원을 위하여 행하는 보조 또는 지원은 ① 실업학교를 설치·경영하는 학교법인, ② 국가가 필요로 하는 특수한 학과 또는 학교를 설치·경영하는 학교법인, ③ 천재·지변 기타 재해로 인하여 학교경영에 재정적 곤란을 받는 학교법인, ④ 특수학교를 설치·경영하는 학교법인, ⑤ 기타 특히 국가의 지원이 필요하다고 인정되는 학교법인에 해당하는 학교법인에 대하여 행한다(사립학교법시행령 제17조 제1항).

나. 국가의 보조와 결정

교육부장관은 매년도 보조의 대상이 되는 학교법인에 대하여 그 보조 예정을 통지하고, 보조신청서를 제출하게 한다. 이에 따라 학교법인으로부터 제출된 보조신청서에 대하여 그 보조여부를 결정한 후 그 결과를 관계 학교법인에 통지하여야 한다(사립학교보조와 원조에 관한 건 제2조).

다. 보조의 교부

학교법인에 대한 보조는 국가의 예산집행계획 또는 원조계획에 따라 매년 4기로 나누어 교부한다(사립학교보조와 원조에 관한 건 제3조).

라. 보조의 사업목적 이외의 사용금지 및 보조의 반환

학교법인은 교육부장관이 결정 통지한 교부 목적 이외에 보조를 사용할 수 없다. 다만, 미리 교육부장관의 승인을 얻은 경우에는 예외로 한다(사립학교보조와 원조에 관한 건 제4조 제1항).

교육부장관은 학교법인이 ① 전항의 규정에 위반한 때, ② 조성사업의 전부 또는 일부를 중지하거나 폐지한 때, ③ 조성을 위한 감독청의 예산변경권고에 따르지 아니할 때, ④ 사립학교법 또는 동 시행령의 규정에 의한 감독청의 명령에 응하지 아니한 때, ⑤ 조성의 결과가 저조하여 계속조성이 부적당하다고 인정하거나 조성의 목적을 달성할 가망이 없다고 인정된 때, ⑥ 조성사업의 보고가 허위인 사실이 발견된 때의 하나에 해당할 때에는 그 보조의 전부 또는 일부의 교부를 반환하게 할 수 있다(사립학교보조와 원조에 관한 건 제4조 제2항).

지방자치단체도 조례에 보조와 함께 반환에 대해서도 규정하고 있다. 서울시교육청도 「서울특별시 사립학교 재정지원에 관한 조례」를 제정하여 사립학교에 대한 지원과 함께 반환에 대해서도 규정하고 있다. 그중 '기타 부당한 방법으로 지원을 받았을 때'라는 반환 요건도 규정되어 있는데 이에 대하여 대법원은 '기타 부당한 방법'이란 정상적인 절차에 의해서는 사립학교법 및 이 사건 조례에 의한 지원금을 지급받을 수 없음에도 사회통념상 부당하다고 인정되는 행위로서 지원금 교부에 관한 의사결정에 영향을 미칠 수 있는 일체의 적극적 및 소극적 행위를 뜻하고, '부당한 방법으로 지원을 받았을 때'란 지원금의 교부대상이 되지 아니하는 사무 또는 사업에 대하여 지원금을 받은 경우뿐만 아니라, 법령 및 조례가 정하는 구체적 지원기준의 취지에 부합하지 않는 경비 항목 등을 포함하여 교부받는 등으로 해당 사업에 교부되어야 할 정당한 금액을 초과하여 지원금을 교부받는 경우도 여기에 해당한다고 하였다(대법원 2017.4.27. 선고 2015두41791 판결, 대법원 2015.1.29. 선고 2011두32973 판결).

그리고 지원대상이 학교법인이나 효율적 지원을 위해 학교장에게 직접 지원을 하였다고 하더라도 학교법인이 지원을 받은 것으로 보아야 하므로 학교법인이 반환대상이 된다. 반환처분은 지급되지 않았어야 할 지원금에 대한 원상회복적 성격과 부당한 방법으로 지원받았음을 이유로 한 제재적 성격을 함께 가지고 있으므로 학교법인이 법인회계의 자금에서 반환하여야 한다(대법원 2017.10.12. 선고 2017두34346 판결).

마. 보고와 감독

보조를 받은 학교법인은 ① 보조사업을 개시한 때에는 사업개시보고서, ② 보조에 대한 매분기의 경리보고서, ③ 조성사업이 종료한 때에는 사업종료(실적)보고서, ④ 학교법인의 명칭, 대표자 등의 변경이 있을 때에는 명칭 등의 변경보고서, ⑤ 기타 교육부장관이 요구하는 사항에 대한 보고서 중 하나를 그 사유가 발생한 날로부터 7일 이내에 교육부장관에게 제출하여야 한다(사립학교보조와 원조에 관한 건 제5조 제1항).

교육부장관은 필요하다고 인정할 때에는 보조받은 학교법인에 대하여 그 조성사업의 진도와 경리상황을 파악하기 위하여 소속공무원으로 하여금 서류와 장부를 감사하게 할 수 있다(사립학교보조와 원조에 관한 건 제5조 제2항).

3. 국고 등 귀속재산에 의한 지원

국가 또는 지방자치단체는 학교법인이 해산하였으나 처분되지 않아 국고 또는 지방자치단체에 귀속된 재산을 사립학교교육의 지원을 위하여 다른 학교법인에 대하여 양여·무상대부 또는 보조금으로 지급하거나 기타 교육사업에 사용한다(사립학교법 제35조 제5항).

4. 보조받은 학교법인에 대한 관할청의 권한

관할청은 위의 지원을 받은 학교법인 또는 사학지원단체에 대하여 ① 지원에 관하여 필요한 경우에는 해당 학교법인 또는 사학지원단체로부터 그 업무 또는 회계의 상황에 관한 보고를 받는 일, ② 해당 학교법인 또는 사학지원단체의 예산이 지원의 목적에 비추어 부적당하다고 인정할 때에는 그 예산에 대하여 필요한 변경조치를 권고하는 일 등을 할 수 있는 권한을 가진다(사립학교법 제43조 제2항).

5. 지원의 중단

국가 또는 지방자치단체는 보조금교부나 지원(사립학교법 제43조 제1항) 또는 학교법인의 해산으로 귀속된 재산(사립학교법 제35조 제5항)으로 학교법인 또는 사학지원단체에 대하여 하는 지원에서 그 지원성과가 저조하여 계속지원이 부적당하다고 인정하거나, 해산으로 귀속된 재산(사립학교법 제35조 제3항)으로 지원하였으나 지원을 받은 해당 학교법인 또는 사학지원단체의 예산이 지원의 목적에 비추어 부적당하다고 인정하여 그 예산에 대하여 필요한 변경조치를 권고하였음에도 관할청의 권고에 따르지 아니한 때에는 그 후의 지원은 이를 중단할 수 있다(사립학교법 제43조 제3항). 사학법인에 대한 지원은 수익적 행정행위에 해당하고 이러한 수익적 행정행위의 철회는 제한적으로 허용된다.[60] 따라서 위의 규정에 해당하지 않는 사유 예컨대 지원을 받은 해당 학교법인 또는 사학지원단체의 예산이 지원의 목적에 비추어 부적당하다고 인정되더라도 국가 또는 지방자치단체가 시행한 보조금교부나 지원(사립학교법 제43조 제1항)을 위의 사유로 중단하는 것은 매우 제한적으로만 인정되어야 할 것이다.

6. 기타의 지원

가. 임시이사 선임 법인에 대한 지원

임시이사가 선임된 학교법인 중 재정이 열악한 학교법인의 최소한의 이사회 운영경비 및 사무직원 인건비는 국가 또는 지방자치단체에서 지원할 수 있다(사립학교법 제25조 제6항).

나. 특수한 해산에 대한 지원

고등학교 이하 각급학교를 설치·경영하는 학교법인은 학생수의 격감으로 인하여 그 목적의 달성이 곤란한 경우에는 시·도교육감의 인가를 받아 해산할 수 있는데 이때 국가 또는 지방자치단체는 학교법인이 원활한 해산을 할 수 있도록 해산인가 신청 당시 학교법인이 보유하고 있는 기본재산 감정평가액의 100분의 30 이내의 범위에서 해산장려금의 지급이나 해산인가 신청 당시 학교법인이 보유하고 있는 기본재산 중 학교교육에 직접 사용되었던 재산의 매입을 통하여 지원할 수 있다(사립학교법 제35조의2 제4항).

60) 김남철, 앞의 책, 267면.

제3장 사립학교경영자

제1절 | 재단법인의 학교법인으로의 조직변경

1. 의 의

사립학교경영자 중 「민법」에 의한 재단법인은 그 조직을 변경하여 학교법인이 될 수 있다(사립학교법 제50조). 사립학교경영자는 「유아교육법」, 「초·중등교육법」 및 「고등교육법」과 사립학교법에 따라 사립학교를 설치·경영하는 공공단체 외의 법인(학교법인을 제외한다) 또는 사인을 말한다(사립학교법 제2조 제3항). 따라서 재단법인도 마찬가지로 사립학교경영자가 될 수 있는데 이러한 사립학교를 설치·경영하는 민법상의 재단법인이 조직을 변경하여 사립학교만을 설치·경영하는 학교법인으로 될 수 있다.

2. 인가절차

민법에 의한 재단법인이 학교법인으로 조직을 변경하기 위해서는 인가신청서를 제출해야 한다. 인가신청서에는 ① 조직변경이유서, ② 정관(신·구), ③ 이사회회의록 사본과, ④ 학교법인의 설립허가 신청시 첨부하는 서류(시행령 제4조 제1항 제3호 내지 제14호의 서류, 이 경우에 제14호 중 "설립 후"는 "조직변경 후"로 한다)를 첨부하여야 한다(사립학교법시행령 제19조 제1항).

재산목록은 기본재산과 보통재산으로 구분하여 작성하되, 기본재산은 교육용 기본재산과 수익용 기본재산으로 구분하여야 한다(사립학교법시행령 제19조 제2항, 제4조 제2항). 인가신청서를 제출받은 교육부장관은 「전자정부법」 제21조 제1항에 따른 행정정보의 공동이용을 통하여 재산의 소유권을 증명하는 건물등기부 등본 및 토지등기부 등본을 확인하여야 한다(사립학교법시행령 제19조 제2항, 제4조 제5항).

또한 인가여부에 대한 검토에서는 「민법」상의 재단법인에서 학교법인으로 조직이 변경될 경우 설치·경영학교가 「초·중등교육법」상의 학교인 경우에는 설립인가시 「고등학교 이하 각급학교 설립·운영 규정」에서 정한 기준에 적합할 것으로 보이지만 교지 등의 확보기준이 미달할 경우에는 시정 등 확보기준에 적합하도록 하여야 한다. 그리고 학교법인이 민법상의 재단법인과 다른 점 중의 하나가 「고등학교 이하 각급학교 설립·운영 규정」에서 규정하고 있는 수익용기본재산을 확보하여야 한다는 것인데 기본재산의 가액은 「부동산 가격공시 및 감정평가에 관한 법률」에 의한 감정평가업자의 감정평가서 가액이 그 기준이 되고 개별공시지가나 지방세과세표준액 등이 가액 산정의 기준이 되지 않는다. 그리고 위의 법령의 규정 외에 학교법인이 확보하는 수익용기본재산의 수익확보를 위하여 공인된 감정평가기관의 수익증명 또는 수익을 증명할 수 있는 기관의 증빙서류의 첨부를 요구하고 있는 경우가 있다(서울특별시교육청 사학기관업무편람).

3. 조직변경으로 인한 학교법인의 설립등기

민법에 의한 재단법인이 그 조직을 변경하여 학교법인으로 되는 경우의 그 학교법인의 설립등기에 관하여는 사립학교법 제8조의 규정에 의한다. 이 경우에 법 제8조 중 "설립허가"를 "조직변경의 인가"로 한다(사립학교법시행령 제20조).

제2절 | 사립학교경영자에 대한 준용규정

1. 준용규정

사립학교법 제5조·제28조 제2항·제29조·제31조 내지 제33조·제43조·제44조 및 제48조의 규정은 사립학교경영자에게 이를 준용한다. 다만, 제31조 내지 제33조의 준용에 있어서는 그 설치 · 경영하는 사립학교에 관한 부분에 한한다(사립학교법 제51조).

2. 사립학교경영자 경영 학교의 재산

사립학교경영자는 그가 설치 · 경영하는 사립학교에 필요한 시설 · 설비와 해당 학교의 경영에 필요한 재산을 갖추어야 한다(사립학교법 제5조, 제51조).

3. 교육용기본재산의 처분금지

학교교육에 직접 사용되는 학교법인의 재산 중 대통령령이 정하는 것은 이를 매도하거나 담보에 제공할 수 없다(사립학교법 제28조 제2항). 따라서 학교교육에 직접 사용되는 교지 · 교사 등의 재산을 처분하였다고 하더라도 이러한 처분행위는 무효가 된다(대법원 2000.6.9. 선고 99다70860 판결). 사립학교 경영자가 사립학교의 교지 · 교사 · 체육장 등으로 사용하기 위하여 출연 · 편입시킨 토지나 건물이 학교경영자 개인 명의로 등기되어 있는 경우에도 그 토지나 건물에 관하여는 강제집행의 목적물이 될 수 없고, 이와 같이 강제집행의 목적 대상이 될 수 없는 이상, 장차의 강제집행을 보전하기 위한 보전처분인 가압류의 목적 대상도 될 수 없다(대법원 2011.4.4. 자 2010마1967 결정). 그리고 사립유치원의 경우에 '학교교육에 직접 사용되는 사립학교 경영자의 재산으로서 매도하거나 담보에 제공할 수 없는 재산' 중 교지 · 교사 · 체육장은 유치원 설립인가를 받을 당시의 원지 · 원사 · 유원장으로서 실제로 유치원 교육에 직접 사용되는 것 또는 설립인가 이후에 원지 · 원사 · 유원장의 변경인가를 받은 경우에는 그 변경인가를 받은 원지 · 원사 · 유원장으로서 실제로 유치원 교육에 직접 사용되는 것을 의미한다.

"학교법인이 그 기본재산을 매도 · 증여 · 교환 또는 용도변경하거나 담보에 제공하고자 할 때 또는 의무의 부담이나 권리의 포기를 하고자 할 때에는 관할청의 허가를 받아야 한다. 다만, 대통령령이 정하는 경미한 사항은 이를 관할청에 신고하여야 한다"는 사립학교법 제28조 제1항이 규정은 준용되지 않고 있으므로 학교법인의 경우와는 달리 사립학교경영자의 기본재산처분에 대한 관할청의 허가와 신고는 필요하지 않다고 보아야 한다.

4. 회계의 구분

사립학교경영자의 회계도 그가 설치·경영하는 학교에 속하는 회계와 사립학교경영자의 업무에 속하는 회계로 구분한다. 학교에 속하는 회계는 이를 교비회계와 부속병원회계(부속병원이 있는 경우에 한한다)로 구분할 수 있고, 교비회계는 등록금회계와 비등록금회계로 구분하며, 각 회계의 세입·세출에 관한 사항은 대통령령으로 정하되 학교가 받은 기부금 및 수업료 기타 납부금은 교비회계의 수입으로 하여 이를 별도 계좌로 관리하여야 한다.

사립학교경영자의 업무에 속하는 회계는 이를 일반업무회계와 수익사업회계로 구분할 수 있다.

학교에 속하는 회계의 예산은 해당 학교의 장이 편성하되 대학교육기관은 대학평의원회의 자문 및 등록금심의위원회의 심사·의결을 거친 후 이사회의 심사·의결로 확정하고 학교의 장이 집행하며, 「초·중등교육법」 제2조에 따른 학교는 학교운영위원회의 자문을 거친 후 이사회의 심사·의결로 확정하고 학교의 장이 집행한다. 유치원은 학교의 장이 집행한다.

교비회계에 속하는 수입은 다른 회계에 전출하거나 대여할 수 없다. 다만, 차입금의 원리금을 상환하는 경우나 공공 또는 교육·연구의 목적으로 교육용 기본재산을 국가, 지방자치단체 또는 연구기관에 무상으로 귀속하는 경우에는 그러하지 아니하다(사립학교법 제29조 제6항).

5. 예산 및 결산의 제출

사립학교경영자는 대통령령(시행령 제14조)이 정하는 바에 의하여 그 설치·경영하는 사립학교의 매 회계연도 개시 전에 예산을, 매 회계연도 종료 후에는 결산을 관할청에 보고하고 공시하여야 한다(사립학교법 제31조 제1항). 관할청은 위의 예산이 회계관계 법령 등을 위반하여 편성되었다고 인정할 때에는 그 시정을 지도할 수 있다(사립학교법 제31조 제2항). 학교에 속하는 회계의 결산은 매 회계연도 종료 후 대학교육기관은 대학평의원회의 자문 및 등록금심의위원회의 심사 · 의결을 거쳐야 하고, 「초 · 중등교육법」 제2조에 따른 학교는 학교운영위원회의 자문을 거쳐야 한다. 다만, 유치원의 경우에는 그러하지 아니하다(사립학교법 제31조 제3항). 학교법인은 결산서를 제출할 때에 해당 학교법인의 감사 전원이 서명 · 날인한 감사보고서를 첨부하여야 한다. 이 경우 대학교육기관을 설치 · 경영하는 학교법인은 학교법인과 독립한 공인회계사 또는 회계법인의 감사증명서 및 부속서류(사립학교법 제4조 제1항 제1호에 따른 학교의 교비회계 결산은 제외한다)를 첨부하여야 한다(사립학교법 제31조 제4항).

6. 재산목록 등의 비치

사립학교경영자는 매 회계연도 종료 후 2월 이내에 매 회계연도 말 현재의 그 설치 · 경영하는 사립학교의 재산목록 · 대차대조표 및 수지계산서 기타 필요한 장부 또는 서류를 작성하여 이를 항시 그 사무소에 비치하여야 한다. 비치할 장부 또는 서류의 종류와 그 서식은 교육부령으로 정한다(사립학교법 제32조).

7. 회계규칙

사립학교경영자의 그 설치 · 경영하는 사립학교의 회계규칙 기타 예산 또는 회계에 관하여 필요한 사항은 교육부장관이 정한다(사립학교법 제33조).

8. 국가 또는 지방자치단체의 지원

국가 또는 지방자치단체는 교육의 진흥상 필요하다고 인정할 때에는 사립학교교육의 지원을 위하여 대통령령 또는 해당 지방자치단체의 조례가 정하는 바에 의하여 보조를 신청한 사립학교경영자 또는 사학지원단체에 대하여 보조금을 교부하거나 기타의 지원을 할 수 있다. 관할청은 위의 지원 또는 사립학교법 제35조 제5항의 규정에 의하여 지원을 받은 사립학교경영자 또는 사학지원단체에 대하여 지원에 관하여 필요한 경우에는 해당 사립학교경영자 또는 사학지원단체로부터 그 업무 또는 회계의 상황에 관한 보고를 받는 일과 해당 사립학교경영자 또는 사학지원단체의 예산이 지원의 목적에 비추어 부적당하다고 인정할 때에는 그 예산에 대하여 필요한 변경조치를 권고하는 일 등의 권한을 가진다. 국가 또는 지방자치단체는 위의 지원 또는 제35조 제5항의 규정에 의하여 사립학교경영자 또는 사학지원단체에 대하여 지원을 하는 경우에 그 지원성과가 저조하여 계속지원이 부적당하다고 인정하거나, 사립학교경영자 또는 사학지원단체가 위의 관할청의 권고에 따르지 아니한 때에는 그 후의 지원은 이를 중단할 수 있다(사립학교법 제43조).

국가 또는 지방자치단체가 위의 지원을 하고자 할 때에는 실업학교를 설치·경영하는 사립학교경영자에게 우선권을 주어야 한다(사립학교법 제44조).

9. 보고 징수 등

관할청은 감독상 필요한 때에는 사립학교경영자 또는 사학지원단체에 대하여 보고서의 제출을 명하거나, 장부·서류 등을 검사할 수 있으며 이에 따른 필요한 조치를 명할 수 있다(사립학교법 제48조).

제4장 사립학교

제1절 | 사립학교에 대한 이해

1. 사립학교의 정의

"사립학교"는 학교법인 또는 공공단체 외의 법인 기타 사인이 설치하는 것으로 유아의 교육을 위하여 유아교육법에 따라 설립·운영되는 학교인 유치원(유아교육법 제2조 제2호)과 초·중등교육을 실시하기 위하여 설립된 초등학교·공민학교, 중학교·고등공민학교, 고등학교·고등기술학교, 특수학교 및 각종학교(초·중등교육법 제2조), 그리고 고등교육을 실시하기 위하여 설립된 대학, 산업대학, 교육대학, 전문대학, 방송대학·통신대학·방송통신대학 및 사이버대학, 기술대학 및 각종학교(고등교육법 제2조) 등을 말한다(사립학교법 제2조 제1항). 다만 교육대학은 고등교육법 제42조 제1항에 의하여 국가나 지방자치단체가 설립하도록 규정하고 있어서 사립학교인 교육대학은 불가능하다.

사립학교법은 각종학교도 사립학교법이 적용되는 사립학교에 포함시키고 있다. 각종학교는 각 단계의 정규학교와 유사한 교육기관으로 초·중등교육법 제60조와 '고등학교 이하 각급학교 설립운영규정', 고등교육법 제59조와 '대학설립운영규정'이 각 규정하고 있다. 각종학교는 각 단계별로 중학교 수준에는 실업학교와 예술학교, 고등학교 수준에는 실업학교, 예술학교, 국악학교, 대학 수준에는 신학교, 예술학교, 승가학교 등이 있다. 대법원은 교회 부설 교육기관이 강의실과 교수실 등의 시설을 갖추고, 고등학생 졸업예정자들을 대상으로 신입생을 모집하여 전문신학대학에서 강의하는 교과목과정을 편성하여 강의한 다음 평가 성적에 따라 학점을 부여하고 학장 명의의 졸업장을 수여하며, 헌금 명목이기는 하나 교육비를 받고, 학생들도 전문대학 재학으로 인식하였던 사건에서 일부 교육 관련법의 규정을 따르지 않고 있다고 하더라도 외관상 학교의 요건을 구비하였으므로 고등교육법의 전문학교로 보아야 한다고 판단하였다(대법원 1992.12.22. 선고 92도1742 판결). 따라서 이 학교도 교육 관련 법의 적용을 받게 된다. 외국인학교(초중등교육법 제60조의2)와 대안학교(초중등교육법 제60조의3)도 각종학교에 포함되고 따라서 사립학교법이 적용된다. 외국인학교는 '외국인학교 및 외국인유치원의 설립운영에 관한 규정', 대안학교는 '대안학교의 설립운영에 관한 규정'에 의하여 설립·운영된다.

종교단체 등에서 정규학교와 유사한 학교를 설립하여 운영하는 경우가 있는데 이들 학교도 각종학교에 해당하면 사립학교법이 적용되어야 한다. 사립학교는 일정한 한도에서 종교교육을 할 수 있다. 하지만 학교란 교육을 위하여 그에 상당한 인적·물적 설비를 갖추어 피교육자로 하여금 인간사회의 문화의 재생산 내지 증진을 위하여 계획적으로 정비된 교육내용을 영속적으로 가르침 받게 하기 위하여 설치된 기관을 의미한다고 볼 것이고, 이러한 관점에서 보면 종교교육 및 종교지도자의 양성은 그것이 학교라는 교육기관의 형태를 취할 때에는 헌법 제31조 제1항, 제6항의 규정 및 이에 기한 교육 관련 법상의 규정들에 의한 규제를 받게 된다고 보아야 할 것이다(대법원 1992.12.22. 선고 92도1742 판결). 따라서 이러한 종교학교도 학교의 외관을 갖춘 이상 학교에 해당하고 관할청의 지도·감독 또한 받아야 할 것이다.

2. 학교법인만이 설립할 수 있는 사립학교

"학교법인"이라 함은 사립학교만을 설치·경영함을 목적으로 이 법에 의하여 설립되는 법인을 말하고 "사립학교경영자"라 함은 사립학교를 설치·경영하는 공공단체 외의 법인(학교법인을 제외한다) 또는 사인을 의미한다. 그렇다면 사인 외에 사립학교를 설치·경영할 수 있는 법인은 학교법인과 법인인 사립학교경영자가 있다. 학교법인인지, 법인인 사립학교경영자인지의 구별은 해당 법인의 목적에 의하여 구별되는데, 목적이 사립학교의 설치·경영뿐이라면 학교법인이고, 그 외의 사업도 목적으로 하고 있다면 사립학교경영자로 보게 된다.

그런데 사립학교인 ① 초등학교·중학교·고등학교·특수학교·대학, ② 산업대학·사이버대학·전문대학·기술대학, ③ 대학·산업대학·전문대학 또는 기술대학에 준하는 각종대학은 학교법인만이 설치·경영할 수 있다(사립학교법 제3조 제1항). 다만 하나의 산업체에 근무하는 근로자 중 입학희망자수가 매년 2학급 이상의 학급편성인원이 될 것으로 예상되는 산업체는 해당 산업체에서 근무하는 청소년에 대한 교육을 위하여 중학교 또는 고등학교를 설립·경영할 수 있는데(초·중등교육법 제52조 제2항) 이와 같이 산업체가 그 고용근로청소년의 교육을 위하여 중학교 또는 고등학교를 설치·경영하는 경우에는 학교법인이 아니라도 사립학교를 설립할 수 있다(사립학교법 제3조 제1항 단서).

제2절 | 사립학교의 설립과 폐지

1. 유치원 및 이에 준하는 학교

가. 설 립 자

사립학교법 제3조는 학교법인만이 설립할 수 있는 학교에 대하여 규정하고 있는데 여기에 유치원은 포함되어 있지 않다. 그 외 유치원의 설립주체에 대한 제한 규정은 존재하지 않는다. 그리고 유아교육법 제7조는 국립유치원, 공립유치원과 함께 사립유치원에 대하여 규정하면서 사립유치원은 법인 또는 사인이 설립·경영하는 유치원이라고 한다. 따라서 유치원은 학교법인이나 학교법인 이외의 법인은 물론 자연인도 설립할 수 있다.

유치원은 초·중등교육법 제2조[1]의 규정에 따른 초등학교·중학교 및 고등학교에 병설될 수 있다(유아교육법 제9조).

나. 유치원의 설립

유치원을 설립하고자 하는 자는 시설·설비 등 대통령령(고등학교 이하 각

---

1) 제2조(학교의 종류) 초·중등교육을 실시하기 위하여 다음 각 호의 학교를 둔다. 〈개정 2004. 1. 29〉
   1. 삭제 〈2004. 1. 29〉
   2. 초등학교·공민학교
   3. 중학교·고등공민학교
   4. 고등학교·고등기술학교
   5. 특수학교
   6. 각종학교

급학교 설립·운영규정)이 정하는 설립기준을 갖추어 교육감의 인가를 받아야 한다(유아교육법 제8조 제1, 2항). 인가는 일정한 법률행위에 대하여 효력을 부여하는 보충행위이다. 즉 인가를 받도록 한 법률행위는 그 법률행위만으로는 효력을 가지지 아니하여 인가를 받지 않은 것은 무효에 해당하고 인가를 받음으로써 비로소 효력을 가지게 되는 것이다. 인가는 보충적 효력을 가지는 것이어서 인가받은 법률행위가 무효인 경우에는 인가를 받더라도 무효이고 취소할 수 있는 행위로 취소사유가 있다면 인가를 받았더라도 취소할 수 있다.[2)]

교육감은 시설·설비 등 설립기준을 갖추지 아니하거나 교육감이 수립하는 유아배치계획에 적합하지 아니하거나 운영정지 명령을 받고 3년이 경과되지 아니한 유치원 설립·경영자인 경우이거나 그 밖에 유아교육법 또는 다른 법령에 따른 제한에 위반되는 경우가 아니라면 설립을 인가하여야 한다(유아교육법 제8조 제3항).

유치원의 설립과 운영에 대해서는 고등학교 이하 각급 학교 설립·운영규정 및 위 규정 시행규칙이 규정하고 있다.

유아교육법은 미성년자·피성년후견인 또는 피한정후견인, 정신질환자, 마약류중독자, 파산선고를 받은 자, 형을 선고받은 자, 유치원 폐쇄명령을 받고 5년이 경과되지 않은 자, 아동복지법 위반자, 유아교육법 제8조의3의 교육명령 불이행자 등은 유치원을 설립하거나 운영할 수 없도록 하였다(유아교육법 제8조의2).

다. 유치원규칙

유치원을 설립하고자 하는 자(설립된 유치원의 경우는 유치원의 장)는 법령의 범위에서 지도·감독기관(국립유치원인 경우에는 교육부장관, 공·사립유치원인 경우에는 교육감을 말한다)의 인가를 받아 유치원규칙을 제정할 수 있는데(유아교육법 제10조), 유치원규칙에는 ① 교육연한·학기 및 휴업일, ② 학급편제 및 정원, ③ 교육내용, ④ 수업일수 및 수업운영방법, ⑤ 입학·재입학·편입학·전학·휴학·퇴학·수료 및 졸업, ⑥ 수업료·입학금 그 밖의 비용징수, ⑦ 사립유치원 교직원의 봉급과 그 밖의 각종 수당에 대한 지급 기준, ⑧ 유치원

---

2) 홍정선, 행정법원론(상)(박영사, 2013), 363면.

규칙의 개정절차, ⑨ 다른 법령에서 유치원규칙으로 정하도록 한 사항, ⑩ 그 밖에 지도·감독기관이 정하는 사항을 기재하여야 한다(유아교육법시행령 제10조 제1항).

라. 유치원의 변경

대통령령이 정하는 중요사항을 변경하고자 하는 경우에는 교육감의 인가를 받아야 하는데(유아교육법 제8조 제4항) 이때의 대통령령이 정하는 중요한 사항이란 ① 유치원의 설립·경영자, ② 목적, ③ 명칭, ④ 위치, ⑤ 유치원규칙 기재사항 중 학급편제 및 정원, 수업료·입학금과 그 밖의 비용 징수, 다른 법령에서 유치원규칙으로 정하도록 한 사항, 그 밖에 관할청이 정하는 사항, ⑥ 원지·원사와 체육장의 평면도 등의 사항을 말한다(유아교육법시행령 제9조 제6항). 변경인가를 받고자 하는 사립유치원의 설립·경영자는 ① 변경사유, ② 변경사항, ③ 변경 연월일을 기재한 학교변경 인가신청서에 변경사항에 따른 관련 서류(전자문서를 포함한다)를 첨부하여 교육감에게 신청하여야 한다(유아교육법시행령 제9조 제7항). 유치원을 설립·경영하는 자가 학교의 위치변경인가를 신청하고자 하는 경우에는 고등학교 이하 각급학교 설립·운영규정 제3조 및 제6조의 규정에 의한 교사와 교지를 갖추어야 한다. 이 경우 교사와 교지를 갖추기 전에 학교의 위치변경계획서를 시·도교육감에게 제출하여야 한다(시행규칙 제6조).

교육감은 인가 신청을 받으면 인가 여부 또는 처리 지연 사유를 그날로부터 유치원의 위치 변경은 30일, 설립·경영자 변경은 15일 이내에 신청인에게 통지하여야 한다(유아교육법시행령 제9조 제8항)..

마. 유치원의 폐쇄

사립유치원을 설립·경영하는 자가 유치원을 폐쇄하고자 하는 경우에도 교육감의 인가를 받아야 하는데(유아교육법 제8조 제4항) 이를 위해서는 폐쇄사유, 폐쇄 예정연월일을 기재한 학교폐쇄 인가신청서를 제출해야 한다. 여기에는 ① 해당 유치원의 유아에 대한 전원(轉園)조치 계획을 포함한 유아 지원 계획서, ② 해당 유치원의 설비처리 계획서, ③ 재산처리에 관한 사항 등 그 밖에 교육부령으로 정하는 서류를 첨부하여야 한다(유아교육법시행령 제9조 제2항).

교육감이 유치원의 폐쇄를 인가하려는 경우에는 유치원 폐쇄 예정연월일의 적절성, 유아 지원 계획의 적절성, 유치원 폐쇄에 관한 해당 유치원 학부모의 의견, 그 밖에 유아의 학습권 보호에 필요한 사항 등을 고려해야 하고(유아교육법시행령 제9조 제3항), 해당 유치원의 유아에 대한 전원조치가 이루어지는지를 확인해야 한다(유아교육법시행령 제9조 제5항), 이러한 고려사항의 세부 기준과 그 밖에 유치원 폐쇄인가에 필요한 사항은 교육감이 정한다(유아교육법시행령 제9조 제4항).

2. 고등학교 이하 각급학교

가. 학교의 설립과 운영

초등학교 · 중학교 · 고등학교는 학교법인만이 설립할 수 있다. 다만 예외적으로 「초 · 중등교육법」 제52조 제2항, 제3항[3]의 규정에 의하여 산업체가 그 고용근로청소년의 교육을 위하여 중학교 또는 고등학교를 설치 · 경영하는 경우에는 학교법인이 아니어도 된다(사립학교법 제3조).

학교를 설립하고자 하는 자는 시설 · 설비 등 대통령령이 정하는 설립기준을 갖추어(초중등교육법 제4조 제1항) 특별시 · 광역시 · 특별자치시 · 도 · 특별자치도 교육감의 인가를 받아야 한다(초중등교육법 제4조 제2항).

학교의 설립과 운영의 구체적 내용에 대해서는 고등학교 이하 각급학교 설립 · 운영규정과 시행규칙이 규정하고 있다.

나. 학교규칙(학칙)

학교의 장이나 학교를 설립하는 경우의 학교를 설립하고자 하는 자는 법령의 범위에서 학교규칙(이하 "학칙"이라 한다)을 제정 또는 개정할 수 있다(초

---

3) 제52조 ② 하나의 산업체에 근무하는 근로자 중 입학희망자수가 매년 2학급 이상의 학급편성인원이 될 것으로 예상되는 산업체는 해당 산업체에서 근무하는 청소년에 대한 교육을 위하여 중학교 또는 고등학교(이하 "산업체부설 중 · 고등학교"라 한다)를 설립 · 경영할 수 있다.
③ 2 이상의 산업체에 근무하는 근로자 중 입학희망자수의 합계가 매년 2학급 이상의 학급편성인원이 될 것으로 예상되는 경우에는 제2항의 규정에 불구하고 공동으로 하나의 산업체부설 중 · 고등학교를 설립 · 경영할 수 있다.

중등교육법 제8조 제1항).

학칙에는 ① 수업연한 · 학년 · 학기 및 휴업일, ② 학급편제 및 학생정원, ③ 교과 · 수업일수 및 고사와 과정수료의 인정, ④ 입학 · 재입학 · 편입학 · 전학 · 휴학 · 퇴학 · 수료 및 졸업, ⑤ 조기진급 및 조기졸업 및 상급학교 조기입학 자격 부여, ⑥ 수업료 · 입학금 기타의 비용징수, ⑦ 학생 포상, 징계, 징계 외의 지도방법, 두발 · 복장 등 용모, 교육목적상 필요한 소지품 검사, 휴대전화 등 전자기기의 사용 및 학교 내 교육 · 연구활동 보호와 질서유지에 관한 사항 등 학생의 학교생활에 관한 사항, ⑧ 학생자치활동의 조직 및 운영, ⑨ 학칙개정절차, ⑩ 기타 법령에서 정하는 사항을 기재하여야 한다(초중등교육법 시행령 제9조 제1항).

병설학교, 방송통신중학교, 방송통신고등학교, 고등학교에 두는 학과, 고등학교에 관할청의 인가를 받아 두는 시간제 또는 통신제 과정 또는 기숙사 등을 설치 또는 운영하는 학교의 학칙에는 위의 사항 이외에도 이러한 설치 또는 운영에 관한 사항을 기재하여야 한다(초중등교육법시행령 제9조 제3항).

학교의 장은 학생의 학교생활에 관한 사항, 학생자치활동의 조직 및 운영, 학칙개정절차의 사항에 관하여 학칙을 제정하거나 개정할 때에는 학칙으로 정하는 바에 따라 미리 학생, 학부모, 교원의 의견을 듣고, 그 의견을 반영하도록 노력하여야 한다(초중등교육법시행령 제9조 제4항).

다. 설립자 등의 변경

사립학교를 설립 · 경영하는 자가 대통령령이 정하는 중요사항을 변경하고자 하는 경우에도 교육감의 인가를 받아야 한다(초중등교육법 제4조 제3항). 이때의 중요한 사항이란 ① 학교의 설립자, ② 설립목적, ③ 명칭, ④ 위치, ⑤ 교지 · 실습지의 지적도, ⑥ 경비와 유지방법, ⑦ 교사(체육장을 포함한다)의 평면도, ⑧ 병설학교 등을 둘 때에는 그 계획서를 말한다(초중등교육법시행령 제5조 제1항).

위의 변경인가를 받고자 하는 사립학교의 설립 · 경영자는 교육부령으로 정하는 바에 따라 ① 변경사유, ② 변경사항, ③ 변경연월일 등을 기재한 학교변경 인가신청서에 변경에 따른 관련 서류(전자문서 포함)를 갖추어 교육감에게 신청하여야 한다(초중등교육법시행령 제5조 제2항).

학교를 설립·경영하는 자가 학교의 위치변경인가를 신청하고자 하는 경우에는 고등학교 이하 각급학교 설립·운영규정 제3조 및 제6조의 규정에 의한 교사와 교지를 갖추어야 한다. 이 경우 교사와 교지를 갖추기 전에 학교의 위치변경계획서를 시·도교육감에게 제출하여야 한다(시행규칙 제6조).

라. 학교의 폐교

사립학교를 설립·경영하는 자가 학교를 폐교하고자 하는 경우에는 교육감의 인가를 받아야 한다(초중등교육법 제4조 제3항).

학교의 폐지인가를 받고자 하는 사립학교의 설립·경영자는 교육부령이 정하는 바에 따라 폐교사유 및 폐교연월일 등을 기재한 학교폐교 인가신청서에 ① 학생 및 학적부의 처리에 관한 사항, ② 폐교하는 사립학교의 재산 처리에 관한 서류 및 ③ 관련 이사회회의록 사본을 갖추어 교육감에게 신청하여야 한다(초중등교육법시행령 제4조).

3. 대안학교(대안학교의 설립·운영에 관한 규정)

대안학교의 설립과 운영에 대하여는 「대안학교의 설립·운영에 관한 규정」에 구체적으로 규정되어 있다.

4. 대학 등

가. 대학 등의 설립과 운영

국가 외의 자가 고등교육기관인 ① 대학, ② 산업대학, ③ 교육대학, ④ 전문대학, ⑤ 방송대학·통신대학·방송통신대학 및 사이버대학(이하 "원격대학"이라 한다), ⑥ 기술대학, ⑦ 각종학교(고등교육법 제2조)를 설립하고자 하는 경우에는 교육부장관의 인가를 받아야 한다(고등교육법 제4조 제2항). 학교법인이 아니면 대학·산업대학·전문대학 또는 기술대학에 준하는 각종학교를 설립할 수 없다(사립학교법 제3조). 공·사립학교의 설립·경영자는 학교를 폐지하거나 대통령령이 정하는 중요사항을 변경하고자 하는 경우에도 교육부장관의 인가를 받아야 한다(고등교육법 제4조 제3항). 한편 특정한 분야의 전문인력을 양성하기 위하여 필요한 경우에는 대학원만을 두는 대학(이하 "대학원대학"이라 한다)을 설립할 수 있다(고등교육법 제30조).

그 외 대학의 설립과 운영에 대해서는 대학설립·운영 규정과 그 시행규칙, 기술대학설립·운영규정과 그 시행규칙, 사이버대학 설립·운영 규정에 규정되어 있다.

나. 학칙

(1) 학칙의 제정, 개정 및 그 절차

학교의 장(학교를 설립하는 경우에는 해당 학교를 설립하고자 하는 자를 말한다)은 법령의 범위 안에서 학교규칙(학칙)을 제정하거나 개정할 수 있다(고등교육법 제6조 제1항). 이러한 학칙의 기재사항, 제정 및 개정 절차 등 필요한 사항은 대통령령으로 정한다(고등교육법 제6조 제2항).

(2) 학칙의 기재사항

학교규칙에는 ① 전공의 설치와 학생정원, ② 수업연한·재학연한, 학기와 수업일수 및 휴업일, ③ 입학, 재·편입학, 휴·복학, 모집단위 간 이동 또는 전과·자퇴·제적·유급·수료·졸업 및 징계, ④ 학위의 종류 및 수여·취소, ⑤ 교육과정의 운영, 교과의 이수단위 및 성적의 관리, ⑥ 복수전공 및 학점인정, ⑦ 등록 및 수강 신청, ⑧ 공개강좌, ⑨ 교원의 교수시간, ⑩ 학생회 등 학생자치활동, ⑪ 장학금지급 등 학생에 대한 재정보조, ⑫ 수업료·입학금 기타의 비용징수, ⑬ 학칙개정절차, ⑭ 대학평의원회 및 교수회가 있는 경우에는 그에 관한 사항, ⑮ 그 밖에 법령에서 정하는 사항 등을 기재하여야 한다(고등교육법시행령 제4조 제1항).

(3) 학칙의 제정 또는 개정 절차

학교의 장이 학칙을 제정 또는 개정하고자 하는 때에는 학칙이 정하는 바에 따라 제정안 또는 개정안의 사전공고·심의 및 공포의 절차를 거쳐야 한다(고등교육법시행령 제4조 제3항). 과거 일정한 사항에 대하여는 학칙 개정시 교육부에 보고하도록 하여 법령에 위반된 학칙에 대하여는 교육부장관이 시정을 요구할 수 있도록 한 규정은 삭제되었다. 학교의 학칙 제정에 대한 자율성을 신장한 것이다.

(4) 학칙의 구속력

법령에 의하여 학칙의 기재사항으로 규정된 내용이 기재된 학칙은 그것이 법령에 반하거나 교육제도의 본질에 반하는 등의 특별한 사정이 없는 한 구성원들에 대하여 구속력을 가진다(대법원 1998.11.10. 선고 96다37268 판결). 물론 위와 같은 기재사항에 포함되지 않는 내용이라고 하더라도 마찬가지로 학칙의 내용이 된 후에는 법령에 반하거나 교육제도의 본질에 반하는 등의 특별한 사정이 없는 한 구성원들에 대하여 구속력을 가진다고 보아야 할 것이다. 이와 같이 사립대학에서 학칙이 구성원들에 대하여 구속력을 가지는 근거는 학칙이 법규범적 성질을 가지기 때문으로 보는 견해가 있을 수 있고, 당사자가 따르기로 하는 의사를 표시하였기 때문으로 보는 견해가 있을 수도 있다. 판례는 사립대학의 학생 신분을 취득하기를 희망하는 자는 학칙이나 규정 등이 입학안내나 시험요강 등에 기재되어 있지 않아 이를 미리 알지 못하였다 하더라도, 사립대학에 입학함과 동시에 학교 당국이 일방적으로 정한 학칙, 규정 등의 내용을 일괄하여 포괄적으로 승인한 것으로 되므로 그 내용에 기속된다고 하였다(서울지법 1995.7.6. 선고 95가합30135 판결; 대법원 1998. 11.10. 선고 96다37268 판결). 위 판례는 기독교 재단이 설립한 사립대학이 학칙으로 대학예배의 6학기 참석을 졸업요건으로 정한 경우, 위 대학교의 대학예배는 목사에 의한 예배뿐만 아니라 강연이나 드라마 등 다양한 형식을 취하고 있고 학생들에 대하여도 예배시간의 참석만을 졸업의 요건으로 할 뿐 그 태도나 성과 등을 평가하지는 않는 사실 등에 비추어 볼 때, 위 대학교의 예배는 복음 전도나 종교인 양성에 직접적인 목표가 있는 것이 아니고 신앙을 가지지 않을 자유를 침해하지 않는 범위 내에서 학생들에게 종교교육을 함으로써 진리·사랑에 기초한 보편적 교양인을 양성하는 데 목표를 두고 있다고 할 것이므로, 대학예배에의 6학기 참석을 졸업요건으로 정한 위 대학교의 학칙은 헌법상 종교의 자유에 반하는 위헌무효의 학칙이 아니라고 하였다.

(5) 학교헌장

학교설립인가신청서에 첨부되는 학교헌장에는 ① 학교의 건학이념, ② 학사운영에 관한 계획, ③ 재정운용에 관한 계획, ④ 교육·연구용 시설·설비의 확보에 관한 계획, ⑤ 교직원의 인사운영·복지후생에 관한 계획, ⑥ 학생의 복지후생 및 지도에 관한 계획, ⑦ 대학의 장기발전에 관한 계획 등의 사항이 포함되어야 한다(고등교육법시행령 제3조).

다. 대학 등의 각종 기준

(1) 대학원 등의 설치기준

㈎ 대학원 등의 설치기준

대학에 두는 대학원, 대학원대학과 그 학위과정의 학과 또는 전공(협동과정에 두는 전공 외의 전공을 말한다)의 설치기준은 별표 1의2에 따른다(대학설립운영규정 제2조의2 제1항).

[별표 1의2]

〈 대학원 및 그 학위과정의 학과 또는 전공의 설치기준(제2조의2 제1항 관련) 〉

구 분	대학원 신설	석사과정 학과(전공) 신설	박사과정 학과(전공) 신설
일반대학원		5명 이상의 관련 분야 교원 확보	·7명 이상의 관련 분야 교원 확보 ·전체 학점수를 기준으로 교원의 강의 비율 60% 이상
전문대학원	대학에 두는 전문대학원의 경우에는 제4조 제3항 전단 및 제6조에 따라 전용 교사시설 및 교원을 확보하되, 편제완성연도를 기준으로 한 계열별 학생 정원이 100명 미만인 경우에는 100명으로 본다.		7명 이상의 관련 분야 교원 확보
특수대학원		3명 이상의 관련 분야 교원 확보	

㈏ 협동과정

대학원에 학위과정으로 위의 학과 또는 전공 외에 2 이상의 학과 또는 전공이 공동으로 설치·운영하는 학과간 협동과정과 연구기관 또는 산업체와의 계약에 따라 설치·운영하는 학·연·산(學·硏·産), 학·연(學·硏) 또는 학·산(學·産) 협동과정을 둘 수 있다(대학설립운영규정 제2조의2 제2항).

㈐ 세부기준

이들 대학원 등의 설치에 필요한 세부기준은 교육부장관이 정한다(대학설립운영규정 제2조의2 제3항).

㈑ **박사학위 과정 신설을 위해 필요한 교원**

대학(전문대학과 이에 준하는 각종학교는 제외한다)이 일반대학원 또는 전문대학원에 박사학위 과정을 신설하려는 경우 위의 별표 1의2에 따른 교원 중 2분의 1 이상은 박사학위 과정의 설치 학기 개시일을 기준으로 ① 인문·사회계열: 최근 5년간 교육부장관이 정하여 고시하는 국내외의 학술지등에 발표한 논문 또는 이에 준하는 연구 실적이 4편 이상이고, ② 예·체능 계열: 최근 5년간 교육부장관이 정하여 고시하는 국내외의 학술지 등에 발표한 논문 또는 이에 준하는 연구 실적이 3편 이상이며, ③ 자연과학·공학·의학 계열: 최근 5년간 교육부장관이 정하여 고시하는 국내외의 학술지 등에 발표한 논문 또는 이에 준하는 연구 실적이 6편 이상이라는 요건을 충족하는 자로 하여야 한다. 이 경우 논문 또는 이에 준하는 연구 실적에 대한 인정범위와 구체적인 기준은 교육부장관이 정하여 고시한다(대학설립운영규정 제2조의2 제4항).

(2) 대학 등의 학과·정원 등의 증설·증원 기준

대학(대학원 및 대학원대학을 포함한다. 이하에서 같다)은 설립인가 후 편제가 완성된 후에만 학과 또는 학부를 증설하거나 학생정원을 증원할 수 있으며, 학과 등을 증설하거나 학생정원을 증원하는 경우에는 그 증설 또는 증원분을 포함한 전체에 대하여 「대학의 설립운영 규정」에 따른 기준을 갖추어야 한다. 다만, 구조개혁을 위하여 대학이 별표 1의3에 따른 통·폐합을 하고 입학정원 감축기준을 충족하는 경우 교사·교지·교원 및 수익용기본재산은 아래의 기준에 따르되, 위의 기준을 충족한 경우에는 아래 ①의 기준을 갖춘 것으로 본다(대학설립운영규정 제2조의3 제1항).

① 통·폐합 후 교사·교지·수익용기본재산 및 교원(교원은 「고등교육법」 제14조 제2항에 따른 교원을 말하며, 의학계열의 교원은 교원확보율 산정 시 제외한

다.)의 확보율은 통·폐합을 신청한 날이 속하는 해의 3년 전 4월 1일을 기준으로 한 교사 등 및 교원의 확보율 이상을 유지할 것

② 교육부장관이 정하여 고시하는 기준에 따를 것

[별표 1의3]

〈통·폐합 유형 및 입학정원 감축기준(대학설립운영규정 제2조의3 제1항 관련)〉

통·폐합유형	입학정원 감축기준 (통·폐합을 신청한 날이 속하는 해의 3년 전 학년도 기준)
1. 대학간 통·폐합(대학의 본교와 분교 간 통·폐합을 포함한다)	최근 3년간 미충원 입학정원 이상에 해당하는 입학정원의 감축
2. 대학과 대학원대학 간 통·폐합	대학원대학의 최근 3년간 평균 미충원 입학정원 이상에 해당하는 입학정원 감축
3. 대학과 전문대학간 통·폐합	전문대학 입학정원의 60퍼센트 이상에 해당하는 입학정원 감축. 다만, 수업연한이 3년인 과는 입학정원의 40퍼센트 이상을, 수업연한이 4년인 과는 입학정원의 20퍼센트 이상을 감축한다.
4. 대학과 산업대학간 통·폐합	산업대학 입학정원의 25퍼센트 이상에 해당하는 입학정원의 감축
5. 산업대학과 전문대학간 통·폐합	전문대학 입학정원의 60퍼센트 이상에 해당하는 입학정원 감축. 다만, 수업연한이 3년인 과는 입학정원의 40퍼센트 이상을, 수업연한이 4년인 과는 입학정원의 20퍼센트 이상을 감축한다.
6. 전문대학간 통·폐합	최근 3년간의 평균 미충원 입학정원 이상에 해당하는 입학정원 감축

대학원이 ① 국가연구개발사업이나 교육부장관의 출연을 받는 사업으로 선정되고, ② 이러한 사업을 수행하기 위하여 해외학자를 유치하고 별표 1의5를 충족하는 요건을 갖추어 학과 또는 전공을 증설하고 입학정원을 증원하는 경우에는 위의 제1항의 각 호 외 교육부장관이 정하여 고시하는 기준은 따르지 않아도 된다. 다만, 그 증설 또는 증원분을 포함한 전체에 대한 교원확보율은 전년도의 교원확보율 이상으로 유지하여야 한다(대학설립운영규정 제2조의3 제2항).

위의 제1항에서 갖추어야 할 기준이란 편제가 완성된 대학은 편제 완성연도를 기준으로 한 계열별 학생정원으로 하되, 그 수보다 등록 학생수가 적은 경우에는 등록 학생수(「고등교육법」 제36조에 따라 시간제로 등록하여 수업을 받거나 「산업교육진흥 및 산학협력촉진에 관한 법률 시행령」 제7조의 계약학과 등에 등록한 학생은 제외한다)로 하고, 편제가 완성되지 아니한 대학은 편제완성연도를 기준으로 한 계열별 학생정원을 기준으로 한다(대학설립운영규정 제2조의3 제3항).

대학이 전년도 총 입학정원 범위에서 학위과정별로 학과 등을 신설·통합하거나 학과 등의 입학정원을 조정(이하 "자체조정"이라 한다)하는 경우에는 자체조정 후의 교원확보율을 편제완성연도의 계열별 학생정원을 기준으로 한 전년도의 확보율 이상으로 유지하여야 한다(대학설립운영규정 제2조의3 제4항).

교지가 분리되어 있는 대학이 전년도 총입학정원의 범위에서 자체조정하는 경우로서 ① 각각의 교지가 동일한 지방자치단체(「지방자치법」 제2조 제1항 제2호에 따른 지방자치단체를 말한다) 내에 있는 경우, ② 각각의 교지 간 거리가 교지경계선으로부터 20킬로미터 이내인 경우, ③ 각각의 교지 간 거리가 교지경계선으로부터 20킬로미터를 초과하나 자체조정을 위하여 부득이하게 필요하다고 제3조에 따른 대학설립심사위원회의 인정을 받은 경우의 어느 하나에 해당하는 경우에는 대학설립운영규정 제5조 제1항 후단[4]을 적용하지 아니한다(대학설립운영규정 제2조의3 제5항).

대학(편제완성연도의 계열별 학생정원을 기준으로 한 교원확보율이 65퍼센트 미만인 대학은 제외한다)이 구조개혁을 위하여 별표 1의6에서 정하는 기준에 따라 학사학위과정 입학정원과 대학원 입학정원 간의 상호조정이나 대학원 또는 대학원대학의 석사학위과정 입학정원과 박사학위과정 입학정원 간의 상호조정의 어느 하나에 해당하는 정원의 상호 조정(이하 "상호조정"이라 한다)을 하는 경우에는 위 제1항 각 호 외의 부분 본문을 적용하지 아니한다. 다만, 상호조정 후의 교원확보율은 편제완성연도의 계열별 학생정원을 기준으로 한 전년도의

---

4) 제5조(교지) ① 교지는 교육·연구활동에 지장이 없는 적합한 장소에 별표 4에 의한 기준면적을 확보하여야 한다. 이 경우 동일한 대학에 교지가 분리되어 있는 경우에는 각 교지별로 수용하는 학생정원에 해당하는 기준면적을 각각 확보하여야 하되, 교지가 도로·하천 등으로 부득이하게 분리되어 인접한 경우에는 그러하지 아니하다.

확보율 이상으로 유지하여야 한다.

[별표 1의6]

〈상호조정의 기준(제2조의3 제6항 관련)〉

대 상	증원 기준
1. 다음 각 목의 어느 하나에 해당하는 대학 가. 학사과정의 최근 4년간 평균 재학생 충원률이 95퍼센트 이상인 대학 나. 학사과정의 입학정원을 최근 4년간 평균 등록 학생 수 이하로 감축한 대학	1. 다음 각 목의 어느 하나에 해당하는 범위에서 정원 조정 가. 학사과정의 입학정원 1.5명을 감축하여 일반대학원 및 특수대학원의 입학정원 1명을 증원하는 비율로 조정 나. 학사과정의 입학정원 2명을 감축하여 전문대학원의 입학정원 1명을 증원하는 비율로 조정 다. 의·치과대학의 입학정원 1명을 감축하여 의·치의학전문대학원의 입학정원 1명을 증원하는 비율로 조정. 이 경우 감축되는 의·치과대학의 입학정원의 2분의 1 범위에서 의학과 및 치의학과를 제외한 학사과정의 입학정원을 증원할 수 있다.
2. 의·치의학전문대학원을 폐지하고 의·치과대학으로 전환하는 대학	2. 의·치의학전문대학원의 의사 또는 치과의사 양성을 목적으로 하는 석사과정의 입학정원 2명을 감축하여 의·치과대학의 입학정원 1명을 증원하는 비율로 조정
3. 대학원의 석사학위과정 및 박사학위과정의 입학정원을 상호조정하는 대학	3. 박사학위과정의 입학정원 1명을 감축하여 석사학위과정의 입학정원 2명 이내에서 증원하는 비율로 조정

라. 설립자 및 중요사항의 변경 및 대학의 폐지

(1) 설립자 등의 변경

공립학교나 사립학교의 설립자·경영자가 학교를 폐지하거나 대통령령으로 정하는 중요 사항을 변경하려는 경우에는 교육부장관의 인가를 받아야 한다(고등교육법 제4조 제3항). 이때 '대통령령이 정하는 중요사항'이라 함은 ① 학교의 설립·경영자와 ② 목적, ③ 명칭, ④ 위치, ⑤ 부설학교를 두는 때에는 그 계획서의 사항을 말한다(고등교육법시행령 제2조 제5항).

위의 중요사항에 대한 변경인가를 받고자 하는 자는 ① 변경사유, ② 변경내용, ③ 변경연월일 등의 사항이 기재된 서류를 갖추어 교육부장관에게 신청하여야 한다(고등교육법시행령 제2조 제6항).

대학을 설립·경영하는 자가 대학의 위치변경인가를 신청하고자 하는 경우에는 대학설립운영규정이 정하는 교사와 교지를 갖추어야 한다. 이 경우 교사와 교지를 갖추기 전에 대학의 위치변경계획서를 교육부장관에게 제출하여야 한다(대학설립운영규정시행규칙 제7조).

(2) 대학의 폐지인가 신청

고등교육법 제4조 제3항의 규정에 의하여 학교의 폐지인가를 받으려는 자는 ① 폐지사유, ② 폐지연월일, ③ 학생 및 학적부의 처리방법 등의 사항이 기재된 서류를 갖추어 교육부장관에게 신청하여야 한다(고등교육법시행령 제2조 제4항). 학생의 경우는 폐쇄된 학교와 동일 또는 유사한 계통의 학교에 편입학 등의 조치를 취하게 된다.

마. 학교 등의 폐쇄

교육부장관은 학교가 ① 학교의 장 또는 설립·경영자가 고의 또는 중과실로 고등교육법 또는 이 법에 따른 명령을 위반한 경우, ② 학교의 장 또는 설립·경영자가 같은 사유로 고등교육법 또는 그 밖의 교육관계법령에 의한 교육부장관의 명령을 3회 이상 위반한 경우, ③ 휴가기간을 제외하고 계속하여 3개월 이상 수업을 하지 아니한 경우 중 어느 하나에 해당하여 정상적인 학사운영이 불가능한 경우에는 해당 학교의 학교법인에 대하여 학교의 폐쇄를 명할 수 있다(고등교육법 제62조 제1항). 인구의 증가로 급격하게 증가하였던 대학 등은 역으로 인구가 급감하자 학생을 충원하지 못하게 되었고, 그 와중에 설립·경영자가 학교를 부실하게 경영하게 되면 폐교에 이르게 되었다. 정부는 '대학기본역량진단'을 통하여 정원감축과 나아가 자발적 폐교를 유도하고 있다. 2000년 대학이 폐교되기 시작하여 대입정원보다 대입 자원이 더 적은 2020년 이후부터는 대학 폐쇄가 더 크게 늘어날 것으로 보인다. 폐교되는 대학의 재학생들은 졸업을 할 수 있도록 하거나 재학생이 있는 상태에서 폐교되는 경우에는 인근 학교로 편입학 처리하고 있다.

그리고 교육부장관은 학교설립인가 또는 분교설치인가를 받지 아니하고 학교의 명칭을 사용하거나 학생을 모집하여 시설을 사실상 학교의 형태로 운영하는 자에게는 그 시설의 폐쇄를 명할 수 있다(고등교육법 제62조 제2항).

바. 수도권정비계획법 등에 의한 대학 설립의 제한

수도권 정비에 관한 종합적인 계획의 수립과 시행에 필요한 사항을 정함으로써 수도권에 과도하게 집중된 인구와 산업을 적정하게 배치하도록 유도하여 수도권을 질서 있게 정비하고 균형 있게 발전시키는 것을 목적으로 수도권정비계획법이 제정되었다(수도권정비계획법 제1조).

수도권정비계획법에 의하면 수도권에서 인구집중유발시설은 각종 제한이 따르게 되는데 「고등교육법」 제2조에 따른 학교로서 대학, 산업대학, 교육대학 또는 전문대학(이에 준하는 각종학교를 각각 포함한다.)은 인구집중유발시설에 포함된다(수도권정비계획법 제2조 제3호, 동법시행령 제3조 제1호).

(1) 학교에 대한 총량규제

국토교통부장관은 대학 등 인구집중유발시설이 수도권에 지나치게 집중되지 아니하도록 하기 위하여 그 신설 또는 증설의 총 허용량을 정하여 이를 초과하는 신설 또는 증설을 제한할 수 있다(수도권정비계획법 제18조 제1항). 이때 학교 등 인구집중유발시설에 대한 제1항의 총량규제의 내용은 대통령령으로 정한다(수도권정비계획법 제18조 제3항). 관계 행정기관의 장은 인구집중유발시설의 신설 또는 증설에 대하여 총량규제의 내용과 다르게 허가 등을 하여서는 아니 된다(수도권정비계획법 제18조 제4항).

㈎ 대학 및 교육대학에 대한 총량규제의 내용(수도권정비계획법시행령 제24조)

대학 및 교육대학의 입학 정원 증가 총수는 국토해양부장관이 수도권정비위원회의 심의를 거쳐 정한다. 다만, 신설된 지 8년이 지나지 아니한 소규모대학 입학 정원의 증원(최초 입학 정원의 100퍼센트 범위에서의 증원만 해당하며, 신설된 후 8년 이내에는 나목에 따른 증원을 할 수 없다)으로서 수도권정비위원회의 심의를 거친 것 및 신설된 지 8년이 지나지 아니한 소규모대학 입학 정원의 증원(최초 입학 정원의 100퍼센트 범위에서의 증원만 해당하며, 신설된 후 8년 이내에는 나목에 따른 증원을 할 수 없다)으로서 수도권정비위원회의 심의를 거친 것에 따른 증원은 입학 정원의 증가 총수 산정에서 제외한다.

(나) 산업대학, 전문대학 또는 대학원대학에 대한 총량규제의 내용

산업대학, 전문대학의 입학정원 증가 총수는 전년도 전국 입학 정원 증가 총수의 100분의 10을 초과할 수 없다.

대학원대학의 입학 정원 증가 총수는 매년 300명을 초과할 수 없다. 다만, 국토해양부장관이 국민경제의 발전과 공공복리의 증진을 위하여 부득이하다고 인정하여 수도권정비위원회의 심의를 거쳐 따로 정하는 경우에는 그러하지 아니하다.

(다) 통폐합으로 인한 대학의 입학정원

교육부장관이 대학의 구조개혁을 위하여 고시하는 국립대학 및 사립대학 통 · 폐합기준에 따른 대학과 전문대학 간 통 · 폐합(서울특별시 밖의 대학과 서울특별시 안의 전문대학 간 통 · 폐합은 제외한다)으로 인한 대학의 신설 · 증설 또는 이전(수도권정비계획법시행령 제11조 제1호 바목), 교육부장관이 대학의 구조개혁을 위하여 고시하는 국립대학 및 사립대학 통 · 폐합기준에 따른 대학과 전문대학 간 통 · 폐합으로 인한 대학의 신설 · 증설 또는 이전(동법시행령 제12조 제1항 제1호마목) 및 교육부장관이 대학의 구조개혁을 위하여 고시하는 국립대학 및 사립대학 통 · 폐합기준에 따른 대학과 전문대학 간 통 · 폐합으로 인한 대학의 신설 · 증설 또는 이전(동법시행령 제14조 제1항 제4호 마목)에 따른 대학과 전문대학 간의 통폐합으로 인한 대학의 신설 · 증설 또는 이전 당시의 입학 정원은 국토해양부장관이 수도권정비위원회의 심의를 거쳐 따로 정한다.

교육부장관은 대학의 구조개혁을 위하여 고시하는 국립대학 및 사립대학 통폐합기준에 따라 학교의 입학 정원이 감축되는 경우 그 내용을 해당 연도 말까지 국토해양부장관에게 통보하여야 하는데, 국토교통부장관은 이를 반영하여 입학 정원의 총량을 조정하여야 한다.

(2) 과밀억제권역 내에서의 행위제한

(가) 과밀억제권역의 의의

과밀억제권역이란 인구와 산업이 지나치게 집중되었거나 집중될 우려가 있어 이전하거나 정비할 필요가 있는 지역을 말한다(수도권정비계획법 제6조 제1항 제1호).

㈏ **과밀억제권역에서의 행위제한**

관계 행정기관의 장은 과밀억제권역에서 「고등교육법」 제2조에 따른 학교로서 대학, 산업대학, 교육대학 또는 전문대학(이에 준하는 각종학교를 각각 포함한다. 이하 같다) 등의 신설 또는 증설(용도변경을 포함하며, 학교의 증설은 입학 정원의 증원을 말한다. 이하 같다)의 허가·인가·승인 또는 협의 등을 하여서는 아니 된다(수도권정비계획법 제7조 제1항 제1호).

다만, 관계 행정기관의 장은 국민경제의 발전과 공공복리의 증진을 위하여 필요하다고 인정하면 「고등교육법」 제2조에 따른 학교로서 대학, 산업대학, 교육대학 또는 전문대학(이에 준하는 각종학교를 각각 포함한다) 등(수도권정비계획법시행령 제10조)에 대해서는 그 허가·인가·승인 또는 협의 등을 할 수 있다(수도권정비계획법 제7조 제2항, 수도권정비계획법시행령 제11조).

① 수도권정비계획법시행령 제24조에 따른 총량규제의 내용에 적합한 범위에서의 산업대학, 전문대학 또는 대학원대학의 신설. 다만, 산업대학과 전문대학의 경우에는 서울특별시가 아닌 지역에 신설되는 경우만 해당한다.

② 수도권정비계획법시행령 제24조에 따른 총량규제의 내용에 적합한 범위에서의 학교 입학 정원의 증원

③ 과밀억제권역에서의 학교 이전(서울특별시로 이전하는 경우는 제외한다). 다만, 대학이나 교육대학을 이전하는 경우에는 교육 여건의 개선 등 교육정책상 부득이하거나 도시 안의 지역균형발전을 위하여 수도권정비계획법 제21조에 따른 수도권정비위원회의 심의를 거친 경우만 해당한다.

④ 「한국예술종합학교 설치령」에 따른 한국예술종합학교의 각원(各院)을 설치하기 위한 입학 정원의 증원

⑤ 전문대학 중 수업연한이 3년인 간호전문대학을 대학 중 간호대학으로 변경하는 것으로서 ⅰ) 간호전문대학은 설립 후 10년이 지나고, ⅱ) 변경하려는 간호대학의 총학생정원은 간호전문대학의 총학생정원을 초과하지 아니하며, ⅲ) 수도권정비위원회의 심의를 거치는 요건을 갖출 것.

⑥ 교육부장관이 대학의 구조개혁을 위하여 고시하는 국립대학 및 사립대학 통·폐합기준에 따른 대학과 전문대학 간 통·폐합(서울특별시 밖의 대학과 서울특별시 안의 전문대학 간 통·폐합은 제외한다)으로 인한 대학의 신설·증설 또는 이전으로서 ⅰ) 해당 대학 및 전문대학이 관할 시·도지사의 의견을

들어 교육부장관에게 요청한 것으로서 2009년 12월 31일까지 수도권정비위원회의 심의를 거치고, ii) 대학 본부가 과밀억제권역 밖에서 과밀억제권역으로 이전하거나 과밀억제권역에 신설되지 아니하며, iii) 대학의 교사(校舍)와 교지(校地) 등이 종전과 같이 사용되고, 폐지되는 전문대학의 교사와 교지 등은 대학의 교사와 교지 등으로 전환되는 요건을 갖춘 것.

(3) 성장관리권역 내에서의 행위제한

㈎ 성장관리권역의 정의

성장관리권역이란 과밀억제권역으로부터 이전하는 인구와 산업을 계획적으로 유치하고 산업의 입지와 도시의 개발을 적정하게 관리할 필요가 있는 지역을 말한다(수도권정비계획법 제6조 제1항 제2호).

㈏ 성장관리권역에서의 행위제한

관계 행정기관의 장은 성장관리권역이 적정하게 성장하도록 하되, 지나친 인구집중을 초래하지 않도록 대학 등 인구집중유발시설의 신설·증설이나 그 허가 등을 하여서는 아니 된다(수도권정비계획법 제8조 제1항).

다만 아래의 학교에 대해서는 신설·증설이나 그 허가·인가·승인 또는 협의 등이 가능하다(수도권정비계획법시행령 제12조 제1항 제1호).

① 총량규제의 내용에 적합한 범위에서의 산업대학, 전문대학, 대학원대학 또는 입학 정원이 50명 이내인 대학(컴퓨터, 통신, 디자인, 영상, 신소재, 생명공학 등 첨단 전문분야의 대학으로서 교육부장관이 정하여 고시하는 대학의 경우에는 입학 정원이 100명 이내인 대학을 말한다. 이하 “소규모대학”이라 한다)의 신설. 다만, 소규모대학을 신설하는 경우에는 수도권정비위원회의 심의를 거친 경우만 해당한다.

② 총량규제의 내용에 적합한 범위에서의 학교 입학 정원의 증원

③ 신설된 지 8년이 지나지 아니한 소규모대학 입학 정원의 증원(최초 입학 정원의 100퍼센트 범위에서의 증원만 해당하며, 신설된 후 8년 이내에는 증원을 할 수 없다)으로서 수도권정비위원회의 심의를 거친 것

④ 수도권에서의 학교 이전

⑤ 교육부장관이 대학의 구조개혁을 위하여 고시하는 국립대학 및 사립대학 통·폐합기준에 따른 대학과 전문대학 간 통·폐합으로 인한 대학의 신

설·증설 또는 이전으로서 다음의 요건을 갖춘 것

i) 해당 대학 및 전문대학이 관할 시·도지사의 의견을 들어 교육부장관에게 요청한 것으로서 2009년 12월 31일까지 수도권정비위원회의 심의를 거칠 것

ii) 대학 본부가 수도권 밖에서 성장관리권역으로 이전하거나 성장관리권역에 신설되지 아니할 것

iii) 대학의 교사(校舍)와 교지(校地) 등이 종전과 같이 사용되고, 폐지되는 전문대학의 교사와 교지 등은 대학의 교사와 교지 등으로 전환될 것

(4) 자연보전권역 내에서의 행위제한

자연보전권역이란 한강 수계의 수질과 녹지 등 자연환경을 보전할 필요가 있는 지역을 말한다(수도권정비계획법 제6조 제1항 제3호).

자연보전권역에서는 공공 청사, 업무용 건축물, 판매용 건축물, 연수 시설 등과 함께 인구집중유발시설로써 신설 또는 증설에 대한 허가를 받을 수 없다(수도권정비계획법 제9조 제1항 제2호, 동법시행령 제13조 제2항 제1호).

다만 아래의 사항 중 하나에 해당경우에는 허가가 가능하다.

① 총량규제의 내용에 적합한 범위에서의 전문대학, 대학원대학 또는 소규모대학의 신설로서 수도권정비위원회의 심의를 거친 것

② 총량규제의 내용에 적합한 범위에서의 학교 입학 정원의 증원

③ 신설된 지 8년이 지나지 아니한 소규모대학 입학 정원의 증원(최초 입학 정원의 100퍼센트 범위에서의 증원만 해당하며, 신설된 후 8년 이내에는 증원을 할 수 없다)으로서 수도권정비위원회의 심의를 거친 것

④ 자연보전권역에서의 전문대학, 대학원대학 또는 소규모대학의 이전

⑤ 교육부장관이 대학의 구조개혁을 위하여 고시하는 국립대학 및 사립대학 통·폐합기준에 따른 대학과 전문대학 간 통·폐합으로 인한 대학의 신설·증설 또는 이전으로서 다음의 요건을 갖춘 것

i) 해당 대학 및 전문대학이 관할 시·도지사의 의견을 들어 교육부장관에게 요청한 것으로서 2009년 12월 31일까지 수도권정비위원회의 심의를 거칠 것

ii) 대학 본부가 자연보전권역 밖에서 자연보전권역으로 이전하거나 자연

보전권역에 신설되지 아니할 것

iii) 대학의 교사(校舍)와 교지(校地) 등이 종전과 같이 사용되고, 폐지되는 전문대학의 교사와 교지 등은 대학의 교사와 교지 등으로 전환될 것

제3절 | 사립학교의 운영

1. 학교규칙(학칙)

학교의 장(학교를 설립하는 경우에는 그 학교를 설립하려는 자를 말한다)은 법령의 범위에서 학교 규칙(이하 "학칙"이라 한다)을 제정 또는 개정할 수 있다(초중등교육법 제8조 제1항, 고등교육법 제6조 제1항). 사립학교의 설립인가 신청 시 반드시 첨부하여야 하는 것이므로(초중등교육법시행령 제3조 제1호, 고등교육법시행령 제2조 제2항 제호) 모든 학교에는 학칙이 존재하게 된다. 학칙의 기재사항과 제정·개정 절차 등에 관하여 필요한 사항은 대통령령으로 정하고 있는데 대통령령에 의하면 수업, 교과, 입학과 졸업, 수업료, 학생, 학생의 자치활동(초중등교육법시행령 제9조), 학위, 전공, 대학평의원회, 교수회 등에 관하여 규정한다(고등교육법시행령 제4조). 초중등학교는 ① 학생 포상, 징계, 교육목적상 필요한 지도 방법 및 학교 내 교육·연구활동 보호에 관한 사항 등 학생의 학교생활에 관한 사항, ② 학생자치활동의 조직 및 운영, ③ 학칙개정절차 사항에 관하여 학칙을 제정하거나 개정할 때에는 학칙으로 정하는 바에 따라 미리 학생, 학부모, 교원의 의견을 듣고, 그 의견을 반영하도록 노력하여야 한다(초중등교육법시행령 제9조 제4항). 대학은 학교의 장이 학칙을 제정 또는 개정하고자 하는 때에는 학칙이 정하는 바에 따라 제정안 또는 개정안의 사전공고·심의 및 공포의 절차를 거쳐야 한다(고등교육법시행령 제4조 제3항). 이러한 절차를 거치지 않은 학칙은 그 효력이 인정되지 않는다(대법원 2010.6.24. 선고 2010두5103 판결). 그리고 효력이 있는 학칙은 그 내용이 법령에 위배되거나 학교교육의 본질에 반하는 등의 특별한 사정이 없는 한 당연히 그 구성원에 대하여 구속력을 가진다(대법원 1998.11.10. 선고 96다37268 판결). 대법원은 육군사관학교의 학칙 중 금주조항은 사관생도의 일반적 행동자유권, 사생활의 비밀과 자유 등 기본권

을 과도하게 제한하는 것으로서 무효이고, 이러한 무효인 금주조항을 적용하여 내린 퇴학처분은 위법하다고 하였다(대법원 2018.8.30. 선고 2016두60591 판결).

2. 학 생

가. 학생에 관한 규정과 학교와의 관계

학생은 학교의 존재 목적으로 사립학교도 마찬가지이다. 사실상 학교는 학생의 교육권 실현을 위해 존재하는 것이다. 그러나 사립학교법에는 학생에 관하여는 규정이 없는데 이는 학생에 관한 것은 너무나 기본적인 사항으로 각 교육 관련법에 규정되어 있기 때문일 것이다. 유아교육법은 유치원의 교육대상은 유아라고 표현하고 초등학교 이상 학교의 교육대상을 학생이라고 한다. 초중등교육법과 고등교육법이 정하는 학생에 관한 규정은 국공립학교와 사립학교에 동일하게 적용된다.

학생과 학교, 특히 국공립학교와의 관계는 과거 특별권력관계로 설명되고 있었다. 특별권력관계는 일정한 공적 목적을 달성하기 위하여 행정주체가 해당 관계 안에 있는 국민에게 포괄적인 지배권을 가지고 그 국민은 그러한 지배권에 복종해야 하는 특수한 법률관계를 의미하는 것이다. 고전적 특별권력관계에서는 해당 국민에 대한 기본권이 제한되고 사법심사의 대상도 되지 않는 것으로 이해되었으나 최근에는 특별권력관계에서도 기본권은 보장되어야 하고 사법심사의 대상도 된다는 견해가 일반적일 뿐 아니라 특별권력관계가 부정되기도 한다.[5] 사립학교와 학생 사이에도 이러한 특별권력관계 이론이 적용된다는 견해도 있으나[6] 오늘날에는 특별권력관계가 큰 의미를 가지기 어렵고 더군다나 행정주체가 아닌 사립학교의 경우에는 특별권력관계보다는 일반적인 재학계약관계로 보고 있다. 판례도 사법인(私法人)인 학교법인과 학생의 재학관계는 사법상 계약에 따른 법률관계에 해당한다고 하면서, 나아가 지방자치단체가 학교법인이 설립한 사립중학교에 의무교육대상자에 대한 교육을

---

5) 허영, 한국헌법론(박영사, 2016), 304-308면 참조.

6) 임종수, "재학계약관계로 본 학생의 법적지위", 교육법학연구 제23권 제2호(2011), 165-191. 170면.

위탁한 때에 그 학교법인과 해당 사립중학교에 재학 중인 학생의 재학관계도 기본적으로 마찬가지라고 한다(대법원 2018.12.28. 선고 2016다33196 판결). 그러므로 공적인 성격을 가지는 일부 법률관계를 제외하고는 학생과 학교의 관계는 기본적으로 사법상의 재학계약관계를 전제로 이해하여야 한다.

나. 학생의 자치

초중등교육법과 고등교육법 학생자치활동(초중등교육법 제17조, 고등교육법 제12조)에 대하여 규정하고 있다. 이에 의하면 학생의 자치활동은 권장·보호되며, 그 조직과 운영에 관한 기본적인 사항은 학칙으로 정한다. 판례는 임시이사제도의 취지, 교직원·학생 등의 학교운영에 참여할 기회를 부여하기 위한 개방이사 제도에 관한 법령의 규정 내용과 그 입법 취지 등 여러 사정들을 종합하여 보면, 헌법 제31조 제4항에 정한 교육의 자주성과 대학의 자율성에 근거한 원고 교수협의회와 원고 총학생회의 학교운영참여권을 구체화하여 이를 보호하고 있다고 해석되므로, 총학생회도 관할청의 정이사 선임처분을 다툴 법률상 이익을 가진다고 하였다(대법원 2015.7.23. 선고 2012두19496, 19502 판결).

다. 학생에 대한 징계

초중등교육법과 고등교육법은 징계(초중등교육법 제18조, 고등교육법 제13조)에 대하여 규정한다. 고등교육법은 학교의 장은 교육상 필요하면 법령과 학칙으로 정하는 바에 따라 학생을 징계할 수 있다고 규정하고 있다(고등교육법 제13조 제1항). 초중등교육법도 이와 동일하게 규정하는데 법령과 학칙으로 정하는 바에 따라 학생을 징계하거나 그 밖의 방법으로 지도할 수도 있다고 규정하고, 다만 의무교육을 받고 있는 학생은 퇴학시킬 수 없다고 한다(초중등교육법 제18조 제1항). 이때 그 밖의 방법에 체벌도 포함될 수 있는지가 문제될 수 있다. 징계의 종류로는 학교내의 봉사, 사회봉사, 특별교육이수, 1회 10일 이내, 연간 30일 이내의 출석정지 등이 있는데(초중등교육법시행령 제31조 제1항), 이러한 징계를 할 때에는 학생의 인격이 존중되는 교육적인 방법으로 하여야 하며, 그 사유의 경중에 따라 징계의 종류를 단계별로 적용하여 학생에게 개전의 기회를 주어야 한다(초중등교육법시행령 제31조 제2항). 퇴학처분은 품행이 불량하여 개전의 가망이 없다고 인정된 자, 정당한 이유 없이 결석이 잦은 자, 기타 학칙에 위반한 자에 한하여 할 수 있고(초중등교육법시행령 제31조 제5항), 학교의 장은 퇴학처분을 하기 전에 일정기간 동안 가정학습을 하게 할 수 있다(초중등교육법시행령 제31조 제6항).

학교의 장은 학생을 징계하려면 그 학생에게 의견을 진술할 기회를 주는 등 적절한 절차를 거쳐야 하는데, 초중고등학생의 경우는 미성년인 경우가 많으므로 그 보호자에게 진술할 기회를 부여할 수도 있다. 그리고 초중고등학생은 의무교육의 대상이거나 아직 미성숙하여 성장 과정에 있으므로 징계가 학생에게 미치는 영향이 커서 재심 절차도 규정하고 있다. 징계처분 중 퇴학 조치에 대하여 이의가 있는 학생 또는 그 보호자는 퇴학 조치를 받은 날부터 15일 이내 또는 그 조치가 있음을 알게 된 날부터 10일 이내에 시 · 도학생징계조정위원회에 재심을 청구할 수 있다(초중등교육법 제18조의2 제1항). 그리고 위원회의 심사결정에도 이의가 있다면 위원회로부터 결정을 통보받은 날부터 60일 이내에 행정심판을 제기할 수 있다(초중등교육법 제18조의2 제3항).

학생에 대한 징계도 징계권자에게 폭넓은 재량권이 인정된다. 징계대상자의 소행, 평소의 학업 태도, 반성의 정도 등을 참작하여 학칙에 정한 징계절차에 따라 징계하면 되나 징계의 정도가 징계사유에 비하여 사회통념상 현저하게 타당성을 잃은 것이라면 재량권을 일탈하거나 남용한 것으로 위법하게 된다. 위법한 징계는 징계사유의 내용과 성질 및 징계에 의하여 달하려는 목적과 그에 수반되는 제반 사정을 참작하여 객관적으로 명백히 부당하다고 인정되는 경우라야 하는데(대법원 2000.10.13. 선고 판결), 특히 학교의 존재이유가 학생에 대한 교육이므로 교육적 수단을 통하여 학생을 이끌어야 하는 것이고, 학생에 대한 징계를 함에 있어서도 교육을 위한 목적으로 행해질 때 정당성을 가지게 된다는 점을 명심하여야 한다. 징계사유와 함께 징계가 교육 목적을 위해 바람직한 것인지도 고려되어야 하는 것이다. 그리고 징계권자나 징계위원들이 교육을 위한 목적으로 징계를 한 경우라면 그 징계가 비록 재량권을 일탈하거나 남용한 것이라고 하더라도 징계권자나 징계위원에게 불법행위책임이 발생하는 것은 아니나 징계사유에 해당하지 않음이 객관적으로 명백하고 조금만 주의를 기울이면 이를 알 수 있음에도 막연히 징계를 한다면 불법행위를 이유로 손해배상책임을 부담할 수도 있다(대법원 2010.4.22. 선고 2008다38288 전원합의체 판결).

라. 학생과 인권

학교의 설립자·경영자와 학교의 장은 「헌법」과 국제인권조약에 명시된 학생의 인권을 보장하여야 한다(초중등교육법 제18조의4). 초중고등학생은 아직 미성년이기에 학교로부터 자칫 교육을 빙자한 인권침해의 발생 가능성이 있기 때문에 초중등교육법에 규정되어 있으나 위의 규정은 대학의 학생의 인권도 당연히 보장되어야 한다. 현재 대부분의 시도교육청은 학생인권조례를 제정하여 시행하고 있다. 학생의 인권과 관련해서는 학생에 대한 체벌, 소지품 검사, 두발 및 복장단속 등이 논의되어 왔다. 체벌과 관련하여 판례는 학생에 대한 지도에 있어서 교육상 불가피한 경우에만 신체적 고통을 가하는 방법인 체벌을 할 수 있고 그 외의 경우에는 훈육, 훈계의 방법만이 허용되어 있는바, 교사가 학생을 징계 아닌 방법으로 지도하는 경우에도 징계하는 경우와 마찬가지로 교육상의 필요가 있어야 될 뿐만 아니라 특히 학생에게 신체적, 정신적 고통을 가하는 체벌, 비하하는 말 등의 언행은 교육상 불가피한 때에만 허용되는 것이어서, 학생에 대한 폭행, 욕설에 해당되는 지도행위는 학생의 잘못된 언행을 교정하려는 목적에서 나온 것이었으며 다른 교육적 수단으로는 교정이 불가능하였던 경우로서 그 방법과 정도에서 사회통념상 용인될 수 있을 만한 객관적 타당성을 갖춘 경우에만 법령에 의한 정당행위로 볼 수 있을 것이고, 교정의 목적에서 나온 지도행위가 아니어서 학생에게 체벌, 훈계 등의 교육적 의미를 알리지도 않은 채 지도교사의 성격 또는 감정에서 비롯된 지도행위라든가, 다른 사람이 없는 곳에서 개별적으로 훈계, 훈육의 방법으로 지도·교정될 수 있는 상황이었음에도 낯모르는 사람들이 있는 데서 공개적으로 학생에게 체벌·모욕을 가하는 지도행위라든가, 학생의 신체나 정신건강에 위험한 물건 또는 지도교사의 신체를 이용하여 학생의 신체 중 부상의 위험성이 있는 부위를 때리거나 학생의 성별, 연령, 개인적 사정에서 견디기 어려운 모욕감을 주어 방법·정도가 지나치게 된 지도행위 등은 특별한 사정이 없는 한 사회통념상 객관적 타당성을 갖추었다고 보기 어렵다며 형사상 책임을 인정하였다(대법원 2004.6.10. 선고 2001도5380 판결). 두발이나 복장의 문제는 요즘은 많이 자율화되었다. 소지품 단속은 여전히 자주 문제될 수 있는데 상당수의 학생인권조례는 학생의 동의 없는 소지품 검사를 불허하고 있다. 그런데 해당 학생이나 주위의 학생들의 안전이 위험하다고 판단할 상당한 이유가 있는 경우에는 동의 없는 소지품 검사도 허용되어야 할 것이다.

마. 학생의 안전

교육기본법은 국가와 지방자치단체는 학생 및 교직원의 안전을 보장하고 사고를 예방할 수 있도록 필요한 시책을 수립·실시하여야 한다고 규정하고 있다(교육기본법 제17조의5). 그리고 국립학교의 경우에는 학교의 장이, 공립 및 사립학교의 경우에는 교육감이 시·도의 교육규칙으로 정하는 바에 따라 학교시설(학교담장을 포함한다)을 설치·변경하는 경우에는 외부인의 무단출입이나 학교폭력 및 범죄의 예방을 위하여 학생 안전대책을 수립하여 시행하여야 하고(초중등교육법 30조의8 제1항), 학교의 장은 학생의 안전을 위하여 학교 내 출입자의 신분확인 절차 등의 세부기준수립에 관한 사항, 영상정보처리기기의 설치에 관한 사항, 학교주변에 대한 순찰·감시 활동계획에 관한 사항을 시행하여야 한다(초중등교육법 30조의8 제2항).

그리고 사립학교를 경영하는 학교법인과 학생의 관계는 사법상의 재학계약관계이고, 이러한 관계에서 학교법인은 학생에 대하여 안전배려의무를 부담한다. 즉 학교법인은 학생의 생명, 신체, 건강 등의 안전을 확보하기 위하여 교육장소의 물적 환경을 정비하여야 하고, 학생이 교육을 받는 과정에서 위험발생의 우려가 있을 때에는 미리 위험을 제거할 수단을 마련하는 등 합리적 조치를 하여야 한다. 학교법인이 안전배려의무를 위반하여 학생의 생명, 신체, 건강 등을 침해하여 손해를 입힌 때에는 불완전이행으로서 채무불이행으로 인한 손해배상책임을 부담한다. 구체적으로 손해배상책임을 인정하기 위해서는, 문제가 된 사고와 재학계약에 따른 교육활동 사이에 직접 또는 간접적으로 관련성이 인정되어야 하고, 학교법인이 설립한 학교의 학교장이나 교사가 사고를 교육활동에서 통상 발생할 수 있다고 예견하였거나 예견할 수 있었음에도 사고 위험을 미리 제거하기 위하여 필요한 조치를 다하지 못하였다고 평가할 수 있어야 한다. 이러한 예견가능성은 교육활동의 때와 장소, 교육활동의 종류와 성질, 당해 사고와 관련된 교육활동 참여자들의 분별능력과 성행, 피해학생과의 관계 기타 여러 사정을 고려하여 판단하여야 한다(대법원 2018.12.28. 선고 2016다33196 판결). 판례는 유치원생이나 그와 비슷한 연령, 사회적 경험 및 판단능력을 가진 초등학교 저학년생을 통학차량으로 운송하는 방식을 취하고 있는 경우에는 그 유치원·학교 또는 학원의 운영자나 교사 등으로서는 보호자로부터 학생을 맞아 통학차량에 태운 때로부터 학교 등에서의 교육활동이 끝난 후 다시 통학차량에 태워 보호자가 미리 지정한 장소에 안전하게 내려줄 때까지 학생을 보호·감독할 의무가 있다고 하면서 초등학교 1학년인 학원 수강생이 쉬는 시간에 학원 밖으로 나갔다가 교통사고로 사망한 사안에서 학원운영자의 보호·감독의무 위반을 인정하였고(대법원 2008.1.17. 선고 2007다40437 판결), 초등학교 내에서 발생한 폭행 등 집단 괴롭힘으로 피해학생이 자살한 사건에서는 학교폭력 가해학생들의 부모의 과실과 담임교사, 교장의 과실이 경합하여 피해학생의 자살 사건이 발생하였다는 이유로, 부모들과 지방자치단체에게 공동불법행위자로서의 손해배상책임을 인정하였다(대법원 2007.4.26. 선고 2005다24318 판결). 반면 고적답사를 겸한 졸업여행 중 숙소 내에서 휴식시간에 학생들 사이의 폭력사고로 말미암아 한쪽 눈을 실명한 사안에서, 학교측의 안전교육이나 사전지시에 따르지 않고 돌발적으로 벌어진 사고로서 예측가능성이 없었다는 이유로 교사에게 보호·감독의무 위반의 책임을 부인하였고(대법원 1999.9.17. 선고 99다23895 판결), 고등학교 2학년 학생이 점심시간에 장난으로 급우가 앉아 있던 의자를 걷어차 급우로 하여금 뒷머리 부분을 교실벽에 부딪쳐 상해를 입게 한 사고에 대하여 교장이나 담임교사 등에게 보호감독의무위반의 책임을 물을 수 없다고도 하였다(대법원 1993.2.12. 선고 92다13646 판결).

3. 사립학교의 자치기구

학교의 구성원으로 하여금 학교운영 및 교육의 중요사항에 대하여 심의하게 함으로써 학교의 운영을 투명하고 효율적으로 할 수 있도록 하고, 학교 구성원들의 의견이나 요구가 학교운영에 반영될 수 있도록 하기 위해 유치원에는 유치원운영위원회를, 초중등학교에는 학교운영위원회를, 대학에는 대학평의원회를 설치하였다.

(1) 유치원운영위원회

유치원 운영의 자율성을 높이고 지역의 실정과 특성에 맞는 다양한 교육을 창의적으로 실시할 수 있도록 하기 위하여 유치원에 유치원운영위원회를 둘 수 있다(유아교육법 제19조의3 제1항). 이처럼 유치원운영위원회는 그 설치가 의무는 아니지만 국립·공립 유치원, 「교육공무원법」 제29조의3에 따라 공모 절차를 통하여 원장을 선발하는 유치원과 정원이 20명 이상인 사립유치원은 유치원운영위원회를 두어야 한다(유아교육법시행령 제22조의2).

유치원에 두는 유치원운영위원회는 해당 유치원의 교원 대표 및 학부모 대표로 구성하는데(유아교육법 제19조의3 제2항), 위원 정수는 5명 이상 11명 이내의 범위에서 유치원의 규모 등을 고려하여 대통령령으로 정한다.

국공립유치원의 유치원운영위원회는 심의기관인데 사립유치원은 자문기관이다. 유치원장은 유치원규칙의 개정에 관한 사항, 유치원 예산 및 결산에 관한 사항, 유치원 교육과정의 운영방법에 관한 사항, 학부모가 부담하는 경비에 관한 사항, 유치원 급식에 관한 사항, 방과후 과정 운영에 관한 사항, 유치원 운영에 대한 제안 및 건의에 관한 사항, 그 밖에 대통령령 및 시·도 조례로 정하는 사항에 대해서는 유치원운영위원회의 자문을 구해야 한다(유아교육법 제19조의4).

(2) 학교운영위원회

㈎ 학교운영위원회의 설치와 구성

초중등교육법은 학교운영위원회의 설치 목적을 학교운영의 자율성을 높이고 지역의 실정과 특성에 맞는 다양하고도 창의적인 교육을 위한 것이라고 하면서 초등학교·중학교·고등학교 및 특수학교에 학교운영위원회를 구성·운영하여야 한다고 한다(초중등교육법 제31조 제1항). 1995년 소위 '5·31 교육개혁'으로 알려진 '신교육체제 수립을 위한 교육개혁 방안'을 통해서 시행되었다. 초중등교육법은 국립·공립 학교에 두는 학교운영위원회는 그 학교의 교원 대표, 학부모 대표 및 지역사회 인사로 구성하는데(초중등교육법 제31조 제2항) 사립학교도 당해 학교의 교원위원·학부모위원 및 지역위원으로 구성한다(초중등교육법시행령 제63조 제1항).

학교운영위원회의 위원 수는 5명 이상 15명 이하의 범위에서 학교의 규모 등을 고려하여 정하는데 상세한 기준은 초중등교육법시행령 제58조가 규정하고 있다. 위원의 정수·선출 등에 관하여 국공립학교의 학교운영위원회에 관한 규정을 준용하되, 당연직 교원위원을 제외한 교원위원은 정관이 정한 절차에 따라 교직원전체회의에서 추천한 자 중 학교의 장이 위촉한다(초중등교육법시행령 제63조 제1항). 일반적으로 교직원전체회의는 교원과 정규직원을 의미하고 기간제교원은 피선거권은 없으나 선거권은 학교운영위원회 규정으로 정한다. 교원은 다른 학교의 학부모위원이 될 수는 있으나 국가공무원법에 의한 겸직허가가 필요하다.

학부모 위원은 해당 학교의 학부모라야 하는데 법적 보호자에 한정하기보다는 학생에 대한 교육에 대하여 책임을 부담할 수 있는 실질적인 보호자로 보아야 한다. 학생이 졸업 · 전학 · 퇴학 등으로 해당 학교에 재학하지 않게 되면 원칙적으로는 학부모위원의 자격을 상실한다고 보아야 하나 합리적인 사유가 있다면 조례 등으로 달리 규정할 수도 있을 것이다. 학부모위원은 민주적 대의절차에 따라 학부모 전체회의를 통하여 학부모 중에서 투표로 선출한다. 이 경우 학부모 전체회의에 직접 참석할 수 없는 학부모는 학부모 전체회의 개최 전까지 가정통신문에 대한 회신, 우편투표, 전자적 방법(「전자문서 및 전자거래 기본법」 제2조 제2호에 따른 정보처리시스템을 사용하거나 그 밖에 정보통신기술을 이용하는 방법을 말한다)에 의한 투표 등 위원회규정으로 정하는 방법 및 절차에 따라 후보자에게 투표할 수 있다(초중등교육법시행령 제59조 제2항). 다만 학교의 규모 · 시설 등을 고려하여 학부모 전체회의를 통하여 학부모위원을 선출하기 곤란하다고 위원회규정으로 정한 사유에 해당하는 경우에는 위원회규정으로 정하는 바에 따라 학급별 대표로 구성된 학부모대표회의에서 학부모위원을 선출할 수 있다(초중등교육법시행령 제59조 제3항).

지역위원은 당해 학교가 소재하는 지역에 생활근거지나 사업활동의 근거지를 가지고 있는 자인데(초중등교육법 제58조 제2항), 지역 범위에 대한 제한 규정은 없으므로 학교운영위원으로 활동이 가능한 범위의 지역에 소재하면 될 것이다. 지역위원의 선출은 학부모위원 또는 교원위원의 추천을 받아 학부모위원 및 교원위원이 무기명투표로 선출한다(초중등교육법 제59조 제6항). 학부모위원도 지역위원으로 선출이 가능한 것으로 보이나 특별히 지역위원을 구성원으로 둔 취지를 살리기 위해서는 학부모위원 이외의 인사를 지역위원으로 선출하는 것이 바람직할 것이다.

일반적으로 학교운영위원회 구성계획을 수립하고, 선출관리위원회를 구성한 다음 위원을 선출하게 된다. 선출관리위원은 학교운영위원이 될 수 없다. 학교운영위원회는 법정 조직으로 법령에 의하여 적법하게 구성되어야 하고, 선출절차도 지켜져야 한다. 위원은 무보수의 봉사직으로 수당 지급 예산편성은 불가능하나 실비 지급은 가능하다.

그리고 학교운영위원회의 구성에 관하여 시행령에서 규정하지 않은 사항은 정관으로 정한다(초중등교육법시행령 제63조 제5항, 초중등교육법 제34조 제2항).

「국가공무원법」 제33조 각 호의 어느 하나에 해당하는 사람은 학교운영위원회의 위원으로 선출될 수 없고, 선임 이후에 위의 사항에 해당하면 당연퇴직한다(초중등교육법 제31조의2).

㈏ 학교운영위원회의 기능

국공립학교의 학교운영위원회는 학교헌장과 학칙의 제정 또는 개정, 학교의 예산안과 결산, 학교교육과정의 운영방법, 교과용 도서와 교육 자료의 선정, 교복·체육복·졸업앨범 등 학부모 경비 부담 사항, 정규학습시간 종료 후 또는 방학기간 중의 교육활동 및 수련활동, 「교육공무원법」 제29조의3 제8항에 따른 공모 교장의 공모 방법, 임용, 평가 등, 「교육공무원법」 제31조 제2항에 따른 초빙교사의 추천, 학교운영지원비의 조성·운용 및 사용, 학교급식, 대학입학 특별전형 중 학교장 추천, 학교운동부의 구성·운영, 학교운영에 대한 제안 및 건의 사항, 그 밖에 대통령령이나 시·도의 조례로 정하는 사항 등 학교운영 대부분에 대하여 심의한다(초중등교육법 제32조 제1항). 사립학교의 학교운영위원회는 교육공무원법에 의한 교장과 초빙교사의 임용을 제외한 나머지 사항에 대하여 학교의 장에 대한 자문을 한다. 다만 학교헌장과 학칙에 대해서는 학교법인이 요청하는 경우에만 자문한다(초중등교육법 제32조 제2항). 그 외에도 사립학교법은 학교운영위원회로 하여금 개방이사추천위원회 위원의 추천권을 부여하고 있다(사립학교법 제14조 제4항).

국공립학교는 심의기구로 사립학교는 자문기구로 규정되어 있는데 학교의 장에게 구속력을 가지지 않는다는 점에서 법률적 효력에는 큰 차이가 없다. 다만 초중등교육법시행령은 학교의 장은 운영위원회의 자문결과를 최대한 존중하여야 한다고 한다(초중등교육법시행령 제63조 제3항).[7] 그리고 학교운영위원회는 학교발전기금을 조성할 수 있는데(초중등교육법 제33조) 그 조성·운용 및 사용에 관한 사항은 심의와 의결을 한다(초중등교육법 제32조 제3항). 관할청은 사립학교의 장이 정당한 사유 없이 학교발전기금의 조성·운용 및 사용에 관한 사항에 대하여 운영위원회의 심의·의결을 거치지 아니하거나 심의·의결의 결과와 다르게 시행하는 경우 또는 심의·의결의 결과를 시행하지 아니하는 경우나 제60조 제2항의 규정에 의한 사유 없이 자문을 거치지 아니하고 시행하는 경우에는 법 제63조의 규정에 의한 시정을 명할 수 있다(초중등교육법시행령 제63조 제4항). 학교발전기금은 학교운영위원회에 귀속되어 법령에서 정한 사용목적으로만 사용되어야 할 것이므로, 그 정해진 용도 외의 사용행위는 원칙적으로 횡령죄를 구성한다(대법원 2010.7.22. 선고 2007도4713 판결).

(3) 대학평의원회

(가) 대학평의원회의 설치와 기능

사립학교법은 대학에 대학평의원회를 두도록 하고 그 심의 사항으로 대학의 발전계획에 관한 사항, 학칙의 제정 또는 개정에 관한 사항, 대학헌장의 제정 또는 개정에 관한 사항, 대학교육과정의 운영에 관한 사항, 추천위원회의 위원의 추천에 관한 사항, 그 밖에 교육에 관한 중요 사항으로서 정관으로 정하는 사항을 규정하고 있다(사립학교법 제26조의2 제1항). 이 중 대학헌장과 교육과정에 관한 사항은 자문사항이다(사립학교법 제26조의2 제1항). 대학평의원회는 위 사항의 심의에 필요한 경우 대통령령으로 정하는 바에 따라 학교의 장에게 관련 자료의 제출을 요청할 수 있고 요청을 받은 학교의 장은 특별한 사유가 없으면 이에 따라야 하는데(고등교육법 제19조의2 제5항) 이는 해당 자료를 명시하여 서면으로 하여야 한다(고등교육법시행령 제9조의2 제1항). 제출받은 자료에 누락이 있거나 보완이 필요한 경우 학교의 장에게 자료의 추가·보완 제출을 서면으로 요청할 수 있다(고등교육법시행령 제9조의2 제2항). 그 외 개방이사추천위원회 위원 추천권도 가지고 있다(사립학교법 제14조 제4항). 대학평의원회의 조직 및 운영 등에 관하여 필요한 사항은 대통령령으로 정하는 바에 따라 정관으로 정한다(사립학교법 제26조의2 제2항)고 규정하나 사립학교법시

---

7) 국공립학교의 경우는 "국·공립학교의 장은 운영위원회의 심의결과를 최대한 존중하여야 하며, 그 심의결과와 다르게 시행하고자 하는 경우에는 이를 운영위원회와 관할청에 서면으로 보고하여야 한다."고 규정한다(초중등교육법시행령 제60조 제1항).

행령에는 달리 규정한 바가 없고 고등교육법과 그 시행령에 규정되어 있다. 고등교육법에도 동일한 내용을 규정하고 있다(고등교육법 제19조의2). 위 법령에 의하면 대학평의원회는 필수적 설치기관으로 해석되나 상당수의 대학들이 대학평의원회를 설치하지 않고 있다. 이를 강제하는 규정이 없는데다 대학이나 학교법인은 구성원들이 학교의 운영에 관여하는 것을 달가워하지 않고, 관할청이나 학교 내부에도 설치하고자 하는 의지가 부족하기 때문으로 보인다. 진정한 대학의 자치 실현을 위해서는 활성화될 필요가 있다.

㈏ 대학평의원회의 구성과 운영

대학평의원회는 11명 이상의 평의원으로 구성하여야 하며, 교원, 직원, 조교 및 학생 중에서 각각의 구성단위를 대표할 수 있는 사람으로 구성하되, 동문 및 학교의 발전에 도움이 될 수 있는 자를 포함할 수 있다. 이 경우 어느 하나의 구성단위에 속하는 평의원의 수가 전체 평의원 정수(定數)의 2분의 1을 초과해서는 아니 된다(고등교육법 제19조의2 제2항). 어느 한 구성단위에 속하는 평의원의 수가 너무 많아지면 대학평의원회의 설치 목적을 달성할 수 없기 때문인데 현실적으로는 교원의 수가 절반 가까이에 이르고, 그 외 직원, 학생의 순으로 비율이 구성되는 것으로 보인다. 대학평의원회에 의장과 부의장 각각 1명을 두며, 평의원 중에서 호선한다. 이 경우 의장은 학생이 아닌 평의원 중에서 호선한다(고등교육법 제19조의2 제3항). 평의원의 임기는 2년으로 하되 학생인 평의원의 임기는 1년으로 한다(고등교육법 제19조의2 제4항).

대학평의원회는 회의의 일시, 장소, 발언 요지 및 결정사항 등이 기록된 회의록을 작성·보존하고 이를 공개하여야 한다. 다만, 개인의 사생활을 현저히 침해할 우려가 있다고 인정되는 사항 등 대통령령으로 정하는 사항에 대해서는 대학평의원회의 의결로 회의록의 전부 또는 일부를 공개하지 아니할 수 있다(고등교육법 제19조의2 제6항). 이처럼 비공개하는 경우 비공개 사유 및 비공개 기간을 공시하여야 하고, 비공개 사유가 해소되거나 비공개 기간이 종료되는 경우에는 해당 내용을 즉시 공개하여야 한다. 이 경우 공시 및 공개는 해당 학교의 인터넷 홈페이지를 통하여 한다(고등교육법시행령 제9조의2 제5항).

그 밖에 대학평의원회의 구성·운영 등에 필요한 사항은 대통령령으로 정하는 바에 따라 해당 학교법인의 정관 및 학칙으로 정하는데(고등교육법 제19조의2 제7항), 학교법인의 정관 및 학칙으로 대학평의원회의 구성·운영 등에 필요한 사항을 정하려는 경우에는 교원, 직원, 조교 및 학생 등으로부터 의견을 수렴하여야 한다(고등교육법시행령 제9조의2 제6항).

(다) **대학평의원회 심의절차 흠결의 효과**

판례는 재임용을 위한 심사평정표의 성격을 '학칙'으로 보고 사립학교법이 '학칙의 제정 또는 개정에 관한 사항'을 대학평의원회의 심의를 거치도록 규정하고 있음에도 불구하고, 당시 ○○대학에 대학평의원회가 구성조차 되어 있지 아니하여 그 심의 없이 심사평정표를 제정한 것은 교원인사위원회 등을 거쳤다고 하더라도 위법하며, 이처럼 위법하게 제정된 이 사건 심사평정표를 적용하여 이루어진 재임용 거부결정도 역시 위법하다고 하였다(서울고등법원 2009. 12.17. 선고 2009누1305 판결, 대법원 2012.2.9. 선고 2011두26749 판결).

4. 사립학교와 종교교육

사립학교, 특히 종교적 이념에 따른 교육을 목적으로 설립된 종립학교는 헌법이 보장하는 사학의 자유에 따라 원하는 교육을 할 기본권이 인정된다. 판례는 사립학교는 국·공립학교와는 달리 종교의 자유의 내용으로서 종교교육 내지는 종교선전을 할 수 있고, 학교는 인적·물적 시설을 포함한 교육시설로써 학생들에게 교육을 실시하는 것을 본질로 하며, 특히 대학은 헌법상 자치권이 부여되어 있으므로 사립대학은 교육시설의 질서를 유지하고 재학관계를 명확히 하기 위하여 법률상 금지된 것이 아니면 학사관리, 입학 및 졸업에 관한 사항이나 학교시설의 이용에 관한 사항 등을 학칙 등으로 제정할 수 있으며, 사립대학은 종교교육 내지 종교선전을 위하여 학생들의 신앙을 가지지 않을 자유를 침해하지 않는 범위 내에서 학생들로 하여금 일정한 내용의 종교교육을 받을 것을 졸업요건으로 하는 학칙을 제정할 수 있고, 기독교 재단이 설립한 사립대학에서 일정 학기 동안 대학예배에 참석할 것을 졸업요건으로 하는 학칙을 정한 경우, 헌법상 종교의 자유에 반하는 위헌 무효의 학칙은 아니라고 하였다(대법원 1998.11.10. 선고 96다37268 판결).

하지만 이러한 판례는 원칙적으로는 해당 종립학교의 교육을 수용하는 또는 그 교육을 받기를 원하는 학생들이 해당 학교에 입학하는 경우에 적용이 가능하다. 만약 그러한 종립학교에 입학하기를 원하지 않았음에도 해당 학교에 입학이 강제된다면 해당 학생은 종교가 없거나 해당 종교 이외의 다른 종교를 가지고 있음에도 원하지 않는 교육을 받게 된다. 이는 학생의 종교의 자유, 원하는 교육을 받을 교육권을 침해하게 된다. 사학의 종교교육의 자유와 학생의 종교의 자유가 충돌하는 문제가 발생하는 것이다. 이러한 문제에 대하여 판단한 대법원의 판례가 있다. 대법원은 다음과 같이 판단하였다.

기본적으로는 공교육체계의 헌법적 도입과 우리의 고등학교 교육 현실 및 평준화정책이 고등학교 입시의 과열과 그로 인한 부작용을 막기 위하여 도입된 사정, 그로 인한 기본권의 제한 정도 등을 모두 고려한다면, 고등학교 평준화정책에 따른 학교 강제배정제도에 의하여 학생이나 학교법인의 기본권에 일부 제한이 가하여진다고 하더라도 위헌이라고 할 수는 없다고 하였다.

그러나 종립학교(종교단체가 설립한 사립학교)가 가지는 종교교육의 자유 및 운영의 자유와 학생들이 가지는 소극적 종교행위의 자유 및 소극적 신앙고백의 자유 사이에 충돌이 생기게 되는데, 이와 같이 하나의 법률관계를 둘러싸고 두 기본권이 충돌하는 경우에는 구체적인 사안에서의 사정을 종합적으로 고려한 이익형량과 함께 양 기본권 사이의 실제적인 조화를 꾀하는 해석 등을 통하여 이를 해결하여야 하고, 그 결과에 따라 정해지는 양 기본권 행사의 한계 등을 감안하여 그 행위의 최종적인 위법성 여부를 판단하여야 한다고 한다.

비록 종립학교의 학교법인이 국·공립학교의 경우와는 달리 종교교육을 할 자유와 운영의 자유를 가진다고 하더라도, 그 종립학교가 공교육체계에 편입되어 있는 이상 원칙적으로 학생의 종교의 자유, 교육을 받을 권리를 고려한 대책을 마련하는 등의 조치를 취하는 속에서 그러한 자유를 누린다는 것이다. 종립학교가 고등학교 평준화정책에 따라 학생 자신의 신앙과 무관하게 입학하게 된 학생들을 상대로 종교적 중립성이 유지된 보편적인 교양으로서의 종교교육의 범위를 넘어서서 학교의 설립이념이 된 특정의 종교교리를 전파하는 종파교육 형태의 종교교육을 실시하는 경우에는 그 종교교육의 구체적인 내용과 정도, 종교교육이 일시적인 것인지 아니면 계속적인 것인지 여부, 학생들에게 그러한 종교교육에 관하여 사전에 충분한 설명을 하고 동의를 구하였는지 여부, 종교교육에 대한 학생들의 태도나 학생들이 불이익이 있을 것을 염려하지 아니하고 자유롭게 대체과목을 선택하거나 종교교육에 참여를 거부할 수 있었는지 여부 등의 구체적인 사정을 종합적으로 고려하여 사회공동체의 건전한 상식과 법감정에 비추어 볼 때 용인될 수 있는 한계를 초과한 종교교육이라고 보이는 경우에는 위법성을 인정할 수 있다는 것이다.

따라서 종립학교가 고등학교 평준화정책에 따라 강제배정된 학생들을 상대로 특정 종교의 교리를 전파하는 종파적인 종교행사와 종교과목 수업을 실시하면서 참가 거부가 사실상 불가능한 분위기를 조성하고 대체과목을 개설하지 않는 등 신앙을 갖지 않거나 학교와 다른 신앙을 가진 학생의 기본권을 고려하지 않은 것은, 우리 사회의 건전한 상식과 법감정에 비추어 용인될 수 있는 한계를 벗어나 학생의 종교에 관한 인격적 법익을 침해하는 위법한 행위이고, 그로 인하여 인격적 법익을 침해받는 학생이 있을 것임이 충분히 예견가능하고 그 침해가 회피가능하므로 과실 역시 인정된다(대법원 2010.4.22. 선고 2008다38288 전원합의체 판결).

5. 총장의 선출

어느 단체나 마찬가지이지만 대학도 어떤 지도자를 가지느냐에 따라 경쟁력에 현저한 차이를 가지게 된다. 따라서 대학은 유능한 총장을 선임하여야 하는데 대학의 총장은 학문적 능력은 물론 경영능력과 인품까지도 요구된다. 그런데 사립학교법은 총장의 선출에 대하여 당해 학교를 설치·경영하는 학교법인 또는 사립학교경영자가 임용한다고 규정한다(사립학교법 제53조 제1항).

총장의 선출에 관한 이러한 방법은 사립학교법이 제정될 때부터 학교법인이 이사회를 거쳐서 임면하도록 규정함으로써(법률 제1362호 1963.6.26. 제정, 제53조 제1항 제1호) 현재와 동일하게 규정하고 있었다. 이후 총장을 학교법인이 임용하되 다만 관할청의 승인을 받아 임명하도록 하여(법률 제3373호, 1981.2.28. 일부개정, 제53조 제1항 제1호) 학교법인의 총장 임명권을 제한하였다. 이는 학교법인에게는 사학의 자율성에 대한 침해의 소지가 있는 것이었으나 1987년의 민주화의 바람 속에서 대학의 민주화와 자율화 조치의 일환으로 다시 관할청의 승인 없이 학교법인이 임명하도록 재개정되어(법률 제4226호, 1990.4.7. 일부개정) 오늘에 이르고 있다. 현재는 총장의 선출 과정에 관할청의 개입은 없고 단지 임용한 날로부터 7일 이내에 관할청에 보고하도록 하고 있다(사립학교법 제54조 제1항).

다만 사립학교법은 총장의 임명 제한 사유로 사립학교법에 의하여 임원취임승인이 취소되고 5년이 경과하지 아니한 자, 관할청의 해임요구에 의하여 해임되고 3년이 경과하지 아니한 자, 사립학교법에 의한 징계로 파면되고 5년이 경과하지 아니한 자, 「교육공무원법」 제10조의4 각 호의 어느 하나에 해당하는 자는 임명될 수 없다(사립학교법 제54조의3 제1항). 임원취임승인취소, 해임, 파면된 자는 그 제한 기간이 경과하였더라도 재적이사 3분의 2 이상의 찬성이 있어야 총장으로 취임할 수 있다. 그리고 학교법인의 이사장과 배우자, 직계존속 및 직계비속과 그 배우자의 관계에 있는 자는 이사정수의 3분의2 이상의 찬성과 관할청의 승인을 받지 않으면 총장에 임명될 수없다(사립학교법 제54조의3 제3항). 그 외에는 학교법인이나 사립학교경영자가 자유롭게 임명할 수 있는 것이다.

이러한 법률에 의하면 교원인사위원회의 심의도 거칠 필요가 없는 것으로 해석되고(사립학교법 제53조의4 제1항) 대학의 자율성 측면에서 상당한 문제가 있는 것으로 보인다. 각급 학교 교원의 경우도 그 임용을 위하여 학교에 설치된 교원인사위원회의 심의를 거쳐야 하나 학교의 장의 경우에는 이러한 절차마저도 인정되지 않고 있는 것이다. 사립대학의 대학평의원회가 교육에 관한 중요사항으로서 정관으로 정하는 사항에 대해서는 심의를 할 수 있도록 하고 있으므로(사립학교법 제26조의2 제1항 제6호 참조) 총장 선출을 여기의 교육에 관한 중요한 사항에 포함된다고 할 수는 있을 것이나 이것은 어디까지나 심의기관일 뿐이고 정관으로 정하지 않는다면 현행법상 총장 선출은 대학평의원회의 심의대상도 되지 않는다. 사립대학은 학교법인에 의하여 설립되고 운영되는 것이기는 하나 일단 설립된 대학은 헌법 제31조 제4항에 의하여 대학의 자율성 또는 자치권을 가지는데 여기에는 총장의 선출권도 당연히 포함된다고 보아야 한다. 국립대학의 총장을 궁극적으로 대통령이 임명하지만 그 과정에서 교수들의 의견을 반영하고 있는데, 사립학교 교원의 지위를 국공립학교의 교원에 준하여 취급하고 있다는 점을 고려하면 사립대학 구성원들도 총장의 선출에 참여할 수 있도록 하는 것이 합리적이다. 그렇다면 위 사립학교법의 총장 임명에 관한 규정은 학교 구성원들의 대학의 자율성 또는 자치권에 대한 침해일 수 있는 것이다.

하지만 이들의 총장선출권을 보장한다면 학교법인의 대학 설립·운영의 자유를 침해하게 된다. 결국 학교법인과 학교구성원들의 기본권의 충돌이 발생하는 것이다. 오늘날에는 학교법인이라는 사인에게도 헌법의 기본권 조항의 효력이 미치는 것으로 인정되고 있다. 학교법인의 기본권과 학교구성원의 기본권이 서로 충돌할 때 허영 교수[8]는 이익형량과 규범조화적 해석에 의하여 해결하여야 한다고 한다. 이때 이익형량은 우열이 있는 기본권의 충돌이 있을 때에는 상위의 기본권을 우선하고, 같은 등위의 기본권의 충돌이 있을 때에는 인격적 가치와 자유를 우선하여야 한다고 한다. 규범조화적 해석을 하는 방법으로는 과잉금지의 방법, 대안식 해결방법, 최후수단 억제의 방법을 제시하고 있다. 성낙인 교수는 기본권 상호간의 우열을 정할 수 있는 경우에는 이익형량의 원칙에 따라 해결하되, 우열을 정할 수 없는 경우에는 형평성의 원칙이나 규범조화해석의 원칙에 따라 해결하여야 한다고 한다.[9] 규범조화해석의 원리는 기본권의 충돌이 있는 경우 어느 한 기본권만을 보호하는 것이 아니라 헌법의 통일성을 유지하기 해서 충돌되는 두 기본권 모두가 최대한으로 그 기능과 효력을 나타낼 수 있는 방법을 찾으려는 것이다. 여기에서 논하는 학교법인의 대학 설립·운영의 자유와 학교 구성원의 대학의 자치로서의 총장선출권은 어느 것이 더 중요한 것인지 우열을 논하기 어려운 것으로 보인다. 따라서 규범조화해석의 원칙에 따라 학교법인과 학교구성원의 기본권 모두가 최대한으로 보호될 수 있도록 하여야 하는 것이다. 이러한 총장 선출의 방법은 학교법인과 학교 구성원 모두가 총장 선출에 함께 관여하는 것이다. 그러한 방법으로 학교 구성원이 복수의 총장후보자를 추천하면 학교법인에서 최종적으로 1인을 선출하는 것을 들 수 있다.[10] 총장후보자를 추천함에 있어서 우선순위를 정하여 추천하는 방식과 우선순위를 정하지 않고 추천하는 방식이 있을 것이나 대학구성원들의 의사가 최대한으로 반영되도록 하기 위해서는 우선순위를 정하여 추천할 수 있도록 하는 것이 좋을 것이다. 다만 학교법인은 이러한 우선 순위에 구속되지 않는 것으로 해석하여야 학교법인의 기본권과 조화를 이룰 수 있다. 총장후보자를 선정하는 방법은 직접선거제와 간접선거제 등

---

8) 허영, 한국헌법론(박영사, 2016), 277-281면.

9) 성낙인, 헌법학(법문사, 2016), 947면.

10) 신현석, 주영달, “사립대학 총장선출제도 개선의 논거와 방안”, 교육법학연구 제28권 제3호(2016), 83면.

대학의 환경에 따라 자유롭게 선정할 수 있을 것이다. 참고로 국립대학은 교육부장관의 제청을 받아 행정부의 수장인 대통령이 임용하지만 이러한 제청과 임용은 해당 대학의 추천을 받은 사람을 대상으로 하는 것이고, 이러한 총장의 추천을 위하여 대학에 총장추천위원회를 두고 있다. 국립대학의 총장 선출은 추천위원회가 직접 총장 후보자를 선정하거나 해당 대학 교원의 합의된 방식과 절차에 따라 선정하도록 하여 대학의 선택에 따라 총장 후보자 선출방법으로 직선제나 간선제에 의할 수 있고, 선출 과정의 참여자도 교수와 직원 및 학생들이 참여할 수도 있다(교육공무원법 제24조 제2, 3, 4항 참조).

제5장 사립학교 교원

제1절 | 교원의 확보

1. 유 치 원

(1) 교직원의 구분

유치원에는 교원으로 원장 · 원감 및 교사를 두되, 다만 2학급 이하의 유치원에는 원감을 두지 않을 수 있다(유아교육법 제20조 제1항, 동법시행령 제23조 제2항).

(2) 학급담당교사

유치원에는 원장 · 원감 외에 학급마다 교사 1인 이상을 배치하여 학급을 담당하게 한다. 다만, 2학급 이하인 유치원의 경우에는 원장 및 원감이 학급을 담당할 수 있다(동법시행령 제23조 제1항).

(3) 보직교사

유치원에는 교사 중에서 다음의 구분에 따른 수의 보직교사를 둘 수 있다. 다만, 11학급 이하의 유치원으로서 교육부장관이 지정하는 연구학교에는 다음의 구분에 따른 수보다 보직교사 1인을 더 둘 수 있다. 보직교사의 명칭은 관할청이, 유치원별 보직교사의 종류 및 그 업무분장은 원장이 이를 정한다(유아교육법시행령 제23조 제4, 5항).

① 3학급 이상 5학급 이하의 유치원에는 1인

② 6학급 이상 11학급 이하의 유치원에는 2인

③ 12학급 이상의 유치원에는 3인 이상

(4) 교원 외의 직원

유치원에는 교원 외에 촉탁의사, 영양사, 간호사 또는 간호조무사, 행정직원 등을 둘 수 있다(유아교육법 제20조 제2항). 필요한 경우 직원을 1인 이상 둘 수 있으며 유치원별 배치기준은 관할청이 정한다(유아교육법시행령 제24조).

2. 초 · 중 · 고등학교 등

가. 교직원의 구분

(1) 교장 · 교감 · 교사

초등학교 · 중학교 · 고등학교 · 공민학교 · 고등공민학교 · 고등기술학교 및 특수학교에는 교장 · 교감 및 수석교사 및 교사를 둔다. 다만, 학생수 100명 이하인 학교 또는 학급수 5학급 이하인 학교 중 대통령령으로 정하는 일정규모 이하의 학교에는 교감을 두지 않을 수 있다(초중등교육법 제19조 제1항 제1호). 각급학교에는 위에 준하여 필요한 교원을 둔다(초중등교육법 제19조 제1항 제2호).

여기에서 "대통령령으로 정하는 규모 이하의 학교"라 함은 학급 수가 5학급 이하인 학교 중 법 제19조 제4항에 따른 교원의 배치기준에 따라 배치된 교원의 수가 최소 배치기준 이하에 해당하는 학교를 말한다(초중등교육법시행령 제36조의2 제1항). 그러나 교육감이 교육인력이나 교육재정 등을 고려하여 특히 필요하다고 인정하는 경우에는 교감 1인을 둘 수 있다. 이 경우 교감은 수업을 담당하여야 한다(초중등교육법시행령 제36조의2 제2항).

나. 교직원의 배치기준

(1) 행정직원

학교에는 교원 외에 학교운영에 필요한 행정직원 등 직원을 둔다(초중등교육법 제19조 제2항).

(2) 전문상담교사

학교에 전문상담교사를 두거나 시 · 도교육행정기관에 교육공무원법 규정에 의한 전문상담순회교사를 둔다(초중등교육법 제19조의2 제1항, 이러한 순회교사는 교육공무원법 제22조의2가 규정하고 있는 것으로 교육감은 교원배치의 적정과 교육과정의 원활한 운영을 위하여 2 이상의 인근학교를 순회하면서 학생의 교육을 담당하게 하는 것이 특히 필요하다고 인정하는 경우에는 시·도 교육행정기관에 교사를 둘 수 있는데 이와 같이 시·도 교육행정기관에 배치되는 순회교사는 소속기관의 장이 지정하는 학교에서 교육을 담당하여야 하고, 그 학교의 장의 지도·감독을 받는다).

(3) 산학겸임교사 등

학교에는 교육과정운영상 필요한 경우에 교원 외에 산학겸임교사·명예교사 또는 강사 등을 두어 학생의 교육을 담당하게 할 수 있다(초중등교육법 제22조). 이러한 교사 등의 임명에도 「사립학교법」 제54조의3 제4항 및 제5항의 임명제한 규정이 적용된다.

산학겸임교사 등의 종류는 산학겸임교사, 명예교사, 영어회화 전문강사, 강사로 한다. 이러한 산학겸임교사 등의 자격기준은 초중등교육법시행령 별표 2에 정한 바와 같다(초중등교육법시행령 제42조 제1항).

국·공립학교의 경우에는 학교의 장이 임명하는데 사립학교의 경우에는 학교법인 또는 사립학교 경영자가 각각 임용한다. 다만, 사립학교의 경우에는 학교법인의 정관 등이 정하는 바에 따라 그 임용권한을 학교의 장에게 위임할 수 있다. 산학겸임교사 등을 임용하고자 하는 때에는 학교운영위원회의 심의를 거쳐야 한다. 다만, 학교운영위원회가 구성되지 아니한 학교의 경우에는 그러하지 아니하다.

산학겸임교사 등에 대하여는 예산의 범위 안에서 수당 등을 지급할 수 있다. 영어회화 전문강사를 기간을 정하여 임용할 때 그 기간은 1년 이내로 하되, 필요한 경우 계속 근무한 기간이 4년을 초과하지 아니하는 범위에서 그 기간을 연장할 수 있다.

특성화중학교, 특성화고등학교, 자율형 공립사립고등학교, 자율학교의 장은 해당 학교 교사 정원의 3분의 1 범위에 해당하는 수의 교사를 산학겸임교사 등으로 대체할 수 있다(초중등교육법시행령 제42조).

3. 대 학

가. 대학교원

(1) 대학 교직원의 구분

대학교에는 학교의 장으로서 총장 또는 학장을 둔다. 학교에 두는 교원은 총장 및 학장 외에 교수·부교수·조교수 및 강사로 구분한다. 학교에는 학교 운영에 필요한 행정직원 등 직원과 조교를 둔다.

각종 학교에는 위의 교직원에 준하여 필요한 교원, 직원 및 조교를 둔다(고등교육법 제14조).

(2) 강 사

대학 강사의 열악한 처우가 사회적으로 문제가 되었고, 강사의 지위 안정과 처우 개선을 위해 강사에 관한 법령이 대대적으로 개정되었다.

㈎ 강사의 임용 및 재임용

강사는 일정한 임용기준과 절차, 일정한 내용이 포함된 근무조건을 정하여 서면계약으로 임용하며, 임용기간은 1년 이상으로 하여야 한다(고등교육법 제14조의2 제1항). 강사를 임용함에 있어서 고등교육법 제16조 및 「대학교원 자격기준 등에 관한 규정」 제2조에 따른 강사의 자격기준을 충족하는 사람을 대상으로 객관적이고 공정한 심사를 거쳐 공개 임용하여야 한다. 이러한 심사를 위해 심사위원회를 구성하여야 하는데 심사위원회의 위원 임명·위촉 방법, 심사 방법, 그 밖에 심사에 필요한 사항은 학칙 또는 학교법인의 정관으로 정한다. 교원인사위원회의 심의·의결을 거쳐야 하는데 심의·의결 과정에서 심사위원회의 심사 결과에 대한 검증을 해야 하며, 서면으로 심의·의결할 수 있다(고등교육법시행령 제4조의8 제1항). 그리고 임용 시 임용기간, 임금(고등교육법 제14조의2 제4항에 따라 방학기간 중 지급하는 임금을 포함한다), 면직사유, 재임용 절차, 강의시간 및 복무 등 그 밖의 근무조건에 관한 사항 등의 근무조건을 정하여 계약을 체결하여야 한다(고등교육법시행령 제4조의8 제2항).

강사의 임용기간은 1년 이상이어야 하는데, 다만 원격대학(사이버대학은 제외한다)의 강사로서 교육과정 또는 수업의 효율적 운영을 위하여 필요한 경우, 학기 중에 발생한 교원의 6개월 미만의 병가·출산휴가·휴직·파견·징계·

연구년(6개월 이하) 또는 교원의 직위해제 · 퇴직 · 면직으로 학기 잔여기간에 대하여 긴급하게 대체할 강사가 필요한 경우에는 1년 미만으로 정할 수 있다(고등교육법 제14조의2 제1항).

㈏ 강사에 대한 처우

강사는 「교육공무원법」, 「사립학교법」 및 「사립학교교직원 연금법」을 적용할 때에는 교원으로 보지 아니한다. 다만 사립학교 강사의 임용 · 신분보장 등에 관하여는 「사립학교법」 제23조 제2항 · 제3항(임원의 겸직금지), 제53조의2 제1항(임용권자) · 제2항(임용권의 위임) · 제9항(재임용 거부에 대한 불복), 제53조의4 제1항(교원인사위원회), 제54조(관할청에 대한 임용보고 및 관할청의 해임 등의 요구), 제54조의3 제6항 본문(임명제한), 제56조(의사에 반한 휴직 · 면직) 및 제60조(불체포특권)[1)]와 「국가공무원법」 제33조 및 제69조를 각 준용한다(고등교육법 제14조의2 제2항).

이외에 강사의 임용 · 재임용 절차(신규임용을 포함하여 3년까지 재임용 절차를 보장하고 그 이후는 신규임용 또는 재임용 등의 절차를 진행한다) 및 그 밖에 임용기간 만료사실의 사전통지에 관한 사항과 재임용 조건에 관한 사항을 포함하는(고등교육법시행령 제4조의8 제3항) 필요한 사항은 학칙 또는 학교법인의 정관으로 정한다(고등교육법 제14조의2 제3항).

강사에게는 방학기간 중에도 임금을 지급한다. 이 경우 임금수준 등 구체적인 사항은 임용계약으로 정한다(고등교육법 제14조의2 제4항).

강사에게는 「교원의 지위 향상 및 교육활동 보호를 위한 특별법」을 적용한다(고등교육법 제14조의2 제5항).

이들 강사의 처우를 개선하기 위한 개정안의 내용은 바람직한 것이다. 하지만 어떤 정책이든 그 시행으로 당연히 발생하게 될 부작용을 예측하여 그에 대한 대응책까지 함께 마련되어야 그 효과를 볼 수 있다. 위의 개정안은 임용되었거나 임용될 강사의 처우를 개선하는 것일 뿐 대부분의 강사 희망자들의 임용의 기회 자체를 박탈하는 문제점을 드러내고 있다. 학령인구의 감소, 등록금 인상의 제한으로 비용을 최대한 줄이고자 하는 대학들은 위의 개정안에 대한 대응으로 강사의 수, 강의시간을 줄이고, 비전임교원을 늘림으로써 대부

1) 이상의 경우 「사립학교법」 제54조의3 제6항 본문 중 "파면 · 해임"은 "면직"으로 보며, 같은 법 제56조 제1항 본문 중 "징계처분"은 "임용계약에서 정한 사유"로 본다.

분의 강사 희망자들은 오히려 더 열악한 지위에 놓이게 되었다. 이러한 문제점들은 이미 예상되어 있었던 것임에도 이에 대한 대책은 마련되지 않았다. 정부는 재정지원을 통하여 불만을 해소하고자 하나 재정집행은 순간순간의 갈증을 해소시키는 물을 공급하는 데 사용되는 것보다는 예측과 계획에 따라 지속적으로 물을 공급할 수 있는 우물을 파는 데 사용되어야 한다.

(3) 겸임교원 등

학교에는 위의 교원 외에 겸임교원 · 명예교수 및 시간강사 등을 두어 교육 또는 연구를 담당하게 할 수 있다(고등교육법 제17조). 학교의 장은 겸임교원 · 명예교수 · 시간강사 · 초빙교원 등을 각각 임용 또는 위촉할 수 있는데 해당 교원의 자격은 다음과 같다(고등교육법시행령 제7조).

① 명예교수: 교육 또는 학술상의 업적이 현저한 자로서 교육부령이 정하는 자

② 겸임교원: 고등교육법 제16조 및 「대학교원 자격기준 등에 관한 규정」 제2조에 따른 조교수 이상의 자격기준을 갖춘 사람으로서 관련 분야에 전문지식이 있고, 담당하게 될 교수 및 연구 내용이 원소속기관에서 담당하는 직무 내용과 유사하며, 원소속기관에서 상시적으로 근무하고 있는 사람[「기간제 및 단시간근로자 보호 등에 관한 법률」 제2조 제1호 및 제2호에 따른 기간제근로자 및 단시간근로자는 제외한다)으로서 근무경력(원소속기관에 소속되기 전에 유사한 분야에서 근무한 경력을 포함한다)이 3년 이상인 사람[다만, 전일(全日) 근무 형태의 겸임교원을 임용하는 경우에는 원소속기관에서 휴직 중인 사람을 포함한다.]으로서 순수 학술 이론 과목이 아닌 실무 · 실험 · 실기 등 산업체 등의 현장실무 경험을 필요로 하는 교과를 교수하게 하기 위한 사람

③ 초빙교원 등: 고등교육법 제16조 및 「대학교원 자격기준 등에 관한 규정」 제2조에 따른 조교수 이상의 자격기준을 갖춘 사람 또는 이에 준하는 해당 분야 경력을 보유한 특수한 교과를 교수하게 하기 위한 사람으로서, 매월 정액으로 보수를 지급받고, 「국민건강보험법」에 따라 학교의 직장가입자가 되며, 임용계약서 또는 고용조건에 퇴직금의 지급이 명시되어야 한다.

이들 교원에게는 위의 강사의 근무조건(고등교육법 제14조의2 제1항), 임용 및 신분보장(고등교육법 제14조의2 제2항)이 준용된다. 다만 교원소청심사에 관

한 규정은 적용되지 않는다(고등교육법 제17조 제2항).

나. 대학의 교원의 확보

대학의 교원의 확보에 대하여는 대학설립 · 운영규정이, 기술대학은 기술대학설립 · 운영규정이, 사이버대학은 사이버대학설립 · 운영규정이 각 규정하고 있다.

제2절 | 교원의 자격 · 임용 · 복무

1. 교원의 자격

사립학교의 교원의 자격에 관하여는 국 · 공립학교의 교원의 자격에 관한 규정에 의한다(사립학교법 제52조).

가. 유 치 원

(1) 유치원교사의 자격

유치원의 교사는 정교사(1급 · 2급)와 준교사로 나뉘는데 교육부장관이 검정 · 수여하는 자격증을 받은 자이어야 한다(교육공무원법 제6조, 유아교육법 제22조 제2항). 교원자격의 검정 및 수여에 대해서는 교원자격검정령이 규정하고 있다.

[별표 2]

〈 교사자격기준(유아교육법 제22조 제2항 관련) 〉

자격 급별	자 격 기 준
정교사 (1급)	1. 유치원 정교사(2급)자격증을 가진 자로서 3년 이상의 교육경력을 가지고 소정의 재교육을 받은 자 2. 유치원 정교사(2급)자격증을 가지고 교육대학원 또는 교육부장관이 지정하는 대학원의 교육과에서 유치원 교육과정을 전공하여 석사학위를 받은 자로서 1년 이상의 교육경력이 있는 자

정교사 (2급)	1. 대학에 설치하는 유아교육과 졸업자 2. 대학(전문대학 및 이와 동등 이상의 각종 학교와 「평생교육법」 제31조 제4항에 따른 전문대학학력인정 평생교육시설을 포함한다) 졸업자로서 재학중 소정의 보육과 교직학점을 취득한 자 3. 교육대학원 또는 교육부장관이 지정하는 대학원의 교육과에서 유치원 교육과정을 전공하고 석사학위를 받은 자 4. 유치원 준교사자격증을 가진 자로서 2년 이상의 교육경력을 가지고 소정의 재교육을 받은 자
준교사	1. 유치원 준교사 자격검정에 합격한 자
* 비 고 1. 원장 · 원감, 초 · 중등교육법의 규정에 의한 교장 · 교감, 교육장 · 장학관 · 장학사 · 교육연구관 · 교육연구사의 경력연수는 교육경력연수로 볼 수 있다. 2. 이 표 중 전문대학에는 종전의 초급대학 · 전문학교 및 실업고등전문학교를 포함한다.	

(2) 유치원 원장 · 원감의 자격

원장 및 원감은 아래의 별표 1의 자격기준에 해당하는 자로서 교원자격검정령이 정하는 바에 따라 교육부장관이 검정 · 수여하는 자격증을 받은 자이어야 한다(교육공무원법 제7조, 유아교육법 제22조 제1항).

[별표 1]

〈 원장 · 원감자격기준(유아교육법 제22조 제1항 관련) 〉

자격 종별	자 격 기 준
원 장	1. 유치원의 원감자격증을 가지고 3년 이상의 교육경력과 소정의 재교육을 받은 자 2. 학식 · 덕망이 높은 자로서 대통령령이 정하는 기준에 해당한다고 교육부장관의 인정을 받은 자
원 감	1. 유치원 정교사(1급)자격증을 가지고 3년 이상의 교육경력과 소정의 재교육을 받은 자 2. 유치원 정교사(2급)자격증을 가지고 6년 이상의 교육경력과 소정의 재교육을 받은 자
* 비 고 1. 원장 · 원감, 초 · 중등교육법의 규정에 의한 교장 · 교감, 교육장 · 장학관 · 장학사 · 교육연구관 · 교육연구사의 경력연수는 교육경력연수로 볼 수 있다.	

나. 초 · 중등 및 특수학교

(1) 초 · 중등학교 및 특수학교의 교사 및 수석교사

교사는 「초 · 중등교육법」 제21조 제2항에 따른 자격이 있는 사람이어야 하는데(교육공무원법 제6조) 초중등교육법」 제21조 제2항은 교사는 정교사(1급 · 2급) · 준교사 · 전문상담교사(1급 · 2급) · 사서교사(1급 · 2급) · 실기교사 · 보건교사(1급 · 2급) 및 영양교사(1급 · 2급)로 나누되, 아래의 별표 2의 자격기준에 해당하는 사람으로서 대통령령(교원자격검정령)이 정하는 바에 의하여 교육부장관이 검정 · 수여하는 자격증을 받은 자이어야 한다.

수석교사는 교사의 자격증을 소지한 사람으로서 15년 이상의 교육경력(「교육공무원법」 제2조 제1항 제2호 및 제3호에 따른 교육전문직원으로 근무한 경력을 포함한다)을 가지고 교수 · 연구에 우수한 자질과 능력을 가진 사람 중에서 대통령령으로 정하는 바에 따라 교육부장관이 정하는 연수 이수 결과를 바탕으로 검정 · 수여하는 자격증을 받은 사람이어야 한다(초중등교육법 제21조 제3항).

[별표 2]

〈 교사자격기준(초중등교육법 제21조 제2항 관련) 〉

자격 / 학교별	정 교 사 (1 급)
중등학교	1. 중등학교의 정교사(2급)자격증을 가지고 교육대학원 또는 교육인적자원부장관이 지정하는 대학원 교육과에서 석사학위를 받은 자로서 1년 이상의 교육경력이 있는 사람 2. 중등학교 정교사자격증을 가지지 아니하고 교육대학원 또는 교육부장관이 지정하는 대학원 교육과에서 석사학위를 받은 후 교육부장관으로부터 중등학교 정교사(2급)자격증을 수여받은 자로서 3년 이상의 교육경력이 있는 사람 3. 중등학교의 정교사(2급)자격증을 가진 자로서 3년 이상의 교육경력을 가지고 소정의 재교육을 받은 사람 4. 교육대학 · 전문대학의 교수 · 부교수로서 3년 이상의 교육경력이 있는 사람
초등학교	1. 초등학교 정교사(2급)자격증을 가진 자로서 3년 이상의 교육경력을 가지고 소정의 재교육을 받은 사람 2. 초등학교 정교사(2급)자격증을 가진 자로서 교육경력이 3년 이상이고, 방송통신대학초등교육과를 졸업한 사람 3. 초등학교 정교사(2급)자격증을 가지고 교육대학원 또는 교육부장관이 지

자격 / 학교별	정 교 사 (2급)
	정하는 대학원의 교육과에서 초등교육과정을 전공하여 석사학위를 받은 자로서 1년 이상의 교육경력이 있는 사람
특수학교	1. 특수학교 정교사(2급)자격증을 가지고 3년 이상의 교육경력이 있는 자로서 소정의 재교육을 받은 사람 2. 특수학교 정교사(2급)자격증을 가지고 1년 이상의 교육경력이 있는 자로서 교육대학원 또는 교육부장관이 지정하는 대학원에서 특수교육을 전공하고 석사학위를 받은 사람 3. 유치원 · 초등학교 또는 중등학교 정교사(1급)자격증을 가지고 필요한 보수교육을 받은 사람 4. 유치원 · 초등학교 또는 중등학교 정교사(2급)자격증을 가지고 1년 이상의 교육경력이 있는 자로서 교육대학원 또는 교육부장관이 지정하는 대학원에서 특수교육을 전공하고 석사학위를 받은 사람
자격 / 학교별	정 교 사 (2급)
중등학교	1. 사범대학 졸업자 2. 교육대학원 또는 교육부장관이 지정하는 대학원 교육과에서 석사학위를 받은 사람 3. 임시 교원양성기관을 수료한 사람 4. 대학에 설치하는 교육과를 졸업한 사람 5. 대학 · 산업대학 졸업한 사람으로서 재학중 일정한 교직과 학점을 취득한 사람 6. 중등학교 준교사자격증을 가진 사람으로서 2년 이상의 교육경력을 가지고 소정의 재교육을 받은 사람 7. 초등학교의 준교사 이상의 자격증을 가지고 대학을 졸업한 사람 8. 교육대학 · 전문대학의 조교수 · 전임강사로서 2년 이상의 교육경력이 있는 사람 9. 제22조에 따른 산학겸임교사 등(명예교사는 제외한다)의 자격기준을 갖춘 사람으로서 임용권자의 추천과 교육감의 전형을 거쳐 교육감이 지정하는 대학 또는 교원연수기관에서 대통령령으로 정하는 교직과목과 학점을 이수한 사람. 이 경우 임용권자의 추천 대상자 선정기준과 교육감의 전형기준에 관하여는 대통령령으로 정한다.
초등학교	1. 교육대학 졸업자 2. 사범대학 졸업자로서 초등교육과정을 전공한 사람 3. 교육대학원 또는 교육부장관이 지정하는 대학원의 교육과에서 초등교육과정을 전공하고 석사학위를 받은 사람 4. 초등학교 준교사자격증을 가진 자로서 2년 이상의 교육경력을 가지고 소정의 재교육을 받은 사람 5. 중등학교 교사자격증을 가진 사람으로서 필요한 보수교육을 받은 사람

	6. 전문대학 졸업자 또는 이와 동등 이상의 학력이 있다고 인정되는 사람을 입소 자격으로 하는 임시 교원양성기관을 수료한 사람 7. 초등학교 준교사자격증 가진 사람으로서 교육경력이 2년 이상이고 방송통신대학 초등교육과를 졸업한 사람
특수학교	1. 교육대학 및 사범대학의 특수교육과를 졸업한 사람 2. 대학 · 산업대학의 특수교육 관련학과를 졸업한 사람으로서 재학 중 일정한 교직과정을 마친 사람 3. 대학 · 산업대학의 특수교육 관련학과 졸업한 사람으로서 교육대학원 또는 교육부장관이 지정하는 대학원에서 특수교육을 전공하고 석사학위를 받은 사람 4. 유치원 · 초등학교 또는 중등학교 정교사(2급)자격증을 가지고 필요한 보수교육을 받은 사람 5. 유치원 · 초등학교 또는 중등학교 정교사(2급)자격증을 가지고 교육대학원 또는 교육부장관이 지정하는 대학원에서 특수교육을 전공하고 석사학위를 받은 사람 6. 특수학교 준교사자격증을 가지고 2년 이상의 교육경력이 있는 자로서 소정의 재교육을 받은 사람 7. 유치원 · 초등학교 · 중등학교 또는 특수학교 준교사자격증을 가지고 2년 이상의 교육경력이 있는 사람으로서 교육대학원 또는 교육부장관이 지정하는 대학원에서 특수교육을 전공하고 석사학위를 받은 사람

자격 학교별	준 교 사	전문상담교사(1급)	전문상담교사(2급)
중등학교	1. 교육부장관이 지정하는 대학(전문대학을 제외한다)의 공업 · 수산 · 해양 및 농공계 학과를 졸업한 사람 2. 중등학교 준교사자격검정에 합격한 사람 3. 중등학교 실기교사로서 5년 이상의 교육경력을 가진 자로서 대학 · 산업대학 · 기술대학(학사학위과정만 해당된다) 또는 대학원에서 관련분야의 학위를 취득한 사람	1. 2급 이상의 교사자격증(「유아교육법」에 따른 2급 이상의 교사자격증을 포함한다)을 가진 사람으로서 3년 이상의 교육경력이 있는 사람이 교육부장관이 지정하는 교육대학원 또는 대학원에서 소정의 전문상담교사양성과정을 이수한 사람 2. 전문상담교사(2급) 자격증을 가진 사람으로서 3년 이	1. 대학 · 산업대학의 상담 · 심리관련학과 졸업자로서 재학 중 소정의 교직학점을 취득한 사람 2. 교육대학원 또는 교육부장관이 지정하는 대학원의 상담 · 심리교육과에서 전문상담 교육과정을 이수하고 석사학위를 받은 사람 3. 2급 이상의 교사자격증(「유아교육법」에 따른 2급 이상의 교사자격증을 포함한다)을 가진 자로
초등학교	1. 초등학교 준교사자격검정에 합격한 사람		

	2. 고등학교 졸업자 또는 이와 동등 이상의 학력이 있다고 인정되는 사람을 입소자격으로 하는 임시 교원양성기관을 수료한 사람 3. 방송통신대학 초등교육과 졸업한 사람	상의 전문상담교사 경력을 가지고 자격연수를 받은 사람	서 교육부장관이 지정하는 교육대학원 또는 대학원에서 소정의 전문상담교사 양성과정을 마친 사람
특수학교	1. 특수학교 준교사자격검정에 합격한 사람 2. 특수학교 실기교사로서 5년 이상의 교육경력을 가지고 소정의 재교육을 받은 사람		

자격 / 학교별	사서교사 (1급)	사서교사 (2급)	실기교사	보건교사 (1급)	보건교사 (2급)	영양교사 (1급)	영양교사 (2급)
중등학교 초등학교 특수학교	1. 사서교사(2급)자격증을 가진 사람으로서 3년 이상의 사서교사 경력을 가지고 자격연수를 받은 사람 2. 사서교사(2급)자격증을 가지고 교육대학원 또는 교육부장관이 지정하는 대학원의	1. 대학·산업대학을 졸업한 사람으로서 재학중 문헌정보학 또는 도서관학을 전공하고 소정의 교직과정을 이수한 사람 2. 준교사 이상의 자격증을 가진 사람으로서 소정의 사서교사 양성 강습을 받은 사람 3. 교육대학원 또는 교육부장관이	1. 전문대학(전문대학에 준하는 각종학교를 포함한다. 이하 이 란에서 같다)졸업자로서 재학중 대통령령으로 정하는 실과계의 기능을 이수한 자, 또는 고등기술학교의 전공과를 졸업한 사람 또는 「평생교육법」 제31조 제4항에 따른 전문대학학력인정 평생교육시설의 교사자격 관련과를 졸업한 사람 2. 대학(대학에 준하는 각종학교를	보건교사(2급) 자격증을 가진 자로서 3년 이상의 보건교사 경력을 가지고 자격연수를 받은 사람	1. 대학·산업대학의 간호학과 졸업한 사람으로서 재학중 소정의 교직학점을 취득하고 간호사면허증을 가진 사람 2. 전문대학의 간호과 졸업자로서 재학중 소	영양교사(2급)자격증을 가진 사람으로서 3년 이상의 영양교사의 경력을 가지고 자격연수를 받은 사람	1. 대학·산업대학의 식품학 또는 영양학 관련학과 졸업자로서 재학중 소정의 교직학점을 취득하고 영양사면허증을 가진 사람 2. 영양사면허증을 가지고 교육대학원 또는 교육부장관이 지정하는 대

	교육과에서 사서교육과정을 전공하고 석사학위를 받은 자로서 1년 이상의 사서교사 경력이 있는 사람	지정하는 대학원의 교육과에서 사서교육과정을 전공하고 석사학위를 받은 사람 4. 사범대학을 졸업한 사람으로서 재학중 문헌정보학 또는 도서관학을 전공한 사람	포함한다) · 전문대학을 졸업한 사람으로서 재학중 예능, 체육 기타 대통령령으로 정하는 기능을 이수한 사람 3. 실업계 고등학교 또는 3년제 고등기술학교의 졸업자로서 실기교사의 자격검정에 합격한 사람 4. 실업과, 예능과 또는 보건과에 관한 지식과 기능을 가진 자로서 실기교사의 자격검정에 합격한 사람		정의 교직학점을 취득하고 간호사면허증을 가진 사람		학원의교육과에서 영양교육과정을 이수하고 석사학위를 받은 사람

* 비 고
1. 이 표 중 초등학교는 공민학교 또는 이와 동등 정도의 각종 학교를, 중등학교는 중학교 · 고등학교 · 고등공민학교 · 고등기술학교 또는 이들과 동등 정도의 각종 학교를 포함한다.
2. 교장 · 교감 · 교육장 · 장학관 · 장학사 · 교육연구관 · 교육연구사 및 유아교육법의 규정에 의한 원장 · 원감의 경력연수는 교육경력연수로 볼 수 있다.
3. 이 표 중 전문대학에는 종전의 초급대학 · 전문학교 및 실업고등전문학교가 포함된다.
4. 실기교사란 중 실업계 실기교사는 국가기술자격종목이 있는 과목은 해당 종목의 기능사 2급 이상 자격을 가지고 있어야 한다. 다만, 제5호에 해당되는 사람은 이를 적용하지 아니한다.

(2) 산학겸임교사 등

학교에 두는 산학겸임교사 등의 자격기준에 관하여 필요한 사항은 초중등교육법시행령으로 정한다(초중등교육법 제22조 제2항). 초중등교육법시행령 제42조 제1항 별표는 아래와 같이 산학겸임교사 등의 자격기준을 정하고 있다.

[별표 2]

〈 산학겸임교사 등의 자격기준(초중등교육법시행령 제42조 제1항 관련) 〉

산학겸임교사	명예교사	영어회화 전문강사	다문화언어 강사	강 사
1. 전문대학 졸업자 또는 이와 동등 이상의 학력이 있는 자로서 산업체·공공기관·비영리기관 및 사회단체(특성화중학교 및 특성화고등학교 및 대안학교의 경우에는 종교단체를 포함한다)에서 담당과목과 관련되는 분야의 직무에 3년 이상 근무한 자 2. 국가기술자격법에 의한 기술·기능분야의 산업기사 이상, 서비스분야 중 사업서비스의 전문사무분야 자격증소지자 또는 기타 서비스분야의 산업기사 이상의 자격증 소지자(자격기본법에 의한 민간자격 소지자로서 임용권자가 이와 동등한 능력이 있다고 인정하는 자를 포함한다)로서 산업체에서 담당과목과 관련되는 분야의 직무에 3년 이상 근무한 자 3. 임용권자가 인정하는 국제대회 및 국내대회(문화예술·체육·기능 분야) 입상자로서 담당과목과 관련되는 분야의 직무에 3년 이상 근무한 자 4. 중요무형문화재의 보유자·전수교육 조교, 명장 등으로서 담당과목과 관련되는 분야의 전문성이 인	학교운영위원회에서 정하는 자격기준에 해당하는 자. 다만, 학교운영위원회가 설치되지 아니한 학교의 경우에는 학칙 또는 학교법인의 정관 등이 정하는 자격기준에 해당하는 자	1. 초등학교 2급 정교사 이상 자격증 소지자 2. 표시과목이 영어인 중등학교 2급 정교사 이상 자격증 소지자 3. 학사학위 소지자 또는 이와 같은 수준 이상의 학력이 있는 자 중 영어능력을 고려하여 교육감이 따로 정하는 자격기준에 해당하는 자	1. 표시과목이 영어 외의 외국어인 중등학교 2급 정교사 이상 자격증을 가진 사람 2. 학사학위 소지자 또는 이와 같은 수준 이상의 학력이 있는 사람 중 영어 외의 외국어능력에 관하여 교육감이 정하는 기준에 해당하는 사람. 다만, 교육감이 관할 구역 안의 인력 수급 여건상 부득이하다고 인정하는 경우에는 고등학교 졸업자 또는 이와 같은 수준 이상의 학력이 인정되는 사람 중 영어 외	1. 대학(유치원의 경우에는 전문대학을 포함한다)졸업자 또는 이와 동등 이상의 학력이 있는 자로서 담당과목과 동일 또는 유사한 과목을 전공한 자 2. 전문대학 졸업자 또는 이와 동등 이상의 학력이 있는 자로서 담당과목과 관련되는 분야에 2년 이상 실무경력이 있는 자 3. 고등학교 졸업자 또는 이와 동등 이상의 학력이 있는 자로서 담당과목과 관련되는 분야에 4년 이상 실무경력이 있는 자 4. 제1호 내지 제3호 외의 자로서 교육감이 따로 정하는 자격기준에 해당하는 자

정되는 자 5. 제1호 내지 제4호와 유사한 자격이 있는 자로서 교육감이 따로 정하는 자격기준에 해당하는 자			의 외국어능력에 관하여 교육감이 정하는 기준에 해당하는 사람으로 할 수 있다.	

(3) 교장 · 교감 등의 자격

교장 · 교감은 「초 · 중등교육법」 제21조 제1항에 따른 자격이 있는 사람이어야 한다(교육공무원법 제7조). 초중등교육법 제21조 제1항은 교장 및 교감은 별표 1의 자격기준에 해당하는 자로서 대통령령이 정하는 바에 의하여 교육부장관이 검정 · 수여하는 자격증을 받은 자이어야 한다고 한다.

[별표 1]

〈 교장 · 교감자격기준(초중등교육법 제21조 제1항 관련) 〉

자격 / 학교별	교 장
중 등 학 교	1. 중등학교의 교감자격증을 가지고 3년 이상의 교육경력과 일정한 재교육을 받은 사람 2. 학식 · 덕망이 높은 사람으로서 대통령령으로 정하는 기준에 해당한다는 인정을 교육부장관으로부터 받은 사람 3. 교육대학 · 전문대학의 학장으로 근무한 경력이 있는 사람 4. 특수학교의 교장 자격증을 가진 사람 5. 공모 교장으로 선발된 후 교장의 직무수행에 필요한 교양과목, 교직과목 등 교육부령으로 정하는 연수과정을 이수한 사람
초 등 학 교	1. 초등학교의 교감 자격증을 가지고 3년 이상의 교육경력과 일정한 재교육을 받은 사람 2. 학식 · 덕망이 높은 사람으로서 대통령령으로 정하는 기준에 해당한다는 인정을 교육부장관으로부터 받은 사람 3. 특수학교의 교장 자격증을 가진 사람 4. 공모 교장으로 선발된 후 교장의 직무수행에 필요한 교양과목, 교직과목 등 교육부령으로 정하는 연수과정을 이수한 사람
고 등 기 술 학 교	1. 중등학교의 교장자격증을 가진 사람 2. 실기교사자격증을 가지고 9년 이상의 교육경력과 일정한 재교육을 받은 사람

특 수 학 교	1. 특수학교의 교감 자격증을 가지고 3년 이상의 교육경력이 있는 사람으로서 일정한 재교육을 받은 사람 2. 초등학교 또는 중등학교의 교장 자격증을 가지고 필요한 보수(補修)교육을 받은 사람. 이 경우 특수학교 교원 자격증을 가졌거나 특수학교(특수학급을 포함한다)에서 교원으로 근무한 경력이 있으면 보수교육을 면제한다. 3. 학식 · 덕망이 높은 사람으로서 대통령령으로 정하는 기준에 해당한다는 인정을 교육부장관으로부터 받은 사람 4. 공모 교장으로 선발된 후 교장의 직무수행에 필요한 교양과목, 교직과목 등 교육부령으로 정하는 연수과정을 이수한 사람
자격 학교별	교 감
중 등 학 교	1. 중등학교 정교사(1급) 자격증 또는 보건교사(1급) 자격증을 가지고 3년 이상의 교육경력과 일정한 재교육을 받은 사람 2. 중등학교 정교사(2급) 자격증 또는 보건교사(2급) 자격증을 가지고 6년 이상의 교육경력과 일정한 재교육을 받은 사람 3. 교육대학의 교수 · 부교수로서 6년 이상의 교육경력이 있는 사람 4. 특수학교의 교감 자격증을 가진 사람
초 등 학 교	1. 초등학교 정교사(1급) 자격증 또는 보건교사(1급) 자격증을 가지고 3년 이상의 교육경력과 일정한 재교육을 받은 사람 2. 초등학교 정교사(2급) 자격증 또는 보건교사(2급) 자격증을 가지고 6년 이상의 교육경력과 일정한 재교육을 받은 사람 3. 특수학교의 교감 자격증을 가진 사람
고 등 기 술 학 교	1. 중등학교 교감 자격증을 가진 사람 2. 실기교사 자격증을 가지고 6년 이상의 교육경력과 일정한 재교육을 받은 사람
특 수 학 교	1. 특수학교 정교사(1급) 자격증 또는 보건교사(1급) 자격증을 가지고 3년 이상의 교육경력 이 있는 사람으로서 일정한 재교육을 받은 사람 2. 특수학교 정교사(2급) 자격증 또는 보건교사(2급) 자격증을 가지고 6년 이상의 교육경력이 있는 사람으로서 일정한 재교육을 받은 사람 3. 초등학교 또는 중등학교의 교감 자격증을 가지고 필요한 보수교육을 받은 사람. 이 경우 특수학교 교원 자격증을 가졌거나 특수학교(특수학급을 포함한다)에서 교원으로 근무한 경력이 있으면 보수교육을 면제한다.

* 비 고

1. 이 표 중 초등학교는 공민학교 및 이와 동등 정도의 각종 학교를, 중등학교는 중학교 · 고등학교 · 고등공민학교 및 이들과 동등 정도의 각종 학교를 포함한다.
2. 교장 · 교감 · 교육장 · 장학관 · 장학사 · 교육연구관 · 교육연구사 및 유아교육법의 규정에 의한 원장 · 원감의 경력연수는 교육경력연수로 볼 수 있다.
3. 이 표 중 전문대학의 학장에는 종전의 전문학교 · 실업고등전문학교의 교장과 교감이 포함된다.

유아교육법과 초 · 중등교육법은 원장과 교장의 자격에 대하여 규정하고 있는데 각 별표 1의 교장란 제2호에는 "학식 · 덕망이 높은 사람으로서 대통령령으로 정하는 기준에 해당한다는 인정을 교육부장관으로부터 받은 사람"을 규정하고 있다. 이러한 사람의 인정기준에 대하여 교원자격검정령이 아래와 같이 규정하고 있다.

[별표]

〈 교장 및 원장 자격인정기준 (교원자격검정령 제23조 제1항 관련)〉

구 분	자 격 인 정 기 준
초 · 중등 학교 교장	1. 대학졸업자 또는 이와 동등 이상의 학력이 있는 자로서 다음 각호의 1에 해당하는 자 가. 5급 이상의 국가공무원이나 지방공무원으로서 5년 이상의 교육경력 또는 교육행정경력이 있는 자 나. 장학관이나 교육연구관으로서 5년 이상의 교육경력 또는 교육행정경력이 있는 자 다. 9년 이상의 초등학교 이상 교육경력 또는 교육행정경력이 있는 자 2. 15년 이상의 초등학교 이상 교육경력 또는 교육행정경력이 있는 자
특수학교 교장	1. 대학졸업자 또는 이와 동등 이상의 학력이 있는 자로서 다음 각호의 1에 해당하는 자 가. 5급 이상의 국가공무원이나 지방공무원으로서 5년 이상의 교육경력 또는 교육행정경력이 있는 자 나. 장학관이나 교육연구관으로서 5년 이상의 교육경력 또는 교육행정경력이 있는 자 다. 9년 이상의 특수학교나 초등학교 이상의 교육경력 또는 교육행정경력이 있는 자 2. 15년 이상의 특수학교나 초등학교 이상의 교육경력 또는 교육행정경력이 있는 자
유치원 원장	1. 전문대학 졸업자 또는 이와 동등 이상의 학력이 있는 자로서 다음 각호의 1에 해당하는 자 가. 5급 이상의 국가공무원이나 지방공무원으로서 5년 이상의 교육경력 또는 교육행정경력이 있는 사람 나. 장학관이나 교육연구관으로서 5년 이상의 교육경력 또는 교육행정경력이 있는 사람 다. 9년 이상의 교육경력 또는 교육행정경력이 있는 자 2. 11년 이상의 교육경력 또는 교육행정경력이 있는 자

* 비 고
1. 〈삭제〉
2. 이 표 중 교육경력과 교육행정경력은 서로 대치할 수 있다.
3. 이 표 중 초·중등학교교장의 자격인정기준란 제1호 가목 및 나목의 경력은 해당직위에 임용된 이후의 경력을 말한다.
4. 이 표 중 유치원 원장의 자격인정기준란 제1호 다목 및 같은 란 제2호의 교육경력은 제8조 제1항 제1호 또는 제2호에 따른 경력을 말한다.

다. 대학 교수 등의 자격

(1) 대학 교수 등의 자격

교수, 부교수, 조교수 및 조교는 「고등교육법」 제16조의 규정에 의한 자격이 있는 자이어야 한다(교육공무원법 제8조). 고등교육법 제16조, 동법시행령 제5조에 의한 교수자격기준에 대하여 '대학교원 자격기준 등에 관한 규정' 제2조는 교수·부교수·조교수·강사 또는 조교가 될 수 있는 사람은 아래의 별표의 자격기준에 해당하는 사람이나 교육공무원법 제5조의 규정에 따른 대학인사위원회 또는 사립학교법 제53조의3의 규정에 따른 교원인사위원회의 인정을 받은 사람(교원의 경우에 한한다)이라고 한다.

[별표]

〈교수 및 조교의 자격기준(교수자격기준 등에 관한 규정 제2조 내지 제4조의2 및 제11조 관련)〉

(단위: 년)

학력 / 연구교육	대학졸업자·동등자격자			전문대학졸업자·동등자격자		
경력연수 / 직명	연구실적연수	교육경력연수	계	연구실적연수	교육경력연수	계
교 수	4	6	10	5	8	13
부 교 수	3	4	7	4	6	10
조 교 수	2	2	4	3	4	7
강 사	1	1	2	1	2	3
조 교	근무하려는 학교와 동등 이상의 학교를 졸업한 학력이 있는 자					

* 비고: 연구실적연수와 교육경력연수 중 어느 하나가 기준에 미달하더라도 연구실적연수와 교육경력연수의 합계가 해당 기준을 충족하면 자격기준을 갖춘 것으로 본다.

(2) 동등자격자

㈎ **전문대학졸업자와의 동등자격자**

위 별표에 규정된 전문대학(기술대학, 「고등교육법」 제2조 제5호에 따른 원격대학의 전문학사학위과정과 종전의 2년제 교육대학 · 초급대학 · 전문학교 · 실업고등전문학교를 포함한다. 이하 같다) 졸업자와 동등 자격자의 범위는 다음과 같다(대학교원자격기준 등에 관한 규정 제2조의2 제1항).

① 고등교육법시행령 제71조 제1항 각호의 1에 해당하는 자[종전의 관립사범학교 연습과(2년제) 졸업자, 종전의 교육부 중등교원양성소 2년 수료자, 종전의 전문학교 제3학년 또는 제4학년을 졸업한 자, 종전의 대학 예과 수료자, 1922년 이전의 농림학교 전문과 제3학년 졸업자, 종전의 관립사범학교 본과 3학년 졸업자, 종전의 대학 전문부 졸업자, 종전의 진해고등해원양성소 연습과 수료자, 종전의 간호학교 졸업자, 1965년 이후 종전의 실업고등전문학교 및 전문학교 졸업자, 종전의 초급대학 졸업자].

② 1945년 이후 종전의 규정에 의한 학교졸업자자격인정령 제5조 및 제6조의 규정에 의하여 초급대학졸업자와 동등한 자격자로 인정된 자

③ 전문대학과 동등정도의 학교로서 교육부장관이 지정하는 학교의 졸업자 및 종전에 교육부장관의 지정을 받았던 학교의 졸업자

④ 외국에서 14년 이상의 학교교육과정을 이수한 자로서 전문대학 정도의 전공과정을 2년 이상 전공한 자

㈏ **대학졸업자와의 동등자격자**

위 별표에 규정된 대학(산업대학 · 교육대학 · 기술대학, 원격대학의 학사학위과정을 포함한다. 이하 같다) 졸업자와 동등자격자의 범위는 다음과 같다(대학교원자격기준 등에 관한 규정 제2조의2 제2항).

① 고등교육법시행령 제71조 제3항 및 제4항에 해당하는 자(종전의 대학령에 의한 대학 제3학년 또는 제4학년을 수료한 자, 종전의 교원교육원령에 의하여 교원교육원 사범대학 과정을 수료한 자는 대학졸업자).

② 1945년 이후 종전의 규정에 의한 학교졸업자자격인정령 제5조의 규정에 의한 대학졸업자와 동등한 자격자로 인정된 자

③ 대학과 동등정도의 학교로서 교육부장관이 지정하는 학교의 졸업자 및 종전에 교육부장관의 지정을 받았던 학교의 졸업자

④ 외국에서 16년 이상의 학교교육과정을 이수한 자로서 대학 정도의 전공과정을 3년 이상 전공한 자

(3) 연구실적 및 교육경력의 범위

㈎ **연구실적**

위의 별표에 규정된 연구실적은 다음 중의 하나에 해당하는 실적 또는 경력으로 한다. 이 경우 그 실적 및 경력은 대학 · 전문대학 또는 이와 동등정도의 학교를 졸업한 후의 실적 또는 경력으로 하되, 국내의 학교교육으로는 이수할 수 없었거나 곤란하였던 학과목을 담당할 자로서 연구실적이 별표의 연구실적 연수에 해당하거나, 논문 · 저서 기타 연구업적이 현저하나 학력이 별표의 기준에 해당하지 아니한 자(제11조 제3호에 해당하는 자)의 경우에는 그러하지 아니하다(대학교원자격기준 등에 관한 규정 제3조 제1항).

① 교원이 담당하는 학과목과 관련하여 대학 기타 연구기관에서 연구한 실적,

② 산업체에서 교원이 담당하는 학과목과 관련되는 직무에 근무한 경력

㈏ **교육경력**

별표에 규정된 교육경력은 대학 · 전문대학 또는 이와 동등 정도의 학교의 교육경력으로 한다(교수자격기준 등에 관한 규정 제3조 제2항).

㈐ **연구실적의 환산율**

별표에 규정된 연구실적은 다음의 환산율에 의하여 계산한다(대학교원자격기준 등에 관한 규정 제4조 제1항).

① 대학 · 전문대학 또는 이와 동등정도의 학교의 장(이하 "학교장"이라 한다)이 인정하는 학술연구(실험 · 실습을 포함한다. 이하 같다)를 대학 · 전문대학 또는 이와 동등정도의 학교에서 행한 연구실적은 100퍼센트

② 국가 또는 공공단체가 설치한 연구기관이나 교육부장관이 인정하는 연구기관 또는 시설에서 전임으로 연구에 종사한 실적은 100퍼센트

③ 국가 또는 공공단체의 기관이나 교육부장관이 정하는 기준에 적합한 기관 또는 시설에서 연구를 주로 하거나 전문학식을 필요로 하는 직무에 종사한 실적은 30퍼센트부터 70퍼센트까지. 다만, 그 직무가 순수연구업무와 동일시될 때에는 100퍼센트까지 인정할 수 있다.

④ 교육부장관이 정하는 기준에 적합한 산업체에서 전공학과 및 그에 관련되는 학과의 학문분야에 해당하는 직무에 종사한 경력은 70퍼센트부터 100퍼센트까지

위의 환산율 중 ③ ④와 같이 100%가 인정되지 않는 경우의 환산율의 산출기준은 학교장이 정한다(대학교원자격기준 등에 관한 규정 제4조 제2항).

(4) 자격인정

㈎ **자격인정의 대상**

대학인사위원회나 교원인사위원회의 인정을 받아 교수가 될 수 있는 자(제2조 제2호)는 다음과 같다(대학교원자격기준 등에 관한 규정 제11조).

① 대학 · 전문대학졸업자 또는 이와 동등 이상의 자격을 가진 자로서 그 졸업 또는 자격취득 후 별표의 직명별 연구실적과 교육경력의 합계연도의 2분의 1 이상의 경력을 가진 자

② 대학 · 전문대학졸업자 또는 이와 동등 이상의 자격을 가진 자로서 그 졸업 또는 자격취득 후 별표의 연구실적 연수와 대학 · 전문대학 또는 이와 동등 정도의 학교 이외의 학교에서 별표의 교육경력 연수에 해당하는 연수의 교육경력을 가진 자. 이 경우에 교육학 · 윤리학 등 학교장이 특히 인정하는 학과목의 교육경력 연수는 이를 연구실적 연수로 대체할 수 있다.

③ 국내의 학교교육으로는 이수할 수 없었거나 곤란하였던 학과목을 담당할 자로서 연구실적이 별표의 연구실적 연수에 해당하거나, 논문 · 저서 기타 연구업적이 현저하나 학력이 별표의 기준에 해당하지 아니한 자

④ 국가공무원법의 규정에 의하여 자연과학계의 연구관 또는 5급 이상의 농촌지도직공무원으로 근무하고 있는 자

㈏ **자격인정의 결격사유**

국가공무원법 제33조 각호의 1에 해당하는 자는 교수자격의 인정을 받을 수 없다(대학교원자격기준 등에 관한 규정 제12조).

㈐ **자격인정의 신청**

교수자격의 인정을 받고자 하는 자는 교수자격인정신청서(대학교원자격기준 등에 관한 규정의 별지 서식)에 다음의 서류를 첨부하여 학교장을 거쳐 각 위원회의 위원장(이하 “위원장”이라 한다)에게 신청하여야 한다(대학교원자격기준 등에

관한 규정 제13조).

① 논문 또는 저서 7부

② 연구실적요지서 7부

③ 이력서와 경력증명서(자격인정에 필요한 것에 한함) 각 1부

④ 학력증명서 1부

㈑ **각 위원회의 자격심사 및 결정**

각 위원장은 교수자격의 인정신청을 받은 때에는 교수 또는 학식과 경험이 풍부한 자 중에서 신청인 1인에 대하여 3인 이상의 예비심사위원을 선정하여 논문 기타 자료의 심사를 위촉한다. 선정된 예비심사위원은 지정기일 내에 심사를 완결하고 각기 의견을 첨부하여 그 결과를 위원장에게 보고하여야 한다. 각 위원장은 위의 예비심사보고를 받은 때에는 각 위원회를 소집하여 인정여부를 결정한다(대학교원자격기준 등에 관한 규정 제14조).

각 위원회는 심사상 필요하다고 인정할 때에는 신청인을 각 위원회에 출석하게 하여 보충자료의 제출 또는 실험 등을 명하거나 관계기관에 대하여 그 사실을 조회할 수 있다(대학교원자격기준 등에 관한 규정 제15조).

각 위원회의 의사는 위원장·부위원장을 포함한 재적위원 과반수의 출석과 출석위원 과반수의 찬성으로 의결한다. 다만, 자격인정의 결정에 있어서는 출석위원 3분의 2 이상의 찬성으로 행한다(대학교원자격기준 등에 관한 규정 제16조).

신청인과 민법 제777조의 친족관계에 있는 자는 그 신청인에 대한 예비심사 또는 각 위원회의 심의에 관여하지 못한다(대학교원자격기준 등에 관한 규정 제17조). 이와 같이 제척된 위원은 의결정족수에 있어서 이를 재직위원수에 산입하지 아니한다(대학교원자격기준 등에 관한 규정 제17조).

㈒ **신청직 이하의 자격인정**

각 위원회는 신청인의 동의가 있을 때에는 신청한 직 이하의 자격을 인정할 수 있다(대학교원자격기준 등에 관한 규정 제18조).

㈓ **자격인정의 무효 등**

부정한 방법에 의하여 자격인정을 받거나, 또는 받은 자에 대하여는 그 심사를 중지 또는 무효로 한다. 이러한 중지 또는 무효의 결정을 받은 자는 그 결정일로부터 2년 이내에 자격인정을 신청할 수 없다(대학교원자격기준 등에

관한 규정 제20조).

㈔ **심사결과의 통지**

각 위원회에서 자격인정의 여부가 결정된 때에는 위원장은 학교장을 거쳐 그 결과를 본인에게 통지한다. 자격인정이 결정된 자에게는 교수자격인정서(별지 제2호 서식)를 교부한다(대학교원자격기준 등에 관한 규정 제21조).

2. 사립학교 교원의 임용

가. 학교의 장의 임용

(1) 각급학교의 장의 임용권자

각급학교의 장은 해당 학교를 설치 · 경영하는 학교법인 또는 사립학교경영자가 임용한다(사립학교법 제53조 제1항). 학교의 장의 임용을 위해서는 이사회의 심의와 의결을 거쳐야 한다(사립학교법 제16조 제1항 제5호).

(2) 각급학교의 장의 임명

㈎ **임명의 성질**

학교의 장은 학교법인 또는 사립학교경영자가 임명하는데, 사립학교 교원의 임용계약은 사립학교법 소정의 절차에 따라 이루어지는 것이지만 그 법적 성질은 사법상의 고용계약에 해당한다. 고용계약은 근로자의 근로제공에 대하여 사용자가 보수를 지급하는 계약이다. 이러한 고용계약은 사적 자치의 원칙에 따라 당사자의 합의로써 성립하며, 이에 대하여 어떠한 방식이 요구되는 것이 아니다. 따라서 누구를 교원으로 임용할 것인지 여부는 원칙적으로 해당 학교법인의 자유의사 내지 판단에 달려 있고, 또한 이러한 임용계약에 조건을 붙일 수도 있으며 그 계약이 조건부일 때에는 당연히 그 조건의 성취 여부에 따라 계약의 효력이 좌우된다(대법원 2000.12.22. 선고 99다55571 판결).

㈏ **학교장 임명의 제한**

① 관할청에 의하여 임원취임승인이 취소되고 5년이 경과하지 아니한 자,[2] ② 관할청의 임용권자에 대한 학교장의 해임요구에 의하여 해임되고 3년

2) 이는 학교의 장에 새로 임명될 수 없는 사유를 규정한 것으로 해석될 뿐, 이미 학교의 장으로 재직하고 있는 사람에게 그와 같은 사유가 발생하였다고 하여 그와 같은 사정

이 경과하지 아니한 자, ③ 징계절차에 따라 파면되고 5년이 경과하지 아니한 자, ④ 「국가공무원법」 제33조 각 호의 어느 하나에 해당하는 사람 또는 미성년자에 대한 「성폭력범죄의 처벌 등에 관한 특례법」 제2조에 따른 성폭력범죄 행위나 「아동 · 청소년의 성보호에 관한 법률」 제2조 제2호에 따른 아동 · 청소년대상 성범죄 행위로 파면 · 해임되거나 형 또는 치료감호를 선고받아 그 형 또는 치료감호가 확정된 사람(집행유예를 선고받은 후 그 집행유예기간이 경과한 사람을 포함한다)은 학교의 장에 임명될 수 없다(사립학교법 제54조의3 제1항). 「국가공무원법」 제33조 각 호의 어느 하나에 해당하는 사람과 위의 미성년자에 대한 성범죄자는 교원으로도 임명될 수 없다(사립학교법 제54조의3 제4항).

위에 해당하는 자로서 그 임명의 제한 기간이 경과한 자가 학교의 장으로 취임하고자 할 때에는 재적이사 3분의 2 이상의 찬성을 요한다(사립학교법 제54조의3 제2항).

학교법인의 이사장과 배우자, 직계존속 및 직계비속과 그 배우자의 어느 하나의 관계에 있는 자는 해당 학교법인이 설치 · 경영하는 학교의 장에 임명될 수 없다. 다만, 이사정수의 3분의 2 이상의 찬성과 관할청의 승인을 받은 자는 그러하지 아니하다(사립학교법 제54조의3 제3항). 학교법인 이사장의 친인척이 학교의 장에 임명되는 것을 배제함으로써 이사장의 친인척 중심의 학교경영을 막고 학교법인과 학교경영을 분리시켜 투명한 학교경영을 실현함으로써 사립학교 운영의 민주성과 투명성 및 공공성을 제고하여 사립학교의 건전한 발전을 도모하려는 것이다. 반면에 이사장의 친인척이라도 해당 학교법인 이사회의 3분의 2 이상의 찬성 결정을 거쳐 관할청의 승인을 받게 되면 학교의 장에 임명될 수 있게 함으로써 학교법인 이사장의 친인척이 학교의 장으로 임명되는 것을 금함으로 인한 이사장 친인척의 직업의 자유와 행복추구권 등에 대한 과도한 제한을 완화하는 한편, 관할청에 의한 감독권한 행사를 통하여 적합한 학교의 장 임명으로 사립학교의 건전한 발전을 도모하려는 것이다.

규정의 형식에 다른 점이 없지 않으나 사립학교법 제20조 제2항에 의한 학교법인의 임원에 대한 감독청의 취임승인이 학교법인의 임원선임행위를 보충하여 그 법률상의 효력을 완성하게 하는 보충적 행정행위(대법원 2001.5.29.

만으로 학교의 장에서 당연퇴직된다고 볼 수 없다(대법원 2018.2.28. 선고 2016두64982 판결).

선고 99두7432 판결)로 인정되는 점에 비추어 교장의 임명에 대한 관할청의 승인도 보충적 행정행위로 보아야 할 것이다. 이처럼 교장임명에 대한 관할청의 승인을 법률상의 효력을 완성하게 하는 보충적 행정행위로 본다면 본건에서 교장임명에 대하여 관할청의 승인이 없었다면 교장임명의 효력이 발생하지 않은 것으로 보아야 한다. 그렇다면 설령 사후에 이사장이 사임함으로써 이사장과 교장과의 특수한 관계를 소멸시킨다고 하더라도 기존의 임명의 효력이 발생하지 않았던 것이 유효한 임명이었던 것으로 되지는 않을 것이다. 행정처분의 위법 여부는 행정처분이 있을 때의 법령과 사실상태를 기준으로 하여 판단하여야 하고, 처분 후 법령의 개폐나 사실상태의 변동에 의하여 영향을 받지는 않는다고 할 것이며, 하자 있는 행정행위의 치유는 행정행위의 성질이나 법치주의의 관점에서 볼 때 원칙적으로 허용될 수 없기 때문이다.

㈐ 학교장 재임 중 이사장이 선임되는 경우

그런데 학교의 장이 먼저 임명되어 재임 중이었는데 직계 존·비속 등의 관계에 있는 이사가 법인의 정관에 따라 이사장에 나중에 선임된 경우, 재임 중인 학교의 장이 같은 조 제3항 단서에 따른 절차를 거쳐야 하는 것일까. 위의 임용 제한에 관한 규정과 각급학교의 장이 "이 법 또는 이 법에 의한 명령 또는 다른 교육 관계 법령에 위반하였을 때"에 관할청은 임용권자에게 그 사유를 밝혀 시정을 요구하고 시정을 요구한 날부터 15일이 경과하여도 이에 응하지 않는 경우에는 임용권자에게 해당 학교의 장의 해임을 요구할 수 있도록 하고 있는 사립학교법 제54조의2의 규정에 비추어 볼 때 사립학교법 제54조의3 제3항 단서에 따라 이사정수의 3분의 2 이상의 찬성과 관할청의 승인을 받아야 하고, 해당 단서의 절차를 거치지 않은 경우에는 관할청이 같은 법 제54조의2에 따라 임용권자에게 시정요구와 해임요구를 해야 한다는 견해가 있다(법제처 법령질의회신 08-0098, 2008.5.22, 교육과학기술부 학교정책국 교직발전기획과). 친인척 관계에 있는 이사장의 취임 이전에 임명된 교장은 이사장에 의하여 임명된 것이 아니므로 이사장의 친인척 중심의 학교경영을 막고자 하는 입법취지와 거리가 있고, 친인척 관계에 있는 이사장에 의하여 교장으로 임명된 것과 비교하여 사립학교 운영의 민주성과 투명성 및 공공성이 침해되었는지 의문이 있을 수 있다. 또한 사립학교법 제54조의2의 규정은 해당 교장에 의하여 위법상태가 되거나 해당 교장이 위법행위를 하였을 때에 관한 규정인데 친인척 관계에 있지 않은 이사장에 의하여 임명되었던 교장에게는 위 사립학교법 제54조의2의 규정에 해당하는 위법행위가 없으므로 위 조항에 해당하지 아니하여 해임요구의 대상이 아니라고 볼 수도 있다.

하지만 그동안의 현실에 비추어 보면 만약 학교의 장이 먼저 임명된 후 직계 존·비속 등의 관계에 있는 자가 이사장이 되는 것에 제한을 두지 않는다면 사학은 위의 순서를 취함으로써 탈법행위를 할 가능성이 매우 크다. 그러므로 이러한 경우에도 이사정수의 3분의 2 이상의 찬성과 관할청의 승인을 받아야 하는 것으로 해석되어야 한다(대법원 2015.1.29. 선고 2012두1556 판결).

㈑ 관할청의 학교의 장 취임승인행위의 성질

한편 관할청이 위의 취임승인을 함에 있어서 재량권을 가지는지, 다시 말해 관할청이 판단해 승인을 거부할 사유가 있는 것으로 판단하면 거부할 수 있는지가 문제될 것이다. 이사장과 배우자 또는 직계존속 및 직계비속과 그 배우자인 관계에 있는 자에 대하여 원칙적으로 해당 학교법인이 설치·경영하는 학교의 장에 임명될 수 없도록 한 것은 이사장과 교장이 친인척의 관계에 있으면 학교의 운영과 교육이 법인으로부터 자유로울 수 없고, 학교의 운영에 있어서도 부정이 발생할 가능성이 크기 때문일 것이다. 그럼에도 이사회의 결의와 관할청의 승인이 있을 경우에는 이사장의 친인척도 교장으로 임명될 수 있도록 한 것은 이사회나 관할청이 판단해 볼 때 이사장의 친인척이 학교장이 되더라도 위의 문제가 발생하지 않을 것으로 인정될 경우에는 임명이 가능하도록 한 것이다. 이는 이사회나 관할청에게 이사장의 친인척이 교장으로 되더라도 문제가 발생하지 않은 것인지 여부를 판단할 수 있는 재량권을 부여하였다고 볼 수 있다. 따라서 관할청이 판단하기에 이사장의 친인척이 교장이 되는 경우에는 정상적인 학교의 운영이 어려워지는 등의 사정이 있을 것으로 판단된다면 교장의 임명승인을 거부할 수도 있을 것이다. 하지만 막연한 우려만으로는 승인을 거부할 수 없고 상당한 정도의 개연성에 대한 근거가 있어야 할 것이다.

(3) 각급학교의 장의 해임

각 학교의 장의 해임 중 사립학교법은 대학교육기관의 장의 임기 중 해임에 대하여만 규정하고 있다. 즉 학교법인이 대학교육기관의 장을 임기 중에 해임하고자 하는 경우에는 이사정수의 3분의 2 이상의 찬성에 의한 이사회의 의결을 거쳐야 한다(사립학교법 제53조 제2항). 따라서 대학교육기관이 아닌 그 외 학교의 장에 대한 해임은 해임사유가 있다면 학교의 정관 등에 의하여 학교법인 또는 사립학교경영자가 할 수 있을 것이다. 하급심이기는 하나, 사립학교법의 위 규정에 의하면 학교의 장을 해임하려면 사립학교법이 정한 사유가 있는 경우에 사립학교법이 정한 절차를 거쳐 해임할 수 있는데, 학교법인이 이러한 내부적인 절차를 거쳐 학교의 장을 해임하지 아니하고 법원에 그 해임을 청구하는 것은 법적 근거가 없으므로 허용되지 않는 것이고, 따라서 이러한 해임청구권을 피보전권리로 하는 교장에 대한 직무집행정지 및 직무대행자선임의 가처분 신청도 허용되지 않는다고 하였다(서울고등법원 1998.1.12. 자 97라172 결정).[3]

(4) 각급학교의 장의 임기

㈎ 학교의 장의 임기

각급학교의 장의 임기는 학교법인 및 법인인 사립학교경영자는 정관으로, 사인인 사립학교경영자는 규칙으로 정하되, 4년을 초과할 수 없고, 중임할 수 있다. 다만, 초 · 중등학교의 장은 1회에 한하여 중임할 수 있다(사립학교법 제53조 제3항).

위와 같이 사립학교법은 학교의 장의 임기에 대하여 상한만을 정하고 있을 뿐 하한에 대하여는 정하지 않고 있다. 따라서 정관이나 규칙 등으로 학교의 장의 임기에 대하여 1년 등으로 짧게 정하더라도 위법이라고 할 수 없다. 그런데 임용권자가 정관보다도 짧은 기간으로 학교의 장을 임용하는 것은 가능할까.

사립학교법은 학교의 장의 임기를 정관이나 규칙으로 정하도록 하고 있다. 이처럼 정관이 규정한 학교의 장의 임기는 위 사립학교법의 위임에 의한 것으로 사립학교법과 동일한 효력이 인정된다. 따라서 만약 정관에 학교의 장의 임기에 대하여 일정한 기간으로 정하였다면 그 기간으로 임명하여야 하고 그보다 짧은 임기를 정하였다고 하더라도 정관이 정한 임기가 인정되어야 할

---

3) 위 판결은 초중등학교의 장도 이사정수의 3분의2 이상의 찬성에 의한 이사회의결을 거쳐야 한다는 취지로 판시하였으나 정관에 특별히 규정이 없다면 일반적인 의결정족수에 의하면 될 것이다.

것이다. 다만 정관이 학교의 장의 임기를 특정하여 정하지 않고 사립학교법의 규정처럼 상한을 정하는 등으로 범위를 규정하고 있다면 해당 범위 내의 기간을 정하여 임명할 수 있을 것이다.

(나) **초중등학교 학교의 장의 중임**

한편 초중등학교장의 경우 1회에 한하여 중임할 수 있도록 하고 있는데 동일한 법인이 운영하는 어느 학교에서 교장으로 재직하다가 같은 법인 내의 다른 학교 교장으로 근무하는 경우가 있다. 이러한 경우에도 중임에 해당하는지 문제된다. 대법원은 동일 학교법인이 설치·운영하는 중등학교 중 한 곳에서 교장으로 임명되어 1차 중임을 포함하여 8년의 교장 임기를 마친 사람이 동일 학교법인이 운영하는 다른 중등학교 교장으로 다시 임명될 경우, 사립학교법 제53조 제3항 단서에서 정한 중임 제한에 위반된다고 하였다(대법원 2018.11.29. 선고 2015두55219 판결). 대법원은 판단의 이유로, 위 규정의 취지가 이미 교장 임기제가 시행되고 있던 국·공립 초·중등학교와의 형평성을 맞추고, 사립학교의 장이 중임 횟수 제한 없이 장기간 재임할 경우 학교법인과의 유착으로 학교운영의 투명성이 저하될 수 있으며, 유임을 희망하는 학교장으로서는 임명권자인 학교법인의 의사에 종속될 개연성이 높아 학교경영과 교육을 분리하고 있는 우리 교육 법제의 근본 취지에 반하게 될 우려가 있다는 점을 들었다.

사립학교장에 대한 임기에 관한 규정은 2005.12.29.자 개정 법률에 의하여 처음으로 규정되었는데 그 취지에는 위 판례가 언급하는 사정 이외에 특정인이 교장으로 한 학교에 장기간 재임함으로써 야기되는 각종 부작용을 방지하고 교단의 활성화하기 위함도 있을 것이다. 그렇다면 특정인이 한 학교의 교장으로 중임되어 근무하다가 다른 학교의 교장으로 다시 임명되는 것은 위 규정의 취지를 저해하는 것으로는 볼 수 없다. 다른 학교의 교장으로 임명하는 것이라면, 비록 동일한 학교법인에 속하는 학교라고 할지라도 새로운 학교에는 초임에 해당하는 것이지 다른 학교의 교장으로 임명되었던 사실과 연계하여 중임이라고 할 수는 없다. 대법원의 판단은 학교장의 학교법인과의 유착을 우려한 것인데 그동안의 현실에 비추어 보면 이해하지 못할 바는 아니지만 해당 교장이 학교법인의 설립이념에 부합하는 유능한 사람이라면 단순한 우려만으로 학교법인의 임용권을 지나치게 제한하는 것이라고 할 수 있다.

한편 학교의 장의 중임 제한은 장기간 근무함으로 인해 발생할 수 있는 폐단을 방지하기 위함인데 예컨대 학교법인이 교장의 임기를 1년으로 정할 경우 중임만 허용한다면 해당 교장은 교장의 직무를 최장 2년만 수행할 수 있다. 이처럼 교장의 직무기간이 짧다면 일정한 정책을 지속적으로 수행할 수 없게 되고 책임자의 잦은 교체는 오히려 학교의 발전에 좋지 않은 영향을 미칠 수도 있을 것이다. 이러한 점까지 고려한다면 입법론으로는 교장의 임기제한을 중임 제한으로 할 것이 아니라 교장으로서 직무수행기간을 최장 근무한도를 정하는 방식으로 개정하는 것이 바람직하다.

(5) 학교장 직무대리

학교의 교장에게 사고가 발생하여 교장 직무대리를 임명하여야 할 경우가 발생할 수 있다. 그런데 직무대리규정(대통령령 제19736호)에 의하면 "직무대리"란 행정기관의 직무상 공백을 없게 하고 그 책임을 명백히 하기 위한 것으로 기관장이 그 권한을 행사할 수 없을 정도의 사고가 있는 경우에 권한의 일부를 보조기관(과장, 국장 등)이 대리기관으로서 대신 행사하고 그 행위의 법적 효과는 기관장의 행위로서 발생하는 것을 말하고(제2조 제1호, 법령상의 권한분배를 변경하는 권한의 위임과는 다름), 이때 "사고"라 함은 전보, 퇴직, 해임 또는 임기만료 등으로 후임자가 임명될 때까지 해당직위가 공석 중인 경우와 휴가, 출장 또는 결원 보충이 없는 휴직 등으로 인하여 일시적으로 직무를 수행할 수 없는 경우를 말한다(제2조 제4호). 사립학교장의 경우도 위와 동일하게 해석될 수 있을 것이다.

그런데 초중등교육법 제20조는 "교장이 부득이한 사유로 직무를 수행할 수 없는 때에는 교감이 그 직무를 대행한다. 다만, 교감을 두지 아니하는 학교의 경우에는 교장이 미리 지명한 교사가 그 직무를 대행한다."(초 · 중등교육법 제20조)고 규정하고 있다. 이에 의하면 초 · 중 · 고등학교의 경우 교장이 부득이한 사유로 그 직무를 수행할 수 없을 때에는 교감이 그 직무를 대행하는데 이는 법률의 규정에 의한 법정대리이므로 별도의 행정조치(인사발령) 없이 당연히 직무대리가 된다. 그리고 교감이 부득이한 사유로 그 직무를 수행할 수 없을 때에는 지정대리로 학교장이 미리 지명한 교사가 직무대리를 한다. 따라서 사립학교의 경우에도 교장이 일시적으로 직무를 수행할 수 없는 사유가 발생하였을 때 해당 학교에 교감이 존재하고 있다면 당연히 교감이 교장의 직무대리가 되어야 하는 것이지 임용권자가 임의로 교사 등을 교장 직무대리로 임용하는 것은 허용되지 않는다고 본다.

한편 교장·교감·원장·원감은 「유아교육법」 제22조 제1항 및 「초·중등교육법」 제21조 제1항에 따른 자격이 있는 사람이어야 한다(교육공무원법 제7조). 그러나 교장의 직무대리에 관한 것은 교장의 임명과는 달리 평가하여야 할 것이다. 따라서 교감이 없거나 교감이 직무대리의 직무를 수행할 수 없는 때에는, 관련 법률에 교장의 직무대리의 자격에 관한 제한 규정이 없는 이상 교장 직무대리자는 해당학교 소속 교원 중에서 임명하되 교장이나 교감의 자격을 갖추지 못한 교사를 교장직무대리로 임명하더라도 위법하다고 볼 수는 없을 것이다. 다만 직무대리체제가 장기간 유지되는 것은 정상적인 학교운영에 바람직한 것이 아니므로 조기에 정식 교장을 임명할 수 있도록 하여야 할 것이다.

대법원은 교장자격증이 없는 사람을 교장직무대리에 임용하였다는 사정만으로 그 임용 행위가 당연히 무효라고 할 것은 아니더라도, 교장자격증이 없는 사람을 교장직무대리에 임용하는 행위가 그 경위와 내용 등에 비추어 볼 때 실질적으로 교장자격증이 없는 사람을 교장으로 임용하는 행위와 다를 바 없는 경우라면, 이는 교장의 자격에 관한 사립학교법 제52조에 위반하는 것으로 무효라고 하였다(대법원 2014.6.12. 선고 2012다7953 판결).

(6) 학교의 장의 임용과 교원의 지위 유지

각급 학교의 장은 대상자가 근무하고 있는 학교의 교원 중에서 임명되는 경우가 많이 있다. 이처럼 교원이 학교의 장으로 임명되는 경우에 교원으로서의 지위는 어떻게 되는지 문제된다. 학교의 장이 교원 중에서 선임되는 경우에는 교원의 지위는 그대로 유지되는 것으로 보아야 한다. 이에 대해서는 아래의 학교의 장의 퇴직 부분에서 상세히 논하기로 한다.

나. 학교의 장이 아닌 교원의 임용

(1) 교원 임용의 성질

사립학교 교원의 임용은 사립학교법 소정의 절차에 따라 이루어지는 것이지만 그 법적 성질은 사법상의 고용계약에 해당한다. 그러므로 그 계약체결에 관한 당사자들의 의사표시에 무효 또는 취소의 사유가 있으면 그 상대방은 이를 이유로 당연히 그 임용계약의 무효 또는 취소를 주장하여 그에 따른 법률효과의 발생을 부정하거나 소멸시킬 수 있는 것이므로, 부교수 임용계약의 취소는 결국 사법상의 고용계약의 취소에 불과하고, 부교수 임용계약의 취소가 징계처분 또는 징계처분적 성질을 가지는 것이어서 소정의 징계절차를 거쳐야 하는 것은 아니다(대법원 1996.7.30. 선고 95다11689 판결).

(2) 교원 임용의 절차

각급학교의 교원도 마찬가지로 해당 학교법인 또는 사립학교경영자가 임용하는데, 학교법인 및 법인인 사립학교경영자가 설치·경영하는 사립학교의 교원의 임용은 해당 학교의 장의 제청으로 이사회의 의결을 거쳐야 하고, 사인인 사립학교경영자가 설치·경영하는 사립학교의 교원의 임용은 해당 학교의 장의 제청에 의하여 행하여야 한다(사립학교법 제53조의2 제1항).

위 교원임용절차에 관한 규정은 학교법인 및 사립학교경영자의 교원 임용에 학교의 장 및 이사회가 관여하도록 함으로써 교원 임용의 적정성을 확보하려는 데 목적이 있다고 할 것이므로, 위와 같은 절차를 거치지 아니한 학교법인 또는 사립학교경영자의 교원의 임용은 무효라고 봄이 상당하다(대법원 2005.12.22. 선고 2005다44299 판결).

(3) 대학교원 임용의 위임과 임용행위의 명의자

대학교육기관의 교원의 임용권은 해당 학교법인의 정관이 정하는 바에 의하여 학교의 장에게 위임할 수 있다(사립학교법 제53조의2 제2항). 이처럼 위임이 되었을 때 임용행위는 누구의 명의로 하여야 할까. 사립학교법이 민법의 특별법이라는 점에서는 위임받은 임용행위의 명의자에 대해서는 규정이 없기 때문에 민법이 적용되는 것으로 볼 수도 있다. 민법에 의한 위임에서 수임인은 그 업무를 수행함에 있어서 본인을 위한 것임을 표시하여야 한다(민법 제115조). 실질적으로 본인의 명의로 하여야 하는 것이다. 그런데 민법 제680조는 "위임은 당사자 일방이 상대방에 대하여 사무의 처리를 위탁하고 상대방이 이를 승낙함으로써 그 효력이 생긴다."고 규정하여 낙성계약(諾成契約)이다. 그리고 각 당사자는 언제든지 위임계약을 해지할 수 있다(민법 제689조 제1항). 이들은 아래와 같은 점에서 교원 임용권의 학교의 장에게의 위임과는 차이가 있다. 즉 총장의 지위가 일종의 계약관계에서 비롯되는 것일 수 있지만 교원에 대한 임용권을 가지는 것 자체는 학교의 장의 승낙에 따른 것이 아니라 정관의 규정에 따라 학교의 장의 의사에 무관하게 발생하는 것이고, 정관을 변경하지 않는 이상 학교법인이나 학교의 장이 임의로 임용권의 위임관계를 종료시킬 수 없는 점에서 차이가 있다. 그렇다면 교원의 임용권에 관한 위임은 민법을 준용하는 것이 적절하지 않을 수 있다. 행정기관의 권한 위임에 관한 규정으로 「행정권한의 위임 및 위탁에 관한 규정」 제8조 제2항은 "수임 및 수탁사무에 관한 권한을 행사할 때에는 수임 및 수탁기관의 명의로 하여야 한다."고 규정한다. 만약 행위 명의자에 관하여 정관에 규정되어 있다면 그에 따라야 하겠지만 정관에 특별히 규정한 바가 없다면 수임자인 학교의 장의 명의로 하는 것이 바람직할 것이다. 판례는 교원에 대한 임용권을 위임받은 대학의 총장이 재임용기간이 경과한 교원에게 당연면직 통지를 하자 해당 교원이 총장을 피청구인으로 교원소청심사를 한 사안에서 총장이 교원소청심사결정의 취소를 구하는 행정소송을 제기할 당사자능력과 당사자적격을 가진다고 하였다(대법원 2011.6.24. 선고 2008두9317 판결).

(4) 고등학교 이하의 교원 신규채용 방법

㈎ 공개전형에 의한 채용

고등학교 이하 각급학교 교원의 신규채용은 공개전형에 의하도록 하며, 공개전형에 있어서 담당할 직무수행에 필요한 자격요건과 공개전형의 실시에 관하여 필요한 사항은 대통령령으로 정한다(사립학교법 제53조의2 제10항). 판례는 사립학교에서의 임용이 사립학교법이나 정관에 위반된 경우에 그 임용의 효력을 판단함에 있어서 위의 위반으로 인해 객관성과 공정성이 심각하게 훼손되는 정도에 이르는지, 해당 규정이 강행규정인지 등을 기준으로 판단한다. 판례는 형식적으로는 공개전형 절차를 거쳤으나 내부적으로 교장이 특정인의 임용을 종용하고, 지원자에 대한 채점표를 허위로 작성하는 등으로 실질적으로는 공개전형을 거쳤다고 볼 수 없는 경우에는 그 임용계약은 무효라고 하였다(서울고등법원 2019.6.13. 선고 2018누67574 판결, 대법원 2019두45951 판결). 위의 공개전형에 관한 규정은 사립학교 교원 채용의 투명성과 공공성을 확보하여 사립학교의 건전한 발달을 도모하고 학생들의 교육받을 권리 등을 보장하기 위한 것으로 강행규정이라고도 하였다. 위의 임용 과정에 해당 교원의 부정행위에 관한 자료가 없고, 임용 후 성실하게 근무하여 왔다거나 그 외 허위로 작성된 채점표가 아니었더라도 임용이 가능하였는지와도 무관하게 사립학교 교원 채용의 투명성 및 공공성을 확보함으로써 학생들의 교육받을 권리 보장이라는 공익상의 필요가 더 크다고 보았기 때문이다. 한편 관할청의 지시에 따라 임용권자가 행한 임용취소에 대하여 임용계약의 장래를 향하여 부인한다는 의사표시로 해석할 수 있다고 하여 임용취소는 장래에 효력을 가지는 것으로 보았다.

㈏ **공개전형의 방법**

이때의 공개전형은 교원의 임용권자가 실시하는데 임용권자는 해당 학교가 소재하는 교육감에게 그 전형을 위탁하여 실시할 수 있다(사립학교법시행령 제21조 제1항).

공개전형은 필기시험 · 실기시험 및 면접시험 등의 방법으로 하며, 그 밖에 공개전형의 시행에 관하여 필요한 사항은 교원인사위원회의 심의를 거쳐 임용권자가 정한다(사립학교법시행령 제21조 제4항).

위의 공개전형은 교육공무원 신규 임용과 동일하다(교육공무원법 제11조 제1항, 교육공무원 임용령 제11조 제1항). 이는 사립학교 교원의 신규채용에 있어서도 공립학교 교원의 채용에 있어서와 마찬가지로 '최소한의 객관성 및 신뢰성'이 보장될 것을 요구하고 있다고 할 수 있다.

한편 공립학교 교원의 신규채용을 위한 '공개전형'의 방법을 구체적으로 규정하고 있는 「교육공무원임용후보자선정경쟁시험규칙」에 의하면, 시험은 제1차시험과 제2차시험으로 구분하여 실시하되, 제1차시험에 합격하지 아니하면 제2차시험에 응시할 수 없다. 다만 시험실시기관은 시험 일정 등을 고려하여 필요하다고 인정할 때에는 제1차시험 및 제2차시험을 통합하여 실시할 수 있다(교육공무원임용후보자선정경쟁시험규칙 제6조). 제1차시험은 기입형 · 서술형 및 논술형 필기시험으로, 제2차시험은 교직적성 심층면접과 수업능력(실기 · 실험을 포함한다) 평가로 한다. 다만, 응시자가 선발예정인원에 미달되거나 시험실시기관이 필요하다고 인정할 때에는 시험의 일부를 면제할 수 있다(교육공무원임용후보자선정경쟁시험규칙 제7조 제1항).

고등학교 이하 사립학교 교원의 임용에 위의 교육공무원 임용에 관한 절차가 적용되는 것은 아니지만 준용될 수 있을 것이다.

㈐ **채용공고**

임용권자는 교원을 신규로 채용하고자 하는 경우에는 지원마감일 30일 전까지 일간신문 또는 인터넷 그 밖의 정보통신 매체를 통하여 채용분야 · 채용인원 및 지원자격 등에 관한 사항을 공고하여야 한다(사립학교법시행령 제21조 제3항).

㈑ **공개전형에의 응시자격**

공개전형에 응시할 수 있는 자격에 대하여는 「교육공무원 임용령」 제11조의3을 준용한다. 교육공무원임용령 제11조의3에 따르면 공개전형에 응시할 수 있는 자격은 채용 예정직에 해당하는 교사자격증(중등학교 교사의 경우에는 채용 예정직에 해당하는 표시과목이 기재된 교사자격증을 말한다)을 취득한 자(학교 또는 교원양성기관에서 소정의 과정을 이수하여 채용 예정직의 해당 과목에 관한 교사자격증을 취득할 졸업예정자 또는 수료예정자를 포함한다)이어야 한다(사립학교법 시행령 제21조 제2항).

㈒ **공개전형결과의 공개**

임용권자는 공개전형에 응시한 자가 전형결과 등에 관하여 공개를 요구하는 때에는 「공공기관의 정보공개에 관한 법률」 제9조 제1항에 따라 공개하지 않을 수 있는 정보를 제외하고는 이를 공개하되, 전형결과 등의 공개에 관한 세부적인 사항은 정관으로 정할 수 있다(사립학교법시행령 제21조 제5항).

㈓ **사립학교 교사 희망자에 대한 학력평가**

시 · 도의 교육감은 관할구역 내에 소재하는 사립중학교 또는 고등학교의 교사 임용권자에게 편의를 제공하기 위하여 필요하다고 인정할 때에는 해당 사립중학교 또는 고등학교의 교사에 임용될 것을 희망하는 자에 대한 학력평가를 행하고, 그 학력평가 사항을 기재한 명부를 비치할 수 있다(사립학교법시행령 제22조의3 제1항). 학력평가의 범위 · 방법 · 절차와 명부작성에 관하여 필요한 사항은 교육규칙으로 정한다(사립학교법시행령 제22조의3 제2항).

(5) 대학교육기관의 교원의 신규채용 방법(국 · 공립대학 교원에 관한 규정의 준용)

㈎ **국 · 공립대학 교원에 관한 규정의 준용**

학교의 장이 아닌 대학교육기관의 교원의 임용에 관하여는 「교육공무원법」 제11조의3을 준용한다(사립학교법 제53조의5).

㈏ **특정대학출신의 편중 방지**

교육공무원법에 의하면 대학의 교원을 신규채용 함에 있어서는 특정대학에서 학사학위를 취득한 자가 편중되지 아니하도록 하여야 하는데(교육공무원법 제11조의3 제1항) 특정대학의 학사학위 소지자가 「고등교육법시행령」 제28조 제1항의 모집단위별 채용인원의 3분의 2를 초과하지 아니하도록 하여야 한다. 다만, 신규채용 된 대학교원이 해당 대학에서 학사학위를 취득하였다 하더라도 그 학사학위 전공분야가 동 대학에서 채용되어 교육 · 연구할 전공분야와 다른 경우에는 그를 동 대학에서 학사학위를 취득한 자로 계산하지 아니한다(교육공무원 임용령 제4조의3 제1항). 이러한 채용인원은 연도 말을 기준으로 그 해까지의 누적 채용인원을 통산하여 적용하되, 연간 채용인원이 3명 미만인 경우에는 누적 채용인원이 3명 이상이 되는 연도의 말까지를 통산하여 적용한다(교육공무원 임용령 제4조의3 제2항).

㈐ **공정한 심사**

대학의 교원을 신규채용하고자 할 때에는 심사위원을 임명 또는 위촉하여 객관적이고 공정한 심사를 거쳐야 한다(교육공무원법 제11조의3 제2항). 이러한 심사위원의 임명 또는 위촉방법, 심사단계 · 심사방법 기타 심사에 관하여 필요한 사항은 대통령령으로 정하는데(교육공무원법 제11조의3 제3항), 이에 따른 교육공무원임용령 제4조의3에 의하면 대학교원의 신규채용은 아래의 단계를 거쳐 실시하되 대학의 장은 필요한 경우에는 각 심사단계를 통합하여 실시할 수 있으며, 그 시행에 필요한 구체적인 사항을 정할 수 있다(교육공무원임용령 제4조의3 제3항).

① 기초심사: 채용후보자의 전공과 모집대상 전공분야와의 일치여부 등의 심사

② 전공심사: 기초심사를 통과한 채용후보자의 전공에 대한 학문적 우수성 및 교육능력 등의 심사

③ 면접심사: 전공심사를 통과한 채용후보자에 대한 인성 등의 심사

그리고 위의 채용심사를 위한 심사위원은 모집대상 전공분야와 관련이 있는 해당 대학 소속의 교원이나 학식과 경험이 풍부한 관련전문가 중에서 대학의 장이 임명 또는 위촉한다. 이 경우 채용후보자의 전공과 모집대상 전공분야와의 일치 여부 및 채용후보자의 전공에 대한 학문적 우수성을 심사하는 때

에는 심사위원 중 3분의 1 이상은 해당 대학 소속의 교직원이 아닌 자로 한다(교육공무원임용령 제4조의3 제4항).

㈑ **신규채용 공고**

대학의 장은 대학교원을 신규채용하려는 경우에는 지원 마감일 15일 이상으로 학칙에서 정하는 기간 전까지 채용분야 · 채용인원 · 지원자격 · 심사기준 등에 관한 사항을 일간신문 · 관보 또는 정보통신망 그 밖의 효과적인 방법으로 공고하여야 한다(교육공무원임용령 제4조의3 제5항).

㈒ **심사결과의 공개**

대학교원의 신규채용에 지원한 자가 신규채용에 관한 심사기준 및 지원자별 심사결과 등에 관한 공개를 요구하는 때에는 신규채용되는 자가 확정된 후에 이를 공개한다. 이 경우 공개되는 내용은 특정인을 식별할 수 없도록 하여야 한다(교육공무원임용령 제4조의3 제6항).

㈓ **임용계약의 성립시기**

판례는, 사립대학교 교원에 대한 임명권은 최종적으로 학교법인의 이사장이 가지는 권한이라고 할 것이지만, 학교법인의 이사회에서 교원임용예정자에 대한 임용제청을 승인하는 결의를 하고, 같은 날 사립대학교 교직원을 통하여 교원임용예정자에게 위 대학교의 신규 임용교원으로 확정되었으니 그에 따른 공식적인 계약체결을 위하여 위 대학교를 방문해 줄 것을 요청하고, 교원임용예정자가 그 요청을 받아들여 위 대학교를 방문하여 교원 임용계약서에 서명한 후 위 대학교에 제출하자 위 대학교 총장이 "계약 체결자"의 지위에서 위 임용계약서에 날인을 하였으며, 그 후 학교법인의 이사장이 그 임용계약서의 내용대로 교원임용예정자를 교원으로 임용하는 것을 승인하는 결재를 하고 그 사실을 위 대학교 총장에게 통보한 이상, 교원임용예정자와 학교법인 사이의 교원 임용계약은 유효하게 체결 · 성립되었다고 봄이 상당하다고 하였다(서울지법 2003.10.16. 선고 2003가합25992 판결; 대법원 2004다48782 판결). 위 사안은 대학이 교원의 임용 지원 당시 일부 경력을 누락한 것을 사후에 발견하고 이를 이유로 교원임용결정을 취소하였던 것이었으나 법원은 교원임용의 효력은 이미 발생하였다고 판단한 것이다.

위에서 설명한 바와 같이 사립학교 교원의 임용은 일종의 사법상의 고용계약이라 할 수 있다. 그런데 통상 계약은 양 당사자의 의사의 합치에 의하여 성립하는 것이므로 따라서 양 당사자의 청약과 승낙의 합치에 의하여 성립한다. 그런데 계약은 먼저 청약이 있고 이에 대하여 승낙을 하는 것이 통상적이므로 승낙의 의사표시가 상대방에게 도달한 때에 계약이 성립한 것으로 본다(민법 제111조). 다만 떨어져 있는 사람 사이의 계약에서는 승낙의 의사표시를 발송한 때에 계약이 성립한 것으로 본다(민법 제531조). 다만 민법 개정안에서는 떨어져 있는 사람 사이에서의 계약도 승낙의 의사표시가 상대방에게 도달한 때에 성립한 것으로 본다. 위의 판례는 현행 민법하에서의 판결이므로 개정될 민법하에서는 변경될 여지도 있는 것으로 보인다.

(6) 교원의 임명의 제한

「국가공무원법」 제33조 각 호의 어느 하나에 해당하는 사람이나 미성년자에 대한 「성폭력범죄의 처벌 등에 관한 특례법」 제2조에 따른 성폭력범죄 행위로 파면·해임되거나 100만원 이상의 벌금형이나 그 이상의 형을 선고받아 그 형이 확정된 사람(집행유예를 선고받은 후 그 집행유예기간이 경과한 사람을 포함한다)은 교원으로 임용될 수 없다(사립학교법 제54조의3 제5항, 교육공무원법 제10조의4). 사립학교법에 따른 교원(기간제교원을 포함한다), 국립·공립 학교의 교원(기간제교원을 포함한다), 「유아교육법」 제23조에 따른 강사 등 또는 「초·중등교육법」 제22조에 따른 산학겸임교사 등으로 재직하는 동안 ① 금품수수 행위, ② 시험문제 유출 및 성적조작 등 학생성적 관련 비위행위, ③ 학생에 대한 신체적 폭력 행위의 어느 하나에 해당하는 사유로 파면·해임되거나 금고 이상의 형을 선고받은 사람(집행유예의 형을 선고받은 후 그 집행유예기간이 경과한 사람을 포함한다)도 고등학교 이하 각급학교의 교원으로 임명할 수 없다. 다만, 사립학교법 제62조에 따른 교원징계위원회에서 해당 교원의 반성 정도 등을 고려하여 교원으로서 직무를 수행할 수 있다고 의결한 경우에는 그러하지 아니하다(사립학교법 제54조의3 제5항). 이때의 교원징계위원회의 의결은 재적위원 3분의 2 이상의 출석과 출석위원 과반수의 찬성으로 한다(사립학교법 제54조의3 제6항).

다. 기간제교원

(1) 기간제교원을 임용하는 경우

기간제교원이란 기간을 정하여 임용하는 교원을 말한다. 각급학교 교원의 임용권자는 ① 교원이 사립학교법 제59조 제1항 각호의 1에 해당하는 사유로 휴직하여 후임자의 보충이 불가피한 때, ② 교원이 파견 · 연수 · 정직 · 직위해제 또는 휴가 등으로 1월 이상 직무에 종사할 수 없어 후임자의 보충이 불가피한 때, ③ 파면 · 해임 또는 면직처분을 받은 교원이 「교원의 지위 향상 및 교육활동 보호를 위한 특별법」 제9조 제1항의 규정에 의하여 교원소청심사위원회에 소청심사를 청구하여 후임자의 보충발령을 하지 못하게 된 때, ④ 특정교과를 한시적으로 담당할 교원이 필요한 때의 하나에 해당하는 사유가 있는 경우에는 교원자격증을 가진 자 중에서 기간제교원을 임용할 수 있다. 이 경우 임용권자는 학교법인의 정관 등이 정하는 바에 의하여 그 권한을 학교의 장에게 위임할 수 있다(사립학교법 제54조의4 제1항).

위와 같이 사립학교법은 기간제교원을 임용할 수 있는 경우를 규정하고 있는데 위의 규정이 제한적 열거규정인지 아니면 예시적 규정인지 문제된다. 만약 위 규정이 예시적 규정이라고 한다면 위에 규정된 사항 이외의 사유가 발생하더라도 기간제교원을 임용할 수 있게 될 것이다. 그런데 사립학교법의 전체의 규정을 종합해본다면 학생들의 안정적인 학습권의 보장과 교원의 신분보장을 위하여 교원은 정규직 교원을 임용하는 것을 원칙으로 하되, 다만 교원의 수급을 위해 불가피한 예외적인 경우에만 기간제교원을 임용하고자 하는 것이 사립학교법의 취지인 것으로 보이고 그렇다면 위의 규정은 제한적 열거규정으로 해석되어야 한다.

(2) 기간제교원의 자격과 임용 제한

한편 위 규정은 기간제교원이 될 수 있는 사람에 대하여 교원자격증을 가진 사람이라 하고 있다. 따라서 교원자격증이 있는 사람이라면 정년퇴직이나 중임 후 퇴직한 교장이라도 가능하다고 하겠다. 하지만 정년퇴직한 교장이나 중임을 하고 퇴직한 교장을 기간제교원이라는 명목으로 다시 교장으로 임용하는 것은 불가능하다고 보아야 한다. 사립학교법 제54조의4 제1항은 기간제교원도 각급 학교 교원의 임용권자가 임용할 수 있도록 하되 기간제교원의 임용권을 학교의 장에게 위임할 수 있다고 규정하고 있는바, 위 규정은 사립학교법의 기간제교원은 교장이 임용할 수 있는 교원을 전제로 한 것으로 해석되고 그렇다면 정년퇴직한 교장을 기간제교원이라는 명목으로 교장으로 임용하는 것은 사립학교법의 취지에 반하는 것이다. 또한 학교의 장에 장기간 재임함으로써 야기되는 각종 부작용을 방지하고 교단의 활성화에 기여하기 위하여 사립학교법 제53조 제3항을 개정하여 초 · 중등학교의 장은 1회에 한하여 중임할 수 있도록 하였는바 이는 특정 초 · 중등학교에서 동일인이 2회 이상 중임하는 것을 제한하는 것이어서 기간제 교장으로 임용하는 것은 위 규정의 취지에도 반하는 것이다.

나아가 기간제교원의 임용에 있어서도 「국가공무원법」 제33조 각 호의 어느 하나에 해당하는 사람이나 미성년자에 대한 「성폭력범죄의 처벌 등에 관한 특례법」 제2조에 따른 성폭력범죄 행위로 파면 · 해임되거나 100만원 이상의 벌금형이나 그 이상의 형을 선고받아 그 형이 확정된 사람(집행유예를 선고받은 후 그 집행유예기간이 경과한 사람을 포함한다), 금품수수 행위, 시험문제 유출 및 성적조작 등 학생성적 관련 비위 행위, 학생에 대한 신체적 폭력 행위 등으로 행위로 인하여 파면 · 해임되거나 금고 이상의 형을 선고받은 사람(집행유예의 형을 선고받은 후 그 집행유예기간이 경과한 사람을 포함한다)은 임명될 수 없다(사립학교법 제54조의4 제4항, 제54조의3 제5항, 제6항).

(3) 기간제교원 임용 절차

기간제 교원의 임용절차에 관하여는 사립학교법에 규정되어 있지 않아 기간제 교원에 대하여도 일반 교원과 같은 절차를 거쳐서 임용하여야 하는지 문제된다. 기간제 교원도 교원에 준하는 지위를 가지고 교원의 업무를 수행하므로 사립학교법 제21조가 규정하는 교원신규채용의 방법이 준용되어야 하는지 문제되는 것이다. 기본적으로 학교의 장의 제청이나 교원인사위원회 등의 심의 절차, 그리고 공개전형 등은 거쳐야 할 것이다. 그러나 기간제교원의 경우 임용 후에는 특단의 사정이 없는 한 정년이 보장되는 정규교원과는 달리 사립학교법 제56조, 제58조 제2항, 제58조의2, 제59조, 제61조 내지 제64조, 제64조의2, 제65조, 제66조, 제66조의2, 제66조의3 제2항 · 제3항 및 제66조의4를 등이 적용되지 않아 정규교원과 같은 신분보장이 되지 않고(사립학교법 제54조의4 제2항), 임용기한이 3년까지 연장될 수 있으나 통상 1년 이내로 단기간(사립학교법 제54조의4 제3항)이라는 점 등을 고려해보면 반드시 정규교사의 채용과 동일한 절차를 따라야 할 것으로는 보이지 않는다. 기간제교원을 임용하게 되는 사유를 고려해 보면 현실적으로 정규 교원 임용절차를 준수하기가 불가능한 경우도 발생할 수 있다. 따라서 공개전형의 구체적 방법이나 절차는 일반 교원과 동일할 필요는 없을 것이다. 하지만 어떠한 절차를 따르든 객관성과 공정성은 보장되어야 한다.

나아가 교원의 신규채용을 위해서는 지원마감일 30일(고등학교 이하) 또는 15일 전까지 일간신문 또는 인터넷 그 밖의 정보통신 매체를 통하여 채용분야·채용인원 및 지원자격 등에 관한 사항을 공고하여야 하고, 필기·실기·면접 등의 전형절차를 거쳐야 하는데, 기간제교원을 채용하는 경우가 교원의 파견·연수·정직·직위해제 또는 휴가, 파면·해임 또는 면직처분 등으로 예측하지 못한 상태에서 기간제교원을 채용하여야 할 사유가 발생한 때에도 위와 같은 절차를 거쳐야 한다면 교원의 공백상태가 상당기간 발생하여 학생들의 학습권이 침해될 우려가 있는 것으로 보인다. 이러한 사정까지 고려한다면 공고의 기간, 공개전형의 구체적 방법이나 절차는 일반 교원과 동일할 필요는 없을 것이다. 하지만 어떠한 절차를 따르든 객관성과 공정성은 보장되어야 한다. 입법론적으로는 기간제교원의 임용절차에 대하여도 규정하는 것이 바람직할 것이지만 일반교원에 대한 임용절차를 엄격히 따르지 않은 임용이라고 하여 그러한 임용행위를 무효라고 볼 수는 없을 것이다.

(4) 기간제교원의 사립학교법 적용 제외

기간제교원에 대하여는 제56조(의사에 반한 휴직·면직 등의 금지), 제58조 제2항(교원징계위원회의 동의를 얻어야 하는 면직), 제58조의2(직위의 해제), 제59조(휴직의 사유), 제61조(징계의 사유 및 종류), 제62조(교원징계위원회의 설치), 제63조(교원징계위원회위원의 제척사유), 제64조(징계의결의 요구), 제64조의2(징계의결요구사유의 통지), 제65조(교원징계위원회의 진상조사 및 의견의 개진), 제66조(징계의결), 제66조의2(징계의결의 재심의 요구), 제66조의3 제2항·제3항(감사원 조사와 수사기관 수사 시의 징계절차 중단) 및 제66조의4(징계사유의 시효) 규정을 적용하지 아니하며 임용기간이 만료되면 당연히 퇴직된다(사립학교법 제54조의4 제2항).

라. 대학 교원의 계약조건에 의한 임용

(1) 계약조건에 의한 임용

대학교육기관의 교원은 정관이 정하는 바에 따라 근무기간·급여·근무조건, 업적 및 성과약정 등 계약조건을 정하여 임용할 수 있다. 이 경우 근무기간에 관하여는 국 · 공립대학의 교원에게 적용되는 관련 규정을 준용한다(사립학교법 제53조의2 제3항).

교육공무원법 제11조의4 제1항은 대학의 교원은 대통령령이 정하는 바에 따라 근무기간 · 급여 · 근무조건, 업적 및 성과 약정 등 계약조건을 정하여 임용할 수 있다고 한다. 판례는 교원의 급여와 관련하여 급여의 결정은 대학의 자율의 범위에 속하는 것이고, 학교법인이 정관 또는 정관의 위임을 받은 교원보수규정 등을 통해 교원의 교육 · 연구 · 봉사 등의 업적을 일정 주기로 평가하여 연간 보수총액을 결정하는 제도인 성과급적 연봉제를 시행하는 것도 가능하며, 이를 시행하기 위하여 정관이나 교원보수규정 등에서 마련한 교원실적에 대한 평가항목과 기준이 사립학교법 등 교원의 인사나 보수에 관한 법령 또는 근로기준법이 정한 강행규정을 위반하거나 객관성과 합리성을 결여하여 재량권의 남용 · 일탈로 평가되는 등의 특별한 사정이 없는 한 그 평가항목과 기준은 가급적 존중되어야 하므로 신입생 모집실적을 교원실적 평가 대상의 하나로 삼아 보수를 차등 지급하도록 정한 규정도 적법하다고 하였다(대법원 2018.11.29. 선고 2018다207854 판결).

(2) 교원의 임기(근무기간)

위의 교육공무원법 제11조의4 제1항에 따라 교육공무원 임용령은 근무기간에 대하여 ① 교수는 교육공무원법 제47조에 따른 정년(65세)까지의 기간으로 하되, 본인이 원하는 경우 또는 교수로 최초 임용되는 경우(해당 대학의 부교수가 교수로 임용되는 경우는 제외한다)에는 계약으로 정하는 기간으로 할 수 있고 ② 부교수는 위 법 제47조의 규정에 의한 정년까지의 기간 또는 계약으로 정하는 기간으로 하며, ③ 조교수는 계약으로 정하는 기간으로 정하고 있다(교육공무원임용령 제5조의2 제1항). 이처럼 대학의 교원은 계약으로 정하는 기간 임용할 수 있는데, 이때 임용기간을 정관보다 짧은 기간으로 할 수 있는지 문제 된다. 사법상 근로계약의 성질을 가는 임용계약의 특성 때문에 당사자가 합의에 의하여 자유로이 임용기간을 정할 수 있을 것으로 보이는 반면 사립학교법은 정관으로 정하는 바에 따라 계약조건을 정하도록 하고 있기 때문에 견해가 나뉠 수 있다. 대법원 판례도 일치되지 않은 모습을 보이고 있다. 최근의 판례는 교원의 임기에 관한 사립학교법 제53조의2 제3항 1문은 학문의 자유와 교원의 신분보장을 위하여 반드시 준수해야 할 강행규정이므로 위 규정의 위임에 따른 정관에서 정한 바와 달리 조교수의 임기를 단축하는 약정은 효력이 없다고 한다(대법원 2017.2.15. 선고 2016두52545 판결). 반면에 임용계약의 임용기간이 극히 짧아서 사실상 대학의 일방적 의사에 따르는 것과 동일시할 수 있어 교수의 신분보장에 관한 규정을 몰각시키는 결과에 이르는 등의 특별한 사정이 없는 한 정관이 규정한 기간보다 짧다는 사정만으로는 그 임용기간을 정한 부분이 정관의 규정에 위배되어 무효로 된다고 볼 수는 없다는 판례(대법원 2000.12.22. 선고 99다55571 판결)도 있다. 후자는 상당히 오래전의 판결이어서 대법원이 견해를 바꾼 것으로 볼 수도 있으나 공식적으로 견해를 바꾼 것은 아닌 상태에서 두 판례의 관계를 조화롭게 해석하는 것도 가능한 것으로 보인다. 뒤의 판례의 사안은 학교법인이 당초 임용계약의 체결에 앞서 해당 교원이 대학 교원으로서의 자질이 부족하다는 등의 사유로 재임용 대상에서 제외하려고 하였는데, 해당 교원이 종전 임용기간을 연장하거나 정관보다 짧은 임용기간으로 재임용하여 전직에 필요한 시간적 여유를 달라는 요청을 하자 이를 받아들여 정관보다 짧은 임용기간으로 임용계약을 체결한 것이었다. 즉 교원의 이익을 위하여 특별히 정관보다 짧은 기간을 정하여 임용한 것이었다. 최근에 하급심에서도 재임용 조건을 충족하지 못하여 재임용이 거부되면 가혹하다는 이유로 재임용 기준을 충족하지 못하였지만 예외적으로 1년의 재임용기간을 부여하여 재임용조건을 충족할 수 있는 기회를 부여하였던 사안에서 정관보다 짧은 재임용기간의 효력을 인정한 바 있다.

이를 종합하면 정관에 정한 교원의 임기는 교원의 신분을 보장하기 위한 것으로 반드시 지켜져야 하는 것이나, 다만 오히려 교원의 신분을 보장하기 위하여 계약으로 정관보다 짧게 정한 임기는 그 효력을 인정하여야 하는 것이다.

마. 계약조건에 의하여 임용된 대학 교원의 재임용

(1) 교원 재임용 제도

대학교원은 임용권자가 임용기간을 정하여 임용한 경우, 그 임용기간이 만료되면 당연히 퇴직하되 임용권자가 해당 교원을 재심사하여 재임용할 수 있다. 이는 임기계약 또는 기간제 임용이라고도 부른다. 헌법재판소는 초·

중 · 고등학교 교육은 일반적으로 승인된 기초적인 지식의 전달에 중점이 있는데 반하여, 대학의 교육은 학문의 연구 · 활동과 교수기능을 유기적으로 결합하여 학문의 발전과 피교육자인 대학생들에 대한 교육의 질을 높일 필요성이 있기 때문에 교원의 자격기준도 이와 같은 기능을 수행할 수 있는 능력을 갖출 것이 요구되고, 이러한 대학교육기관의 교원의 특수성은 임용기간 만료시에 교원의 자질을 심사하는 재임용 제도를 두어야 할 정당한 사유가 된다[1998.7.16. 96헌바33 · 66 · 68, 97헌바2 · 34 · 80, 98헌바39(병합)]고 하여 기간제 임용의 합헌성을 인정하였다.

재임용 제도는 대학교원의 연구를 독려함으로써 대학과 대학의 교육의 질을 높이고자 하는 취지에서 도입되었다. 그러나 이 제도는 대학이 교원을 통제하는 수단으로 악용되어 오히려 학문의 자유를 침해하는 결과를 가져오는 사례가 발생하는 등 그 부작용이 발생하였다. 그럼에도 과거 대법원은 기간을 정하여 임용된 대학교원은 임용기간의 만료로 대학교원으로서의 신분관계는 당연히 종료되고, 대학의 임용권자에게는 재임용 여부에 대한 자유재량이 인정되며, 대학교원에게는 재임용의 기대권이 인정될 수 없고, 따라서 재임용거부로 인한 법률관계가 형성되지 않는다는 이유로 재임용거부무효확인의 소에 대해서는 확인의 이익이 없다고 보았다. 그런데 헌법재판소는 구 사립학교법 제53조의2 제3항(1990.4.7. 법률 제4226호로 개정되고, 1997.1.13. 법률 제5274호로 개정되기 전의 것)이 "임용기간이 만료되는 교원을 별다른 하자가 없는 한 다시 임용하여야 하는지의 여부 및 재임용대상으로부터 배제하는 기준이나 요건 및 그 사유의 사전통지 절차에 관하여 아무런 지침을 포함하고 있지 않을 뿐만 아니라, 부당한 재임용거부의 구제에 관한 절차에 대해서도 아무런 규정을 두고 있지 않다. 그렇기 때문에 이 사건 법률조항은, 정년보장으로 인한 대학교원의 무사안일을 타파하고 연구 분위기를 제고하는 동시에 대학교육의 질도 향상시킨다는 기간임용제 본연의 입법목적에서 벗어나, 사학재단에 비판적인 교원을 배제하거나 기타 임용권자 개인의 주관적 목적을 위하여 악용될 위험성이 다분히 존재한다. 첫째, 재임용 여부에 관한 결정은 인사에 관한 중요사항이므로 교원인사위원회의 심의를 받아야 하나, 교원인사위원회의 심의과정을 거치지 않거나 형식적인 절차만 거친 경우가 많았고 심지어는 교원인사위원회에서는 재임용 동의가 있었음에도 불구하고 특별한 이유 없이 최종 임용권자에 의해 재임용이 거부되기도 하였다. 둘째, 이 사건 법률조항이 재임용의 거부사유 및 구제절차에 대하여 아무런 언급을 하지 않고 있기 때문에 사립대학의 정관이 교원의 연구실적, 교수능력과 같은 비교적 객관적인 기준을 재임용 거부사유로 정하지 아니하고 자의가 개입될 수 있는 막연한 기준에 의하여 재임용을 거부하는 경우에는 피해 교원을 실질적으로 구제할 수 있는 대책이 없다. 셋째, 절대적이고 통제받지 않는 자유재량은 남용을 불러온다는 것이 인류역사의 경험이라는 점에서 볼 때, 자의적인 재임용거부로부터 대학교원을 보호할 수 있도록 구제수단을 마련해 주는 것은 국가의 최소한의 보호의무에 해당한다. 즉, 임용권자가 대학교원을 왜 재임용하지 않으려 하는지 이유를 밝히고 그 이유에 대하여 해당 교원이 해명할 기회를 주는 것은 적법절차의 최소한의 요청인 것이다. 넷째, 재임용심사의 과정에서 임용권자에 의한 자의적인 평가를 배제하기 위하여 객관적인 기준의 재임용 거부사유와 재임용에서 탈락하게 되는 교원에게 자신의 입장을 진술하고 평가결과에 이의를 제기할 수 있는 기회를 주는 것은 임용권자에게 지나친 부담이 아니라고 할 것이며, 나아가 재임용이 거부되는 경우에 이의 위법 여부를 다툴 수 있는 구제절차를 마련하는 것은 대학교원에 대한 기간임용제를 통하여 추구하려는 입법목적을 달성하는 데에도 아무런 장애가 되지 않는다고 할 것이다"고 하였다 (2003.2.27. 2000헌바26 전원재판부). 그리하여 객관적인 기준의 재임용 거부사유와 재임용에서 탈락하게 되는 교원이 자신의 입장을 진술할 수 있는 기회, 그리고 재임용거부를 사전에 통지하는 규정 등이 없으며, 나아가 재임용이 거부되었을 경우 사후에 그에 대해 다툴 수 있는 제도적 장치를 전혀 마련하지 않고 있는 법률조항은, 현대사회에서 대학교육이 갖는 중요한 기능과 그 교육을 담당하고 있는 대학교원의 신분의 부당한 박탈에 대한 최소한의 보호요청에 비추어 볼 때 헌법 제31조 제6항에서 정하고 있는 교원지위법정주의에 위반된다고 하였다. 위 헌법재판소 결정 이후 대법원도 동일한 취지의 판결을 하였고, 이에 교육공무원법과 사립학교법 제53조의2가 개정되어 대학교원 재임용의 절차와 기준에 관한 규정이 신설되었으며, 「교원의 지위 향상 및 교육활동 보호를 위한 특별법」 제7조 제1항이 개정되어 재임용거부처분도 교원소청심사위원회의 소청심사 대상에 포함되게 되었다.

사립학교법 제53조의2 제4항 내지 제8항은 사립대학교육기관의 교원에 관한 임면권자의 재임용심의 신청 여부의 사전 통지의무 및 해당 교원의 재임용심의 신청권, 임면권자의 재임용거부 사실 및 거부사유의 사전 통지의무, 객관적 기준에 의한 재임용심의와 해당 교원의 재임용심의절차에서의 의견진술 및 제출권, 재임용거부 시 이에 대한 불복방법 등을 명문으로 규정하고 있는데, 위 규정들에 비추어 보면, 기간제로 임용되어 정상적으로 임용기간이 만료하는 사립대학의 교원은 임면권자에게 학생교육, 학문연구, 학생지도에 관한 사항에 대한 평가 등 객관적인 사유로서 학칙이 정하는 사유에 근거하여 사립학교법이 정하는 절차에 따라 재임용 여부에 관하여 합리적이고 공정한 심사를 해 달라고 요구할 법률상의 신청권을 가진다. 위의 재임용에 관한 규정들은 강행규정이다(대법원 2012.4.12. 선고 2011두22686 판결).

(2) 기간제임용 교원의 임용기간 만료의 효과

헌법재판소가 기간임용제 자체는 위헌이라고 볼 수 없다고 판단하고 있고 이에 따라 현행 사립학교법에서도 기간을 정한 대학교원 임용제가 그대로 유지되고 있는 결과, 기간을 정하여 임용된 사립대학 교원은 학교법인의 정관이나 인사규정 또는 임용계약에 재임용 강제조항이 있거나 임용기간은 형식에 불과하고 임용계약이 계속 반복 갱신되어 연쇄적 근로관계가 인정되는 등의 특별한 사정이 없는 한 재임용의 기대나 재임용 여부에 관하여 합리적 기준에 의한 공정한 심사를 요구할 권리가 있을 뿐, 그와 같은 심사에 의해 재임용되지 않은 이상 그 임용기간 만료로 교원의 신분은 상실된다(대법원 2010.7.29. 선고 2007다42433 판결). 따라서 학교법인이 단지 교원에게 임용기간이 만료된 후에도 4개월 동안 교수로서 직무를 수행하도록 하고 봉급을 지급하는 등 하였다는 이유만으로 묵시적으로 재임용계약이 체결되었다고 볼 수 없다(대법원 1995.1.20. 선고 93다55425 판결).

(3) 재임용 관련 절차

이와 같이 계약조건을 정하여 임용된 교원의 임용권자는 해당 교원의 임용기간이 만료되는 때에는 임용기간 만료일 4월 전까지 임용기간이 만료된다는 사실과 재임용 심의를 신청할 수 있음을 해당 교원에게 문서에 의하여 통지하여야 한다(사립학교법 제53조의2 제4항). 그리고 이러한 통지를 받은 교원이 재임용을 받고자 하는 경우에는 통지를 받은 날부터 15일 이내에 재임용 심의를 임용권자에게 신청하여야 한다(사립학교법 제53조의2 제5항). 이때 재임용 심의를 신청받은 임용권자는 교원인사위원회의 재임용 심의를 거쳐 해당 교원에 대한 재임용 여부를 결정하고 그 사실을 임용기간 만료일 2월 전까지 해당 교원에게 통지하여야 한다. 이 경우 해당 교원을 재임용하지 아니하기로 결정한 때에는 재임용하지 아니하겠다는 의사와 재임용 거부사유를 명시하여 통지하여야 한다(사립학교법 제53조의2 제6항).

교원인사위원회가 교원에 대한 재임용 여부를 심의함에 있어서는 학생교육, 학문연구, 학생지도에 관한 사항에 관한 평가 등 객관적인 사유로서 학칙이 정하는 사유에 근거하여야 한다. 이 경우 심의과정에서 15일 이상의 기간을 정하여 해당 교원에게 지정된 기일에 교원인사위원회에 출석하여 의견을 진술하거나 서면에 의한 의견제출의 기회를 주어야 한다(사립학교법 제53조의2 제7항).

사립대학 교원에 대한 재임용거부결정의 절차와 관련하여 2005.1.27. 법률 제7352호로 개정된 사립학교법(이하 '개정 사립학교법'이라 한다)이 적용 내지 소급 적용되는 경우에는 학교법인이 개정 사립학교법 제53조의2 제4항 내지 제7항에 규정된 사전절차를 준수하지 아니함으로써 재임용 여부에 관하여 합리적인 기준에 의한 공정한 심사를 요구할 권리가 실질적으로 침해되었다고 평가될 정도에 이르면 그 재임용거부결정은 그와 같은 절차적 흠만으로도 효력이 부정될 수 있다. 다만, 개정 사립학교법이 시행되기 이전에 이루어진 재임용거부결정으로서 「대학교원 기간임용제 탈락자 구제를 위한 특별법」[4]만이 적용되는 경우에 있어서는 위 특별법이 재임용 재심사의 심사기준 및 사후구제절차에 관하여 규정하고 있을 뿐 개정 사립학교법의 경우와 같이 재임용 관련 사전절차에 관하여는 규정하고 있지 아니하므로 개정 사립학교법 제53조의2 제4항 내지 제7항에서 정한 사전절차를 거치지 아니하였다는 사정만으로 이

---

4) 「대학교원 기간임용제 탈락자 구제를 위한 특별법」은 대학교원에 대한 기간제 임용이 도입된 1975년 7월 23일부터 법률 제7352호 「사립학교법 중 개정법률」 및 법률 제7353호 「교육공무원법 중 개정법률」의 시행일 전일(2005년 1월 26일)까지의 기간동안 재임용에서 탈락된 국립·공립 및 사립대학의 대학교원에 대한 재임용 탈락결정이 정당한 기준에 의하여 이루어졌는지 여부에 대하여 재심사 기회를 부여함으로써 재임용 탈락자들의 권익을 보호하기 위하여 제정되었다.

를 바로 무효라고 볼 수는 없고, 재임용 절차의 전체적 진행경과에 비추어 재임용거부사유의 사전 통지와 이에 대한 해당 교원의 소명기회 보장 등과 같은 재임용심사에서의 최소한도의 절차적 요건이 흠결된 경우로 평가될 수 있어야 그 효력이 부정된다(헌법재판소 2003.2.27. 선고 2000헌바26 결정, 대법원 2010.7.29. 선고 2007다42433 판결). 이러한 판례의 취지에 비추어 보면 현재는 재임용 절차를 준수하지 않으면 재임용 거부처분의 효력이 부정될 수 있다. 재임용 거부 결정이 사전절차를 준수하지 아니함으로써 재임용 여부에 관하여 합리적인 기준에 의한 공정한 심사를 요구할 권리가 실질적으로 침해되었다고 평가될 정도에 이르면 그와 같은 절차적 흠만으로도 효력이 부정될 수 있다는 것이다(대법원 2010.4.8. 선고 2007다80497 판결). 다만 재임용 심사에서의 최소한도의 절차적 요건이 흠결된 경우로 평가될 정도에 이르지 못한 절차상의 하자는 무효라고 볼 수 없다. 예컨대 판례는 정년보장교원임용심사위원회 및 교원인사위원회의 의결을 거쳤으나 교원업적평가위원회의 회의를 거치지 않았지만 교원업적평가가 적정하게 이루어진 경우에는 그 하자의 정도가 중대하다고는 보이지 않는다고 하였다(대법원 2010.4.8. 선고 2007다80497 판결).

(4) 대학교원의 합리적인 기준과 정당한 평가에 의한 심사를 받을 권리

헌법재판소는 "임기가 만료된 교원이 '재임용을 받을 권리 내지 기대권'을 가진다고는 할 수 없지만 적어도 학교법인으로부터 재임용 여부에 관하여 '합리적인 기준과 정당한 평가에 의한 심사를 받을 권리'를 가진다고 보아야 한다. 그러므로 예컨대 학교법인이 아무런 기준을 정하지 아니하고 자의적으로 재임용 여부를 결정하는 경우, 학교법인이 정한 기준이 심히 불합리한 경우, 합리적인 기준이 있다고 하더라도 부당한 평가를 하여 재임용을 거부하는 경우, 그리고 관계 법령 등에 정한 사전고지 및 청문절차의 의무를 위반한 경우 등은 모두 임기만료 교원의 재임용 여부에 관하여 '합리적인 기준과 정당한 평가에 의한 심사를 받을 권리'를 침해하는 것에 해당한다고 할 것이다."라고 하였다[헌재 2003.2.27. 2000헌바26 전원재판부, 헌재 2003.12.18. 2002헌바14 · 32(병합) 전원재판부].

이에 따라 개정 사립학교법과 구제특별법의 관련 규정에 의하면, 대학교원 기간임용제에 의하여 임용되어 임용기간이 만료된 사립대학 교원은 교원으

로서의 능력과 자질에 관하여 합리적인 기준에 의한 공정한 심사를 받아 위 기준에 부합되면 특별한 사정이 없는 한 재임용되리라는 기대를 가지고 재임용 여부에 관하여 합리적인 기준에 의한 공정한 심사를 요구할 권리를 가진다(대법원 2011.1.13. 선고 2010두1835 판결).

교원이 재임용에서 탈락하는 경우 이러한 합리적인 기준에 의한 공정한 심사를 받을 권리가 침해되었는지 문제되는데, 이는 그 의사에 반하여 재임용되지 않은 경우에 한하는 것이므로 해당 대학교원이 자의로 재임용을 원하지 않는다는 의사를 표시하거나 종전의 임용관계와 달리 단임제 등과 같은 새로운 형태의 임용계약을 체결함으로써 재임용 신청의사를 포기하였다고 인정되는 경우에는, 그 의사표시에 다른 흠이 있어 효력이 부정되거나 학교법인에게 재임용 여부에 관하여 합리적 기준에 의한 공정한 심사를 회피할 의도가 있었다고 인정되는 등의 특별한 사정이 없는 한 학교법인으로서는 그 대학교원에 대하여 재임용 여부를 심사할 필요가 없다 할 것이므로, 이 경우에는 해당 대학교원에 대하여 재임용심사신청권의 침해가 있었다고 볼 수 없다(대법원 2010.9.9. 선고 2008다49417 판결).

(5) 임용권자의 재임용에 대한 재량권

대학교수 등에게는 고도의 전문적인 학식과 교수능력 및 인격 등을 갖출 것을 요구하고 있어서 임용기간이 만료되면 임용권자는 이와 같은 여러 가지 사정을 참작하여 재임용 여부를 결정할 필요성이 있으므로 임용기간이 만료된 자를 다시 임용할 것인지의 여부는 결국 임용권자의 판단에 따른 재량행위에 속한다. 헌법은 교육의 자주성 · 전문성 · 정치적 중립성 및 대학의 자율성은 법률이 정하는 바에 의하여 보장된다고 규정하고 있다(헌법 제31조 제4항). 대학의 본질은 학문의 연구와 학생에 대한 교육이라고 할 수 있는데 이러한 대학의 본질적 요소와 가장 밀접하게 관련된 것이 교원이고, 따라서 이러한 교원에 대한 자율적 선임과 재임용이야말로 대학의 자율성 보장에 가장 중요한 요소라고 할 수 있다. 판례도 교육공무원법 제25조에서 대학의 장이 교육공무원을 임용 제청함에 있어 대학 인사위원회의 동의를 얻도록 규정한 것은 교수 등 임용권자 또는 임용제청권자의 자의를 억제하고 객관적인 기준에 따른 인사질서를 확립함으로써 우수한 교원을 확보함과 동시에 대학의 자치 및 자율권과 교원의 신분보장을 도모하고자 하는 데 있으므로, 대학의 장이 대학인사위원회에서 임용동의안이 부결되었음을 이유로 하여 교수 등의 임용 또는 임용제청을 거부하는 행위는 그것이 사회통념상 현저히 타당성을 잃었다고 볼 만한 특별한 사정이 없는 이상 재량권을 일탈 · 남용하였다고 볼 수 없다(대법원 2009.3.26. 선고 2008두13705 판결)고 하여 대학교원의 재임용에 대한 폭넓은 재량을 인정하고 있다. 따라서 학문연구에 관한 능력과 자질을 갖추고 있다고 하더라도 학생교육 및 학생지도를 비롯하여 교육관계 법령의 준수 및 기타 교원으로서의 품위 유지에 관한 능력과 자질을 갖추지 못한 결과 교육을 받을 기본권을 가진 학생의 교육을 담당할 사립대학 교원으로서의 자격에 미달한다고 인정되는 경우에는 재임용을 거부할 수 있다(대법원 2008.2.1. 선고 2007다9009 판결). 사립대학 기간제 교원이 타인의 저서를 자신의 연구저작물로 가장하여 연구비와 성과급을 수령하고 나아가 재임용신청을 하면서 자신의 연구실적물로 제출한 행위를 이유로 재임용에서 제외한 것은 적법하다고 하였다(대법원 2010.9.9. 선고 2008다81732 판결).

(6) 임용권자의 재임용에 대한 재량권의 일탈 또는 남용

그러나 사립학교법의 관련 규정에 따르면, 사립대학 교원이 대학교원 기간임용제에 따라 임용되어 임용기간이 만료되는 경우에 교원으로서의 능력과 자질에 관하여 합리적인 기준에 따라 공정한 심사를 받아 위 기준에 부합하면 특별한 사정이 없는 한 재임용되리라는 기대를 하고 재임용 여부에 관하여 합리적인 기준에 따라 공정한 심사를 요구할 권리를 가지고 있으므로, 임용권자가 재임용신청을 한 교원에게 재임용을 거부한 경우에, 재임용거부의 객관적 사유, 즉 재임용심사기준에 미달한다는 사유가 전혀 없거나 사유가 있더라도 교원으로서의 능력과 자질을 검증하여 적격성 여부를 심사하기 위한 재임용심사에서 허용될 수 있는 정도의 재량권을 일탈 · 남용한 결과 합리적인 기준에 기초한 공정한 심사를 하지 않은 것으로 인정되어 사법상의 효력 자체를 부정하는 것이 사회통념상 타당하다고 인정된다면 재임용거부결정은 무효이다(대법원 2017.2.15. 선고 2016두52545 판결). 이때 재임용 거부결정이 재량을 일탈 · 남용하였다고 함은 그 결정이 공익의 원칙에 반하거나 재임용 거부의 판단근거로 삼은 부정적 평가 요소에 비추어 균형을 잃음으로써 비례의 원칙에 위반

하거나 또는 합리적인 사유 없이 일반적으로 적용하여 온 기준과 어긋나게 공평을 잃은 결과 평등의 원칙에 위반한 경우 등을 말하고, 이는 구체적인 사례에 따라 부정적 사실의 내용과 성질, 재임용 심사기준에의 부합 정도 등 여러 요소를 종합적으로 판단하여야 하는바, 재량권의 일탈·남용으로 인한 재임용 거부결정의 무효 사유에 관하여는 이를 주장하는 사람이 증명책임을 부담한다(대법원 2008.2.1. 선고 2007다9009 판결).

(7) 대학교원의 합리적인 기준과 정당한 평가에 의한 심사

이처럼 재임용을 원하는 대학교원에게는 합리적인 기준에 의하여 정당한 평가를 받을 권리가 있는데[5] 합리적인 기준이 어떤 것인지, 정당한 평가나 심사를 받는 것이 어떤 것인지 등에 대하여 현재는 다양한 판례가 축적되었다. 판례를 중심으로 합리적 기준과 정당한 평가에 대하여 살펴본다.

㈎ 합리적인 기준

교원인사위원회가 교원에 대한 재임용 여부를 심의함에 있어서는 학생교육에 관한 사항, 학문연구에 관한 사항, 학생지도에 관한 사항, 「산업교육진흥 및 산학연협력촉진에 관한 법률」 제2조 제6호에 따른 산학연협력에 관한 사항에 관한 평가 등 객관적인 사유로서 학칙이 정하는 사유에 근거하여야 한다(사립학교법 제53조의2 제7항). 대학의 본질적 기능은 학생교육과 학문연구, 그리고 학생지도라고 할 것이다. 그러므로 사립학교법은 대학교원에 대한 재임용의 심사기준으로 위의 대학의 본질적 기능과 관련된 사항을 거시하고 있다. 그런데 교육의 자주성·전문성·정치적 중립성 및 대학의 자율성은 법률이 정하는 바에 의하여 보장된다(헌법 제31조 4항). 그리고 이러한 대학의 자율성은 학생교육, 학문연구, 학생지도를 담당할 대학교원에 대한 선발권을 대학의 자율에 맡기는 것에서부터 시작된다고 할 수 있다. 따라서 사립학교법은 대학교원의 임명에 대하여 관할청에 보고하도록 하고 있을 뿐(사립학교법 제54조 제1

---

5) 특별한 목적하에 법이 허용하는 예외적 교원인력으로서 위와 같은 재임용에 관한 사립학교 규정이 적용을 예상한 대학교원으로 보기 어렵다. 다만 실질적으로는 전임교원을 겸임교원으로 임용하여 제도를 남용하였다거나 학교법인의 관련 규정 내지 해당 임용계약에서 위와 같은 '겸임교원 등'에게 전임교원에 준하는 보호를 명시한 경우 등과 같은 특별한 사정이 있는 경우에는 예외적으로 해당 교원에게 전임교원에 준하는 신분보장을 할 수 있다(대법원 2010.6.24. 선고 2007다31471 판결).

항) 관할청의 개입 없이 학교법인이 할 수 있도록 하고 있다. 이는 재임용도 마찬가지라고 할 것이고, 학교법인은 자율적으로 재임용 기준을 정할 수 있다고 하겠다. 그런 점에서 사립학교법 제53조의2 제7항이 규정하고 있는 평가사항은 기준이 되는 항목을 예시한 것이라고 보아야 한다. 따라서 그 외 교육관계 법령의 준수 및 기타 교원으로서의 품위 유지에 관한 능력과 자질, 그리고 윤리성 등을 기준 항목에 포함시킬 수도 있을 것이다. 판례는 재임용심사기준에 강의평가결과, 동료 교수들의 의견 등이 포함되어 있고 이러한 기준 미달을 이유로 재임용을 거부한 것은 적법하다고 하였다(대법원 2009.12.24. 선고 2007두18475 판결). 또한 같은 이유로 이러한 항목 간의 배점 기준(비중)에 대해서도 임명권자가 자유롭게 정할 수 있어야 할 것이다. 다만, 이러한 자율권은 무한적으로 허용된다고 할 수는 없고, 사회통념에 비추어 용인할 수 있는 한도를 벗어나지 않는 범위에서 인정된다. 그리고 학생들에 의한 강의평가나 동료 교원들의 평가가 왜곡되거나 지나치게 주관적으로 이루어지지 않도록 이러한 평가에도 평가방법과 절차, 그리고 아래의 판례에서 보는 바와 같이 재임용 기준이 사전에 마련되어 있어야 한다.

사립학교법 제53조의2 제7항 전문에서 재임용 심의사유를 학칙이 정하는 객관적인 사유에 근거하도록 규정한 취지는, 대학교원으로서의 재임용 자격 내지 적격성의 유무가 임용권자의 자의(恣意)가 아니라 학생교육에 관한 사항, 학문연구에 관한 사항과 학생지도에 관한 사항에 대한 평가 등 객관적인 사유에 의하여 심의되어야 할 뿐만 아니라 해당 교원에게 사전에 심사방법의 예측가능성을 제공하고 사후에는 재임용거부결정이 합리적인 기준에 의하여 공정하게 이루어졌는지를 심사할 수 있도록 재임용 심사기준이 사전에 객관적인 규정으로 마련되어 있어야 함을 요구하는 것으로 보아야 한다(대법원 2011.2.10. 선고 2010두17403 판결). 판례는 교원업적평가규정에 교원업적평가의 세부항목과 배점기준 등에 대하여 정하여 두긴 하였지만 재임용이 가능한 기준은 이에 명시하지 않고, 그 기준의 성취 여부를 대학교원과 임용권자 사이에 약정한 개별적인 계약조건만을 가지고 심사한 경우에는 재임용 조건의 공정성, 객관성, 합리성 및 다른 교원들과의 형평성을 담보하기 어렵고, 또한 규정에서 정한 범위를 벗어나는지 여부 자체를 알 수 없음을 이유로 위 계약조건이 당사자 사이의 합의를 거쳐 객관적인 기준을 정한 것이라고 하더라도 객관적 기준이 될 수 없다고 하였다(대법원 2011.2.10. 선고 2010두17403 판결).

이러한 기준의 규정형식은 학교법인의 자율에 맡겨져 있으므로 학교교칙은 물론 정관에 근거를 둔 교원인사규정이나 그 시행세칙에 규정하더라도 그 효력이 인정된다(대법원 2011.1.13. 선고 2010두1835 판결).

㈏ **공정한 심사**

재임용에 대한 심사는 객관적인 자료를 기초로 객관적이고 공정한 방법으로 이루어져야 한다.

(8) 거부에 대한 불복방법

㈎ **교원소청심사와 행정소송**

재임용이 거부된 교원이 재임용 거부처분에 대하여 불복하고자 하는 경우에는 그 처분이 있음을 안 날부터 30일 이내에 「교원의 지위 향상 및 교육활동 보호를 위한 특별법」 제7조의 규정에 의한 교원소청심사위원회에 심사를 청구할 수 있다(사립학교법 제53조의2 제9항). 심사위원회의 결정은 처분권자를 기속하며, 심사위원회의 결정에 대하여는 교원이나 학교법인 또는 사립학교 경영자 등 당사자가 그 결정서를 송달받은 날부터 90일 이내에 「행정소송법」으로 정하는 바에 따라 행정소송을 제기할 수 있다(교원의 지위 향상 및 교육활동 보호를 위한 특별법 제10조 제3항). 이때의 피고는 소청심사위원회가 된다.

㈏ **교원소청심사특별위원회**(재임용 탈락 대학교원의 재임용 재심사)

「대학교원 기간임용제 탈락자 구제를 위한 특별법」 제3조에 따라 재임용 탈락교원에 대한 재임용 재심사 및 소송업무를 수행하기 위하여 교원의 지위 향상 및 교육활동 보호를 위한 특별법에 의하여 설치된 교원소청심사위원회에 교원소청심사특별위원회를 둔다. 위 특별위원회는 재임용 탈락 교원에 대한 재임용 재심사, 재임용 재심사 결과에 불복한 당사자가 제기한 소송업무, 그 밖에 재임용 재심사 업무수행에 필요한 사항에 관한 심의 및 결정 등의 업무를 수행한다. 「대학교원 기간임용제 탈락자 구제를 위한 특별법」은 재임용 탈락 대학교원의 재임용 재심사의 신청과 심사절차와 결정의 효력에 대하여 규정하고 있다.

㈐ **무효확인의 소송**

현행 사립학교법 제53조의2 제4항 내지 제8항의 규정 내용에 비추어 볼 때, 기간제로 임용되어 임용기간이 만료된 사립대학 교원으로서는 교원으로서의 능력과 자질에 관하여 합리적인 기준에 의한 공정한 심사를 받아 위 기준에 부합되면 특별한 사정이 없는 한 재임용되리라는 기대를 가지고 재임용 여부에 관하여 합리적인 기준에 의한 공정한 심사를 요구할 권리를 가진다고 할 것이므로, 임용권자가 임용기간이 만료된 사립대학 교원에 대하여 한 재임용을 거부하는 결정 및 통지는 그 대학교원의 권리관계에 영향을 주는 것으로서 임용권자와 사이에 재임용거부결정 및 통지의 효력 여부에 관하여 다툼이 있는 이상 그 대학교원은 그 거부결정 및 통지의 무효확인을 구할 소의 이익이 있다(대법원 2006.3.9. 선고 2003다52647 판결). 이는 교원소청심사 절차를 거쳤다고 하더라도 마찬가지이다.

㈑ **불복절차 진행 중의 정년의 도래**

재임용 거부에 대한 불복절차의 진행 중에 나이가 이미 대학교원의 정년에 달하거나 정년을 초과하게 된 경우에는 가사 재임용 거부가 취소되어 재임용을 다시 한다 하여도 대학교원으로서의 지위를 회복하는 것은 불가능하게 된다. 따라서 특별한 사정이 없는 한 그에 관한 소청심사나 행정소송은 소의 이익이 없어 부적법하게 된다(대법원 2008.8.11. 선고 2006두18980 판결).

㈒ **재임용 거부된 기간의 재직기간 합산여부**

기간을 정하여 임용된 국 · 공립대학의 교원은 특별한 사정이 없는 한 그 임용기간의 만료로 교원으로서의 신분관계가 종료되는 것이고, 임용기간이 만료된 교원의 재임용이 거부되었다가 그 재임용거부처분이 법원의 판결에 의하여 취소되었다고 하더라도 임용권자는 다시 재임용 심의를 하여 재임용 여부를 결정할 의무를 부담할 뿐, 위와 같은 취소 판결로 인하여 당연히 그 교원이 재임용거부처분 당시로 소급하여 신분관계를 회복한다고 볼 수는 없다. 그러므로 재임용거부처분 취소판결을 거쳐 재임용된 교원이라 하더라도 임용기간 만료로 교원으로서의 신분을 상실한 후 재임용되기 전까지의 기간은 공무원연금법 제23조 제1항에 정한 재직기간에 산입할 수 없다(대법원 2009.3.26. 선고 2009두416 판결).

㈓ **재임용 거부처분이 무효나 취소된 경우의 효과**

교원소청심사위원회의 소청심사결정 중 임용기간이 만료된 교원에 대한 재임용거부처분을 취소하는 결정은 재임용거부처분을 취소함으로써 학교법인 등에게 해당 교원에 대한 재임용심사를 다시 하도록 하는 절차적 의무를 부과하는 데 그칠 뿐, 학교법인 등에게 반드시 해당 교원을 재임용하여야 하는 의무를 부과하거나 혹은 그 교원이 바로 재임용되는 것과 같은 법적 효과까지 인정되는 것은 아니다(대법원 2010.9.9. 선고 2008다6953 판결 참조). 따라서 재임용거부처분이 교원소청심사위원회의 결정으로 취소되더라도 그것만으로 임용권자가 해당 교원을 재임용할 의무가 있다거나 당사자 사이에 임용관계가 성립한다고 볼 수 없으므로, 임용권자가 해당 교원에 대하여 다시 재임용 심사절차를 거쳐 재임용거부처분을 하였더라도 그 거부처분이 위 교원소청심사위원회의 결정의 기속력에 반하여 무효라고 볼 수는 없다(대법원 2011.9.8. 선고 2009다65249 판결). 따라서 불법행위로 인한 임금 상당의 손해배상책임도 재심사 결과 해당 교원이 재임용되었을 것임이 인정되는 경우에 한하여 인정된다.

(9) 위법한 재임용거부로 인한 손해배상의 청구

㈎ **재산적 손해에 대한 배상 청구**

기간임용제 대학교원에 대한 학교법인의 재임용거부결정이 재량권을 일탈·남용한 것으로 평가되어 그 사법상 효력이 부정된다고 하더라도 이것이 불법행위를 구성함을 이유로 학교법인에게 재산적 손해배상책임을 묻기 위해서는 해당 재임용거부가 학교법인의 고의 또는 과실로 인한 것이라는 점이 인정되어야 한다. 이를 위해서는 학교법인이 보통 일반의 대학을 표준으로 하여 볼 때 객관적 주의의무를 결하여 그 재임용거부결정이 객관적 정당성을 상실하였다고 인정될 정도에 이른 경우이어야 하며, 이때에 객관적 정당성을 상실하였는지 여부는 재임용거부사유의 내용 및 성질, 그러한 거부사유 발생에 있어서 해당 교원의 기여(관여) 정도, 재임용심사절차에서 해당 교원의 소명 여부나 그 정도, 명시된 재임용거부사유 외에 학교법인이 재임용거부 판단에 실질적으로 참작한 사유의 유무 및 그 내용, 재임용심사의 전체적 진행 경과 등 여러 사정을 종합하여 손해의 배상책임을 대학에게 부담시켜야 할 실질적인 이유가 있는지 여부에 의하여 판단하여야 한다(대법원 2013.1.16. 선고 2012다31734 판결). 그리고 학교법인이 재임용심사를 할 의무가 있다고 하더라도, 그 의무 위반이 불법행위를 구성하여 학교법인에게 손해배상책임이 있다고 하려면 먼저 해당 교원의 재심사신청 의사가 확인되어야 한다. 따라서 재임용거부처분에 관하여 해당 교원의 재심사신청 의사가 표시되지 않은 상황에서 곧바로 학교법인에게 재심사의무의 불이행을 이유로 어떤 법적 불이익을 부여하는 것은 타당하지 않으며, 위법한 재임용거부로 인한 학교법인의 손해배상책임은 해당 교원의 재심사신청의사가 객관적으로 확인된 시점 이후에만 물을 수 있다(대법원 2012.5.10. 선고 2011다95700 판결). 따라서 해당 교원이 교원소청심사위원회에 재임용 재심사청구를 할 당시 이미 다른 대학의 조교수로 근무하고 있었고 이후 부교수로 승진 임용된 사정 등으로 해당 교원이 그 대학에 재직할 의사가 있었다고 보기 어려운 경우에는 재임용 신청의사가 객관적으로 확인되었다고 볼 수 없다(대법원 2012.5.10. 선고 2011다95700 판결).

이러한 판단을 거쳐 학교법인의 불법행위가 인정되는 경우에는 적법한 재임용심사를 받았더라면 재임용을 받을 수 있었던 사립대학 교원은, 대학에 대하여 그러한 위법행위가 없었더라면 교원으로 임용되어 재직할 수 있었던 기간 동안 임금 상당의 재산적 손해배상을 청구할 수 있다. 이때 재직 가능 기간의 범위는 해당 대학의 재임용심사기준의 전반적인 엄격성의 정도와 학문영역별(인문 · 사회 · 자연계열 등) 심사기준의 차이 여부, 해당 교원의 전공분야와 실제 재임용 현황(재임용률), 해당 대학의 재임용 및 승진임용의 구성 체계(동일직급 재직기간의 제한 여부, 재임용과 승진임용 사이의 심사기준의 차별성 여하), 해당 교원의 개인적 연구역량(이전에 재임용을 받은 횟수나 그 통과 수준, 해당 재임용심사에서 재임용자격 인정기준과의 차이 정도) 등의 사정을 종합적으로 고려하여 개별적으로 판단하여야 하며, 반드시 위법한 재임용거부가 이루어진 해당 재임용기간 동안 지급받을 수 있었던 임금 상당액에 한정되는 것은 아니다(대법원 2010.7.29. 선고 2007다42433 판결).

㈏ **정신적 손해에 대한 배상 청구**

한편 사립대학 교원이 위법한 재임용거부로 인하여 재산적 손해 외에 별도의 정신적 고통을 받았음을 이유로 위자료를 청구하기 위해서는, 학교법인이 재임용을 거부할 만한 사유가 전혀 없는데도 오로지 해당 교원을 대학에서 몰아내려는 의도하에 고의로 다른 명목을 내세워서 재임용을 거부하였거나, 재임용거부의 이유로 된 어느 사실이 인사규정 등 소정의 재임용 여부의 심사사유에 해당되지 아니하거나 재임용거부사유로 삼을 수 없는 것임이 객관적으로 명백하고 또 조금만 주의를 기울이면 이와 같은 사정을 쉽게 알아볼 수 있는데도 그것을 이유로 재임용거부에 나아간 경우 등 재임용 여부 심사에 관한 대학의 재량권 남용이 우리의 건전한 사회통념이나 사회상규상 용인될 수 없음이 분명한 경우이어야 한다(대법원 2010.7.29. 선고 2007다42433 판결).

바. 교원인사위원회

각급학교(초등학교 · 고등기술학교 · 공민학교 · 고등공민학교 · 유치원과 이들에 준하는 각종학교를 제외한다)의 교원(학교의 장을 제외한다)의 임용 등 인사에 관한 중요사항을 심의하기 위하여 해당 학교에 교원인사위원회를 둔다. 교원인사위원회의 조직 · 기능과 운영에 관하여 필요한 사항은 학교법인 및 법인인 사립학교경영자의 경우에는 정관으로, 사인인 사립학교경영자의 경우에는 규칙으로 정한다(사립학교법 제53조의4). 심의는 통상 의결권을 갖지 않으며 의결을 한다고 하더라도 그 의결이 인사권자를 구속하는 것은 아니다.

교원의 임용 과정에서 교원인사위원회의 심의를 거치지 않은 임용의 효력은 어떨까. 이에 대한 직접적인 판단을 한 대법원 판결은 아직 없는 것으로 보이는데, 다만 대학교원의 재임용과 관련해서는 재임용 신청자에게 사립학교법과 학교법인의 정관 규정에 따라 재임용 여부에 관하여 교원인사위원회의 심의를 받을 권리 및 그 심의를 거쳐 재임용 여부를 결정해 줄 것을 임면권자에게 요구할 권리가 인정된다고 하였다(대법원 2012.6.14. 선고 2011두29885 판결). 사립학교법은 대학교원 재임용은 교원인사위원회의 심의를 거쳐야 한다는 규정(사립학교법 제53조의2 제6항), 심의 방법에 관한 규정(사립학교법 제53조의2 제7, 8항)을 별도로 두고 있다. 따라서 재임용의 경우에는 반드시 교원인사위원회의 심의를 거쳐야 할 것으로 보이고 이 때문에 위의 대법원 판결도 교원인사위원회의 심의를 재임용 신청자의 권리로 보았을 것이다.

하지만 그 외의 교원의 임용에서도 교원인사위원회의 심의를 거쳐야 하는가. 초중고등학교 교원 임용에서의 교원인사위원회의 기능과 관련하여 서울행정법원에서 두 판결이 있었는데 결론은 물론 교원인사위원회의 기능에 대해서도 달리 판단하였다. 그중 한 판결(서울행정법원 2018.9.14. 선고 2018구합52686 판결)은 교육청의 감사 결과 중학교의 교원 채용과정에서 교원인사위원회 미개최, 평가표 등 채용서류 허위작성, 사인위조 등 방식으로 부당하게 채용되었음이 적발되었고, 해당 학교법인이 위의 감사결과에 따라 해당 교원에 대한 임용을 취소하자 교원이 교원소청심사를 청구하였으며, 교원소청심사위원회에서 교원의 주장이 받아들여지지 않자 행정소송을 제기한 사건이었다. 이 사건에서 제1심 법원은 구 사립학교법의 교원인사위원회에 관한 규정(제53조의4 제1항) 등을 이유로 교원의 임용과정에서 교원인사위원회를 개최하지 않은 것은 사립학교법 위반이고 회의록까지 허위로 작성한 것은 하자의 정도가 중요하다고 하였다. 그리고 학교법인의 공공성과 특수성 때문에 사립학교 교원의 임용에는 교육공무원의 임용과 같은 정도의 엄격성과 공정성이 요구되고 이를 통하여 학생들의 교육받을 권리 등을 보장하여야 할 공익상의 필요가 커서 설령 임용된 교사가 학교법인의 부정행위를 알지 못하였다고 하더라도 임용취소가 형평의 원칙에 반하지 않는다고 하였다. 따라서 임용취소가 적법하다고 한 것이다.

다른 판결(서울행정법원 2018.9.14. 선고 2018구합53931 판결)의 사안도 위 사건의 감사결과에서 교원인사위원회를 개최하지 않았음에도 허위 회의록을 작성하였고, 채용시험에 허위 평가표를 작성하여 사인을 위조하였으며, 채용된 교사에 대하여 관할청에 임용보고를 하지 않았음이 적발되어 임용취소를 요구받은 학교법인이 교원에 대하여 임용을 취소하여 교원소청심사를 거쳐 제기된 사건이었다. 다른 재판부에서 행해진 위 판결에서 법원은 교원인사위원회의 심의가 내부절차에 불과하고, 의결기관이 아니라 단순한 심의기관으로서 임용권자가 그 심의결과에 기속된다고 볼 수 없으며, 심의 결과에 반하는 임용계약이 체결되었다 하여 이를 위법하다고 할 수도 없으므로 위 절차를 거치지 않았다고 하여 사법상의 고용계약인 임용계약을 무효로 보기는 어렵다고 판단하였다.

그리고 위의 최종 결론은 대법원에서 그대로 유지되었다. 이러한 상반된 판결에 대하여 법원이 모순되는 판단을 한 것처럼 주장하는 사람도 있으나 실질은 모순되는 판결은 아니다.

위의 서울행정법원 2018.9.14. 선고 2018구합52686 판결의 항소심(서울고등법원 2019.6.13. 선고 2018누67574 판결)은 위의 사안을 임용절차에서 교원인사위원회를 거치지 않았다는 사실과 실질적인 공개전형 절차를 거치지 않았다는 사실 두 가지로 나누어 판단하였다. 서울고등법원은 금지규정이 공법 영역에 속하는 것인 경우에는 그 금지규정이 사법의 영역에까지 효력을 미쳐서 사법상 법률행위의 효과에도 영향이 있다고 할 것인지를 신중하게 판단하여야 하고, 당해 금지규정의 배경이 되는 사회경제적·윤리적 상황과 그 추이, 금지규정으로 보호되는 당사자 또는 이익, 그리고 반대로 그 규정에 의하여 활동이 제약되는 당사자 또는 이익이 전형적으로 어떠한 성질을 가지는지 또 그 이익 등이 일반적으로 어떠한 법적 평가를 받는지, 금지되는 행위 또는 그에 기한 재화나 경제적 이익의 변동 등이 어느 만큼 반사회적인지, 금지행위에 기하여 또는 그와 관련하여 일어나는 재화 또는 경제적 이익의 변동 등이 당사자 또는 제3자에게 가지는 의미 또는 그들에게 미치는 영향, 당해 금지행위와 유사하거나 밀접한 관련이 있는 행위에 대한 법의 태도 기타 관계 법상황 등이 종합적으로 고려되어야 한다고 하였다(대법원 2010.12.23. 선고 2008다75119 판결). 그리고 먼저 교원인사위원회의 심의를 거치지 않은 것에 대해서는 사립학교법의 교원인사위원회의 심의절차에 관한 규정은 임용권자의 임용행위에 대한 감시와 견제보다는 확인 내지 보완에 그 목적이 있는 것으로 보이고, 교원인사위원회의 심의는 내부절차에 불과하고 의결기관이 아니라 단순한 심의기관으로 임용권자가 그 심의결과에 기속된다고 볼 수 없으므로 그 절차를 거치지 않았다고 하더라도 임용계약을 무효라고 보기 어렵다고 하였다. 반면에 교원 임용의 공개전형 절차에 관한 규정은 강행규정으로 보았고, 교장이 임용 지원자 중 특정인을 내정하고 특정인의 합격을 유도하였으며, 학부모위원의 평가표를 허위로 작성한 것은 실질적으로 공개전형을 하지 않은 것으로 교원의 신규채용에 있어서의 균등한 기회 보장의 필요성, 채용과정에서의 투명성 확보, 학생들의 교육받을 권리의 확보 등의 공익을 고려하면 실질적인 공개전형을 거치지 않은 임용계약은 무효라고 하였다. 이처럼 결국 임용계약은 무효라고 보았으나 교원인사위원회를 거치지 않았더라도 이를 이유로 임용계약을 무효라고 한 것은 아니었다. 위의 판결은 대법원에서 심리불속행 기각으로 확정되었다(대법원 2019두45951 판결).

한편 서울행정법원 2018.9.14. 선고 2018구합53931 판결은 임용계약에 대하여 무효가 아니라는 판결을 하였는데, 마찬가지로 위 판결도 교원인사위원회를 거치지 않은 것은 무효사유라고 할 수 없다고 하였다. 다만 이 사안도 위의 판결 사안과 마찬가지로 평가에 참여하지 않은 학부모위원의 평가표를 허위로 작성하고 사인을 위조하는 등의 동일한 사안이었으나 이들 위법사유에 대해서는 서울고등법원의 판단대상이 되지 않았다(서울고등법원 2019.4.12. 선고 2018누65998 판결). 그 이유는 사립학교 교원의 불이익처분에 관한 교원소청심사위원회의 결정이 행정소송의 대상이 된 경우 행정소송에서의 심판 대상은 학교법인의 교원에 대한 불이익처분이 아니라 교원소청심사위원회의 결정인데 이 사건에서는 교원소청심사위원회의 결정에는 위의 공개전형 관련 절차에 대한 심의와 판단이 이루어지지 않았었고, 따라서 행정소송에서도 이러한 위법까지 고려하여 임용취소의 효력에 대한 판단을 하지 않았던 것이다. 그리고 위 서울고등법원의 판결은 대법원에서 심리불속행 기각됨으로써 확정되었다(대법원 2019두39093 판결).

정리하면 두 판결 모두 교원인사위원회를 거치지 않았더라도 이러한 사유만으로는 임용계약의 효력을 부인할 수 없다고 보았고, 그 외 임용절차의 공정성과 객관성을 심각하게 훼손하거나 실질적인 공개전형을 하지 않았다고 볼 수 있는 임용절차상의 하자가 있다면 임용계약을 무효로 보고 있는 것이다.

사. 임용의 보고

각급학교의 교원의 임용권자가 교원을 임용(각급학교의 장으로서 임기만료로 해임된 경우는 제외한다)한 때에는 임용한 날부터 7일 이내에 관할청에 보고하여야 한다(사립학교법 제54조 제1항). 이때의 교원은 학교의 장을 포함한 것으로 보아야 하므로 학교의 장에 대한 임용에 대해서도 관할청에 보고하여야 한다. 일반적으로 사립학교 교원의 임용에 관한 규정에서 교원이라 함은 다른 규정이 없는 한 학교의 장도 포함하는 의미라고 해석함이 상당하다(대법원 2002.12.10. 선고 2002두3393 판결).

교원의 임용보고를 할 때에는 교육부장관이 정하여 고시하는 서식에 따른다. 다만, 고등학교 이하 각급학교 교원의 임용보고는 관할청이 정하여 고시하는 서류를 첨부하게 할 수 있다(사립학교법시행령 제23조).

3. 사립학교 교원의 복무

사립학교의 교원의 복무에 관하여는 국 · 공립학교의 교원에 관한 규정을 준용한다(사립학교법 제55조 제1항). 국 · 공립학교 교원은 국가공무원법과 지방공무원법의 특별법인 교육공무원법이 적용되는데 특별법에 달리 규정한 것이 없다면 일반법인 국가공무원법과 지방공무원법이 적용되어야 한다. 교육공무원법 제53조는 교육공무원법과 국가공무원법의 관계에 대하여 규정하며 교육공무원에게 적용되지 않는 국가공무원법의 규정을 열거하고 있는데(제5항) 복무에 관한 규정은 여기에 포함되어 있지 않다. 따라서 사립학교 교원에게는 국가공무원법의 복무에 관한 규정이 적용된다.

가. 선서의 의무(국가공무원법 제55조)

공무원은 취임할 때에 소속 기관장 앞에서 대통령령으로 정하는 바에 따라 선서(宣誓)하여야 한다. 다만, 불가피한 사유가 있으면 취임 후에 선서하게 할 수 있다.

나. 성실의무(국가공무원법 제56조)

모든 교원은 법령을 준수하며 성실히 직무를 수행하여야 한다. 교원의 복무 중 가장 많이 문제가 되고 있는 것의 하나가 성실의무이다. 최대한으로 공공의 이익을 도모하고 그 불이익을 방지하기 위하여 전인격과 양심을 바쳐서 성실히 직무를 수행하여야 하는 것을 내용으로 한다(대법원 2017.11.9. 선고 2017두47472 판결). 이는 교원의 의무 가운데 가장 핵심적인 의무로서 사실상 교원의 모든 의무가 여기에서 비롯된다고 볼 수 있다.

판례는 일반적으로 교원은 담당하고 있는 교육에 충실하여야 할 직무상의 성실의무가 있고, 이러한 성실의무와 관련하여 해당 학교 등의 내부사실을 외부에 공표하는 행위도 그 공표 내용과 진위, 그러한 행위에 이르게 된 경위와 목적, 방법 등에 따라서는 성실의무 위반에 해당할 수 있다고 하면서 사립학교 교원이 대학의 신규 교원 채용에 서류심사위원으로 관여하면서 소지하게 된 인사서류를 학교 운영과 관련한 진정서의 자료로 활용하고 위조된 서면에 대한 확인조치 없이 청원서 등에 첨부하여 사용한 것은 교원으로서의 성실의무와 품위유지의무를 위배한 것으로서 징계사유에 해당한다고 하였다(대법원 2000.10.13. 선고 98두8858 판결).

그리고 판례는 공무원이 참여한 집회를 정당한 단체행동의 범위를 벗어난 것으로 판단하면서, 가사 집회가 관계 법령에 따라 적법한 절차를 거쳐 개최되었고, 근무시간 외에 사업장 밖에서 개최되었다고 하더라도 철도의 정상적인 운행을 수행하여야 할 철도기관사로서의 성실의무는 철도의 정상운행에 지장을 초래할 가능성이 높은 집회에 참석하지 아니할 의무에까지도 미친다고 하였다. 그에 따라 기관장이 철도기관사인 공무원에게 위 집회에 참석하지 못하도록 한 명령은 정당한 직무상 명령이라고 판단하였다(대법원 1997.2.11. 선고 96누2125 판결).

또한 교육공무원이 자신의 지도를 받았던 학생의 논문을 표절하여 연구결과보고서를 제출하였고, 학생들의 학위논문을 지도하면서 타인의 실험결과를 본인들이 직접 실험을 하여 얻은 결과인 것 같이 하여 논문을 작성하도록 한 행위가 국가공무원법상의 성실의무와 품위유지의무에 위반한 것이라고 하였다(대법원 1996.4.26. 선고 95누3848 판결).

다. 복종의 의무(국가공무원법 제57조)

교원은 직무를 수행할 때 소속 상관의 직무상 명령에 복종하여야 한다. 소속상관이란 해당 기관의 상관인지 상관의 보조자인지에 상관없이 교원의 직무에 관하여 지휘 · 감독권을 가진 자를 말한다. 특히 초중고등학교에서는 교장과 교감의 명령이, 대학에서는 총장과 학장의 명령이 문제 된다. 이들의 명령은 서면에 의한 것이거나 구두에 의한 것이거나 상관없다. 복종의 의무를 발생시키는 명령은 ① 정당한 권한을 가진 자에 의한 ② 직무상 명령이어야 하고, ③ 내용이 법령에 반하는 것이어서는 안 된다. 따라서 위법한 명령에 대해서는 복종할 의무가 없으나 법령의 해석에 있어서 차이가 있는 경우에는 이 때문에 명령이 법령에 반한다는 이유로 명령에 불복종할 수는 없다. 그리고 교원의 특성상 교육의 전문가로서의 업무(헌법 제31조 제4항)나 교원의 수업권과 관련한 업무에 대한 소속 상관의 명령은 제한적일 수밖에 없다. 이러한 교원의 복종의무의 위반은 징계사유는 되나 형사상 처벌사유가 되는 것은 아니다.

라. 직장이탈금지의무(국가공무원법 제58조)

교원은 소속 상관의 허가 또는 정당한 사유가 없으면 직장을 이탈하지 못한다. 교원은 현행범인 경우를 제외하고는 소속학교장의 동의 없이 학교 안에서 체포되지 아니한다. 직장이탈금지의무의 위반은 형법상 직무유기죄가 성립할 수 있다.

판례는 공무원이 법정연가일수의 범위 내에서 연가신청을 하였고 그와 같은 연가신청에 대하여 행정기관의 장은 공무수행상 특별한 지장이 없는 한 이를 허가하여야 한다고 되어 있더라도 그 연가신청에 대한 허가도 있기 전에 근무지를 이탈한 행위는 직장이탈금지의무를 위반한 것이라고 하였다(대법원 2007.5.11. 선고 2006두19211 판결). 이는 교원의 경우에도 마찬가지이다.

특정한 업무에 대하여 지시받고 출장근무 중이었던 이상 그 공무수행을 위하여 지시받은 근무장소에서 전력을 다하여야 하며 사사로운 일을 위하여 시간을 소비하여서는 아니 될 뿐만 아니라, 점심식사를 위한 휴식을 취함에 있어서도 가급적 점심시간(중식시간)으로 정한 시간대와 시간의 범위 내에서 휴식을 취하여야 할 것임에도, 점심시간대를 훨씬 지난 시각에 함께 출장근무 중이던 동료 여직원과 함께 근무장소를 벗어나 산 속에 있는 절 부근으로 놀러 갔던 이상, 설령 그것이 점심시간 1시간을 활용한 것이라 하더라도 이를 두고 공무원이 출장근무 중에 점심시간을 이용하여 휴식을 취한 것이라고는 볼 수 없고, 근무시간 중에 직무에 전념하여야 할 공무원이 그 소속 직장을 함부로 이탈한 것이라고 한다(대법원 1998.2.27. 선고 97누18172 판결).

마. 친절 · 공정의 의무(국가공무원법 제58조)

교원은 국민 전체의 봉사자로서 친절하고 공정하게 직무를 수행하여야 한다. 사립학교의 교원이 공무원이 아닌 한 국민 전체의 봉사자로서의 지위는 가지지 않는 것으로 보나 이에 준하여 친절하고 공정하게 직무를 수행할 의무를 가진다. 이와 같이 친절과 공정의 의무는 도덕적 의무가 아니라 법적 의무이다.

바. 종교중립의 의무(국가공무원법 제59조의2)

교원은 종교에 따른 차별 없이 직무를 수행하여야 한다. 교원은 소속 상관이 종료중립의무에 위배되는 직무상 명령을 한 경우에는 이에 따르지 않을 수 있다.

사. 비밀 엄수의 의무(국가공무원법 제60조)

공무원은 재직 중은 물론 퇴직 후에도 직무상 알게 된 비밀을 엄수(嚴守)

하여야 한다. 공무원과 사립학교 교원의 비밀의 내용은 다를 수밖에 없을 것이나 사립학교의 교원에게도 학교법인이나 재직 중인 학교의 비밀, 또는 교육하고 있는 학생들의 신상에 관한 사항 등에 대하여 외부에 누설하여서는 아니 될 의무를 부담한다.

이때의 비밀이란 학교법인이나 학교, 학생의 모든 비밀사항을 포함하는 것이 아니라 객관적, 실질적으로 비밀성이 있는 것으로서 이러한 비밀을 누설할 경우에는 형벌을 가하여서라도 보호해야 할 가치가 있는 비밀일 경우를 의미한다. 다시 말하면 비밀로써 보호해주어야 할 가치가 있고 학교법인이나 학교, 학생의 이익을 위하여 비밀로써 보호해야 할 필요성이 있는 비밀에 대하여 누설하여서는 안 될 의무를 가진다. 이에 위반하면 형법상의 비밀누설죄가 성립할 수도 있다(형법 제317조).

아. 청렴의 의무(국가공무원법 제61조)

교원은 직무와 관련하여 직접적이든 간접적이든 사례 · 증여 또는 향응을 주거나 받을 수 없다. 교원은 직무상의 관계가 있든 없든 그 소속 상관에게 증여하거나 소속 공무원으로부터 증여를 받아서는 아니 된다. 청렴의 의무 위반은 징계사유에 해당할 뿐만 아니라 일정한 경우에는 배임수증죄 등 범죄가 될 수도 있다(형법 제357조). 특히 공직자 등의 공정한 직무수행을 보장하고 공공기관에 대한 국민의 신뢰를 확보하는 것을 목적으로 「부정청탁 및 금품 등 수수의 금지에 관한 법률」(이하 청탁금지법이라 한다)이 제정되었는데 이 법이 적용되는 '공공기관'에는 「초 · 중등교육법」, 「고등교육법」, 「유아교육법」 및 그 밖의 다른 법령에 따라 설치된 각급 학교 및 「사립학교법」에 따른 학교법인이 포함되고(청탁금지법 제2조 제1호 라목), '공직자 등'에는 위 각급 학교의 장과 교직원 및 학교법인의 임직원이 포함되어(청탁금지법 제2조 제2호 다목) 교원도 청탁금지법의 적용대상이다. 따라서 누구라도 학교장이나 그 외 교원에게 입학 · 성적 · 수행평가 등의 업무에 관하여 법령을 위반하여 처리 · 조작하도록 하는 행위 등을 해서는 안 되고 교원도 그러한 청탁에 따라 직무를 수행해서는 안 된다. 교원은 직무 관련 여부 및 기부 · 후원 · 증여 등 그 명목에 관계 없이 동일인으로부터 1회에 100만원 또는 매 회계연도에 300만원을 초과하는 금품 등을 받거나 요구 또는 약속해서는 안 된다(청탁금지법 제8조

제1항). 나아가 만약 직무와 관련되는 경우라면 대가성 여부를 불문하고 위의 금액 이하의 금품 등이라도 받거나 요구 또는 약속해서도 안 된다(청탁금지법 제8조 제2항). 다만 사회상규에 반하지 않는 경우에는 문제되지 않고(청탁금지법 제5조 제2항), 음식물 3만원, 경조사비 5만원(화환 등은 10만원), 그 밖의 선물 5만원(농수산물은 10만원)(청탁금지법시행령 제17조 별표 1)[6] 등은 수수를 금지하는 금품 등에 해당하지 않는다(청탁금지법 제8조 제3항).

자. 외국 정부의 영예 등을 받을 경우(국가공무원법 제62조)

교원이 외국 정부로부터 영예나 증여를 받을 경우에는 대통령의 허가를 받아야 한다.

차. 품위 유지의 의무(국가공무원법 제63조)

교원은 직무의 내외를 불문하고 그 품위가 손상되는 행위를 하여서는 아니 된다. '품위'라 함은 공직의 체면, 위신, 신용을 유지하고, 주권자인 국민의 수임을 받은 국민 전체의 봉사자로서의 직책을 다함에 손색이 없는 몸가짐을 뜻하는 것으로서, 직무의 내외를 불문하고, 국민의 수임자로서의 직책을 맡아 수행해 나가기에 손색이 없는 인품을 말한다(대법원 2017.11.9. 선고 2017두47472 판결). 사립학교법은 사립학교 교원에 대하여도 직무와 관련된 부분은 물론 사적인 부분에서도 품위를 유지할 의무를 규정하고 있는데, 여기서 품위라 함은 국민에 대한 교육자로서의 직책을 맡아 수행해 나가기에 손색이 없는 인품을 말하고 어떤 행위가 품위손상행위에 해당하는가는 구체적 상황에 따라 평균적인 교원을 기준으로 건전한 사회통념에 의하여 판단하여야 한다(대법원 2015.11.26. 선고 2013두13174 판결).

교원은 항상 사표가 될 품성과 자질의 향상에 힘쓰고 학문의 연찬과 교육 원리의 탐구 및 학생 교육에 전심전력하여야 한다는 점에서 일반 직업인보다 높은 도덕성이 요구되고 그 품위손상행위는 본인은 물론 교원사회 전체에 대한 국민의 신뢰를 실추시킬 우려가 있는 점에서 보다 엄격한 품위유지의무를 부담하고 있으며, 이는 사립학교의 교원도 마찬가지이다(대법원 2000.10.13.

---

6) 각각의 가액은 모두 합산한 금액으로 한다.

선고 98두8858 판결).

이에 따라 사립학교 교원이 대학의 신규 교원 채용에 서류심사위원으로 관여하면서 소지하게 된 인사서류를 학교 운영과 관련한 진정서의 자료로 활용하고 위조된 서면에 대한 확인조치 없이 청원서 등에 첨부하여 사용한 행위(대법원 2000.10.13. 선고 98두8858 판결), 초등학교 교사가 학부모로부터 학생문제로 상담요청을 받고 수차례에 걸쳐 술 등의 향응을 제공받고, 음란한 내용의 비디오테이프를 빌려 주었으며, 술에 취한 학부모와 새벽 3시경까지 공원에 함께 있는 등의 행위(대법원 1997.4.25. 선고 96누17479 판결), 학교에서 물의가 빚어질 정도로 기혼자인 동료교사와 가깝게 지냈고, 둘 사이에 불륜관계가 있는 것으로 의심할 만한 행위를 하였으며, 급기야는 이러한 행동으로 인해 동료교사의 가정이 파탄에 이르게 한 행위(대법원 1996.4.26. 선고 95누18727 판결), 교육공무원이 자신의 지도를 받았던 학생의 논문을 표절하여 연구결과보고서를 제출하였고, 학생들의 학위논문을 지도하면서 타인의 실험결과를 본인들이 직접 실험을 하여 얻은 결과인 것 같이 하여 논문을 작성하도록 한 행위(대법원 1996.4.26. 선고 95누3848 판결), 영관급 장교의 비인격적, 비윤리적인 처신으로 말미암은 사실혼관계의 파탄(대법원 1992.2.14. 선고 91누4904 판결), 3개월 사이에 4회에 걸쳐 판돈 100만원대의 도박을 한 행위(대법원 1987.2.10. 선고 86누738 판결) 등에 대하여 품위유지의무에 위반된다고 하였다. 교원은 인격의 형성과정에 있는 학생들에 대한 교육을 하는 특수하고 중요한 지위에 있는 만큼 품위유지의 의무를 보다 엄격하게 판단하는 경향이 있다.

카. 영리업무 및 겸직 금지

(1) 영리업무 금지

영리업무란 재산상의 이득을 취하려는 목적의 업무를 말하는데 공무원이나 교원에게 문제가 되는 업무는 이외에 계속성을 필요로 한다. 계속성은 매일은 물론 매주나 매월 또는 계절마다 주기적으로 행해지거나 주기적이지 않더라도 계속적으로 행해지는 경우, 그리고 현재 하고 있는 일을 향후 계속적으로 행할 의지와 가능성이 있는 경우에 인정될 수 있다. 공무원은 공무원으로서의 업무 외에 영리를 목적으로 하는 업무에 종사하지 못하며 소속 기관장의 허가 없이 다른 직무를 겸할 수 없다. 영리를 목적으로 하는 업무의 한계는 대통령령으로 정한다(국가공무원법 제64조).

이에 따라 공무원은 ① 공무원이 상업 · 공업 · 금융업 기타 영리적인 업무를 스스로 경영하여 영리를 추구함이 뚜렷한 업무, ② 공무원이 상업 · 공업 · 금융업 기타 영리를 목적으로 하는 사기업체의 이사 · 감사업무를 집행하는 무한책임사원 · 지배인 · 발기인 그 밖의 임원이 되는 것, ③ 그의 직무와 관련이 있는 타인의 기업에 투자하는 행위, ④ 그 밖에 계속적으로 재산상의 이득을 목적으로 하는 업무를 행하는 것 중 하나에 해당하는 업무에 종사함으로써 공무원의 직무상의 능률의 저해, 공무에 대한 부당한 영향, 국가의 이익과 상반되는 이익의 취득 또는 정부에 대한 불명예스러운 영향을 초래할 우려가 있는 경우에는 이에 종사할 수 없다(국가공무원 복무규정 제25조). 교원이 이러한 영리행위를 하는 경우에는 교원 본연의 직무상 능률이 저하될 우려가 있고, 때로는 공정한 직무의 수행에 장애를 줄 염려도 있으며, 학교의 이익과 상반되는 이익의 취득 등을 초래할 우려도 있기 때문에 금지하고 있는 것이다. 위 공무원복무규정에서 스스로 경영하는지 여부는 사업자 명의와 관계없이 그 공무원이 실질적으로 영리업무에 종사하는지 여부로 판단하고, 사기업체의 이사는 등기이사는 물론 비등기이사도 포함되며, '그 밖의 임원'이란 사외이사 · 고문 · 자문위원 등 직위 · 직책 여부를 불문하고 그 대가로 임금 · 봉급 등을 받는지 여부로 판단한다. '그 밖에 계속적으로 재산상 이득을 목적으로 하는 업무'는 자기 또는 타인의 업무에 종사하여 어떠한 명목과 형태로든 금전 · 증권 · 부동산 · 물품 등 재산상의 이익을 취하는지 여부로 판단한다. 비영리기관에 종사하더라도 그 대가로 계속적인 재산상의 이득을 취하는 경우에는 영리업무에 해당하나 다만, 실비변상적 수당, 회의참석비 등 소액의 금품을 받는 것은 영리업무에 해당하지 않는다(국가공무원복무징계관련 예규). 판례는 겸직이 금지되는 영리적인 업무란 스스로 경영하여 영리를 추구함이 현저한 업무를 말하므로 공무원이 여관을 매수하여 임대하는 행위는 영리업무에 종사하는 경우에 해당하지 않는다(대법원 1982.9.14. 선고 82누46 판결). 그 외 '국가공무원복무징계 관련 예규'에는 공무원의 금지되는 영리업무에 대하여 상세하게 규정하고 있다. 이러한 예규의 내용이 공무원의 영리업무 금지 위반 여부 판단에 절대적 기준이 될 수는 없지만 중요한 판단기준이 될 수 있을 것이다.

한편 「중소기업인력지원특별법」은 중소기업은 대학의 교원(부설연구소의 연구원 포함)이 소속기관의 장의 허가를 받아 대표자 또는 임직원을 겸임하거나 겸직할 수 있다고 한다(중소기업인력지원특별법 제15조 제1항 제1호). 물론 이 경우도 겸임 또는 겸직으로 직무상 능률을 저해할 우려가 없는 경우에만 가능하다.

사립학교 교원의 경우에도 영리업무와 겸직을 금지하게 함으로써 직무에 전념하게 할 필요성이 있으므로 위의 규정이 준용되어야 할 것이다. 판례는 사립고등학교 교사가 유흥업소의 밴드원으로 전속출연하여 받은 급료를 일실수익 산정의 기초로 삼을 수 있는지 여부가 문제된 사안에서 "사립고등학교 교사로 근무하고 있던 피해자가 사망 당시 유흥업소의 밴드원으로 전속출연하여 급료를 받고 있었다 하더라도 사립학교법과 국가공무원법의 관계규정에 의하면 사립학교 교원은 영리를 목적으로 한 업무에 종사하여서는 아니 된다고 할 것이므로 피해자가 받은 위 급료는 위법소득에 해당하여 불법행위로 인한 일실수익의 기초로 삼을 수 없다"(대법원 1992.10.27. 선고 92다34582 판결)고 함으로써 사립학교 교원도 영리를 목적으로 한 업무에 종사할 수 없다고 본다.

(2) 허가에 의한 겸직(국가공무원 복무규정 제26조)

㈎ **겸직의 허가**

공무원이 영리업무에 해당되지 아니하는 다른 직무를 겸직하고자 할 때에는 소속기관의 장의 사전 허가를 받아야 한다. 허가는 담당직무수행에 지장이 없는 경우에 한한다. '담당직무수행에 지장이 없는 경우'란 직무능률을 떨어뜨릴 우려가 없고, 직무에 대하여 부당한 영향을 끼칠 우려가 없는 경우를 말한다. '소속기관의 장'이라 함은 3급 이상 공무원 또는 고위공무원단에 속하는 일반직공무원의 경우에는 임용제청권자, 4급 이하 공무원 및 기능직 공무원의 경우에는 임용권자를 말하는데 사립학교의 경우는 이사회에 교원에 대한 임용권이 있으나 학교의 장에게 겸직에 대한 허가권이 있다고 보는 것이 타당하다. 왜냐하면 겸직허가는 담당직무수행에 지장이 없는 경우에 한하여 행해져야 할 것인데 교원의 경우는 소속 학교의 장이 이에 대한 판단에 가장 적합한 위치에 있기 때문이다. 영리업무에 해당되지 아니하는 다른 직무란 비영리단체에서 직위를 맡는 것 등이 해당할 것이다.

㈏ **교원의 학교법인 직원의 겸직**

일부 초중등학교를 운영하는 학교법인의 경우 학교의 교원으로 하여금 학교법인의 업무를 보게 하거나 심지어는 행정실의 업무를 보게 하는 경우가 있는데, 이러한 행위가 가능한지 문제 된다. 위 공무원복무규정에 의하면 영리업무에 해당하지 않는 다른 직무를 겸할 수 있으므로 결국 교사가 법인의 직책도 겸할 수 있는 것으로 해석될 여지가 없지 않다. 그런데 초중등교육법 제19조는 교직원의 구분이라는 이름하에 제1항은 교원에 대하여 규정하고 제2항에서는 학교에는 교원 외에 학교 운영에 필요한 행정직원을 둔다고 규정하고 있다. 그리고 같은 조 제4항은 학교에 두는 교원과 직원의 정원에 필요한 사항은 대통령령으로 정하고, 학교급별 구체적인 배치기준은 지도·감독기관이 정하며, 교육부장관은 교원의 정원에 관한 사항을 매년 국회에 보고하여야 한다고 한다. 그리고 제20조 제3항은 "교사는 법령이 정하는 바에 따라 학생을 교육한다."고 규정하고, 같은 조 제4항은 행정직원 등 직원은 교장의 명을 받아 행정사무와 기타의 사무를 담당한다고 규정하여 교원과 행정직원의 업무도 구별하여 규정하고 있다. 초중등교육법은 교원과 행정직원을 엄격히 구별하고 있는 것이다. 이러한 규정들을 종합해본다면 적어도 교원이 행정직원을 겸하는 것은 허용되지 않는 것으로 해석된다. 반면에 교원이 법인의 직책(통상 사무국장이라는 이름으로 직책을 맡는다)을 겸직하는 것은 소속 기관의 장인 학교장이 이를 허가한다면 현행법상으로는 이를 위법하다고 할 수는 없는 것으로 보인다. 법인은 학교의 학사행정에는 관여할 수 없는데(사립학교법 제20조의2 제1항 제3호 참조) 이러한 원칙이 지켜지고 학교운영에 대한 법인으로부터의 독립성이 보장되며 학교장이 학교운영에 충실하다면, 학교장이 특정 교원이 법인의 직책을 담당하더라도 교원으로서의 직무수행에 지장이 없다고 판단하여 겸직을 허가하는 경우에 이를 위법하다고 할 수는 없는 것이다. 그러나 현실에서는 학교장이 법인으로부터 자유로울 수 없는 경우가 많고, 법인은 대부분의 사립학교 교원의 급여를 국가와 지방자치단체의 지원에 의하여 충당되고 있는 현실에서 이러한 교원으로 하여금 법인의 업무를 보게 하려는 생각을 가지게 된다. 교원이 법인의 직무를 겸하여 수행하게 된다면 학생들에 대한 교육은 소홀할 수밖에 없을 것이고, 국가나 지방자치단체의 지원금으로 급여를 받는 교원이 학생에 대한 교육보다는 법인의 업무를 보게 하는 것은 정책적으로도 옳지 못하다. 따라서 교원이 법인의 직무 나아가 행정실의 직무를 겸할 수 없도록 명문으로 규정할 필요가 있다고 하겠다. 현행법하에서 교원의 법인의 직무를 겸하는 것을 허용한다고 하더라도 위에서 밝힌 바와 같이 엄격하게 교원으로서의 직무수행에 장애가 없는 경우에 한하고 학교의 장의 허가가 있어야 한다. 그리고 겸직하는 법인의 직책에 대한 보수는 법인에서 부담하여야 한다. 법인회계와 학교회계는 분리되기 때문이다.

(다) 의학 · 한의학 또는 치의학의 학과를 둔 경우

사립학교 교원의 복무에 관하여 준용되는 「국가공무원법」 제64조(영리업무 및 겸직금지)에도 불구하고 의학 · 한의학 또는 치의학에 관한 학과를 두는 대학의 소속 교원은 학생의 임상교육을 위하여 필요한 경우 대학의 장의 허가를 받아 대통령령으로 정하는 기준을 충족하는 병원에 겸직할 수 있다(사립학교법 제55조 제2항). “대통령령으로 정하는 기준을 충족하는 병원”이란 해당 대학의 부속병원이 아닌 병원 중 「대학설립 · 운영 규정」 제4조 제2항 제3호 각 목의 구분에 따른 기준을 충족하는 병원을 말한다(사립학교법시행령 제24조의3 제1항).

겸직 허가의 기준과 절차, 겸직 교원의 직무와 보수 등에 필요한 사항은 대통령령으로 정하는데(사립학교법 제55조 제3항) 겸직 허가의 기준은 임상교육과정, 겸직허가 대상 교원의 전공 및 진료과목, 사립학교법 제55조 제2항에 따른 병원(이하 “협력병원”이라 한다)의 시설 여건 등을 고려하여 대학의 장이 정한다. 이 경우 소속 교원 중 겸직을 허가할 수 있는 교원의 수는 별표1[7]의 기준에 따라 산정한 수 이내로 정하여야 한다(사립학교법시행령 제24조의3 제2

---

7) 별표) 겸직교원 수 산정 기준

겸직교원 수 = (대학의 임상교육 필요 학생정원 × 1) + (전문대학원의 임상교육 필요 학생정원 × 2) + (일반대학원의 임상교육 필요 학생정원 × 1.5)

〈비 고〉

1. 대학의 임상교육 필요 학생정원: 편제완성연도를 기준으로 한 의학 · 한의학 또는 치의학 전공 학생정원 중 예과 1 · 2학년의 정원을 제외한 정원(예과 과정이 없는 경우에는 전체 정원의 3분의 2에 해당하는 정원)
2. 전문대학원의 임상교육 필요 학생정원: 편제완성연도를 기준으로 한 의학 · 한의학 또는 치의학 전공 학생정원
3. 일반대학원의 임상교육 필요 학생정원: 편제완성연도를 기준으로 한 의학 · 한의학 또는 치의학 전공 학생정원의 4분의 3에 해당하는 정원. 이 경우 의학 · 한의학 또는 치의학 전공 학생정원은 「고등교육법 시행령」 제30조 제1항에도 불구하고 전공별로 학칙에서 정하는 정원으로 한다.
4. 위 계산식에 따라 계산할 때 소수점 이하는 반올림한다.

항). 대학의 장은 겸직 허가의 기준을 정할 때에는 미리 협력병원의 장의 의견을 들어야 하고(사립학교법시행령 제24조의3 제3항), 겸직 허가를 할 때에는 교원인사위원회의 심의를 거쳐야 하며, 구체적인 심의 기준 및 절차는 정관에서 정하는 바에 따른다(사립학교법시행령 제24조의3 제4항).

협력병원에 겸직하는 교원(이하 "겸직교원"이라 한다)은 협력병원의 정관과 관련 규정을 준수하고 병원업무를 성실하게 수행하여야 한다(사립학교법시행령 제24조의4 제1항). 협력병원의 장은 겸직교원이 위 의무를 위반하거나 사립학교 교원에 대한 징계사유(사립학교법 제61조 제1항 각 호의 어느 하나)에 해당하는 경우에는 협력병원의 정관 또는 관련 규정에서 정하는 절차를 거쳐 대학의 장에게 겸직해제 등 적절한 조치를 하도록 요구할 수 있다(사립학교법시행령 제24조의4 제2항). 겸직교원의 보수는 정관에서 정하는 바에 따라 원소속기관인 대학에서 지급한다(사립학교법시행령 제24조의4 제3항). 협력병원은 겸직교원에 대하여 협력병원의 정관 또는 관련 규정에서 정하는 바에 따라 수당을 지급할 수 있다(사립학교법시행령 제24조의4 제4항).

㈑ 대학교수의 사외이사의 겸직

원칙적으로 영리업무는 금지되는데, 국공립학교의 교원에 대하여 적용되는 교육공무원법 제19조의2 제1항은 "「고등교육법」 제14조 제2항의 규정에 의한 교수·부교수 및 조교수는 학생의 교육·지도와 학문의 연구에 지장이 없는 범위 안에서 소속학교의 장의 허가를 받아 상업·공업·금융업 그 밖에 영리를 목적으로 하는 사기업체의 사외이사(「자본시장과 금융투자업에 관한 법률」 제9조 제3항에 따른 해당 회사의 상무에 종사하지 아니하는 이사를 말한다)를 겸직할 수 있다."라고 규정하고 있다. 이 규정에 의하면 대학의 교수는 학교의 장(총장)의 허가를 받으면 사기업의 사외이사는 겸직하는 것이 가능하다. 하지만 초중등학교의 교사에 대해서는 이러한 규정이 없으므로 초중등학교의 교사가 사기업의 사외이사를 겸직하는 것은 불가능하다고 보아야 한다.

타. 정치 운동의 금지(국가공무원법 제65조)

모든 국민은 정치에 참여하고 정치적 의사를 표시하는 것이 자유롭지만 교육의 정치적 중립성을 유지하기 위해서는 교원의 정치운동 참여를 제한할 필요가 있다. 사립학교법은 정치행위를 면직사유의 하나로 규정하고 있다(법

제58조 제1항 제4호). 따라서 교원은 정당이나 그 밖의 정치단체의 결성에 관여하거나 이에 가입할 수 없다. 교원은 선거에서 특정 정당 또는 특정인을 지지 또는 반대하기 위한 다음의 행위를 하여서는 아니 된다.

① 투표를 하거나 하지 아니하도록 권유 운동을 하는 것

② 서명 운동을 기도(企圖) · 주재(主宰)하거나 권유하는 것

③ 문서나 도서를 공공시설 등에 게시하거나 게시하게 하는 것

④ 기부금을 모집 또는 모집하게 하거나, 공공자금을 이용 또는 이용하게 하는 것

⑤ 타인에게 정당이나 그 밖의 정치단체에 가입하게 하거나 가입하지 아니하도록 권유 운동을 하는 것

그리고 교원은 다른 교원에게 위의 내용에 위배되는 행위를 하도록 요구하거나, 정치적 행위에 대한 보상 또는 보복으로서 이익 또는 불이익을 약속하여서는 아니 된다.

위에서 정치적 행위는 ① 정당의 조직 · 조직의 확장 기타 그 목적달성을 위한 것, ② 특정 정당이나 정치단체를 지지 또는 반대하는 것, ③ 법률에 의한 공직선거에 있어서 특정의 후보자를 당선하게 하거나 낙선하게 하기 위한 것 중의 하나에 해당하는 정치적 목적을 가진 것을 말한다(국가공무원 복무규정 제27조 제1항).

정치적 행위의 한계는 위의 정치적 목적을 가지고 ① 시위운동을 기획 · 조직 · 지휘하거나 이에 참가 또는 원조하는 것, ② 정당 기타 정치단체의 기관지인 신문 및 간행물을 발행 · 편집 · 배부하거나 이와 같은 행위를 원조하거나 방해하는 것, ③ 특정정당 또는 정치단체를 지지 또는 반대하거나 공직선거에 있어서 특정후보자를 지지 또는 반대하는 의견을 집회 기타 다수인이 모인 장소에서 발표하거나 문서 · 도서 · 신문 그밖의 간행물에 게재하는 것, ④ 정당 기타 정치단체의 표지로 사용되는 기 · 완장 · 복식 등을 제작 또는 배부하거나 이를 착용 · 착용권유 또는 착용을 방해하는 행위 등 그밖에 명목 여하를 불문하고 금전 또는 물질로 특정정당 또는 정치단체를 지지 또는 반대하는 것의 하나에 해당하는 행위를 함을 말한다(국가공무원복무규정 제27조 제2항).

판례는 위와 같이 교원에게 금지하고 있는 특정 정당 또는 후보자를 지지 혹은 반대하는 행위에 해당하는지 여부를 판단함에 있어서는 단순히 행위

자가 행위의 명목으로 내세우는 사유뿐만 아니라 그 행위의 태양, 즉 그 행위가 행하여진 시기 · 장소 · 동기 · 방법 · 행위의 구체적인 내용 등을 종합적으로 관찰하여 그것이 위 조항에서 금지하고 있는 특정 정당 또는 후보자를 지지 혹은 반대하기 위한 목적의지를 수반하는 행위인지 여부를 판단하여야 한다고 하면서, 전교조가 총선을 앞두고 기획 · 시행한 교사 서명운동 및 시국선언문이 비록 특정 정당을 직접 지칭하지는 않았다고 하더라도, 그 기획 과정, 추진 방법, 참가 범위, 구체적인 표현 등에 비추어, 기존 정치세력에 반대하고 대안 세력으로서의 특정 정당을 지지하려는 목적의사가 객관적으로 인정될 수 있는 능동적이고 계획적인 행위로서 「공직선거 및 선거부정방지법」에서 정한 '선거에 관한 단순한 의견개진 또는 의사표시'의 범위를 넘어선 것이라는 이유로, 그 지부장들에 대한 공직선거 및 선거부정방지법 위반과 국가공무원법 제65조 위반에 해당한다고 하였다(대법원 2006.3.24. 선고 2005도2209 판결).

판례는 교원이 한일협정 비준을 집단적으로 반대하는 성명을 발표하는데, 주도적 역할을 하였다면 이는 교원이 정치운동을 한 경우에 해당된다(대법원 1967.1.24. 선고 66다2282 판결)고 하였으나 반면 도산 안창호 선생의 추모식에 개인 자격으로 참여한 행위나 단 두 사람이 앉은 사석에서 특정 정치인을 두둔하는 행위가 있었고, 문교부가 학원자율화 방침을 천명한 상황에서 학원의 자율화 내지는 학문의 자유를 표방한 교수협의회의 구성에 참여하고 이사로 추대되어 학원의 자율화를 주장하는 결의문을 작성하였으며 시간강사들에게 공휴일을 제외한 휴일에도 강사료를 지급하도록 건의하자는 결의에 참가한 행위는 정치운동이나 노동운동에 해당하지 않는다고 하였다(대구고법 1983.1.18. 선고 81나1144 제5민사부판결).

파. 집단행위의 금지(국가공무원법 제66조)

(1) 공무원의 집단행위 금지

공무원은 노동운동이나 그 밖에 공무 외의 일을 위한 집단행위를 하여서는 아니 된다. 다만, 사실상 노무에 종사하는 공무원은 예외로 한다. 사실상 노무에 종사하는 공무원의 범위는 대통령령으로 정한다. 공무원복무규정은 서무 · 인사 및 기밀 업무에 종사하는 공무원, 경리 및 물품출납 사무에 종사하는 공무원, 노무자 감독 사무에 종사하는 공무원, 「보안업무규정」에 따른 국가보안시설의 경비 업무에 종사하는 공무원, 승용자동차 및 구급차의 운전에 종사하는 공무원을 제외한 작업현장에서 노무에 종사하는 우정직공무원을 규정하고 있다(국가공무원복무규정 제28조).

공무원으로서 노동조합에 가입된 자가 조합 업무에 전임하려면 소속 장관의 허가를 받아야 한다. 이때 허가에는 필요한 조건을 붙일 수 있다. 교원의 경우는 사실상 노무에 종사하는 교원은 없으므로 모든 교원은 집단행위를 하여서는 아니 된다.

(2) 공무원 및 교원에 대한 집단행위 금지의 합헌성

헌법재판소는 국가공무원법 제66조 제1항은 공무원의 지위의 특수성과 그 직무의 공공성에 비추어 헌법 제33조 제2항이 공무원의 근로 3권을 제한하면서 법률로써 근로 3권이 보장되는 공무원의 범위를 정하도록 하기 위해 입법권자에게 부여하고 있는 형성적 재량권의 범위를 벗어난 것이 아니므로 위헌이라 할 수 없다고 하였다[1992.4.28. 90헌바27~34, 36~42, 44~46, 92헌바15(병합)] 교원의 집단행위 금지도 교원의 특수성에 비추어 합헌일 것이다.

나아가 대법원은 공무원의 집단행위를 금지한 국가공무원법 제66조 제1항이 헌법 제11조의 평등권조항, 제21조의 언론, 출판, 집회, 결사의 자유조항, 제31조 제4항의 교육의 자주성 등의 보장조항, 제33조의 근로자의 단결권 등 조항이나 제37조 제2항의 국민의 자유와 권리의 제한조항에 위배된 위헌규정이라고 할 수 없다고 하였다(대법원 1990.12.26. 선고 90다8916 판결).

(3) 집단행위에 대한 사례

판례는 '노동운동 기타 공무 이외의 일을 위한 집단행위'는 공무에 속하지 아니하는 어떤 일을 위하여 공무원들이 하는 모든 집단적 행위를 의미하는 것이 아니라, 언론 · 출판 · 집회 · 결사의 자유를 보장하고 있는 헌법 제21조 제1항과 공무원법의 입법 취지, 지방공무원법상의 성실의무와 직무전념의무 등을 종합적으로 고려하여 '공익에 반하는 목적을 위하여 직무전념의무를 해태하는 등의 영향을 가져오는 집단적 행위'라고 해석하여야 할 것이라고 한다(대법원 2008.3.14. 선고 2007도11044 판결).

이에 따라 전국공무원노동조합의 지역본부 소속 공무원들이 자치단체의 행정대집행 등을 규탄하기 위한 목적의 집회에 단체로 참가한 행위(대법원 2008.3.14. 선고 2007도11044 판결), 시국선언문의 배부 및 게시와 관련한 일련의 행위(대법원 2006.5.12. 선고 2005도4513 판결), 전국공무원노동조합의 불법 총파업 결의에 따라 소속 공무원들이 무단결근을 한 행위(대법원 2007.4.13. 선고 2006두16991 판결) 등이 공익에 반하는 목적을 위하여 직무전념의무를 해태하는 등의 영향을 가져오는 집단적 행위로서 국가공무원법에서 금지하고 있는 집단행위에 해당한다고 하였다.

한편 하급심 판례이기는 하나 전국공무원노동조합의 군지부 사무국장인 지방공무원의 출근시간 1인 시위를 한 경우에 대해서도 단체교섭 성실이행 촉구 및 노동조합활동 보장을 위한 투쟁계획의 일환으로 해당 군지부 차원에서 조직적으로 이루어졌다는 등의 이유로, '기타 공무 이외의 일을 위한 집단행위'에 해당한다고 하였고(청주지법 2006.4.20. 선고 2005구합1263 판결), 법률상 금지된 공무원의 단체행동권 확보라는 전국공무원노동조합의 목적을 달성하려는 과정에서 쟁의행위에 대한 찬반투표를 실시한 것(부산고법 2005.4.13. 선고 2005노680, 754 판결), 전국공무원노동조합 시지부 사무국장이, 시장이 지방공무원 복무조례 개정안에 관한 면담요구를 거절하였음에도 전국공무원노동조합의 간부 10여 명과 함께 시장의 사택을 찾아간 행위(청주지법 2005.1.9. 선고 2005구합1065 판결)에 대해서도 '공무 이외의 일을 위한 집단행위'에 해당한다고 하였다.

그리고 공무원인 교원이 집단적으로 행한 의사표현행위가 국가공무원법이나 공직선거법 등 개별 법률에서 공무원에 대하여 금지하는 특정의 정치적 활동에 해당하는 경우나, 특정 정당이나 정치세력에 대한 지지 또는 반대의사를 직접적으로 표현하는 등 정치적 편향성 또는 당파성을 명백히 드러내는 행위 등과 같이 공무원인 교원의 정치적 중립성을 침해할 만한 직접적인 위험을 초래할 정도에 이르렀다고 볼 수 있는 경우에, 그 행위는 공무원인 교원의 본분을 벗어나 공익에 반하는 행위로서 공무원의 직무에 관한 기강을 저해하거나 공무의 본질을 해치는 것이어서 직무전념의무를 해태한 것이라 할 것이므로, 국가공무원법 제66조 제1항에서 금지하는 '공무 외의 일을 위한 집단행위'에 해당한다고 보아야 한다. 여기서 어떠한 행위가 정치적 중립성을 침해할 만한 직접적인 위험을 초래할 정도에 이르렀다고 볼 것인지는 일률적으로 정할 수 없고, 헌법에 의하여 정치적 중립성이 요구되는 공무원 및 교원 지위의 특수성과 아울러, 구체적인 사안에서 해당 행위의 동기 또는 목적, 시기와 경위, 당시의 정치적 · 사회적 배경, 행위 내용과 방식, 특정 정치세력과의 연계 여부 등 해당 행위와 관련된 여러 사정을 종합적으로 고려하여 판단하여야 한다고 하면서 교원들이 전국교직원노동조합 간부 등과 함께 시국선언에 참여한 것은 위 집단행위에 해당한다고 하였다(대법원 2012.4.19. 선고 2010도6388 전원합의체 판결).

하. 기 타(국가공무원 복무규정)

공무원의 복무에 관하여 필요한 사항은 이 법에 규정한 것 외에는 대통령령으로 정한다는(국가공무원법 제67조) 위임규정에 따라 국가공무원 복무규정이 공무원의 복무에 관하여 규정하고 있다.

국가공무원 복무규정은 국가공무원법의 규정 외에 공무원의 복무에 관하여 보다 구체적으로 규정하고 있는데 사립학교법이 교원의 복무에 관하여 국가공무원법이나 지방공무원법의 규정에 의한다고 한하지 않고 다만 국 · 공립학교의 교원에 관한 규정을 준용한다고 규정하고 있으며, 위 국가공무원 복무규정은 국가공무원법의 위임에 의하여 제정된 것이므로 국 · 공립학교의 교원도 국가공무원 복무규정의 규율대상이라고 할 것이다. 따라서 사립학교의 교원도 국가공무원 복무규정이 적용되어야 할 것이다. 다만 성질상 국민에 대한 봉사자로서의 공무원에게만 적용되는 사항에 대해서는 적용이 배제되어야 한다.

(1) 책임완수 의무

교원은 직무를 민주적이고 능률적으로 수행하기 위하여 창의와 성실로서 맡은 바 책임을 완수하여야 한다(국가공무원 복무규정 제2조의2).

(2) 근무기강의 확립 의무

교원은 법령 및 직무상의 명령을 준수하여 근무기강을 확립하고 질서를 존중하여야 한다(국가공무원 복무규정 제3조).

(3) 당직 및 비상근무

국가공무원 복무규정 제5조는 휴일 또는 근무시간 외의 화재·도난 기타 사고의 경계와 문서 처리 및 업무연락을 하기 위한 일직·숙직·방호원 기타의 당직근무자는 모든 사고를 방지하여야 하며, 사고가 발생한 때에는 신속하게 필요한 조치를 취하여야 하고, 행정기관의 장은 전시·사변 또는 천재지변 기타 이에 준하는 비상사태의 발생 또는 이의 대비를 위한 훈련의 경우에는 이에 따른 근무상의 필요한 조치를 하여야 한다고 규정하고 있다.

사립학교 교원의 경우도 당직근무를 시행한다면 위의 규정이 적용될 것이고 학교장 등은 비상사태에 대비하여 필요한 조치를 취할 의무가 있다고 볼 것이다.

(4) 출장공무원의 의무(국가공무원 복무규정 제6조)

상사의 명을 받아 출장하는 공무원은 해당 공무수행을 위하여 전력을 다하여야 하며, 사사로운 일을 위하여 시간을 소비하여서는 아니 된다. 출장공무원은 지정된 출장기일 안에 그 업무를 완수하지 못할 사유가 발생한 때에는 전화, 팩스 또는 그 밖의 방법으로 소속기관의 장에게 보고하고 그 지시를 받아야 하나 신속히 업무를 수행해야 하는 긴급한 사정이 있는 경우에는 사후에 보고할 수 있다. 출장공무원은 그 출장 용무를 마치고 사무실로 돌아왔을 때에는 지체 없이 소속 기관의 장에게 결과 보고서를 제출하여야 한다. 다만, 경미한 사항에 대한 결과 보고는 말로 할 수 있다.

(5) 파견근무(국가공무원 복무규정 제7조)

다른 기관에서 파견근무 하는 자는 복무에 관하여 파견받은 기관의 장의 지휘·감독을 받는다. 다른 기관에서 파견근무 하는 자가 그 파견기간 중에 징계사유에 해당하게 된 때에는 파견받은 기관의 장은 해당 파견근무자의 소속기관의 장에게 그 사실을 통보하여야 한다.

(6) 복 장(국가공무원 복무규정 제8조의2)

교원은 근무 중 그 품위를 유지할 수 있는 단정한 복장을 착용하여야 한다. 이는 품위유지의 의무에 속할 수도 있는 것으로 교원은 학생들을 교육하는 자의 위치에 있으므로 모범이 될 수 있는 복장을 착용하여야 할 것이다.

(7) 복무실태의 확인 · 점검(국가공무원 복무규정 제8조의3)

학교법인의 이사장은 학교에 대하여 그 소속교원의 근무시간, 출 · 퇴근, 당직, 휴가, 출장 등 복무실태를 점검하여야 하고, 이를 확인하기 위하여 필요한 자료의 제출을 요구할 수 있다. 그리고 확인 · 점검 결과를 해당 학교에 통보하고, 시정 또는 보완이 필요하다고 인정되는 경우에는 이의 시정 또는 보완 등 필요한 조치를 요구할 수 있다.

(8) 근무시간, 휴가 등

교원의 근무시간이나 휴가 등에 대해서는 근로기준법의 범위 내에서 정관이나 기타 규칙 또는 당사자의 근로계약에 따라서 결정되어야 할 것이다.

거. 학생에 대한 보호 · 감독의무

학교에서는 교원에게 학생들을 보호하고 감독할 의무가 인정된다. 이러한 보호감독의무를 위반하여 학생에게 손해가 발생하면 교사는 보호감독의무 위반의 불법행위 책임을 부담한다. 현재는 이와 관련한 상당한 판례가 누적되어 있는데 교사의 불법행위로 인한 손해배상책임이 발생하는 요건으로는 크게 학교에서의 교육활동과 관련이 있는 생활관계에서 발생한 사고라야 하고, 사고 발생에 대하여 교사가 예견하였거나 예견할 수 있었어야 하며, 교사의 보호감독의무 불이행이 있어야 한다.

(1) 교육활동과 관련 있는 생활관계

민법 제755조에 의하여 책임능력 없는 미성년자를 감독할 친권자 등 법정감독의무자의 보호 · 감독책임은 미성년자의 생활 전반에 미치는 것이나, 법정감독의무자에 대신하여 보호 · 감독의무를 부담하는 교사 등의 보호 · 감독책임은 학교 내에서의 학생의 모든 생활관계에 미치는 것이 아니라 학교에서의 교육활동 및 이와 밀접 불가분의 관계에 있는 생활관계에 한한다. 대체로 학교 내에서 발생한 사고나 학교의 수업이 끝나고 귀가하는 중에 발생한 사고 등에 대해 교육활동이나 교육활동과 밀접한 관계에 있는 것으로 인정하고 있다.

(2) 사고발생에 대한 예견 또는 예견가능성

학교에서의 교육활동 및 이와 밀접불가분의 관계에 있는 생활관계라고 하더라도 교육활동의 때와 장소, 가해자의 연령, 사회적 경험, 분별능력, 성행, 가해자와 피해자와의 관계 기타 여러 사정을 고려하여 사고가 학교생활에서 통상 발생할 수 있다고 하는 것이 예측되거나 또는 예측가능성(사고발생의 구체적 위험성)이 있는 경우에 한하여 교장이나 교사는 보호감독의무 위반에 대한 책임을 진다(대법원 2007.6.15. 선고 2004다48775 판결). 판례는 학원 운영자에 대한 것이기는 하였으나 유치원생 또는 초등학교 저학년생에 대하여는 보호·감독의무가 미치는 생활관계의 범위와 사고발생에 대한 예견가능성이 더욱 넓게 인정되어야 한다면서 이들을 통학차량으로 운송하는 방식을 취하고 있는 경우에는 교사 등으로서는 보호자로부터 학생을 맞아 통학차량에 태운 때로부터 학교 등에서의 교육활동이 끝난 후 다시 통학차량에 태워 보호자가 미리 지정한 장소에 안전하게 내려줄 때까지 학생을 보호·감독할 의무가 있는 것으로 보아야 한다고 하였다(대법원 2008.1.17. 선고 2007다40437 판결). 중학교 3학년 여학생이 급우들 사이의 집단따돌림으로 인하여 자살한 사안에서는, 따돌림의 정도와 행위의 태양, 피해 학생의 평소 행동 등에 비추어 담임교사에게 피해 학생의 자살에 대한 예견가능성을 인정할 수 없었다고 하여 자살의 결과에 대한 손해배상책임은 부정하면서, 다만 학생들 사이의 갈등에 대한 대처를 소홀히 한 과실을 인정하여 교사의 직무상 불법행위로 발생한 집단따돌림의 피해에 대하여는 지방자치단체의 손해배상책임을 긍정하기도 했다(대법원 2007.11.15. 선고 2005다16034 판결).[8] 위 판례의 사안은 국공립학교에서

8) 한편 위 판례는, 집단따돌림에 대하여 "학교 또는 학급 등 집단에서 복수의 학생들이 한 명 또는 소수의 학생들을 대상으로 의도와 적극성을 가지고, 지속적이면서도 반복적으로 관계에서 소외시키거나 괴롭히는 현상을 의미한다."고 정의하였고, 집단따돌림으로 인하여 피해 학생이 자살한 경우, 자살의 결과에 대하여 학교의 교장이나 교사의 보호감독의무 위반의 책임을 묻기 위하여는 피해 학생이 자살에 이른 상황을 객관적으로 보아 교사 등이 예견하였거나 예견할 수 있었음이 인정되어야 한다. 다만, 사회통념상 허용될 수 없는 악질, 중대한 집단따돌림이 계속되고 그 결과 피해 학생이 육체적 또는 정신적으로 궁지에 몰린 상황에 있었음을 예견하였거나 예견할 수 있었던 경우에는 피해 학생이 자살에 이른 상황에 대한 예견가능성도 있는 것으로 볼 수 있을 것이나, 집단따돌림의 내용이 이와 같은 정도에까지 이르지 않은 경우에는 교사 등이 집단따돌림을 예견하였거나 예견할 수 있었다고 하더라도 이것만으로 피해 학생의 자살에

발생한 사안으로 국가배상법의 적용도 문제되었으나 사용자책임에 관해서도 판단이 이루어진 것을 볼 때 사립학교의 경우에도 교사의 책임은 부인하되 학교법인의 일부 책임은 인정될 수 있을 것이다. 한편 위 판례와는 달리 가해학생들로부터 수개월에 걸쳐 이유 없이 폭행 등 괴롭힘을 당한 결과 충격 후 스트레스 장애 등의 증상에 시달리다 결국 자살에까지 이르게 된 사건에서 교사가 폭행사실을 일찍 알지 못하였고, 알게 된 후에도 감독을 소홀히 하여 자살에 이르게 되었음을 이유로 교사의 손해배상책임을 인정하기도 하였다(대법원 2007.4.26. 선고 2005다24318 판결). 그 외 유치원 운영자의 원아에 대한 단 1회의 성추행은 예견가능성이 없음을 이유로 이를 방지하지 못한 유치원 교사의 손해배상책임을 부인하였고(대법원 2002.5.10. 선고 2002다10585 판결), 고적답사를 겸한 졸업여행 중 숙소 내에서 휴식시간에 학생들 사이의 폭력사고로 말미암아 한쪽 눈을 실명한 사안(대법원 1999.9.17. 선고 99다23895 판결), 대학 졸업작품 제작의 일환으로 야외에서 페인트 도색작업을 하던 중 추위를 피하기 위하여 페인트용해제인 신나를 이용하여 불을 피우다 폭발하여 학생이 사망한 사안(대법원 1999.9.3. 선고 99다28289 판결), 정규 학습 시작시간 전에 교실에서 아크릴판을 던져 중간에 앉아 있던 급우의 눈을 다치게 한 사안(대법원 1997.6.27. 선고 97다15258 판결), 수업시간 사이의 휴식시간에 급우를 폭행하여 상해를 가한 사안(대법원 1997.6.13. 선고 96다44433 판결) 등에 대하여 예견가능성이 없음을 이유로 교사의 보호감독의무 위반을 부인하였다.

(3) 보호 · 감독의무 불이행

교사는 학생에 대한 보호자로서 최선을 다하여 보호하고 감독하여야 한다. 판례는 학생이 동계훈련 참가 중 발생한 급성심장마비로 사망한 사건에서 훈련일정과 응급구호체계 미비 등으로 보호감독의무를 위반하였다고 하였고(대법원 2013.9.13. 선고 2013다37722 판결), 체육수업 시간에 학교 운동장에서 체력검사를 실시하던 도중에 수업을 받던 학생이 쓰러져 위와 같은 위급한 상태를 보이고 있다면 체육교사로서는 가능한 범위 안에서 유효적절한 응급조치를 즉

대한 예견이 가능하였던 것으로 볼 수는 없으므로, 교사 등이 집단따돌림 자체에 대한 보호감독의무 위반의 책임을 부담하는 것은 별론으로 하고 자살의 결과에 대한 보호감독의무 위반의 책임을 부담한다고 할 수는 없다고 하였다.

각 시행함으로써 그 학생의 생명과 건강에 대한 위험을 제거하거나 최소화할 의무가 있음에도 이를 이행하지 않았음을 이유로 교사의 손해배상책임을 인정하였다(대법원 2008.5.08. 선고 2008다5417 판결).

(4) 손해배상청구의 형태

통상 피해자는 가해 학생에게 불법행위 책임, 가해 학생의 법정대리인(통상 부모)에게 불법행위 책임이나 보호감독 의무 위반으로 인한 불법행위 책임, 교사에게 보호감독의무위반의 불법행위 책임, 그리고 학교법인(국공립학교의 경우는 국가나 지방자치단체)에게 교사에 대한 사용자책임(국가배상법)에 기한 손해배상청구를 하게 된다.

제3절 | 사립학교교원의 신분보장 및 사회보장

1. 교원에 대한 예우 및 보수의 우대

국가, 지방자치단체, 그 밖의 공공단체는 교원이 사회적으로 존경받고 높은 긍지와 사명감을 가지고 교육활동을 할 수 있는 여건을 조성하도록 노력하여야 하고, 교원이 학생에 대한 교육과 지도를 할 때 그 권위를 존중받을 수 있도록 특별히 배려하여야 한다. 또한 국가, 지방자치단체, 그 밖의 공공단체는 그가 주관하는 행사 등에서 교원을 우대하여야 하며, 교원이 교육활동을 원활하게 수행할 수 있도록 적극 협조하여야 한다(교육기본법 제14조 제1항, 교원의 지위 향상 및 교육활동 보호를 위한 특별법 제2조).

국가와 지방자치단체는 교원의 보수를 특별히 우대하여야 한다(교원의 지위 향상 및 교육활동 보호를 위한 특별법 제3조 제1항). 학교법인과 사립학교 경영자는 그가 설치·경영하는 학교 교원의 보수를 국공립학교 교원의 보수 수준으로 유지하여야 한다(교원의 지위 향상 및 교육활동 보호를 위한 특별법 제3조 제2항). 그런데 교원의 지위에 관한 사항은 국가사무에 해당하므로 교원의 권한을 제외하는 사항(대법원 2017.1.25. 선고 2016추5018 판결)은 물론 설령 교권보호와 관련된 것(대법원 2016.12.29. 선고 2013추142 판결, 대법원 2014.2.27. 선고 2012추145 판결)이라고 하더라도 이를 조례로 제정할 수는 없다.

각급학교 교육시설의 설치·관리 및 교육활동 중에 발생하는 사고로부터 교원과 학생을 보호함으로써 교원이 그 직무를 안정되게 수행할 수 있도록 하기 위하여 학교안전공제회를 설립·운영한다(교원의 지위 향상 및 교육활동 보호를 위한 특별법 제5조).

2. 의사에 반한 휴직·면직 등의 금지

교육공무원의 정년은 62세로 한다. 다만, 「고등교육법」 제14조에 따른 교원인 교육공무원의 정년은 65세로 한다(교육공무원법 제47조 제1항). 사립학교법에는 교원의 정년에 관하여 규정하고 있지 않지만 교육공무원법이 준용되므로 위와 같다.

사립학교 교원은 형의 선고·징계처분 또는 이 법에 정하는 사유에 의하지 아니하고는 본인의 의사에 반하여 휴직 또는 면직 등 불리한 처분을 받지 아니한다. 다만, 학급·학과의 개폐에 의하여 폐직이나 과원이 된 때에는 그러하지 아니하다. 사립학교 교원은 권고에 의하여 사직을 당하지 아니한다(사립학교법 제56조). 그런데 사립학교에서 학급·학과의 폐지에 의해 폐직, 과원이 되었음을 이유로 교원을 직권면직함에 있어서도 교원의 신분보장이라는 관점에서 합리적이고 객관적인 면직기준과 근거에 따라 면직 여부를 결정함이 필요하고, 이에 따르지 아니한 채 자의적으로 면직처분을 하는 것은 교원임용에 관한 재량권을 일탈, 남용한 것이 된다. 학교법인 산하의 다른 사립학교나 해당 학교의 다른 학과 등으로 교원을 전직발령 내지 배치전환 함으로써 면직을 회피하거나 면직대상자를 최소화하여야 하고 면직기준에 따라 실적과 능력을 심사한 결과 별다른 하자가 없는 경우에는 가급적 구제하여야 한다(대법원 2017.7.18. 선고 2015다60726 판결). 하지만 사립학교의 사정상 전직발령 내지 배치전환 등에 의한 교원의 면직회피 가능성이 전혀 없는 경우에는 위와 같은 면직기준에 따른 심사절차를 거치지 아니하였다고 하더라도, 학과의 폐지 자체가 불가피하고 정당한 것이라면 이를 이유로 한 교원의 면직은 합리적이고 객관적인 근거에 기한 것으로서 역시 정당한 것이라고 볼 수밖에 없다(대법원 2017.2.15. 선고 2016두52545 판결, 대법원 2008.3.13. 선고 2007다66071 판결).

그리고 교원은 해당 학교의 운영과 관련하여 발생한 부패행위나 이에 준하는 행위 및 비리 사실 등을 관계 행정기관 또는 수사기관 등에 신고하거나 고발하는 행위로 인하여 정당한 사유 없이 징계조치 등 어떠한 신분상의 불이익이나 근무조건상의 차별을 받지 아니한다(교원의 지위 향상 및 교육활동 보호를 위한 특별법 제6조 제2항).

학교법인이 교육법 제79조 및 사립학교법 제52조 소정의 교원 자격을 갖추고 있는 자를 추후 정식 교원으로 임용할 예정하에 교원의 직무를 담당하게 하면서 교원과 똑같이 상시 근무하게 하였다면 비록 정규의 임용절차를 거치기 전이라 할지라도 교원에 준하여 사립학교법 제56조 소정의 신분보장을 받을 권리가 있다고 보아야 한다. 판례는 교원 자격을 갖춘 자를 임시 교사로 채용하여 교원 직무의 대부분을 담당하게 하였다면 이들도 교원에 준하여 신분보장을 받을 권리가 있으므로 사립학교법 소정의 징계절차를 거치지 않고 이사회의 의결만으로 이들을 해임한 것은 무효라고 하였다(대법원 1997.9.5. 선고 97다20342 판결).

3. 관할청의 해직, 징계 또는 해임 등의 요구

가. 교원에 대한 해직 또는 징계의 요구

(1) 관할청의 교원에 대한 해임 또는 징계요구권

관할청은 사립학교의 교원이 이 법에 규정된 면직사유 및 징계사유에 해당한 때에는 해당 교원의 임용권자에게 그 해임 또는 징계를 요구할 수 있고, 해임 또는 징계를 요구받은 임용권자는 특별한 사유가 없으면 이에 따라야 한다(사립학교법 제54조 제3항). 이때의 교원에는 학교장도 포함되는 것이다(대법원 2002.12.10., 선고 2002두3393 판결).

(2) 관할청의 중징계요구권

판례는 교육공무원의 경우는 교육공무원징계령 제6조 제2항 등을 이유로 교육행정기관의 장은 그 소속 교육공무원의 구체적인 행위가 징계사유에 해당한다고 인정하는 때에는 관할 징계위원회에 중징계와 경징계를 구분하여 그 징계 의결을 요구할 법령상 의무가 있다고 하면서도,[9] 사립학교 교원에 대해서는 그 징계권한은 교원의 임면권자인 '학교법인 또는 사립학교경영자'에게 있고, 그 임면권자는 사립학교 교원에게 징계사유가 있는 경우 교원징계위원회에 징계의결을 요구하여 그 의결의 결과에 따라 징계를 하여야 하며, 교육감은 사립학교 교원이 징계사유에 해당한 때 당해 교원의 임면권자에게 그 징계를 요구할 수 있을 뿐이므로 교원징계위원회에 중징계의결 등의 요구를 할 직무 자체가 성립할 수 없다고 한다. 중징계의결요구는 위법하다는 것이다(대법원 2013.12.26. 선고 2011추63 판결). 현실적으로는 사학의 질서유지를 위해 중징계의결요구도 필요하다는 점, 사립학교법 제66조의2 제2항은 관할청은 임면권자로부터 통보받은 징계의결의 내용이 징계사유에 비추어 가볍다고 인정되면 해당 교원의 임용권자에게 징계처분을 하기 전에 교원징계위원회에 재심의를 요구할 수 있다고 규정하고 있는 점, 나아가 징계요구와는 다른 조항에 규정되어 있으나 사립학교법 제54조의2 제1항 제4호는 관할청은 "학교에 속하는 회계의 집행에 관하여 부정 또는 현저히 부당한 일을 행하였을 때"에는 해임을 요구할 수 있고 이를 따르지 않은 경우에는 과태료를 부과할 수 있는데(사립학교법 제74조 제1항 제1호) 입법상의 과오일 수 있으나 위 과태료 부과조항은 해임은 물론 징계요구를 따르지 않은 경우에도 부과하도록 하고 있다는 점 등을 종합해 보면 중징계의결요구도 가능하되 다만 사학의 자율성 보장을 위해 임용권자가 중징계 요구에 대해서 구속되지는 않는 것으로 보아야 한다.

(3) 국가사무로서의 징계요구권

사립학교의 관할청이 사립학교교원의 해임 또는 징계를 요구함에 있어서는 ① 대상자 및 그 인적사항, ② 해임 또는 징계의 구별, ③ 해임 또는 징계요구의 사유를 기재한 서류를 첨부하여야 한다(사립학교법시행령 제24조). 이러한 징계요구 사무의 성질은 국가의 사무이고 이것이 관할청에게 위임된 것으로 보아야 한다. 사립학교 교원의 복무나 징계 등은 국·공립학교 교원과 같이 전국적으로 통일하여 규율되어야 하고, 이를 고려할 때, 구 사립학교법(2012.1.26. 법률 제11216호로 개정되기 전의 것) 제54조 제3항이 사립 초등·

9) 다만, 징계의결 요구권자에게 중징계의결 요구의무가 있는지 여부를 판단하기 위해서는 징계사유 외에도 징계혐의자의 소행·근무성적·공적·개전의 정 등 기타 정상사유들을 종합하여 중징계사유에 해당함이 객관적으로 인정되어야 한다고 한다.

중 · 고등학교 교사의 징계에 관하여 규정한 교육감의 징계요구 권한은 위 사립학교 교사의 자질과 복무태도 등을 국 · 공립학교 교사와 같이 일정 수준 이상 유지하기 위한 것으로서 국 · 공립학교 교사에 대한 징계와 균형 있게 처리되어야 할 국가사무로서 시 · 도 교육감에 위임된 사무라고 보아야 하는 것이다(대법원 2013.6.27. 선고 2009추206 판결). 따라서 만약 교육부장관이 교육감에게 사립학교의 교원에 대하여 징계요구를 하도록 직무이행명령을 하였음에도 특별한 사정없이 이를 이행하지 않는 것은 위법이다.

그런데 사립학교의 교원의 임용권자는 그 소속교원 중에 징계사유에 해당하는 자가 있을 때에는 미리 충분한 조사를 한 후 해당 징계사건을 관할하는 교원징계위원회에 그 징계의결을 요구하여야 한다고 하여 징계의 절차로 일단 임용권자의 징계의결 요구를 필요로 한다(사립학교법 제64조). 그렇다면 관할청의 징계요구가 있는 경우에도 이러한 임용권자의 징계의결요구와 징계위원회의 의결이 필요한지가 문제된다. 먼저 사립학교법은 징계는 교원징계위원회에서 의결하도록 하고 임용권자는 위 의결 내용에 따라 징계처분을 하도록 규정하고 있으므로(사립학교법 제66조) 교원에 대한 징계에 있어서 교원징계위원회의 의결은 필수적이다. 따라서 현행법 하에서는 관할청의 요구에 의한 징계를 하는 경우에도 교원징계위원회의 의결절차를 거쳐야 한다. 그리고 관할청의 징계요구가 있는 경우에도 이러한 징계요구에 따른 임용권자의 징계의결요구에 의하여 징계위원회가 열리는 것으로 보아야 한다.

(4) 징계의 종류를 지정한 징계요구

한편 관할청은 교원에 대한 징계를 요구할 때 징계의 종류에 관해서도 지정하여 요구를 하는 경우가 대부분이다. 이러한 경우에는 특히 임용권자로서는 교원징계위원회의 의결절차를 거치지 않고 곧바로 관할청이 요구한 징계처분을 하여야 하는지가 논의될 수 있는데 현행법의 해석상 위에서 살펴본 바와 같이 교원징계위원회의 의결절차를 거쳐야 한다면 재적위원 3분의 2 이상의 출석과 재적위원 과반수의 찬성으로 의결한(사립학교법 제66조 제3항) 내용에 따라 징계를 할 수밖에 없을 것이다. 결국 관할청이 징계의 종류를 지정하여 징계를 요구하였다고 하더라도 임용권자로서는 그러한 징계의 종류에는 기속되지 않는다는 결론에 이르게 된다. 사립학교와 직접 관련된 사안은 아니나 아래의 판례를 유추해 보면 법원도 학교법인의 임용권자가 소속 교직원에게 관할청이 요구한 징계를 하여야 할 의무는 없는 것으로 판단하고 있음을 알 수 있다. 즉, 시장이 감사원으로부터 시청 소속의 공무원에 대하여 '정직'으로 징계 요구를 받았는데 해당 공무원이 위 감사원의 징계 요구의 취소를 구하였다. 이에 대하여 대법원은 징계 요구는 징계 요구를 받은 기관의 장이 요구받은 내용대로 처분하지 않더라도 불이익을 받는 규정도 없고, 징계 요구 내용대로 효과가 발생하는 것도 아니며, 징계 요구에 의하여 행정청이 일정한 행정처분을 하였을 때 비로소 이해관계인의 권리관계에 영향을 미칠 뿐, 징계 요구 자체만으로는 징계 요구 대상 공무원의 권리·의무에 직접적인 변동을 초래하지도 아니하므로, 행정청 사이의 내부적인 의사결정의 경로로서 '징계 요구, 징계절차 회부, 징계'로 이어지는 과정에서의 중간처분에 불과하여, 감사원의 징계 요구와 재심의 결정이 항고소송의 대상이 되는 행정처분이라고 할 수 없다고 하였다(대법원 2016.12.27. 선고 2014두5637 판결). 이러한 판시 취지에 비추어 보면 관할청이 학교법인에게 특정 종류의 징계를 요구하였다고 하더라도 그대로 따라야 하는 것은 아님을 알 수 있는 것이다.

그런데 통상 교원이나 교장의 비위행위가 개인의 비위인 경우에는 임용권자로서도 징계를 요구할 것이고 적정한 내용의 징계를 하게 될 것이다. 하지만 이들의 비위행위가 임용권자의 지시에 의한 것이거나 임용권자의 동의나 묵인하에 이루어진 것이거나, 비위 교장이나 교원이 임용권자와 친분관계가 있는 경우, 혹은 비위 교장이나 교원이 임용권자 등의 약점을 알고 있는 경우에는 징계의결요구를 하지 않거나 가벼운 징계를 함으로써 징계를 하였다는 형식만을 갖출 수 있다. 심지어는 교원징계위원회에 영향력을 발휘하여 징계를 하지 않는 것으로 의결을 할 수도 있을 것이다. 이러한 경우에는 사립학교법의 관할청이 교원에 대한 징계를 요구할 수 있다는 규정, 임용권자는 그 소속 교원 중에 징계사유에 해당하는 자가 있을 때에는 교원징계위원회에 그 징계의결을 요구하여야 한다는 규정(사립학교법 제64조)의 입법취지가 몰각될 우려가 있다.

이에 사립학교법의 개정을 통하여 사립학교 교원의 임용권자는 관할청으로부터 징계를 요구받은 사항에 대하여 징계위원회로부터 징계의결서를 받은 때에는 실제 피징계자에게 징계처분을 하기 전에 그 내용을 관할청에 통보하도록 하였다(사립학교법 제66조의2 제1항). 관할청은 위와 같이 통보받은 징계의결의 내용이 징계사유에 비추어 가볍다고 인정되면 해당 교원의 임용권자에게 그 징계처분을 하기 전에 교원징계위원회에 재심의(再審議)를 요구하도록 할 수 있다(사립학교법 제66조의2 제2항). 임용권자는 관할청으로부터 위의 재심의를 요구받으면 지체 없이 해당 교원징계위원회에 재심의를 요구하여야 하며, 해당 교원징계위원회가 재심의를 한 경우에는 그 결과를 관할청에 통보하여야 한다(사립학교법 제66조의2 제3항). 만약 재심의 요구를 받고도 재심의를 요구하지 않으면 과태료를 부과받는다(사립학교법 제74조 제1항 제3호). 하지만 대부분의 학교법인에게는 위의 과태료가 억제력을 가질 수 없고, 재심의에서도 가벼운 징계를 한다면 그 효과가 없다. 하지만 위의 재심의 요구는 학교법인에게 상당한 압박이 되는 것으로 보인다.

반면에 관할청이 징계의 종류까지 지정하여 징계를 요구하거나 그렇지 않더라도 징계의 요구에 대해 반드시 징계를 해야 한다면 사학의 자율성을 지나치게 제한하거나 실체적 진실에 부합하지 않는 부당한 징계가 이루어질 수 있다.

따라서 입법론적으로는 자율성과 공공성의 조화를 이루는 방안으로 관할청이 징계를 요구할 때에는 적어도 경징계와 중징계는 구별하여 요구할 수 있고 임용권자는 적어도 여기에는 기속될 수 있도록 개정할 필요가 있다. 한편 교원징계위원회에서 아예 징계를 하지 않는 것으로 의결을 하는 경우에는 관할청의 징계요구권이 무력화될 수 있으므로 이러한 경우에는 사실관계에 대한 재조사 등을 거쳐서 징계가 이루어질 수 있도록 강제하는 방법이 마련될 필요도 있다고 하겠다.

(5) 해임요구

사립학교법 제54조 제3항은 해임이라고 표현하고 있는데 같은 항에서 면직사유가 있는 경우에 요구할 수 있는 것이므로 면직의 다른 표현인 것으로 해석된다. 위에서 살펴본 것처럼 징계의 경우는 반드시 징계위원회의 의결을 거쳐야 할 뿐만 아니라 사실상 징계를 할 것인지 여부, 징계를 한다면 어떤 종류의 징계를 어느 정도로 할 것이지 등에 대하여 모두 징계위원회에서 결정하게 되는 반면, 면직의 경우는 면직처분을 할 것인지 하지 않을 것인지의 문제만 있는데 이의 결정은 임용권자가 하되 다만 교원징계위원회의 동의를 얻어야 하도록 하고 있다(사립학교법 제58조). 이러한 차이들에 더하여 일반적 징계사유와는 다른 면직사유의 특수성을 고려해 볼 때 면직사유가 있어 관할청이 해임을 요구하는 경우에는 임용권자는 이에 따라야 할 것으로 판단된다. 다만 사립학교법 제54조 제3항은 해임요구에 관하여 규정하면서 관할청의 해임요구에 대하여 특별한 사유가 없는 한 이에 따라야 한다고 규정하고 있는데 임용권자가 관할청의 요구에 따르지 않을 때에는 특별한 사유가 있는지가 다투어질 것이다. 이때의 특별한 사유란 관할청이 면직사유 등에 대해 잘못 알고 있거나 면직사유 등이 당사자의 책임으로 볼 수 없는 사정이 있는 등 해임이나 징계가 위법하게 될 수 있는 사유를 말할 것이다.

나. 학교의 장에 대한 해임요구

관할청은 각급학교의 장이 ① 사립학교법 제58조 제1항이 규정하고 있는 면직사유에 해당할 때, ② 학생의 입학(편입학을 포함한다)·수업 및 졸업에 관한 해당 학교의 장의 권한에 속하는 사항으로서 교육관계 법률 또는 그 법률에 의한 명령에 위반할 때, ③ 이 법 또는 이 법에 의한 명령 또는 다른 교육관계법령에 위반하였을 때, ④ 학교에 속하는 회계의 집행에 관하여 부정 또는 현저히 부당한 일을 행하였을 때의 하나에 해당할 때에는 임용권자에게 해당 학교의 장의 해임을 요구할 수 있다. 이 경우 해임을 요구받은 임명권자는 특별한 사유가 없는 한 이에 따라야 한다(사립학교법 제54조의2 제1항).

해임의 요구는 관할청이 해당 학교법인 또는 사립학교경영자에게 그 사유를 밝혀 시정을 요구한 날로부터 15일이 경과하여도 이에 응하지 아니한 경우에 한한다(사립학교법 제54조의2 제2항)

4. 퇴 직

가. 당연퇴직

(1) 사립학교법에 의한 당연퇴직

사립학교의 교원이 「교육공무원법」 제10조의4 각 호의 어느 하나에 해당하게 된 때에는 당연 퇴직된다(사립학교법 제57조). 교육공무원법 제10조의4가

규정하고 있는 것은 ①「국가공무원법」 제33조 각 호의 어느 하나에 해당하는 사람과 ② 미성년자에 대한「성폭력범죄의 처벌 등에 관한 특례법」 제2조,「아동 · 청소년의 성보호에 관한 법률」 제2조 제2호에 따른 성폭력범죄 행위로 파면 · 해임되거나 형 또는 치료감호를 선고받아 그 형 또는 치료감호가 확정된 사람(집행유예를 선고받은 후 그 집행유예기간이 경과한 사람을 포함한다), ③ 성인에 대한「성폭력범죄의 처벌 등에 관한 특례법」 제2조에 따른 성폭력범죄 행위로 파면 · 해임되거나 100만원 이상의 벌금형이나 그 이상의 형 또는 치료감호를 선고받아 그 형 또는 치료감호가 확정된 사람(집행유예를 선고받은 후 그 집행유예기간이 경과한 사람을 포함한다)이다.

국가공무원법 제33조는 임용결격사유로 다음과 같이 규정하고 있다.

① 피성년후견인 또는 피한정후견인

② 파산선고를 받고 복권되지 아니한 자

③ 금고 이상의 실형을 선고받고 그 집행이 종료되거나 집행을 받지 아니하기로 확정된 후 5년이 지나지 아니한 자

④ 금고 이상의 형을 선고받고 그 집행유예 기간이 끝난 날부터 2년이 지나지 아니한 자

⑤ 금고 이상의 형의 선고유예를 받은 경우에 그 선고유예 기간 중에 있는 자

⑥ 법원의 판결 또는 다른 법률에 따라 자격이 상실되거나 정지된 자

⑦ 공무원으로 재직기간 중 직무와 관련하여「형법」 제355조 및 제356조에 규정된 죄를 범한 자로서 300만원 이상의 벌금형을 선고받고 그 형이 확정된 후 2년이 지나지 아니한 자

⑧「성폭력범죄의 처벌 등에 관한 특례법」 제2조에 규정된 죄를 범한 사람으로서 100만원 이상의 벌금형을 선고받고 그 형이 확정된 후 3년이 지나지 아니한 사람

⑨ 미성년자에 대한「성폭력범죄의 처벌 등에 관한 특례법」 제2조에 따른 성폭력범죄나「아동 · 청소년의 성보호에 관한 법률」 제2조 제2호에 따른 아동 · 청소년대상 성범죄의 어느 하나에 해당하는 죄를 저질러 파면 · 해임되거나 형 또는 치료감호를 선고받아 그 형 또는 치료감호가 확정된 사람(집행유예를 선고받은 후 그 집행유예기간이 경과한 사람을 포함한다)

⑩ 징계로 파면처분을 받은 때부터 5년이 지나지 아니한 자

⑪ 징계로 해임처분을 받은 때부터 3년이 지나지 아니한 자

판례는 정관 등에 규정된 당연퇴직사유에 의한 퇴직처리도 근로기준법의 제한을 받는 해고에 해당한다고 하더라도 그 정당성의 판단에 있어서는 당연퇴직 사유를 정한 것이 사회통념상 상당성을 인정하기 어렵다는 등의 특별한 사정이 없는 한 위 규정들의 취지는 존중되어야 한다고 한다(대법원 2005.6.10. 선고 2004두10548 판결). 정관 등에 규정된 당연퇴직사유에 의하여 당연퇴직 처리한 것이 부해당고에 해당하지 않는다는 것이다.

당연퇴직된 공무원이 다시 복직시켜 달라고 요청할 수 있는 권리가 있는지에 대하여 판례는 과거에 법률에 의하여 당연퇴직된 공무원이 자신을 복직 또는 재임용시켜 줄 것을 요구하는 신청에 대하여 그와 같은 조치가 불가능하다는 행정청의 거부행위는 당연퇴직의 효과가 계속하여 존재한다는 것을 알려주는 일종의 안내에 불과하므로 원고의 실체상의 권리관계에 직접적인 변동을 일으키는 것으로 볼 수 없고, 당연퇴직의 근거 법률이 헌법재판소의 위헌결정으로 효력을 잃게 되었다고 하더라도 당연퇴직된 이후 헌법소원 등의 청구기간이 도과한 경우에는 당연퇴직의 내용과 상반되는 처분을 요구할 수 있는 조리상의 신청권을 인정할 수도 없다고 할 것이어서, 이와 같은 경우 행정청의 복직 또는 재임용거부행위는 항고소송의 대상이 되는 행정처분에 해당한다고 할 수 없다(대법원 2006.3.10. 선고 2005두562 판결)고 하였다.

(2) 임기만료에 의한 당연퇴직과 교원의 지위

사립학교법 제53조 제3항의 규정에 근거한 학교법인의 정관에 임기가 정하여진 사립학교의 교장은 그 임용권자에게 임기가 만료된 자를 다시 임명할 의무를 지우거나 그 요건 등에 관하여 아무런 근거규정을 두고 있지 않는 이상, 그 임기가 만료된 때에는 재임명을 받아야 하고 만약 재임명을 받지 못하면 재임명거부결정 등 특별한 절차를 거치지 않아도 교장으로서의 신분관계가 종료되어 당연퇴직한다. 한편 판례는 초중등교육법이 적용되는 사립학교의 장과 관련하여 사립학교법 제52조, 교육공무원법 제6조, 제7조, 교육법 제79조 및 사립학교법 제53조, 제53조의2에서 사립학교의 교장과 교장 이외의 교원의 임용자격과 임용절차를 달리 규정하고 있는 점 등에 비추어 보면, 사립학교의

교장으로서 그 임기가 만료된 경우에는 그 임용권자에게 그 임기가 만료된 자에 대하여 교장 이외의 교원으로 임용할 의무를 지우거나 그 요건 등에 관하여 아무런 근거규정을 두고 있지 않는 이상, 교장 이외의 교원으로서의 별도의 임용절차가 없다면 그 교장으로서의 임기만료와 동시에 교원으로서의 신분도 확정적으로 상실된다고 하였다(대법원 1994.5.13. 선고 94다4288 판결). 그런데 이후 국립대학의 총장에 관하여는 교원인 교수 등이 재직 중에 해당 대학의 장으로 임용되었다는 것만으로는 교수 등의 직을 당연히 상실하는 것은 아니고, 교수 등의 직을 사직하였다는 등의 특별한 사정이 없는 한 그 교수 등의 직을 그대로 유지하는 것으로 보아야 하고 이는 대학의 장의 임기를 마치지 못하고 중도에 사직을 하더라도 마찬가지라고 하였다(대법원 2010.11.25. 선고 2010두15490 판결). 앞의 판례는 사립 초중등학교의 학교의 장 임기를 마친 사안에 관한 것인 반면에 뒤의 판례는 국립 대학의 학교의 장이 임기를 마치지 못하고 사직한 것이라는 점에서 사안의 내용이 다르다.

먼저 학교의 장의 임기를 마쳤는지 마치지 못하였는지에 따라 학교의 장의 지위를 상실하였을 경우에 교원의 지위도 상실하는지 여부를 달리 판단하여야 할 아무런 이유를 찾을 수 없고 두 판례의 내용을 보더라도 임기를 마쳤는지 여부를 판단의 이유로 보고 있지는 않은 것 같다. 그러므로 학교의 장의 지위를 상실하였을 때 교원의 지위도 상실하는지 여부를 판단함에 있어서 임기만료 여부에 대한 논의는 제외한다.

교원의 지위를 상실한다는 취지의 앞의 판례는 그 이유로 사립학교의 교장과 교장 이외의 교원의 임용자격과 임용절차를 달리 규정하고 있는 점과 사립학교의 교장으로서 그 임기가 만료된 경우에는 그 임용권자에게 그 임기가 만료된 자에 대하여 교장 이외의 교원으로 임용할 의무를 지우거나 그 요건 등에 관하여 아무런 근거규정을 두고 있지 않다는 점을 들고 있다. 그러나 임용자격과 임용절차를 달리 규정하고 있는 것은 학교의 장과 교원은 각 수행하는 직무와 지위가 다르기 때문일 뿐이므로 교원 중에서 학교의 장을 선임한 경우에 학교의 장의 지위를 상실하게 되더라도 임용자격과 임용절차를 달리 규정하고 있다는 사실이 교원의 지위도 상실하게 할 근거는 될 수가 없다고 생각된다. 그리고 임용권자에게 그 임기가 만료된 자에 대하여 교장 이외의 교원으로 임용할 의무를 지우거나 그 요건 등에 관하여 아무런 근거규정을 두고 있지 않다는 사실도 학교장의 지위 상실이 교원으로서의 지위도 상실하게 할 근거가 될 수 없다. 오히려 임용권자에게 그 임기가 만료된 자에 대하여 교장 이외의 교원으로 임용할 의무를 지우거나 그 요건 등에 관하여 아무런 근거규정을 두고 있지 않다는 사실은 임기가 만료된 자는 여전히 교원의 지위를 유지하고 있기 때문이라고 보는 것이 합리적이다.

한편 교원의 지위를 유지한다는 취지의 뒤의 판례는, 교육공무원법 제43조가 교원은 그 전문적 지위나 신분에 영향을 미치는 부당한 간섭을 받지 아니하고, 교육공무원은 형의 선고·징계처분 또는 이 법에서 정하는 사유에 의하지 아니하고는 그 의사에 반하여 휴직·강임 또는 면직을 당하지 아니하며, 권고에 의하여 사직을 당하지 아니한다고 규정함으로써 교원의 신분을 엄격하게 보장하고 있는 점, 교육공무원법상 교수 등이 재직 중인 대학의 총장 등으로 임명되는 경우 그 의사에 반하여 그 직을 상실하도록 하는 명문의 규정이 없는 점, 대학의 장이 그 임기를 마친 경우와 도중에 사임하여 대학의 장의 지위를 상실한 경우를 구별하여 취급할 만한 합리적인 이유가 없는 점 등을 판단의 이유로 들고 있다. 그런데 이들 근거는 모두 사립학교인 대학은 물론 초중등학교의 교장에게도 그대로 해당되는 사항들이다. 초중등교육법이 적용되는 사립학교의 장과 고등교육법이 적용되는 대학의 총장을 구분하여야 할 이유를 찾을 수도 없다, 그런 점에서 사립학교의 장의 경우도 위 뒤의 판례와 동일하게 보아야 한다.

현실적으로 초중등학교는 교장의 자격조건 등 때문에 교장에 임용되는 교원이 대부분 교원경력이 많은 사람이어서 교장의 임기를 마치고 다시 교원으로서 근무하기를 원하는 경우는 많지 않을 것이다. 그러나 만약 교원으로 근무하기를 원하는 경우에는 임기만료 또는 사직으로 학교의 장의 지위를 상실하더라도 교원의 지위는 여전히 유지하고 있으므로 별도의 절차 없이 교원으로 근무할 수 있다고 보아야 한다.

나. 명예퇴직

(1) 의 의

사립학교교원도 공무원에 준하여 정년까지 신분이 보장된다. 그런데 정년에 이르기 전에 본인의 의사에 의하여 퇴직하는 것을 명예퇴직이라 한다. 기업이 불황극복의 수단으로 인건비를 줄이기 위하여 도입된 명예퇴직 제도는 공무원들에게까지 확대되어 적용되었다.

(2) 명예퇴직의 성립과 철회

㈎ **명예퇴직의 성립**

근로자가 명예퇴직의 신청(청약)을 하면 사용자가 요건을 심사한 후 이를 승인(승낙)함으로써 합의에 의하여 성립하게 된다(대법원 2005.7.29. 선고 2003다9254 판결).

㈏ **명예퇴직신청의 거부**

위와 같이 명예퇴직은 근로자의 신청에 대하여 사용자가 요건을 심사한 후에 이를 승인함으로써 성립되는 것이므로 사용자는 신청에 대하여 이를 거부할 수 있다.

다만 정관 등에서 명예퇴직 신청자격이 있는 교원의 신청만으로 명예퇴직이 이루어진다는 취지의 규정을 두고 있는 경우와 같이 특단의 사정이 없는 한, 명예퇴직은 그 성질상 근로자의 명예퇴직 신청과 사용자의 승낙이 있는 경우에 비로소 성립된다고 보아야 하므로, 명예퇴직 규정에 신청기간이 명시되어 있지 않다거나 신청자 중에서 사용자가 명예퇴직자를 선발한다는 내용이 명시되어 있지 않다 하여도, 근로자들의 명예퇴직 신청을 심사하여 수리 여부를 결정할 권한은 사용자에게 유보되어 있는 것이다. 그러나 이러한 심사·결정 재량권은 명예퇴직제도가 도입된 배경과 경위, 다른 대상자와의 형평성 등을 고려하여 합리적인 범위 내에서 적절하게 제한적으로 행사되어야 하고 객관적인 자격을 갖춘 근로자의 명예퇴직 신청에 대하여 부당한 사유를 내세워 수리를 거부하는 등으로 이를 남용하여서는 아니 된다(대법원 1999.12.21. 선고 99다42933 판결). 판례는 권리남용의 이론에 의하여 명예퇴직 신청에 대한 사용자의 승낙거부권에 제한을 가하고 있는 것이다.

㈐ **명예퇴직 신청의 철회**

위와 같이 명예퇴직의 신청은 근로계약에 대한 합의해지의 청약에 불과하여 이에 대한 사용자의 승낙이 있어 근로계약이 합의해지되기 전에는 근로자가 임의로 그 청약의 의사표시를 철회할 수 있다(대법원 2003.4.25. 선고 2002다11458 판결).

그러나 당사자 사이에 합의가 있은 후에는 당사자 일방이 임의로 그 의사표시를 철회할 수 없으며, 이 합의에 따라 명예퇴직예정일이 도래하면 근로자는 당연히 퇴직하고 사용자는 명예퇴직금을 지급할 의무를 부담하게 된다. 따라서 3개월 후에 명예퇴직하기로 합의하여 미리 사직서를 제출한 후 3개월이 다 되어 명예퇴직신청서를 제출하였다가 이를 회수하면서 위 사직서에 의한 사직의사도 철회한 경우라도 사용자가 사직서를 수리한 경우에는 당초 합의한 대로 명예퇴직금을 지급할 의무가 있다(대법원 2003.6.27. 선고 2003다1632 판결).

하지만 위와 같은 명예퇴직 합의 이후 명예퇴직예정일 도래 이전에 근로자에게 근로관계를 계속하게 하는 것이 곤란할 정도의 중대한 비위행위가 있는 경우에는 사용자로서는 명예퇴직의 승인을 철회할 수 있고, 이때의 비위행위가 징계해임사유에 해당할 정도라면 징계해임을 하는 것도 가능하다(대법원 2002.8.23. 선고 2000다60890, 60906 판결).

(3) 명예퇴직수당

㈎ 정관의 규정

사립학교교원으로서 20년 이상 근속한 자가 정년 전에 자진하여 퇴직하는 경우에는 예산의 범위 안에서 명예퇴직수당을 지급할 수 있다. 명예퇴직수당의 지급대상범위 · 지급액 · 지급절차 기타 필요한 사항은 정관으로 정한다(사립학교법 제60조의3).

㈏ 명예퇴직수당의 환수

판례는 공무원의 명예퇴직수당의 환수와 관련하여 “공무원의 명예퇴직수당제도는 정년 이전에 퇴직하는 공무원에게 정년 이전의 퇴직으로 받게 되는 불이익, 즉 계속 근로로 받을 수 있는 수입의 상실이나 새로운 직업을 얻기 위한 비용지출 등에 대한 보상으로 명예퇴직수당을 지급함으로써 정년 이전의 퇴직을 유도하여 조직의 신진대사를 촉진하고자 하는 데 그 취지가 있다. 따라서 명예퇴직수당을 지급받고 명예퇴직하였던 공무원이 다시 경력직 공무원으로 재임용된다면, 명예퇴직수당을 지급하였던 본래의 취지가 몰각되므로 기지급된 명예퇴직수당을 환수할 필요가 있으나, 그러한 경우에도 기지급된 명예퇴직수당 중 적어도 명예퇴직시부터 재임용시까지의 퇴직기간에 상응하는 부분은 명예퇴직수당을 지급하였던 원래의 목적에 부합하므로 그 퇴직기간에 상응하는 부분을 제외한, 적정한 환수비율에 따라 환수하여야 한다"(대법원 2007.11.15. 선고 2005다24646 판결)고 하였다. 사립학교법이 규정하고 있는 사립학교 교원의 명예퇴직수당제도도 위 공무원의 명예퇴직수당제도와 동일한 취지일 것이므로 마찬가지로 정식 교원으로 재임용되었다면 환수할 수 있도록 하여야 할 것이다.

(다) 명예퇴직수당의 압류

명예퇴직수당에 대해서도 압류를 할 수 있는지에 대하여 판례는 퇴직위로금이나 명예퇴직수당은 그 직에서 퇴임하는 자에 대하여 그 재직 중 직무집행의 대가로서 지급되는 후불적 임금으로서의 보수의 성질을 아울러 갖고 있다고 할 것이므로 퇴직금과 유사하다고 볼 것이고, 따라서 이들은 민사집행법 제246조 제4호 소정의 압류금지채권인 퇴직금 기타 유사한 급여채권에 해당한다(대법원 2000.6.8. 2000마1439 결정)고 하는가 하면, 다른 한편으로는 지방공무원법 제66조의2 제1항, 지방공무원명예퇴직수당 등 지급규정 제3조, 제4조, 제5조, 제7조 등의 규정에 비추어 보면, 20년 이상 근속한 공무원이 그 정년퇴직일 전 1년 이상의 기간 중 자진 퇴직하는 때에는 예산상 부득이하여 그 지급대상범위와 인원이 제한되는 경우 및 위 지급규정 제3조 제3항에 정해진 결격사유가 없는 한 명예퇴직수당 지급신청을 하여 그 지급을 받을 수 있으므로, 20년 이상 근속한 지방공무원의 경우에는 명예퇴직수당의 기초가 되는 법률관계가 존재하고 그 발생근거와 제3채무자를 특정할 수 있어 그 권리의 특정도 가능하며 가까운 장래에 발생할 것이 상당 정도 기대된다고 할 것이어서, 그 공무원이 명예퇴직수당 지급대상자로 확정되기 전에도 그 명예퇴직수당 채권에 대한 압류가 가능하다고 할 것이고, 그 공무원이 명예퇴직 및 명예퇴직수당 지급신청을 할지 여부가 불확실하다거나 예산상 부득이한 경우 그 지급대상범위가 제한될 수 있다는 것 때문에 그것이 가까운 장래에 발생할 것이 상당 정도 확실하지 않다고 볼 것은 아니다(대법원 2001.9.18. 2000마5252 결정)고 하여 상호 모순되는 판결을 하였다. 명예퇴직수당은 보수로서의 성질보다는 보상으로서의 성질이 더 강한 것으로 보아야 할 것이고 그렇다면 보수로서의 성질 때문에 압류가 금지된다고 하기보다는 압류도 허용되는 것으로 보는 것이 타당할 것이다.

㈑ **명예퇴직 예정일 이전에 사망한 경우**

판례는 명예퇴직의 경우에 명예퇴직 대상자로 확정되었다고 하여 그 때에 퇴직의 효력이 발생하는 것이 아니라 예정된 명예퇴직일자에 비로소 퇴직의 효력이 발생한다고 하더라도 그 예정일 이전에 사망한 경우에는 곧바로 명예퇴직금을 지급할 수 없다고 하는 것은 부당하다고 한다.

명예퇴직이란 합의가 있은 후에는 당사자 일방이 임의로 그 의사표시를 철회할 수 없으며, 이 합의에 따라 명예퇴직예정일이 도래하면 근로자는 당연히 퇴직되고 사용자는 명예퇴직금을 지급할 의무를 부담하게 된다 할 것이므로 위 합의 당시의 당사자의 의사가 명예퇴직예정일 이전에 사망과 같이 근로자에게 책임 없는 사유로 퇴직되는 경우에도 명예퇴직예정일에 명예퇴직을 할 수 없다는 이유로 명예퇴직금을 지급하지 않기로 하는 취지였을 경우에 비로소 명예퇴직수당의 지급을 거절할 수 있다는 것이다(대법원 2000.7.7. 선고 98다42172 판결).

하급심 판례도 서울특별시 공무원이 명예퇴직신청서를 제출한 후 명예퇴직 예정일 전에 사망한 사안에서, 명예퇴직신청 의사가 본인의 진의에 의한 것이라면 그 이유나 동기에 관계 없이 명예퇴직 예정일 전에 사망과 같이 책임 없는 사유로 퇴직하였다고 하더라도 명예퇴직수당을 지급하여야 한다고 하였다(서울행법 2009.4.10. 선고 2008구합42185 판결).

5. 면 직

면직이란 교원관계를 소멸시키는 행위이다. 이에는 본인의 의사에 따라 사직하는 의원면직(依願免職), 본인의 의사와 무관하게 교원에게 비행이 있을 경우에 징계절차를 거쳐서 파면을 하는 징계면직(懲戒免職) 그리고 일정한 면직사유가 있을 때 임용권자가 행하는 직권면직(職權免職)의 3가지가 있다. 파면을 당한 자는 5년간 교원이 될 자격이 없는 점과 퇴직금을 수령할 수 없다는 점 등에서 직권면직이나 의원면직과 다르다.

아래에서는 직권면직과 의원면직에 대해 서술하고, 징계면직에 대해서는 징계부분에서 서술하기로 한다.

가. 직권면직

(1) 면직사유

① 사립학교의 교원이 휴직 기간이 끝나거나 휴직 사유가 소멸된 후에도 직무에 복귀하지 아니하거나 직무를 감당할 수 없을 때, ② 근무성적이 극히 불량한 때, ③ 정부를 파괴함을 목적으로 하는 단체에 가입하고 이를 방조한 때, ④ 정치운동을 하거나 집단적으로 수업을 거부하거나 또는 어느 정당을 지지 또는 반대하기 위하여 학생을 지도·선동한 때, ⑤ 인사기록에 있어서 부정한 채점·기재를 하거나 허위의 증명이나 진술을 한 때, ⑥ 거짓이나 그 밖의 부정한 방법으로 임용된 때의 하나에 해당할 때에는 해당 교원의 임용권자는 이를 면직시킬 수 있다(사립학교법 제58조 제1항). 단, 아래에서도 설명하는 바와 같이 ② 내지 ⑥의 사유로 면직을 하기 위해서는 교원징계위원회의 동의를 얻어야 한다(사립학교법 제58조 제2항). 구 사립학교법은 ①을 "신체 또는 정신상의 장애로 1년 이상 직무를 감당하지 못할 만한 지장이 있을 때"라고 규정하고 있었으나 신체 또는 정신상의 장애나 출산 휴직 등 휴직사유를 폭넓게 규정한 다음 이러한 휴직 후에도 복귀하지 않거나 직무를 감당할 수 없는 경우를 면직사유로 개정하였다.

그 외 사립학교법 제56조 제1항에 의하여 형의 선고·징계처분이 있는 경우에도 면직시킬 수 있다. 다만, 학급·학과의 개폐에 의하여 폐직이나 과원이 된 때에는 위와 같은 면직사유가 없더라도 면직시킬 수 있다.

사립학교법 제53조의2 제1항 제1호에서 이사회의 의결이 요구되고 있는 교원의 '임용'은 임용과 면직을 의미하고, 이때의 면직은 본인의 의사에 반하는 면직, 즉 직권면직만을 의미한다(대법원 2009.12.24. 선고 2007두18475 판결).

(2) 면직의 절차

위 면적사유 중 ② 내지 ⑤의 사유로 면직시키기 위해서는 교원징계위원회의 동의를 얻어야 한다(사립학교법 제58조 제2항). 이러한 면직에 동의를 할 때에 교원징계위원회가 꼭 당사자의 진술을 들어야 하는 것은 아니라는 것이 판례이다(대법원 1996.12.23. 선고 95다27295 판결).

학교법인이 그 교원을 직권면직 함에 있어 사립학교법 및 해당 법인의 정관에 위배되어 무효인 법인 인사규칙에 따라 징계위원회의 동의를 얻지 아니한 경우, 그 직권면직처분은 절차상의 하자로 인하여 무효이고, 비록 소송 계속 중에 학교법인이 징계위원회를 개최하여 동의를 얻었다고 하더라도 이러한 사유로 그 하자가 치유된다고 할 수 없다(대법원 1996.3.8. 선고 95다51847 판결).

(3) 면직의 한계

판례는 사립학교에서 학급·학과의 폐지에 의해 폐직, 과원이 되었음을 이유로 사립학교법 제56조 제1항 단서에 따라 교원을 직권면직함에 있어서 교원의 신분보장이라는 관점에서 합리적이고 객관적인 기준과 근거에 따라 면직 여부를 결정함이 필요하고, 이에 따르지 아니한 채 자의적으로 면직처분을 하는 것은 교원 임용에 관한 재량권을 일탈, 남용한 것이 된다고 한다. 국가공무원법 제70조 제3항, 지방공무원법 제62조 제3항은 "폐직, 과원이 되었음을 이유로 공무원을 직권면직시킬 때에는 임용형태·업무실적·직무수행능력·징계처분사실 등을 고려하여 면직기준을 정하여야 한다."고 규정하고 있는데, 여기서 말하는 "임용형태·업무실적·직무수행능력·징계처분사실 등을 고려하여 정한 면직기준"이란 결국 합리적이고 객관적인 기준의 내용을 구체적으로 정한 것으로 볼 수 있으므로, 사립학교에서 폐과 등에 의한 폐직, 과원이 발생하여 교원을 직권면직 함에 있어서도 위와 같은 면직기준을 정하고 그에 따라 면직대상자의 실적과 능력 등을 심사하여 별다른 하자가 없는 교원은 가급적 구제하는 조치가 요구된다고 한다. 다만 '사립학교의 경우 폐과로 인한 폐직, 과원이 된 때 교원을 직권면직함에 있어서 면직기준을 정하고 그 기준에 의한 심사 결과에 따라 면직 여부를 결정하여야 한다'는 것은 어디까지나 학교법인이 산하의 다른 사립학교나 해당 학교의 다른 학과 등으로 교원을 전직발령 내지 배치전환함으로써 면직을 회피하거나 면직대상자를 최소화할 여지가 있는 경우에 한한다고 보아야 하고, 이와 달리 사립학교의 사정상 전직발령 내지 배치전환 등에 의한 교원의 면직회피 가능성이 전혀 없는 경우에는 위와 같은 면직기준에 따른 심사절차를 거치지 아니하였다고 하더라도, 학과의 폐지 자체가 불가피하고 정당한 것이라면 이를 이유로 한 교원의 면직은 합리적이고 객관적인 근거에 기한 것으로서 역시 정당한 것이라고 볼 수밖에 없다고 한다(대법원 2008.3.13. 선고 2007다66071 판결).

판례는 “면직처분은 그 사유에 해당하면 반드시 면직시켜야 하는 것이 아니라 단지 과할 수 있는 불이익의 최고한도를 정한 것에 불과하고, 그 면직처분은 합리적이고 객관적인 기준과 근거에 따라 이루어져야 하며 이에 따르지 아니한 자의적인 처분은 그 재량권을 남용 내지 일탈한 것으로 위법 · 무효라 한다. 전국교직원노동조합 분회 결성모임에 참석하였다는 이유만으로 같이 그 조합에 가입하였다가 탈퇴각서를 제출한 다른 교사들에 대하여는 면직처분을 내리지 않고 탈퇴각서를 제출하지 아니한 교사에게만 면직처분을 내렸다면, 그 처분은 재량권을 남용 내지 일탈한 것으로 위법 · 무효”(서울지법 남부지원 1996.5.10. 선고 95가단28636 판결)라고 하였다.

그리고 ‘학급 · 학과의 개폐에 의하여 폐직이나 과원이 된 때’는 적법한 학칙 개정절차를 통해 설치학급 내지 학과가 폐지되거나 편제가 축소되는 등으로 인해 소속 교원의 직위나 정원이 없어지게 된 경우를 의미하고(대법원 2010.6.24. 선고 2010두5103 판결), ‘학과의 폐지’는 학생의 학습권 보호를 위하여 합리적인 조치가 취하여져 학습권이 실질적으로 침해되지 아니하였다고 볼 수 있는 등의 특별한 사정이 없는 한, 학교법인은 학과의 폐지 이전에 폐지 대상 학과에 학적을 두고 있는 재학생 및 휴학생을 포함한 모든 재적생에 대하여 전과 등의 적절한 조치를 취하여 재적생이 존재하지 아니하게 된 경우에 비로소 학과를 폐지할 수 있다(대법원 2016.12.29. 선고 2014두40999 판결).

(4) 면직처분에 대한 불복

면직처분에 대해서도 불복할 수 있는데 통상 불복절차는 장기간이 소요된다. 그리하여 많은 경우는 소송 등 불복절차의 진행 중에 정년이 도래하게 되기도 한다. 면직처분에 대하여 다투는 것은 복직을 하기 위한 것인데 이와 같이 면직처분이 취소되거나 무효가 된다고 하더라도 정년이 되어서 복직을 할 수 없게 된 경우에도 그 불복절차의 진행이 의미가 있는지가 문제된다.

이에 대하여 판례는 “원고들은 상고심 계속 중에 이미 국가공무원법 소정의 정년이 지났으므로 면직처분이 무효로 확인된다 하더라도 공무원의 신분을 다시 회복할 수 없기 때문에, 비록 면직으로 인한 퇴직기간을 재직기간으로 인정받지 못함으로써 퇴직급여, 승진소요연수의 계산 및 호봉승급에 과거의 불이익이 남아 있긴 하나 이러한 불이익이 현재는 계속되고 있지 아니하고,

면직처분으로 인한 급료청구소송 또는 명예침해 등을 이유로 한 손해배상청구소송에서 위 처분의 무효를 주장하여 과거에 입은 권익의 침해를 구제받을 수 있는 이상, 소로써 면직처분의 무효확인을 받는 것이 원고들의 권리 또는 법률상 지위에 현존하는 불안, 위험을 제거하는 데 필요하고도 적절한 것이라 할 수 없으므로 확인의 이익이 없다"(대법원 1993.1.15. 선고 91누5747 판결)고 한다. 위 판례에 의하면 결국 소송의 진행 중에 정년이 도래하게 된다면 각하를 당하게 된다.

그리고 기간을 정하여 임용한 교원이 면직에 대하여 다투고 있던 중 임용기간이 경과한 사안에서도 "구 사립학교법(1990.4.7. 법률 제4226호로 개정되기 전의 것) 제53조의2 제2항의 규정에 의하여 기간을 정하여 임용된 사립학교 교원이 임용기간 만료 이전에 해임·면직·파면 등의 불이익 처분을 받은 후 그 임용기간이 만료된 때에는 그 불이익 처분이 무효라고 하더라도 학교법인의 정관이나 대학교원의 인사규정상 임용기간이 만료되는 교원에 대한 재임용 의무를 부여하는 근거규정이 없다면 임용기간의 만료로 당연히 교원의 신분을 상실한다고 할 것이고, 따라서 임용기간 만료 전에 행해진 직위해제 또는 면직 처분이 무효라고 하더라도 교원의 신분을 회복할 수 없는 것으로서 그 무효확인청구는 과거의 법률관계의 확인청구에 지나지 않는다고 할 것이며, 직위해제 또는 면직된 경우에는 징계에 의하여 파면 또는 해임된 경우와는 달리 공직이나 교원으로 임용되는 데에 있어서 법령상의 아무런 제약이 없을 뿐만 아니라, 현행 사립학교법과 같이 교원의 임기 만료시에 교원인사위원회의 심의를 거쳐 해당 교원에 대한 재임용 여부를 결정하도록 하는 의무규정도 없었던 구 사립학교법 관계하에서 임기가 만료된 사립학교 교원에 대하여는 위와 같은 전력이 있으면 공직 또는 교원으로 임용되는 데에 있어서 그러한 전력이 없는 사람보다 사실상 불이익한 장애사유로 작용한다 할지라도 그것만으로는 법률상의 이익이 침해되었다고는 볼 수 없으므로 그 무효확인을 구할 이익이 없다"(대법원 2000.5.18. 선고 95재다199 전원합의체 판결)고 하였다.

면직처분에 대하여 법원에서 무효확인판결을 한 경우에 면직처분일부터 판결의 확정일까지의 기간에 대하여 교원의 근무경력으로 인정될 수 있는지가 문제 된다. 그런데 무효확인판결의 효력으로 인하여 면직처분은 처음부터 존재하지 않는 것과 마찬가지가 되므로 면직처분일부터 판결확정일까지의 경력도 근무경력으로 인정하는 것이 타당할 것으로 본다.

나. 의원면직

(1) 의 의

의원면직이란 본인 스스로의 의사에 의하여 근로관계를 소멸시키는 행위를 말한다. 이처럼 의원면직은 본인의 의사에 의하여 이루어지는 것이므로 특별히 문제되는 경우가 없어서 사립학교법은 의원면직에 대해서는 규정이 없었으나 법률 제13938호로 의원면직 제한에 관한 규정(사립학교법 제61조의2)이 신설되었다.

(2) 의원면직의 철회나 취소

의원면직과 관련하여 공무원은 사직의 의사를 표시하였다고 하더라도 의원면직처분이 이루어질 때까지는 철회나 취소를 할 수 있다. 그러나 일단 의원면직처분이 있고 난 후에는 철회나 취소를 할 수 없다(대법원 2001.8.24. 선고 99두9971 판결). 한편 법원은 사법상 고용관계에서는 사직의 의사표시의 실질적 의미가 무엇인가에 따라 구별하여 판단하고 있었다. 사직의 의사표시는 특별한 사정이 없는 한 당해 근로계약을 종료시키는 취지의 해약고지로 볼 것이라면서, 이때에는 근로계약의 해지를 통고하는 사직의 의사표시가 사용자에게 도달한 이상 근로자로서는 사용자의 동의 없이는 비록 민법 제660조 제3항 소정의 기간이 경과하기 이전이라 하여도 사직의 의사표시를 철회할 수 없다(대법원 2000.9.5. 선고 99두8657 판결)고 하였다. 위 두 판례는 서로 모순되는 것 같으나 앞의 판례는 공무원이 사직서를 제출하는 사법상의 공법행위에 관한 것이고 뒤의 판례는 사법상의 근로관계에서의 사직원의 제출에 관한 것으로 서로 사안의 내용이 다르다. 뒤의 판례도 만약 사직의 의사표시가 근로계약관계의 해지를 청약하는 경우라면 그에 대한 사용자의 승낙의사가 형성되어 그 승낙의 의사표시가 근로자에게 도달하기 이전에는 그 의사표시를 철회할 수 있고, 다만 근로자의 사직 의사표시 철회가 사용자에게 예측할 수 없는 손해를 주는 등 신의칙에 반한다고 인정되는 특별한 사정이 있는 경우에 한하여 그 철회가 허용되지 않는다(위 판결, 1994.8.9. 선고 94다14629 판결)고 하였다.

그런데 이후 사립학교의 교원에 대해서도 아래에서 서술하는 바와 같이 공무원처럼 의원면직의 신청이 있으면 해당 교원에게 징계사유가 있는지를 조사하고 그 결과에 따라 의원면직 허용 여부를 결정하도록 하고 있다(사립학교법 제61조의2). 그렇다면 의원면직의 효력은 임용권자가 허용하였을 때 비로소 발생하는 것이고, 따라서 그 전에는 해당 교원의 신청의 철회도 가능한 것으로 보아야 할 것이다.

(3) 진의(眞意) 아닌 의원면직의 의사표시

공무원이 사직의 의사표시를 하여 의원면직처분을 하는 경우 그 사직의 의사표시는 그 법률관계의 특수성에 비추어 외부적·객관적으로 표시된 바를 존중하여야 할 것이므로, 비록 사직원제출자의 내심의 의사가 사직할 뜻이 아니었다고 하더라도 진의 아닌 의사표시에 관한 민법 제107조는 그 성질상 사직의 의사표시와 같은 사인의 공법행위에는 준용되지 아니하므로 그 의사가 외부에 표시된 이상 그 의사는 표시된 대로 효력을 발한다(대법원 1997.12.12. 선고 97누13962 판결). 그런데 사립학교 교원은 공무원의 신분은 아니므로 위와 달리 해석하고 있다. 하급심이기는 하나 서울고등법원은 "사립학교법 제56조 제1항에 의하면 사립학교 교원은 형의 선고, 징계처분 등에 의하지 아니하고는 그 의사에 반하여 면직 등 불리한 처분을 할 수 없고, 동조 제2항에 의하면 사립학교 교원은 권고에 의하여 사직시킬 수 없도록 규정되어 있고 피고법인의 정관에도 이와 같은 내용이 규정되어 있는바 원고들은 권고에 의하여 신이사장에게 예우상 형식적으로 사표를 제출하였을 뿐 사실은 교사직을 사임할 의사가 없었으며 이사장으로서도 그러한 내용을 잘 알면서도 진의 아닌 위 사표에 기하여 원고들을 면직처분한 것이라면 이는 원고들의 사표제출행위 자체가 효력이 없거나, 최소한 원고들의 의사에 반하여 권고사직당한 것이라고 봄이 상당하여 특단의 사정이 없는 한 원고들에 대한 위 의원면직처분은 무효이다" 또한 "당사자들이 위와 같이 면직된 후 퇴직금 등을 수령하였다 하여 위 면직처분을 적법한 것으로 추인했다고 볼 수 없다"(서울고법 1983.12.15. 선고 83나2032 판결)고 하였다.

참고로 대법원 판례는 공무원이 아닌 일반근로자의 의원면직과 관련하여 "근로자들이 의원면직의 형식을 빌렸을 뿐 실제로는 사용자의 지시에 따라 진의 아닌 사직의 의사표시를 하였고 사용자가 이러한 사정을 알면서 위 사직의 의사표시를 수리하였다면 위 사직의 의사표시는 민법 제107조에 해당하여 무효라 할 것이고 사용자가 사직의 의사 없는 근로자로 하여금 어쩔 수 없이 사직서를 작성 제출케 하여 그 중 일부만을 선별·수리하여 이들을 의원면직 처리한 것은 정당한 이유나 정당한 절차를 거치지 아니한 해고조치로써 근로기준법 제27조 등의 강행법규에 위배되어 당연무효이다."(대법원 1992.5.26. 선고 92다3670 판결)라고 하였다.

하지만 판례는 진의 아닌 의사표시인지를 엄격히 판단하면서, 사용자가 사직서 제출에 따른 사직의 의사표시를 수락함으로써 사용자와 근로자의 근로계약관계는 합의해지에 의하여 종료되는 것이므로 사용자의 의원면직처분을 해고라고 볼 수 없고, 진의 아닌 의사표시에 있어서의 '진의'란 특정한 내용의 의사표시를 하고자 하는 표의자의 생각을 말하는 것이지 표의자가 진정으로 마음 속에서 바라는 사항을 뜻하는 것은 아니므로 표의자가 의사표시의 내용을 진정으로 마음 속에서 바라지는 아니하였다고 하더라도 당시의 상황에서는 그것이 최선이라고 판단하여 그 의사표시를 하였을 경우에는 이를 내심의 효과의사가 결여된 진의 아닌 의사표시라고 할 수 없다(대법원 2005.9.9. 선고 2005다34407 판결)고 하여 의원면직의 효력을 인정하였다.

(4) 강박에 의한 의원면직의 의사표시

사직서의 제출이 감사기관이나 상급관청 등의 강박에 의한 경우에는 그 정도가 의사결정의 자유를 박탈할 정도에 이른 것이라면 그 의사표시가 무효로 될 것이고 그렇지 않고 의사결정의 자유를 제한하는 정도에 그친 경우라면 그 성질에 반하지 아니하는 한 의사표시에 관한 민법 제110조의 규정을 준용하여 그 효력을 따져보아야 할 것이나, 감사담당 직원이 해당 공무원에 대한 비리를 조사하는 과정에서 사직하지 아니하면 징계파면이 될 것이고 또한 그렇게 되면 퇴직금 지급상의 불이익을 당하게 될 것이라는 등의 강경한 태도를 취하였다고 할지라도 그 취지가 단지 비리에 따른 객관적 상황을 고지하면서 사직을 권고·종용한 것에 지나지 않고 위 공무원이 그 비리로 인하여 징계파면이 될 경우 퇴직금 지급상의 불이익을 당하게 될 것 등 여러 사정을 고려하여 사직서를 제출한 경우라면 그 의사결정이 의원면직처분의 효력에 영향을 미칠 하자가 있었다고는 볼 수 없다(대법원 1997.12.12. 선고 97누13962 판결).

(5) 의원면직의 제한과 징계사유의 확인

㈎ **교원의 의원면직의 제한**

각급학교 교원의 임용권자는 의원면직을 신청한 교원이 ① 비위와 관련하여 형사사건으로 기소 중인 때, ② 교원징계위원회에 중징계 의결을 요구 중인 때, ③ 감사원·검찰·경찰 및 그 밖의 수사기관에서 비위와 관련하여 조사 또는 수사 중인 때, ④ 관할청의 감사부서 등에서 비위와 관련하여 감사 또는 조사 중인 때에는 의원면직을 허용하여서는 아니 된다. 다만 이미 징계의결요구 중인 때를 제외하고는 그 비위 정도가 중징계에 해당하는 경우로 한정된다(사립학교법 제61조의2 제4항). 이때 만약 징계사유가 있다면 그 비위의 정도를 누가 판단할 것인지, 그 정도가 중징계에 해당하는지 여부가 문제될 것이다. 의원면직의 허용여부는 임용권자가 결정하는 것이므로 비위의 정도가 중징계에 해당하는지 여부도 임용권자가 판단하여야 할 것이다. 그런데 이처럼 임용권자에게 판단을 맡기면 임용권자의 자의적인 판단에 따라 위 규정의 목적을 달성할 수 없게 되는 경우도 있을 수 있다. 그러므로 중징계에 해당하는지의 판단은 교원인사위원회에서 결정하는 등의 장치를 마련할 필요가 있다. 교원사회의 일반적인 통념, 일반적인 징계관례 등에 따라 판단하여야 할 것이다.

㈏ **의원면직을 신청한 교원의 징계사유 확인**

위와 같은 의원면직 허용 여부 판단을 위해 각급학교 교원의 임용권자는 교원이 의원면직을 신청한 경우 사립학교법의 징계사유가 있는지 여부, 위의 의원면직의 제한대상에 해당하는지 여부의 사항을 감사원과 검찰·경찰, 그 밖의 수사기관에 확인하여야 한다(사립학교법 제61조의2 제1항). 감사·조사 및 수사기관의 장은 위의 확인 요청을 받은 때에는 그 요청을 받은 날부터 10일 이내에 확인 결과를 해당 학교 교원의 임용권자에게 통보하여야 한다(사립학교법시행령 제24조의2 제2항).

통보받은 결과 「국가공무원법」 제79조에 따른 파면·해임·강등·정직에 준하는 정도의 중징계에 해당하는 징계사유가 있는 경우 해당 교원의 임용권자는 지체 없이 교원징계위원회에 징계의결을 요구하여야 하고, 이 경우는 해당 교원에게 직위를 부여하지 않을 수도 있다(사립학교법 제61조의2 제2항). 징계의결요구를 받은 징계위원회는 다른 징계사건에 우선하여 징계의결을 하여야 한다(사립학교법 제61조의2 제3항).

(6) 의원면직된 교원에 대한 파면처분의 가부

한편 징계사유가 있는 공무원에 대하여 징계처분을 하지 아니하고 그가 제출한 사직원을 수리하여 의원면직처분을 하였다 하더라도 그 자체에 어떠한 하자가 있다고 볼 수 없으므로, 그 후 직권으로 의원면직처분을 취소하고 직위해제 후 파면처분을 하였다면, 위 의원면직처분을 취소한 처분은 아무런 하자도 없는 행정행위를 취소한 것이 되어 위법하고, 직위해제처분과 파면처분은 그 대상인이 공무원의 신분을 유지하는 것을 전제로 하므로, 위 의원면직 취소처분이 위법하여 그 취소청구를 인용하는 이상 위 직위해제처분과 파면처분 역시 위법하게 된다(광주고법 1991.5.16. 선고 90구911 판결). 위 판례는 하급심 판례이기는 하나 당초의 의원면직처분에 아무런 하자가 없어서 위 의원면직처분은 유효한 것이고, 그렇다면 이를 취소할 수 없으며, 따라서 공무원의 직위를 가지지 않은 자에게 직위를 해제하는 것은 불가능한 것이므로 위 판례는 타당하다고 본다.

사립학교 교원의 경우도 일단 의원면직의 효력이 적법하게 발생하였다면 이를 취소하고 다시 징계를 하는 등의 행위는 불가능하다고 보아야 한다. 다만 임용권자가 사립학교법 제61조의2에 따라 의원면직을 제한 여부를 검토하였거나 할 수 있었음에도 해당 교원의 신의칙에 반하는 행위 등으로 의원면직 제한을 하지 못하는 등의 특별한 사정이 있다면 의원면직을 취소하고 징계를 할 수 있을 것이다.

6. 직위의 해제

가. 의의 및 성질

직위해제란 교원에게 직위를 계속하여 유지시킬 수 없는 사유가 있는 경우에 해당 교원을 직위에서 배제시키는 조치이다. 대기명령이라고 부르기도 한다. 판례는 공무원의 직위해제의 법적 성질에 대하여 해당 공무원이 장래에 있어서 계속 직무를 담당하게 될 경우 예상되는 업무상의 장애 등을 예방하기 위하여 일시적으로 해당 공무원에게 직위를 부여하지 아니함으로써 직무에 종사하지 못하도록 하는 잠정적인 조치로서의 보직의 해제를 의미하므로 과거의 공무원의 비위행위에 대하여 질서유지를 목적으로 행하여지는 징벌적 제재로서의 징계와는 그 성질이 다르다고 하였다(대법원 2003.10.10. 선고 2003두5945 판결). 따라서 어느 사유로 인하여 징계를 받았다 하더라도 그것이 직위해제사유로 평가될 수 있다면 이를 이유로 새로이 직위해제를 할 수도 있는 것이고, 이는 일사부재리나 이중처벌금지의 원칙에 저촉되는 것이 아니다(대법원 1992.7.28. 선고 91다30729 판결).

이러한 직위해제의 법적 성질은 사립학교교원의 경우에도 다르지 않을 것이고, 그렇다면 이러한 직위해제 조치를 함에 있어서 사립학교법이 규정하고 있는 징계절차에 관한 규정은 적용되지 않을 것이다.

나. 직위해제의 사유

사립학교의 교원이 ① 직무수행능력이 부족하거나 근무성적이 극히 불량한 자, 또는 교원으로서 근무태도가 심히 불성실한 자, ② 징계의결이 요구 중인 자, ③ 형사사건으로 기소된 자(약식명령이 청구된 자는 제외), ④ 금품비위, 성범죄 등 대통령령[10]으로 정하는 비위행위로 인하여 감사원 및 검찰·경찰 등 수사기관에서 조사나 수사 중인 사람으로서 비위의 정도가 중대하고 이로 인하여 정상적인 업무수행을 기대하기 현저히 어려운 자의 하나에 해당할 때에는 해당 교원의 임용권자는 직위를 부여하지 아니할 수 있다(사립학교법 제58조의2 제1항). 위의 ①과 다른 직위해제사유가 함께 있을 때에는 다른 사

---

10) 사립학교법시행령 제24조의5(직위해제 대상 비위행위) 법 제58조의2 제1항 제4호에서 "금품비위, 성범죄 등 대통령령으로 정하는 비위행위"란 다음 각 호의 행위를 말한다.
1. 「국가공무원법」 제78조의2 제1항 제1호에 해당하는 행위
2. 다음 각 목의 어느 하나에 해당하는 것을 횡령(橫領), 배임(背任), 절도, 사기 또는 유용(流用)하는 행위
   가. 「국가공무원법」 제78조의2 제1항 제2호 각 목의 어느 하나에 해당하는 것
   나. 법 제29조(법 제51조에서 준용하는 경우를 포함한다)에 따른 회계에 속하는 수입이나 재산
   다. 법 제32조의2에 따른 적립금
3. 「성폭력범죄의 처벌 등에 관한 특례법」 제2조에 따른 성폭력범죄 행위
4. 「성매매알선 등 행위의 처벌에 관한 법률」 제4조에 따른 금지행위
5. 교원으로서의 품위를 크게 손상하여 그 직위를 유지하는 것이 부적절하다고 판단되는 행위

유로 직위해제를 하여야 한다(사립학교법 제58조의2 제5항).

판례는 구 지방공무원법 제65조의2, 제1항 제2호의 규정에 "징계의결이 요구 중인 자"에 대하여는 직위를 부여하지 아니할 수 있다는 것은 징계의결이 요구되고 있는 동안만 직위를 부여하지 아니할 수 있다는 취지로 해석되므로, 직위해제처분 후 징계의결이 되거나 징계의결이 취소되었다면 위 직위해제처분은 실효된다고 하는데(대법원 1979.2.13. 선고 78누372 판결) 이는 사립학교 교원에게도 적용된다고 보아야 한다. 직위해제 사유가 소멸된 때에는 임용권자는 지체없이 직위를 부여하여야 한다(사립학교법 제58조의2 제2항).

다. 직위해제와 대기명령

직무수행능력이 부족하거나 근무성적이 극히 불량한 자, 또는 교원으로서 근무태도가 심히 불성실한 자임을 이유로 직위해제된 자에 대하여는 3월 이내의 기간 대기를 명하여야 하고(사립학교법 제58조의2 제3항), 대기명령을 받은 자에 대하여는 능력회복이나 태도개선을 위한 연수 또는 특별한 연구과제의 부여 등 필요한 조치를 하여야 한다(사립학교법 제58조의2 제4항).

위의 규정에 따라 직위해제처분을 받은 교원이라 하더라도 대기명령을 받은 자는 임용권자 등의 교육훈련 등의 조치에 응하기 위하여 적어도 근무처에 출근할 의무는 있다고 할 것이다(서울고법 1991.12.12. 선고 91구5435 판결).

대기명령 기간 중에 위와 같은 능력회복이나 태도개선을 위한 연수 또는 특별한 연구과제의 부여 등 필요한 조치를 하였음에도 불구하고 직무수행능력이 개선되지 않아서 직권면직 사유에 해당하게 된다면 임용권자는 직위해제기간이 만료된 후 직권면직을 할 수도 있다(대법원 1995.5.26. 선고 94누9351 판결).

라. 직위해제의 방법

직위해제도 처분이므로 서면으로 행해져야 한다. 그리고 이러한 직위해제도 일종의 상대방 있는 의사표시이므로 직위해제의 의사표시가 상대방에게 도달한 때에 효력이 발생하게 된다.

마. 직위해제의 한계

과거 사립학교법(법률 제4376호)에서는 형사사건으로 기소된 자에 대해서는 반드시 직위해제처분을 하도록 규정하고 있었다. 그런데 이에 대하여 헌법재판소는 제소된 사안의 심각한 정도, 증거의 확실성 여부 및 예상되는 판결의 내용 등을 고려하지 아니하고 약식명령을 청구한 사건 이외의 형사사건으로서 공소가 제기된 경우, 해당 교원이 자기에게 유리한 사실의 진술이나 증거를 제출할 방법조차 없이 일률적으로 판결의 확정시까지 직위해제처분을 하는 것은, 징계절차에서도 청문의 기회가 보장되고 정직처분도 3월 이하만 가능한 사정 등과 비교하면, 사립학교법 제58조의2 제1항 단서 규정은 방법의 적정성·피해의 최소성·법익의 균형성을 갖추지 못하였다고 할 것이므로, 헌법 제15조, 제27조 제4항 및 제37조 제2항에 위반되어 위헌이고, 다만 제3호 부분은 사립학교법 제58조의2 제1항 본문과 결합하여 입법취지에 맞게 합헌적으로 적용될 수 있는 규정이므로 위헌이라고 할 수 없다[헌법재판소 1994.7.29. 93헌가3, 7(병합)]고 하였다.

이에 따라 형사사건으로 기소된 자에 대하여 이러한 사실을 직위해제사유로 존치하되 사항에 따라서 직위해제를 하지 않을 수 있도록 재량사항으로 사립학교법이 개정되었다. 따라서 형사사건으로 기소된 교원에 대해서는 형사사건으로 기소되었다는 사실 자체만으로는 직위해제가 정당화될 수 없고, 무죄추정의 원칙, 직위해제제도의 목적, 기소된 내용이 당연퇴직사유가 되는 형을 선고받을 고도의 개연성이 있는지, 기타 해당 교원이 계속하여 직무를 수행한다면 학생들의 학습권이나 학교의 정상적인 교육에 위해를 끼칠 가능성이 있는지 등을 종합적으로 고려하여 직위해제 여부를 판단해야 할 것이다. 위의 정도에 이르지 않았음에도 불구하고 직위해제를 하는 경우에는 재량권의 일탈 또는 남용의 문제가 발생하게 된다.

판례는 직위해제처분을 할 만한 사유가 없음에도 오로지 교원을 학교에서 몰아내려는 의도하에 고의로 명목상의 직위해제사유를 내세우거나 만들어 직위해제처분을 한 경우나, 징계의결이 요구된 사유가 사립학교법의 규정 등에 비추어 국가공무원법 제33조에 정한 파면이나 해임 등을 할 만한 사유에 해당한다고 볼 수 없거나 기소된 형사사건에 대하여 국가공무원법 제33조에서 정한 당연퇴직의 사유가 될 정도가 아닌 판결이 선고될 것임이 객관적으로 명백하고, 또 조금만 주의를 기울이면 그와 같은 사정을 쉽게 알아볼 수 있는데도 그것을 이유로 직위해제처분에 나아간 경우와 같이, 직위해제처분이 우리의 건전한 사회통념이나 사회상규상 용인될 수 없음이 분명한 경우에는 그 직위해제처분은 재량권의 범위를 일탈하거나 재량권을 남용한 위법한 처분으로서 그 효력이 부정될 뿐만 아니라 위법하게 상대방에게 정신적 고통을 가하는 것으로서 그 교원에 대한 관계에서 불법행위를 구성한다고 하면서 대학교수는 자신의 전공분야에 대해 강의하고 이를 통해 자신의 학문연구를 보다 발전시키는 것이 그 인격권 실현의 본질적 부분에 해당하므로, 대학교수의 사용자인 학교법인이 그 업무지휘권 등의 행사에 지장을 초래하는 등의 특별한 사정이 없는데도, 오로지 소속 대학교수를 본연의 업무에서 배제하려는 의도하에 그 의사에 반하여 전공분야와 관련 없는 과목의 강의를 배정함으로써 결국 강의할 수 없게 하는 행위는 교원의 인격적 법익을 침해하는 것이 되고, 학교법인은 그로 인하여 그 대학교수가 입게 되는 정신적 고통에 대하여 배상할 의무를 부담한다고 하였다(대법원 2008.6.26. 선고 2006다30730 판결).

바. 직위해제의 적법성에 대한 판단 및 효력

직위해제는 징계와는 다른 별개의 처분이므로 직위해제처분의 적법 여부는 그 처분 시를 기준으로 당해 교원이 파면·해임·정직에 해당하는 징계의 결을 받을 고도의 개연성이 있는지 여부, 당해 교원이 계속 직무를 수행함으로 인하여 공정한 직무집행에 위험을 초래하는지 여부 등 구체적인 사정을 고려하여 판단하여야 하고, 직위해제처분 이후 관련 징계처분이 법원의 판결로 징계사유의 부존재, 징계시효의 만료 등을 이유로 취소되었다고 하여 바로 직위해제처분이 위법하게 되는 것은 아니다.(대법원 2014.10.30. 선고 2012두25552 판결).

취업규칙 등에 직위해제에 관한 특별한 절차규정이 있는 경우가 아닌 한 직위해제를 함에 있어서 징계에 관한 절차 등을 거쳐야 하는 것은 아니며, 근로자에 대한 직위해제처분의 정당성은 근로자에게 당해 직위해제 사유가 존재하는지 여부나 직위해제에 관한 절차규정을 위반한 것이 당해 직위해제처분을 무효로 할 만한 것이냐에 의하여 판단할 것이고, 단지 당해 직위해제처분이 근로자에게 가혹하고 다른 근로자의 유사한 비위행위에 대한 징계처분 등에 비추어 형평에 어긋난다는 사정만으로 그 정당성이 없는 것이라고 단정할 수 없다(대법원 2004.10.28. 선고 2003두6665 판결).

사. 직위해제에 대한 불복 방법

직위해제에 대해서도 소청심사와 행정소송을 통하여 구제받을 수 있다. 다만 직위해제 된 경우에도 이에 대한 불복절차의 진행 중에 임기가 만료된 경우에는 그 무효확인을 구할 이익이 없다(대법원 2000.5.18. 선고 95재다199 전원합의체 판결).

마찬가지로 대법원은, 사립학교 교원이 직위해제 무효확인소송의 계속 중 직위해제사유와 별개의 사유로 해임처분된 경우, 해임처분을 받음으로써 사실심 변론종결시를 기준으로 하여 교원의 신분을 가지고 있지 아니하므로 위 직위해제가 무효라고 하더라도 위 직위해제의 무효확인의 소는 과거의 법률관계의 확인청구에 지나지 않는다고 할 것이고, 직위해제의 유·무효에 따라 급여액수가 달라지는 것에 대하여는 위 소송이 유효적절한 수단이 될 수 없으며, 직위해제처분을 받은 전력으로 말미암아 사립학교 교원으로서의 직위의 부여, 보직의 결정, 연수와 근무성적의 평정, 승진 내지 특별승진, 향후 징계양정에 있어서의 불이익 또는 제한이 따른다 하더라도 이러한 불이익 또는 제한은 주로 그 처분을 한 학교법인 산하 학교에 근무하는 것을 전제로 하여 그 학교에서 근무하는 과정에서 발생하는 불이익이라 할 것인데, 위 교원은 이미 해임처분을 받아 그 신분을 상실함으로써 그러한 불이익을 받지 않는 상태에 있다고 할 것이고, 차후에 공무원이나 교원으로 임용되는 데 있어서 직위해제를 받은 전력이 있다고 하는 것이 불리한 사유로 작용할 수 있다고 하는 점 및 직위해제를 당하였다고 하는 것 자체가 불명예이고 고통이라고 하는 점 등은 법률상의 이익의 침해로 볼 수 없으므로, 위 직위해제 무효확인소송은 확인의 이익이 없어 부적법하다(대법원 1998.8.21. 선고 96다25401 판결).

반면에 만일 어떤 사유에 기하여 근로자를 직위해제한 후 그 직위해제 사유와 동일한 사유를 이유로 징계처분을 하였다면 뒤에 이루어진 징계처분에 의하여 그 전에 있었던 직위해제처분은 그 효력을 상실하고,[11] 여기서 직위해제처분이 효력을 상실한다는 것은 직위해제처분이 소급적으로 소멸하여 처음

---

11) 하지만 이러한 직위해제의 효력 소멸은 징계처분의 효력이 있음을 전제로 하는 것이므로 만약 위의 징계처분의 효력이 정지된다면 다시 위의 직위해제를 하여야 할 필요성이 발생하는 것이므로 직위해제 처분의 효력도 유지된다고 보아야 한다.

부터 직위해제처분이 없었던 것과 같은 상태로 되는 것이 아니라 사후적으로 그 효력이 소멸한다는 의미이다. 따라서 직위해제처분에 기하여 발생한 효과는 해당 직위해제처분이 실효되더라도 소급하여 소멸하는 것이 아니므로, 인사규정 등에서 직위해제처분에 따른 효과로 승진·승급에 제한을 가하는 등의 법률상 불이익을 규정하고 있는 경우에는 직위해제처분을 받은 근로자는 이러한 법률상 불이익을 제거하기 위하여 그 실효된 직위해제처분에 대한 구제를 신청할 이익이 있다고 하였다(대법원 2010.7.29. 선고 2007두18406 판결).

7. 휴 직

가. 의 의

휴직이란 교원이 신분을 보유하면서 일정기간 그 직무에 종사하지 않는 것을 말한다. 직무를 수행하지 않는다는 점에서 정직과 같으나 정직은 징계처분의 하나이지만 휴직은 징계가 아니라는 점에서 정직과 다르다.

나. 휴직의 사유(사립학교법 제59조 제1항)

임용권자는 아래의 경우에는 교원이 원하면 휴직을 명할 수 있다. 정관에 규정하는 경우에 한하여 학교의 장에게 위임할 수 있다(대법원 2012.4.26. 선고, 2011두25739 판결).

① 신체·정신상의 장애로 장기요양을 요할 때(불임·난임으로 인하여 장기간의 치료가 필요한 경우를 포함한다)

② 「병역법」에 의한 병역의 복무를 위하여 징집 또는 소집된 때

③ 천재·지변 또는 전시·사변이나 기타의 사유로 인하여 생사 또는 소재가 불명하게 된 때

④ 기타 법률의 규정에 의한 의무를 수행하기 위하여 직무를 이탈하게 된 때

⑤ 학위취득을 목적으로 해외유학을 하거나 외국에서 1년 이상 연구 또는 연수하게 된 때

⑥ 국제기구, 외국기관, 국내외의 대학·연구기관, 국가기관, 재외교육기

관(「재외국민의 교육지원 등에 관한 법률」 제2조 제2호의 재외교육기관을 말한다) 또는 정관으로 정하는 민간단체에 임시로 고용될 때

⑦ 만 8세 이하 또는 초등학교 2학년 이하의 자녀를 양육하기 위하여 필요하거나 여성교원이 임신 또는 출산하게 된 때

⑧ 만 19세 미만의 아동 청소년(제7호에 따른 육아휴직의 대상이 되는 아동은 제외한다)을 입양(入養)하는 경우

⑨ 교육부장관이 지정하는 국내의 연구기관이나 교육기관 등에서 연수하게 된 때

⑩ 사고 또는 질병 등으로 장기간의 요양을 요하는 부모, 배우자, 자녀 또는 배우자의 부모의 간호를 위하여 필요한 때

⑪ 배우자가 국외근무를 하게 되거나 ⑤에 해당하게 된 때

⑫ 「교원의 노동조합설립 및 운영 등에 관한 법률」 제5조의 규정에 의하여 노동조합 전임자로 종사하게 된 때

⑬ 「사립학교교직원 연금법」 제31조에 따라 계산한 재직기간이 10년 이상인 교원이 자기개발을 위하여 학습·연구 등을 하게 된 때

⑭ 기타 정관이 정하는 사유가 있는 때

위의 사유 중 ①~④, ⑫는 본인의 의사에 불구하고 휴직을 명하여야 하고, ⑦, ⑧은 본인이 원하는 경우에는 휴직을 명하여야 한다.

임용권자는 ⑦, ⑧의 휴직을 이유로 인사상 불리한 처우를 하여서는 아니되며, 이때의 휴직기간은 근속기간에 산입한다(사립학교법 제59조 제3항).

다. 정관에의 규정

휴직의 기간과 휴직자의 신분 및 처우 등에 관하여는 정관(사립학교경영자의 경우에는 그가 정하는 교원의 신분보장 및 징계에 관한 규칙을 말한다. 이하 같다)으로 정한다(사립학교법 제59조 제2항).

8. 교원의 불체포 특권

사립학교의 교원은 현행범인의 경우를 제외하고는 소속 학교장의 동의 없이 학원 안에서 체포되지 아니한다(사립학교법 제60조, 교원의 지위 향상 및 교육

활동 보호를 위한 특별법 제4조). 수업 중인지 여부를 불문한다.

9. 교원의 사회보장

사립학교의 교원 및 사무직원이 질병·부상·장해·퇴직·사망 또는 재해를 입었을 때에는 본인이나 그 유족에게 법률이 정하는 바에 따라 적절한 급여를 지급한다. 이때의 법률에는 다음의 사항이 규정되어야 한다(사립학교법 제60조의2).

① 상당한 기간 근무하고 퇴직하거나 사망한 경우에 본인이나 그 유족에게 연금 또는 일시금을 지급하는 사항

② 직무로 인한 부상 또는 질병으로 인하여 사망하거나 퇴직한 경우에 본인이나 그 유족에게 연금 또는 보상금을 지급하는 사항

③ 직무로 인한 부상 또는 질병으로 인한 요양기간 중 소득능력에 장애를 받을 경우에 그 본인이 받는 손실보상에 관한 사항

④ 직무로 인하지 아니한 사망·장해·부상·질병·출산 기타 사고에 대한 급여의 지급에 관한 사항

이에 대한 법률로는 사립학교교직원연금법이 제정되어 있다.

제4절 | 교원의 징계

1. 징계의 의의

징계란 특별권력관계나 특별감독관계 또는 특별신분관계에 있는 자에 대하여 일정한 제재를 과하는 것을 말한다. 징계는 학교법인 등의 사립학교 교원에 대한 인사권 행사로서의 불리한 처분으로 그 성질은 사법적 법률행위의 일종이다. 따라서 학교법인의 교원에 대한 징계는 형법 제156조(무고죄)의 징계처분에 해당하지 않아 징계를 목적으로 신고를 하더라도 무고죄에 해당하지 않게 된다(대법원 2014.7.24. 선고 2014도6377 판결).

2. 징계의 사유 및 종류

가. 징계의 사유

사립학교의 교원이 다음의 하나에 해당하는 때에는 해당 교원의 임용권자는 징계의결의 요구를 하여야 하고, 징계의결의 결과에 따라 징계처분을 하여야 한다(사립학교법 제61조 제1항). 강행규정이다.

① 사립학교법과 기타 교육관계법령에 위반하여 교원의 본분에 배치되는 행위를 한 때

② 직무상의 의무에 위반하거나 직무를 태만히 한 때

③ 직무의 내외를 불문하고 교원으로서의 품위를 손상하는 행위를 한 때

나. 징계의 종류

징계는 파면 · 해임 · 정직 · 감봉 · 견책으로 한다(사립학교법 제61조 제2항). 정직은 1월 이상 3월 이하의 기간으로 하고, 정직처분을 받은 자는 그 기간 중 신분은 보유하나 직무에 종사하지 못하며 보수의 전액을 감한다(사립학교법 제61조 제3항). 감봉은 1월 이상 3월 이하의 기간, 보수의 3분의 1을 감한다(사립학교법 제61조 제4항). 견책은 전과에 대하여 훈계하고 회개하게 한다(사립학교법 제61조 제5항). 사립학교법 제2조 제4호에는 '강임(降任)'에 대해서도 규정하고 있는데, 그 이외에는 이러한 강임 사유 등에 대해서는 달리 규정하고 있지 않다. 사립학교에서는 간혹 교장을 교감으로 임용한다거나 교감을 평교사로 임용하는 경우가 있을 수 있다. 이러한 경우를 강임이라 할 수 있는데, 사립학교법은 "사립학교 교원은 형의 선고 · 징계처분 또는 이 법에 정하는 사유에 의하지 아니하고는 본인의 의사에 반하여 휴직 또는 면직 등 불리한 처분을 받지 아니한다. 다만, 학급 · 학과의 개폐에 의하여 폐직이나 과원이 된 때에는 그러하지 아니하다."고 규정하고 있다. 위와 같이 사립학교법이 강임사유에 대하여 달리 규정하고 있지 않다면 해당 교원이 강임에 대하여 동의하였거나 학급 · 학과의 개폐에 의하여 폐직이나 과원이 된 때 등의 사유가 있지 않은 한 위의 강임은 위법하다(대법원 1973.7.24. 선고 71다2508 판결).

법령이나 정관 등을 위반한 경우에 경고나 주의 처분을 하는 경우가 있다. 판례는 공무원이 받은 경고 처분에 대하여 국가공무원법상의 징계의 종류

에 해당하지 아니하고, 근무충실에 관한 권고행위 내지 지도행위로서 그 때문에 공무원으로서의 신분에 불이익을 초래하는 법률상의 효과가 발생하는 것도 아니므로 행정소송의 대상이 되는 행정처분이 아니므로 그 취소를 구할 법률상 이익이 없다고 하였다(대법원 1991.11.12. 선고 91누2700 판결).

교육공무원징계령시행규칙 제6조 제2항은 "징계위원회가 제1항에 따라 견책에 해당하는 비위를 불문(不問)으로 감경하여 의결하였거나 불문으로 의결하였으나 경고할 필요가 있다고 인정하는 경우에는 징계 등 의결서의 의결주문란에 "불문으로 의결한다. 다만, 경고할 것을 권고한다"라고 적는다."라고 규정하고 있다. 판례는 이러한 불문경고에 대해서는 비록 법률상의 징계처분은 아니지만 위 처분을 받지 아니하였다면 차후 다른 징계처분이나 경고를 받게 될 경우 징계감경사유로 사용될 수 있었던 표창공적의 사용가능성을 소멸시키는 효과와 1년 동안 인사기록카드에 등재됨으로써 그 동안은 장관표창이나 도지사표창 대상자에서 제외시키는 효과 등이 있다는 이유로 항고소송의 대상이 되는 행정처분에 해당한다고 하였다(대법원 2002.7.26. 선고 2001두3532 판결, 그 외 교육청 공무원에 대한 대법원 2004.4.23. 선고 2003두13687 판결 참조).

3. 징계처분의 한계

가. 징계처분의 재량행위성

사립학교 교원의 임용권자는 그 소속 교원 중에 징계사유에 해당하는 자가 있을 때에는 미리 충분한 조사를 한 후 해당 징계사건을 관할하는 교원징계위원회에 그 징계의결을 요구하여야 한다(사립학교법 제64조). 교육의 본질에 따른 교육제도의 구조적 특성, 교원직무의 공공성 등을 고려하여 징계의결 요구에 대해서는 의무적으로 규정하고 있는 것으로 보인다. 다만 징계의 종류 중 어떠한 징계를 선택하여 어느 정도의 징계를 할 것인지는 징계권자의 재량에 속한다.

나. 재량권의 한계를 벗어난 징계처분 판단기준

(1) 판단기준

임용권자에게는 교원의 징계에 대하여 넓은 재량권이 인정되나 그러한 재량권을 남용하거나 일탈한 경우에는 해당 징계는 무효가 된다. 징계처분이 위법하다고 하기 위하여서는 징계권자가 재량권을 행사하여 한 징계처분이 사회통념상 현저하게 타당성을 잃어 징계권자에게 맡긴 재량권을 남용한 것이라고 인정되는 경우에 한하는 것이고, 그 징계처분이 사회통념상 현저하게 타당성을 잃은 처분이라고 하려면 구체적인 사례에 따라 직무의 특성, 징계의 사유가 된 비위사실의 내용과 성질 및 징계에 의하여 이루고자 하는 목적과 그에 수반되는 제반 사정을 참작하여 객관적으로 명백히 부당하다고 인정되는 경우라야 한다(대법원 2008.2.1. 선고 2007두20997 판결).

이와 같이 징계처분이 재량권의 한계를 벗어난 것인지 여부를 판단함에 있어서는 피징계자의 평소의 소행, 근무성적, 징계처분 전력 이외에도 해당 징계처분사유 전후에 저지른 징계사유로 되지 아니한 비위사실도 징계양정에 있어서의 참고자료가 될 수 있다(대법원 2004.6.25. 선고 2002다51555 판결).

법원은 파면 등 신분을 상실시키는 징계처분 이외에는 징계권자의 재량권을 폭넓게 인정하고 있는 것으로 보인다.

(2) 재량권의 일탈 · 남용이라고 한 예

한편 징계권의 행사가 임용권자의 재량에 맡겨진 것이라고 하여도 공익적 목적을 위하여 징계권을 행사하여야 할 공익의 원칙에 반하거나 일반적으로 징계사유로 삼은 비행의 정도에 비하여 균형을 잃은 과중한 징계처분을 선택함으로써 비례의 원칙에 위반하거나 또는 합리적인 사유 없이 같은 정도의 비행에 대하여 일반적으로 적용하여 온 기준과 어긋나게 공평을 잃은 징계처분을 선택함으로써 평등의 원칙에 위반한 경우에도 이러한 징계처분은 재량권의 한계를 벗어난 처분으로서 위법하다(대법원 2004.6.25. 선고 2002다51555 판결).

(3) 적법한 징계라고 한 예

반면에 같은 정도의 비위를 저지른 자들 사이에 있어서도 그 직무의 특성 등에 비추어, 개전의 정이 있는지 여부에 따라 징계의 종류의 선택과 양정에 있어서 차별적으로 취급하는 것은, 사안의 성질에 따른 합리적 차별로서 이를 자의적 취급이라고 할 수 없는 것이어서 평등원칙 내지 형평에 반하지 아니한다(대법원 1999.8.20. 선고 99두2611 판결).

학습지 채택료를 수수하고 담당 경찰관에게 수사무마비를 전달하려고 한 비위를 저지른 사립중학교 교사들 중 잘못을 시인한 교사들은 정직 또는 감봉에, 잘못을 시인하지 아니한 교사들은 파면에 처한 것이 그 직무의 특성 등에 비추어 재량권의 범위를 일탈·남용한 것이 아니다(대법원 1999.8.20. 선고 99두2611 판결).

대학교수 임용자의 기부금 임용의 경위와 기부금의 액수, 수사와 언론보도를 통하여 나타난 사립학교 교수로서의 품위손상의 정도(특히 학생과의 관계에 있어서), 다른 기부금 임용자들에 대한 징계 정도 등에 비추어 볼 때 학교법인이 징계처분 중 2번째로 중한 해임처분을 택한 것은 그로 인하여 위 임용자가 입게 되는 사회적, 경제적, 정신적 피해에도 불구하고 징계재량권 범위 내의 정당한 처분이고 신의칙에 반한다거나 권리남용에 해당되지 아니한다(대법원 1996.3.8. 선고 95누18536 판결).

다. 복수의 징계사유 중 일부의 불인정

수 개의 징계사유 중 일부가 인정되지 않으나 인정되는 다른 일부 징계사유만으로도 해당 징계처분의 타당성을 인정하기에 충분한 경우에는 그 징계처분을 그대로 유지하여도 위법하지 아니하다(대법원 2004.6.25. 선고 2002다51555 판결). 반면에 인정되는 징계사유만으로는 비례의 원칙이나 평등의 원칙에 반하는 경우에는 재량권의 한계를 벗어난 징계가 될 것이다.

라. 비위행위 시와 징계처분 시의 차이로 발생하는 문제

비위행위를 한 후 징계를 하는 시기 사이에 법규나 정관 등이 변경된 경우, 다른 특별한 사정이 없는 한 징계는 징계를 통보하는 시점에 시행되고 있는 새로운 정관 등이 정한 절차에 따라 행하면 족하지만, 징계권(징계사유)의 유무에 관한 결정은 징계가 교원 등에게 있어서 불이익한 처분이므로 문제로 되어 있는 행위 시에 시행되고 있던 구 정관 등에 따라 행하여야 한다(대법원 1994.12.13. 선고 94다27960 판결).

그리고 교원에 대한 징계는 교원의 신분으로서 징계사유에 해당하는 행위를 하였다는 것에 대한 제재이므로 사립학교 교원이 그 임용 이전에 한 행위는 원칙적으로 재직 중의 징계사유로 삼을 수 없다.

그러나 사립학교 교원 임용과 관련된 비위행위와 같이 비록 임용 전의 행위라 하더라도 이로 인하여 임용 후의 교원으로서의 품위를 손상하게 된 경우에는 징계사유로 삼을 수 있다(대법원 1996.3.8. 선고 95누18536 판결). 사립학교 교원이 그 임용과 관련된 비위행위에 의하여 사립학교 교원으로 임용되었다면 그 신분을 취득하기까지의 일련의 행위가 사립학교법상의 징계사유에 해당하므로, 징계시효의 기산점도 임용 전의 비위행위시가 아니라 교원으로 임용된 때로부터 기산하여야 한다(대법원 1996.3.8. 선고 95누18536 판결).

마. 징계처분이 불법행위를 구성하는 경우

징계는 임용권자의 재량이나, 징계처분을 할 만한 사유가 없는데도 오로지 교원을 학교에서 몰아내려는 의도하에 고의로 명목상의 징계사유를 내세우거나 만들어 징계라는 수단을 동원하여 파면 또는 해임한 경우나, 그 징계의 이유로 된 어느 사실이 사립학교법의 규정 등에 비추어 파면이나 해임의 사유에 해당한다고 볼 수 없음이 객관적으로 명백하고 또 조금만 주의를 기울이면 이와 같은 사정을 쉽게 알아볼 수 있는데도 그것을 이유로 그러한 징계에 나아간 경우와 같이, 징계권의 행사가 우리의 건전한 사회통념이나 사회상규상 용인될 수 없음이 분명한 경우에는 그 징계는 재량권의 범위를 일탈하거나 재량권을 남용한 위법한 처분으로서 그 효력이 부정됨에 그치지 아니하고, 위법하게 상대방에게 정신적 고통을 가하는 것이 되어 그 교원에 대한 관계에서 불법행위를 구성한다(대법원 2002.9.24. 선고 2001다44901 판결).

한편 징계위원회의 징계위원들의 불법행위 성립여부와 관련하여 교원에 대한 징계가 적법한 절차에 따라 적정하고 공정하게 행하여진 이상 비록 그 징계양정이 결과적으로 재량권을 일탈한 것으로 인정된다고 하더라도 이는 법률전문가가 아닌 징계위원들이 징계의 경중에 관한 관련법령의 해석을 잘못한 데 불과하다고 할 것이어서, 이러한 경우 징계의 양정을 잘못한 징계위원들에게 불법행위책임을 물을 수 있는 과실을 인정할 수는 없다고 하였다(대법원 1995.2.14. 선고 94다22125 판결).

4. 교원징계위원회

가. 징계위원회의 설치

사립학교의 교원의 징계사건 및 제54조의3 제6항 단서에 따른 교원의 임명에 관한 사항(교원으로 재직 중 파면·해임 또는 금고 이상의 형을 선고 받은 사람에 대한 예외적 교원임명 의결)을 심의·의결하기 위하여 그 임용권자의 구분에 따라 학교법인·사립학교경영자 및 해당 학교에 교원징계위원회를 둔다. 다만, 사립유치원 교원의 징계사건은 「교육공무원법」 제50조(징계위원회의 설치)에 따라 설치되는 교육공무원징계위원회에서 심의·의결한다(사립학교법 제62조 제1항).

교원징계위원회는 학교법인 또는 사립학교경영자별로 설치하되, 사립학교법 제53조의2 제2항의 규정(학교의 장이 아닌 교원의 임용)에 따라 교원의 임용권이 학교의 장에게 위임된 경우에는 해당 학교에 따로 설치할 수 있다(사립학교법시행령 제24조의6).

나. 징계위원회의 구성

교원징계위원회는 5인 이상 9인 이하의 위원으로 구성하되(사립학교법 제62조 제2항), 그 위원은 해당 학교의 교원 또는 학교법인의 이사, 법관, 검사 또는 변호사로 5년 이상 근무한 경력이 있는 사람, 대학에서 법학, 행정학 또는 교육학을 담당하는 조교수 이상으로 재직 중인 사람, 공무원으로 20년 이상 근속하고 퇴직한 사람, 그 밖에 교육이나 교육행정에 대한 전문지식과 경험이 풍부하다고 인정되는 사람 중에서 해당 학교법인 또는 사립학교경영자가 임명하거나 위촉한다(사립학교법 제62조 제3항). 다만, 학교법인인 경우에는 해당 학교법인의 이사인 위원의 수가 전체위원의 2분의 1을 초과할 수 없다(사립학교법 제62조 제2항). 이때 외부위원이 최소 1명 이상 포함되어야 하는데 외부위원은 해당 학교법인 또는 사립학교경영자가 설치·경영하는 학교에 소속된 사람이 아니어야 한다. 그리고 학교법인에 두는 교원징계위원회의 경우에는 해당 학교법인의 이사인 위원 수가 전체 위원 수의 2분의 1을 초과하지 않아야 한다(사립학교법 제62조 제4항). 내부의 징계위원은 이사가 포함되지 않고 교원만으로 구성되더라도 무방하다.

교원징계위원회의 징계위원이 될 수 있는 '해당 학교의 교원'은 징계대상자가 소속되어 있는 학교의 교원만을 의미하고, 같은 학교법인이 경영하는 다른 학교의 교원은 포함되지 않는다(서울고법 1997.4.3. 선고 96구45766 판결).

교원징계위원회의 위원장은 위원 중에서 호선하는데(사립학교법시행령 제24조의7 제1항), 위원장이 사고가 있을 때에는 위원 중에서 연장자가 그 직무를 대행한다(제4항).

다. 징계의결의 기한

교원징계위원회가 징계의결요구를 받은 때에는 그 요구서를 받은 날로부터 60일[「국가인권위원회법」 제2조 제3호 라목에 따른 성희롱 행위 등 성(性) 관련 비위만을 징계사유로 하는 경우에는 30일] 이내에 징계에 관한 의결을 하여야 한다. 다만, 부득이한 사유가 있을 때에는 해당 징계위원회의 의결로 30일의 범위 안에서 1차에 한하여 그 기한을 연장할 수 있다(사립학교법시행령 제24조의8 제1항). 징계의결이 요구된 사건에 대한 징계절차의 진행이 감사원의 조사 등(사립학교법 제66조의3)에 따라 중지된 경우 그 중지된 기간은 위의 징계의결 기한에 포함되지 않는다(사립학교법시행령 제24조의8 제2항). 대법원은 교육공무원의 징계기한규정과 관련하여, 신속한 징계의결을 도모하고 그에 따른 후임자의 충원 등에 의해 행정작용이 계속적으로 원활히 행해지도록 하는 등으로 행정법관계의 장기간에 걸친 불안정 상태를 방지하려는 것을 주안으로 하는 훈시적 규정이고 징계의결기한이 지나서 징계의결을 하였다 하여 관계자의 책임 문제는 별문제로 하고 징계의결이 위법한 것은 아니라고 하였다(대법원 1993.2.23. 선고 92누16096 판결). 이러한 취지는 사립학교 교원에 대한 징계에도 달리 볼 이유가 없으므로 마찬가지로 해석되어야 할 것이다.

라. 징계의결 시의 정상참작

징계위원회가 징계사건을 의결함에 있어서는 징계대상자의 소행·근무성적·공적·개전의 정·징계요구의 내용 등의 정상을 참작하여야 한다(사립학교법시행령 제24조의7).

마. 위원의 제척과 기피

(1) 제 척

제척이란 법에 제척 사유가 제한적으로 열거되어 있어 그 사유에 해당되면 별다른 신청 없어도 당연히 그 의결에서 제외 되는 것을 말한다. 교원징계위원회 위원은 그 자신에 관한 징계사건을 심리하거나 피징계자와 친족관계가 있을 때에는 해당 징계사건의 심리에 관여하지 못한다(사립학교법 제63조). 당연직 징계위원이라도 마찬가지이다. 제척사유가 있음에도 불구하고 해당 위원이 의결에 참여하였다면 그 의결은 무효가 된다. 해당 위원이 의결에 참여하지 않았다고 하더라도 결과가 달라지지 않았을 경우라고 하더라도 마찬가지이다.

(2) 기 피

기피란 징계대사자가 징계위원회에서 어느 징계위원을 제외해달라는 신청을 할 경우에 의결의 공정을 기할 수 없을 만한 사유가 있다면 그 위원을 의결에서 배제하는 것을 말한다. 제척사유에 해당하는 것이라면 제척에 관한 규정에 의하여 당연히 배제될 것이므로 기피는 위 제척사유 이외의 사유가 해당할 것이다.

징계대상자는 교원징계위원회 위원이 불공정한 의결을 할 우려가 있다고 인정할 만한 상당한 사유가 있을 때에는 그 사실을 서면으로 소명하고 기피를 신청할 수 있다(사립학교법시행령 제24조의10 제1항). 기피신청이 있는 때에는 위원회의 의결로 기피 여부를 결정하여야 한다. 이 경우 기피신청을 받은 자는 그 의결에 참여하지 못한다(사립학교법시행령 제24조의10 제2항). 수개의 기피 신청이 있는 경우 자신에 대한 의결에는 참여하지 못하나 다른 위원에 대한 의결에는 참여가 가능하지만 기피사유가 공통의 원인에 기인하는 경우에는 자신에 대한 의결뿐만 아니라 다른 사람에 대한 의결에도 참여할 수 없다(대법원 2015.11.27. 선고 2015다34154 판결). 그리고 피징계자가 징계위원 전원 또는 대부분에 대하여 동시에 기피신청을 함으로써 징계위원회를 구성할 수 없거나 징계위원회의 결정 자체가 불가능한 경우, 기피신청이 징계절차의 지연을 목적으로 함이 명백한 경우 등에는 그 신청 자체가 기피신청권의 남용에 해당하여 부적법하므로, 이러한 신청은 허용될 수 없다고 봄이 상당하다. 따라서 이러한 경우에는 기피신청의 대상이 된 징계위원이 기피결정에 관여하는 것이 금지된다고 볼 수 없다(대법원 2015.11.27. 선고 2015다34154 판결). 대부분의 징계위원에 대하여 기피신청을 한 경우 징계위원 중 1인에 대하여 의결로 기피 여부를 결정하고 나머지 위원에 대해서도 순차적으로 의결하는 방식으로 해결할 수도 있을것이다(대법원 2000.10.13. 98두8858 판결).

기피 여부에 대한 의결은 의사에 관한 일반 관례에 의하여 재적위원 과반수의 출석과 출석위원 과반수의 찬성으로 할 수 있다. 기피의결에 참여할 자격이 없는 위원이 참여하여 한 기피의결은 무효이고, 이는 자격이 없는 위원을 제외하고서도 의결정족수가 충족된다고 하더라도 마찬가지이다(대법원 1999.4.27. 선고 98다42547 판결).

제척 또는 기피로 교원징계위원회의 출석위원이 재적위원의 3분의 2에 미달되어 징계사건을 심리할 수 없게 된 때에는 교원징계위원회의 위원장은 위원의 수가 재적위원수의 3분의 2 이상이 될 수 있도록 위원의 임명권자에게 임시위원의 임명을 요청하여야 한다(사립학교법시행령 제24조의10 제3항). 이때 '기피로 징계위원회의 출석위원이 재적위원의 3분의 2에 미달될 경우'라 함은 기피신청에 따라 해당 위원이 불공정한 의결을 할 우려가 있다고 인정할 만한 상당한 사유가 있는 것으로 결정되고 그 기피의결 결과 출석위원이 재적위원의 3분의 2에 미달되는 경우 징계위원수가 재적위원수의 3분의 2 이상이 될 수 있도록 임시위원을 임명하여야 한다는 것을 규정한 것이고, 단순히 기피신청이 있을 때라고 보아 기피신청으로 인하여 징계위원수가 재적위원의 3분의 2에 미달될 때에는 3분의 2 이상이 될 수 있도록 임시위원을 임명하여야 하는 것은 아니다(대법원 1999.4.27. 선고 98다42547 판결).

(3) 회　피

형사소송법은 법관이 스스로 재판에 관여하지 않는 회피를 규정하고 있으나 교원징계위원회의 위원에 대해서는 회피에 대한 규정이 없다. 그러나 재판과는 달리 교원징계위원회는 모든 위원이 반드시 참여하여야 하는 것이 아니고 의결정족수만 갖추어지면 되므로 사실상 회피를 할 수 있다.

5. 징계의 절차

사립학교 교원에 대한 징계절차에 대하여 살펴본다. 판례는 사립학교의 교원에 대한 징계에 관하여는 사립학교법에 정한 징계절차의 규정만이 적용되고 교육공무원징계령 소정의 징계절차는 유추적용될 수 없다고 한다(대법원 1994.10.25. 선고 93다50635 판결).

가. 교원 징계의결의 요구

사립학교의 교원의 임용권자는 그 소속교원 중에 사립학교법 제61조 제1

항의 징계사유에 해당하는 자가 있을 때에는 미리 충분한 조사를 한 후 해당 징계사건을 관할하는 교원징계위원회에 그 징계의결을 요구하여야 한다(사립학교법 제64조). 사립학교에서는 각 사정에 따라 교원에 대한 징계를 늦추거나 서두르는 경우가 있다. 따라서 징계의결요구 기한에 대해서도 규정하는 것이 좋을 것으로 보이는데 현행법상으로는 징계사유가 있음을 인지한 때부터 일반적으로 충분한 조사를 하는 데 필요하다고 인정되는 상당한 기간 이내에 징계의결요구를 하여야 할 것이다.

이때 제출하는 징계의결의 요구서에는 다음의 서류를 첨부하여야 한다(사립학교법시행령 제25조).

① 징계혐의자의 인적사항을 기재한 서류

② 징계의 종류와 양을 기재한 서류

③ 징계사유서와 징계요구자의 의견서

④ 징계혐의사실을 입증하는 증거서류

⑤ 징계혐의자의 이력서

⑥ 근무성적표

사립학교 교원의 임용에 관한 사항은 학교법인 이사회의 심의 · 의결 사항인 것으로 규정되어 있지만, 파면 · 해임 등의 징계에 관하여는 임용권자인 학교법인이 해당 교원징계위원회에 징계의결을 요구하여 그 결과에 따라 징계를 하여야 하는 것으로 규정되어 있을 뿐 그 징계의결의 요구에 학교법인 이사회의 심의 · 의결이 필요한지 여부가 명시적으로 규정되어 있지 아니하나 사립학교법상 징계로서 행하여지는 파면 · 해임 역시 교원의 임용에 속하는 것으로서 그에 관한 징계의결의 요구에는 이사회의 심의 · 의결이 필요하다(대법원 2000.10.13. 선고 98두8858 판결). 따라서 징계의결요구에 이사회결의가 없거나 그 결의에 중대한 절차상의 하자가 있다면 해당 징계는 위법하게 된다. 위 사안에서 학교법인은 징계처분에 앞서 학교법인이 이사회를 개최하여 원고에 대한 징계와 이를 위한 징계위원의 선임을 의결하였는데 위 판례는 이와 같이 징계를 하기로 의결하고 징계위원을 선임하는 이사회의 의결이 사실상 징계의결 요구에 필요한 이사회의 심의 · 의결을 거친 것이라고 보았다.

그런데 징계의결요구를 하기 이전에 이사회를 거치지 않았다가 징계의결이 이루어진 이후에 이사회 의결이 이루어졌다면 이를 추인으로 보아 적법한 것으로 인정할 수 있을까? 법령은 징계의결요구를 하기 전에 이사회의 심의를 거치도록 하고 있고, 이미 징계의결이 이루어진 이후에 징계의결요구 여부에 대한 이사회를 개최하는 것은 징계의결 결과에 따라 그 전단계인 징계의결요구 여부를 판단하는 것이어서 공정한 징계를 해할 우려가 있으므로 사후의 이사회의결이 있더라도 절차상 하자가 치유되지는 않는 것으로 보아야 한다.

한편 사립학교법상 적법한 임용권자가 아닌 자가 징계의결요구를 하였다면 이후의 절차가 적법하게 진행되었다고 하더라도 그 징계는 무효가 될 것이다.

나. 징계의결요구사유의 통지

징계의결요구권자가 징계의결을 요구할 때에는 징계의결요구와 동시에 징계대상자에게 징계사유를 기재한 설명서를 송부하여야 한다(사립학교법 제64조의2). 이는 징계의결을 하기 전에 징계대상자에게 징계혐의 사실을 미리 알려 자신이 어떠한 사유로 징계의결이 요구되었는지를 사전에 알게 함으로써 징계위원회에서 그 점에 대하여 적절하게 방어할 수 있도록 준비할 기회를 주기 위한 것이다. 따라서 징계의결요구서 사본은 징계위원회가 개최되기에 앞서 징계혐의자의 방어권 행사에 지장을 주지 않을 만큼의 충분한 시간적 여유를 두고 송부하면 족하고, 꼭 징계의결 요구와 동시에 송부하여야 하는 것은 아니다. 하지만 이러한 절차를 흠결하면 징계처분이 위법하게 된다. 판례는, 징계혐의자들이 출석통지서 송달 당시 가족들과 동거하지 아니하고 주소지나 본가에서 행방이 알려져 있지도 아니하였던 점 등에 비추어 징계혐의자들에 대한 징계위원회 출석통지는 이를 수령한 가족들이 실제로 그 취지를 징계혐의자 본인들에게 전달하였다는 등 특별한 사정이 없는 한 적법하게 이루어졌다고 할 수 없고, 징계혐의자들이 1차 출석통지서를 수령한 후 행방을 알 수 없게 되었다거나 가족들이 출석통지서의 수령을 거부하였다는 등의 사정만으로 징계혐의자들이 차후 출석통지서의 수령을 거부하였다고 보기 어렵다고 한다(대법원 1993.5.25. 선고 92누8699 판결).

다. 진상조사, 본인의 진술 및 의견의 개진

교원징계위원회는 징계사건을 심리함에 있어서 진상을 조사하여야 하며, 징계의결을 행하기 전에 본인의 진술을 들어야 한다. 다만, 2회 이상 서면으로 소환하여도 불응한 때에는 예외로 한다. 또한 교원징계위원회는 필요하다고 인정한 때에는 관계인을 출석시켜 의견을 들을 수 있다(사립학교법 제65조 제1항).

의견진술을 위한 소환은 징계대상자가 징계위원회에서 의견을 진술하기 위한 준비를 하기에 상당한 기간의 여유를 두고 행해져야 하고 만약 소환의 통지가 늦어져 충분한 준비를 할 수 있는 기회가 부여되지 않았다면 절차상의 하자로 볼 수 있을 것이다. 만약 징계대상자가 소환통지서의 수령을 거부한다면 이는 의견진술권을 포기한 것으로 볼 수 있을 것이나 소환통지서를 발송하였으나 송달이 이루어지지 않은 경우에는 우리 민법이 의사표시의 효력발생시기에 대하여 도달주의를 취하고 있는 점 등에 비추어 의견진술의 기회를 주지 않았다고 볼 수밖에 없다.

사립학교법이 징계위원회는 징계의결을 행하기 전에 본인의 진술을 들어야 한다고 규정한 취지는 사립학교 교원에게 방어권을 보장하기 위한 것으로 해석된다. 판례는 징계사건을 심리하기 위하여 개최된 징계위원회에서 징계위원들이 징계대상자의 수가 많은 관계로 장황한 발언을 피하고 능률적인 절차진행을 위하여 징계대상자들로 하여금 각 10분 정도 내에 발언을 마치고 보충진술은 서면으로 하도록 요청함에 따라 원고들도 이의 없이 이에 응하여 발언을 한 다음 대부분이 답변서로 미진한 점을 밝힌 이상 징계위원회가 원고들의 진술권을 박탈한 것이라고 할 수 없다고 하였다(대법원 1998.8.21. 선고 96누12320 판결). 한편 사립학교 교원의 임용권자가 사립학교법 제58조 제1항 제2 내지 6호의 사유에 의하여 사립학교 교원을 면직시키는 경우에는 같은 법 제58조 제2항에 따라 교원징계위원회의 동의를 얻어야 하는데, 이 경우 징계위원회가 본인의 진술을 꼭 들어야 하는 것은 아니라고 한다(대법원 1996.12.23. 선고 95다27295 판결).

라. 징계의결

(1) 교원에 대한 징계기준

사립학교 교원에 대한 징계의 결정을 교원징계위원회의 의결에 맡기면서 자의적인 징계를 방지하기 위한 장치를 두었다. 교원징계위원회가 징계의결을 할 때에는 교원이 징계사유에 해당하는 행위의 유형, 정도, 징계의결이 요구된 교원의 근무태도, 근무성적, 공적(功績), 뉘우치는 정도, 징계요구의 내용, 과실의 경중(輕重), 그 밖의 사정 등을 고려하여 교육부령으로 정하는 징계기준 및 감경기준에 따라야 한다(사립학교법 제66조 제1항, 사립학교법시행령 제25조 제1항). 사립학교교원의 징계기준은 「교육공무원 징계양정 등에 관한 규칙」 별표(같은 표 제6호 및 비고 제6호는 제외한다)를 준용한다. 이 경우 "해임-강등"은 "해임-정직"으로, "강등-정직"은 "정직"으로, "해임-강등-정직"은 "해임-정직"으로, "연구자에 해당하는 교육공무원"은 "연구자에 해당하는 사립학교 교원"으로, "「국가공무원법」 제83조의2 제1항 또는 「지방공무원법」 제73조의2 제1항"은 "「사립학교법」 제66조의4 제1항"으로, "「공무원수당 등에 관한 규정」 제7조의2 제10항에 따른 성과상여금"은 "근무성적, 업무실적 등이 우수한 사립학교 교원에게 지급되는 상여금"으로 보고, 같은 표 비고 제7호에 따라 준용되는 「공무원 징계령 시행규칙」 별표 1의3 중 "강등-정직"은 "정직"으로, "파면-강등"은 "파면-해임-정직"으로 본다.

다만 교원의 비위의 정도가 약하고 과실로 인한 비위로서 ① 업무처리 절차·방식을 창의적으로 개선하는 등 성실하고 능동적으로 업무를 처리하는 과정에서 발생한 것으로 인정되는 경우, ② 업무를 적극적으로 수행하는 과정에서 발생한 것으로서 업무를 수행할 당시의 여건 또는 그 밖의 사회통념에 비추어 적법하게 처리될 것이라고 기대하기가 극히 곤란했던 것으로 인정되는 경우, ③ 제25조의4 제2항에 따른 감경 제외 대상이 아닌 비위 중 직무와 관련이 없는 사고로 인한 비위로서 사회통념에 비추어 교원의 품위를 손상하지 않았다고 인정되는 경우 중 하나에 해당하는 경우에는 징계를 의결하지 않을 수 있다(사립학교법시행령 제25조의2 제3항).

반면 교원징계위원회가 징계사건을 의결할 때에는 그 비위행위자뿐만 아니라 의결 대상이 직무와 관련한 금품수수 비위 사건인 경우에는 해당 비위와 관련된 감독자 및 그 비위행위의 제안·주선자, 의결 대상이 부작위 또는 직무태만으로 학생의 학습권을 침해한 비위 사건인 경우에는 해당 비위와 관련된 감독자에 대해서도 책임을 물어야 한다(사립학교법시행령 제25조의2 제2항).

(2) 비위행위자와 감독자에 대한 문책기준

같은 사건에 관련된 비위행위자와 감독자에 대해서는 업무의 성질 및 업무와의 관련 정도 등을 고려하여 징계를 의결해야 한다. 이 경우 비위행위자와 감독자에 대한 세부적인 문책기준은 교육부령으로 정한다. 그 기준은 아래의 표와 같다(사립학교법시행령 제25조의3 제1항, 사립학교교원 징계규칙 제3조 제1항).

〈비위행위자와 감독자에 대한 세부적인 문책기준〉
(사립학교교원 징계규칙 제3조 제1항 관련)

<table>
<tr><th colspan="3">업무 관련도
업무의 성질</th><th>비위
행위자
(담당자)</th><th>직근
상급
감독자</th><th>2단계 위의
감독자</th><th>최고
감독자
(결재권자)</th></tr>
<tr><td rowspan="3">학교 운영에 관한 결정사항</td><td rowspan="2">중요
사항</td><td>고의 또는 중과실이 없는 경우</td><td>-</td><td>3</td><td>2</td><td>1</td></tr>
<tr><td>고의 또는 중과실이 있는 경우</td><td>4</td><td>3</td><td>2</td><td>1</td></tr>
<tr><td colspan="2">일반적인 사항</td><td>3</td><td>1</td><td>2</td><td>4</td></tr>
<tr><td rowspan="2">단순 · 반복 업무</td><td colspan="2">중요 사항</td><td>1</td><td>2</td><td>3</td><td>4</td></tr>
<tr><td colspan="2">경미한 사항</td><td>1</td><td>2</td><td>3</td><td>-</td></tr>
<tr><td colspan="3">단독 행위</td><td>1</td><td>2</td><td>-</td><td>-</td></tr>
</table>

* 비고: 1, 2, 3, 4는 문책 정도의 순위를 말한다.

다만 비위행위자 또는 감독자가 ① 해당 비위를 발견하여 보고했거나 이를 적법 · 타당하게 조치한 경우, ② 비위의 정도가 약하고 경과실인 경우, ③ 행위 당시의 여건, 그 밖에 사회통념상 적법하게 처리할 것을 기대하기가 극히 곤란하다고 인정되는 경우, ④ 감독자가 철저하게 감독했다는 사실이 증명되는 경우 중의 하나에 해당하는 경우로서 위 표의 문책 정도의 순위 중 1에 해당하지 않는 경우에는 징계의결을 하지 않을 수 있다(사립학교법시행령 제25조의3 제2항, 사립학교교원 징계규칙 제3조 제2항).

(3) 징계의 감경기준

교원징계위원회는 징계의결이 요구된 교원에게 「상훈법」에 따른 훈장 또는 포장을 받은 공적이나 「정부 표창 규정」에 따라 국무총리 이상의 표창을 받은 공적[교사의 경우에는 중앙행정기관의 장인 청장(차관급 상당 기관장을 포함한다) 이상 또는 교육감 이상의 표창을 받은 공적]이 있는 경우에는 징계를 감경할 수 있다. 다만, 해당 교원이 징계처분을 받은 사실이 있는 등 교육부령으로 정하는 사유가 있는 경우에는 그 사유가 발생하기 전의 공적은 감경대상 공적에서 제외한다(사립학교법시행령 제25조의4 제1항). 그 사유란 해당 교원이 징계처분을 받은 사실이 있는 경우나 「공무원 징계령 시행규칙」 제6조 제2항에 따른 경고를 받은 사실이 있는 경우를 말한다(사립학교교원 징계규칙 제4조 제1항).

다만 다음의 경우는 징계를 감경할 수 없다: ① 법 제66조의4 제1항에 따라 징계의결 요구 시효가 5년인 징계 사유에 해당하는 비위로 징계의 대상이 된 경우, ② 시험문제를 유출하거나 학생의 성적을 조작하는 등 학생 성적과 관련한 비위 및 학교생활기록부 허위사실 기재 또는 부당 정정(訂正) 등 학교생활기록부와 관련한 비위로 징계의 대상이 된 경우, ③ 법 제66조의4 제1항 제3호에 해당하는 성 관련 비위로 징계의 대상이 된 경우, ④ 「도로교통법」 제44조 제1항에 따른 음주운전 또는 같은 조 제2항에 따른 음주측정에 대한 불응의 경우, ⑤ 학생에게 신체적·정신적·정서적 폭력 행위를 하여 징계의 대상이 된 경우, ⑥ 신규채용, 승진, 전보 등 인사와 관련된 비위인 경우, ⑦ 「학교폭력예방 및 대책에 관한 법률」에 따른 학교폭력을 고의로 은폐하거나 대응하지 않은 경우, ⑧ 소속 기관 내의 제3호에 따른 성 관련 비위를 고의로 은폐하거나 대응하지 않아 징계의 대상이 된 경우, ⑨ 제3호에 따른 성 관련 비위의 피해자에게 2차 피해(피해자 신상정보의 유출, 피해자 권리구제의 방해, 피해자에 대한 폭행·폭언, 그 밖에 피해자의 의사에 반하는 일체의 불리한 처우)를 입혀 징계의 대상이 된 경우, ⑩ 「공직선거법」상 처벌 대상이 되는 행위로 징계의 대상이 된 경우, ⑪ 부작위 또는 직무태만으로 징계의 대상이 된 경우(사립학교법시행령 제25조의4 제2항).

교원징계위원회는 징계의결이 요구된 사람의 공적과 무관하게 비위가 성실하고 능동적인 업무처리 과정에서 과실로 생긴 것으로 인정되거나, 위의 감경 제외 대상이 아닌 비위 중 직무와 관련이 없는 사고로 인한 비위라고 인정될 때에는 그 사정을 고려하여 징계를 감경할 수 있다(사립학교법시행령 제25조의4 제3항). 따라서 성실하고 능동적인 업무처리 과정에서 과실로 생긴 비위에 대해서는 위의 감경 제외 대상이라고 하더라도 감경이 가능한 것으로 해석된다. 위와 같이 감경사유에 해당하는 공적이 있음에도 징계의 심의과정에 제시되지 않는 등의 이유로 이러한 감경사유가 징계양정에 전혀 고려되지 않았다면 해당 징계는 절차상의 하자로 위법하다(대법원 2012.10.11. 선고 2012두13245 판결). 하지만 위의 징계감경은 임의적 징계감경사유에 해당하므로 감경사유를 고려하였으나 공적이 있음에도 징계감경을 하지 않더라도 위법한 것은 아니다(대법원 1996.6.25. 선고 96누570 판결).

사립학교법시행령과 사립학교 교원 징계규칙은 위와 같이 감경하는 경우에 감경의 세부적인 기준도 정하고 있다(사립학교법시행령 제25조의4 제4항, 사립학교교원 징계규칙 제4조 제2항). 이에 의하면 파면, 해임, 정직, 감봉, 견책은 각 한 단계씩 감경한다.

이처럼 사립학교법시행령의 개정을 통하여 교원에 대한 징계의 기준과 감경의 기준을 국공립학교 교원에 준하여 규정하고 있다. 그런데 이러한 내용들은 학교법인의 정관이나 기타 규칙들에 규정되는 것이 더 타당할 것으로 보인다. 물론 학교법인이 스스로 공정하고 객관적인 징계를 하지 못하고 있기에 위와 같이 법령으로 규정을 하는 것이겠으나 그 정도가 사학의 자율성을 지나치게 도외시하고 있다는 느낌을 지울 수 없다.

(4) 징계의결의 정족수

징계의결은 재적위원 3분의 2 이상의 출석과 재적위원 과반수의 찬성으로 하여야 한다(사립학교법 제66조 제3항). 판례는 학교법인의 정관에 정해지지 아니한 사항에 대하여 징계위원회의 의결을 거쳐 위원장이 정한다고 규정되어 있는 경우 해임 4표, 정직 1월 2표, 정직 3월 3표가 나왔을 때 정직 3월과 정직 1월의 별개 의견을 어떻게 처리할 것인가는 결국 정관의 규정에 따라 징계위원회가 결정할 수밖에 없다고 할 것인데, 위와 같은 투표결과에 대하여 징계위원 전원이 징계의결이 이루어지지 아니한 것으로 보고 회의를 다시 속개하여 재투표를 실시하기로 결정하여 그에 따른 재투표가 실시되어 재적위원 과반수 결의로 해임의결에 이른 이상 그 재투표는 유효하다고 보아야 하고, 앞서 나온 투표결과에 의하여 징계의 종류가 정직으로 의결되었다고 볼 수는 없다고 한다(대법원 1994.10.25. 선고 93다50635 판결).

(5) 징계의결서의 작성 및 통고

교원징계위원회는 징계사건을 심리한 결과 징계를 의결한 때에는 주문과 이유를 기록한 징계의결서를 작성하고 이를 임명권자에게 보내 알려야 한다(사립학교법 제66조 제2항). 징계의결서의 이유에는 징계의 원인이 된 사실, 증거의 판단과 적용법령을 명시해야 한다(사립학교법시행령 제26조).

사립학교법시행령 제26조에서 징계의결서의 이유에 증거의 판단과 적용법령을 명시하도록 한 취지는 피징계자로 하여금 어떠한 근거에서 징계가 이루어졌는지를 알 수 있도록 하여 줌으로써 징계의 공정을 기하고 그로 하여금 불복할 수 있는 쟁점을 밝혀 주고자 하는 데 있는 것으로 보여지는 점에 비추어, 그 설시의 정도는 그러한 목적을 달성할 수 있는 범위 내에서 징계사유로 된 사실관계와 이에 해당하는 의무위반의 사유가 무엇인지를 인식할 수 있을 정도로 적시하면 족하고 모든 증거와 적용법령을 구체적으로 일일이 나열하여야 할 것은 아니다(대법원 1993.9.10. 선고 93누5741 판결).

(6) 재의결의 제한

사립학교 교원에 대한 교원징계위원회의 징계의결 내용이 가볍다는 이유로 징계권자가 교원징계위원회에 재의결을 요구한 사안에서 판례는 학교법인의 정관이나 교원인사규정 등에 특단의 규정이 없는 한 사립학교의 징계위원회에서 일단 어떠한 내용의 징계를 의결하고 징계권자에게 통보한 이상 징계위원회는 스스로 또는 징계권자의 요청으로 그 내용을 변경하는 재의결을 할 수는 없다고 하였다(대법원 1994.4.12. 선고 93누16277 판결).

마. 임명권자의 징계 통지와 도달

임명권자가 징계의결서를 받았을 때에는 재심의를 요구받은 경우를 제외하고는 징계의결서를 받은 날부터 15일 이내에 그 의결 내용에 따라 징계처분을 하여야 한다. 이 경우에 있어서 임명권자는 징계처분의 사유를 기재한 결정서를 해당 교원에게 교부하여야 한다(사립학교법 제66조 제4항). 징계처분의 집행은 학교법인이더라도 이사회의 의결을 별도로 거칠 필요 없이 이사장이 집행하면 된다. 징계의 법적 성질은 상대방 있는 단독행위에 해당하고, 상대방 있는 단독행위는 그 의사표시가 상대방에게 도달하는 때에 효력이 발생한다. 징계처분의 효력은 징계처분사유 설명서가 징계대상자에게 도달한 때부터 발생한다. 교원의 징계처분에 대한 불복기간과 관련하여 징계의 효력이 발생하는 도달이 이루어졌는지 여부가 종종 문제된다. 행정처분의 경우 도달은 상대방이 그 내용을 현실적으로 양지할 필요까지는 없고 상대방이 알 수 있는 상태에 놓임으로써 충분하다고 하여 예컨대 처분대상자의 처가 처분대상자의 주소지에 거주하면서 인사발령통지서를 수령한 이상 비록 당시 대상자가 구치소에 수감 중이었고 처분청 역시 그와 같은 사실을 알고 있었으며, 처분대상자의 처는 영수한 통지서를 원고에게 전달하지 아니한 채 폐기해 버렸다 하더라도 원고로서는 그의 처가 위 통지서를 수령할 때에 그 내용을 양지할 수 있는 상태에 있었다고 하여 파면처분의 의사표시는 그 당시 대상자에게 도달된 것으로 보았다(대법원 1989.1.31. 선고 88누940 판결, 대법원 1989.9.26. 선고 89누4963 판결). 사립학교 교원에 대한 징계도 이와 동일하게 볼 수 있을 것이다.

바. 관할청의 징계의결에 대한 재심의 요구

사립학교 교원의 임용권자는 관할청으로부터 제54조 제3항에 따라 징계를 요구받은 사항에 대하여 교원징계위원회로부터 징계의결서를 받은 때에는 징계처분을 하기 전에 그 내용을 관할청에 통보하여야 한다(사립학교법 제66조의2 제1항). 이는 실제의 징계처분이 이루어지기 전에 관할청이 개입할 기회를 가지려는 것인데, 관할청은 통보받은 징계의결의 내용이 징계사유에 비추어 가볍다고 인정되면 해당 교원의 임용권자에게 그 징계처분을 하기 전에 교원징계위원회에 재심의(再審議)를 요구하도록 할 수 있다(사립학교법 제66조의2 제2항). 학교법인이 비위가 있는 교원을 비호함으로써 교원징계에 관한 규정의 목적 달성이 어려워지는 경우가 많아서 두게 된 것인데, 실제 사립학교에서는 학교법인의 부당한 학교 경영에 반대하는 교원에게 불이익을 주기 위하여 징계사유에 비하여 무거운 징계를 하는 경우도 흔히 발생한다. 그러므로 징계사유에 비하여 가벼운 징계에 재심의를 요구할 것이라면 징계사유에 비하여 무거운 징계에도 재심의를 요구하는 것이 타당하다.

사. 감사원 및 수사기관의 조사 등과의 관계

감사원, 검찰·경찰, 그 밖의 수사기관은 사립학교 교원에 대한 조사나 수사를 시작한 때와 이를 마친 때에는 10일 이내에 해당 교원의 임용권자에게 그 사실을 통보하여야 한다(사립학교법 제66조의3 제1항). 감사원에서 조사 중인 사건에 대하여는 그 조사개시 통보를 받은 날부터 징계 의결의 요구나 그 밖의 징계절차를 진행하지 못한다(사립학교법 제66조의3 제2항). 검찰·경찰, 그 밖의 수사기관에서 수사 중인 사건에 대하여는 그 수사개시 통보를 받은 날부터 징계 의결의 요구나 그 밖의 징계 절차를 진행하지 아니할 수 있다(사립학교법 제66조의3 제3항).[12]

각 행정기관이 지방자치단체에 대해 조사를 개시한 경우 징계시효를 정지시킬 수 있는 근거를 마련한 것이다. 한편으로는 징계의 원인이 될 수 있는 조사를 진행하는 중에 학교법인이 동일 사안에 대하여 가벼운 징계를 함으로써 일사부재리의 원칙에 의하여 비위사실에 부합하는 징계를 회피하는 것을 방지할 수도 있을 것이다.

국공립학교 교원의 경우에는 국가공무원법 제83조(지방공무원법 제73조)에 의하여 위의 내용이 적용되고 있었는데 이를 사립학교 교원에게도 동일하게 적용하도록 한 것이다. 행정기관 및 공무원의 직무를 감찰하는 기관인 감사원이 조사 중인 경우에는 징계절차를 진행하지 못하는 것이 의무임에 반하여 수사기관이 조사 중인 경우에는 징계절차를 진행할 수도 있다는 점에서 구별된다.

6. 징계사유의 시효

가. 징계시효의 의의 및 취지

사립학교 교원의 임용권자는 징계사유가 발생한 날부터 3년이 지난 경우에는 징계의결을 요구할 수 없다. 다만 금품 및 향응을 수수한 경우나 공금을 횡령·유용한 경우에는 5년, 「교육공무원법」 제52조[13] 각 호의 어느 하나에

12) 국가공무원법 제83조 참조

13) 제52조(징계사유의 시효에 관한 특례) 교육공무원에 대한 징계사유가 다음 각 호의 어느 하나에 해당하는 경우에는 「국가공무원법」 제83조의2 제1항에도 불구하고 징계사유가 발생한 날부터 10년 이내에 징계의결을 요구할 수 있다.

1. 「성폭력범죄의 처벌 등에 관한 특례법」 제2조에 따른 성폭력범죄 행위
2. 「아동·청소년의 성보호에 관한 법률」 제2조 제2호에 따른 아동·청소년대상 성범죄 행위

해당하는 행위를 한 경우에는 10년 이내에는 각 징계의결을 요구할 수 있다(사립학교법 제66조의4 제1항). 징계시효가 지났는지 여부는 최종적으로 징계를 결정하거나 징계를 통보하는 시점이 아니라 징계의결 요구를 하는 시점이 기준이다. 따라서 3년이나 5년의 징계시효 기간이 지나기 전에 징계의결 요구만 있었다면 위의 징계시효 기간이 지난 후에 비로소 교원징계위원회의 징계의결이 있거나 징계 통보를 하였다고 하더라도 이는 적법한 징계가 되는 것이다.

징계시효에 관한 규정은 교원에 대한 징계사유가 발생하여 임용권자가 교원을 징계할 수 있었음에도 그 행사 여부를 확정하지 아니함으로써 교원으로 하여금 상당 기간 불안정한 지위에 있게 하는 것을 방지하고, 아울러 임용권자가 비교적 장기간에 걸쳐 징계권 행사를 게을리하여 교원으로서도 이제는 임용권자가 징계권을 행사하지 않으리라는 기대를 갖게 된 상태에서 임용권자가 새삼스럽게 징계권을 행사하는 것은 신의칙에도 반하는 것이 되므로 위 기간의 경과를 이유로 임용권자의 징계권 행사에 제한을 가하려는 취지에서 둔 규정이다.

나. 징계시효의 중단

(1) 법률에 의한 중단

그런데 앞에서 언급한 것처럼 감사원, 검찰·경찰, 그 밖의 수사기관은 사립학교 교원에 대한 조사나 수사를 시작한 때와 이를 마친 때에는 10일 이내에 해당 교원의 임용권자에게 그 사실을 통보하여야 하고 이때에 징계권자는 징계절차를 진행하지 못하거나 진행하지 않을 수 있다(사립학교법 제66조의3). 이처럼 감사원의 조사, 검찰·경찰 그 밖의 수사기관의 수사 중이라는 사유로 징계 절차를 진행하지 못하여 위의 징계시효의 기간이 지나거나 그 남은 기간이 1개월 미만인 경우에는 징계시효의 기간은 그 조사나 수사의 종료 통보를 받은 날부터 1개월이 지난 날에 끝나는 것으로 본다(사립학교법 제66조의4 제2항).[14] 수사 개시통보는 받지 못하였다고 하더라도 그 수사결과 형사재판이

---

3. 「성매매알선 등 행위의 처벌에 관한 법률」 제2조 제1항 제1호에 따른 성매매 행위
4. 「국가인권위원회법」 제2조 제3호 라목에 따른 성희롱 행위

14) 국가공무원법 제83조의2 제2항 참조

진행되어 일정한 심급의 판결문을 받게 되었다면 적어도 그때에 수사개시통보를 받은 것으로 보아야 한다(대법원 2008.7.10. 선고 2008두2484 판결).

그렇다면 징계권자가 통보를 받지 않아 위와 같이 수사가 진행 중이라는 사실을 모르고 있는 상태였는데, 실은 조사나 수사가 진행 중에 있었다면 이러한 경우에는 징계시효가 어떻게 될까. 만약 징계권자가 가능한 한 징계대상 교원에 대하여 징계를 하고자 한다면 위의 사립학교법 제66조의3을 원용하여 아직 징계시효가 완성되지 않았다고 주장할 것이다. 생각건대 징계권자가 수사기관으로부터 수사가 진행 중이라는 사실을 통보받지 않아 이러한 사실을 모르고 있었다면 이러한 경우에는 징계절차를 진행하지 않은 이유가 수사나 조사 때문이 아니었으므로 원칙적인 징계시효 기간이 지나면 징계시효가 완성되어 징계를 할 수 없다고 보아야 할 것이다. 그러나 감사원의 조사 통보를 받은 경우에는 징계권자는 징계절차를 진행하지 못하게 되는데, 만약 감사원의 과실로 이러한 사실이 통보되지 못하였고 이러한 상태에서 징계절차가 진행되지 않아 징계시효가 완성된 경우라면 어떻게 될까. 통보가 되었다면 당연히 징계절차가 중단되고, 사실상 징계시효기간이 연장되는 효과가 발생하였을 것이지만, 위에서 설명한 징계대상자를 보호하기 위한 징계시효제도의 취지를 고려한다면 이러한 경우에도 징계대상자로서는 징계시효가 완성된 것으로 신뢰하고 있을 것이므로 마찬가지로 원칙적인 징계시효 기간이 지나면 징계시효가 완성되어 징계를 할 수 없다고 보아야 할 것이다. 판례도 징계시효가 만료된 이후에 수사개시통보 등을 받았더라도 징계시효 만료로 징계를 할 수 없다고 하였다(대법원 2014.10.30. 선고 2012두25552 판결).

한편 징계위원회의 구성·징계의결 기타 절차상의 하자나 징계양정의 과다를 이유로 「교원의 지위 향상 및 교육활동 보호를 위한 특별법」에 의한 교원소청심사위원회 또는 법원에서 징계처분의 무효 또는 취소의 결정이나 판결을 한 때에는 위의 기간이 경과하거나 그 잔여기간이 3월 미만인 경우에도 그 결정 또는 판결이 확정된 날부터 3월 이내에는 다시 징계의결을 요구할 수 있다(사립학교법 제66조의4 제3항).

(2) 내부규칙 또는 단체협약에 의한 중단

위와 같은 법률 이외에 내부규칙이나 단체협약에 의해서 징계절차를 진행할 수 없었던 경우 또는 그 징계시효에 관한 예외규정을 두고 있는 경우에도 징계시효가 진행되지 않는다. 판례는 단체협약에 '징계위원회 진행사안이나 동일한 사유에 의한 형사사건으로 기소된 경우 또는 수사기관에서 조사 중인 때가 징계시효 예외로 규정되어 있는데, 사용자가 쟁의를 이유로 징계를 보류하였고, 그 외 무단결근 처리의 적법성 여부를 직접적인 다툼의 대상으로 삼아 행정구제절차가 진행 중이었던 사안에서, 징계위원회 진행사안에 해당되거나 형사사건으로 기소된 경우 또는 수사기관에서 조사 중인 때에 준하여 징계시효가 중단되었다고 봄이 타당하다고 하였다(서울고등법원 2013.1.17. 선고 2012누19375 판결, 대법원 2015.5.28. 선고 2013두3351 판결).

다. 징계시효의 기산점

징계시효의 기산점은 원칙적으로 징계사유가 발생한 때이다. 실제로 징계사유가 발생한 날을 가리키므로 징계사유가 있었다는 사실이 사후에 밝혀졌다고 하더라도 사후에 밝혀진 날이 징계사유의 기산점이 되는 것은 아니다(대법원 2008.7.10. 선고 2008두2484 판결).

그런데 비위가 모두 징계사건에 관련하여 계속적으로 행하여진 일련의 행위라면 그 중에 징계의결시 3년이 경과한 것이 있다 할지라도 그 징계시효의 기산점은 위 일련의 행위 중 최종의 것을 기준하여야 한다(대법원 1986.1.21. 선고 85누841 판결). 따라서 사립학교 교원이 그 임용과 관련된 비위행위에 의하여 사립학교 교원으로 임용되었다면 그 신분을 취득하기까지의 일련의 행위가 사립학교법상의 징계사유에 해당하므로, 사립학교법에서 정하는 징계시효의 기산점도 임용 전의 비위행위시가 아니라 교원으로 임용된 때로부터 기산하여야 한다(대법원 1996.3.8. 선고 95누18536 판결). 교원에 대한 징계처분이 교원소청심사위원회에서 취소되는 경우에는 학교법인은 취소사유를 보정하여 다시 징계를 할 수 있다. 그런데 이때에는 징계시효가 지나 있는 경우가 많이 있다. 하지만 판례는 이러한 경우에는 그 징계시효를 최초 징계의결을 요구한 때를 기준으로 삼아야 한다고 한다(대법원 1999.2.5. 선고 97누19335 판결).

라. 징계양정의 참고자료와 징계시효

징계시효가 지난 비위행위도 징계양정에 있어서 참작자료로는 활용될 수 있다(대법원 1999.11.26. 선고 98두10424 판결).

7. 교원의 징계에 대한 구제

교원의 징계에 대한 구제방법은 국공립학교 교원과 사립학교 교원 사이에 일부 차이가 있다. 국공립학교 교원은 징계에 불복하려면 반드시 교원소청심사위원회에 소청심사를 하여야 하고, 소청심사위원회의 결정에도 불복하는 경우에는 원처분주의에 따라 징계처분을 한 임용권자를 피고로 행정소송을 제기할 수 있다(교육공무원법 제53조 제1항, 국가공무원법 제16조 제1항). 사립학교 교원도 징계처분에 대하여 교원소청심사위원회에 소청심사를 청구할 수 있고, 이에 불복하는 경우에는 행정소송을 제기할 수 있는데 이때 임용권자의 징계는 행정처분이 아니므로 교원소청심사위원회를 피고로 행정소송을 제기하게 된다. 이외에도 사립학교 교원에 대한 징계는 사법상의 법률관계이므로 교원소청심사를 거치지 않고 학교법인을 상대로 곧바로 징계의 효력을 다투는 민사소송을 제기할 수도 있다. 아래에서는 교원소청심사 절차에 대하여 살펴보기로 한다.

가. 교원소청심사위원회

(1) 교원소청심사위원회의 설치

각급학교 교원의 징계처분과 그 밖에 그 의사에 반하는 불리한 처분(「교육공무원법」 제11조의4 제4항 및 「사립학교법」 제53조의2 제6항에 따른 교원에 대한 재임용 거부처분을 포함한다. 이하 같다)에 대한 소청심사를 하기 위하여 교육부에 교원소청심사위원회를 둔다(교원지위향상 및 교육활동보호를 위한 특별법 제7조 제1항).

(2) 심사위원회의 구성 및 조직

심사위원회는 위원장 1명을 포함하여 9명 이상 12명 이내의 위원으로 구성하되 위원장과 대통령령으로 정하는 수의 위원은 상임으로 한다(교원지위향상 및 교육활동보호를 위한 특별법 제7조 제2항). 심사위원회는 교원 또는 교원이었던 위원이 전체 위원 수의 2분의 1을 초과하여서는 아니 된다(위 특별법 제7

조 제3항). 심사위원회의 조직에 관하여 필요한 사항은 대통령령으로 정한다.

(3) 위원의 자격과 임명

심사위원회의 위원(위원장을 포함한다. 이하 같다)은 다음의 어느 하나에 해당하는 자 중에서 교육부장관의 제청으로 대통령이 임명한다(교원의 지위 향상 및 교육활동 보호를 위한 특별법 제8조 제1항).

① 판사, 검사 또는 변호사의 직에 5년 이상 재직 중이거나 재직한 자

② 교육 경력이 10년 이상인 교원 또는 교원이었던 자

③ 교육행정기관의 3급 이상 공무원 또는 고위공무원단에 속하는 일반직공무원이거나, 3급 이상 공무원 또는 고위공무원단에 속하는 일반직공무원이었던 자

④ 사립학교를 설치·경영하는 법인의 임원이나 사립학교 경영자

⑤ 「교육기본법」 제15조 제1항에 따라 중앙에 조직된 교원단체에서 추천하는 자

⑥ 대학에서 법률학을 담당하는 부교수 이상으로 재직 중이거나 재직한 자

심사위원회 위원의 임기는 3년으로 하되, 1차에 한하여 연임할 수 있다(교원의 지위 향상 및 교육활동 보호를 위한 특별법 제8조 제2항).

심사위원회의 위원장과 상임위원은 대통령령으로 정하는 다른 직무를 겸할 수 없다(교원의 지위 향상 및 교육활동 보호를 위한 특별법 제8조 제3항). 「국가공무원법」 제33조 각 호의 어느 하나에 해당하는 사람, 「정당법」에 따른 정당의 당원, 「공직선거법」에 따라 실시하는 선거에 후보자로 등록한 사람은 공무원이 아닌 위원이 될 수 없고 만약 공무원이 아닌 위원이 위의 어느 하나에 해당하게 된 경우에는 당연히 퇴직한다(교원의 지위 향상 및 교육활동 보호를 위한 특별법 제8조의2). 심사위원회의 공무원이 아닌 위원은 「형법」 제127조 및 제129조부터 제132조까지의 규정을 적용할 때에는 공무원으로 본다(교원의 지위 향상 및 교육활동 보호를 위한 특별법 제8조의4).

나. 소청심사의 청구

(1) 소청심사의 청구

교원이 징계처분과 그 밖에 그 의사에 반하는 불리한 처분에 대하여 불

복할 때에는 그 처분이 있었던 것을 안 날부터 30일 이내에 심사위원회에 소청심사를 청구할 수 있다(교원의 지위향상 및 교육활동 보호를 위한 특별법 제9조). 상대방 있는 의사표시는 그 통지가 상대방에게 도달한 때 효력이 생기는 것이고 여기서 도달이라 함은 사회통념상 상대방이 통지의 내용을 알 수 있는 객관적 상태에 놓여 있는 경우를 가리키는 것이다(대법원 2008.6.12. 선고 2008다19973 판결 등). 그런데 처분서가 처분상대방의 주소지에 송달되는 등 사회통념상 처분이 있음을 처분상대방이 알 수 있는 상태에 놓인 때에는 반증이 없는 한 처분상대방이 처분이 있음을 알았다고 추정할 수 있다(대법원 2017.3.9. 선고 2016두60577 판결, 대법원 2002.8.27. 선고 2002두3850 판결, 대법원 1999.12.28. 선고 99두9742 판결 등 참조). 한편, 위와 같이 "그 처분이 있었던 것을 안 날부터 30일 이내에 심사위원회에 소청심사를 청구할 수 있다"고 규정하면서 심사청구 기간을 제한하고 있다. 다만, 상대방 있는 행정처분이 상대방에게 고지되지 아니한 경우에는 상대방이 다른 경로를 통해 행정처분의 내용을 알게 되었다 하더라도 행정처분의 효력이 발생한다고 볼 수 없으므로(대법원 2004.4.9. 선고 2003두13908 판결 등 참조), 비록 교원이 징계처분에 내용에 대해 다른 경로를 통해 이미 알게 되었다고 하더라도, 징계처분서 등을 교부받지 못한 상태라면 교원지위법 제9조에 따른 심사청구 기간의 기산일은 이후 징계처분서 등을 교부받게 되어 징계처분의 효력이 발생하게 된 시점이라고 봄이 타당하다.

(2) 청구기간의 진행정지

천재 · 지변 · 전쟁 · 사변 그 밖에 불가항력 등 청구인의 책임 없는 사유로 소청심사를 청구할 수 없는 기간은 소청심사청구기간에 산입하지 아니한다. 이때의 책임이 없는 사유에 해당하는지 여부는 심사위원회가 결정한다(교원소청에 관한 규정 제3조).

(3) 대리인의 지정 등

청구인이 변호사를 대리인으로 선임할 수 있는 것처럼 피청구인도 청구인의 소청심사청구에 대하여 소속 직원 또는 변호사를 대리인으로 지정 또는 선임하여 소청심사청구에 대한 피청구인의 업무를 대리하게 할 수 있다(교원소청에 관한 규정 제4조 제1항). 청구인이 대리인을 선임할 경우에는 변호사만을 선임할 수 있고, 피청구인은 소속직원이나 변호사를 선임할 수 있다.

청구인이나 피청구인이 대리인을 지정 또는 선임한 경우 그 변호사 또는 소속 직원 등은 그 위임장 또는 지정서를 심사위원회에 제출하여야 한다(교원소청에 관한 규정 제4조 제2항).

(4) 후임자의 보충발령의 보류

본인의 의사에 반하여 파면 · 해임 · 면직처분을 하였을 때에는 그 처분에 대한 심사위원회의 최종 결정이 있을 때까지 후임자를 보충 발령하지 못한다. 다만, 소청심사 제기 기간 내에 소청심사청구를 하지 아니한 경우에는 그 기간이 지난 후에 후임자를 보충 발령할 수 있다(교원의 지위 향상 및 교육활동 보호를 위한 특별법 제9조 제2항).

(5) 소청심사청구서의 작성과 제출

소청심사를 청구하는 때에는 아래의 사항을 기재한 소청심사청구서와 그 부본 1부를 심사위원회에 제출하여야 한다(교원소청에 관한 규정 제2조 제1항).

① 소청심사를 청구하는 자(이하 "청구인"이라 한다)의 성명 · 주민등록번호 · 주소 및 전화번호

② 청구인의 소속학교명 또는 전 소속학교명과 직위 또는 전 직위

③ 피청구인(소청심사의 대상이 되는 처분의 처분권자를 말하되, 대통령이 처분권자인 경우에는 처분제청권자를 말한다. 이하 같다)

④ 소청심사청구의 대상이 되는 처분의 내용

⑤ 소청심사청구의 대상이 되는 처분이 있음을 안 날

⑥ 소청심사청구의 취지

⑦ 소청심사청구의 이유 및 입증방법

그리고 청구인이 처분에 대한 사유설명서 또는 인사발령통지서를 받은 경우에는 그 사본 1부를 소청심사청구서에 첨부하여야 한다(교원소청에 관한 규정 제2조 제2항). 이들에 대해서는 교원소청심사위원회의 홈페이지에도 상세하게 안내되고 있다.[15]

(6) 소청심사청구의 취하

청구인은 심사위원회의 결정이 있을 때까지는 소청심사청구의 일부 또는 전부를 취하할 수 있다(교원소청에 관한 규정 제8조).

(7) 처분의 취소

청구인이 소청심사청구를 제기한 후 피청구인이 소청심사청구의 대상이 되는 처분을 취소·변경하거나 그 소청심사청구의 취지에 따라 다시 처분을 한 때에는 심사위원회와 청구인에게 그 사실을 통지하여야 한다(교원소청에 관한 규정 제7조).

다. 소청심사의 절차

(1) 보정요구 등

심사위원회는 소청심사청구서에 흠이 있다고 인정할 때에는 청구서를 접수한 날부터 7일 이내에 상당한 기간을 정하여 청구인에게 보정을 요구하여야 한다. 다만, 그 흠이 경미한 때에는 심사위원회가 직권으로 이를 보정할 수 있다(교원소청에 관한 규정 제6조 제1항). 보정이 있는 경우에는 처음부터 적법한 소청심사청구가 제기된 것으로 본다(제2항). 다만, 보정을 요구하는 경우 법 제10조 제1항의 규정에 의한 소청심사 결정기간의 산정은 그 보정이 완료된 날부터 기산한다(제4항).

청구인의 소재가 분명하지 아니한 경우 심사위원회는 청구인에게 보정을 요구하는 취지를 관보에 게재하는 것으로 그 보정요구의 송달에 갈음할 수 있다. 이 경우 관보에 보정요구의 취지를 게재한 날부터 10일이 경과하는 날에 그 보정요구는 청구인에게 도달된 것으로 본다(제3항).

(2) 피청구인의 답변서 제출

심사위원회가 소청심사청구서를 받은 때에는 그 부본 1부를 피청구인에게 송부하고, 필요한 경우 답변서를 제출하도록 요구할 수 있다(교원소청에 관한 규정 제5조 제1항). 심사위원회가 피청구인에게 소청심사청구에 대한 답변서의 제출을 요구한 때에는 피청구인은 지정된 기일 내에 답변서와 청구인의 수에

15) https://www.ace.go.kr

따른 부본을 심사위원회에 제출하여야 한다. 이 경우 답변서에는 소청심사청구의 취지와 이유에 대한 답변 및 이에 대한 입증자료가 포함되어야 한다(교원소청에 관한 규정 제5조 제1항). 심사위원회는 답변서가 제출될 경우 답변서 부본을 지체 없이 청구인에게 송달하여야 한다(교원소청에 관한 규정 제5조 제3항).

(3) 심사일시 등의 지정 통지

심사위원회가 소청심사청구사건(이하 "소청사건"이라 한다)을 심사할 때에는 청구인과 피청구인(이하 "당사자"라 한다)이 심사위원회에 출석할 수 있도록 당사자에게 심사일시 및 장소를 통지하여야 한다. 이 경우 심사일시 등의 통지를 받은 자가 정당한 사유로 출석할 수 없는 때에는 심사위원회에 심사연기를 요청할 수 있고, 심사위원회는 다시 심사일시 및 장소를 정하여 당사자가 출석할 수 있도록 하여야 한다(교원소청에 관한 규정 제9조 제1항).

당사자의 소재가 분명하지 아니한 경우 심사위원회는 위의 통지의 취지를 관보에 게재하는 것으로 그 통지를 갈음할 수 있다. 이 경우 심사일시 등의 통지를 관보에 게재한 날부터 10일이 경과하는 날에 그 통지가 해당 당사자에게 도달된 것으로 본다(제3항).

소청심사위원회의 심사일시통지를 받고 심사위원회에 출석하는 자가 공무원 또는 사립학교 교직원인 경우 그 소속기관의 장은 공가를 허가하여야 한다(제2항).

(4) 소청심사위원의 제척 · 기피 · 회피

심사위원회의 위원은 다음 각 호의 어느 하나에 해당하는 경우에는 그 소청사건의 심사 · 결정에서 제척된다(교원소청에 관한 규정 제10조 제1항).

① 위원 또는 그 배우자나 배우자이었던 자가 해당 소청사건의 당사자가 된 경우

② 위원이 해당 소청사건의 당사자 또는 당사자의 대리인과 친족관계에 있거나 있었던 경우

③ 위원이 해당 소청사건에 관하여 증언이나 검정 또는 감정을 한 경우

④ 위원이 해당 소청사건에 관하여 당사자의 대리인으로서 관여하거나 관여하였던 경우

⑤ 위원이 해당 소청심사청구의 대상이 된 처분에 관여한 경우

당사자는 심사위원회의 위원에게 심사·결정의 공정을 기대하기 어려운 사정이 있는 경우에는 기피신청을 할 수 있다. 이 경우 심사위원회는 결정으로 기피신청을 받아들일 것인지 여부를 판단하여야 한다(제2항). 기피신청을 받은 위원은 기피신청에 대한 심사위원회의 의결에 참여하지 못한다(제3항).

심사위원회의 위원은 제척 또는 기피의 사유에 해당하는 때에는 스스로 그 소청사건의 심사·결정에서 회피할 수 있다(제4항).

일반적으로 기피신청은 징계위원 개개인에 대한 것으로서 그 기피신청에 대한 의결 역시 개별적으로 하는 것이므로 수인의 징계위원에 대한 기피신청이 있는 경우에도 기피신청을 당한 각 징계위원은 기피사유가 공통된 원인에 기인한 것이 아닌 한 자신에 관한 의결에만 참여할 수 없을 뿐 다른 사람에 관한 의결에는 참여할 수가 있다(대법원 2000.10.13. 선고 98두8858 판결).

(5) 심사위원회의 심사

㈎ 지체 없는 심사

심사위원회는 청구서를 접수한 때에는 지체 없이 이를 심사하여야 한다(교원소청에 관한 규정 제11조 제1항).

㈏ 심사의 범위

심사위원회는 소청심사청구의 원인이 된 사실 외의 사실에 대하여 심사하지 못한다(교원소청에 관한 규정 제12조).

㈐ 심사의 방법

심사위원회는 제1항의 규정에 의한 심사를 하는 데 필요하다고 인정하는 경우에는 전문적인 지식과 경험을 갖춘 자에게 검정·감정을 의뢰하거나 소속 직원으로 하여금 해당 소청사건과 관련된 사실조사를 하게 할 수 있고(제2항), 해당 소청사건과 관련된 증인을 불러 질문을 하거나 관계 기관 등에 필요한 서류의 제출을 요구할 수 있다(제3항). 심사위원회가 증인을 불러 질문을 할 때에는 증인에게 예산의 범위 안에서 일당과 여비를 지급하여야 한다(제6항).

심사위원회가 소청사건을 심사하기 위하여 청구인에 대한 징계요구기관 또는 관계 기관의 소속직원을 증인으로 소환할 경우에는 해당 기관의 장은 이에 응하여야 하고(제4항), 관계 기관 등에 대하여 소청사건의 심사와 관련된

자료의 제출을 요구한 때에는 그 기관은 지정된 기간 내에 이를 제출하여야 한다(제5항).

㈑ **청구인 등의 진술**

심사위원회가 소청사건을 심사할 때에는 청구인 또는 그 대리인에게 진술의 기회를 부여하여야 한다. 다만, 소청심사청구기간의 경과 등 소청심사의 청구가 부적법하여 각하결정을 하는 때와 소청심사청구의 대상이 되는 처분의 절차상 하자가 명백하여 그 처분의 취소결정을 하는 때는 당사자의 서면진술만으로 결정할 수 있다(교원소청에 관한 규정 제13조 제1항).

심사위원회는 출석한 당사자의 진술을 청취하여야 하고, 필요하다고 인정하는 때에는 구술로 신문할 수 있다(제2항). 그러나 심사일시의 통지를 받고 출석하지 아니한 당사자는 서면으로 그 의견을 진술할 수 있다(제3항).

형사사건으로 구속되거나 그 밖의 사유로 인하여 심사위원회에 출석할 수 없는 청구인이 지정한 기일 또는 심사위원회가 특히 서면에 의한 진술을 위하여 지정한 기일 안에 서면에 의한 진술을 하지 아니한 때에는 심사위원회는 청구인의 진술 없이도 해당 소청사건에 대하여 결정을 할 수 있다(제4항).

㈒ **증거제출 또는 신청 등**

당사자는 증거물 그 밖에 해당 소청사건의 심사에 필요한 자료를 심사위원회에 제출할 수 있고(교원소청에 관한 규정 제14조 제1항), 증인의 소환 또는 증거물 그 밖에 심사위원회의 심사에 필요한 자료의 제출명령을 해줄 것을 심사위원회에 신청할 수 있다. 이 경우 심사위원회는 당사자의 증인소환 또는 자료제출명령 신청에 대한 채택 여부를 결정하여야 한다(제2항). 심사위원회가 채택한 증인이 공무원 또는 사립학교 교직원인 경우 그 소속기관의 장은 공가를 허가하여야 한다(제3항).

㈓ **조서작성**

심사위원회는 소청사건의 심사절차에 관한 조서를 작성하여야 한다(교원소청에 관한 규정 제15조).

(6) 소청심사의 결정 및 송부

㈎ **소청심사위원회의 결정 기간**

심사위원회는 소청심사청구를 접수한 날부터 60일 이내에 이에 대한 결정을 하여야 한다. 다만, 심사위원회가 불가피하다고 인정하면 그 의결로 30일을 연장할 수 있다(교원의 지위 향상 및 교육활동 보호를 위한 특별법 제10조 제1항).

㈏ **결정의 방법**

소청사건의 결정은 심사위원회 재적위원 3분의 2 이상의 출석과 재적위원 과반수의 합의에 의하되, 의견이 나뉘어 위원 과반수의 합의에 이르지 못할 경우에는 재적위원 과반수에 이를 때까지 청구인에게 가장 불리한 의견에 차례로 유리한 의견을 더하여 그중 가장 유리한 의견을 합의된 의견으로 본다(교원소청에 관한 규정 제16조 제1항). 예컨대 재적위원이 9인인 경우 6인이 출석한 교원소청심사위원회에서 의결을 하려면 재적위원 과반수인 5인이 찬성하여야 하는데, 처분의 변경을 하고자 하였으나 해임 의견 2명, 정직 의견 3명, 감봉 의견 1명이 제시되었다고 하자. 이때 가장 불리한 의견인 해임부터 순차로 더하는데, 다음으로 유리한 정직 의견 3명을 더하면 5명으로 과반수가 된다. 그러면 해임과 정직 중 가장 유리한 의견인 정직으로 결정되는 것이다.

㈐ **결정의 종류**

심사위원회의 결정은 다음과 같이 구분한다(교원소청에 관한 규정 제16조 제2항).

① 소청심사청구가 부적법한 것인 때에는 그 청구를 각하한다.

② 소청심사청구가 이유 없다고 인정하는 때에는 그 청구를 기각한다.

③ 처분의 취소 또는 변경을 구하는 소청심사청구가 이유 있다고 인정하는 때에는 처분을 취소 또는 변경하거나 처분권자에게 그 처분의 취소 또는 변경을 명한다.

④ 처분의 효력 유무 또는 존재 여부에 대한 확인을 구하는 소청심사청구가 이유 있다고 인정하는 때에는 처분의 효력유무 또는 존재여부를 확인한다.

⑤ 위법 또는 부당한 거부처분에 대하여 의무이행을 구하는 소청심사청구가 이유 있다고 인정하는 때에는 그 거부처분을 취소하거나 소청심사청구의 취지에 따른 의무이행을 명한다.

㈑ **불이익변경금지의 원칙**

심사위원회는 소청심사청구의 대상이 되는 처분보다 청구인에게 불이익한 결정을 하지 못한다(교원소청에 관한 규정 제16조 제4항).

㈒ **결정서의 작성**

심사위원회의 결정은 그 이유를 명시한 결정서로 하여야 한다(교원소청에 관한 규정 제16조 제5항). 결정서에는 ① 당사자의 표시, ② 결정주문, ③ 결정 이유의 개요, ④ 증거의 판단을 기재하여야 하고 위원장과 출석한 위원이 이에 서명 또는 날인하여야 한다(교원소청에 관한 규정 제17조).

㈓ **결정의 경정**

심사위원회는 소청사건에 대한 결정에 오기·착오 그 밖에 이와 비슷한 잘못이 있는 것이 명백한 경우 직권 또는 당사자의 신청에 따라 경정결정을 할 수 있다(교원소청에 관한 규정 제18조).

㈔ **결정서의 송부**

결정서(경정결정을 한 경우 그 경정결정서를 포함한다. 이하 같다)는 그 정본을 작성하여 지체 없이 당사자에게 송부하여야 한다(교원소청에 관한 규정 제19조 제1항). 심사위원회가 제1항의 규정에 의하여 결정서를 송부하였으나 그 결정서가 심사위원회의 과실 없이 청구인에게 송달되지 아니한 경우에는 청구인의 주소·성명과 결정주문을 관보에 게재하는 것으로 결정서의 송부를 갈음할 수 있다. 이 경우 관보에 심사위원회의 결정 결과를 게재한 날부터 14일이 경과하는 날에 그 결정서는 청구인에게 도달된 것으로 본다(제2항).

라. 결정의 효력

(1) 기 속 력

심사위원회의 결정은 처분권자를 기속한다(교원의 지위 향상 및 교육활동 보호를 위한 특별법 제10조 제2항). 따라서 그 결정에 의하여 바로 교원과 학교법인 사이에 그 결정 내용에 따른 법률관계의 변동이 일어난다(대법원 1994.11.22. 선고 94다30478 판결, 대법원 2012.5.9. 선고 2010다88880 판결). 판결의 기판력이 주문에만 인정됨에 반하여 결정의 기속력은 그 결정의 주문에 포함된 사항뿐 아니라 그 전제가 된 요건사실의 인정과 판단, 즉 불리한 처분 등의 구체적 위법사유에 관한 판단에까지 미친다(대법원 2018.7.12. 선고 2017두65821 판결). 따라서 판결이 교원소청심사위원회의 결정을 취소하지 않는 이상 결정과 판결의 이유가 다른 경우에는 결정의 이유대로 학교법인 등이 기속된다. 그러므로 행정재판에서 교원소청심사위원회의 결정과 결론이 같다고 하더라도 이유를 달리하는 경우 법원이 판단하는 이유에 따라 학교법인 등이 재처분 등을 할 필요가 있는 경우에는 교원소청심사위원회의 결정을 취소하여야 한다. 하지만 교원소청심사위원회가 학교법인의 처분의 근거인 내부규칙이 무효임을 이유로 학교법인의 처분을 취소하였으나 법원은 내부규칙은 적법하지만 처분사유가 없는 것으로 판단하는 경우에는 법원이 결정을 취소하지 않더라도 결정의 기속력은 해당 사건에만 미쳐서 학교법인이 다른 사건에는 여전히 내부규칙을 적용할 수 있으므로 결정을 취소할 필요가 없다(위 판결).

(2) 새로운 징계절차

처분의 취소나 변경 또는 처분의 무효나 부존재의 결정을 하는 경우 이러한 결정이 소청심사의 대상이 된 처분에 있어서 법령의 적용, 증거 및 사실조사에 명백한 흠이 있거나 징계위원회의 구성 또는 징계의결 그 밖에 절차상의 흠이 있음을 이유로 한 경우 처분권자는 다시 청구인에 대한 징계절차를 밟아 심사위원회의 결정서를 받은 날부터 3월 이내에 징계절차를 끝내야 한다. 이 경우 심사위원회가 소청심사청구의 대상이 되는 처분에 대하여 한 취소 또는 변경명령 결정은 그에 따른 징계 그 밖의 처분이 있을 때까지 종전에 행한 처분의 효력에 영향을 미치지 아니한다(교원소청에 관한 규정 제16조 제3항).

소청심사나 행정소송에서 교원의 징계에 절차나 양정에 하자가 있음을 이유로 징계가 취소된 경우에 학교법인이 이후의 징계를 하지 않을 수도 있을지 문제된다. 그런데 위의 규정과 사립학교법 제64조가 교원의 임용권자로 하여금 교원에게 징계사유가 있는 경우에는 징계의결을 요구하여야 한다고 규정하고 있다는 점을 함께 고려해 보면 다시 징계절차를 진행하여야 할 것으로 보인다. 물론 적법한 징계절차를 거쳤을 때 징계의 수위가 변경될 수는 있을 것이다.

마. 감사원 요구에 의한 재심

「감사원법」 제32조 제6항[16]의 규정에 따라 감사원이 심사위원회에 재심

16) 감사원법 제32조

① 감사원은 「국가공무원법」과 그 밖의 법령에 규정된 징계 사유에 해당하거나 정당

을 요구한 경우 심사위원회는 즉시 재심요구서 부본을 청구인에게 송부하고 답변 자료의 제출을 요구하여야 한다(교원소청에 관한 규정 제22조 제1항). 재심요구서에 재심 이유가 명시되어 있지 아니하거나, 그 밖에 흠이 있는 경우에는 심사위원회는 재심요구서를 접수한 날부터 7일 이내에 상당한 기간을 정하여 보정을 요구하여야 한다. 이 경우 재심청구사건의 처리기간은 그 보정이 완료된 날부터 기산한다(제4항).

심사위원회는 재심사건의 심사를 위하여 필요하다고 인정하는 경우를 제외하고는 당사자의 출석 없이 결정할 수 있다(제2항). 재심요구에 대한 결정은 특별한 사정이 있는 경우를 제외하고는 재심이 요구된 날부터 30일 이내에 하여야 한다(제5항). 심사위원회가 재심사건을 결정한 때에는 재심결정서를 작성하여 그 정본을 지체 없이 당사자 및 감사원에 송부하여야 한다. 이 경우 감사원에는 교육부장관을 경유하여 송부하여야 한다(제3항).

바. 결정에 대한 불복

심사위원회의 결정에 대하여 교원, 학교법인 또는 사립학교 경영자 등 당사자는 그 결정서를 송달받은 날부터 90일 이내에 「행정소송법」으로 정하는 바에 따라 소송을 제기할 수 있다(교원의 지위 향상 및 교육활동 보호를 위한 특별법 제10조 제3항). 국공립학교와는 달리 사립학교의 경우에는 학교법인도 불복할 수 있다. 판례는 교원소청심사위원회의 결정에 대하여 행정소송을 제기할 수 있는 자에는 교원과 학교법인, 사립학교 경영자뿐만 아니라 학교의 장도 포함된다고 하였다(대법원 2011.6.24. 선고 2008두9317 판결).

불복하여 행정소송을 제기하는 경우, 쟁송의 대상이 되는 행정처분은 학교법인의 징계처분이 아니라 소청심사위원회의 결정이므로 그 결정이 행정심판으로서의 재결에 해당하는 것은 아니라 할 것이고 이 경우 처분청인 소청심

한 사유 없이 이 법에 따른 감사를 거부하거나 자료의 제출을 게을리한 공무원에 대하여 그 소속 장관 또는 임용권자에게 징계를 요구할 수 있다.

⑤ 감사원으로부터 제1항에 따른 파면 요구를 받아 집행한 파면에 대한 소청 제기로 소청심사위원회 등에서 심사 결정을 한 경우에는 해당 소청심사위원회의 위원장 등은 그 결정 결과를 그 결정이 있은 날부터 15일 이내에 감사원에 통보하여야 한다.

⑥ 감사원은 제5항의 통보를 받은 날부터 1개월 이내에 그 소청심사위원회 등이 설치된 기관의 장을 거쳐 소청심사위원회 등에 그 재심을 요구할 수 있다.

사위원회가 항고소송의 피고가 된다. 이때 통상 징계권자는 교원소청심사위원회의 승소를 위하여 보조참가를 하게 된다.

이러한 행정소송에서는 교원소청심사 절차에서 주장하지 아니한 징계에 관한 위법사유를 들어 교원소청심사위원회 결정의 취소를 청구할 수 있다(서울고법 1997.4.3. 선고 96구45766 판결).

청구인이 피청구인을 피고로 하여 행정소송을 제기한 경우에는 해당 소청사건의 피청구인은 청구인이 소송을 제기한 사실 및 그 소송 결과를 심사위원회에 통보하여야 한다(교원소청에 관한 규정 제23조).

한편 위와 같이 소청심사의 결정에 불복이 있을 때에는 행정소송을 제기할 수 있는 것이고 소청심사청구를 기각한 소청심사결정 자체에 대한 항고소송은 원처분의 하자를 이유로 주장할 수 없다. 다만, 그 소청심사결정 자체에 고유한 주체, 절차, 형식 또는 내용상의 위법이 있는 경우, 즉 원처분에는 없고 소청심사결정에만 있는 교원소청심사위원회의 권한 또는 구성의 위법, 소청심사결정의 절차나 형식의 위법, 내용의 위법 등이 존재하는 때에 한하여 소청심사결정을 대상으로 행정소송을 제기할 수 있는 것이고, 신청을 기각하는 소청심사결정에 사실오인이나 재량권 남용·일탈 등의 위법이 있다는 사유는 소청심사결정 자체에 고유한 위법을 주장하는 것으로 볼 수 없다(대법원 2009.10.15. 선고 2009두11829 판결).

8. 외국인학교와 사립학교법에서의 특례

가. 외국인학교

외국인학교는 외국에서 일정기간 거주하고 귀국한 내국인 중 대통령령으로 정하는 사람, 「국적법」 제4조에 따라 국적을 취득한 자의 자녀 중 해당 학교의 장이 대통령령으로 정하는 기준과 절차에 따라 학업을 지속하기 어렵다고 판단한 사람, 외국인의 자녀를 교육하기 위하여 설립된 학교로서 각종학교에 해당하는 학교이다. 외국인학교에는 「초·중등교육법」 제7조, 제9조, 제11조, 제11조의2, 제12조부터 제16조까지, 제21조, 제23조부터 제26조까지, 제28조, 제29조, 제30조의2, 제30조의3, 제31조, 제31조의2, 제32조부터 제34조까지 및 제34조의2를 적용하지 아니한다(초·중등교육법 제60조의2 제1항). 외국인학교는 유치원 · 초등학교 · 중학교 · 고등학교의 과정을 통합하여 운영할 수 있다(초 · 중등교육법 제60조의2 제2항). 외국인학교의 설립과 운영에 관한 사항에 대하여는 대통령령인 「외국인학교 및 외국인유치원의 설립 · 운영에 관한 규정」이 규정하고 있다.

외국인학교는 외국인이나 외국의 법령에 따라 설립되어 외국에 주된 사무소를 두고 있는 영리를 목적으로 하지 아니하는 비영리외국법인이나 「사립학교법」에 따라 설립된 학교법인이 설립한 외국인을 대상으로 하는 학교이다(외국인학교 및 외국인유치원의 설립 · 운영에 관한 규정 제5조 제1항). 하지만 외국인유치원은 외국인과 비영리외국법인만 설립할 수 있다(제5조 제2항).

나. 사립학교법에서의 특례

「초 · 중등교육법」 제60조의2의 규정에 의한 외국인학교에 대하여는 사립학교법 제52조(교원 자격), 제53조(학교장의 임용), 제53조의2(학교장이 아닌 교원의 임용), 제53조의3(부정행위자에 대한 조치), 제53조의4(교원인사위원회), 제53조의5(학교의 장이 아닌 대학교육기관 교원의 신규채용 등), 제54조(임용에 관한 보고 및 해임 등의 요구), 제54조의2(해임요구), 제54조의3(임명의 제한), 제54조의4(기간제교원), 제55조(복무), 제55조의2(연수의 기회균등), 제55조의3(연수기관 및 근무장소 외에서의 연수), 제55조의4(연수 실적), 제56조(의사에 반한 휴직 · 면직 등의 금지), 제57조(당연퇴직의 사유), 제58조(면직의 사유), 제58조의2(직위의 해제), 제59조(휴직의 사유), 제60조(교원의 불체포특권), 제60조의2(교원의 사회보장), 제60조의3(명예퇴직), 제61조(징계의 사유 및 종류), 제61조의2(의원면직을 신청한 교원의 징계사유 확인 등), 제62조(교원징계위원회의 설치 및 구성 등), 제63조(제척사유), 제64조(징계의결의 요구), 제64조의2(징계의결요구사유의 통지), 제65조(진상조사 및 의견의 개진), 제66조(징계의결), 제66조의2(징계의결의 재심의 요구), 제66조의3(감사원 조사와의 관계 등) 제2항, 제3항, 제66조의4(징계사유의 시효)를 적용하지 아니한다(사립학교법 제67조).

위의 규정을 제외하고는 외국인학교도 사립학교법이 적용되기 때문에 예컨대 두 외국인학교를 경영하는 경영자가 한 학교의 교비회계에 속하는 수입을 적법한 절차를 거치지 않고 다른 학교에 대여하는 것도 사립학교법 위반이 된다(대법원 2017.3.15. 선고 2014도12773 판결).

제5절 | 교원 외의 직원

1. 사무기구 및 직원

학교법인 또는 사립학교경영자는 그의 사무와 그가 설치 · 경영하는 학교의 사무를 처리하기 위하여 필요한 사무기구를 두되, 그 설치 · 운영과 사무직원의 정원 · 임용 · 보수 · 복무 및 신분보장에 관하여는 학교법인 또는 법인인 사립학교경영자의 경우에는 정관으로 정하고, 개인인 사립학교경영자의 경우에는 규칙으로 정한다(사립학교법 제70조의2 제1항). 일부 사립학교에서는 교원을 법인 사무기구의 책임자로 임용하는 예가 있다.

2. 각급학교의 사무직원의 임용

각급학교의 소속사무직원은 학교의 장의 제청으로 학교법인 또는 사립학교경영자가 임용한다(사립학교법 제70조의2 제2항). 사무직원의 임용에 학교장이 제청을 하도록 한 것은 사립학교의 건전한 발전을 도모하고 안정된 면학풍토 조성을 위하여 학교장 중심의 학교운영이 이루어지도록 하기 위한 것이다. 따라서 학교의 장의 제청 없이 이루어진 사무직원에 대한 임용은 무효라고 보아야 할 것이다.

1990. 4. 8. 사립학교법의 개정에 의하여 과거 학교장이 가졌던 사립학교 소속 사무직원에 대한 인사권을 학교법인이 갖게 됨에 따라, 학교법인 산하 일반직원에 한하여 그 소속 기관의 장에게 임용권을 위임할 수 있도록 되어 있던 학교법인 정관 규정을 삭제했다면, 그 변경 정관이 시행된 이후에는 그 산하 기관의 일반직원에 대한 인사권이 학교법인에게 귀속되면서 일반직원에 대한 징계절차 또한 학교법인의 일반직원 징계위원회에서 처리하도록 변경된 것이고, 종래 산하 기관장에게 그 일반직원에 대한 인사권이 있음을 전제로 한 인사 및 징계에 관한 취업규칙은 변경된 정관에 저촉되는 범위에서 효력을 잃는다고 보아야 한다(대법원 1995.11.14. 선고 95다14244 판결).

일부 사립학교에서는 교원을 법인 사무기구의 책임자로 겸하여 임용하는 예가 있다. 교원이 임용권자의 허가를 받으면 겸직이 가능하다는 논리에 의하면 교원이 사무기구의 책임자를 겸하는 것도 가능한 것처럼 보인다. 그러나 초중등교육법 제19조와 제20조, 고등교육법 제14조와 제15조는 각 교직원을 구분하고 그에 따라 교직원의 임무도 분리하여 규정하고 있으며, 교원으로 하여금 학생에 대한 교육에 전념하게 하여 학습권을 보장할 수 있도록 하기 위해서 교원이 법인의 업무를 겸직하는 것은 금지된다고 보아야 할 것이다.

3. 사무직원 고용의 법률관계

사립학교 사무직원의 임용, 보수, 복무 및 신분보장에 관하여는 사립학교법이 위와 같이 학교법인의 정관으로 정하도록 하였을 뿐이고 그 내용을 규정한 바가 없다. 정관은 법인이 법인의 조직·활동에 대하여 자체적으로 만든 규칙이다. 결국 사립학교법은 사무직원의 임용이나 복무, 신분 등에 대해서는 사립학교법이 규율하지 않고 정관에서 임의로 정하도록 한 것이다. 따라서 학교법인과 사립학교의 사무직원의 관계는 민법의 고용계약관계에 해당하고, 사무직원의 임용, 보수, 복무, 신분보장 등은 당사자 사이의 약정에 의하여 결정된다. 그런데 이러한 사인간의 고용계약관계는 근로기준법의 적용을 받으므로 사립학교의 사무직원의 고용관계도 근로기준법에 의하여 규율될 것이다(대법원 2018.1.25. 선고 2015다57645 판결).

다만 1977. 12. 31. 법률 제3058호로 사립학교교직원연금법이 개정된 이후부터 사립학교 사무직원도 사립학교교직원연금법의 적용대상이 되었다(위 개정법률 부칙 제1항, 제2항에 의하면 위 개정법률 시행 당시 재직 중인 사립학교 사무직원은 위 개정법률 시행일인 1978. 1. 1.에 임명된 것으로 보도록 되어 있으므로, 위 개정법률 시행 당시 사립학교에 재직 중인 사무직원이더라도 1978. 1. 1. 이전의 근무기간에 대한 퇴직시의 급여 등에 관하여는 사립학교교원연금법이 적용되지 않게 되어 사립학교 사무직원의 1978. 1. 1. 이전의 근무기간에 대한 퇴직시의 급여에 관한 사항에 관하여는 근로기준법이 적용되는 것으로 해석하여야 한다). 사립학교교직원연금법은 사무직원의 퇴직시의 급여 등에 대하여 규정하고 있는데 이와 같이 사립학교교직원연금법이 규정하고 있는 사항에 대해서는 근로기준법이 적용되지 않는다(대법원 2004.6.25. 선고 2002다51555 판결).

4. 사무직원의 사용자

가. 근로기준법의 규정

근로기준법에서 "근로자"란 직업의 종류와 관계없이 임금을 목적으로 사업이나 사업장에 근로를 제공하는 자를 말하고, "사용자"란 사업주 또는 사업 경영 담당자, 그 밖에 근로자에 관한 사항에 대하여 사업주를 위하여 행위 하는 자를 말한다(근로기준법 제2조 제1항).

위와 같이 근로기준법은 사용자를 단순히 사업주만을 말하는 것이 아니라 사업 경영 담당자와 그밖에 사업주를 위하여 근로자에 관한 지휘·감독을 하는 자까지도 사업자로 본다. 사업자는 계속적 근로관계에 있는 근로자의 보호를 위하여 근로기준법에 규정된 근로조건의 기준 등을 준수하여야 할 의무를 부담하고 이를 불이행할 경우에는 형사책임까지도 지게 되는데 근로자를 보호하기 위한 근로기준법은 이러한 사용자의 범위를 명확히 하기 위하여 사용자의 개념을 정의하면서 그 범위를 확대한 것이다.

나. 사용자의 범위

(1) 사 업 주

근로기준법이 규정하고 있는 사업주란 근로자를 사용하여 사업을 하는 자로써, 자기 이름으로 사업을 하는 자를 말한다. 따라서 사립학교경영자인 경우는 경영자가, 학교법인인 경우는 학교법인이 각각 사업주가 된다. 근로계약의 당사자 또는 단체교섭의 당사자로서의 사용자는 사업주만을 의미한다.

(2) 사업경영담당자

사업경영담당자라 함은 사업경영 일반에 관하여 책임을 지는 자로서 사업주로부터 사업경영의 전부 또는 일부에 대하여 포괄적인 위임을 받고 대외적으로 사업을 대표하거나 대리하는 자를 말한다(대법원 2006.5.11. 선고 2005도8364 판결). 예컨대 민법상 법인의 이사, 주식회사의 대표이사, 합명·합자회사의 업무집행사원, 유한회사의 이사, 지배인 등이 여기에 포함된다. 학교법인의 경우는 이사장이 여기에 해당할 것이다. 사업경영담당자인지 여부의 판단은 등기부등의 형식상으로 판단하는 것이 아니라 실질적으로 업무를 집행하고 있는지 여부를 기준으로 판단하여야 한다.

(3) 근로자에 관한 사항에 대하여 사업주를 위하여 행위하는 자

'기타 근로자에 대한 사항에 대하여 사업주를 위하여 행위하는 자'라 함은 근로자의 인사, 급여, 후생, 노무관리 등 근로조건의 결정 또는 업무상의 명령이나 지휘감독을 하는 등의 사항에 대하여 사업주로부터 일정한 권한과 책임을 부여받은 자를 말한다(대법원 2006.5.11. 선고 2005도8364 판결). 이러한 책임과 권한의 유무를 가지고 있는지의 여부도 형식적인 직함에 따라 판단하는 것이 아니라 실질적으로 책임과 권한을 가지고 있는지 여부에 따라 판단해야 한다.

사립학교 교장이 비록 그 학교 일반직 직원들에 대한 임용권을 가지고 있지 않다 하더라도 위 직원들을 학교에 근무시키면서 학교운영의 일환으로서 그 업무를 지시, 감독하고 학교예산에서 자신의 명의로 매월 봉급을 지급하여 왔을 뿐더러, 학교예산은 학교장이 이를 편성하여 집행하게끔 되어 있다면 교장은 위 일반직원들에 대한 관계에 있어서 근로기준법 제15조 소정의 사용자에 해당한다(대법원 1986.7.8. 선고 86도722 판결).

5. 사무직원 외의 근로자

가. 교원과 사무직원 외의 피용자의 근로자성

비록 사립학교법이 사립학교의 교원과 사무직원의 임용 등에 관한 규정을 두고 있을 뿐 다른 근로자에 관한 규정을 두고 있지 않다고 하더라도, 이는 사립학교의 교원과 사무직원의 임용과 신분보장 등을 위하여 특별히 규정하고 있는 것에 지나지 아니하므로, 시간강사와 같이 사립학교에 근로를 제공하는 자로서 사립학교법상의 교원 또는 사무직원에 해당하지 아니하는 자에 대하여도 근로기준법이 적용될 수 있다(대법원 2008.3.27. 선고 2007다87061 판결).

나. 학교회계직원

학교 현장에서는 필요에 따라 계약직 직원을 채용하고 있다. 과거에는 사무보조원, 체육코치 등을 채용하여 학부모회에서 임금을 지급하였으나 이들에

대한 임명은 교장이 하였다. 하지만 공립학교에 근무하는 학교회계직원들은 교육공무직원으로 불리게 되었고 임용자도 교육감으로 변경되었다. 이들은 계약제 직원으로 이들도 「근로기준법」이나 「기간제 및 단시간 근로자 보호 등에 관한 법률」의 적용을 받는다.

다. 교원의 직무를 수행한 사무직원의 신분보장

판례는 학교법인이 「교육법」 제79조 및 「사립학교법」 제52조 소정의 교원자격을 갖추고 있는 서무과 직원을 추후 정식 교원으로 임용할 예정하에 결원된 교원 대신에 교원의 직무를 담당케 하면서 교원과 똑같이 상시 근무케 하였다면 비록 그가 교원이 아닌 직원이라고 할지라도 교원에 준하여 사립학교법 제56조 소정의 신분보장을 받을 권리가 있다고 하였다(대법원 1995.6.16. 선고 94다47926 판결).

제6절 | 교직원 노동조합

1. 교원의 노동조합 설립 및 운영에 관한 법률

근로자는 자유로이 노동조합을 조직하거나 이에 가입할 수 있으나 다만, 공무원과 교원에 대하여는 따로 법률로 정하도록 하였다(노동조합 및 노동관계조정법 제5조). 이에 따라 교원에 적용할 「노동조합 및 노동관계조정법」에 대한 특례를 규정하기 위하여 「교원의 노동조합 설립 및 운영 등에 관한 법률」(이하 "교원노조법"이라 한다)이 제정되었다.

2. 교원노조법에서의 교원

가. 교원노조법에서의 교원의 정의

교원의 노동조합 설립 및 운영에 관한 법률의 적용을 받는 교원이란 초·중등교육법 제19조 제1항에서 규정하고 있는 교원을 말한다.[17] 다만, 해고된 사람으로서 「노동조합 및 노동관계조정법」 제82조 제1항에 따라 노동위원회에 부당노동행위의 구제신청을 한 사람은 「노동위원회법」 제2조에 따른 중앙노동위원회(이하 "중앙노동위원회"라 한다)의 재심판정이 있을 때까지 교원으로 본다(교원노조법 제2조).

나. 노동조합 전임자의 지위

교원은 임용권자의 허가가 있는 경우에는 노동조합의 업무에만 종사할 수 있다. 허가를 받아 노동조합의 업무에만 종사하는 자(이하 "전임자"라 한다)는 해당 기간 중 교육공무원법 제44조 및 사립학교법 제59조의 규정에 의한 휴직명령을 받은 것으로 본다. 전임자는 그 전임기간 중 봉급을 받지 못하나 그 전임기간 중 전임자임을 이유로 승급 기타 신분상의 불이익을 받지 아니한다(교원노조법 제5조).

다만 판례는 지방교육자치에 관한 법률에서 규정하고 있는 교육위원이 되기 위한 자격요건으로서의 교육경력은 교원으로서 그 직무에 실제로 종사한 것을 의미한다고 봄이 상당하다고 하면서 이와 같이 보더라도 전임기간 중 전임자임을 이유로 승급 기타 신분상의 불이익을 받지 아니한다는 위 규정과 모순되는 것이 아니라고 하였다(대법원 2009.2.26. 선고 2008우26 판결).

3. 노동조합의 설립(설립단위)

교원은 특별시·광역시·도·특별자치도 단위 또는 전국단위로만 노동조합을 설립할 수 있다. 노동조합을 설립하려는 사람은 고용노동부장관에게 설립신고서를 제출하여야 한다(교원노조법 제4조).

교원의 노동조합(이하 "노동조합"이라 한다) 중 둘 이상의 특별시·광역시·도 또는 특별자치도에 걸치는 단위노동조합은 시·도 단위의 지부·분회 등에 한하여 노동조합의 설립신고를 할 수 있다(교원노조법시행령 제2조).

따라서 그 외 학교 단위의 교원노조설립신고 등은 할 수 없다.

---

17) 이 규정은 초중등교원만을 규정하고 대학의 교원에 대해서는 규정하지 않음으로써 대학의 교원에 대하여 헌법이 보장하는 단결권을 침해함을 이유로 헌법재판소로부터 2020. 3. 31.까지만 효력이 인정된다는 헌법불합치결정을 받았다(헌재 2018.8.30. 2015헌가38). 따라서 대학의 교원도 포함되는 것으로 개정될 것이다.

4. 교섭 및 체결권한 등

가. 단체교섭의 내용

교원노동조합이 단체교섭을 할 수 있는 것은 노동조합 또는 조합원의 임금·근무조건·후생복지 등 경제적·사회적 지위향상에 관한 사항이다. 따라서 노동조합의 활동도 위의 노동조합 또는 조합원의 임금·근무조건·후생복지 등 경제적·사회적 지위향상을 위한 것이어야 한다.

나. 단체교섭의 당사자

노동조합의 대표자는 그 노동조합 또는 조합원의 임금·근무조건·후생복지 등 경제적·사회적 지위향상에 관한 사항에 대하여 교육부장관, 시·도 교육감 또는 사립학교를 설립·경영하는 자와 교섭하고 단체협약을 체결할 권한을 가진다. 이 경우 사립학교의 경우는 사립학교를 설립·경영하는 자가 전국 또는 시·도 단위로 연합하여 교섭에 응하여야 한다. 그리고 교섭에 응하는 노동조합의 교섭위원은 해당 노동조합의 대표자와 그 조합원으로 구성하여야 한다. 조직대상을 같이하는 둘 이상의 노동조합이 설립되어 있는 경우에는 노동조합은 교섭창구를 단일화하여 단체교섭을 요구하여야 한다(교원노조법 제6조).

다. 단체교섭 당사자의 성실의무

단체교섭을 하거나 단체협약을 체결하는 경우에는 관계 당사자는 국민여론 및 학부모의 의견을 수렴하여 성실히 교섭하고 단체협약을 체결하여야 하며, 그 권한을 남용하여서는 아니 된다(교원노조법 제6조 제4항).

노동관계 당사자가 국민여론 및 학부모의 의견을 수렴하는 때에는 여론조사를 하거나 공청회 등을 개최할 수 있다. 여론조사 및 공청회 개최 등은 노동관계 당사자가 이를 공동으로 실시할 수 있다(교원노조법시행령 제4조).

라. 단체교섭의 절차

법률 제6조 제5항의 위임에 의하여 동법률시행령 제3조가 단체교섭의 절차에 대하여 규정하고 있다.

(1) 노동조합의 단체교섭 통보

노동조합의 대표자는 상대방(사립학교를 설립·경영하는 자의 경우 이들을 구성원으로 하는 단체가 있는 때에는 그 단체의 대표자)과 단체교섭을 하고자 하는 때에는 교섭개시 예정일 30일 전까지 상대방에게 서면으로 알려야 한다(교원노조법시행령 제3조 제1항).

(2) 사립학교 설립·경영자의 교섭단 구성

사립학교를 설립·경영하는 자는 교섭 통보를 받았을 때에는 전국 또는 시·도 단위로 교섭단을 구성하여야 한다(교원노조법시행령 제3조 제2항).

(3) 교섭을 위한 협의

교섭 통보가 있는 경우 노동관계 당사자는 그 소속원 중에서 지명한 사람으로 하여금 교섭 시작 예정일 전까지 교섭 내용, 교섭 위원 수, 교섭 일시 및 장소, 그 밖에 교섭에 필요한 사항에 관하여 협의를 하도록 한다(교원노조법시행령 제3조 제3항).

(4) 교섭위원의 선임

노동관계 당사자는 교섭 시작 예정일 전까지 교섭 위원을 선임하여야 한다(교원노조법시행령 제3조 제4항).

5. 노동쟁의의 조정 또는 중재

가. 교원노동관계조정위원회

교원의 노동쟁의를 조정·중재하기 위하여 중앙노동위원회에 교원노동관계조정위원회를 둔다. 위원회는 중앙노동위원회 위원장이 지명하는 조정담당 공익위원 3명으로 구성한다. 다만, 관계 당사자가 합의하여 중앙노동위원회의 조정담당 공익위원이 아닌 사람을 추천하는 경우에는 그 사람을 지명하여야 한다. 위원회의 위원장은 위원회의 위원 중에서 호선한다(교원노조법 제11조).

나. 조정의 신청

단체교섭이 결렬된 경우에는 당사자 어느 한쪽 또는 양쪽은 중앙노동위원회에 조정(調停)을 신청할 수 있다. 당사자 어느 한쪽 또는 양쪽이 조정을 신청하면 중앙노동위원회는 지체 없이 조정을 시작하여야 하며 당사자 양쪽은 조정에 성실하게 임하여야 한다. 조정은 신청을 받은 날부터 30일 이내에 마쳐야 한다(교원노조법 제9조).

다. 중재의 개시

중앙노동위원회는 다음의 하나에 해당하는 때에는 중재를 행한다(교원노조법 제10조).

① 단체교섭이 결렬되어 관계 당사자 쌍방이 함께 중재를 신청한 경우

② 중앙노동위원회가 제시한 조정안을 당사자 어느 한쪽이라도 거부한 경우

③ 중앙노동위원회 위원장이 직권 또는 고용노동부장관의 요청에 따라 중재에 회부한다는 결정을 한 경우

라. 신청서의 기재사항

노동쟁의의 조정 또는 중재를 신청하고자 하는 자는 별지 서식의 노동쟁의 조정·중재신청서에 다음의 사항을 기재한 서류를 첨부하여 중앙노동위원회에 제출하여야 한다(교원노조법시행규칙 제2조).

① 단체교섭 경위

② 당사자간 의견의 불일치사항 및 이에 대한 당사자의 주장내용

③ 그밖에 당사자의 주장내용과 관련되는 사항으로서 조정 또는 중재에 참고가 될 수 있는 사항

마. 중재재정의 확정 또는 불복

(1) 중재재정의 확정

관계당사자는 중앙노동위원회의 중재재정이 위법하거나 월권에 의한 것이라고 인정하는 경우에는 행정소송법 제20조의 규정에 불구하고 그 중재재정서의 송달을 받은 날부터 15일 이내에 중앙노동위원회 위원장을 피고로 하여 행정소송을 제기할 수 있다(교원노조법 제12조 제1항). 중앙노동위원회의 중재재정은 행정소송의 제기에 의하여 그 효력이 정지되지 아니한다(교원노조법 제12조

제4항). 위의 기간 내에 행정소송을 제기하지 아니한 때에는 그 중재재정은 확정된다(교원노조법 제12조 제2항).

(2) 확정된 중재재정의 효력

확정된 중재재정의 내용은 단체협약과 같은 효력을 가지고(교원노조법 제12조 제5항) 중재재정이 확정된 때에는 관계당사자는 이에 따라야 한다(교원노조법 제12조 제3항).

6. 단체협약의 효력

가. 단체협약의 성립요건

노동조합과 사이에 체결한 단체협약이 유효하게 성립하려면 단체협약을 체결할 능력이 있는 사용자나 사용자단체가 그 상대방 당사자로서 체결하여야 하고, 나아가 서면으로 작성하여 당사자 쌍방이 서명날인함으로써 노동조합법 제34조 제1항 소정의 방식을 갖추어야 한다(대법원 1996.6.28. 선고 94다49847 판결). 판례는 당사자 일방이 적용을 주장하는 단체협약에 대하여 대학교 총장과 노동조합장의 기명날인만 있을 뿐 대학교를 설립·운영하면서 사무직원 등을 채용하는 사용자인 법인의 대표자가 그 단체협약의 체결 당사자로서 서명날인 한 사실이 없어 단체협약으로서 유효하게 성립하였다고 할 수 없고 따라서, 위 단체협약의 적용을 받을 수도 없다고 하였다(대법원 1997.1.21. 선고 95다24821 판결).

나. 단체협약으로서의 효력을 가지지 않는 협약 내용

체결된 단체협약의 내용 중 법령·조례 및 예산에 의하여 규정되는 내용과 법령 또는 조례에 의한 위임을 받아 규정되는 내용은 단체협약으로서의 효력을 가지지 아니한다. 교육부장관, 시·도 교육감 및 사립학교를 설립·경영하는 자는 단체협약으로서의 효력을 가지지 아니하는 내용에 대하여는 그 내용이 이행될 수 있도록 성실히 노력하여야 한다(교원노조법 제7조).

교육부장관, 시·도 교육감 및 사립학교를 설립·경영하는 자는 단체협약으로서의 효력을 가지지 아니하는 단체협약 내용에 대한 이행결과를 다음 교섭시까지 상대방에게 서면으로 알려야 한다. 이 경우 사립학교를 설립·경영하는 자를 구성원으로 하는 단체가 있는 경우에는 그 단체의 대표자가 상대방에게 서면으로 알려야 한다(교원노조법시행령 제5조).

7. 교원노동조합의 활동제한

가. 정치활동의 금지

교원의 노동조합은 일체의 정치활동을 하여서는 아니 된다(교원노조법 제3조).

나. 쟁의행위의 금지

노동조합과 그 조합원은 파업, 태업 또는 그 밖에 업무의 정상적인 운영을 방해하는 일체의 쟁의행위를 하여서는 아니 된다(교원노조법 제8조).

교원의 지위에 관련된 사항에 관한 한 헌법 제31조 제6항이 근로기본권에 관한 헌법 제33조 제1항에 우선하여 적용되기 때문에, 입법자가 교원에 대하여 일반노동조합과 유사한 형태의 조합을 결성할 수 있음을 규정하되 그 규율방식을 달리하여 근로조건의 향상 등을 목적으로 하는 단결권 및 단체교섭권은 허용하면서도 단체행동권의 행사는 전면적으로 금지하거나, 혹은 개별 직장이 아닌 광역단위에 한하여 노동조합을 설립할 수 있도록 하는 등 이에 대하여 특별한 규율을 하는 것도 허용된다(대법원 2006.5.26. 선고 2004다62597 판결).

(1) 쟁의행위의 의미

근로자의 쟁의행위는 근로조건에 관한 노동관계 당사자간의 주장의 불일치로 인하여 생긴 분쟁상태를 유리하게 전개하기 위하여 사용자에 대하여 집단적·조직적으로 노무를 정지하는 투쟁행위로서, 쟁의행위 기간 동안 근로자는 사용자에 대한 주된 의무인 근로제공 의무로부터 벗어나는 등 근로계약에 따른 근로자와 사용자의 주된 권리·의무가 정지된다(대법원 1995.12.21. 선고 94다26721 전원합의체 판결).

판례는 교원의 집회에 대하여 교원노조법이 금하고 있는 쟁의행위를 하였음을 이유로 기소된 사건에서 "교원노조법은 쟁의행위를 따로 정의하고 있지 않고 있다. 그런데 교원노조법은 이 법에 정하지 않은 사항에 대하여는 노동조합 및 노동관계조정법이 정하는 바에 따른다고 규정하고 있으므로(교원노조법 제14조 제1항), 교원노조법 제8조의 '쟁의행위'의 개념은 노동조합 및 노동관계조정법의 규정에 따라 정의된다고 할 것이다. 한편, 노동조합 및 노동관계조정법 제2조 제6호의 '쟁의행위'라 함은 파업 · 태업 · 직장폐쇄 기타 노동관계 당사자가 그 주장을 관철할 목적으로 행하는 행위로서, 여기에서 '그 주장'이라 함은 같은 법 제2조 제5호에 규정된 '임금 · 근로시간 · 복지 · 해고 기타 대우 등 근로조건의 결정에 관한 노동관계 당사자 간의 주장'을 의미한다고 볼 것이므로, 위와 같은 근로조건의 유지 또는 향상을 주된 목적으로 하지 않는 쟁의행위는 노동조합 및 노동관계조정법의 규제대상인 쟁의행위에 해당하지 않는다고 할 것이다"(대법원 2008.3.14. 선고 2006도6049 판결)고 하여 학교운영의 공공성, 투명성을 보장할 것을 요구하여 학교가 합리적이고 정상적으로 운영되게 할 목적으로 이루어진 것일 뿐 근로조건의 결정에 관한 주장의 관철을 위한 쟁의행위로 볼 수 없다는 이유로 무죄를 선고하였다.

그러나 위 법조항의 취지는 노동조합과 그 조합원으로 하여금 교육업무의 정상적인 운영을 저해하는 것을 방지하고자 한 것으로 보이므로 행위의 태양(態樣)이 교육업무의 운영을 방해하는 것인지 여부에 따라 쟁의행위에 해당하는지 여부를 판단하여야 하는 것이지, 행위에서 주장하는 내용에 따라 쟁의행위에 해당하는지 여부를 판단하는 것은 타당하지 않은 것으로 보인다. 위 대법원 판례의 해석은 위 규정의 입법취지에 반하는 것이다.

(2) 단체행동의 금지

대법원은 이외의 다른 판례에서는 위의 쟁의행위가 단체행동을 의미하는 것을 전제로 판결하고 있다.

즉, 보통의 근로자들과 달리 교원의 경우 '근로조건의 향상 등을 위한 단체행동권'을 행사하는 것도 현행법상 허용되지 않기 때문에, 교원들이 전국교직원노동조합 활동을 한다는 명목으로 집단행동의 일종인 시위를 하는 것은 그 시간, 장소, 방법 등과 관계없이 교원의 노동조합 설립 및 운영 등에 관한 법률 제8조에 위배되는 것이라고 한다(대법원 2006.5.26. 선고 2004다62597 판결). 그러면서 전국교직원노동조합 소속 교원들이 '족벌재단 퇴진' 등과 같은 내용의 리본, 배지, 조끼를 패용 · 착용한 행위는 단순히 노동조합의 내부적 단결을 위한 행위가 아니라 학교운영자들에게 유형적 위력을 보이는 외부적인 집단행동에 해당한다고 볼 수 있고, 따라서 이를 금지하는 것은 근로자나 노동조합의 적법한 단결권행사에 어떠한 제한을 부과하는 것이 아니라고 하였다.

(3) 일정한 노동조합 활동행위의 금지가 교원노조법에 반하는지 여부

위 판례는 나아가 개별 사업장별로 노동조합을 구성하여 그 사업장에 소속된 근로자들만의 근로조건의 향상 등을 목적으로 하여 근로3권을 행사할 수 있는 일반노동조합에 적용되는 법리와 전국 또는 시·도 단위로 노동조합을 구성할 수 있을 뿐 그 하부단위로 노동조합을 구성할 수 없고, 단체교섭권을 행사할 수도 없는 교원노동조합에 적용되는 법리는 본질적인 차이가 있으므로, 학교의 시설물로 범위를 한정하여 이를 학교장의 승인 없이 전국교직원노동조합 활동을 위한 장소로 사용하는 행위를 금지한 것이 법률상 보장된 노동조합이나 조합원의 권리의 본질적 내용을 침해하였다거나 전교조 활동을 포괄적으로 금지한 것으로 볼 수 없다고 하였으며, 학생들의 교육에 직접적 영향을 미치는 수업시간이라는 시간적, 장소적으로 한정된 영역을 특정하여 학교운영자들의 인격권을 침해하는 전국교직원노동조합 소속 교사들의 일정한 행위를 금지한 것은 합리적인 규제이고 조합원들의 수업내용을 포괄적으로 제한하는 것도 아니라고 하였다.

(4) 수업거부행위의 금지

판례는 학교교육에 있어서 교원의 가르치는 권리를 수업권이라고 한다면, 이것은 교원의 지위에서 생기는 학생에 대한 일차적인 교육상의 직무권한이지만 어디까지나 학생의 학습권 실현을 위하여 인정되는 것이므로, 학생의 학습권은 교원의 수업권에 대하여 우월한 지위에 있다. 따라서 학생의 학습권이 왜곡되지 않고 올바로 행사될 수 있도록 하기 위해서라면 교원의 수업권은 일정한 범위 내에서 제약을 받을 수밖에 없고, 학생의 학습권은 개개 교원들의 정상을 벗어난 행동으로부터 보호되어야 한다. 특히, 교원의 수업거부행위는 학생의 학습권과 정면으로 상충하는 것인바, 교육의 계속성 유지의 중요성과 교육의 공공성에 비추어 보거나 학생·학부모 등 다른 교육당사자들의 이익과 교량해 볼 때 교원이 고의로 수업을 거부할 자유는 어떠한 경우에도 인정되지

아니하며, 교원은 계획된 수업을 지속적으로 성실히 이행할 의무가 있다고 하면서 학원비리 척결을 이유로 한 전국교직원노동조합 소속 교사의 수업거부 및 수업방해 행위로 인하여 학생들의 학습권과 학부모의 교육권이 침해되었다고 보아 위 교사들의 손해배상책임을 인정하였다(대법원 2007.9.20. 선고 2005다25298 판결).

8. 교원소청심사청구와의 관계

노동조합 및 노동관계조정법 제81조 제1호 및 제5호의 규정에 의한 행위로 인하여 교원이 해고 기타 불이익을 받은 것을 이유로 해당 교원 또는 노동조합이 같은 법 제82조 제1항에 따라 노동위원회에 구제를 신청한 경우에는 교원의 지위 향상 및 교육활동 보호를 위한 특별법 제9조에도 불구하고 교원소청심사위원회에 소청심사를 청구할 수 없다(교원노조법 제13조).

9. 다른 법률과의 관계(법률 제14조)

(1) 노동조합 및 노동관계조정법의 준용

교원에 적용할 노동조합 및 노동관계조정에 관하여 이 법에서 정하지 아니한 사항에 대하여는 제2항에서 정하는 경우를 제외하고는 「노동조합 및 노동관계조정법」에서 정하는 바에 따른다.

(2) 노동조합 및 노동관계조정법의 배제

「노동조합 및 노동관계조정법」 제2조 제4호 라목 단서, 제24조, 제24조의2, 제29조 제2항부터 제4항까지, 제29조의2부터 제29조의5까지, 제36조부터 제39조까지, 제41조, 제42조, 제42조의2부터 제42조의6까지, 제43조부터 제46조까지, 제51조부터 제57조까지, 제60조 제5항, 제62조부터 제65조까지, 제66조 제2항, 제69조부터 제73조까지, 제76조부터 제80조까지, 제81조 제2호 단서, 제88조, 제89조 제1호, 제91조 및 제96조 제1항 제3호는 이 법에 따른 노동조합에 대하여는 적용하지 아니한다.

찾아보기

| ㄱ |

| ㄴ |

| ㄷ |

| ㅅ |

| ㅇ |

| ㅈ |

〈저자 약력〉

연세대학교 법과대학 법학과 졸업

연세대학교 법과대학 대학원 졸업

사법연수원 제32기 수료

고려대학교 대학원 교육학(교육행정) 박사

서울특별시교육청 고문변호사

대한교육법학회 이사

행정법제 혁신 자문위원회 자문위원

※ 문의사항이 있으면 저자의 이메일(daehaa@hanmail.net)로
연락 주시기 바랍니다.

제 3판 **사립학교법**

2010년 5월 5일 초 판 발행
2020년 7 월 25일 제3판 발행

저 자 주 영 달
발행인 이 방 원
발행처 세창출판사
서울 서대문구 경기대로 88 냉천빌딩 4층
전화 723 · 8660 팩스 720 · 4579
E-mail: edit@sechangpub.co.kr
Homepage: http://www.sechangpub.co.kr
신고번호 제300-1990-63호

ISBN 978-89-8411-961-1 93360

이 도서의 국립중앙도서관 출판예정도서목록(CIP)은 서지정보유통지원시스템 홈페이지(http://seoji.nl.go.kr)와 국가자료공동목록시스템(http://www.nl.go.kr/kolisnet)에서 이용하실 수 있습니다.(CIP제어번호: CIP2020029031)